Günter Grass
Essays und Reden III
1980–1997

Günter Grass: Werkausgabe
herausgegeben von Volker Neuhaus und Daniela Hermes

Band 16
herausgegeben von Daniela Hermes

Günter Grass

Essays und Reden III
1980–1997

Steidl

1. Auflage 1997

Buchgestaltung: Günter Grass, Gerhard Steidl
Gesamtherstellung: Steidl, Göttingen
Printed in Germany
ISBN 3-88243-497-X

Orwells Jahrzehnt I

Rede im Landtagswahlkampf Baden-Württemberg

Mein Referat steht unter der Überschrift »Orwells Jahrzehnt«. Der Name des englischen Schriftstellers, dem hier, als sei er ein Schutzpatron, die achtziger Jahre überantwortet werden, ist weitbekannt. Desgleichen sein Romantitel »1984«, wenngleich die Zahl der Leser dieser hoffnungslos düsteren Zukunftsvision beschränkt sein mag.

Wie Markenzeichen geistern der Name des Autors und der Titel seines Buches durch unser schreckenbereites Bewußtsein. Abhöraffären werden mit dem Orwell-Zitat »Big Brother is watching you« kommentiert. Orwell verbreitet Furcht. Auf das von ihm fixierte Jahr starren wir mit vorweggenommenem Schrecken.

Dabei hatte George Orwell vor mehr als dreißig Jahren Aufklärung, wenn auch – nach Schriftstellerart – schockierende Aufklärung im Sinn, als er seinen Romanhelden Winston Smith der Zukunft auslieferte. Er wollte warnen. Doch die Politiker und Wissenschaftler, die auf ihn hätten hören sollen, haben ihn als Literaten belächelt und abgetan: Was der sich da ausgedacht hat, dieser Schriftsteller! Die seine Schreckensvisionen heute als gegenwärtig erleben, haben ihn nie gelesen.

Sein Buch »1984«, das in den fünfziger Jahren zwar als literarische Leistung diskutiert, doch, die Zukunft betreffend, als gruselige Unglaublichkeit abgetan wurde, geriet in Vergessenheit. Erst jetzt, seitdem wir uns dem fatalen Datum des Buchtitels nähern, gewinnt es neues Interesse. Nicht etwa, daß Orwells Roman als literarische Wiederentdeckung gefeiert wird; es ist die düstere Hellsichtigkeit des Autors, die uns immer noch oder mehr als vor drei Jahrzehnten betrifft.

Gewiß wäre es einfach, Orwells Zukunftsroman am Detail zu messen und billig zu widerlegen. Weder entspricht das von ihm beschriebene London der gegenwärtigen Wirklichkeit, noch finden fortwährend interkontinentale Kriege zwischen drei gleichartigen und gleichgewichtigen Weltmächten statt. Die wissenschaftliche Voraussicht des Schriftstellers liest sich geradezu

Februar 1980

harmlos, wollten wir sie mit dem Stand der gegenwärtigen Technik vergleichen. Und doch stockt der Leser immer wieder, weil viele von Orwell erkannte Tendenzen sich bestätigt haben und – wie wir befürchten müssen – ihrer Zukunft sicher sind.

Besonders augenfällig ist der Prozeß der Angleichung zwischen den herrschenden Ideologien unseres Jahrhunderts. Zu den Erfahrungen des Schriftstellers George Orwell gehörten: der englische Kolonialismus, er war einige Jahre lang englischer Kolonialoffizier; der Spanische Bürgerkrieg, an dem er auf seiten der Republikaner teilgenommen hat; die Brutalität des westlichen Kapitalismus, von der seine Sozialreportagen zeugen; der Hitler-Stalin-Pakt, den er als linker Schriftsteller verurteilte, weshalb er fortan eine isolierte Position einnehmen mußte; der vielfältige, vom Faschismus, Stalinismus und Kapitalismus ausgehende Terror und die Befangenheit der europäischen Linken und Liberalen angesichts dieser zukunftsträchtigen Allianz.

Heute erkennen wir, daß sich die östliche und westliche Welt, trotz der bestehenden ideologischen Gegensätze, immer mehr angleichen, daß sich die westliche und östliche Welt dem wechselseitigen Machtwillen der Sowjetunion und der USA ausgeliefert sehen. Erschreckt und zu spät begreifen wir, daß die übliche Heuchelei das nackte Interesse des einen wie anderen Machtgebildes nicht mehr verdecken kann.

Und auch die dritte, von Orwell »Ostasien« genannte Weltmacht zeichnet sich ab: China und Japan werden ihr bald Gewicht geben.

Schon finden, nach dieser Dreiteilung, sogenannte Stellvertreterkriege statt. Ob Vietnam, Kambodscha oder Afghanistan, alle drei Kriegsschauplätze waren und sind wie nach George Orwells Vorausschau lokalisiert, selbst wenn sich in seinem Roman die drei Weltmächte ihre Verschleißkriege an der indischen Malabar-Front oder in Zentralafrika liefern.

Und wenn sich im Roman »1984« urplötzlich zwei soeben noch mörderisch miteinander verfeindete Weltmächte gegen die dritte verbünden, um hundert Seiten später abermals und urplötzlich, weil das Interesse es fordert, den Bündnispartner zu tauschen, sollte uns heute die noch junge Allianz der USA mit der Volksrepublik China als Drohung gegen die Sowjetunion nicht über-

Februar 1980

raschen, wie auch das übermorgen schon mögliche Bündnis zwischen dem sowjetischen Staatskapitalismus und dem amerikanischen Monopolkapitalismus seine Begründung in der Sicherung von Rohstoffen fände: Diese unheilige Allianz ginge dann auf Kosten der Dritten Welt. Doch diese Dritte Welt wird sich als künftige dritte Weltmacht – siehe das Vorspiel Teheran – zu wehren wissen.

Drei Riesen, die einander nichts schenken. Drei Riesen, die geliebt sein wollen. Drei Riesen, die sich die Liebe ihrer Trabanten, notfalls unter Androhung von Strafe, erzwingen. Also beginnt die Welt, wie bei Orwell beschrieben, ihre neue, die zukünftige Ordnung zu finden.

Ein erschreckender Triumph der Literatur wäre zu feiern: Zu Beginn dieses Jahres – kaum hatten die Sowjets Kabul besetzt, kaum hatten die USA den Persischen Golf zu ihrem Interessengebiet erklärt – begann Orwells Jahrzehnt. Wir werden, sobald wir bereit sind, unseren Zustand zu erkennen und uns gegen diese Entwicklung zu stellen, unserem Autor noch oft begegnen.

Sie werden sich fragen: Was hat Orwell mit dem gegenwärtigen Wahlkampf zu tun? Soll hier Angst verbreitet werden, wo es doch in der bundesdeutschen Politik professionelle Angstmacher genug gibt?

Ich könnte mir einen Zwischenruf etwa dieser Art denken: Wir haben hier in Ludwigsburg oder Waiblingen andere Sorgen! Und diese Sorgen, stelle ich mir vor, haben alle mit dem Wort Sicherheit zu tun. Die Sicherheit der Arbeitsplätze, die Sicherung der Altersrente, die Versicherung gegen alles und nichts bestimmen notwendigerweise die Alltagspolitik. Doch da die Sicherheit der Arbeitsplätze sich nicht von der Sicherung des Energiebedarfs trennen läßt, ist schon im zweiten Satz die Sicherung der Ölquellen mitbetroffen.

So grotesk es klingt: Alles, selbst der Bau einer Freizeitanlage mit Schwimmbad und allem Drum und Dran – er mag noch so provinziell verhandelt werden –, hat gegenwärtig und zukünftig mit Weltpolitik zu tun. Unsere Idylle ist nicht mehr zu sichern. Wir befinden uns in Orwells Jahrzehnt.

Als Heinrich Böll, Carola Stern und ich vor einigen Jahren die Zeitschrift »L'76« gründeten, wollten wir mit dieser Publikation ein Forum für übergreifende Probleme schaffen. Gerade weil wir uns als eine Zeitschrift für den demokratischen Sozialismus definierten, griffen wir die Probleme der Staaten der Dritten Welt auf, zeigten wir uns als Gegner des sowjetischen Panzerkommunismus, waren uns Themen wie Menschenrechte und Datenschutz wichtig und sollten die herrschenden ideologischen Positionen einer ständigen Revision unterworfen werden. Plötzlich verkaufte der Deutsche Gewerkschaftsbund die Europäische Verlagsanstalt. Wir standen ohne Verleger da. Doch aufgeben wollten wir nicht. Also gründeten wir mit eigenen Mitteln den Verlag »L'80«, um unter neuem Titel unsere Arbeit fortzusetzen, nun auf das vor uns liegende Jahrzehnt bedacht.

Deshalb beteiligen wir uns auch als »L'80« am Wahlkampf. Wir wollen der modischen Wehleidigkeit widersprechen, den demagogischen Angstmachern die Wirkung schmälern, aber auch die tatsächlichen Gefahren unserer Zeit beim Namen nennen.

Wenn ich zu Orwells Roman »1984« ein Buch als Gegengewicht auf die Waage legen will, weiß ich nur den Bericht der Nord-Süd-Kommission. Als Vorsitzender dieser Kommission hat Willy Brandt unter dem Titel »Das Überleben sichern« die Ergebnisse seiner mehrjährigen politischen Bestandsaufnahme vorgelegt. Dieser Bericht liest sich düster und wäre noch eher als Orwells Roman geeignet, Furcht und Schrecken zu verbreiten, wenn ihm nicht Empfehlungen beigegeben wären, die uns helfen könnten, die bereits absehbare Weltkrise zu bewältigen.

Willy Brandts Nord-Süd-Kommission fordert eine neue Weltwirtschaftsordnung, die die Ungerechtigkeiten den Staaten der Dritten Welt gegenüber abbauen soll. Diese neue Ordnung setzt allerdings west-östliches Umdenken voraus. Sie verlangt uns Verzicht ab. Sie trifft den Nerv unserer Raubbauwirtschaft, denn sie fordert uns auf, unsere Märkte den Staaten der Dritten Welt zu öffnen. Und nicht zuletzt: Sie setzt weltweite Abrüstung voraus, wenn das Überleben der Menschheit über das Jahr 2000 hinaus gesichert werden soll.

Ich zitiere aus Willy Brandts Vorwort zu diesem Bericht:

»Die jährlichen Rüstungsausgaben nähern sich der Summe von vierhundertfünfzig Milliarden US-Dollar (das sind mehr als zwei Milliarden DM pro Tag), während die Ausgaben für staatliche

Entwicklungshilfe weniger als fünf Prozent dieser Aufwendungen ausmachen. Dazu vier Beispiele:

1. Die Militärausgaben allein eines halben Tages würden ausreichen, um das gesamte Programm der Weltgesundheitsorganisation zur Ausrottung der Malaria zu finanzieren ...

2. Ein moderner Panzer kostet etwa eine Million Dollar. Mit diesem Geld könnte man auch tausend Klassenräume für dreißigtausend Schulkinder errichten.

3. Für den Preis nur eines Kampfflugzeuges (zwanzig Millionen US-Dollar) könnte man etwa vierzigtausend Dorfapotheken errichten.

4. Mit der Hälfte von ein Prozent der jährlichen Rüstungsausgaben könnte man all die landwirtschaftlichen Geräte anschaffen, die erforderlich sind, um in den armen Ländern mit Nahrungsmitteldefizit die Agrarproduktion bis 1990 zu verbessern und sogar die Selbstversorgung zu erreichen.«

Vielleicht sollte nach diesen Beispielen daran erinnert werden, daß nach Schätzungen der Unicef im Jahr 1978 mehr als zwölf Millionen Kinder unter fünf Jahren an Hunger gestorben sind. Im Jahr 1979, das von den Vereinten Nationen zum »Jahr des Kindes« erklärt worden war, wird diese schreckliche Zahl durch das Kindersterben in Kambodscha gesteigert worden sein.

Ich sage bewußt »gesteigert«. Denn das ist der Zuwachs unserer Tage: Kindersterblichkeit. Einzig hier, unter den Vorzeichen Verelendung, Verslumung, Unterernährung, Hungertod, läßt sich noch Fortschritt errechnen. Ich bin mit Willy Brandt der Meinung, daß – wenn wir überleben wollen – hier die Hauptaufgaben der achtziger Jahre zu suchen sind! Alle Industrienationen, die westlichen und die östlichen, sind zur Abrüstung verpflichtet, so unversöhnlich sie sich ideologisch gegenüberstehen. Der gegenwärtig vernünftelnde Wahnsinn, der sich unter die Formel »Abrüstung durch Aufrüstung« bringen ließe, spricht den Staaten der Dritten Welt das Todesurteil, denn er wird weiteres weltweites Wettrüsten zur Folge haben, ohne irgend jemand Sicherheit zu geben, auch den hochgerüsteten Weltmächten nicht.

Die gegenwärtige weltpolitische Krisenlage zeigt an, daß die Großmächte USA und Sowjetunion ihrer Verantwortung nicht gewachsen sind. Ihre jeweilige innenpolitische Schwäche verführt sie, nach außen aggressiv zu wirken. Untaugliche Machtdemonstrationen, die Angst der beiden Riesen, in Kabul oder Teheran das Gesicht zu verlieren, und oft nur wahlkampfbestimmte Großsprecherei machten zu Beginn dieses Jahres deutlich, daß die Gefahr eines dritten Weltkrieges nicht mehr zu leugnen ist.

Es kann nicht verwundern, daß in dieser Situation die europäischen Staaten in Ost und West kritisch Abstand nahmen zu ihren jeweiligen Großverbündeten. Die europäische Vorstellungskraft reichte aus, sich einen dritten, alles vernichtenden Weltkrieg vorzustellen. Deshalb handelten die west-, aber auch osteuropäischen Staaten richtig, als sie sich den jeweils ihnen verbündeten Großmächten als unbequeme Partner erwiesen. Ihnen gelang es, den sich zuspitzenden Konflikt zu entschärfen und die sich ausweitende Krise einzudämmen.

In dieser realen und nicht herbeigeredeten Krisensituation fiel und fällt weiterhin den beiden deutschen Staaten besondere Verantwortung zu. Gerade weil von Deutschland zwei Weltkriege ausgingen, weil mit und durch Deutschland Europa geteilt ist, bleibt es die Pflicht unseres Volkes, jede Kraftmeierei zu vermeiden, bündnistreu ja, aber nicht bündnisblind zu sein und nur jenen Politikern Verantwortung zu übertragen, die sich bei der Wahrung des Friedens als fähig bewiesen haben.

Um es klar zu sagen: Ich bin für Helmut Schmidt, weil er in krisengeschüttelter Zeit die Nerven behält, weil seine Sachlichkeit überzeugt, weil sich sein kritischer Mut nicht nur dem politischen Gegner, sondern auch den verbündeten Freunden gegenüber bewährt hat – und nicht zuletzt: weil, gemessen an Helmut Schmidts Leistungen, der großsprecherische Gegenkandidat bis zur Schlumpfgröße schrumpft.

Und weiter nicht nur die Dinge beim Namen genannt: Ich stehe zu Willy Brandt, der trotz zurückliegender Krisen und wohl auch persönlicher Niederlagen die Kraft gehabt hat, mit seinem Nord-Süd-Bericht den Menschen wieder ein Ziel zu setzen. Er hat uns die Alternative zu Orwells düsterer Voraussicht gezeigt. Er hat die von ihm begonnene Entspannungspolitik um Einsichten vermehrt, die uns lehren könnten, das kommende Jahrzehnt zu bestehen. Mir jedenfalls hat Willy Brandt immer wieder Grund geboten, nicht nachzulassen, nicht zu resignieren, sondern den politischen Alltag notfalls auch kämpferisch zu bestehen.

Und einem weiteren Politiker gilt mein Dank. Er ist ein Brokken, der uns querliegt. An seiner unverrückbaren Beharrlichkeit haben sich schon viele Schnellstarter das Knie aufgeschlagen. Wenn er schweigt, braut sich etwas zusammen. Wenn er spricht, scheucht seine Rede uns auf. Doch muß es diesem einen und einzigen alten Mann, der unter aller politischen Last dennoch aufrecht steht, muß es einzig Herbert Wehner überlassen bleiben, uns unbequeme Wahrheiten zu sagen! Warum verweigern ihm die stets den Frieden im Munde führenden Kirchen ihre Unterstützung? Er, der letzte und erste Patriot, wird tagtäglich als Verräter diffamiert. Wann wird es endlich soweit sein, daß die Leistungen dieses Mannes, der mehr für Deutschland getan hat, als der Sonthofener Angstbrauer jemals begreifen wird, jene Achtung, jenen, ich sage es, liebevollen Respekt finden, den alle Deutschen ihm schulden.

Sosehr auch mich seine komplizierten Sätze herausfordern, ich stehe zu Herbert Wehner und zu seinen unbequemen Wahrheiten. Allen, die kopfhängerisch nur noch schwarzsehen, die aussteigen wollen, die sich in grüne Idyllen verkriechen, die ein bißchen Titanic und Untergang spielen wollen, ihnen allen rufe ich zu: Es ist ein Glück, daß es Herbert Wehner und Willy Brandt gibt und daß mit Helmut Schmidt ein Politiker als Bundeskanzler Verantwortung trägt, der den gegenwärtigen Krisen gewachsen ist.

Schlimm stünde es um uns, wären wir auf Politiker angewiesen, die die Krise herbeigehofft haben, die die Krise herbeireden wollten, die, kämen sie an die Macht, die Krise in Person wären.

Sie schrecken vor nichts zurück. Sie haben keine Bedenken. Alten Menschen, die zwei Inflationen erlebt haben, jagen sie Furcht ein, indem sie eine neuerliche Geldentwertung beschwören. Mal unterschwellig, mal offen diffamieren sie ihre Gegner, ordnen sie der »Moskau-Fraktion« zu, reden von Betrug und Betrügern. Dabei sind sie es, die sich und die Demokratie um eine ernstzunehmende Alternative betrügen. Über zehn Jahre hatten die Christdemokraten Zeit, als Oppositionspartei wieder regierungsfähig zu werden. Doch außer Obstruktion und Mißbrauch des Bundesrates fiel ihnen nichts ein. Nacheinander haben sie Kiesinger, Barzel, dann Kohl verschlissen. Schließlich blieb einer übrig, der die zuvor Genannten nacheinander aufs Kreuz gelegt hatte.

Doch eigentlich sollte, wenn von den achtziger Jahren und ihren Aufgaben die Rede ist, nicht über einen Mann gesprochen werden, der ein Produkt der fünfziger Jahre ist. Aber er hat sich nun mal den Christdemokraten als Kanzlerkandidat aufgezwungen. Es wäre gefährlich, ihn hier, womöglich aus schöngeistigen Gründen, auszusparen.

Wie immer man zu ihm steht: Strauß verkörpert das den Deutschen notwendige Gruseln. Lange wühlte er im Kostümverleih nach ihm passenden Möglichkeiten, nach einer ihm passenden Rolle. Er probierte an, verwarf, beschimpfte den Garderobenspiegel und wollte sich schlanker tragen, als ihm kleidsam ist. Denn immer, auch bei erfolgreichen Auftritten, hängt ihm der Makel an, eine begabte Fehlbesetzung zu sein. Eine Zeitlang kopierte er den Kanzler Schmidt, was schwieriger war, als man vermuten mochte. So lief er Rollen hinterdrein und wurde immer unkenntlicher.

Dabei gibt es ihn: so treuherzig wie brutal. Man sehe ihn rückblickend in Chile wie in Griechenland zuvor: allzeit den Militärdiktaturen vertraut. Man sehe ihn in Portugal und Spanien: den Resten der Falange gewogen. Wo immer er unterwegs war und ist, sieht man ihn Arm in Arm mit der Reaktion.

Man lese seine Sonthofener Rede, die er am 19. November 1974, unserem Gedächtnis zur Probe, gehalten hat. Man lese diesen Entwurf zur Gewinnung der Macht, damit er wieder erkennbar wird, damit uns erinnerlich bleibt, wie wirr und präzise sein Terror nach Ausdruck sucht. Und doch wollte ihm keine der Krisen, die er herbeiwünschte, die zu fördern er seine Parteigänger aufrief, gefällig werden. So düster er in Sonthofen auftrug, keine der biblischen Plagen hat ihn zum Retter aus Krisennot gemacht. Was mit Kalkül geheckt wurde, die große Angst, hat sich durch seinen Redefluß nicht ins Gemüt der Deutschen schwemmen lassen, so gastlich es sonst allen Ängsten offensteht; weshalb er sogar auf eigenem Feld ein minderer Prophet geblieben ist.

Weder bricht der Staat unter Verschuldungen zusammen, noch ist die Zahl der Arbeitslosen in seine Wunschhöhe geklettert. Trotz dümmster Gesetze flaute der Terrorismus ab. Die Industrie, bisher seinesgleichen mit Geldern gefällig, tat ihm den ganz großen Gefallen nicht, wollte keinen alles mitreißenden Zusammenbruch, sondern nutzte die Konjunktur und investierte, selbstredend steuerbegünstigt. Selbst die weltweiten Krisen, auf die in Sonthofen ruinöse Hoffnung verschwendet wurde, trafen die Bundesrepublik nur abgeschwächt, weil die sozialliberale Koalition ihnen standhielt; der Kanzler notfalls die Nachbarn belehrend.

Kein Massenelend half. Kein bundesweites Heulen und Zähneklappern, keine gebündelten Schreie nach dem Erlöser ließen den Namen des Angstbrauers laut werden. Ungerufen zwang er sich seiner Partei auf. Nun steht er hinter den Kulissen bereit. »Die Räuber« stehen auf dem Programm. Zwei Hauptrollen will er verkörpern, will Franz und Karl Moor zugleich sein. Aber das Stichwort kommt nicht. Es darf nicht kommen. Sorgen wir alle dafür, daß am 5. Oktober das Stichwort für seinen Auftritt nicht kommt.

Doch schon merke ich, daß Strauß meiner Rede die Zeit stiehlt. Wir sollten uns wichtigeren Themen zuwenden, den Problemen der achtziger Jahre. Was muß getan werden, damit diese achtziger Jahre nicht schrecklich, das heißt zu Orwells Jahrzehnt werden?

Bei George Orwell wird die sogenannte Neusprache gesprochen. Wörter wie »Unperson« und »Gutdenken« stehen erstmals bei ihm. Das Gedächtnis wird der »Wirklichkeitskontrolle« unterworfen. In der Neusprache heißt das: »Zwiedenken«. Da das »Friedensministerium« alle Kriegsangelegenheiten behandelt, heißt jenes Ministerium, das mit Hilfe der »Gedankenpolizei« Recht und Ordnung aufrechterhält, »Ministerium für Liebe«. Und weil das für Propaganda zuständige Ministerium folgerichtig »Wahrheitsministerium« heißt, steht auf weithin sichtbaren Spruchbändern: »Krieg bedeutet Frieden. Freiheit ist Sklaverei. Unwissenheit ist Stärke.«

Und wir? Ist uns nicht auch Orwells Neusprache mittlerweile geläufig? Wie heimelig klingt das Wörtchen »Lauschaktion«. Durch Rationalisierungsmaßnahmen arbeitslos gewordene Facharbeiter nennen wir »freigestellte Arbeitskräfte«. Einen Ort, an dem der anfallende Atommüll gelagert und gegebenenfalls wieder aufbereitet werden soll, nennen wir, als hätte Orwell unsere Feder geführt: »Entsorgungspark«. Sind wir weit weg von der »Gedankenpolizei«? Ist uns das »Zwiedenken« nicht schon geläufig? Findet bei der Produktion sogenannter »ausgewogener« Fernsehprogramme nicht schon jene hier zitierte »Wirklichkeitskontrolle« statt? Ja, sind unsere auf »Erkenntnisse« erpichten Technologien nicht heute schon jenen Apparaten überlegen, die bei Orwell erkenntnisdienstliche Wahrheitsfindung betreiben?

»Also ganz so schlimm ist es nicht!« höre ich rufen. »Aber anders schlimm!« hält jemand dagegen. »Und in Teilbereichen ein wenig schlimmer sogar!« ließe sich sagen.

Zum Beispiel die täglich einander löschenden Nachrichtenschübe. Wir wissen und vergessen alles, bis zu den Stellen hinterm Komma genau. Mit altbekannter Fistelstimme lehrt uns die Vernunft, den neuesten Wahnsinn als relativen Fortschritt zu begreifen. Es muß uns einleuchten, daß nur Aufrüstung die allseits ersehnte Abrüstung einleiten kann. Um unserer Demokratie Erkenntnisse zu vermitteln, wird jedermann an Rastersysteme verfüttert. Und dem Energiemangel begegnen wir mit gesteigerter Produktion. Wir schlucken Tabletten gegen Tablettenschäden. Unsere Feiertage sind Anlässe für Konsum, unsere Jahreszeiten enden in Schlußverkäufen. Und schlau sind wir: Um die Lebensmittelpreise in dieser regional überfressenen, doch weithin unterernährten Welt weiterhin stabil zu halten, türmen wir Butter- und Schweinefleischberge. Weil wir für jeden Schrecken passende Wörter finden, deckt das Wort »Versorgungslücke« auch den vielstelligen Tod ab.

Doch haben wir einen neuen, einen polnischen Papst, der so unfehlbar wie der persische Khomeini ist. Allgemein mangelt es nicht an großen Führerfiguren, die sich in Orwells Big-Brother-Rolle üben: Ein bigotter Prediger in Washington und ein Biedermann in Moskau lassen entscheiden, was sie der Welt als ihre Entscheidung kundtun. Natürlich gibt es als Markenzeichen des Heils noch immer den guten alten Kapitalismus und den guten alten Kommunismus: Nur werden die beiden, dank ihrer altbewährten Feindschaft – was Orwell vorausgesagt hat – einander immer ähnlicher. Zwei böse Greise, die wir lieben müssen, weil ihre uns angetragene Liebe unabweisbar ist. Big Brother hat einen Zwilling. Allenfalls läßt sich darüber streiten, ob die Big-Brother-Zwillinge eineiig oder zweieiig über uns wachen.

So jammern wir uns in das neue Jahrzehnt. Es ist schon so: Seitdem die Aufklärung als heilige Kuh trockensteht, ist dem Fortschritt kein Saft mehr abzumelken. Aussteigen wollen unsere Streichelkinder, sobald ihnen die Fahrkosten ihrer Umwege zugesichert sind. Wehleidig flüchten die Revolutionäre von gestern – unter Protest! – ins Beamtenrecht. Und jeder behauptet, als gehöre sich das, Angst zu haben.

Dagegen will ich hier ansprechen. Noch können wir sagen, was uns bedrückt, was uns das Fürchten lehren will. Noch sind wir handlungsfähig, wenn wir nur wollen. Ich nannte zu Beginn meiner Rede den von Willy Brandt vorgelegten Bericht der Nord-Süd-Kommission, unter dem Titel »Das Überleben sichern«. Willy Brandt ruft uns zum Handeln auf. So ungeschminkt sein Bericht unsere Gefährdungen aufzeigt, steht er doch alternativ zu Orwells Schreckensvision. Wie jämmerlich liest sich dagegen jenes Sonthofener Gebräu, das die Angstmacherei zum Mittel der Politik erheben wollte.

In Willy Brandts Bericht wird uns, wenn wir überleben wollen, konsequentes Umdenken, die Überprüfung unserer Bedürfnisse und folgerichtig eine zeitgemäße Askese empfohlen.

Das heißt: nein sagen zu den Angeboten. Die erstaunlichen Erfindungen ausschlagen, sich zur technischen Entwicklung, in deren Verlauf alles Machbare auch gemacht wurde, bewußt fehlverhalten. Das heißt: das Machbare über den Prüfstein der Notwendigkeit stolpern lassen. Alltäglich konkret wird das bedeuten müssen: nein sagen zum Kabelfernsehen und zum privatwirtschaftlichen Fernsehen, weil wir dieser Errungenschaften nicht bedürfen. Konkret alltäglich muß das bedeuten: die rigorose Geschwindigkeitsbegrenzung, die schon lange überfällig ist. Wir sind auf selbstmörderische Weise ohnehin zu schnell.

Aber auch die Erhebung einer progressiven Steuer zur Entwicklung der Dritten Welt wird die Konsequenz dieser notwendigen Askese sein.

Und dringend empfohlen ist diese Askese den christlichen Kirchen, die wieder glaubwürdig, das heißt arm werden sollten, wie Jesus Christus arm gewesen ist. Mit anderen Worten: Die in der Bundesrepublik erhobene Kirchensteuer sollte nicht mehr kirchlichem Selbstzweck, sondern ausschließlich der Sozialarbeit und den Staaten der Dritten Welt zugute kommen.

Es ließe sich die Liste dieser Notwendigkeiten fortsetzen, denn ob wir wollen oder nicht: Weil die Welt an unserer Verschwendungssucht leidet, werden uns die achtziger Jahre jene Askese auferlegen, die uns – um auch etwas Positives zu sagen – allesamt schlanker und schöner machen wird.

Ich möchte zum Schluß in eigener Sache sprechen und als Schriftsteller eine Aufgabe definieren, die sich im Verlauf der achtziger Jahre den beiden deutschen Staaten stellen wird. So krisenanfällig die Weltpolitik ist, nichts kann uns von der Pflicht befreien, das Verhältnis zwischen den beiden deutschen Staaten weiterhin zu entspannen und uns zu einem nationalen Selbstverständnis zu verhelfen, das den Deutschen in beiden Staaten angemessen sein sollte und das unsere Nachbarn nicht fürchten müssen.

Als Schriftsteller habe ich erfahren, wie tragfähig sich besonders die Literatur zwischen den beiden deutschen Staaten bewiesen hat. Ausgerechnet sie, die vielgeschmähte, die angeblich so zersetzende, die hier verlachte, dort auf das Wort Zensur gereimte Literatur hat sich durch keine Mauer aus- oder einsperren lassen: Sie ist gesamtdeutsch geblieben. Mehr noch: Die Wechselbeziehung zwischen den beiden deutschen Literaturen hat in drei Jahrzehnten anfangs unmerklich, wie gegen eigene Absicht, später dennoch ein gesamtdeutsches Dach entstehen lassen, unter dem sich leben ließe: in zwei deutschen Staaten einer Kulturnation.

Diese meine These, die schließlich, im Sinne der Deutschlandpolitik, zur Forderung wird, fußt auf eigener Erfahrung. Im Verlauf der siebziger Jahre besuchten einige Westberliner Autoren, darunter ich, in regelmäßigen Abständen, etwa alle acht Wochen, Ostberliner Autorenkollegen in ihren Privatwohnungen. Wir lasen uns aus unseren Manuskripten vor, kritisierten einander und teilten obendrein den unter Tapeten oder sonstwo eingebauten Wanzen einiges über die deutsche Literatur, ihre Tradition und ihre Entwicklung mit. Ob der Staatssicherheitsdienst der DDR daraus lehrreichen Nutzen gezogen und seine Erkenntnisse, im gesamtdeutschen Sinn, mit den Erkenntnissen des bundesdeutschen Verfassungsschutzes verglichen hat, läßt sich nur erahnen.

Doch soviel ist sicher: Diese ost-westlichen Literaturgespräche folgten der Tradition der europäischen Aufklärung und ihrer deutschen Entsprechung. Wir ließen uns Logau und Lessing, Büchner und Heine nicht halbieren. So deutlich besonders uns die politische Teilung bewußt war, so gewiß und notwendig blieb uns das Überdauern der weitgefächerten, tief wurzelnden, deshalb nicht zu teilenden deutschen Kultur. Wir waren uns näher, als wir vermutet hatten. Und selbst die widersprüchlichen Erfahrungen – dort mit der Zensur, hier mit einer kulturbetriebsamen Barbarei – entsprachen einer deutschen Tradition. Die Lügen in der Staatszeitung »Neues Deutschland« halten Schritt mit den Lügen in Springers Zeitungen. Und die Bereitschaft, Schriftsteller »Ratten und Schmeißfliegen« zu nennen, ist gleichfalls in beiden deutschen Staaten variationsreicher Sprachgebrauch. Denn selbst in ihrer Verneinung ist unsere Kultur gesamtdeutsch geblieben.

Man mag es als gewagt und ungesichert bezeichnen, wenn ich dennoch versuche, den Begriff der deutschen Nation aus unserer Kultur zu beziehen, zumal es schwerfallen wird, diese bisher nur literarische Formel ins Politische zu übersetzen. Deshalb will ich mich in einigen Thesen erklären:

1. Die politische, wirtschaftliche und ideologische Teilung Deutschlands, als Folge des Zweiten Weltkrieges, ist vollzogen und nicht aufzuheben.

2. Einer Wiedervereinigung Deutschlands steht nicht nur die weltpolitische Blockteilung im Wege, sondern auch die Ablehnung einer abermaligen Machtballung in der Mitte Europas durch unsere östlichen und westlichen Nachbarn.

3. Dennoch muß das Verhältnis der beiden deutschen Staaten zueinander als ein besonderes angesehen werden: Ihre geschichtliche und kulturelle Entwicklung legt ihnen auf, sich als zwei Staaten einer Nation zu begreifen.

4. Sollten sich die beiden deutschen Staaten dieser gemeinsamen Aufgabe entziehen, entstünde die Gefahr eines nationalen Vakuums, das in absehbarer Zeit, wie schon oft in der deutschen Geschichte, von Demagogen angefüllt werden würde.

5. Da unter der Regierung der sozialliberalen Koalition das Gespräch zwischen den beiden deutschen Staaten begonnen wurde, stellt sich zuallererst ihr die Aufgabe, im Verlauf der achtziger Jahre diese Politik fortzusetzen und ein Kulturabkommen zu verhandeln, das beiden Staaten den Fortbestand der Nation als Kulturnation sichert.

6. Dieses Kulturabkommen soll sich beweisen, indem es die Nationalstiftung deutscher Kultur zur gemeinsamen Aufgabe beider Staaten erklärt.

Februar 1980

7. Die Nationalstiftung deutscher Kultur soll von der Deutschen Demokratischen Republik und der Bundesrepublik Deutschland gleichberechtigt gegründet, getragen und verwaltet werden; diese kulturelle Gemeinsamkeit sichert und definiert die Existenz zweier deutscher Staaten einer Kulturnation und schließt die politische Vereinigung der beiden Staaten aus.

Mit diesen sieben Thesen habe ich eine weitere Aufgabe für die achtziger Jahre umrissen. Nur wenn es uns gelingt, uns im eigenen Bereich zu erklären und zu begreifen, werden wir auch unseren Nachbarn begreifbar werden und nicht mehr – wie man immer noch hört – unheimlich sein.

In diesen Wochen hat uns das polnische Volk ein Beispiel gegeben. In einem System, das Orwellsche Machtverhältnisse anstrebte, haben die polnischen Arbeiter dennoch Veränderungen erkämpft. Wir haben kein Recht, den Polen Ratschläge zu erteilen. Eher könnten uns der Mut, die Ausdauer und die politische Vernunft des polnischen Volkes zum Ansporn werden, hier bei uns und nach unseren Möglichkeiten dafür zu sorgen, daß die achtziger Jahre nicht Orwells Jahrzehnt werden.

Literatur und Mythos

Rede auf dem Schriftstellertreffen in Lahti (Finnland)

Das Thema »Literatur und Mythos« macht mich vorerst verlegen, weil es die Gewißheiten und die Begriffsgläubigkeit des Literaturwissenschaftlers voraussetzt; ein Ansinnen, dem ich mich gerne verweigern will: Ich bin nicht gewiß, und die gängigen Begriffe taugen allenfalls als Sargdeckel. Auch haben mich Erfahrungen mit dem Wortfeld Mythos, Mythen, mythisch mißtrauisch werden lassen, zumal wir in Deutschland noch immer die Folgen jener Politik tragen müssen, die einen neuen Mythos schaffen wollte, doch deren Ergebnis Auschwitz hieß.

Diese Erfahrungen mit dem Irrationalismus und seinen realen, bis in unsere Tage lastenden Ausscheidungen haben uns vernunftgläubiger gemacht, als es – um den Jargon unserer Tage zu benutzen – »im Kopf auszuhalten« war. Jedem Wunder wurden die Kosten nachgerechnet. Zum Chaos fiel uns die Parzellierung ein. In jede Dunkelheit leuchtete die Tranfunzel statistischer Erhebung. Wir bedienten uns der Vernunft, als sei sie ein Gegengift. Wir schnupften, inhalierten sie, injizierten einander mit Vernunft, um uns, so abgespritzt, immun zu machen gegen neuerliche Versuchungen, in denen innerhalb des konturlosen Sammelbegriffs »Irrationalismus« auch die Wörter Mythos, Mythen, mythisch wabern.

Das Ergebnis ist mittlerweile einsehbar: Ein immer engerer, jede Gefährdung abweisender Vernunftbegriff schuf sich unter dem Deckmantel vernünftelnder Sprache seinen hausgemachten Irrationalismus, gipfelnd im Mythos vom Fortschritt. Weshalb auch das Unterfutter des neuen, vernunftgesättigten Irrationalismus mit allerlei Mythen angereichert ist, deren Setzlinge dem Treibhaus der einen, der anderen Ideologie entstammen, so daß der Erfolg (mit seinen leistungsstrotzenden Erfolgsmythen) den angeblich klassenlosen und den vorgeblich pluralistischen Gesellschaften als Überbegriff gemein ist.

Und auch sie, die Vernunft, will nicht mehr in Sack und Asche laufen. Seitdem sie als A und O der europäischen Aufklärung

Juni 1981

bereits vor der Französischen Revolution vergöttlicht wurde und im Verlauf der Revolution auch folgerichtig zu Tempeln und Tempelchen kam, ist sie, wie unser Fortschrittsbegriff, zum Mythos aufgeputzt worden: die Vernunft transzendiert. Nun schaut sie melancholisch drein und verlangt, weil sie diesen saturnischen Zustand nicht aushält, nach Tabletten, die glücklich machen.

Die Gegensätze sind aufgehoben. Was man meinte, fein säuberlich und ideologisch lupenrein getrennt zu haben – hier die klärende, aufklärende, folgerichtig den Fortschritt beschleunigende Vernunft, dort die begrifflich als Irrationalismus abgeurteilte Unvernunft –, ist heillos miteinander verquickt. Wir schlingern, orakeln und liefern uns, weil handlungsunfähig geworden, neuzeitlichen Schamanen, den Computern aus. Allenfalls spricht noch aus Märchen Wahrheit, während uns die so vernünftig geknüpften Sachzwänge unserer Tage um jede Erkenntnis bringen. Mit technischer Präzision, also eindeutig und ohne zwielichtiges Geheimnis, ist uns die Apokalypse vorprogrammiert.

Was Johannes auf Patmos niederschrieb – sei es wie unter rauschhaftem Zwang, sei es mit der Gründlichkeit eines Schriftstellers, der immer wieder verbessernd den treffenden Ausdruck sucht –, dieses so vieldeutige, mit Geheimnissen wuchernde und nebenbei lustvoll mit der Zahl Sieben spielende Stück Literatur – sieben Leuchter, sieben Engel, sieben Posaunen –, das immer wieder – hier abgesehen von theologischen Haarspaltereien – kreative Neudeutungen provozierte – ich denke an Albrecht Dürers Holzschnittfolge, in der die Wörtlichkeit der apokalyptischen Offenbarung bis ins Detail bildhaft wird –, dieses Glanzstück literarischer Erhellung und Eindunkelung, dieser siebenmal versiegelte Mythos vom Weltuntergang verspricht heutzutage, platterdings eingelöst zu werden. Was heißt hier das Siebte Siegel! Der Mensch, also die Technik macht's möglich. Wir entsiegeln alles. Uns bleibt nichts verborgen. Wir dulden keine Informationslücke.

Wollte ein heutiger Johannes als Schriftsteller seine Offenbarung zu Papier bringen, es käme eine Doomsday-Kolportage, ein trivialer Science-fiction-Aufguß dabei heraus; es sei denn, der neue Johannes wäre ein Stanisław Lem. Der ginge sarkastisch bis ironisch mit den altbackenen und neubackenen Mythen um. Der ließe seinen Professor Donda seine »Dondaische Barriere«, die

Grenze des Wissenszuwachses errichten, hinter der jede Zivilisation, die bestrebt ist, alles zu wissen, jedes und auch das Siebte Siegel zu brechen, also die absolute Information zum Ziel hat, zwangsläufig die totale Ignoranz des Wissens zeitigt, sich aufhebt und in die Leere fällt. Und diese Leere, das Nichts – schon wieder ein Mythos! – schafft Platz für nachhallendes, also literarisches Gelächter.

Eigentlich sollten wir froh sein, daß die göttliche Vernunft mittlerweile ihren Dachschaden so deutlich als unreparierbar zur Schau trägt. Seitdem nimmt sie uns nicht mehr so streng in die Pflicht. An ihren kategorischen Imperativen gemessen, wurde sie komisch, hüpfte wie Candide von einer Panne zur nächsten und erlaubt endlich auch uns Sprünge und Unterstellungen. Sie verlangt geradezu, daß ihr ärmlich graues Magisterröckchen, abgewetzt, wie es ist, daß ihre schlotternde Armseligkeit ein wenig aufgeputzt und angereichert wird.

Ist nicht die Literatur, als der Aufklärung ungeratenes Kind, besonders dazu geeignet, die Anfänge unserer neuzeitigen Entwicklung, Montaigne und seine Essays, zu beschwören, die Vernunft aus ihrer puritanischen Enge zu lösen und ihr die griesgrämige Rechthaberei auszutreiben? Könnten nicht sie, die Literaten, ihr, der Vernunft, die immerhin vernünftige Einsicht beibringen, daß Märchen, Mythen und Sagen nicht außerhalb unserer Wirklichkeit entstanden sind, also nicht irreal am Rande hausen und reaktionäre Finsternisse beschwören müssen, sondern Teil unserer Realität und kräftig genug geblieben sind, um uns klarer, wenn auch mit gesteigertem Ausdruck in unserer existentiellen Not und Wirrnis darzustellen, als es die überdies wortarm gewordene, nur noch im Fachjargon nuschelnde Vernunft vermag?

Nach Ende des Zweiten Weltkrieges, als ich, ein junger unwissender Mann, dessen Neugierde grenzenlos war, wie viele meiner Generation (mehr aus Trotz denn wissend) dem Existentialismus und seinen Moden zulief, las ich zum erstenmal Camus' »Mythos von Sisyphos«, ohne recht zu begreifen, was mich faszinierte. Heute, gebeutelt von Erfahrungen und auch gezeichnet von der produktiven Vergeblichkeit des politischen Steinewälzens, ist mir Camus wieder nah, ist die Mär vom rastlosen Stein, der, Mal um Mal bergauf gewälzt, nicht liegenbleiben will, ist mir die heroische

Absurdität des die Götter spottenden und den Stein bejahenden Sisyphos gegenwärtig. Sie beweist sich alltäglich. Dieses den Mythos in wenige Sätze fassende Bild vom heiteren Steinewälzer weist die menschliche Existenz komplexer und obendrein sinnlicher nach, als es der Informationswust unserer Tage oder gar die soziologische Überproduktion vermag.

Vielleicht ist es die archaische Strenge, die ins Einfache gesteigerte Komplexität der Mythen, die uns immer wieder einholt und uns, die wir versucht sind, in eine Unzahl statistischer Einzelheiten auseinanderzufallen, wiederum sammelt und kenntlich macht. Wie wir ja auch im Märchen uns wiedererkennen und uns seit Menschengedenken in Mythen aufgehoben sehen. Wir sind Echo und Narziß. Drei Wünsche sind uns freigestellt. Brot und Wein bedeuten mehr als Essen und Trinken. Den Jungbrunnen suchen wir, den uns die Fernsehwerbung verspricht. Jedem Goliath ist sein David gewiß. Jedermanns Traum: endlich den Fisch fangen, der zu uns spricht.

An diesen Beispielen, die nur Stichworte sein können, mag deutlich werden, daß jedenfalls meine schriftstellerische Arbeit ohne die stilbildende Kraft des Märchens nicht denkbar ist. Sie erlaubt Einsicht in eine weitere, das heißt die menschliche Existenz erweiternde Wirklichkeit. Denn so verstehe ich Märchen und Mythen: als Teil, genauer: als Doppelboden unserer Realität. Der nicht nur kindliche Wunsch der Menschen, fliegen zu können, klein zu bleiben, unsichtbar zu sein, ja, fernwirkend durch bloße Wunsch- oder Stimmkraft Gutes oder Schaden anzurichten, zum Beispiel Glas zu zersingen, und nicht zuletzt das Verlangen, die Zeit aufheben, in jeder Zeitweil des vorgeblich Vergangenen, des vorgeblich Zukünftigen gegenwärtig zu sein, diese so verstiegen anmutenden Sehnsüchte sind dennoch nicht unwirklich, nicht außerhalb der Realität, sondern bestimmen unsere Wirklichkeit in Tag- und Nachtträumen, aber auch im alltäglichen, oft gedankenlosen Sprachgebrauch. Von der Achillesferse bis zum Ödipuskomplex, vom Schlaraffenland bis zum Paradies auf Erden, von der Dreieinigkeit bis zur Bösen Sieben reichen die Relikte einer Bild-, Zeichen- und Bedeutungswelt, die wir annehmen und nicht als irrational diffamieren sollten.

Die Literatur lebt vom Mythos. Sie schafft und zerstört Mythen. Sie erzählt die Wahrheit jedesmal anders. Ihr Gedächtnis speichert, was wir erinnern sollten.

Vielleicht gelingt es uns eines hoffentlich nicht zu späten Tages, wieder in Bildern und Zeichen zu denken, indem wir unserer Vernunft erlauben, an Märchen zu glauben, wie närrisch mit Zahlen und Bedeutungen zu spielen, der Phantasie Auslauf zu gewähren und zu erkennen, daß wir, falls wir überleben, allenfalls – und sei es mit Hilfe der Literatur – in Mythen überleben werden.

Juni 1981

Otto Pankok

Berlin, am 27. Oktober 1981

Lieber Rainer Herrmann,

vielen Dank für Ihren Brief. Es stimmt, daß ich von Ende 1951 bis Ende 52, insgesamt etwa zweieinhalb Semester lang, Schüler von Otto Pankok gewesen bin.

Meine Ausbildung begann in Düsseldorf an der Kunstakademie als Bildhauer bei Professor Sepp Mages, einem Mann, der mir handwerklich sehr viel vermittelt hat, doch mit zunehmendem Drang nach künstlerischer Eigenständigkeit kam es auch zu Spannungen zwischen Mages und mir; deshalb wechselte ich zu Otto Pankok, dessen Schüler damals eine Ansammlung begabter und verrückter, schräger und bunter Vögel gewesen sind. Unter anderem arbeitete ich mit Franz Witte in einem Atelier, einem der begabtesten unter den jungen Düsseldorfer Malern, der leider später – labil, wie er war – dem Scheinglanz der Düsseldorfer Altstadt und den Verführungen einer Pseudo-Bohème erlegen ist. Als er vierzigjährig starb, war Franz Witte nur noch ein Schatten seiner selbst.

Damals jedoch, in den beginnenden fünfziger Jahren, waren wir alle unvorstellbar fleißig und kreativ. Es galt, viel nachzuholen; alles, was meiner Generation während der Zeit des Nationalsozialismus vorenthalten worden war, mußte neugierig erobert, aufgesogen, verarbeitet, hier epigonal, dort mit Ansätzen von Selbständigkeit in eigenes Tun umgesetzt werden.

Das konnte man unter Otto Pankoks mal brummiger, mal lässiger, insgesamt unakademischer Anleitung ungehemmt tun. Eigentlich bekamen wir ihn selten zu Gesicht, weil ihn seine eigene Arbeit – ich erinnere großformatige Kohlezeichnungen zumeist mit Zigeunermotiven – in seinem Atelier festhielt. Im Gegensatz zu meinem ersten Lehrer, Sepp Mages, dessen Formsprache, wie unberührt vom Zeitgeschehen, klassizistisch geblieben war, vermittelte Otto Pankok seinen individuellen Spätexpressionismus. Das Gegensätzliche dieser beiden Künstler, die übrigens miteinander befreundet waren, hat mich später gereizt, beide auf satirische Art und Weise in meinem Roman »Die Blechtrommel« zu portraitieren. (Zu finden im 3. Teil, das Kapitel »Madonna 49«.)

Anfang 1953 habe ich dann abermals den Lehrer gewechselt, indem ich das Wirtschaftswunder in Düsseldorf hinter mir ließ, nach Berlin ging und dort an der Hochschule für Bildende Künste Schüler von Karl Hartung wurde.

Ich freue mich zu hören, daß nun in Mülheim eine Schule nach Otto Pankok benannt worden ist, und hoffe, daß sich viel von seinem unabhängigen Geist, von seinem sozialen Engagement und seinem politischen Mut den Schülern der Otto-Pankok-Schule vermitteln möge.

Freundlich grüßt Sie
Ihr *Günter Grass*

P. S.: Selbstverständlich können Sie meinen Brief in Ihrer Schülerzeitung abdrucken.

Oktober 1981

Die Bundesrepublik Deutschland ist (k)ein Einwanderungsland

Rede auf einem Kongreß der Sozialdemokratischen Wählerinitiative in Berlin

Meine Damen und Herren,

ich gehöre mit zu den Gründern und Begründern der Sozialdemokratischen Wählerinitiative. Ende der sechziger Jahre, als wir noch glaubten, man könne in diese relativ junge Republik demokratische Impulse mit dauerhafter Wirkung hineintragen, gab es einen Elan, gab es eine Möglichkeit, so etwas aufzubauen. Und es hat sich auch erwiesen, daß diese Sozialdemokratische Wählerinitiative in ihrem kritischen Verhältnis zur SPD immer wieder Gelegenheit genommen hat, der Partei unangenehme Fragen zu stellen, ihr oft Themen aufzureden, denen sie sich sperrte. Unter anderem war es das Thema der Ausländerpolitik, das Zusammenleben der Deutschen mit Ausländern, die zum Gutteil in unser Land gerufen worden sind, die man gebraucht, benötigt, benutzt hat und die dann behandelt wurden zum Gotterbarmen. Dieses Problemthema gibt es schon über ein Jahrzehnt und länger.

Damals war schon deutlich, daß es notwendig war, hier nicht etwa ein einseitiges Konzept zu praktizieren, indem man sagte, die Ausländer müssen sich in unsere Lebensgewohnheiten hineinfügen und das annehmen, was wir hier praktizieren, dann wird alles gut sein. Nein, ob Türken, Jugoslawen, Italiener, was immer sie auch waren, sie brachten ihre eigene Kultur mit, eine Kultur, die sich durchaus neben unserer eigenen Kultur sehen lassen kann und von der wir ja auch bis in die Trivialbereiche hinein profitiert haben.

Berlin kann auf Dauer gesehen nicht aus eigener Substanz leben. Die Stadt dörrt aus, sie verfilzt, sie ist verkrustet, sie ist allerdings auch eine Stadt ohne Hinterland. Ich sage das nicht als Entschuldigung, sondern als Erklärung. Es gibt immer wieder Westdeutsche, die ihren eigenen Filz zu Hause vergessen und den überdeutlichen Berliner Filz zum Anlaß nehmen, hier ihre Kritik loszuwerden. Berlin ist auf den Zuwachs, auf den Zustrom von

Menschen von außerhalb angewiesen. Nur durch eine Öffnung der Stadt gerade den Ausländern gegenüber ist die Zukunft dieser Stadt sicherzustellen.

Hier müßte man an eigentlich recht gute preußische Traditionen anknüpfen. Dieser Staat Preußen, die Ausstellungen haben es nochmal deutlich gemacht, ist entstanden, weil man – sicher auch aus Kalkül und Berechnung – begriffen hatte, daß auf diesen Sandboden Menschen gebracht werden mußten.

Politische, religiöse Flüchtlinge, in den damaligen Jahrhunderten war das deckungsgleich, fanden hier ihre Heimat und haben Preußen entstehen lassen, haben von Anfang an ihre Chance gehabt. Wer einen Blick ins Berliner Telefonbuch wirft, wird an den Namen erkennen können, daß Berlin eine Summe von Einwanderung gewesen ist.

Das hat sich geändert. Dieses Sich-Abkapseln, und das auch noch in einer Lage als Stadt ohne Hinterland, wird auf die Dauer den Ruin Berlins bewirken.

Nach 1945 hat es wieder eine Einwanderungswelle gegeben. Es waren über neun Millionen Flüchtlinge, die aus den verlorenen Ostprovinzen, auch aus anderen Ländern des Ostens, nach Westen strömten. Und ich behaupte hier, daß die Reaktion eines Großteils der westdeutschen Bevölkerung auf diese Ostflüchtlinge die Reaktion war wie auf Ausländer, obgleich es sich um Deutsche handelte.

Ich habe zwei Jahre nach Kriegsende meine Eltern auf einem rheinischen Bauernhof wiedergefunden. Sie waren dort in dem bösen Winter 46/47 in der Futterküche untergebracht und aßen erfrorene Kartoffeln und wurden von den rheinischen Großbauern wie der letzte Mist behandelt. Die Rede war: Die sollen doch hingehen, wo sie herkommen! Es wurde nicht zur Kenntnis genommen, daß wir einen Krieg angefangen und verloren hatten, daß diese Flüchtlinge gemeinsam mit den Ausgebombten in den Großstädten, die noch am ehesten Verständnis für die Ostflüchtlinge hatten, die Hauptlast des verlorenen Krieges zu tragen hatten.

Dennoch hat man politisch richtig gehandelt. Diese neun Millionen Flüchtlinge sind nicht in Lager gesperrt worden. Man hat sie nicht an den Rand der Gesellschaft gedrängt. Man hat sehr rasch begriffen, daß diese neun Millionen Flüchtlinge mit einem Nichts im Hintergrund natürlich der Motor gewesen sind für das, was man später das Wirtschaftswunder genannt hat.

Ein Jahrzehnt später begann dieses Wirtschaftswunder, Arbeitskräftemangel aufzuzeigen. Es wurden Ausländer, in erster Linie aus Italien, aber auch aus anderen Ländern, ins Land gerufen. Der Boom der Wirtschaft, die beständigen Zuwachsraten ließen die Zahl der Gastarbeiter anschwellen und anschwellen. Und erst, als es Anfang der siebziger Jahre nach der ersten Erdölkrise auf einmal hieß, mit dem Zuwachs ist auf die Dauer nicht zu rechnen, war man sehr rasch bereit, die Leute wieder abschieben zu wollen, denen man einen großen Teil des Wirtschaftswunders verdankt. Es wird sich heute nicht mehr so machen lassen.

Wir wissen es aus den Zahlen, daß ein Großteil der Kinder dieser Gastarbeiter hier aufgewachsen ist, daß ihre Bindungen an die Bundesrepublik, wie immer die aussehen mögen, stärker sind als an das Heimatland ihrer Eltern. Wir werden mit ihnen leben müssen. Es wird uns keine Abkapselungspolitik dabei helfen, zumal wir im Verlauf der nächsten zwei Jahrzehnte mit einem Einwanderungstrupp zu rechnen haben werden, der sich mit den Normaleinwanderern, ich nenne sie mal so, die wir selbst ins Land gerufen haben, nicht mehr vergleichen läßt.

Das Anschwellen der Weltbevölkerung von viereinhalb Milliarden auf über sieben Milliarden im Jahre 2000 wird, ich wage das zu behaupten, eine neue Form von Völkerwanderung zur Folge haben. Diese Völkerwanderung wird nicht nur asiatischen und afrikanischen und südamerikanischen Ursprungs sein und sich in alle Industriestaaten hinein ergießen. Auch in den Ländern des Ostblocks, selbst wenn sie bessere Abwehrmechanismen haben, wird man auf Dauer diesem Druck nicht standhalten können. Es wird zu Bewegungen innerhalb Europas führen, da es auch dort zum Austausch von Bevölkerungsgruppen kommen wird.

Ich glaube, die Aufgabe von Politikern liegt in erster Linie wohl darin, sich den Blick freizuhalten aus der pragmatischen Anforderung des Alltags in Zukunftsentwicklungen hinein. Diese Zukunftsentwicklungen sind heute schon zu erkennen. Sie haben in Ländern, die früher große Kolonialreiche hatten, deutliche Spuren hinterlassen. Ich denke zum Beispiel an Großbritannien, ich denke an Holland.

Eine derartige Entwicklung werden wir in Deutschland nicht haben, weil wir zu spät und zu kurzfristig zu Kolonien gekommen sind. Aber der Ruf der Bundesrepublik, ein Einwanderungsland zu sein, ein Ruf, den wir selbst aus vulgär-materialistischen Gründen jahrelang gefördert haben, indem wir die Gastarbeiter hereinholten, dieser Ruf wird bestehen bleiben; und ein anderer Ruf, auf den wir eigentlich stolz sein sollten, daß die Bundesrepublik lange als ein Land galt, in dem Menschen, die politisches Asyl suchen, eine Heimat finden können, dieser Ruf droht verlorenzugehen.

Wenn wir als Sozialdemokraten oder als Leute, die sich einer solchen Gruppierung nahe sehen, es nicht verstehen, dem überlieferten Begriff Solidarität, diesem leergequatschten Begriff Solidarität, einen neuen Inhalt zu geben, wie wir es in Polen zur Zeit erleben; wenn wir es nicht verstehen, unseren ausländischen Mitbürgern gleiche Rechte zu garantieren und ihnen die Chance einzuräumen, hier zu leben und gleichzeitig ihre Kultur weiter zu entfalten; wenn wir diese Solidarität nicht aufbringen, werden wir an unserem eigenen Egoismus scheitern.

Insgesamt: Wir sind schuld.

November 1981

Die Preisgabe der Vernunft

Statements beim Ostberliner Schriftstellertreffen

Auch für mich, also jemand, der eigentlich nicht dazu neigt, sich von Weltuntergangsstimmungen tragen zu lassen, ist das Ende menschlicher Anwesenheit auf dem Planeten Erde vorstellbar geworden. Keine Naturgewalten, wir bedrohen uns. Kein unwägbares Schicksal ist über uns verhängt, sondern ureigenes Machwerk. Auf vielfältige Weise sind wir Menschen bemüht, die Grundlagen unserer Existenz zu zerstören oder Voraussetzungen zu schaffen, die die Vernichtung der menschlichen Gesellschaft zur Folge haben werden, wenn wir zur grundsätzlichen Umkehr nicht fähig sind.

Gleich welcher angeblich menschenbeglückenden Ideologie wir anhängen, wir vergewaltigen die Natur. Wir beuten sie aus. Wir erschöpfen sie und ihre Reserven, obgleich wir nur Laune oder reich ausgestattetes Nebenprodukt der Natur sind und in Bescheidenheit, auf Grund unserer Fähigkeiten, das wissen sollten.

Wir beuten aber nicht nur die Natur, wir beuten uns selber aus, wobei jede unserer Ideologien die ihr eigene Ausbeutungsmethode entwickelt hat. Wir sind nicht nur bis an die Zähne, sondern weit über den Horizont unseres eigenen Begreifens bewaffnet und mittlerweile als Sklaven eines falschen Fortschrittsbegriffs fähig, uns selbst zu vernichten.

Von dieser letzten Bedrohung soll hier, ohne daß wir die anderen Bedrohungen aus dem Blick verlieren, die Rede sein, von der Gefahr eines dritten, alles vernichtenden Weltkrieges, von der zunehmenden Militarisierung des Denkens, von der Preisgabe der Vernunft.

Schriftsteller und Wissenschaftler sprechen aus ihrer Erfahrung, die nicht gering, sondern in der Regel vielschichtiger als die der Politiker ist.

Ich habe mich kurz in sieben Thesen gefaßt.

Erstens: Nach zwei Weltkriegen und dem ersten wahrhaftig mörderischen Einsatz von Atombomben hatten sich die Großmächte entschlossen, trotz aller Gegensätze und Konflikte dem

Frieden Vorrang zu geben. Dennoch sind es die Großmächte gewesen, die begrenzte Kriege ausgelöst, gefördert oder verlängert und so den Weltfrieden bis in die jüngste Zeit gefährdet haben. Vietnam und Afghanistan seien stellvertretend genannt für den seit drei Jahrzehnten anhaltenden konventionellen Krieg. Nicaragua und Polen stehen schrecklich auf der Tagesordnung. Unser Frieden ist ein Scheinfrieden.

Zweitens: Dieser Frieden zwischen den Großmächten und den ihnen jeweils verbündeten Militärblöcken beruhte die längste Zeit auf dem Prinzip der gegenseitigen Abschreckung, auf dem Gleichgewicht des Schreckens, weshalb immer schrecklichere Waffensysteme eingeführt wurden, um jeweils der anderen Seite die atomare Abschreckung glaubhaft zu machen, damit, so sagte man, der Weltfrieden erhalten bleibe.

Drittens: Dieses System der Friedenssicherung hat die Großmächte und ihre Verbündeten zum permanenten Rüstungswettlauf verleitet. Das mittlerweile angehäufte Rüstungspotential könnte die Menschheit mehrmals ausrotten. Es droht, außer Kontrolle zu geraten. Es läßt sich nicht mehr zählen, also ins Gleichgewicht bringen. Es kann den Frieden nicht mehr durch Abschreckung sichern. Es hat sich um seine Funktion gebracht.

Viertens: Noch beharrt die Politik der Großmächte auf *Vor*rüstung und *Nach*rüstung, wenngleich sie immer dringlicher und gelegentlich sogar glaubwürdig von der Notwendigkeit weltweiter *Ab*rüstung sprechen.

Dieses Verhalten der Politik beider Blocksysteme, insbesondere der jähe Wechsel von Drohgebärden und Friedensbeteuerungen, mutet genau besehen infantil an. Weil ständig überfordert, trumpfen sie auf. Weil bei ihnen zu Hause Krisen und Mißwirtschaft herrschen, sehen sie sich versucht, die Flucht nach vorne anzutreten. Ihre übermenschliche Kraft läßt ihre Bewegungen oft genug zum Zeugnis der Unmenschlichkeit geraten. Sie wollten geliebt werden und ernten zunehmend Haß oder Verachtung. Man fürchtet sie, und insgeheim fürchten auch sie sich.

Fünftens: Schon jetzt hat das Versagen der Politik und der Politiker beider Weltmächte katastrophale Auswirkungen. Über die Hälfte der Wissenschaftler arbeiten der Rüstung zu. Die Milliardenbeträge für die weltweite Aufrüstung erlauben keine wirksame Hilfe für die notleidende Dritte Welt, denn mit der Rüstung wachsen einzig Armut, Elend und die Zahl der Verhungerten: jährlich fünfzehn Millionen Menschen. Und die Angst wächst, denn wo mit nur noch vernünftelnden Reden die Vernunft außer Kraft gesetzt wird, ist das Ende menschlicher Existenz vorstellbar.

Sechstens: Nur noch Verweigerung und anhaltender Protest können eine Umkehr erzwingen. Notwendig ist es, daß die ständig wachsende Friedensbewegung ihre Entsprechung in Osteuropa findet. Vielleicht könnte es dieser so sich ausweitenden, spontanen und urdemokratischen Massenbewegung gelingen, die Politiker zur Vernunft zu bringen und den beiden Weltmächten ihre Verantwortung bewußt zu machen.

Siebentens und letztens: Aber auch den beiden deutschen Staaten fällt Verantwortung, ich meine besondere Verantwortung zu.

Zwei Weltkriege gingen von deutschem Boden aus. Noch heute tragen die Deutschen an dieser Schuld und ihren Folgen, deshalb sind die Politiker beider deutschen Staaten verpflichtet, den ihnen zugeordneten Großmächten kritisch mahnende Verbündete zu sein. Diese gesamtdeutsche Verantwortung für den Frieden sind wir uns und Europa schuldig. Wir sollten in Ost und West Schrittmacher der Abrüstung sein. Wir sollten mit den durch Abrüstung frei werdenden Mitteln den Staaten und Völkern der Dritten Welt helfen, Hunger und Armut zu besiegen. Diese deutsche Verpflichtung sollte unumstritten sein, denn auch Hunger ist Krieg.

[...]

Natürlich fühle ich mich nicht von den Russen bedroht. Ich glaube, ich kenne auch die Amerikaner als Volk gut genug, um sagen zu können, daß niemand sich von den Amerikanern bedroht fühlen muß. [...]

Wovon ich mich aber bedroht fühle – das versuchte ich in meinen Thesen deutlich zu machen –, das sind beide Großmächte, die aus ihrer Überforderung heraus und aus ihrem Bedürfnis, nicht nur im eigenen Lande, sondern weltweit geliebt zu werden, Anstrengungen machen, die über ihr Vermögen gehen, die zu Gesten ansetzen, die friedfertig gemeint sind, die ein Vokabular benutzen, daß in diese Richtung zielt und wo am Ende Aggressionen herauskommen.

Die letzten dreißig Jahre sind gezeichnet von friedfertigen Gesten, die aggressiv ausliefen, jeweils zurückzuführen auf die eine und die andere Großmacht. Es mag sein, daß das atomare Gleichgewicht bei solchen Anlässen ein Auswachsen dieser Krise verhindert hat. Aber da seit geraumer Zeit dieses atomare Gleichgewicht entweder nicht mehr da ist oder nicht mehr feststellbar ist, ist also ein Vakuum entstanden, sind Krisen, wie sie noch in den fünfziger und sechziger Jahren bis in den Anfang der siebziger Jahre hinein gang und gäbe waren und in denen sich nicht die Gefahr eines dritten Weltkrieges abzeichnete, heute, obgleich sie nicht größer sind als begrenzte Konflikte, durchaus geeignet, die eine oder andere Großmacht zu ersten, zweiten und dritten Schritten in dieser Richtung zu verführen. Beide Großmächte. Ich finde es, um von Politik zu sprechen, die Angst und Mißtrauen sät, zum Beispiel verwerflich und schlimm, daß die Vereinigten Staaten ein Militärabkommen mit der Volksrepublik China schließen. Sie müssen wissen, daß diese Geste, die im Grunde, militärisch genau berechnet, gar nicht viel hergibt, dennoch bei der Sowjetunion ein Umklammerungsgefühl auslöst. Das sind Dinge, die die unmittelbar vorhandene Angst, die Unberechenbarkeit im einen wie im anderen Block steigern. Es gibt ähnliche und vergleichbare Gesten seitens der Sowjetunion, das Engagement in Afrika, wo Kuba, ein Land, das mit sich selbst schwer zu kämpfen hat, benutzt wird, sich in Afrika einzusetzen, mit dem Ergebnis – natürlich sind die Kubaner überfordert, sie haben von der Mentalität dort genauso wenig Ahnung wie die Amerikaner oder die Russen in Ägypten –, daß sie nach wenigen Jahren, auch wenn sie anfangs begrüßt wurden, gehaßt und verachtet werden. Zwei ungeliebte Riesen, die auf Liebe aus sind und uns ihr Geliebtseinwollen gelegentlich unter Drohung antragen. Das ist ein Grund für ihre Gefährlichkeit. Ich möchte darauf hinweisen, daß es sich nicht nur um die beiden Großmächte handelt. Wir sollten diesen Punkt nicht außer acht lassen. Selbst wenn es gelingt, was wir alle hoffen, dieses Ende, nämlich den dritten Weltkrieg, zu vermeiden, wird auf uns alle, auf alle Industrienationen, westliche und östliche, etwas zukommen, weil wir einer Verantwortung ausgewichen sind, für die wir noch einmal schwer bezahlen müssen: die Vernachlässigung der Dritten Welt, die Ausbeutung der Dritten Welt.

Ich weiß, es gibt dort ideologische Gerüste, die das eine wie das andere Verbrechen, von beiden Großmächten und ihren Blocksystemen zu verantworten, jeweils relativieren oder verdecken. Das Ergebnis ist, daß die Armut dort und die Verelendung in einem erschreckenden Maße zunehmen. Und das alles mit einer stattfindenden Bevölkerungsexplosion, während einer Weltbevölkerungssteigerung von jetzt 4,5 Milliarden auf bis zum Jahr 2000 annähernd sieben Milliarden. Diesen Druck werden wir alle zu spüren bekommen. Begegnen kann man diesem Druck nur, indem man – Willy Brandt hat das in seinem Nord-Süd-Bericht deutlich gemacht – zur weltweiten wechselseitigen Abrüstung kommt und gleichzeitig sicherstellt, daß ein Teil dieser dann frei werdenden Kosten sich zugunsten der Dritten Welt auszahlt.

Der Dreck am eigenen Stecken.
Der »freie Westen« und das Kriegsrecht in Polen

Vielleicht gehört jene Meldung eines Lebensmittelkonzerns, die für alle Haushalte bestimmt war, indem sie versicherte, die Versorgung des Marktes mit polnischen Weihnachtsgänsen sei gesichert, zu den wenigen ehrlichen Zeugnissen deutscher Anteilnahme nach dem 13. Dezember 1981. Unbedenklich spricht diese Meldung aus, wie schlimm es um Polen bestellt ist, wie erbärmlich um uns. Einzig das Erschrecken über diese »Marktinformation« – wohl niemand wagte zu lachen – könnte die hoffentlich nur verschüttete Fähigkeit fördern, noch heute, Monate später, Scham zu empfinden. Als über Polen das Kriegsrecht verhängt wurde, stellte dieses neue Beispiel machtpolitischer Brutalität nicht nur den Ostblock und dessen Führungsmacht bloß; auch die Heuchelei des Westens trat zutage. Da beteuerten die Feinde und Verächter der heimischen Gewerkschaften lauthals ihre Solidarität mit der polnischen Gewerkschaft »Solidarność«. Die Freunde und Nutznießer mittelamerikanischer Diktaturen spielen sich – allen voran der US-Präsident Reagan – als Tugendwächter auf, dazu berufen, das am polnischen Volk begangene Unrecht zu verurteilen. Und alle, die seit Jahren den Boykott Südafrikas als Maßnahme gegen die dort praktizierte Rassendiskriminierung entweder unterlaufen oder als untaugliche Sanktion ablehnen, waren schnell bereit, das russische und das polnische Volk mit Boykott zu bestrafen.

Wer diese Heuchelei nicht mitmachte oder sie gar beim Namen nannte, geriet in Verdacht, die Sanktionen der polnischen Militärregierung heimlich gutzuheißen, ein »Helfer Moskaus« zu sein. Und auch dort fand man zur altbewährten Sprachregelung und beschwor wieder einmal die Gefahr der Konterrevolution. Aus den Lagern der beiden in der Sache so gegensätzlichen und ideologisch verfeindeten Weltmächte klang es gleichlaut und verteufelnd gleichgestimmt über Polen und polnische Not hinweg, auf Kosten Polens.

Andererseits verschlug es den Einsichtigen, also all jenen die Sprache, die mit abwägender Vernunft der neuen Krise begegnen

Februar 1982

wollten. Wohl den Gegensatz suchend zum verdoppelten Geschrei, wollten sie leise sprechen, frei von Emotion. Ihr Protest verhauchte und konnte nur Mißverständnisse zur Folge haben. Die ersten Äußerungen der SPD und des Deutschen Gewerkschaftsbundes nach der Verhängung des Kriegsrechtes in Polen lesen sich wie regierungsamtliche Verlautbarungen: als sei man unbetroffen, als werde bei der Verfolgung der polnischen Gewerkschaft Solidarność nicht auch die gesamte freie Gewerkschaftsbewegung in Mitleidenschaft gezogen, als wolle man dem »demokratischen Sozialismus« auch im Westen keine Zukunft mehr geben.

Dabei hätte die zur Zeit unterdrückte polnische Volksbewegung auch hier deutlich machen können, wie notwendig unserem mittlerweile verkrusteten Gesellschaftsgefüge – den Parteien, der staatlichen Bürokratie, den Gewerkschaften – eine vergleichbare, heilsam Unruhe stiftende Basisbewegung wäre. Denn nicht nur das kommunistische System sowjetrussischer Machart ist am Ende und um den Rest sozialistischer Substanz gebracht; auch die westliche Welt gibt mehr und mehr ihr demokratisches Selbstverständnis auf und produziert nur noch die ihrem kapitalistischen Wirtschaftssystem gemäßen Krisen. Das nach wie vor ohrenbetäubende Getöse der beiden herrschenden Ideologien – Kommunismus und Kapitalismus – ist nichts als das Arbeitsgeräusch ihres weltweiten Leerlaufs.

Dieser Verlust des eigenen Gesichts sollte uns bewußt sein, wenn wir die anderen anklagen. Auch wenn wir noch so empört fuchteln und die Menschenrechte beschwören, der Dreck am eigenen Stecken will nicht abfallen!

Jener Hochmut, der es seit Jahren den westlichen Nato-Politikern erlaubt, vormals die Militärdiktatur in Griechenland, jetzt die der Türkei wie ein Kavaliersdelikt hinzunehmen, das Verbrechen des bis heute verhängnisvoll nachwirkenden Vietnamkrieges zu verharmlosen und das zynische Bündnis der US-Regierung mit jedem Diktator – wenn er nur weit genug rechts steht – zu tolerieren, dieser anhaltende Ausverkauf der westlichen, auf Demokratie fußenden Prinzipien hat uns alle unglaubwürdig gemacht.

Erbärmlich wortlos oder wortreich heuchelnd stehen wir da, sobald im Machtbereich des Leninismus-Stalinismus mit Gewalt zugeschlagen, 1968 die Tschechoslowakei okkupiert, ab 13. Dezember 1981 das polnische Volk in eine nur neu anmutende, im Grunde althergebrachte Knechtschaft gezwungen wird.

Das alles ist beschämend. Und wären wir fähig zur Scham, dann fände unser Protest auch andere, allseits zutreffende, uns mitbetreffende Worte. Diese noch mangelnde Scham ließe erkennen, daß erst das Eingeständnis eigener Fehlbarkeit uns erlaubt, die Fehler der anderen zu benennen, daß erst die Minderung selbst begangenen Unrechts fähig macht, den anderen zu ermutigen, sein unrechtes Handeln einzustellen.

Stünde doch die katholische Kirche so mutig auf seiten der Armen, Hungernden und Verfolgten in Lateinamerika, wie sie mutig auf seiten des unterdrückten und ausgepowerten polnischen Proletariats steht.

Käme doch den westdeutschen Gewerkschaften der solidarische Gedanke, bei den anstehenden Tarifverhandlungen ein Prozent mehr Lohn zugunsten der polnischen Arbeiter auszuhandeln; doch nicht aus Mitleid, sondern aus Dankbarkeit für nachwirkende demokratische Impulse, die von Polen ausgingen und uns hilfreich sein könnten.

Möge doch die Friedensbewegung begreifen, daß das über Polen verhängte Kriegsrecht auch unseren Friedenswillen betrifft, ja, daß der Ausnahmezustand in Polen hierzulande seine Entsprechung fände, beschlösse die Bundesregierung – und sei es als neuaufgelegte Große Koalition – die Notstandsgesetze in Kraft zu setzen.

Und schlüge doch endlich die deutschen Sozialdemokraten die Erkenntnis, daß man das Argument für den demokratischen Sozialismus, auch aus Gründen der Entspannungspolitik, nicht aufgeben darf, sonst machen sich Strauß und Kohl zu Fürsprechern einer Bewegung, die sie für Polen gutheißen und die sie hier, wo immer sie sich zaghaft rührt, niederknüppeln möchten.

Anfang Dezember 1970 begleiteten Siegfried Lenz und ich mit anderen Willy Brandt nach Warschau. Die deutsch-polnischen Verträge wurden unterschrieben. Die mühsame, noch immer nicht abgeschlossene Aussöhnung zwischen beiden Völkern begann unter schwierigen Bedingungen. Vierzehn Tage später streikten in den polnischen Ostseehäfen die Arbeiter und stellten, neben der Rücknahme der Preiserhöhung für Grundnahrungsmittel, zum erstenmal die Forderung nach der Selbstbestimmung der Arbeiter. Die Regierung Gomułka wurde von der Regierung Gierek abgelöst. Doch der Personenwechsel brachte nichts außer neuer Mißwirtschaft. Zehn Jahre lang hielten die polnischen, um ihre Hoffnung betrogenen Arbeiter still, dann solidarisierten sie sich abermals. Über ein Jahr lang wuchs sich der anfängliche Streik über die Gründung einer freien Gewerkschaft zu einer Volksbewegung aus, die manchmal außer Kontrolle zu geraten drohte. Doch niemand – und wir zu allerletzt – hat das Recht, von der Gewerkschaft Solidarność jenes Augenmaß zu verlangen, das den Regierungen über drei Jahrzehnte lang fehlte. Niemand kann die Arbeiter für das verfehlte zentralistische Wirtschaftssystem des Leninismus und dessen in die Verelendung führende Pleite verantwortlich machen.

Wir sind mit Polen durch Nachbarschaft, durch blutige Geschichte, durch immer noch lastende Schuld verbunden. Eine weitere Verbundenheit wäre möglich und ist notwendig. Sie heißt: Solidarität des deutschen Volkes mit dem polnischen Volk. Helfen wir, wo wir können: mit kritischen Argumenten, mit Geld, mit Lebensmitteln, aber auch, indem wir uns jede Anmaßung verweigern, die selbstgerecht vorgibt, den Kommunismus bestrafen zu wollen, doch am Ende nur die Not des polnischen Volkes vermehrt. Und wagen wir einen weiteren Schritt, indem wir versuchen, unsere Hilfsaktionen mit denen der DDR zu koordinieren. Die gemeinsame Vorgeschichte der beiden deutschen Staaten ist gezeichnet von Unrecht und abermals Unrecht, begangen an Polen. Deshalb stellt sich die Solidarität mit Polen als gemeinsame, als nationale Aufgabe.

Ohne garantierte Zukunft

Statements beim Haager Schriftstellertreffen

Literatur, wie sie uns überliefert worden ist und wie wir an ihr weiterarbeiten, hat immer mit der Zeit rechnen können. Sie hat selbst in schlimmsten Zeiten – Zeiten der Zensur, der Unterdrückung – bis in die Gegenwart hinein mit Zukunft rechnen können. Viele Bücher, viele Autoren, die unterdrückt worden sind, konnten sich darauf verlassen, daß in zehn, zwanzig, fünfzig, hundert Jahren, wenn man die Unterdrücker längst vergessen hätte, sie ihre Wirkung erzielen würden. Ich fürchte, daß wir diese Gewißheit nicht mehr haben können; daß die Literatur, was ihre Wirkung betrifft, keine garantierte Zukunft mehr hat. Wenn aber das so ist – und das ist eine Frage an die hier Versammelten –, stellt sich die Frage nach dem Selbstverständnis der Literatur neu.

Wir können nicht mehr so tun, als sei zwar die Welt insgesamt gefährdet, bis zum Erlöschen der Menschheit, aber weiter so schreiben, weiterhin so zu schreiben versuchen, als gäbe es noch diese Garantie der Zukunft ... Ich glaube auch, daß – bewußt oder unbewußt – das mit dazu beigetragen hat, daß viele Autoren, die lieber am Schreibtisch säßen, sich freigemacht haben für Tätigkeiten wie diese hier. Daß sie sich gemein gemacht haben mit dem, was ein klein wenig Hoffnung zu geben scheint: mit der Friedensbewegung.

Wir stellen nun fest, daß diese Friedensbewegung, gerade weil sie von unten her und ungesteuert gewachsen ist, Erfolg gehabt hat. Bei unserem letzten Treffen im Dezember 81 war noch nicht festzustellen, daß in den USA eine Friedensbewegung entstehen und Wirkung zeigen würde. Wir haben es auch in der Bundesrepublik und in anderen westeuropäischen Ländern erlebt, wie der Druck von unten her, der Druck der angedrohten oder praktizierten Verweigerung, die Politiker, wenn nicht nachdenklich gemacht, so doch dazu geführt hat, über Dinge zu sprechen, die noch vor einem halben Jahr tabu waren: zum Beispiel daß der Nato ein neues Konzept fehlt; daß, wenn sich die Nato ein neues Konzept zulegt, das den Bedürfnissen der Menschen entspricht,

Mai 1982

eine ähnliche Änderung auch im Warschauer Pakt angestrebt werden müßte.

Deswegen bin ich dafür, daß das, was in zumindest einem Ostblockstaat, nämlich in der DDR, jetzt begonnen hat, die Ausweitung der Friedensbewegung, von uns wahrgenommen, bejaht und unterstützt wird. Ich meine die Friedensbewegung, die von der Basis her unorganisiert entsteht und auch dort sich weiterentwikkeln möchte. Es ist ja gut, wenn es in der DDR noch zusätzlich eine Friedensbewegung von seiten der Regierung gibt und wenn die Schriftsteller, die mit der Regierung übereinstimmen, diese unterstützen. Das soll mir recht sein. Vielleicht findet man in kürzerer Zeit dann auch mal eine gewisse Übereinstimmung zwischen den beiden Friedensbewegungen und muß die eine nicht unterdrücken...

Sollten wir nicht den jungen Menschen im Westen wie in der DDR, die für den Frieden auf die Straße gehen, behilflich sein? Sollten sie nicht erfahren, daß wir hinter dieser Bewegung stehen, und sollten wir nicht prüfen, ob wir in geeigneter Form – vielleicht weiß Stephan Hermlin doch einen Vorschlag, vielleicht wissen unsere holländischen Kollegen Rat – ein Büro eröffnen, mit dem wir eine Art von Rechtsschutz leisten können für die, die Verfolgung erleiden? Ich glaube, das wäre eine Aufgabe für uns, der wir uns stellen sollten und die vielleicht Konsens finden könnte.

[...]

Was ich anfangs sagte, geht zurück auf ein Gespräch, das ich im letzten Jahr in Mexiko mit Carlos Fuentes geführt habe: die Erkenntnis, daß Literatur keine garantierte Zukunft mehr hat und daß wir gezwungen sind, über unser Selbstverständnis neu und gründlich nachzudenken. Innerhalb der Friedensbewegung bietet sich eine Chance, das zu tun, denn so weitermachen, als beträfe die bevorstehende, womöglich bevorstehende Katastrophe alle anderen Bezirke unserer Existenz, aber nicht die Literatur – so weitermachen können wir nicht mehr!

Im Hinterhof.
Bericht über eine Reise nach Nicaragua

So werden die zentralamerikanischen Staaten insgesamt genannt: der Hinterhof der Vereinigten Staaten von Amerika; deshalb gilt die mexikanische Umschreibung der Abhängigkeit »Mein armes Mexiko, wie weit entfernt bist du von Gott – und, ach, wie nah den USA!« auch für die fünf kleinen »Bananenrepubliken«, zu denen, nördlich an Honduras, südlich an Costa Rica grenzend, Nicaragua gehört. Dorthin reisten wir mit ungenauen Vorstellungen: Franz Alt, Johano Strasser und ich. Mit uns waren Ute Grass, der Verleger Hermann Schulz und Dora Weidhaas als Übersetzerin unterwegs. Der Minister für Kultur – Poet und katholischer Priester zugleich –, Ernesto Cardenal, und das Mitglied der Regierungsjunta für den Nationalen Wiederaufbau, Sergio Ramírez – und auch er ist Schriftsteller –, hatten uns eingeladen. Nach acht Tagen Aufenthalt kehrten wir zurück. Wohl jeder spürbar verändert. Mich hat diese Reise in Frage gestellt.

Was wußte ich vorher: Angelesenes. Meine Sympathie für die Revolution der Sandinisten sprach sich vorsichtig, weil durch Skepsis gefiltert, aus: Das kann doch nicht gutgehn. Wie sollen denn fünfundzwanzigjährige Kommandanten, die bis vor drei Jahren hauptsächlich Guerilleros waren, das schwierige Friedensgeschäft, die Wirtschafts- und Finanzpolitik erlernt haben? Wann wird auch diese Revolution anfangen, wie die Geschichte es lehrt, ihre Kinder zu fressen? Und überhaupt lag mir Polen näher.

Ich ahnte nicht, wie (ungewollt) verwandt die polnische Gewerkschaftsbewegung »Solidarność« den Sandinisten Nicaraguas ist und daß sich die ständige und bedrohliche Abhängigkeit Polens von der Sowjetunion in der anhaltenden und schon wieder bedrohlichen Abhängigkeit Mittelamerikas, insbesondere Nicaraguas, von den USA spiegelt. Sogar die jeweilige Befangenheit der Sandinisten dort, der Solidarność-Anhänger hier, belegt – trotz der geografischen Ferne – diese Annäherung unter negativen Vorzeichen: Sie wissen nichts oder nur Falsches voneinander. Die die

Oktober 1982

Sandinisten bedrohende Macht will sich als Beschützer der Solidarność-Bewegung verstanden wissen – und wird auch in Polen von nicht wenigen unwissend so mißverstanden –, und jene an Polens Ostgrenze immer einmarschbereite Macht begreift sich als Schutzherr aller Freiheitsbewegungen in der Dritten Welt – und wird auch in Nicaragua von nicht wenigen unwissend so mißverstanden. Dort werden die Falschmeldungen der Nachrichtenagentur TASS nachgedruckt: »Solidarność« ist eine konterrevolutionäre Bewegung; hier glaubt man der »Stimme Amerikas«: Nicaragua wird demnächst fest in kubanisch-sowjetischer Hand sein.

Die Unterdrückten, Bedrohten und Abhängigen sehen jeweils nur die ihnen übergeordnete Vormacht als sie gefährdend an: aus zu kurzer Distanz, aus zu bedrohlich nachbarschaftlicher Nähe. Auch aus geschichtlicher Erfahrung: Interventionen dort, Teilungen hier sind Daten der jeweiligen Landesgeschichte. So entspricht auch der in Polen latente »Russenhaß« dem in Nicaragua spürbaren Haß auf die »Yankees«.

Haß verengt den Blick. Und wo der Haß dank der regierungsamtlichen Anmaßungen beider Großmächte täglich frische Nahrung bekommt, wird bald alles, auch der gelegentliche Versuch, Macht maßvoller ausüben zu wollen, über den Leisten »US-Imperialismus« oder »Sowjetherrschaft« geschlagen. Doch verständlich ist er schon, dieser doppelte Haß.

Wer wie ich im Vorjahr in Polen gewesen ist und jetzt aus Nicaragua kommt, der hat zum einen, zum anderen Mal erfahren, wie bedrohlich und dumm die beiden Großmächte dort ihren Hinterhof, hier ihr Vorfeld zu beherrschen versuchen. Doch diesmal ist der Widerstand nicht zu brechen. Er ist von neuer, den Großmächten unbekannter Qualität. Ihre altbewährten Straflektionen finden kein Gehör mehr. Beide Bewegungen sind so sozialistisch, wie sie katholisch sind und obendrein von jener heidnisch-frühchristlichen Direktheit, die jeder überkommenen Herrschaftsform zuwider sein muß.

Selbst dem Skeptiker will es vorkommen, als sei den Polen Rosa Luxemburg als Jungfrau Maria erschienen, als habe in Nicaragua die Gottesmutter Rosa Luxemburgs Gestalt angenommen. Zwei spontane Basisbewegungen spotten der altbeschworenen »Roten Gefahr« und Lenins Lehrsätzen, dem eingefleischten Kinderschreckglauben und den Zentralkomitees. Denn was in Polen zur Zeit noch unterdrückt wird, hat in Nicaragua vor drei Jahren als Revolution den Sieg erkämpft, ist immer noch gegenwärtig und beansprucht Zukunft für sich, ist überprüfbar und läßt sich vergleichen.

Bei uns konnte und kann man die Vermutung als Tatsachenbehauptung lesen: In Nicaragua gibt es politische Gefangene. Gemeint sind offenbar jene Angehörigen der Nationalgarde, die sich mordend und brennend bis während der Schlußphase des Revolutionskampfes um den Diktator Somoza geschart hatten. Wir fragten nach ihnen. Und Tomás Borge – als Innenminister (mit seinen zweiundfünfzig Jahren) einer der wenigen älteren Herren im Revolutionskabinett – schlug uns sofort den Besuch des Gefängnisses Tipitapa vor.

Entsetzlich wie jedes Gefängnis – und jeder Ort, an dem Menschen glauben, Menschen einsperren zu dürfen – unterschied sich Somozas ehemalige Folterstätte dennoch durch den heute dort praktizierten Versuch eines humanen Strafvollzugs, wie er in keinem Land der Dritten Welt bekannt ist und allenfalls in Westeuropa (nach skandinavischem Beispiel) versuchsweise Schule gemacht hat.

Mehrere hundert ehemalige Angehörige der Nationalgarde leben dort, zu Haftstrafen zwischen drei und dreißig Jahren verurteilt, je nach dem Grad ihrer Beteiligung an Mord und Folterungen. Es gibt keine Todesstrafe. Die Häftlinge arbeiten von Montag bis Freitag, indem sie einen Krankenhausbau und zwei neue Gefängnistrakte mit größeren Zellen errichten; in Somozas »Altbauten« reihen sich Käfige aneinander. Samstag und Sonntag sind für Besuch freigegeben, der wöchentlich kommen und drei bis vier Stunden bleiben darf. Für Ehepaare ist sogenannter Intimbesuch erlaubt. Räume dafür, wenn auch zu wenige, sind vorhanden. In diese Richtung gingen auch einige der Beschwerden, die von den Häftlingen, von uns befragt, spürbar ungehemmt ausgesprochen wurden. Um ein Radio für Musikübertragungen während der Arbeit wurde gebeten. Viele klagten, daß ihre Frauen und Eltern oft nicht das Fahrgeld hätten, um von der Hauptstadt Managua oder noch weiter entfernten Orten an den Besuchstagen anreisen zu können.

Auch Tomás Borge stellte sich den Fragen und Forderungen. Er, selber fünf Jahre lang Insasse dieses Gefängnisses, hatte neun Monate lang, mit Kapuze verhängt und in Handschellen und während drei Monate anhaltender Folter, den Strafvollzug der Gegenseite kennengelernt. Als er Häftling in Tipitapa war, wurde seine Frau ermordet. Eigentlich hätte (nach dem Muster aller uns bekannten Revolutionen) Rache ihren stupiden, Unrecht gegen Unrecht setzenden Verlauf nehmen müssen. Aber Tomás Borge sagte, indem er für uns seine Weisungen von damals wiederholte: »Wenn wir Rache nehmen, verlieren wir den Sieg der Revolution. Unsere Revolution bedeutet Verzicht auf Rache.«

Die französische, die nordamerikanische, die sowjetrussische Revolution hatten die Guillotine, rächendes Faustrecht, den Genickschuß und Massenliquidierungen zur Folge. Alle bekannten Revolutionen haben bisher ihre Ideale und ihre die Menschheit beglücken wollenden Thesen in Blut ersäuft. Es ist die sandinistische Revolution gewesen, die ein Gegenbeispiel gesetzt hat. In einem kleinen, dünn besiedelten, ausgepowerten Land wurde Christus wortwörtlich genommen.

»Aber ist es nicht doch zu Übergriffen und Folterungen aus Rache gekommen?« wollen wir mißtrauisch wissen. »Ja.« Tomás Borge bestätigt noch mehr: »Über siebenhundert Sandinisten sind bisher verurteilt worden. Sie haben geplündert, gefoltert, und einige haben sogar gemordet.«

Das Strafmaß für Sandinisten gleicht dem für ehemalige Nationalgardisten. Doch der größere Teil der Nationalgarde konnte fliehen. Über fünftausend Mann haben sich in Honduras, an der Nordgrenze zu Nicaragua, versammelt. Mit nordamerikanischen Waffen gerüstet, geduldet und gestützt von den USA und immer wieder verstärkt von neuen Einheiten, die in Miami/Florida ausgebildet werden, stoßen sie über die Grenze vor, brennen sie Dörfer nieder, versuchen sie, Stützpunkte zu bilden, wollen sie einen Krieg entfesseln, den, wenn er ausbricht und dann ganz Zentralamerika erfassen wird, zuallererst der US-Präsident Reagan mit seiner Regierung wird verantworten müssen.

Als wir auf dem Hinflug in Miami einen Zwischenaufenthalt einlegen mußten – der Weiterflug nach Managua verzögerte sich um zehn Stunden –, mieteten wir einen Wagen, fragten nach Ausbildungslagern für Exilkubaner und Somozisten und fanden sie am Südrand von Miami Beach: das eine hinter haushohen Schutthalden verborgen, das andere ein umzäuntes Barackengelände, das ein Blechschild neben dem Eingangstor als »FBI-Areal« auswies. Für unbefugtes Betreten wurden zehn Jahre Gefängnis oder zehntausend Dollar Geldstrafe angedroht.

Nichts mehr berechtigt die Regierungen der Vereinigten Staaten, auf die Aggression der Sowjetunion in Afghanistan, gegen den sowjetischen Druck auf Polen mit Protest und Boykott zu reagieren. Wie sie den tausendfachen Mörder Somoza (und dessen Vater schon) gestützt, gedeckt, mit Krediten gepolstert und bis in die Schlußphase des Kampfes gegen die Sandinisten militärisch gestützt haben, so wollen sie heute die Revolution ins Gegenteil verkehren, indem sie den Sandinisten jede materielle Hilfe verweigern, die Lieferung von Ersatzteilen für US-Produkte, zum Beispiel landwirtschaftliche Maschinen, aussetzen und offenbar bereit sind, einen zweiten Vietnamkrieg in Zentralamerika zu beginnen.

Das habe ich vor der Reise gewußt. Doch erst in Nicaragua wurde mir bis zum Schamgefühl deutlich, mit wem ich als Deutscher verbündet zu sein habe. Soweit es einer einzelnen Person möglich ist, will ich für mich dieses Bündnis aufkündigen: weil es seinen Auftrag, die westlichen Demokratien zu schützen, schon lange nicht mehr erfüllt; weil dieses Bündnis dem Zwang unterliegt, die Verbrechen der verbündeten Großmacht stillschweigend zu tolerieren oder gar gutzuheißen; weil von dieser Großmacht wie von der anderen, entgegengesetzten, nur noch Aggressionen ausgehen; weil sich diese Aggressionen nicht mehr durch großmächtige Dummheit oder landesübliche Ignoranz entschuldigen lassen; weil ich für die polnische Gewerkschaftsbewegung Solidarność und die Sandinisten in Nicaragua zugleich bin; und weil ich nicht lau sein will angesichts dieses neuen, sich erneuernden Unrechts.

Wie arm, zunehmend hilflos und von schier unlösbaren Problemen gezeichnet muß ein Land sein, um aus der Sicht der derzeitigen US-Regierung und aus dem verengten Blickwinkel etlicher westeuropäischer Regierungen als gefährlich angesehen zu werden? Zweieinhalb Millionen Einwohner leben geballt in Managua, in einigen Kleinstädten und sonst verstreut im dünnbesiedelten Land. Somoza hat der Revolution ein drückendes Erbe hinterlassen: leere Kassen und eineinhalb Milliarden Dollar Schulden; die seit dem Erdbeben von 1972 zerstörte Hauptstadt – die ihm damals reichlich gespendeten Wiederaufbaumittel blieben in den Taschen seiner Familie; die über dreihunderttausend Menschen fassenden Slums von Managua; der großflächige, doch tote, weil zur Kloake verkommende Managuasee; Kapitalflucht in Höhe von einer Milliarde Dollar; und die wirtschaftliche Abhängigkeit des Landes: Dem Export im Wert von fünfhundert Millionen Dollar stehen die allernotwendigsten Einfuhren im Wert von achthundertfünfzig Millionen Dollar gegenüber.

Hinzu kommt, daß die Weltmarktpreise für Nicaraguas wichtigste Ausfuhrprodukte – Kaffee, Baumwolle, Zucker – auf niedrigstes Niveau gefallen sind: Wenn vor der Revolution ein Zentner Kaffee zweihundert Dollar einbrachte, werden heute nur noch achtzig Dollar gezahlt. Hingegen sind die Preise für Importgüter, vom einfachen Werkzeug bis zur landwirtschaftlichen Maschine, erheblich gestiegen. Fünfzig Prozent der Hauptnahrungsmittel, Mais und Bohnen, müssen eingeführt werden, die aufgenommenen Kredite in Höhe von einer Milliarde Dollar drücken mit hoher Zinslast und reichen dennoch nicht aus. Trotz steigender Produktion steht dem Land im Jahr 1985 der Bankrott bevor.

Der Minister für Bodenreform, Jaime Wheelock, und der Minister für Binnenhandel, Dionisio Marenco, gaben uns (beide auf Schultafeln) anschaulichen Bericht. Zwei junge Männer, die sich in wenigen Jahren sachkundig gemacht haben und deren pragmatische Zielvorstellungen keine revolutionären Phrasen zulassen. Beide vertreten das sandinistische Programm der »gemischten Wirtschaft«, nach dem in Zukunft zwanzig Prozent des Landes staatlich, dreißig Prozent privat und fünfzig Prozent von Kooperativen bewirtschaftet werden sollen.

Jaime Wheelock zeigte uns zwei Kooperativen in Arbeit. Zumeist ist es ehemaliges Somozaland, das die (seit Generationen) landlosen Bauern beackern. Fünftausend Landlose haben bisher Besitztitel bekommen. Auf unsere Frage »Was hat sich seit der Revolution für Sie verändert?« hörten wir Antworten, die eindeutiger als alle Parteiprogramme und theoretischen Beweisführungen die Notwendigkeit der sandinistischen Revolution aussprechen: »Vorher hatten wir nichts und mußten viel arbeiten. Heute arbeiten wir auf eigenem Land mehr und wissen, wofür.«

In den Hütten dieser Bauern hängt oft, neben einer Abbildung des Bauerngenerals Sandino, dicht bei dicht ein Bildnis katholischer Art, zumeist die Jungfrau Maria. Der Glaube gab und gibt, besonders den Armen (in Nicaragua wie in Polen), Halt und wohl auch Hoffnung. In Nicaragua hat die Revolution begonnen, einige dieser Hoffnungen einzulösen; das hat die Glaubenskraft nicht gemindert, aber doch dinglicher und im Sinne der Befreiungstheologie weltlicher gemacht. Deshalb schließen Sandinismus und Katholizismus einander nicht aus. Viele Prister sind als Minister oder in anderen leitenden Positionen tätig. Dieses neue christliche Selbstverständnis breitet sich zunehmend in ganz Lateinamerika aus. Und selbst in Kuba, wo man meinte, die Revolution schon geleistet zu haben, und glaubte, Vorbild für Nicaragua zu sein, wird sich der Sandinismus verändernd auswirken. Weil diese Bewegung nicht von oben verordnet wurde, sondern in den Gemeinden fußt, sieht ihr die katholische Amtskirche, von ihrer hierarchischen Höhe herab, abwartend, mißtrauisch bis ablehnend zu.

In Nicaragua ist es der Erzbischof, der sich dieser nun auch die Kirche erfassenden revolutionären Bewegung widersetzt. Er droht von der Kanzel herab. Das mittelalterliche Werkzeug der Exkommunizierung will ihm wieder tauglich sein. Er nutzt jeden Konfliktstoff und beginnt, einen Kirchenkampf zu entfesseln, der dem von außen militärisch bedrohten Land, bei immer schwieriger werdender Wirtschaftslage, eine weitere Belastung, ja, Zerreißprobe auferlegt, zumal die sandinistische Führung sich hinreißen ließ, auf Provokationen entweder töricht oder mit Überschärfe zu reagieren. Verschlimmert hat sich die Lage, seitdem ein Brief des Papstes, der im Sinne des konservativen Klerus geschrieben wurde, Streitobjekt ist.

Papst, polnischer, vielgereister, sichtbar an dieser Welt und ihren Mißständen leidender, Wojtyla! Darf man Du zu Dir sagen? Ist von Dir doch noch zu erhoffen, daß Dir, wie Du in Polen bewiesen hast, die Armen, die Leidenden, die Verfolgten nahestehen und

Du den Satten, Mächtigen und denjenigen, die den Unterdrückern der Völker behilflich sind – darunter nicht wenige Deiner Bischöfe und Kardinäle –, endlich doch noch den Kampf ansagst? Willst auch Du nicht begreifen, daß der Sandinismus und die Gewerkschaftsbewegung »Solidarność« eine gemeinsame Wurzel haben, was, zugegeben, die Betroffenen in Polen und in Nicaragua nicht begreifen können, weil sie von jeweils der anderen, zudem ideologisch gegensätzlichen Weltmacht bedrückt werden?

Stell Dir vor: Ein polnischer Gewerkschaftsführer und ein Sandinist, Lech Wałęsa und Ernesto Cardenal, der Arbeiter und der Priesterpoet, säßen an Deinem Tisch und gäben Dir Bericht: von ihrer Not und von den Leiden und Hoffnungen des einen, des anderen Volkes, von ihren Siegen und Niederlagen, von ihren Fehlern und Unterlassungen, von ihren Abhängigkeiten und ihrer Verlassenheit, von ihrer Sorge um das tägliche Brot, um den täglichen Mais. Könnte es dann nicht sein, daß Dir – und sei es mit listiger Hilfe des Heiligen Geistes – ein Licht aufginge, mit dessen Hilfe Wałęsa und Cardenal einander als Brüder erkennen und Dich als Schutzmacht begreifen könnten?

Böse, offenbar kopflos und doch waffenstarrend stehen die Weltmächte gegeneinander. Wo ihr Schatten hinfällt, bedrückt, unterdrückt er. Schau hin, Papst: Nicht nur auf Polen, auf Nicaragua auch fällt dieser Schatten des allzu nahe stehenden Riesen. Wenn Du versäumst, die USA anzuklagen und zu ermahnen, wie Du die UdSSR nicht selten anklagst und ermahnt hast, wirst Du mitschuldig sein, wenn abermals dieses kleine und wortwörtlich armselige Land vom Krieg überzogen und eine Revolution zertreten wird, die – wie ich Christus verstehe – auch Deine sein könnte, sein sollte.

Sie ist gefährdet, diese Revolution: von außen, durch innere wirtschaftliche Zwänge, und gewiß auch durch die Sandinisten, deren Fehler offen zutage treten, mit Heißhunger geradezu aufgegriffen von jenen, die nur oder zuallererst am Fehlverhalten der Sandinisten Interesse haben, das sich mit Schadenfreude mischt, sobald sie die Schattenseite der Revolution ausleuchten.

Zum Glück gibt es in Nicaragua politisch Veranwortliche, die – in der übrigen Welt mit der Lupe zu suchen – ihre Fehler zugeben, zum Beispiel bei der Umsiedlung der Miskito-Indios von der zum Kampfgebiet gewordenen Grenze zu Honduras ins Landesinnere. Daniel Ortega, der Koordinator der Regierungsjunta, sagte: »Wir haben eine Fülle von Fehlern gemacht. Wir wußten nichts von ihrer religiösen Kultur, von ethnischen Eigenarten, kaum etwas über ihre Geschichte oder die Probleme des Rassismus, den die englischen und nordamerikanischen Besetzer hinterlassen haben. Protestantismus war für Nicaragua immer die Religion der Eroberer. An diesem Punkt setzen die Somozisten in Honduras und Miami an. Sie versuchen, die Miskitos auf ihre Seite zu ziehen, versprechen ihnen Unabhängigkeit, einen eigenen Miskito-Staat. Gleichzeitig überfallen sie die Dörfer an der honduranischen Grenze und morden Lehrer, Ärzte und Alphabetisatoren.«

Die Mehrheit der Miskito-Indios gehört der Moravischen Kirche an; im vorigen Jahrhundert wurden sie von Predigern der Herrnhuter Brüdergemeine missioniert. Wir flogen mit einem Militärhubschrauber von Managua über zerklüftetes, dann wieder waldig gehügeltes, dünnbesiedeltes Land und landeten nach einem Zwischenhalt – erzwungen durch die tiefhängenden Wolkenbänke der Regenzeit – am Rand einer neuerbauten Miskito-Siedlung. Geräumige Holzhäuser sind neben den strohgedeckten Notunterkünften entstanden. Wir sahen die Sanitätsstation, die auffallend großen Schulbaracken. Man zeigte uns, was die Regierung mit erkennbarer Anstrengung (und in kurzer Zeit) geleistet hat; und doch bleibt ein Rest Unbehagen, den wohl jede, noch so überzeugend begründete Umsiedlung, das heißt die erzwungene Entwurzelung von Menschen, hinterläßt.

Der Boden sei hier besser, hieß es. Fünfundachtzig Prozent der Männer, die früher, von ihren Dörfern entfernt, in Bergwerken gearbeitet haben, sind lungenkrank, wurde uns gesagt. Jetzt werden sie medizinisch betreut und bekommen eine Rente. Hier, wie im ganzen Land, wird zum erstenmal wirkungsvoll die Malaria bekämpft: Jeder mußte sich dem Impfplan mehrmals unterwerfen, bis der Bazillus ausgehungert war. Auch das sind Zwänge, notwendige.

Der Botschafterin der Vereinigten Staaten bei der UNO blieb es vorbehalten, die Umsiedlung der Miskitos »Völkermord« zu nennen; diese Lüge fällt auf ein Land zurück, dessen relativ kurze

Geschichte unter anderem auch auf Landraub und Völkermord gründet.

Man kann den Sandinisten allenfalls Übereifer und Unwissenheit vorwerfen, doch christlicher wäre es, wenn sich die protestantischen Kirchen, nicht zuletzt in der Bundesrepublik, wo in Bonn die Moravische Brüdergemeine ihren Sitz hat, stärker bemühten, die Folgen der Zwangsumsiedlung zu lindern und den Sandinisten bei ihrer schwierig bleibenden Aufgabe zu helfen.

Wir besuchten die junge Kommandantin Dora Maria Téllez. Sie war beteiligt, als Somozas Regierungspalast besetzt wurde. Darüber sprach sie wenig und nüchtern: Heldentum ergebe sich zwangsläufig, wenn die Not des Volkes keine andere Wahl lasse. Als Vizepräsidentin des Staatsrates zielt ihr Interesse auf Möglichkeiten, diesem Organ mehr Kontrollkompetenz gegenüber der Regierung zu geben. Dem Land fehlen ein Parteiengesetz, eine Verfassung und ein Wahlgesetz, denn 1985, das versicherten Tomás Borge, Sergio Ramírez und Dora Maria Téllez, soll zum erstenmal gewählt werden. »Natürlich gewinnen wir!« sagen alle zu laut und zu sicher.

Es mangelt an demokratischer Erfahrung, an verfassungsrechtlicher Kenntnis, an Einsicht in die Notwendigkeit vielfältiger demokratischer Machtkontrolle. Sollten nicht Holländer, Deutsche und Skandinavier, erfahren und leiderfahren im wechselvollen Alltag der Demokratie, nach ihren Kenntnissen (und mit vorsichtigem Rat) behilflich sein, wenn es darum geht, einem kleinen, revolutionären, im Umgang mit der Demokratie noch jungfräulichen Land eine ihm gemäße Verfassung zu geben? – Das kostet nicht viel. Aber ausbleibende Hilfe oder nur besserwissender Rat könnten teuer zu stehen kommen.

Als wir heimkehrten, bot die Bundesrepublik den zwar erwarteten, aber mit seiner äußeren Härte und inneren Banalität doch überraschenden Kontrast. Ein reiches, auf ersten Blick übermäßig ausgestattetes Land, dessen Gesellschaft, obgleich sie vorgibt, eine »Solidargemeinschaft« zu sein, vor allem eines fehlt: Solidarität.

Wie seit Monaten schon, geht es immer noch um die sogenannte Ergänzungsabgabe. Die gut und gesichert Verdienenden sollen ein bis zwei Prozent abgeben, damit neue Arbeitsplätze geschaffen und zusätzliche Lehrstellen angeboten werden können. Die Zahl der Arbeitslosen – darunter viele Auszubildende – nähert sich der zweiten Million. Doch die gut und gesichert Verdienenden, genauer: deren Verbände verweigern diesen eigentlich selbstverständlichen Beweis praktizierter Solidarität. Die Hauptlast der gegenwärtigen wirtschaftlichen Krise bleibt den Arbeitern und Angestellten aufgelastet. Dieser unter anderem beamtete Egoismus kündigt die Solidargemeinschaft auf und könnte die Grundlage für eine neue Klassengesellschaft schaffen.

Nicaragua braucht Hilfe. Es geht darum, eine Landwirtschaft zu entwickeln, die in wenigen Jahren Überschüsse (Bohnen, Mais) produzieren und also helfen könnte, dem weltweit wachsenden Hunger zu begegnen. Wird man in Bonn begreifen, daß wir (warum auch nicht?) uns helfen, indem wir bereit sind, Nicaragua zu helfen? Oder wird man auf Wunsch der verbündeten Großmacht den Knüppel Kuba aus dem Sack holen, mit dem man alles, nicht nur die sandinistische Revolution, sondern auch den eigenen Gedanken erschlagen kann?

Als wir heimkehrten, lief in Polen der Protest gegen Wasserwerfer und Tränengas an. Das altmodische, wie man meinen möchte, im neunzehnten Jahrhundert begrabene Wort Solidarität tritt auf wie auferstanden. Ich bin ihm in Polen und Nicaragua begegnet. Im Vorfeld, im Hinterhof der Großmächte lebt es auf. Es sollte auch bei uns wieder heimisch werden.

Oktober 1982

Sich ein Bild machen

Vorwort zum Katalog der Ausstellung »Zeitvergleich – Malerei und Grafik aus der DDR« des Kunstvereins Hamburg

Bilder, die innerhalb der Staatsgrenzen des einen Deutschland gemalt worden sind, innerhalb der Staatsgrenzen des anderen Deutschland auszustellen, gilt noch immer als eine schwierige und oft verdienstvoll genannte Aufgabe; leichter mutet es an, die Kunstexponate des einen, des anderen Deutschland bei nächster Mondlandung dort oben zur Schau zu stellen: freilich selbst unter lunaren Bedingungen noch säuberlich getrennt und nicht gesamtdeutsch gepaart. Doch weil es wieder einmal gelungen ist, Bedenken und Vorbehalte zu schmälern, den imposanten Handelswert in Rechnung zu stellen, Banausen hier, Banausen dort zu überlisten, weil endlich in Hamburg – und nicht auf dem Mond – gezeigt werden soll, was in Leipzig und ähnlich entfernten Städten zum Bild wurde, will ich versuchen, dieses nebenbei auch nationale Ereignis mit einigen Anmerkungen zu beschweren.

Am Anfang, das heißt zu Beginn der fünfziger Jahre, gab es »drüben« – nach oft bestätigtem Vorurteil – den »sozialistischen Realismus« und den bis heute überragenden Einzelgänger Gerhard Altenbourg. Ich erinnere mich an eine Ausstellung des Berliner Galeristen Rudolf Springer, der als erster Altenbourg im Westen gezeigt und ein Fenster nach »drüben« geöffnet hat. Mich hat schon damals das thüringische Gespinst seiner Geniste und Verästelungen eingefangen; doch Altenbourg blieb die Ausnahme. In gleichem Maße, wie sich der Westen, zunehmend akademisch malend, in Gegenstandslosigkeit gefiel, feierte der Osten plakativ seine Aufbauphasen ab. Es war das Zeitalter der Gänsefüßchen und der ideologischen Abgrenzung. Man glaubte noch ungebrochen, hier wie drüben im richtigen Lager zu sein. Erst spät gelang es den Malern Sitte, Heisig, Tübke und Mattheuer, den penetranten Formalismusvorwurf zu entkräften und sich ein Ansehen zu erarbeiten, dessen Gewicht heute auch von Staats wegen nicht mehr aufzuheben ist. Mit den Malern der folgenden Generation, Gille, Stelzmann, Ebersbach, Libuda – um nur einige Namen zu

November 1982

nennen –, versammelt sich, mit Vorzug in Leipzig, eine Kraft, die nach außen drängt und über die Grenze hinweg wahrgenommen wird. Mit vergleichbarer Verzögerung ließ sich der Westen herab, die von Rückfällen und Aufbrüchen gezeichnete Entwicklung der DDR-Literatur zur Kenntnis zu nehmen.

Da die Künste in Deutschland schon immer, und mehr als anderswo, das Interesse der Obrigkeit erregt haben, ist das Entstehen der beiden deutschen Staaten als Ergebnis einer gemeinsamen Verschuldung, die, wenn nicht freudige, so doch klaglose Hinwendung nach West und Ost, bei allem politischen Gefälle, auch eine Geschichte in Bildern und ein Kapitel der Literaturgeschichte besonderer Art. Ein quälender Prozeß, dessen Anstrengungen im betonten Andersseinwollen verebbten. Eine Verkettung, die sich nicht lösen ließ. Nachdem sie ihn lange genug als Schlagwort und Beschwörungsformel vernutzt haben, ist beiden Staaten der Begriff der Nation endlich abhanden gekommen; es bieten sich einzig die Künste noch an; ihnen könnte es gelingen, aus all den Widersprüchen, Ausschließlichkeiten und Abgrenzungen dennoch ein Bild zu machen.

So erschöpft und waffenstarrend zugleich die beiden Deutschland ihre mittlerweile offenbare Substanzlosigkeit zur Schau stellen, den Künstlern in und zwischen den Machtbereichen mangelt es nicht an Stoff, Reibung und Zeugungswut. Ihr patriotisches Begreifen mißt weiter als Bundestagsdebatten und ZK-Beschlüsse; es gründet auf Traditionen, die oft genug der Politik und ihren Ansprüchen zuwiderliefen.

Wahrscheinlich sind die Künste auf besondere Art Nutznießer der Teilung. Sie spüren sie schmerzhafter, denn ihnen wurde die Grenze deutlicher gezogen als etwa Wissenschaftlern, Wirtschaftsmanagern und Politikern, die immerhin – seitdem man verhandelt – Handfestes zwischen Ost und West zu verhandeln haben. Die Kunst hingegen blieb lange Zeit ein- oder ausgesperrt. Es ist ihr anarchischer Freiheitsbegriff, der immer wieder Grenzziehungen der Obrigkeiten provoziert. Deshalb wird die chronische Unerziehbarkeit der Musen – nach Phasen der Nachgiebigkeit – besondere und besonders vergebliche Strenge zur Folge haben. Die Eigengesetzlichkeit der Künste widerspricht jedem staatlichen Ordnungsprinzip und wird hier als Hohn, dort als gesellschaftsfeindlich empfunden. Dabei ist es wohl grundsätzlich die vordemokratische (nicht antidemokratische) Prägung der Künste, die den oft nur angemaßten demokratischen Anspruch der Staatsmächte verletzt. Man wünscht sich was Schmückendes, das vielen gefällt; doch über die Künste und ihre Produkte läßt sich schlecht abstimmen.

Wie aber kommt es, daß trotz aller Abgrenzungen und Maßregelungen Bücher und Bilder grenzüberschreitend wirken, der betulichen Observanz dort, der betriebsamen Ignoranz hier entkommen, ihr eigenverantwortliches Gespräch und Streitgespräch über die Grenze hinweg in Fluß halten und sich ein Bild von Deutschland machen, das den vielberufenen Realitäten spottet. Es ist von anderer, doppelbödiger Wirklichkeit und notiert die Großpolitiker beider Staaten als Randfiguren, als seien sie austauschbar, als hätten nicht sie mehr das Sagen.

Man mag dieses »Aus-der-Reihe-Tanzen« auf die altbekannte Verstiegenheit der Künste (und Künstler) schieben und sich zufriedengeben mit dieser »gesamtdeutschen« Erklärung. Man wird auf die wohlbekannten Fakten pochen, die Weltfremdheit der Kunst (und der Künstler) gut eingeübt belächeln und die Grenzziehungen unterstreichen. Und doch bleibt ein Rest, der erheblich genug ist, um Unruhe zu stiften.

Zum Beispiel wird, seitdem der Maler Werner Tübke an seinem hundertdreiundzwanzig Meter langen Wandbild zum Thema »Bauernkrieg« arbeitet, mehr bewegt, offengelegt und in Erinnerung gebracht, als sich die Auftraggeber, das Zentralkomitee der SED und der Ministerrat der DDR, vor mehr als zehn Jahren träumen ließen: des großen und offenbar letzten Philosophen Ernst Blochs frühes Buch »Thomas Münzer«; und mit Ernst Bloch kommt jemand in das entstehende Bild, der sich als tagträumender Marxist und aufklärender Mystiker, als Jude und Deutscher weder in der DDR, wo ihm der Lehrstuhl genommen wurde, noch in der BRD, wo er allenfalls einen Verleger hatte, seinen Ort finden konnte. (Wem gehört nun Ernst Bloch – um nur nach dem einen Ortlosen zu fragen und doch an Uwe Johnson, Wolf Biermann und all die vielen Ortlosen zu erinnern: In wessen Staates »klassischem Erbe« sollen sie versackt, eingelocht, umgedeutet, in wachsender Unkenntnis aufgehoben werden?)

Tübkes Bild wird, ob es vollendet werden kann oder nicht, einen Maßstab setzen, dem weder der eine noch der andere deutsche Staat gewachsen sein dürfte. Indem sein Bild mit Münzer und dem Bauernkrieg Ernst Bloch und die Vogelfreiheit der Künste beschwört, ist es schon jetzt der Grenze entwachsen und setzt jene utopische Kraft frei, die der Mittelmäßigkeit der beiden Staaten – abermals ein gesamtdeutsches Gütezeichen – schon immer suspekt gewesen ist.

Und selbst wenn Tübkes Bild in der ihm vorgegebenen Manieriertheit erstarren, im Gedränge seiner Bild- und Stilzitate erstikken sollte, wird es als großer, sei es vergeblicher Entwurf unübersehbar bleiben und Folgen haben; wie etwa Otto Dix und Max Beckmann den Malern in der DDR dergestalt Herausforderung geblieben sind, daß ihre vorgeprägten und doch eigenständigen Nachfolgebilder nun die Maler im Westen erschrecken. Dort sind Dix und Beckmann ausgespart geblieben. Zwar wurde das so entstandene Vakuum notdürftig mit gegenstandsloser Dekoration, mit Konzepten von Konzepten und mit den Roßäpfeln der immer rascher galoppierenden Avantgarde aufgefüllt; doch das Loch blieb, speit aus, was ihm an ranzigem Fett zugemutet wurde, will eine Antwort hören und keine den Kunsthonig erklärenden Ausreden. (Vielleicht gelingt den »Neuen Wilden« ihr Ausbruch aus der Gefälligkeit des modernen Trends in rückwärts liegende Brachfelder; dort allerdings sind ihnen Kirchner und Nolde als Maßstab gewiß.)

Es läßt sich gröber und genauer nicht sagen: In der DDR wird deutscher gemalt. Dieser Staat und seine Bürger tragen sichtbar schwerer und ausfluchtloser an der deutschen Vergangenheit. Was immer man dort in das mal »klassisch«, mal »humanistisch« genannte »Erbe« hineininterpretiert hat, auf jeden Fall wurde die Erblast erkannt und angenommen. Zudem wurden dem jungen Staat Stalins Mitbringsel zugemutet: Der den Malern dieser Republik aufgebürdete »sozialistische Realismus« konnte nicht einfach abgeschüttelt werden, wie man im Westen das zeitweilige Diktat der »gegenstandslosen Malerei« ignorieren und also unterlaufen konnte. Vielmehr mußte dem vorgegebenen Bauauf!-Bauauf!-Pathos der bildhafte Zweifel nachgereicht, der Widerspruch eingearbeitet werden. Dieser Prozeß wird kenntlich auch durch biographische Brüche und Verletzungen, deren Narben zum Bild gehören.

Nichts will mehr positiv in die Zukunft schauen. Kein Blick nach vorne gelingt. Der Vorrat an Glanzlichtern ist aufgebraucht. Wenn heute der gestern noch neu anmutende Fassadenputz beider deutscher Staaten zu bröckeln beginnt und die Materialschäden zweier Systeme offenbar macht, wenn sich die Ideologien hier wie dort selbsttätig entblättern und also der marktwirtschaftliche wie der sozialistische Weg zwar immer noch zielstrebig, dennoch bergab führt, wenn hier wie drüben Schwerter nicht zu Pflugscharen werden dürfen, fangen die Bilder an, sich zu gleichen. Grenzenloses Erschrecken bildet sich ab. Kein Schein will mehr trügen. Visafrei reist die Angst ein und aus. Vorerst im Bild nur erkennen wir uns wieder. (Dem ist auch Trauer und die Einsicht unterlegt, daß jene, die machtvoll und gelegentlich nachdrücklich den Künsten raten wollen, selbst ratlos, wenn auch ohne Einsicht in ihre Ratlosigkeit sind.)

Als Christa Wolf vor einigen Jahren in ihrem Buch »Kein Ort. Nirgends« den Dichter Heinrich von Kleist vergeblich Zuflucht suchen ließ, räumte ich in meiner Erzählung »Das Treffen in Telgte« den deutschen Barockdichtern für nur wenige Tage Zuflucht ein. Diese unabgesprochene Übereinkunft mag anzeigen, wie unteilbar das Herkommen der deutschen Literatur ist. Zwar örtlich geprägt und oft genug geschunden, sind die Künste und mit ihnen Dichter und Maler ortlos geblieben und deshalb Mauerspringer aus Passion; ihnen kann nachhaltig keine Grenze gezogen werden.

Die Vernichtung der Menschheit hat begonnen

Rede zur Verleihung des Internationalen Antonio-Feltrinelli-Preises für erzählende Prosa in Rom

Sehr geehrter Herr Präsident, meine Damen und Herren,

ich will versuchen, im Namen aller Preisträger des Antonio-Feltrinelli-Preises Dank auszusprechen. Das sollte leichtfallen, zumal Ehrungen dieser Art nicht nur getane Arbeit bestätigen, sondern auch Aufforderung sind, in Zukunft tätig zu bleiben. Optimismus drückt sich bei jeder Preisvergabe aus, als könne es fraglos immer so weitergehen. Unser Begriff von Fortschritt gefiel sich bisher in dieser Haltung und Pose; denn es ging ja auch immer irgendwie weiter.

Mein Dank spricht Zweifel aus in die hergebrachten Erwartungen. Unsere Gegenwart macht Zukunft fraglich, schließt sie in vielen Bereichen geradezu aus und produziert – da wir vor allem das Produzieren gelernt haben – den einzigen Zuwachs unserer Tage: Armut, Hunger, Verhungernde, verpestete Luft, vergiftete Gewässer, hier vom sauren Regen, dort vom Kahlschlag vernichtete Wälder und sich wie selbsttätig aufstockende Waffenarsenale, die der vielfachen Vernichtung der Menschheit fähig sind.

Rom, die Stadt, in der ich Dank zu sagen versuche, ist – neben ihrer gegenwärtigen und historischen Bedeutung – identisch geworden mit den Berichten des »Club of Rome«. Diese Berichte sind unsere nüchterne Offenbarung. Kein von den Göttern oder dem einen Gott verhängtes Strafgericht droht uns. Kein Johannes auf Patmos schreibt seine dunklen, den Untergang feiernden Bilder nieder. Kein Buch der »Sieben Siegel« wird uns zum Orakel. Nein, sachlich und unserer Zeit gemäß schlagen zu Buche: Zahlenkolonnen, die den Hungertod bilanzieren, die Statistik der Verelendung, die ökologische Katastrophe zur Tabelle verkürzt, der ausgezählte Wahnsinn, die Apokalypse als Ergebnis eines Geschäftsberichtes. Strittig sind allenfalls noch die Stellen hinterm Komma, nicht mehr der unabweisbare Befund: Die Vernichtung der Menschheit durch die Menschen auf vielfältige Weise hat begonnen.

November 1982

Indem ich annehme, daß mittlerweile auch den Wissenschaftlern die Zukunft als gesichertes Spielfeld weiterer Entwicklung, wenn nicht abhanden gekommen, so doch fraglich geworden ist, hoffe ich, im Namen aller Preisträger zu sprechen, wenn ich nun von meiner Arbeit als Schriftsteller in wenigen Anmerkungen Bericht gebe: die Literatur und mich selbst in Frage stelle.

Mehr noch als die anderen Künste hat die Literatur eine ihrer Voraussetzungen im gesicherten Anspruch auf ihr Vorfeld, die Zukunft, gesehen. Absolute Herrscher, theologische und ideologische Dogmen, die eine und die übernächste Diktatur konnten überlebt, die Zensur aufgehoben, das Wort wieder freigesetzt werden. Die Geschichte der Literatur ist nebenbei auch eine Geschichte solcher Siege des Buches über den Zensor, des Dichters über den Potentaten. Mit anderen Worten: Die Literatur war sich einer Verbündeten immer gewiß, es mochte ihr noch so dreckig gehen, die Zukunft war auf ihrer Seite. Silone und Moravia, Brecht und Döblin überdauerten den Faschismus, wie Isaak Babel und Ossip Mandelstam den Stalinismus – obgleich sie an ihm zugrunde gingen – dennoch überlebten.

Sie, die Literatur, hatte immer den längeren Atem. Sie konnte auf Zeit setzen, ihrer Nachwirkung gewiß sein, selbst wenn sich das Echo auf Wort und Satz, Gedicht und These Jahrzehnte später erst und manchmal erst nach Jahrhunderten entfalten konnte. Dieser Vorsprung und Vorschuß auf Zeit machte die ärmsten Poeten reich. Ihnen, deren Zuwachsrate »Unsterblichkeit« hieß, war selbst in widrigster Gegenwart nicht beizukommen; man mochte sie einkerkern, erschlagen oder ins Exil treiben, wie es bis in unsere Tage weltweit üblich ist, immer siegte am Ende das Buch und mit ihm das Wort.

So war es bis heute oder, genauer gesagt, bis gestern. Denn mit dem drohenden Verlust der Zukunft für die Menschheit ist auch die bisher gewisse »Unsterblichkeit« der Literatur zum nur noch irrealen Anspruch verkommen. Schon wird vom Wegwerfgedicht gesprochen. Das Buch, diese Dauerware, beginnt der Einwegflasche zu gleichen. Bevor entschieden ist, ob wir noch Zukunft haben, wird schon mit Zukunft nicht mehr gerechnet. Die gleiche Hybris, die den Menschen befähigt, sich selbst zu vernichten, droht nun, bevor es Nacht werden könnte, den menschlichen

Geist zu verdunkeln, seinen Traum vom besseren Morgen zu löschen und jede Utopie – also auch Ernst Blochs »Prinzip Hoffnung« – ins Lächerliche zu kehren.

Ein Blick auf die Machtverhältnisse in Politik und Wirtschaft zeigt an, daß – wider besseres Wissen – der Raubbau zunimmt, die Vergiftung der Lebenselemente schamlose Rechtfertigung findet und daß das Vernichtungspotential beider Großmächte (und ihrer Satelliten) schon längst jenseits der Wahnsinnsschwelle ins Unzählbare wuchert. Trotz aller Mahnrufe gelingt es keinem Gedanken, politische Gestalt zu gewinnen. Keine Kraft – bei soviel Kraftmeiern – ist bereit und fähig, den schon wirksamen und den bevorstehenden Katastrophen Einhalt zu gebieten. In sinnentleerter Geschäftigkeit vertagt sich die Verantwortung aller, die Macht haben, von Konferenz zu Konferenz.

Übrig bleiben der von Ohnmachtsanfällen geschwächte Protest und stammelnde Angst, die bald keine Worte mehr finden und in sprachlose Furcht umschlagen wird, weil – dem Nichts gegenüber – kein Laut mehr Sinn gibt.

Es könnte sein, meine Damen und Herren, daß meine Worte des Dankes Sie erschrecken und das verhindern, was ein Tag wie dieser zu Recht für sich beansprucht: eine maßvolle Feierlichkeit. Auch vermute ich, daß die anderen Preisträger meine Anmerkungen zur Situation als offenkundige »Schwarzseherei« hören, die sie nicht oder allenfalls in Grauwerten teilen können; denn schließlich geht das Leben, so banal es klingt, weiter. Neue Entdeckungen wollen gemacht, neue Erfindungen weiterentwickelt und mehr, immer mehr Bücher geschrieben werden. Und auch ich werde, weil ich nicht anders kann, vom Wörtermachen, vom Schreiben nicht lassen können. Doch weiß ich, daß jenes Buch, das zu schreiben ich vorhabe, nicht mehr so tun kann, als sei ihm Zukunft sicher. Der Abschied von den beschädigten Dingen, von der verletzten Kreatur, von uns und unseren Köpfen, die sich alles und auch das Ende all dessen ausgedacht haben, müßte mitgeschrieben werden.

Alles, was mir bisher zum Buch wurde, war der Zeit unterworfen oder rieb sich an ihr. Ich schrieb als Zeitgenosse gegen die verstreichende Zeit. Die Vergangenheit verlangte, daß ich sie der Gegenwart, damit sie stolpere, in den Weg warf. Zukunft konnte mir nur aus vergegenwärtigter Vergangenheit einsichtig werden. Zuallererst fand ich mich deutscher Zeit eingespannt und konnte meinen Weg oft nur quer durch die Zeiten nehmen, abseits der bequemen Chronologie. Epische Geröllhalden mußten abgetragen, die Wirklichkeit immer noch einmal gehäutet werden. Das will kein Ende nehmen. So viele Tote. Und überall, auch dorthin, wo das Leben Freude freisetzen könnte und Lust sich ausleben möchte, wirft das große Verbrechen seinen durch Zeit nicht aufzuhebenden Schatten.

Zwischen den Büchern gab ich der Politik, was mir überschüssig und möglich war. Manchmal bewegte sich etwas. Nach all den Erfahrungen mit der Zeit und ihrem gegenläufigen Verlauf, schrieb ich mir ein langsames Tier ins Wappen und sagte: Der Fortschritt ist eine Schnecke. Damals wünschten viele – und auch ich wünschte –, es möge springende Schnecken geben. Heute weiß ich und schrieb es zuletzt: Die Schnecke ist uns zu schnell. Schon hat sie uns überrundet. Doch wir, aus der Natur gefallen, wir, die Feinde der Natur, glauben immer noch, der Schnecke voraus zu sein.

Ob es den Menschen gelingen kann, von sich abzusehen? Sind sie, die mit Vernunft begabten, gottähnlich schöpferischen, sich ihre Vernichtung immer totaler erfindenden Menschen auch fähig, nein zu sagen zu ihren Erfindungen? Sind sie bereit, Verzicht zu üben gegenüber dem Menschenmöglichen und bescheiden zu werden vor den Resten der zerstörten Natur? Und zuletzt gefragt: Wollen wir, was wir könnten: einander ernähren, bis der Hunger nur noch Legende, das böse Märchen »es war einmal« ist?

Die Antworten auf diese Fragen sind überfällig. Auch ich kann nicht antworten. Doch in meiner Ratlosigkeit weiß ich dennoch, daß Zukunft nur wieder möglich sein wird, wenn wir Antwort finden und tun, was wir als Gäste auf diesem Erdball der Natur und uns schuldig sind, indem wir einander nicht mehr angst machen, indem wir einander die Angst nehmen, indem wir uns abrüsten bis zur Nacktheit.

Berlin – eine sich fortschreibende Fiktion

Als ich im Januar 1953 von Westdeutschland nach Berlin zog, erklärte sich dieser Wechsel des Wohnortes nicht allein aus der Entscheidung des Bildhauers, sich einen neuen Lehrer (Karl Hartung) zu suchen, vielmehr war dieser Wohnortwechsel grundsätzlicher Natur: gewollt war die Abwendung vom jäh in Westdeutschland ausbrechenden Wirtschaftswunder. Trotz aller politischen wie wirtschaftlichen Veränderungen prägt die Einschätzung von damals noch heute meine Beurteilung Berlins. Diese Stadt hat für mich die Bedeutung der nicht heilenden, das heißt in Permanenz offenen Wunde. Ihr Zustand weist die Brüche im Verlauf deutscher Geschichte nach. Alle weltweiten Krisen, die uns woanders in ihrer Vielfalt verwirren, finden sich in Berlin konzentriert und auf den Punkt gebracht, als wolle die Stadt mit dieser Anhäufung von Problemen beweisen, wie beispielhaft sie ist.

Vielleicht ist es diese Offenheit und die Unverschämtheit, mit der Berlin seine Verletzungen und Deformationen zur Schau stellt, die den Schriftsteller fasziniert und nach wie vor nicht losläßt. Zwar muß ich oft Anlauf und Distanz nehmen, doch welches Thema auch immer von Berlin wegzuführen scheint, am Ende eines jeden Manuskriptes wird deutlich, daß ich von hier aus meinen Stoff schichte, wälze, verwerfe, daß diese Stadt der Fluchtpunkt meiner Fiktion bleibt.

Dabei ist der Ort sperrig. Wer ihn rasch in Besitz nehmen will, wird Unzulänglichkeiten erfahren. Rasche Urteile – wie Berlin ist krank, stirbt ab oder aus – können der verurteilten Stadt nichts anhaben, weil Berlins Krankheiten zugleich Quellen seiner Vitalität sind, weil das Aus- oder Absterben seinen ohnehin brüchigen Charme zeichnet. Im übrigen meine ich die ganze Stadt. Zwar gibt sich die Mauer, dieser nackte und in seiner Brutalität erschrekkend ehrliche Trennungsstrich, als sei sie auf Dauer gezogen, dennoch läßt sich nicht übersehen, daß beide Stadthälften aufeinander zuleben, am deutlichsten dort, wo sie angestrengt bemüht sind, sich wechselseitig zu ignorieren.

Januar 1983

Im Verlauf der siebziger Jahre haben etliche Schriftsteller, zu denen ich gehörte, immer wieder in Ostberlin ihre Treffen gehabt, ohne Publikum, nur auf ihre Arbeit, auf ihre Manuskripte bedacht, aus denen sie einander vorlasen. Es ist für mich immer noch erstaunlich, daß diese über vier Jahre anhaltende und bis heute nachwirkende literarische Konzentration, vom Interesse der Sicherheitsorgane abgesehen, so gut wie unentdeckt, das heißt von öffentlicher Neugierde ungestört geblieben ist. Ein Beweis mehr, daß das literarische Leben in Berlin auf zwei voneinander getrennten Schauplätzen stattfindet, die im Grunde wenig gemein haben. Einerseits sind es lautlose, bewußt einsame Produktionsvorgänge, deren Ergebnisse Bücher sind, andererseits rotiert ein geschäftiger Literaturbetrieb, der zwar – so sieht es aus – Bücher und Autoren zum Anlaß nimmt, aber dennoch aus sich heraus betriebsam bliebe, selbst wenn es keine Autoren gäbe.

Bücher, die hier entstehen, sind stigmatisiert. Sie tragen die Wundmale dieser Stadt oft kaum kenntlich, weil versteckt, oft überdeutlich zur Schau: Seht, wie anhaltend verletzt ich bin! Gleich allen Wallfahrtsorten ist Berlin ein geeigneter Ort, hysterische Übersteigerungen auszuleben. Nur hier ist alltäglich ein Wunder, ganz gleich welches, zu erwarten. Gäbe es Berlin nicht, müßte es sich erfinden; und genau besehen ist Berlin auch – bei aller augenfälligen Realität – eine sich fortschreibende Fiktion.

Vom Recht auf Widerstand

Rede auf der Gedenkveranstaltung der SPD zum 50. Jahrestag von Hitlers Machtergreifung in Frankfurt

Fünf Jahre war ich alt, als Hitler und die Nationalsozialisten an die Macht kamen. Dreißig mußte ich werden, um zu begreifen, daß mein weiteres Leben und das meiner Kinder – und wohl auch meiner Kindeskinder – beschwert, gezeichnet bleiben wird von den Folgen dieser Machtergreifung: Sie müssen mit der Teilung ihres Vaterlandes, mit der eingeschränkten Souveränität beider Teilstaaten, mit ererbter, nicht zu löschender Schuld leben. Man könnte sagen, das ist ungerecht. Warum sollen Kinder und Kindeskinder von etwas beschwert und gezeichnet sein, das längst Geschichtsstoff und halbverstandene Lektion sein müßte. Jedes Volk glaubt, mit seiner Geschichte lax umgehen, dieses Ereignis herausputzen, jenes verdrängen zu dürfen – warum ist es uns nicht erlaubt, zu verdrängen, herauszuputzen und lax zu sein? Warum kann oder darf es den Deutschen nicht gelingen, normal, das heißt vergeßlich zu leben?

Mehrere Gründe liegen auf der Hand. Ich will einen Grund nennen. Hitlers Machtergreifung – wie es vereinfachend heißt – wurde von Kräften gewollt und gestützt, von Kräften bekämpft und doch nicht verhindert, die es immer noch gibt und die allesamt, wenn auch unterschiedlich gewichtet, bis heute verantwortlich sind für den unheilbaren Bruch im Verlauf deutscher Geschichte und für die Einleitung eines verbrecherischen Prozesses ohne Vergleich.

Wenn es hier die Großindustrie war, die Hitler gewollt, finanziert und eingekauft hat, sind es dort die Gewerkschaften gewesen, die sich nicht zum Generalstreik entschlossen haben. Aus Furcht vor den Roten lief das Bürgertum zu den Braunen über. Ängstlich die demokratischen Gesetze achtend, versäumten es die Sozialdemokraten, zum bewaffneten Widerstand aufzurufen und die Gewerkschaften mitzureißen. Jämmerlich versagten beide Kirchen; der neuen Macht sich beugend, gaben sie Christus und dessen Botschaft auf. Und für die Kommunisten hatte, bei aller anti-

Januar 1983

faschistischen Rhetorik, das stalinistische Dogma Vorrang: der Kampf gegen die Sozialdemokratie. Nicht eigene Stärke, die Schwäche seiner Gegner hat Hitlers Macht gefestigt. Es fehlte der Entschluß zum Widerstand. Nun gibt es zu dieser und zu entgegengesetzten Thesen eine Fülle Literatur. Von Zeitgenossen und Nachgeborenen wurde der 30. Januar 1933 und seine Folgen analysiert, hier als folgerichtig, dort als ein Betriebsunfall gedeutet; und da uns weitere schreckliche Daten bevorstehen, wird es an weiterer, hier aufklärender, dort verdunkelnder Literatur nicht mangeln. Beruhigend ließe sich sagen: Die Deutschen stellen sich ihrer Geschichte. Es bleibt ihnen anderes nicht übrig, da sich ihnen die eigene Geschichte tagtäglich und unabweisbar in den Weg stellt.

Und doch überdauert ein Rest, der nicht zu klären ist, der nicht schwinden will. Nein, mir kommt es vor, als wachse dieser Rest mit der zeitlichen Distanz: ein Rückstand, der – um es auf Neudeutsch zu sagen – nicht entsorgt werden kann. Es bleiben uns Trauer, ein immer wieder neues Erschrecken vor den nur dürftig gesicherten Abgründen und die Angst, wir könnten abermals so grundsätzlich in Frage gestellt werden und abermals versagen.

Während uns im politischen Alltag die gegenwärtigen Probleme – Wirtschaftskrise und Arbeitslosigkeit – beuteln, indem uns offenbar die Zukunft nichts als Katastrophen zu bieten hat, werden wir gleichzeitig von unserer Vergangenheit dergestalt dringlich eingenommen, als habe sie uns etwas zu vermitteln, als seien wir ihr, sie uns eine letzte, so erschreckende wie erhellende Einsicht schuldig, als werde es ohne diese Einsicht nicht gelingen, gegenwärtig, geschweige denn zukünftig zu bestehen.

Bevor ich diese mögliche Einsicht zu benennen versuche, muß eigene Skepsis eingestanden werden, denn deutsche Tradition weist nach, wie wenig das Wort des Schriftstellers galt oder gilt, so gerne man sein Wort als schmückenden Zusatz zuließ und auch heutzutage ins Programm nimmt. Bedeutende Schriftsteller haben während der Zeit der Weimarer Republik frühzeitig vor der aufkommenden Barbarei gewarnt und ihre Einsichten, notwendigerweise polemisch, öffentlich gemacht. Sie fanden kein Gehör – und finden es immer noch nicht. Man mag Straßen, Plätze, Schulen nach ihnen benennen: Heinrich und Thomas Mann, Döblin und Brecht sind Emigranten, sind fremd geblieben. Und zwar in beiden deutschen Staaten, so gerne man sich ihrer hier wie dort zitierend und oft mit falschem Zungenschlag bedient: wie kürzlich noch der Generalsekretär der CDU, Geißler, der seine Anwürfe gegen die Sozialdemokraten und ihre Wähler dummdreist mit einem Brecht-Zitat einleitete, als wollte er vorzeitig seinen Beitrag zum 30. Januar 1933 leisten. – Wir Schriftsteller sind einiges gewohnt. Doch gelegentlich empfinde ich nur noch Ekel und möchte mich abwenden. Gäbe es nicht – von Brandt bis Vogel – den Gegenbeweis, es wäre kein Bleiben mehr. In diesem Sinn möchte ich meinen Versuch fortsetzen, jene Einsicht zu vermitteln, die vor fünfzig Jahren zwar vorhanden und ausreichend verbreitet war, doch nicht zum Entschluß führte und die uns heute abermals vor die Frage stellt: Wann ist Widerstand geboten? Welchen Widerstand erlaubt, ja, fordert die Demokratie zu ihrem eigenen Schutz? Welche Gefahr für die Demokratie macht Widerstand notwendig? Sichert uns der Artikel 20 des Grundgesetzes vor den gegenwärtigen Gefährdungen? Und so sollen meine Überlegungen aus historischem wie gegenwärtigem Anlaß heißen: »Vom Recht auf Widerstand«.

Nicht, daß ein neuer Hitler die Macht für sich fordert. Keine Gefahr dieser damals widerstandslos hingenommenen Art steht ins Haus. Kein Links- und kein Rechtsextremismus konnte und kann die Bundesrepublik Deutschland gefährden. Wohl aber zeichnet sich, ohne daß eine Führerperson, eine durch ihr Programm erkennbare Partei deutlich wird, neue Gefahr ab, die die Substanz demokratischer Verfassung aufzuzehren beginnt, ohne daß ein Datum der Machtergreifung bekannt wurde.

Eingefleischter Perfektionismus, ungebrochener Glaube an die Wohltaten sich weiterentwickelnder Technik, Übereifer des Staates und seiner Organe bei der Terrorismusbekämpfung und ein hysterisch anmutendes Sicherheitsbedürfnis haben dieser Gefahr den Weg bereitet. Rasterfahndung, Datenbank, Lauschangriff, der elektronisch abtastfähige Personalausweis, die transparente Gesellschaft: so heißen die neuen ideologiefreien Begriffe. Wörter, die George Orwells Neusprache bereichern und – demokratisch legitimiert – den Überwachungsstaat nicht etwa nur ankündigen, sondern schon heute in Praxis beweisen.

Gewiß, man hat die neuen Gefahren erkannt. Gesetze zum Datenschutz wurden verabschiedet, Datenschutzbeauftragte mit Vollmachten versehen. Doch selbst dieser unzulängliche Schutz wurde nach dem Machtwechsel in Bonn bis zur Lächerlichkeit verkleinert. Man gab der Sicherheit – dem übermächtigen Allesbegründer – Vorrang vor dem Recht des Bürgers auf Schutz seiner Persönlichkeit.

Wir alle sind längst erfaßt und transparent gemacht. Auch können diejenigen unter Ihnen, die während der letzten Jahre Anlaß zum Protest sahen, gewiß sein, daß ihr Protest in Wort und Bild gespeichert, also abrufbar ist. Keine demagogischen Volkstribune und organisierten Massen sind bereit, die demokratische Verfassung aufzuheben, kein Fackelzug mag sich bilden und eine wiederholte Machtergreifung feiern, nichts Vergangenes steht auf dem Wiederholungsprogramm, vielmehr droht ein neues, lautloses, ein zuverlässig dienstbares System, das vorgibt, den Bürger zu schützen, indem es ihn entmündigt, das als gerecht sich auszuweisen sucht, indem es niemanden verschont, und dessen Omnipotenz, außer Kontrolle geraten, die Demokratie zu Tode schützen könnte. Also müßte, laut Grundgesetz, das Recht auf Widerstand in Kraft treten. Also wäre Eile geboten, denn der Ruf »Wehret den Anfängen!« käme bereits zu spät. Zwar funktioniert das System der transparenten Demokratie noch nicht perfekt, aber es entwickelt sich und neuerdings erschreckend ungehemmt, weil von Herrn Zimmermann fürsorglich betreut, mit dessen Vorgänger die letzten liberalen Bedenken ausgeräumt wurden.

Auch das ist Machtergreifung. Legale selbstredend. Unsere Schulbücher lehren es so. Das ist Recht, das soll Ordnung, in Ordnung sein. Wer Zweifel hat, schlägt das Grundgesetz auf, liest den vieldeutigen Artikel 20 und dessen orakelnden Absatz 4. Dort heißt es: »Gegen jeden, der es unternimmt, diese Ordnung zu beseitigen, haben alle Deutschen das Recht zum Widerstand, wenn andere Abhilfe nicht möglich ist.«

Was also tun, wenn »andere Abhilfe« nicht wirksam wird? Welche Art Widerstand kann sich entfalten und wirksam werden, wenn sich die Anwendung von Gewalt aus guten Gründen verbietet? Wird der Hinweis »Das Gewaltmonopol liegt beim Staat« die kritischen Bürger beschwichtigen können, zumal das Gewaltmonopol auch 1933 beim Staat lag?

Zwar reduziert und neuerdings kostenpflichtig gemacht, bleibt der Protest übrig und die Gewißheit, daß die protestierenden Bürger erkennungsdienstlich erfaßt und im Zentralcomputer gespeichert werden. – Abwarten also. Auf die Gunst bevorstehender Wahlen, auf »andere Abhilfe« hoffen. Wir sind aufgefordert, der sich eigenhändig zugrunde richtenden Demokratie einen letzten Liebesdienst zu erweisen. Noch und abermals wird beteuert: Wir Demokraten stehen mit solidem Schuhwerk auf dem Boden »dieser unserer« Verfassung, obgleich uns durch beide Sohlen spürbar ist, daß unter »diesem unserem« Verfassungsboden gewühlt und ein Hohlraum – selbstredend aus Sicherheitsgründen – gebuddelt wird.

Ich meine, die Grenze des Zumutbaren ist erreicht. Wer bereit ist, jene Einsicht zu teilen, die uns der 30. Januar 1933 für die Notlage unseres politischen Alltags vermittelt, der wird dem demokratisch legitimierten Rechtsbruch nicht weiter nur fröstelnd zusehen können. Nicht nur die Opposition, alle Parteien sind in Frage gestellt. Mit ihnen sind die Gewerkschaften, sind die Kirchen zum Widerstand aufgerufen und gleichzeitig ermahnt, ihr Versagen vor fünfzig Jahren zu bedenken.

Dieses Jahr wird ein Jahr der Zerreißproben sein. In diesem Jahr – dem Jahr vor Orwells Jahr – wird sich erweisen, ob die Bundesrepublik Deutschland, im Gegensatz zur Weimarer Republik, auf genug Demokraten bauen kann. Auf kritische, nicht zu beschwichtigende, auf gewaltlose und dennoch kämpferische Demokraten, die notfalls zum Widerstand bereit sind. Die Konfliktfälle sind gegeben.

Tausende taktischer Atomwaffen sind in der Bundesrepublik stationiert. Hier lagern chemische Kampfmittel, darunter Giftgase. Man kann davon ausgehen, daß sich vergleichbare Arsenale auf dem Boden der DDR befinden. Schon jetzt ist Deutschland in seiner zweistaatlichen Abhängigkeit als atomarer Kriegsschauplatz vorgesehen. Die beschränkte Souveränität der beiden deutschen Staaten ist, wie die Teilung auch, eine der anhaltenden Folgen des 30. Januar 1933. Jeweils Vorfeld des einen, des anderen militärischen Machtblocks ist beiden Staaten eines gewiß: Selbst beim Einsatz »nur« taktischer Atomwaffen wäre das Ende der Deutschen eine strategisch vorbestimmte und jeweils aus Bündnistreue hinzunehmende Tatsache. Ein Sachzwang sozusagen. Der Preis, der gezahlt werden muß. Oder wie sich die Apologeten des Wahnsinns sonst noch zu erklären bemühen.

Auch hier ist, wie ich meine, die Grenze des Zumutbaren erreicht. Wir wissen nicht, ob die Genfer Verhandlungen den zweifach gewirkten Irrsinn verwerfen können. Sie sind jetzt schon vom Scheitern gezeichnet und lassen nur wenig Hoffnung zu. Überdies ist die derzeitige Bundesregierung zu kopf- und kraftlos, um die besonderen deutschen Interessen der verbündeten Großmacht und dem Nachbarn Frankreich gegenüber zu vertreten. Feige Anbiederung bot sie anstelle selbstbewußter Politik.

Sollte es also – wider alle Vernunft – zur Aufstellung von Mittelstreckenraketen auf deutschem Boden kommen, kann nur noch Widerstand helfen. Widerstand gegen Objekte, die nicht mehr herkömmliche Waffen, sondern Instrumente des Völkermordes sind. Denn auch diese Lehre aus dem 30. Januar 1933 zu ziehen ist notwendig: Hitlers legale, und weil sie legal war, widerstandslos hingenommene Machtergreifung hat Millionen Tote und hat Auschwitz zur Folge gehabt. Zwar ist das von uns Deutschen zu verantwortende Verbrechen nicht zu vergleichen mit jenem atomaren Völkermord, der uns nachweislich droht; vergleichbar sind jedoch die zynische Abwendung von den Grundwerten menschlicher Ethik, die damals die Wannsee-Konferenz, den Beschluß der Endlösung zur Folge gehabt hat und die in unseren Tagen militärische Planspiele produziert, deren Ernstfallverläufe hier fünfzig und anderswo achtzig Millionen Tote als unvermeidbaren Ausfall verbuchen. Jeder Deutsche sollte wissen, daß zuallererst er dieses Zählwerk zu füttern hat. Denn ob nach östlicher oder westlicher Zählweise, und so biedermännisch die eine, die andere Seite bloßen Verteidigungswillen beteuert, alle Planungen dieser Art werden, wenn nicht endlich weltweiter Widerstand die Strategie des kalkulierten Völkermordes außer Kraft setzt, das letzte übergroße Menschenwerk, die Selbstvernichtung der Menschheit zur Folge haben.

Der 30. Januar 1933 verlangt uns dringliche Fragen und eindeutige Antworten ab. Was bedeutet die Forderung nach Widerstand in Kenntnis unserer Verfassung? Ich höre schon jetzt den Aufschrei der Musterdemokraten und rieche den Fleiß der Verfassungsschützer. Meine Antwort lautet: Ein Volk, das nach fünfzig Jahren noch die Folgen des ausgebliebenen Widerstandes gegen die Machtergreifung Hitlers und der Nationalsozialisten zu tragen hat, ein Volk, das zuließ, daß auf legale Weise die demokratische Verfassung mehrheitlich – und (nach dem Verbot der Kommunistischen Partei) einzig gegen die Stimmen der Sozialdemokraten – außer Kraft gesetzt wurde, ein Volk also, das gezeichnet ist von diesen Erfahrungen, müßte gelernt haben, andersgeartete und doch vergleichbare Gefahren rechtzeitig zu erkennen, damit es aus dieser Erkenntnis das Recht auf Widerstand zur demokratischen Forderung erheben kann.

Keine Angst, es ist nicht die Rede von Molotowcocktails, Sprengsätzen und Maschinenpistolen; wohl aber zähle ich die Verweigerung des Befehls, den permanenten und einfallsreichen Protest, den das Völkermordpotential verdammenden Einspruch der Kirchen und schließlich den Generalstreik zu den Möglichkeiten des Widerstandes.

Ich habe versucht, zwei geradewegs zwangsläufige Entwicklungen zu benennen: Zum einen ist die Bundesrepublik Deutschland dabei, sich dem Diktat der Technokratie zu unterwerfen und zum Überwachungsstaat zu werden; zum anderen besteht die Gefahr, daß die derzeitige parlamentarische Mehrheit der Stationierung von Mittelstreckenraketen zustimmt und die Bundesrepublik in das Wahnsinnskonzept der beiden Großmächte einbindet: den kalkulierten Völkermord. Beide Gefahren könnten ineinandergreifen und sich kurzschließen, denn mit der Aufstellung der Mittelstreckenraketen wüchse das Sicherheitsbedürfnis des Überwachungsstaates. Dieser Zuwachs hätte totale Kontrolle, hätte Sperrgebiete und Abgrenzungen zur Folge, die die deutsch-deutsche Grenze variieren und perfektionieren würden. Ich bitte jeden, der Verantwortung trägt, zu bedenken, daß eine solche Entwicklung Gegengewalt, verzweifelte, kopflose Gegengewalt auslösen wird. Nicht verborgene, kaum ahnbare Risiken drohen, vielmehr sind wir dabei, Orwells Vision »1984« einzuholen, wenn nicht zu überbieten.

Der geistige und aufklärende Widerstand gegen diese Entwicklung zur Katastrophe hin ist spürbar und wächst. Auch in Deutschland hat die weltweite Friedensbewegung Fuß gefaßt. In beiden deutschen Staaten ist es vor allem die junge Generation, die hier nicht das kleinere, dort nicht das größere Risiko scheut. Wer meint, diesem gewaltlosen Widerstand mit Polizeigewalt begegnen zu müssen, zwingt den Polizisten Aufgaben auf, die sie verweigern sollten. Inzwischen haben Politiker und Bischöfe, Vertreter der Gewerkschaften und der Industrie, Wissenschaftler und Künstler, aber auch Generäle und höhere Polizeioffiziere die genannten Gefahren erkannt. Möge ihre Erkenntnis das demokratische Recht auf Widerstand miterkennen, damit der 30. Januar 1933 uns allen keine vergebliche Lehre erteilt.

Orwells Jahrzehnt II

Rede im Bundestagswahlkampf

Meine Damen und Herren,

aus welchen Gründen könnte ein Schriftsteller bereit sein, sein Manuskript drei Wochen lang liegenzulassen und sich auf Wahlkampfreise zu begeben? Da ich mich seit 1961 immer wieder in Wahlkämpfe eingemischt und mich mit der Bundesrepublik bis in ihre schwärzesten Winkel hinein vertraut gemacht habe, ist mir diese Frage oft gestellt worden. Und auch ich habe mich oft fragen müssen: Warum eigentlich?

Gegenwärtig böte sich eine so simple wie ichbezogene Antwort an: Weil es mir unerträglich wäre, vier Jahre lang Kohl als Kanzler in Wort und Bild zu ertragen. Natürlich reicht diese Antwort nicht aus. Wem ginge es nicht so! Selbst seinen Anhängern wird Kohl, vier Jahre lang aufgewärmt, kaum noch schmackhaft sein.

Als weitere Antwort auf die Frage nach den Gründen für mein anhaltendes Engagement ließe sich ein Bekenntnis zum demokratischen Sozialismus verwenden, nicht nur, weil ich seit sechs Monaten Mitglied der SPD bin. Doch diese Antwort fällt mir seit einigen Jahren schwer, weil wir Sozialdemokraten unsere Leistungen mit allzu vielen Fehlern und Versäumnissen verdeckt haben. Leichter fällt es mir zu sagen: Ich will dazu beitragen, daß diese Fehler korrigiert werden, daß das Versäumte nachgeholt wird.

Doch schon meldet sich meine Skepsis: Ist es dafür nicht schon zu spät? Wird uns nicht täglich deutlich, wie unkorrigierbar das Gefälle zur Katastrophe hin vorgezeichnet ist? Sind wir Menschen imstande, uns und unsere eingewöhnten Bedürfnisse zu ändern? Haben wir noch die Kraft, nach soviel Krieg und stöhnend unter der Last unserer Rüstung, uns zu entrüsten und einander mit aller Macht den Frieden zu erklären? Konkret gesprochen: Kann es gelingen, das drohende Verhängnis der atomaren Selbstvernichtung durch einen Lebenswillen abzuwenden, der auf Abschreckung verzichtet? Können wir zukünftig den Frieden sichern, indem wir zuallererst der anderen Seite, dem Gegner die Angst nehmen, damit auch wir frei von Angst sein können?

Februar 1983

Und weiter gefragt und gezweifelt: Haben wir noch die Kraft, die schleichende Umwandlung des demokratischen Verfassungsstaates in einen technokratischen Überwachungsstaat aufzuhalten? Sind wir fähig oder überhaupt gewillt, den Zerfall kultureller Substanz, die fortschreitende Zerstörung der Natur, die Vernichtung des Waldes mit wirksamen Maßnahmen zu beenden? Kümmert uns noch die sogenannte »Dritte Welt«, für deren Verelendung auch wir verantwortlich sind?

Diese Fragen lassen sich nicht mit ja oder nein beantworten. Gewiß ist nur, daß diese Fragen existentiell sind. Sie überschreiten den Entscheidungsspielraum dieses Wahlkampfes, belasten ihn aber notwendigerweise. Literarisch begründet, ließe sich sagen: Es geht in diesem Wahlkampf nicht nur um Bafög, Mieterschutz und Arbeitsbeschaffungsprogramme, sondern auch – und so wichtig die genannten Probleme sind – um die Frage, ob George Orwells Schreckensvision, der Roman »1984«, von der Wirklichkeit eingeholt oder sogar überboten wird.

Zuallererst deshalb mische ich mich in diesen Wahlkampf. Denn noch – so hoffe ich – haben wir es in der Hand, Orwells Vision zu widerlegen. Noch – so hoffe ich – lassen sich die angezeigten Katastrophen abwenden. Ich weiß es nicht, aber ich hoffe, daß die Fähigkeit der Menschen, sich selbst zu vernichten, umgepolt werden könnte in die andere menschliche Fähigkeit: Frieden zu stiften, Lasten gerecht zu verteilen und Zukunft wieder möglich zu machen.

Deshalb habe ich die Überschrift meiner Rede »Orwells Jahrzehnt« ohne Fragezeichen in die Maschine getippt. Das Fragezeichen, das Fraglichmachen der Orwellschen Schreckensvision, müßte wohl noch geleistet werden.

Ich erinnere mich genau: Vierundzwanzig Jahre war ich alt, als zu Beginn der fünfziger Jahre der Roman »1984« in deutscher Übersetzung erschien. Kurz zuvor und wenig später las ich Camus' »Mythos von Sisyphos« und das erschreckend erhellende Buch eines polnischen Autors: Miłosz' »Verführtes Denken«. Alle drei Bücher und ihre Autoren haben mich entscheidend literarisch wie politisch geprägt. Diese drei Bücher sind gezeichnet von der ideologisch-totalitären Belastung des zwanzigsten Jahrhunderts. Der Stalinismus und der Faschismus sind die Grunderfahrungen der drei genannten Schriftsteller.

Während Miłosz eine Vielzahl von Personen – Intellektuelle zumeist – unter der zweifachen Belastung scheitern läßt, gelingt es Camus, den Gedanken des Widerstandes philosophisch zu entwickeln, indem er den Sisyphos unserer Zeit definiert: Wissentlich und aus freiem Willen wälzt er den Stein, der nie zur Ruhe kommt.

Orwell jedoch sah voraus, wie sich die herrschenden Ideologien verschmelzen und sich die Herrschaftsform Technokratie dienstbar machen könnten. Er sah den Überwachungsstaat, den wir heute befürchten müssen. Er sah drei Großmächte, die, gleichermaßen totalitär, einander anhaltend mit Krieg und Stellvertreterkriegen überziehen. Er sah eine »Neusprache« voraus, die jedem Ding, jedem Wert den Sinn nehmen, die Lüge zur Wahrheit verformen und die Wahrheit in Lüge ummünzen könnte.

Unsere Gegenwart ist geprägt von dieser »Neusprache«. Ob sich die Sowjetunion »als Friedenslager« feiert, ob der Präsident der USA die von ihm gewünschten MX-Raketen »Friedensbringer« tauft: Jeweils wird Orwells »Neusprache« bereichert. In Vietnam vor Jahren, in Afghanistan heute: Als Aggressoren führen die Großmächte nicht etwa Krieg gegen das eine, das andere Volk; nein, sie sehen sich zu »Befriedungsaktionen« veranlaßt, sie sind bestrebt, »die Lage zu normalisieren«. Wo immer das Wort »Normalisierung« verwendet wird, ist jeweils Unterdrückung gemeint!

Auch bei uns zu Hause wird Orwells Neusprache gesprochen: Wie freundlich einladend – und schrecklich sinnentstellend – klingt das Wörtchen »Entsorgungspark«! Wir haben lange, zu lange gebraucht, um zu begreifen, daß die so vernünftig klingende »Rationalisierung am Arbeitsplatz« nur eines zur Folge hatte: den Verlust von Arbeitsplätzen, die programmierte Arbeitslosigkeit.

Zudem ist jeder eingeladen, an seinem Ort – ob Stadt, Kleinstadt oder Dorf – zu prüfen, inwieweit das Orwellsche Neusprachenwort »Sanierung« Zerstörung und Abbruch, die kulturvernichtende Barbarei zur Folge gehabt hat.

Wir sind von Verlusten umgeben, die uns der Glaube an ein ewiges Wachstum wie unvermeidliche Folgeschäden hinterlassen hat. Was zum Himmel stinkt wie die Elbe, was den vielbesungenen deutschen Wald zum Gespensterwald machen wird, was an Giften freigesetzt wurde, nun schwebt, sich senkt, in Erde, Luft und

Wasser wirksam bleibt, all das soll den Preis ausmachen, der für Fortschritt, Wohlstand, Wachstum gezahlt werden muß. Diese Rechnung ging jahrelang auf. Doch neuerdings zögern viele, die lange gutgläubig waren. Sie machen die Gegenrechnung auf. Sie wollen die Folgekosten wissen, bevor es zu Folgen kommt. Zum Beispiel, wenn es darum gehen soll, die Bundesrepublik zu verkabeln und nun das Kabelfernsehen als die große Beglückung zu begreifen.

Ich sage nein zu diesem Wahnsinn mit Folgen: Schon jetzt steht fest, daß am Ende Zehntausende von Arbeitsplätzen, vor allem im Dienstleistungsbereich, auf gut Orwellsch gesagt, wegrationalisiert sein werden. Ich sage aber auch nein zum Kabelfernsehen, weil es nicht unseren Bedürfnissen entspricht. Wir haben drei Fernsehprogramme, die sind schlecht und recht und könnten verbessert werden. Ein weiteres, zudem privatwirtschaftliches, die Glotze zum Götzen erhebendes Programm ist nicht vonnöten. Nicht alles, was technisch machbar ist, muß, weil es machbar ist, auch gemacht werden.

Annähernd zweihundert Milliarden DM würde die Verkabelung der Bundesrepublik kosten. Zwar wissen wir, daß der derzeitige Postminister Schwarz-Schilling ein privates Interesse an diesem Geschäft hat; doch meine ich, daß es sinnvoller wäre, mit diesen Mitteln die industrielle Abwärme zu nutzen. Fernheizung anstelle von Kabelfernsehen heißt die vernünftige Alternative!

Sie wird mit besonderem Nachdruck von den Sozialdemokraten in Schleswig-Holstein vertreten. Ob am 6. oder 13. März, bei beiden Wahlgängen wird unter anderem darüber entschieden, ob Schwarz-Schillings bundesweite wie private Verkabelungsrechnung aufgeht oder ob unter der Verantwortung von Vogel als Kanzler und Engholm als Ministerpräsident endlich die Nutzung der industriellen Abwärme umweltfreundliche Wirklichkeit wird.

Ich vergaß bei meinem Vergleich, den Übergangskanzler Kohl zu erwähnen. Das kann mir noch öfter passieren, weil diesem Mann die Fähigkeit eignet, mit vielen Worten dennoch keinen einzigen Gedanken zu äußern. Und wo es nicht blitzt, da bleibt der Donner aus; sogar in »diesem unserem Lande«.

Mit anderen Worten: Wir sollten uns keinen Bundeskanzler leisten, dessen treuherziges Zwinkern nicht darüber hinwegtäuschen kann, daß er sich außerstande sieht, die deutschen Interessen mit Nachdruck und gedanklicher Schärfe zu vertreten. Ob als Gast beim Präsidenten der Vereinigten Staaten, ob dem Präsidenten der Republik Frankreich zur Seite gestellt, es kam jeweils nur eines zum Ausdruck: Kohls servile Beflissenheit, Kohls allzu guter Wille, es beiden Präsidenten recht zu machen.

Das reicht aber nicht. Das ist, um es auf Schuldeutsch zu sagen: ungenügend. Im Interesse der Bundesrepublik, nein, im Interesse der Menschen in beiden deutschen Staaten ist ein Bundeskanzler vonnöten, der nicht nur der Sowjetunion, der auch der verbündeten Großmacht USA gegenüber deutlich macht, was dem deutschen Interesse widerspricht: Wir wollen kein Arsenal für Mittelstreckenraketen werden. Wir lehnen es ab, der Kriegsschauplatz für atomare Erstschläge der einen wie der anderen Seite zu sein. Auch sind wir nicht Frankreichs Vorfeld und Zielobjekt für den Ernstfall, sondern – wenn das schöne Wort seinen Sinn behalten soll – Frankreichs Nachbar.

Schon jetzt ist die Bundesrepublik vollgestopft mit taktischen Atomwaffen. Zum Beispiel sind hierzulande einhundertachtzig Raketen vom Typ Pershing I A stationiert, deren Reichweite bei siebenhundertzwanzig Kilometern liegt und deren atomare Gefechtsköpfe die vier- bis fünfundzwanzigfache Sprengkraft der Hiroshima-Bombe haben. Die Befehlsgewalt über dieses Vernichtungspotential, das taktisch planend unseren Landsleuten in der DDR und dem westlichen Polen zugedacht ist, liegt ausschließlich bei unserem Großverbündeten, dessen Pläne, zum Schutz der USA, Mitteleuropa als atomaren Kriegsschauplatz vorgesehen haben; und zwar mit dem Vorrecht des atomaren Erstschlages.

Das kann nicht europäischem und also auch nicht deutschem Interesse entsprechen. Schon das vorhandene Potential, geschweige denn die zusätzlichen Mittelstreckenraketen, ist eine tägliche Einladung zum atomaren Selbstmord. Bei immer kürzerer Vorwarnzeit steigt die Gefahr der Kurzschlußhandlung auf beiden Seiten. Deshalb bietet das in Mitteleuropa konzentrierte Vernichtungspotential auch keinen Schutz, sondern liefert uns einem Wahnsinn aus, dessen Urheber weit weg sitzen.

Wir wollen aber kein Satellit der USA sein, wie die DDR ein Satellit der Sowjetunion ist. Ich empfinde es als beschämend, wenn

Kohl in seiner Übergangsrolle als Kanzler die Alles-oder-nichts-Forderungen des US-Präsidenten nachplappert und so die personalisierte Schwäche des Westens verstärkt. Ohne eigenes Konzept und ungetrübt von Sachkenntnissen gefällt sich dieser Mann in von Würde geblähten Bratenrocksprüchen. So spricht und handelt kein Kanzler; so handelt und spricht allenfalls ein Kanzlist.

Wer einen Investitionsstreik herbeizureden versucht, also Arbeiter und Angestellte in Furcht setzen will, der handelt verantwortungslos und erbärmlich zugleich. Wer dann noch behauptet, er verstehe sich als Adenauers Enkel, würde von Konrad Adenauer – gäbe es den Alten noch – als fleischgewordene Nullösung verspottet werden.

Ich bin sicher, daß genügend Bundesbürger das Gewicht der anstehenden Entscheidungen spüren und auf die Politik eines Mannes setzen werden, bei dem sich Helmut Schmidts sachbezogene Standfestigkeit mit Willy Brandts politischem Weitblick verbindet. Ich bin stolz darauf, daß meine Partei Politiker von diesem Format hervorbringt. In kurzer Zeit ist es Hans-Jochen Vogel gelungen, die SPD aus ihren mit Kleinmut und Selbstmitleid gepolsterten Schmollwinkeln herauszuführen. Jetzt kämpfen sie wieder für die allerorts angeschlagene Gerechtigkeit; für die Wiederherstellung der vom Bundeszimmermann um Schwurhandlänge verkürzten Bürgerrechte. Jetzt kämpfen sie wieder, die Sozis, wie sie es von August Bebel, Otto Wels und Kurt Schumacher gelernt haben.

Denn es muß gekämpft werden für die Rückgewinnung der Chancengleichheit der Schüler und Auszubildenden. Es muß um jede Stimme gekämpft werden, damit das neue Mietunrecht außer Kraft gesetzt werden kann. Es muß, wenn Ende April die sogenannte Volkszählung stattfinden soll, der Schutz unserer Daten gesichert sein. Es muß der Graben zwischen Wehrdienstleistenden und Ersatzdienstleistenden wieder zugeschüttet werden; denn der Ersatzdienst ist gleichwertig und darf nicht durch Verlängerung zum Strafdienst deklassiert werden – wie es Herr Geißler gerne möchte, dem die Gleichsetzung von sozialdemokratischen Wählern und »unanständigen Deutschen« so lange um die Ohren geschlagen werden muß, bis ihm in etwa dämmert, was Anstand ist und bleiben soll.

Da nun von Arbeit und Arbeitslosigkeit gesprochen werden muß, kann uns nicht erspart werden, über jenen Mann zu sprechen, der immer noch ungetrübt glaubt, er sei dafür zuständig. Norbert Blüm heißt das Maskottchen der CDU und der Kasperl der CSU. Eins muß man ihm lassen: Ob Strauß oder Lambsdorff ihn ohrfeigt – oder beide kurz nacheinander –, nie vergeht ihm das Feixen. Doch daß dieser Mann fähig ist, die Interessen der Arbeiter und Angestellten zu vertreten, das glauben ihm nicht einmal mehr die Sozialausschüsse der CDU. Wie konnte man dieses wichtige Amt einem Büttenredner überlassen!

Die wachsende Arbeitslosigkeit in der Bundesrepublik ist ein Problem und eine Belastung, die von der gesamten Gesellschaft erkannt und mitgetragen werden muß. Von jeder Gesellschaftsgruppe: von den Arbeitern und Angestellten, die noch Arbeit haben, von den gleichfalls gefährdeten Freiberuflichen, aber auch von den Beamten, denen das Risiko Arbeitslosigkeit nicht droht, und von den Unternehmern, die begreifen sollten, daß sie ohne Arbeiter und Angestellte nichts sind.

Als Solidargemeinschaft die Belastung der Arbeitslosigkeit zu ertragen heißt, die Lasten gerecht zu verteilen. Davon kann zur Zeit in der Bundesrepublik nicht die Rede sein. Vielmehr sind wir dabei, den in England und in den USA praktizierten Weg der Verelendung durch Dauerarbeitslosigkeit zu beschreiten; und das wohlgemut und unverfroren, als habe die »Eiserne Lady« dem Norbert Blüm ein lehrreiches Teestündchen gewährt.

Über dreißig Prozent der Bevölkerung Nordamerikas ist verarmt und lebt dürftig von Almosen. Wenn wir jener im reichsten Land der Welt zynisch hingenommenen Verelendung nicht angepaßt werden wollen, muß dem Übergangskanzler Kohl am 6. März durch Wählerwillen die Regierungsbank entzogen werden. Damit uns nicht mehr mit dem Knüppel »Investitionsstreik« gedroht werden kann. Damit nicht Strauß und sein Vollstrecker Zimmermann über uns kommen. Damit wieder, wie es im Grundgesetz heißt, alle Macht vom Volke ausgeht – und nicht etwa von Flick und Söhnen.

Die Sozialdemokraten und die Gewerkschaften sind aufgefordert, einen »Neuen Gesellschaftsvertrag« zu erarbeiten, damit das Wort Solidarität wieder Sinn bekommt. Dieser Gesellschaftsvertrag muß den althergebrachten, nicht mehr tragenden Begriff von Arbeit neu definieren. Ich glaube nicht, daß auch in Zukunft nur das als Arbeit gelten kann, was sich im Bruttosozialprodukt niederschlägt. Ich halte es für richtig, daß jeder Rationalisierungsvorgang, der Arbeitsplätze vernichtet, sozialpflichtig gemacht wird. Ich bin sicher, daß ein konsequenter Umweltschutz wirtschaftlich ist und neue Arbeitsplätze schaffen wird.

Durch Arbeitszeitverkürzung und durch die Herabsetzung des Rentenalters müssen die vorhandenen Arbeitsplätze besser genutzt werden. Und schließlich: Ein neuer und sozialer Begriff von Arbeit muß der Kultur und ihren vielfältigen Möglichkeiten Raum geben, damit die immer geräumiger werdende Freizeit einen Sinn bekommt und auch der jungen Generation wieder Zukunft eröffnet wird.

Am 30. Januar 1933, als Hitler an die Macht kam, gab es über sechs Millionen Arbeitslose in Deutschland. Wehe uns allen, wenn wir diese Lektion nicht begreifen. Die Zeit des unbegrenzten Wachstums ist vorbei. Jetzt kommt es darauf an, daß sich die zu lange unbedenkliche Wohlstandsgesellschaft als eine Solidargesellschaft begreift, damit sie den Krisen von heute und den kommenden Krisen gewachsen sein kann.

Denn diese Belastungen stehen uns noch bevor: Das Elend der Dritten Welt wird sich nicht mit Almosen vor unserer Tür abspeisen lassen. Die täglich stattfindende Bevölkerungsexplosion ist zwar lautloser Art; sie wird uns dennoch einholen: dann nicht mehr lautlos. Noch kürzlich hat Willy Brandt in seinem zweiten Nord-Süd-Bericht auf die Notwendigkeit einer gerechteren Weltwirtschaftsordnung hingewiesen. Wo Mangel an Nahrung herrscht, ist oft nur wachsender Wassermangel gewiß. Auf vielfältige Art und Weise sind die Menschen dabei, sich um ihre Zukunft zu bringen.

Deshalb mische ich mich in diesen Wahlkampf. Noch haben wir die Chance, zu wählen und abzuwählen. Orwells Jahrzehnt verlangt von uns, daß wir nicht wehleidig dem Hang zur Katastrophe nachgeben, sondern uns gegen das Abwärtsgefälle stemmen. Deshalb bin ich auf der Seite von Björn Engholm und Hans-Jochen Vogel.

Wie sagte Sisyphos, als er den Stein bergauf gewälzt hatte, doch der Stein sogleich wieder bergab rollte? Er rief: Keine Angst,

Stein! Bald bin auch ich wieder unten. Du gehörst zu mir. Gleich geht es wieder bergauf! Jede politische Anstrengung, die das Unrecht schmälern, den Frieden sicherer machen, die Freiheit erhalten oder gar erweitern und die Natur vor der zerstörenden Anmaßung der Menschen schützen will, ich sage, jede dieser Anstrengungen ist immer auch ein Stück Sisyphosarbeit. Weil der Stein nie oben liegen bleiben wird. Weil dieses vergeblich anmutende Steinewälzen zum Menschen gehört. Erst wenn wir aufgeben, den Stein am Fuße des Berges liegen lassen und nicht mehr Sisyphos sein wollten, erst dann wären wir ganz verloren.

Februar 1983

Die Schätzung – oder für wie dumm hält der Staat seine Bürger?

Was den Bürgern zugemutet wird: Mir liegt als Fotokopie der »Wohnungs- und Haushaltsbogen« für die Volkszählung 1983 vor, Stichtag 27. April. Ich lese, was der Staat, dieses immer unfaßlicher werdende Abstraktum, wissen und statistisch verdauen will: viele sich harmlos gebende Einzelheiten (Küche oder Kochnische), die jedoch als Summe ihre Harmlosigkeit verlieren und »sonstigen« Wissensdurst wecken könnten.

Deshalb soll das Volkszählungsgesetz vom 25. 3. 1982 die Bürger beruhigen: »Dem Datenschutz und der statistischen Geheimhaltung wird voll Rechnung getragen.« Da sechshunderttausend Zähler bundesweit unterwegs sein werden, wird auch ihnen einiges zugemutet: »Der Zähler ist verpflichtet, festzustellen, ob alle erforderlichen Angaben gemacht worden sind.« Wer aber kann die Zähler (als Geheimnisträger) und die so streng befragten Bürger vor der menschlichen Plappersucht schützen?

Ganz hinten steht kleingedruckt der Datenschutz und gibt Rätsel auf. Zum Beispiel dürfen Einzelangaben ohne Namen und Religionszugehörigkeit (das ist der Schutz) an Bundes- und Landesbehörden übermittelt werden, mithin auch Adressen und Altersangaben. Dreimal darf der Bürger raten, auf welche Weise sich dienstbeflissene Schlauberger des schutzbedürftigen Namens dennoch vergewissern könnten. Zudem ist es erlaubt, die einmal flügge gewordenen Einzelangaben bei Bedarf »sonstigen öffentlichen und nichtöffentlichen Stellen« zu vermitteln. Auf deutsch: Dem privaten Mißbrauch der nur scheinbar geschützten Daten steht wenig im Wege.

Für wie dumm und vertrauensselig hält der Staat seine Bürger? Viel Geld wird die Volkszählung als Volksbefragung kosten und dennoch den nützlichen Teil ihres Zweckes nicht erfüllen.

Nützlich wäre es schon, auf Grund genauerer Daten besser planen zu können. Gerne wäre auch ich bereit, beträchtliche Einzelheiten meines Haushaltes dem Staat einzufüttern, wenn dessen

Gegenleistung, der Schutz meines haushälterischen Innenlebens, gesichert wäre.

Diese Sicherheit fehlt nicht nur, weil die Paragraphen des Volkszählungsgesetzes Gummiparagraphen sind.

Sicherheit geht vor Datenschutz, und Datenschutz ist Täterschutz, sagen der derzeitige Innenminister und sein Staatssekretär. Und da Zimmermann und Spranger so handeln, wie sie sprechen, fürchte ich mich vor ihnen. Sie sind, jeder für sich und um so mehr beide zusammen, ein Sicherheitsrisiko, das ich nicht eingehen will.

Da ich mir wünsche, daß in wenigen Tagen ausreichend viele Bürger dafür sorgen, daß es das Sicherheitsrisiko Zimmermann-Spranger nach dem 6. März nicht mehr gibt, stellt sich die Frage: »Wäre mit dem Ende der Ära Kohl die Volkszählung '83 gerettet?« Meine Antwort heißt nein. Es war eine sozialliberale Regierung, die mit den Stimmen aller Parteien im Bundestag das unzulängliche »Gesetz über eine Volks-, Berufs-, Wohnungs- und Arbeitsstättenzählung« verabschiedet hat.

Sollte der neue Bundeskanzler Hans-Jochen Vogel heißen, müßte er mit einer seiner ersten Amtshandlungen die Volksbefragung vertagen. Denn ohne ausreichende Gegenleistung des Staates werden sich viele Bundesbürger der Befragung entziehen, indem sie entweder die Auskunft verweigern und der Auskunftspflicht widersprechen oder die Fragebögen auf vielfältige Weise untauglich machen. Den Schaden und die Kosten hätten alle zu tragen: der Staat und seine Bürger.

Die Bundestagsabgeordneten aller Parteien, die diesen Unfug einstimmig zu verantworten haben, sollten einsichtig auf den wachsenden Bürgerprotest reagieren und ihr Machwerk aus dem Verkehr ziehen. Man stelle sich vor: eine Million Bußgeldbescheide; Streit in jedem fünften Haushalt: Vater will ausfüllen, die neunzehnjährige Tochter jedoch will nicht ausgefüllt werden; Klagen und Verfassungsbeschwerden. Positiv immerhin schlägt zu Buche: Der demokratische Widerstandsgeist ist hellwach.

Im Lukas-Evangelium steht zu Beginn des zweiten Kapitels: »Es begab sich aber zu der Zeit, daß ein Gebot von dem Kaiser Augustus ausging, daß alle Welt geschätzt würde. Und diese Schätzung war die allererste und geschah zur Zeit, da Cyrenius Landpfleger in Syrien war.« Und weiter lesen wir: »Da machte sich auf auch Joseph aus Galiläa ... auf daß er sich schätzen ließe mit Maria, seinem vertrauten Weibe, die war schwanger.«

Lukas berichtet nicht, ob Joseph seine Familie vor oder nach der Geburt des Sohnes hat schätzen lassen. Da im Matthäus-Evangelium ergänzend von der Flucht der Familie nach Ägypten und vom Kindermord in Bethlehem berichtet wird, ist zu vermuten, daß eine Schätzung der Familie und des Stalles samt Inventar nach Christi Geburt stattgefunden hat, weshalb nicht auszuschließen ist, daß dem Kindermord Schätzungsdaten zu Grunde lagen.

Wie gut, daß die Flucht glückte. – Es lohnt doch immer wieder, die Lutherbibel in die Hand zu nehmen, nicht nur im Luther- und Volkszählungsjahr.

An den Grenzen unserer Möglichkeiten

Statements beim Westberliner Schriftstellertreffen

Schriftsteller sprachen und stritten über den gefährdeten Frieden. Vor mehr als einem Jahr fand die erste Berliner Begegnung statt, seitdem hat sich nichts zum Besseren gewendet. Nach wie vor geht von den Großmächten gegen die Völker in Polen, in Afghanistan und in Zentralamerika Gewalt aus. Am Persischen Golf und im Libanon wird und wurde mit den Waffensystemen beider Militärblöcke Krieg geführt: Zehntausende starben; ihnen nützliche Erkenntnisse gewannen einzig die Militärexperten. Obgleich im kapitalistischen wie im kommunistischen Lager Mißwirtschaft herrscht, hier Arbeitslosigkeit, dort Unterversorgung die Folgen sind, bleiben die Anstrengungen in beiden Lagern dennoch auf Rüstung und Nachrüstung konzentriert, als wolle man wirtschaftliches Unvermögen durch neue Raketensysteme wettmachen, als ließe sich die Weltwirtschaftskrise durch Anhäufung, notfalls durch den Einsatz nuklearer Gefechtsköpfe beheben. Auch dieser Wahnsinn hat seine Logik.

Auf die Zeit seit dem ersten Berliner Gespräch zurückblickend, kann positiv allenfalls gewertet werden, daß die Sowjetunion einige prüfenswerte Abrüstungsvorschläge gemacht hat. Die US-Regierung jedoch lehnte diese Vorschläge ungeprüft ab. Schlimmer noch: Die Administration des US-Präsidenten Reagan strebt die militärische Überlegenheit des Westens an und erklärt das Totrüsten des Gegners zum Ziel. Deutlich wurde auch, daß die US-Administration nach wie vor zum atomaren Erstschlag bereit ist und einen nuklear geführten Krieg, sei er auf Europa beschränkt oder werde er weltweit geführt, für gewinnbar hält.

Dazu will ich mich eindeutig äußern: Ich gehöre zum Westen, und es trifft mich, wenn die Politik der führenden Großmacht des Westens gemeingefährlich wird. Ich leide unter dem Zustand des großen Verbündeten. Es macht mich bitter, daß die derzeitige Regierung der Vereinigten Staaten von Amerika keiner demokratischen Impulse mehr fähig ist, vielmehr nur noch auf Gewalt und Stärke setzt. Weil zum Westen gehörend, schämte ich mich, als Prä-

April 1983

sident Reagan vor wenigen Wochen den Gegner nicht nur zum Feind erklärte, sondern ihn auch als »das Böse« schlechthin darstellte. Gemeint war die Sowjetunion. Mitgesagt wurde, daß »das Böse« vernichtet werden müsse. Das sind den Krieg erklärende Worte. Diese Sprache ist durch nichts zu entschuldigen, auch nicht durch den beliebten Hinweis, daß mit vergleichbarer Sprache in der Sowjetunion dem Gegner als Feind Vernichtung angedroht wird.

Nichts spräche den Westen frei, wenn er sich dieser Führung in den angedrohten Völkermord weiterhin anvertraute. Doch kann es nicht nur Sache der westlichen Regierungen sein, den Führungsanspruch der USA kritisch in Frage zu stellen, zumal diese Regierungen – die bundesdeutsche voran – weder die Kraft noch den Willen zur westeuropäischen Selbständigkeit haben. Vielmehr stellt sich jedem, dem wortwörtlich das eigene Leben und auch das Leben des Gegners lieb ist, die Frage, ob er Widerstand leisten will.

Weil ich zum Westen gehöre und mich für den Freiheitsbegriff der westlichen Demokratie ausspreche, sehe ich mich zum Widerstand verpflichtet. Doch zuallererst ist es deutsche Erfahrung, darunter die des 1933 versäumten Widerstandes gegen den angekündigten Völkermord, die mir diese Entscheidung abnötigt. Ich glaube nicht, daß weitere Metaphern vom unzulänglichen Menschen oder vom schicksalhaften Verfall menschlicher Existenz in dieser Lage hilfreich sind. Wenn es gelingt, im Verlauf des zweiten Berliner Gesprächs das gegenwärtige Gefühl der Ohnmacht zu überwinden, dann sollten wir Schriftsteller uns als Teil der Friedensbewegung in West und Ost begreifen und dem Recht auf Widerstand das Wort reden.

Dieser Widerstand muß gewaltlos sein, weil er sich gegen die Gewalt und deren Vernichtungspotential stellt. Dieser Widerstand schließt den Ungehorsam ein. Der Widerstand, den ich meine, betrifft zuallererst den Westen: Denn aufhören sollten wir mit der so dummen wie hochmütigen Erwartung, es möge doch jeweils die andere Seite den ersten Schritt tun. Deshalb spreche ich mich für Vorleistungen für die nukleare Abrüstung im Bereich der Bundesrepublik aus und gegen die Aufstellung von Mittelstreckenraketen und Marschflugkörpern.

Mit dieser Entscheidung stehe ich im Westen nicht allein. Und doch wünsche ich mir eine vergleichbare Entschiedenheit der Schriftsteller aus der DDR. Denn die deutsche Verantwortung für den Frieden und die deutsche Pflicht zum Widerstand gegen den hier wie dort vorbereiteten nuklearen Völkermord sind unteilbar, weil es allesamt Deutsche waren und sind, die bis heute und in Zukunft Auschwitz zu verantworten haben.

[...]

Am Schluß der ersten Berliner Begegnung vor mehr als einem Jahr sagte Stephan Hermlin, er habe sich mit dieser Begegnung einen Wunsch erfüllt. Ich frage mich, ob er auch heute noch dieser Meinung ist, denn mir wurde deutlich, daß wir im Verlauf dieser Gespräche an die Grenzen unserer Möglichkeiten gestoßen sind und daß wir auch die Kraft haben müssen, daraus Schlüsse zu ziehen. In diese Richtung sind Vorschläge gemacht worden, und auf die möchte ich zum Schluß noch zu sprechen kommen.

Ich halte trotz dieser skeptischen Einsicht, daß wir an die Grenzen unserer Möglichkeiten gekommen sind, dennoch diese Form der Begegnung und unser Streitgespräch für einen Gewinn. Vergessen wir bitte nicht, daß es das vor gar nicht langer Zeit nicht gegeben hat. Es war unmöglich, daß wir in Konstellationen wie dieser so zusammensitzen und so miteinander diskutieren, argumentieren und streiten konnten. Und ich hoffe, daß wir uns anstecken lassen von der Friedensbewegung, indem wir Phantasie entwickeln, Formen entwickeln, in denen dieses Gespräch fortgesetzt werden kann. Es gab Einwürfe und Bedenken in diese Richtung, man müsse dieses und jenes strittige Thema ausklammern, zur Seite schieben, um das Hauptthema nicht zu gefährden. Ich halte diese Einwände für erlaubt und für möglich, aber auch für gefährlich. Wir leben nicht in einem luftleeren Raum, und wenn wir uns im Sinne einer autonomen Friedensbewegung verstehen, müssen wir gerade im Gegensatz zu den Regierenden, den Leuten, die rascher ihre Übereinkünfte herstellen, unsere Widersprüche auch offen zur Schau tragen. Deshalb wird sich das Thema Friedensbewegung und Menschenrechte auch nicht trennen lassen, sosehr sich das der eine oder andere wünscht.

Für mich war es bewegend und Mut machend, Hans Werner Richter zu hören, ihn, der soviel Protest und Bewegung mitgetragen, mitorganisiert hat, den Grünwalder Kreis, die Aktion Kampf dem Atomtod. Wie er im hohen Alter, genau wie Robert Jungk und wie Stefan Heym, in der Sache weiter macht, das sollte uns den gelegentlich aufkommenden Wunsch, das Ganze aufzugeben, fraglich machen. Hans Werner Richter hat auf mich ansteckend gewirkt und vielleicht auf viele andere hier am Tisch auch. Er ist es gewesen – vielleicht aus seinem Alter heraus –, der uns daran erinnert hat, daß es in der jungen Generation, ich weiß es von meinen Kindern her, Bewegungen gibt, die nicht vor Grenzen halt machen, die in Europa und auch in den Vereinigten Staaten zu beobachten sind, Bewegungen, die für uns unbequem sind und die wir allzu rasch als irrational diffamieren. Dabei sollten wir doch erkennen, wir, die Machergeneration, wir, die wir das mit angerichtet haben, in beiden deutschen Staaten, in beiden Teilen Europas, wie weit wir mit unserer Vernunft gekommen sind.

Karl Mickel hat die Anregung von Hans Werner Richter aufgenommen. Er hat eine Formulierung gefunden, die ich mir merken möchte. Er hat darauf hingewiesen, daß eine neue Form von Ausbeutung – und auch die macht nicht an Grenzen halt – uns genauso gefährdet wie die nukleare Bedrohung, er nannte sie »die Ausbeutung der Zukunft«. Und in der Tat werden unsere überkommenen Ideologien, die der eine und andere noch gerne halten möchte, weil er daran glaubt, weil es bequem ist, lächerlich und fragwürdig, wenn wir sehen, wie die Zukunft im Bereich der Umweltzerstörung, ohne Ansehen der Ideologie, hier wie dort zerstört wird und wie diese beiden zerstörerischen Tendenzen, die nukleare Gefährdung und die Umweltzerstörung, ineinandergreifen und sich gegenseitig potenzieren. Wir haben uns strapaziert zwei Tage lang, wir müssen uns strapazieren. Ich sage das den Freunden aus der Sowjetunion, denen das vielleicht ungewohnt ist. Es könnte dem Ansehen der Sowjetunion nur nützen, und Sie könnten ihren Friedenswillen, an den ich glaube, viel deutlicher machen, wenn Sie sich bei anstehenden Diskussionen mit anderen genauso strapazieren würden; wenn Sie nicht dem Hang nachgeben, reiner sein zu wollen, als ein Mensch überhaupt rein sein kann. Es wurden Vorschläge gemacht. Jetzt komme ich zu dem, was überleitet in mögliche Projekte, von Gyorgy Konrad vorgeschlagen wurde: das Treffen in Ungarn. Ich weiß nicht, inwieweit wir unser deutsch-deutsches Gespräch dorthin verpflanzen sollten. Da bin ich eher skeptisch. Sicher ist der Kontakt mit dem ungarischen Schriftstellerverband notwendig, und sicher ist es auch notwendig, daß der Kreis sich um die europäische Dimension, in Richtung Ost und West erweitert. Etwas anderes betrifft uns in der Bundesrepublik. Ich bin sehr dafür und wäre dankbar, wenn Alfred Mechtersheimer uns behilflich sein könnte, mit Robert Jungk zusammen und anderen, uns aus Räumen dieser Art herauszuführen, uns an Ort und Stelle zu bringen, dorthin, wo die Gefahr, die uns droht, anschaulich wird. Das könnte unserer Diskussion guttun. Ich war froh darüber, von Mechtersheimer zu hören, daß unser Gespräch für die Friedensbewegung, so sagte er, ein wichtiges Korrektiv ist. Wenn wir das einbringen können, ist beiden Seiten gedient, falls man von zwei Seiten sprechen kann, der Friedensbewegung und uns, die wir unsere Grenzen erreicht haben. Selbst diese Negativerkenntnisse werte ich positiv, wie ich auch das Zurücknehmen einer Erklärung für ein Zeichen der Stärke halte. Es läßt sich schlecht sagen, ich freue mich auf das nächste Treffen, weil der Anlaß kein erfreulicher ist, aber auf dieses Treffen in der Eifel oder um Heilbronn, oder wo immer es sein wird, bereite ich mich jetzt schon vor. Ich danke Ihnen allen.

Die Zukunft des demokratischen Sozialismus. Plädoyer für eine Revision des Godesberger Programms

Rede auf der Tagung »Die Zukunft des demokratischen Sozialismus« in Saarbrücken

Im dunklen Wald, solange es ihn noch gibt, laut pfeifen: Sich so Mut zu machen ist als Methode überliefert. Hierzulande bedarf es des Mutes nicht, wohl aber des besonderen Saftes Humor, um ohne nachgestelltes Fragezeichen zum Thema »Die Zukunft des demokratischen Sozialismus« zu sprechen.

In einer Zeit, die ihre Ängste der Pflege der Angstmacher überläßt und ahnungslos bemüht ist, des Dichters Beckett »Endspiel« nachzuspielen, in einer Zeit des Rückfalls in finstere Reaktion, will ich diesen Humor für mich beanspruchen, weil ja das Wortpaar – Humor und Sozialismus – an sich schon komisch wirkt: Es verblüfft die hartgesottenen Genossen; es spottet dem Materialismus; es verkürzt den Gott Marx – was ihm gegönnt sei – auf Menschenmaß; es verkleinert allgemein alles Großgedruckte, weil ein des Humors fähiger, vom Humor durchtränkter, also utopischer Sozialismus auf gestanzte Appelle verzichtet und – gäbe es ihn heute schon – gebrechlich daherkommen könnte: komisch und rührend zugleich in seinem zerzausten Zustand, denn arg ist ihm mitgespielt worden.

Sein neuerlicher Auftritt zwischen den zeitgenössischen Kulissen ließe ihn sagen: Schaut her, wie man mich zugerichtet hat. Seht nur, wie ich mich eigenhändig verschlissen habe. Doch kann ich immer noch Hoffnung machen; und sei es, indem ich progressiv mit den Ohren wackle. Schon hätte er die Lacher auf seiner Seite und wäre, weil er endlich Spaß mit sich treiben kann, nahezu volkstümlich und deshalb als demokratischer Sozialismus kenntlich.

Aus diesem Entwurf eines Auftritts ergibt sich meine erste Überlegung: Da jede Idee, die mit absolutem Anspruch einhergeht, mit sich keinen Spaß zuläßt, auch keinen Spaß erträgt, demnach sogar den Humor verordnen muß, wird sie sich, sobald ihr Praxis

Mai 1983

zuwächst, mit tödlichem Ernst auswirken; weshalb der demokratische Sozialismus eine Idee ist, über die Gegner und Anhänger, weil ihr das Absolute fehlt, ungestraft lachen dürfen. Sie hält das aus. Sie provoziert Gelächter. Es wirkt ja auch lustig, wenn sich unser komischer Held, der demokratische Sozialist, immer wieder und ganz bewußt zwischen die Stühle setzt.

Nur zur Erläuterung dieser grundsätzlichen Überlegung, die keine These sein soll, will ich, um anschaulich zu bleiben, einige bekannte Politiker der Lachprobe unterwerfen: Wer wollte es wagen, innerhalb seines Machtbereiches, über Herrn Andropow zu lachen. Über Ronald Reagan darf ich zwar lachen, doch bleibt mir das Lachen über ihn, sobald ich es versuche, im Halse stecken. Über Mitterrand zu lachen, sehe ich – was schlimm für ihn sein muß – keinen Anlaß. Über Kohl, obgleich er lächerlich ist, kann ich nicht lachen. Gerne und herzlich habe ich über einen Politiker gelacht, der uns – ernst wie Buster Keaton – leider nur wenige Jahre lang als Präsident unbequem gewesen ist: Gustav Heinemann. Wenn auch nicht in seiner unmittelbaren Nähe, ließ Herbert Wehner, per Distanz, dennoch ein befreiendes Lachen über sich zu. Am schönsten und liebsten lache ich über Bruno Kreisky. Er steht am Ende meiner der Gelächterprobe preisgegebenen Politiker, weil er für mich das verkörpert, was demokratischer Sozialismus sein könnte: eine nicht nur politisch bestimmte Lebensart, die man bejaht, indem man ihr gelegentlich – und lachend der eigenen Schwäche bewußt – zuwiderhandelt.

Diese mangelnde Linientreue läßt sich historisch beweisen: Die Geschichte des demokratischen Sozialismus ist die des Revisionismus. Die deutschen Sozialdemokraten haben sich seit Bebels Zeiten Zerreißproben unterworfen, indem sie vorgefaßte Programme der veränderten Wirklichkeit anpaßten, das heißt Revision betrieben. In diesem Sinne ist das Godesberger Programm ein revisionistisches, das mittlerweile, also nach fünfundzwanzig Jahren Bestand, der gründlichen Revision bedarf.

Diese neue Anstrengung muß sich die SPD abfordern, wenn sie ihre hundertzwanzig Jahre lang währende Geschichte nicht als in sich gekehrte Traditionsvereinigung beenden, sondern als eine politische Kraft fortsetzen will, die verändernd wirkt, indem sie bereit ist, sich zu verändern.

Mai 1983

Die Fähigkeit, ohne Rücksicht auf Spott und Hohngelächter der politischen Gegner die eigenen Zielsetzungen in Frage zu stellen, hat sich bisher als Elixier des demokratischen Sozialismus bewiesen: So oft er totgesagt wurde, lebte er auf; so brutal man ihn dort, wo der Sozialismus totalitär herrscht, unterdrückt und seine Anhänger verfolgt, bleibt er dennoch als Alternative deutlich und wiederholt seine ketzerischen, dem herrschenden Dogma gefährlichen Forderungen. Die sind, vom Aufstand der Arbeiterräte in Kronstadt und Petrograd über den Prager Frühling bis hin zur derzeit unterdrückten Solidarność-Bewegung, konstant geblieben, weil sie nie eingelöst wurden; weshalb das Verlangen nach Mitbestimmung, Basisdemokratie und Machtkontrolle dem demokratischen Sozialismus zuallererst eigen ist, gleich, ob er sich dem Staatskapitalismus leninistischer Prägung oder dem westlichen Privat- und Monopolkapitalismus konfrontiert sieht.

Deshalb müßte ein der Revision unterworfenes Godesberger Programm die in ihm nur vage angedeutete Forderung nach Mitbestimmung und Machtkontrolle zum Grundsatz erheben und zentral stellen; denn sie ist die Voraussetzung für jede weitere gesellschaftliche Veränderung. Ohne Entscheidungsgewalt über die Produktionsmittel bliebe der demokratische Sozialismus der ewige Lückenbüßer kapitalistischer Konkurse – siehe AEG, die Stahlindustrie und die Werften.

Zur Erläuterung weise ich darauf hin, wie irreführend beliebig nach wie vor die Begriffe »Vergesellschaftung« und »Verstaatlichung« in Gebrauch sind, obgleich beide Begriffe gegeneinanderstehen. Die Arroganz staatlicher Macht ist nicht geringer als die Arroganz privatkapitalistischer Konzerne. Beider Art Machtzentren verstehen sich als der Gesellschaft enthoben und bedürfen deshalb der demokratischen, ihren Machtgebrauch hemmenden Kontrolle.

Dieser mitbestimmende Eingriff in Produktions- und Verwaltungsvorgänge müßte gegenwärtig von veränderten und neuen Prioritäten ausgehen, denn die Zerstörung der Umwelt und die fortwirkende Vernichtung von Arbeitsplätzen fordern der gesamten Gesellschaft radikale Einsichten und entsprechende Entschlüsse ab.

Deshalb will ich versuchen, einen Bereich abzustecken, der eigentlich nicht zu begrenzen ist und dessen hergebrachte Ordnungen von Krisen gezeichnet sind, die allesamt das Gefälle zur Katastrophe hin deutlich und für den, der sehen will, unübersehbar machen.

In diesem Bereich sind Arbeit und Umwelt die dominierenden Gegensätze. Solange sie fremd zueinander stehen, wird Arbeit Umwelt zerstören. Doch eine zerstörte Umwelt wird auch die Arbeit und deren Sinn aufheben, weil keine Kraft mehr geeignet wäre, die Schäden wiedergutzumachen. Hinzu kommt, daß das nach wie vor herrschende Verständnis von Fortschritt im ökonomischen Bereich zwar Arbeitskräfte einspart, doch die Ausbeutung und Zerstörung der Natur – als Umwelt – verschwenderisch betreibt. Diese Art Fortschritt in katastrophale Richtung ist Praxis in Ost und West, desgleichen in der Dritten Welt. Er einigt die sonst gegensätzlichen Ideologien kraft übergreifender Selbstzerstörung; und kein Gedanke weit und breit, der sinnfällig und überzeugend genug wäre, den kollektiven Wahnsinn der gegenwärtig schlüssigen Logik aufzuheben.

Hier stellt sich eine Aufgabe, der sich die Anhänger des demokratischen Sozialismus nicht verweigern können, es sei denn, sie sind der Revision ihres mittlerweile unzulänglichen Programms nicht mehr fähig.

Nur wenn es gelingt, jedem ökonomischen Entschluß den ökologischen Vorbehalt beizuordnen, wenn der Begriff von Ökonomie ökologisch durchsetzt wird und der Gegensatz von Arbeit und Umwelt zugunsten der Natur versöhnt werden kann, könnte sich jene Zukunft eröffnen, die unsere Tagung vorerst nur plakativ anspricht.

Dazu erläuternd: Wir alle, die wir angstbeschwert und halbverzagt den Ausweg mitten im Labyrinth der Sachzwänge, Engpässe und querliegenden Gegebenheiten suchen, wir alle, denen vor lauter Sachkenntnis der Überblick verlorenging – was uns nicht hindert, die Welt von Zeit zu Zeit vollmundig als Einheit zu beschwören –, wir alle sind der europäischen Aufklärung mißratene Kinder, die alles, auch das, was sie nicht wissen, besser wissen, die ihren Fehlprognosen leichthin Erklärungen nachliefern, die eingeübt vorschnell immer zur Sache kommen. Gelegentlich, mitten im Leerlauf, ahnen wir, daß die Vernunft, unser vornehmstes Werkzeug, auch jenen handlich ist, die den Katastrophen unserer Zeit zuarbeiten und den herrschenden Wahnsinn durchaus logisch aufrüsten.

Wohin haben sich unsere Hoffnungen, die vorgestern noch prinzipiell auftraten, verlaufen? Was machte uns blind Entwicklungen gegenüber, die von Anbeginn die uns heute erschreckende Zerstörung der Umwelt, den Verlust von Arbeitsplätzen, den nuklearen Selbstmord als drohende Folge zur Schau trugen? Gab es nicht, lange bevor es die Grünen und die Friedensbewegung gab, Warner und streitbar unbequeme Vorausdenker genug, auf die zu hören ratsam gewesen wäre?

Um nur einen und den wichtigsten zu nennen: Ich spreche von Erhard Eppler und füge sogleich hinzu: Wenn hierzulande der demokratische Sozialismus Zukunft für sich beanspruchen will, müssen die frühen und bis heute unerhörten Einsichten dieses Mannes Anstoß, wenn nicht Grundlage sein für eine neue, und das heißt in Konsequenz, radikale Politik.

Zum damals noch rechten Zeitpunkt hat Eppler seiner Partei eine Vielzahl von Hinweisen gegeben: auf das Ende des Wachstums, auf die Notwendigkeit eines neuen Begriffes von Arbeit, auf die Raubbaupraxis des nur noch materiell bestimmten Fortschritts, auf die Verelendung der Dritten Welt und auf den Zusammenhang von Rüstung und Verelendung. Eppler wurde nicht ernst genommen. Die damals vorherrschende Pragmatismusideologie der – so sah es aus – tüchtigen Macher und Krisenmanager ließ das Vorausdenken nicht zu und degradierte den demokratischen Sozialismus zur unverbindlichen Floskel. Eppler wurde an den Rand gedrängt. Auch der fundierte Appell des Vorsitzenden der SPD, Willy Brandts »Nord-Süd-Bericht«, war den regierenden Sozialdemokraten eher lästig.

Nur vordergründig haben die Wirtschaftslage und das opportunistische Wechselspiel der Freidemokraten den Machtverlust der SPD herbeigeführt; entscheidend geschwächt haben sich die Sozialdemokraten, indem sie ihre eigene Substanz verkümmern ließen, sich im Alltagsgeschäft verzettelten und den Eduard Bernstein unserer Zeit, den Revisionisten Erhard Eppler, entweder nur lau unterstützten oder – was schließlich den Ausschlag gab – im bierärschigen Jargon der Kanalarbeiter abfertigten.

Die Teilnehmer dieser Tagung sollten sich unter anderem die Aufgabe stellen, Erhard Eppler wieder Mut zu machen. Die notwendige Revision des Godesberger Programms ist ohne ihn, der lange vor uns die Krisen von heute vorbedacht hat, nicht denkbar. Ihn wieder als führende Kraft der SPD zu begreifen, sind Willy Brandt und Hans-Jochen Vogel aufgerufen. Die Zeit wird uns knapp. Nur noch zögernd spricht sich das Wort Zukunft aus. Nicht übermorgen, gegenwärtig sind wir gefordert. Wir können uns nicht mehr vertagen.

Wenn also – wie es die Überschrift meiner Rede ohne Fragezeichen behauptet – der demokratische Sozialismus Zukunft haben soll, muß er sich der vielfältigen Fragwürdigkeit dieses Zeitbegriffes stellen. Vielen Menschen ist der Verlust des Futurums nur noch halblaute Klage wert. Ich warne davor, einzig den modischen Anteil der Weltuntergangsstimmung wahrzunehmen, um ihn, was allzu leicht fiele, anhand von Zitaten aus dem Schatz täglich neuer Wegwerflyrik lächerlich zu machen; schließlich ist die uns vorgezeichnete Apokalypse sachlicher Art, weil sie von Menschenhand entworfen wurde und gegenwärtig von Menschenhand betriebstüchtig gemacht wird.

Keine Zeichen am Himmel, keine sieben Siegel, keine göttliche Offenbarung kündet den Untergang an, vielmehr ist es das in Ost und West bis zur Unzählbarkeit angereicherte Vernichtungspotential, das die Menschheit vorerst nur um den Verstand gebracht hat. Aber es ist auch die ungehemmte Marktwirtschaft des Westens mit ihren offenbar sakrosankten Gesetzen, die, als Nebenprodukt des Überflusses, die Verelendung der Dritten Welt, den einzigen Zuwachs unserer Tage produziert: wachsende Slums, sich überbietende Armut, Unterernährte und Verhungernde in Rekordhöhe. Wo die Nahrung fehlt, wird nun auch das Wasser knapp. Doch füttert der wachsende Mangel unsere Statistiken: Mortalitätsmuster nennen wir das, unsere Hochrechnungen – o Zukunft! – wissen das Jahr 2000 voraus. Doch die Frage, ob es sechseinhalb oder sieben Milliarden Menschen sein werden, die nicht zu ernähren sind, ist mittlerweile einzig Expertenstreit.

Ja, wir wissen das alles. Doch haben wir – so heißt es – andere Sorgen. Dieser Willy Brandt mit seiner unermüdlichen Forderung nach einer neuen, für die Dritte Welt gerechteren Wirtschaftsordnung habe ja im Grunde recht, aber zuerst müsse – und das sagt man seit Jahren – zu Hause Ordnung geschaffen werden.

Dann wird aufgezählt, was unsere Zukunft verdüstert: die immer noch nicht genug geköderte Bereitschaft der Unternehmer, zu investieren. Sie könnten abhauen eines Tages, uns samt Vermögen verlorengehen. Oder die Arbeitslosigkeit, vornehmer ausgedrückt, die strukturbedingte Sockelarbeitslosigkeit, mit der wir zukünftig werden leben müssen, man weiß noch nicht, wie. Und nicht zuletzt: der drohende Zusammenbruch des Rentensystems, der Altersversorgung, das Ende des sozialen Friedens.

Das sind die Sorgen eines reichen Landes, dessen vom Interesse gelenkte Gruppen und vom Gruppeninteresse gelenkte Politiker nicht oder nicht mehr fähig sind, solidarisch zu handeln. Zwar weiß man, daß das Kabelfernsehen, sobald die Bundesrepublik verkabelt ist, Hunderttausende von Arbeitsplätzen vernichten wird, zwar ist die Klassenkluft zwischen den gefährdeten Renten und der tabuisierten Versorgung der Beamten, dieses altbewährte Unrecht, nicht mehr zu übersehen; und dennoch wird, wider jede Vernunft, mit der Verkabelung der Bundesrepublik begonnen; und dennoch wagt es keine Partei, den Beitrag der Beamten zur allgemeinen Altersversorgung zu fordern und die Voraussetzungen für eine Grundrente zu ermöglichen, die für Arbeiter und Angestellte, für Beamte und Freiberufliche gleichermaßen gesichert wäre.

Und schon höre ich den Vorwurf: Das ist sozialistische Gleichmacherei! Ja doch. Im Sinne von Freiheit, Gleichheit, Brüderlichkeit wäre eine so geartete Altersversorgung gleichmachend und aus Respekt vor dem Alter eines jeden Menschen, der seine Arbeit getan hat, folglich gerecht.

Ich meine: Wenn wir Zukunft im Sinn haben, wenn dem Gefälle zur Katastrophe hin Einhalt geboten werden soll, dann müssen radikale, im Wortsinn an die Wurzel gehende Entscheidungen getroffen werden. Wer dem demokratischen Sozialismus Zukunft zuspricht, wird ihm die Forderung der Nord-Süd-Kommission nach einer für die Dritte Welt gerechten Weltwirtschaftsordnung ins Programm schreiben müssen; er wird, um die Vernichtung von Arbeitsplätzen zu drosseln, nein sagen müssen zur Verkabelung und zu ähnlichen Großprojekten, die nicht dem menschlichen Bedürfnis notwendig sind, sondern allenfalls dem beschränkten Gruppeninteresse Gewinn bringen; er wird, um Kraft für die große Rentenreform zu haben, aufhören müssen mit jener Reförmchenbäckerei, die immer nur altes Unrecht durch neues Unrecht auszugleichen versucht, indem er radikal – und nur für deutsche Ohren revolutionär – die Privilegienauswüchse des Beamtenrechts beschneidet und eine der Gleichheit verpflichtete Grundrente für jeden Bürger sichert; er wird nein sagen müssen zum Rüstungswettlauf, wird ohne Einschränkung nein sagen müssen zur atomaren Rüstung, zu chemischen und biologischen Waffen und ja sagen müssen zur Abrüstung, indem er nicht unverbindlich bleibt, sondern bereit ist zum einseitigen, zum ersten Schritt.

Wer sich helfen will, muß abrüsten. Wer der Dritten Welt helfen will, muß abrüsten. Wer der drohenden Vernichtung der Menschheit zuwiderhandeln will, muß zum Widerspruch und zum Widerstand bereit sein.

Immer mehr Menschen, die vor Jahr und Tag noch glaubten, es könne das Gleichgewicht des Schreckens den Frieden sichern, sind in Zweifel geraten und haben erkannt, daß das angehäufte Vernichtungspotential keine der ihm zugesprochenen Aufgaben erfüllen kann: Weil nicht mehr als Waffe zu definieren, taugt es auch nicht zur Verteidigung; weil nicht mehr zählbar, zudem in Wirkung und Nachwirkung nicht einzuschätzen, wird es auch nicht als Schrecken ins Gleichgewicht gebracht werden können; weil die bekanntgewordenen Planspiele für den Einsatz des Vernichtungspotentials, je nach Spielart, mit achtzig, zweihundertfünfzig Millionen, mit einer Milliarde Toten rechnen und diesem kalkulierten Wahnsinn nur noch Schwachsinnige folgen können; und nicht zuletzt: weil Zufälle, wie das sogenannte menschliche Versagen, aber auch technische Fehlanzeigen, die Vernichtung des Lebens auf dem Planeten Erde einleiten könnten.

Hinzu kommt, daß das weltweite Wettrüsten alle Mittel verschlingt, die notwendig wären, um der zunehmenden Arbeitslosigkeit wirksam zu begegnen und den Hunger und die Verelendung in weiten Teilen der Welt durch Hilfe zur Selbsthilfe aufzuheben. Deshalb haben die Bischöfe der USA ihr deutliches Wort, ihr klares Nein zur Atomrüstung, ausgesprochen. Deshalb haben Ärzte und Wissenschaftler, Schriftsteller und die Gewerkschaften zum Rüstungsstopp und zur Abrüstung aufgerufen. Deshalb wächst die Friedensbewegung. Deshalb wird – das muß befürchtet werden – demnächst Widerstand geboten sein.

Denn allen Ermahnungen und jedem Argument zum Trotz, über allen Protest hinweg, gegen jedes sittliche Gebot sollen im westlichen Teil Mitteleuropas zusätzliche Atomwaffen stationiert werden. Deutlich wurde zudem, daß die gegenwärtige Regierung der USA nuklear geführte Kriege für gewinnbar hält, das Recht des atomaren Erstschlags für sich beansprucht und den Frieden, falls er anhalten sollte, nutzen will, den Gegner als Feind zu Tode zu rüsten.

Aus diesen Gründen können die Genfer Verhandlungen zu keinem Ergebnis kommen. Schon jetzt ist deshalb der Nato-Doppelbeschluß hinfällig. Es kann nicht Aufgabe des westlichen Bündnisses sein, die Hybris der gegenwärtigen US-Regierung hinzunehmen, als sei sie schicksalhaft. Jetzt käme es darauf an, Bündnistreue durch Widerspruch zu beweisen. Die Regierung und die Opposition sind den Bürgern der Bundesrepublik diesen Beweis gleichermaßen schuldig, denn Deutschland wäre das erste Opfer des angebahnten Völkermordes.

Die SPD hat lange, und wie die Mehrheit ihrer Mitglieder glaubte, aus guten Gründen den Nato-Doppelbeschluß getragen, schließlich ertragen. Ich will nicht rechten, ob diese Geduld, dieses Maß an Vertrauen, begründet gewesen ist. Inzwischen jedoch müßte wohl diese Geduld erschöpft, dieses Vertrauen ernüchtert sein. Es ist zu erwarten, daß sich die SPD im Herbst dieses Jahres mit Mehrheit gegen den Nato-Doppelbeschluß aussprechen wird.

Doch reicht das? Kann das, nach so folgenreichen Beschlüssen und Trugschlüssen, genug sein? Ich meine: Der gesamte Bereich Verteidigung, Rüstung, militärische Bündnispolitik muß revidiert werden. Wer erkannt hat, daß unsere Wirklichkeit vom Freund-Feind-Denken entstellt, unser Alltag nicht etwa dem Frieden und seinen Aufgaben, sondern dem jederzeit möglichen Ernstfall untergeordnet ist, wem bewußt wird, wie lähmend wir alle – auch die Gegner der Rüstungspolitik – dem militärischen Denken verpflichtet und deshalb auch nicht mehr in der Lage sind, dem Gegner jene Angst zu nehmen, die auch er uns angstgetrieben vermittelt, wem also im Zustand der Erschöpfung oder in immer kürzeren Denkpausen erschreckend deutlich wird, daß wir unseres Denkens, Handelns und Fühlens nicht mehr eigenmächtig sind, vielmehr fremdbestimmt denken, handeln und sogar fühlen, der sollte sich bis zur politischen Konsequenz den Ausweg aus dieser vernagelten Wirklichkeit suchen, damit eine Gegenwirklichkeit mit neubestimmten Werten entstehen kann.

Mit anderen Worten: Dem demokratischen Sozialismus fällt die Aufgabe zu, seine Stärke abseits jeder militärischen Anstrengung zu suchen und zu beweisen. Diese Stärke setzt den Willen zur militärischen Schwäche und die Einsicht voraus, daß die Zukunft nur ohne Waffen zu sichern ist. Diese Stärke will nicht mehr die Natur beherrschen; vielmehr will sie deren Gesetzen verpflichtet sein. Diese Stärke vergeudet sich nicht, indem sie sich in zunehmend sinnloser Produktion erschöpft, sondern belebt sich, indem sie den übergeordneten Wert der Kultur erkennt. Und: Diese Stärke wird sich durch Solidarität beweisen müssen.

In Polen ist uns ein Beispiel gegeben worden, wie stark dieses alte, der Nächstenliebe verwandte, in vielen Appellen vernutzte, zum bloßen Lippenbekenntnis verkommene und doch immer noch tragfähige Wort ist, sobald es sich eine soziale Wirklichkeit schafft. Selbst dann, wenn sie sich militärischer Gegenmacht konfrontiert sieht, wächst der Solidarität jene Stärke zu, die einzig noch Hoffnung macht.

In einer Zeit der zynisch hingenommenen Verelendung und des aufgefrischten, doch altbekannten Ellbogenkapitalismus sollte das polnische Beispiel ansteckend sein. Überall zu Hause, den Arbeitslosen und Gastarbeitern gegenüber, aber auch außerhalb unserer Grenzen ist unsere Solidarität gefragt. Ob in Polen oder Nicaragua, jeweils ist es die allzu nahe stehende Großmacht, die gewalttätig ihren Schatten wirft und den Wunsch der Völker nach ihnen gemäßer Freiheit mißachtet. Die Wörter US-Imperialismus und Sowjetimperialismus sind nicht nur Schlagwörter, vielmehr benennen sie das Elend einer durch Machtmißbrauch und politische Zwänge deformierten Wirklichkeit.

Zwei Großmächte, die nicht fähig sind, ihrer hauseigenen Mißstände Herr zu werden, die – jeweils Opfer ihrer abgewirtschafteten Ideologie – nun den Konflikt außer sich, in weltweiter Konfrontation suchen, wobei sie ihre Verbündeten jeweils als Satelliten mißbrauchen. Und sie finden auch dienstwillige Schleppenträger und kleine Meister der Liebedienerei. Bundeskanzler und Staatsratsvorsitzender sind sie dort, wo die Abhängigkeit von der jeweiligen Großmacht besonders verkettet ist. Da die beiden deutschen Staaten Nachlaß des Großdeutschen Reiches sind, müssen die Gründe für die unheilbringende Teilung der Welt in zwei weithin dominierende Machtbereiche zuallererst und noch immer in Deutschland gesucht werden.

Hier begann vor fünfzig Jahren, was bis heute folgenreich ist. Hier wurde die Barbarei besiegt und machte dennoch, als zeuge sie fort, aus den bald nach dem Sieg zerstrittenen Siegern sich wechselseitig bedrohende Barbaren. Hier ist der Herd jener Krankheit, an der bis heute die Welt leidet. Es ist, als könne die deutsche Hybris nicht aufhören, anmaßend maßlos zu sein. Es ist, als wolle Hitler ein später Triumph zuwachsen. Müßte nicht deshalb von Deutschland, dem Ursprung des immer noch vitalen Unheils, auch die gegenwirkende Kraft ausgehen?

Zwar sah es ein Jahrzehnt lang so aus, als könne die Politik der beiden deutschen Staaten entscheidend zur Entspannung zwischen den Blocksystemen beitragen und eine Periode der Friedenssicherung durch Abrüstung vorbereiten, doch steht das Erreichte – und das war nicht wenig – gegenwärtig auf dem Spiel. Insbesondere ist es die derzeitige Bundesregierung, die den ohnehin mühsamen Entspannungsprozeß mutwillig gefährdet. Ihre »Politik der Wende« hält sich den Rückzug in die fünfziger Jahre, in die Positionen des Kalten Krieges, offen. Ihre bereits ausgesprochene Bereitschaft, auf dem Boden der Bundesrepublik US-Mittelstreckenraketen mit atomaren Gefechtsköpfen zu stationieren, die ihre Ziele in der Sowjetunion in sieben bis acht Minuten erreichen können und sich bei dergestalt verkürzter Vorwarnzeit für den atomaren Erstschlag eignen, diese Bereitschaft stimmt einer Politik zu, deren Ankündigung gemeingefährlich ist und deren Konsequenz verbrecherisch wäre. Mit dieser Politik kann niemand verbündet bleiben, der den Frieden als einen Zustand begreift, in dem das Recht auf Leben allen anderen Ansprüchen vorgeordnet ist.

Also wird sich der demokratische Sozialismus, sollte es ihn zukünftig geben, auch außenpolitisch zwischen die Stühle setzen müssen. Ich gebe zu, daß es nur wenige sozialistische und sozialdemokratische Parteien gibt, die dieser Folgerung mit Mehrheit zustimmen würden. Ich bin auch nicht sicher, ob der demokratische Sozialismus Zukunft haben wird, so groß und einladend sein Platz zwischen den krisenzerfressenen Großideologien wäre. Sicher bin ich jedoch, daß ich mich weiterhin, trotz aller grünen Verlockungen, als Revisionist begreifen werde.

Dieser Ausdauer ist mein Humor fähig, von dem ich anfangs sprach. Freilich könnte einem das Lachen vergehen, wenn man den Rückblick auf August Bebel, die Zeit der Sozialistengesetze wagt und dann die vielen sozialdemokratischen Durststrecken addiert. Steht uns abermals die Mühsal einer Durststrecke bevor? Wie lange wird die SPD brauchen, um in die Rolle der Opposition zu finden, um das Minister- und Staatssekretärgehabe etlicher Genossen auszuschwitzen und ein Programm zu erarbeiten, das den Rest dieses Jahrhunderts zu prägen verspricht?

Und, liebe Freunde, werden wir noch Zeit haben für langwierige sozialdemokratische Selbstfindungsprozesse? Sieht es nicht eher so aus, als müsse in Eile und dennoch mit durchdachter Konsequenz die Revision des Godesberger Programms beschlossen werden, damit wir politisch da sind, wenn sich demnächst die Vielzahl der Krisen bündelt?

Ich traue uns diese Anstrengung zu. Wir sollten uns wieder die alten, die ketzerischen, die revisionistischen Tugenden aus den Anfängen der europäischen Arbeiterbewegung einüben, damit wir gegenwärtig bestehen können. Im Grunde ist es einfach und schwer zugleich: Stellen wir uns tätig auf die Seite der Abhängigen und Behinderten, der Verfolgten und Unterdrückten, auch auf die Seite der Jungen, die wie ohne Zukunft sind, und auf die Seite der Alten, deren Leben Mühe und Arbeit gewesen ist, seien wir demokratisch und sozialistisch, indem wir solidarisch handeln; die Mehrheit wird dann mit uns sein.

Mai 1983

Die Zauberlehrlinge

Wer denkt sich das alles aus, diese Systeme, nach denen der menschlichen Gesellschaft das Glücklichsein zum Dauerzustand, die Gerechtigkeit zur täglichen Gewißheit, der Frieden zum ungefährdeten Alltag wird? Wessen Köpfe sind so geräumig, daß in ihnen Zukunft wohlorganisiert, um kein Detail verlegen, Platz hat? Wem ist es möglich, alles Mögliche und das Gegenteil alles Möglichen zu denken? Wen juckt es ständig, die Wirklichkeit oder genauer: die sich widersprechenden Wirklichkeiten des Irrtums zu bezichtigen?

Es gibt keinen ungenaueren Begriff als den, der den reflektierenden, analysierenden, vorausplanenden Menschen im vereinzelten Zustand oder als Gruppe erfassen, also benennen will; die vielbenutzten Wörter »der Intellektuelle« und »die Intellektuellen« sind vieldeutig geblieben und haben sich eindeutig nur als Schimpfwörter bewiesen. Aus in der Regel rechtem politischem Lager wird abschätzig bis diffamierend von »Linksintellektuellen« gesprochen. Die Linke tut so, als könne sich rechts kein Intellekt entfalten. Sie glaubt, die Intellektualität sei Teil, ja Voraussetzung des menschlichen Fortschritts. Weil von rechts angegriffen, treten die Linksintellektuellen gerne geschlossen und wie ausschließlich auf; eine nicht immer imposante, oft peinlich selbstherrliche Versammlung von Zauberlehrlingen, deren Meister schon lange abwesend sind: Entrückt bevölkern sie den Olymp.

Zum Beispiel Plato. Er, dem Sittlichkeit und Tugend das Höchste waren und dessen Utopie die Tugend zum herrschenden Prinzip erhob, hat viele Schüler von intellektuellem Zuschnitt, unterschiedlichem Format und politisch gegensätzlicher Position gehabt. Diese Schüler hatten keine Scheu, im Namen der Tugend – gleich, ob sich diese auf die Revolution, die NS-Volksgemeinschaft oder auf die Diktatur des Proletariats berief – Säuberungsprozesse einzuleiten und die Untugend zu eliminieren. Wie ihr Meister waren auch seine Lehrlinge auf Utopie und utopische Endziele versessen. Bei aller gegensätzlichen Vorstellung von

Tugend war deren endliche Herrschaft ein Ziel, das alle genannten Zauberlehrlinge anstrebten.

Zumeist sind es abstrakte Begriffe wie Tugend, Glück, Vernunft, Gerechtigkeit und Frieden, die, zum utopischen Prinzip erhoben, einzeln oder im Verbund zu utopischen Postulaten erklärt werden. Daß die Menschen nachweislich nur über wenig und nur selten über ausreichende Fähigkeit verfügen, tugendhaft, glücklich, vernünftig, gerecht und friedfertig zu sein, fällt bei den utopischen Endzielbeschreibungen nicht ins Gewicht: Sie haben es zu werden, zum Beispiel glücklich.

Deshalb überrascht es nicht, daß so viele Völker im Namen des besonderen Glücks ins allgemeine Unglück gestoßen, bei dauernder Anrufung der Vernunft in die ausweglose Irre geführt worden sind. Ungezählt die Kriege um des ewigen Friedens willen. Die anhaltende Knechtschaft unter dem Herrschaftszepter Gerechtigkeit. Wann immer die reine Tugend dem Volk ein Licht aufsteckte, warf die Barbarei ihren Schatten.

Nicht etwa, daß Zauberlehrlinge mit intellektuellem Anspruch den bloß funktionierenden Henker, den üblen Leuteschinder, den dummen Haudegen, den wüsten Barbaren abgeben; auch sind nicht sie es, die an der Spitze der Macht stehen, doch liefern sie den Mächtigen die feineren Machtinstrumente, den lückenlosen Begriffsapparat. Sie haben sich für Aufgaben qualifiziert, die schwierig sind und ein besonderes Köpfchen voraussetzen: Geradezu wissenschaftlich muß erklärt werden, warum nur der Irrweg zur großen Vernunft führt, warum nur Kriege den endlichen Frieden bringen können. Zu keiner Zeit hatten die Zauberlehrlinge Mühe, den intellektuellen Beweis zu führen, warum nur eine Phase der Knechtschaft – sie sagen: notwendige Disziplinierung – die allumfassende Gerechtigkeit einleiten kann. Selbst der Barbarei destillieren sie reinigende Kraft ab, die später (nach einer Phase der Normalisierung) die herrschende Tugend um so ungetrübter strahlen lassen wird. An Argumenten, die das Unglück zur unverzichtbaren Vorstufe zum ewigen Glück (sei es im Himmel, sei es auf Erden) ernennen, hat es ihnen, von Augustinus bis Marx, noch nie gefehlt.

Oft werden sie Opfer ihrer intellektuellen Beflissenheit. Während sie den Kleinbürger verachten, den Proletarier – bei aller

Berufung aufs Proletariat – nicht riechen können, speichert die geführte, verführte Masse den gelegentlich aufbrechenden Haß auf die Intellektuellen. Mit dem statistisch errechneten Durchschnitt, der schließlich die Drecksarbeit, das Säubern, Knechten, das alltägliche Kriegsheldentum leisten muß, ist nicht zu spaßen: armer Robespierre. Und daß die Revolutionen beim Auffressen ihrer Kinder, dabei in Eile, weil immerfort unterwegs nach Utopia, gerne zum Nachtisch einzelne, am liebsten gruppierte Intellektuelle fressen, gehört zum Schicksal der Zauberlehrlinge.

Etliche überleben dennoch. Und viele ungebrochen. Kaum hat sie die Guillotine verschont, kaum sind sie der Diktatur des Proletariats entkommen, kaum hat der Faschismus sie ausgeschwitzt, gelingt es ihnen, ohne daß sie im landläufigen Sinn Opportunisten sind, der Gegenideologie, dem nächsten abstrakten Begriff zu Diensten zu sein; es muß das neue Angebot nur ihrem Bedürfnis nach absoluten Prinzipien entsprechen.

Wie viele haben anfangs der jakobinischen Revolution, tags drauf Napoleon, schließlich Metternich ihr funktionierendes Köpfchen geliehen? Wie viele intellektuelle Nazis – denn die gab es ja! – bringen heute noch ihre früh gesammelten Erfahrungen in den demokratischen Verfassungsschutz, in die gegenwärtige Rechtsprechung ein? Wie gut und kenntnisreich machen sich ehemalige Stalinisten nützlich, wenn es darum geht, die Freiheit des Westens vor unsicheren Elementen, zum Beispiel Sozialdemokraten, zu schützen – die kennt man doch!

Mit anderen Worten: Dem intellektuellen Zauberlehrling geht der ideologische Treibstoff nie aus. Er weiß in jeder Lage, wie sich die Wirklichkeit zu verhalten hat, damit sie nicht straffällig wird. Er verliert das Ziel, die endlich friedfertige, die total beglückte, die absolut tugendhafte, die lückenlos gerechte, die durch und durch vernünftige Gesellschaft, nie aus dem Auge. Denn er, der notorische Einzelgänger, ist auf Gesellschaft geradezu fixiert, mag sie sich klassenlos nennen oder als Volksgemeinschaft gruppieren. Diese Verklammerung – selbst wenn sie ihm stinkt –, diese Nestwärme braucht er, sonst friert ihn.

Sollte aber das Angebot an utopischer Glücksverheißung verbraucht, die absolute Tugend lächerlich, die gleichwertige Gerechtigkeit zu teuer und der endliche Frieden (selbst als nur utopische

Vorstellung) zu langweilig geworden sein, wird er sich anderen abstrakten Größen verschreiben, die ideologisch wertfrei sind, zum Beispiel der Sicherheit.

Nunmehr davon überzeugt, daß der (lasterhafte, aggressive, der unvernünftige) Mensch vor sich selber geschützt werden muß, wird der intellektuelle Zauberlehrling Systeme und zur Kontrolle Gegensysteme entwerfen, die die absolute Sicherheit zum Ziel haben. Es ist das Fürsorgeprinzip, das ihn fleißig und kreativ macht. Ob im Apparat des Staatsschutzes oder in militärischen Planungsstäben tätig, jeder Ernstfall wird von ihm vorbedacht, in Strategiespielen variiert, schließlich mit den neuesten Erkenntnissen der spezifischen Wissenschaft des eigenen Lagers wie der des Feindlagers konfrontiert und – sobald sich ein errechenbares Gleichgewicht der Kräfte ergibt – als Fallstudie abgeschlossen, damit er sich neuen, denkbaren, machbaren Ernstfällen zuwenden kann: Wie jeder waschechte Zauberlehrling kann er nicht aufhören. (Selbst wenn er sich entsetzte übers Ergebnis seines intellektuellen Wahnsinns und riefe: »Besen! Besen! Seid's gewesen...«, bliebe das Werkzeug absoluter Säuberung tätig. Nicht im zitierten Gedicht, in der Wirklichkeit unserer Tage: selbst wenn er nach dem abwesenden Meister riefe, bliebe der Lehrling auf sich gestellt.)

Das macht ihn einsam und hält ihn kühl. So bleibt er den durchschnittlichen Sicherheitsprofis und Kommißköppen überlegen. Seine Intellektualität befähigt ihn, den Feind durchsichtig zu machen, ein transparentes Feindbild zu erstellen, ja, wie der Feind zu denken, zu planen, zu handeln; selbstverständlich in Planspielen nur, die den Ernstfall vorwegnehmen.

Dennoch kann es vorkommen, daß unsere Zauberlehrlinge – gleich, in welchem Lager sie nützlich sind – ihre Identität verlieren, Opfer ihres wertfreien Intellekts werden und aus der für Sicherheit zuständigen Szene verschwinden. Da sie nur von ihresgleichen erkannt werden können, ist sogar ihre Eliminierung ein elitärer Vorgang. Übrigens enden nicht alle in psychiatrischen Kliniken; etliche finden Muße, ihre Memoiren zu schreiben: in der Regel eitles, wirres Geschwätz, das kaum ahnen läßt, zu welch vordenkerischen Leistungen sie fähig gewesen sind, als sie noch im Kreis der »inneren Sicherheit« oder in der »Doomsday-Zentrale« tickten.

September 1983

Zum Glück oder Ausgleich stehen den intellektuellen Zauberlehrlingen etliche Intellektuelle gegenüber, die keine entsprechende Lehrstelle fanden oder nie eine gesucht haben: Außenseiter, Spinner, wurzellose Neinsager, unter ihnen einige Schriftsteller. Sie kennen ihre Zunft. Sie durchschauen den Laden. Da auch sie elitär sind, sprechen sie den Zauberlehrlingen gerne den wahren Intellekt ab. Einige von ihnen waren eine Zeitlang Zauberlehrlinge, kündigten aber rechtzeitig, oder ihnen wurde gekündigt. (Die intellektuellen Kaderschmieden in Ost und West, desgleichen die west-östlichen inneren Sicherheitskreise sind sich dieser Abgänge und Ausfälle aufmerksam bewußt.)

George Orwell war solch ein Fall. Der mißratene Eton-Boy, der abtrünnige Kolonialpolizeioffizier, der revisionistische Sozialist. Bücher wie »Farm der Tiere« und »1984« kann nur ein Intellektueller schreiben, dem das süße Versprechen Utopia nicht fremd ist. Orwell war fähig, die ideologischen Endzielbeschwörungen seiner Zeit zu durchschauen, die fließenden Übergänge zwischen Stalinismus und Faschismus nachzuweisen, die intellektuelle Zutat im einen wie im anderen Verheißungsbrei nachzuschmecken. Er hat den Umschichtungen, Deklassierungen, Säuberungen, dem sich selbst infizierenden Terror, den offiziellen Geschichtsfälschungen und der ideologischen Dienstverpflichtung der Sprache ihre zukünftige Totalität abgelesen. Seine Gegenutopien sind heute wirksam über den Anlaß ihres Entstehens hinaus; doch als Mitte und Ende der vierziger Jahre »Farm der Tiere« und »1984« erschienen, wurden beide Bücher von ihrer unmittelbaren Wirkung her als Kampfansagen eines Intellektuellen verstanden, der sich gegen die Zauberlehrlinge seiner Zeit stellt.

Orwell hat früh (schon während des Spanischen Bürgerkrieges) erkannt, daß der moderne Totalitarismus intellektuell geprägt ist. Die Fähigkeit, analytisch wertfrei, so zweckgebunden wie utopisch zu denken, erlaubte es, die technische und wissenschaftliche Entwicklung für totalitäre Systeme nutzbar zu machen; ihnen war Zukunft sicher.

Der Roman »1984« ist von platter Realität bestätigt, auch widerlegt oder überboten worden. Die intellektuellen Eliten der achtziger Jahre projektieren schon heute weit über das Jahr 2000 hinaus. Ob der Nuklearwissenschaft, der Elektronik, der biochemischen oder genetischen Forschung verpflichtet oder dem Sicherheitssystem der atomaren Erstschläge eingebunden, leben sie den eigentlichen Problemen unseres Planeten weit, das heißt um die utopisch planende Distanz ihres Denkens entrückt. Nicht Hunger und Dürre, die real sind, beunruhigen sie, sondern der vermutete oder tatsächliche Vorsprung des Gegners bei immer knapperer Vorwarnzeit. Nicht Ernährungs- und Sozialfragen sind ihnen angesichts zunehmender Verelendung der Menschheit als Herausforderung gestellt, sondern die Frage der Kontrolle der verelendenden Massen. Nicht die abgeholzten und absterbenden Wälder, nicht die verseuchten Flüsse und Meere fordern ihre intellektuelle Potenz, sondern großräumige Verkabelungsprojekte, genetische Manipulationen, immer noch Weltraumeroberungen und die menschenfreundliche Frage, ob Atomkriege, trotz aller berechenbaren Ausfälle, nicht dennoch gewinnbar sind.

Ein Großteil der heutigen wissenschaftlichen Intelligenz arbeitet direkt oder indirekt den Militärapparaten, der Rüstung, also den Wettrüstern beider Machtsysteme, in die Hände. Bewußt oder unbewußt – man forscht ja wertfrei – sind intellektuelle Kapazitäten dem Forschungsprogramm »Die Vernichtung der Menschheit« dienstverpflichtet. Die Arbeit an diesem Programm scheint faszinierend zu sein, denn nur wenige Wissenschaftler und Technologen erschrecken angesichts ihrer Teil- und Zwischenergebnisse. Wieder sind es die Zauberlehrlinge, denen alles denkbar Mögliche gelingt, nur eines können sie nicht, ihre Köpfe und deren zwanghaftes Klickediklickediklack abschalten, damit Stille entsteht – zum Nachdenken.

Offener Brief an die Abgeordneten des Deutschen Bundestages

Berlin, im November 1983

Sehr geehrte Damen und Herren,

so ungewohnt mir die Form dieser pauschalen Anrede ist, so übergewichtig sind die Gründe, Ihnen dennoch und rechtzeitig, vor Beginn der Bundestagsdebatte über die Stationierung von Mittelstreckenraketen auf dem Boden der Bundesrepublik, einen dringlich appellierenden Brief zu schreiben; einen »Offenen Brief«, weil die sich abzeichnende Gefahr des Verfassungsbruches und der Fremdbestimmung durch Aufgabe von Souveränität den öffentlichen Appell verlangt.

Natürlich weiß ich, daß die Argumente des Für und Wider bis zum Verschleiß ihres Sinnes wiederholt und bis zur Spruchbandlänge verkürzt worden sind. Zudem will mir meine jahrzehntelange literarische und nebenbei auch politische Erfahrung beweisen, wie wenig Gehör meine Besorgnisse dort finden werden, wo das Rechthaben zu Hause ist und die Vorurteile auf Abruf bereitstehen. Oft genug hat sich (besonders in Deutschland) die Unvereinbarkeit von schriftstellerischer Einsicht und politischer Praxis bewiesen; denn hätten wir ein angenähertes Verständnis von vielschichtiger Wirklichkeit, dann wäre auch Ihnen »Kassandra«, die jüngste Erzählung der Schriftstellerin Christa Wolf, erhellend und für Ihren Entschluß hilfreicher gewesen als die dürftige Fiktion der Genfer Verhandlungen. Warum also dennoch diesen »Offenen Brief«?

Weil es gesagt werden muß. Weil der Ihnen auferlegten Verantwortung späterhin keine Ausrede erlaubt werden darf. Weil uns Schriftstellern die Kassandra-Nachfolge (oft gegen unseren Willen) wie vorgeschrieben ist. Weil die deutsche Vergangenheit nicht aufhören will, gegenwärtig zu sein. Weil in Deutschland schon einmal ein Ermächtigungsgesetz folgenschwer Geschichte gemacht hat. Und weil eine kleine Hoffnung mir sagt: Es könne unter den vielen Unbeirrbaren einige Abgeordnete geben, die bereit sind, sich beirren zu lassen.

Sie können gewiß sein: Mir sind die sowjetischen SS-20-Raketen genauso fürchterlich, wie die uns zugeordneten US-amerikanischen Pershing II und Cruise Missiles. Ich weiß aber auch, daß das eine wie das andere Raketensystem, als Teil des in beiden Weltmachtbereichen angehäuften Vernichtungspotentials, keine wirksame Verteidigung erlaubt, vielmehr besonders geeignet ist, die Selbstvernichtung der Menschheit auszulösen. Den sowjetischen Sicherheitswahn, der zur Stationierung der SS-20-Raketen geführt hat, mit der Stationierung von atomaren Mittelstreckenraketen zu beantworten, verdoppelt den Wahnsinn, schmälert die ohnehin dürftige Sicherheit, wird weiteres Wettrüsten auslösen und beweist ein Verhalten, das reflexhaft auf selbstentworfene Feindbilder reagiert; weshalb ich dieses Verhalten infantil nenne.

Zwar gibt man sich (in West und Ost) immer noch Mühe, wie gelernt, betont faktenbezogen zu argumentieren, aber alle den Laien einschüchternde Kompetenz kann nicht verbergen, daß die Politik der beiden Weltmächte infantil von ihren jeweiligen Heilslehren her und infantil in ihrem Machtgebrauch ist. Die Besetzung Afghanistans, die Eroberung des Inselchens Grenada, die Mördergrube Libanon, aber auch die mit Megatoten jonglierenden Planspiele des Pentagon und die dem Kreml eigene Agentenfurcht sind Zeugnisse dieser weltbeherrschenden Infantilität.

Es wird Ihnen dieser Begriff nicht passen, zumal er unterstellt, es sei die Bundesrepublik (mit ihren Politikern) eingebunden in die westliche Spielart des politischen Infantilismus. Gut, entrüsten Sie sich über die Wortwahl des Schriftstellers; dennoch laufen Sie Gefahr, mehrheitlich auf Rüstungswahn mit Rüstungswahn zu reagieren, also unverantwortlich, infantil zu handeln. (Sie wollen keine Angst zeigen, wollen von den Sowjets nicht erpreßt werden, wollen als höchstes Gut die Freiheit verteidigen. Hätten Sie doch die Freiheit, begründete Angst zu zeigen, und ausreichenden Mut, der möglichen Erpressung – frei von Raketen – dennoch zu widerstehen.)

Vielleicht ist den meisten von Ihnen nicht bewußt, wie trotzig (um nicht zu sagen: kindisch-verbockt) Sie die Befürwortung der neuen Raketensysteme aufrechterhalten, wie unreif Sie sich gegenüber den Besorgnissen verschließen, die von der Mehrheit der bundesdeutschen Bevölkerung – hier laut, dort leise – an Sie herangetragen werden. (Nur nicht hinhören. Es könnte das liebgewonnene Feindbild verblassen. Es könnten sich Zweifel einnisten.) Ich bitte Sie dennoch, von Ihrem Trotz, diesem Ausdruck politischer Unreife, zu lassen und Ihr auf Zeit verliehenes Mandat nicht zu mißbrauchen, indem Sie (gegen den mehrheitlichen Bürgerwillen) nicht nur der Stationierung der neuen, nichts sichernden, allenfalls den Rüstungswahn steigernden Raketensysteme zustimmen, sondern auch die Bundesrepublik Deutschland – und gleichwohl die Deutsche Demokratische Republik – in ihrer Substanz erschüttern.

Sollten Sie mehrheitlich ja sagen zu den vorgesehenen Mittelstreckenraketen – das hieße ja sagen zur auf wenige Minuten verkürzten Vorwarnzeit, ja sagen zu Vernichtungssystemen, die für den atomaren Erstschlag geeignet sind –, dann werden die Folgen für Europa, doch zuallererst für die beiden deutschen Staaten, einerseits bald und täglich spürbar, andererseits unabsehbar sein. Alltäglich spürbar nenne ich den Verlust an Sicherheit: Jederzeit könnte dann, ohne daß Kriegswillen den Ausschlag zu geben hätte, aus Gründen menschlichen Versagens der alles vernichtende atomare Schlagabtausch beginnen; ihm wäre – alle Planspiele widerlegend – keine Grenze gesetzt. Unabsehbare Folgen würde Ihre Entscheidung für das Neben- und Gegeneinander der beiden deutschen Staaten haben. Der bekennende Satz, den führende Politiker hier und drüben mehrmals beteuernd und beschwörend gesagt haben – »Nie wieder darf von deutschem Boden Krieg ausgehen« – hätte nur noch den Wert einer Phrase.

Ich wage die Voraussage: Ein Ja zur Stationierung der neuen atomaren Raketensysteme wird eine Zäsur, nein, schlimmer, einen Bruch in der relativ kurzen Geschichte der Bundesrepublik zur Folge haben. Offenkundiger als zuvor kann fortan die Fremdbestimmung, der Satellitenstatus des westdeutschen Staates nachgewiesen werden; auf die fünfziger Jahre zurückgeworfen, wäre eine negative Annäherung an die Abhängigkeit der DDR nicht mehr zu leugnen. Das wird Folgen haben: Viele Bürger – nicht nur junge – werden sich enttäuscht, weil getäuscht, vom Staat und seiner durch Mandatsmißbrauch verspotteten Verfassung abwenden. Eine Minderheit wird sich radikalisieren und den Terrorismus neu aufleben lassen; dem mögen die Staatsorgane wirkungsvoll begegnen, doch der gewaltfreie Widerstand wird nicht zu brechen sein.

Die bevorstehende Debatte und Abstimmung im Bundestag ist nicht zu vergleichen mit dem »normalen« parlamentarischen Alltag: Nicht ein Gesetz, das späterhin novelliert werden kann, steht zur Debatte, sondern die Vorbestimmung Mitteleuropas zum atomaren Kriegsschauplatz, konkret: der aus falsch und feige verstandener Bündnistreue hinzunehmende Tod von hundert und mehr Millionen Menschen. Deshalb werde ich ein Ja zur Stationierung der vorgesehenen Vernichtungswaffen niemals tolerieren. Und gleich mir werden Hunderttausende engagierter Demokraten jedem Abgeordneten die Achtung verweigern, der durch sein Ja verantwortlich wird für das Unverantwortliche, der bereit ist, gegen den mehrheitlichen Willen der bundesdeutschen Bürger den Anfang vom Ende zu datieren und der leidvollen Erfahrung deutscher und europäischer Geschichte hohnzusprechen.

Diese Geschichte ist eine schuldhafte. Bis heute tragen wir an ihren Folgen. Aus ihr zu lernen, sollte Gebot jedes Bundestagsabgeordneten sein. Zuerst mitverantwortlich, dann hauptverantwortlich haben wir Deutsche uns und Europa zweimal mit Krieg überzogen, die Welt herausgefordert, schließlich das Verbrechen des Völkermordes als nicht abzutragende Schuld auf uns geladen und dennoch aus den Niederlagen – so sieht es abermals aus – nicht das Entscheidende lernen wollen. Jedesmal waren wir hochgerüstet und glaubten, obgleich christlich geprägt, vor allem an Rüstung. Ist dieser Glaube immer noch nicht gebrochen? Vor allen anderen Völkern müßte das deutsche Volk schmerzhaft, peinigend und unstillbar wissen, daß Waffen auf ihren Gebrauch warten, daß Waffensysteme sich selbständig machen und ihre eigene vernichtende Logik entwickeln, daß uns nicht Waffen fehlen.

Die Mehrheitsverhältnisse im Bundestag machen es notwendig, besonders jenen Abgeordneten ins Gewissen zu reden, deren Parteien sich christlich nennen. Ich frage Sie: Wie wollen Sie als Christen und beredte Vertreter christlicher Wertvorstellungen ein Ja verantworten, dessen menschenverachtende, alles Leben vernichtende Folgen nachgewiesen, schlimmer noch, vorgesehen sind? Wie wollen Sie, nach Ihrem Glauben, vor Jesus Christus und seinem Gebot der Nächstenliebe bestehen, wenn Sie ja gesagt haben zu den Instrumenten des kalkulierten Völkermordes.

Ich bitte Sie, nein zu sagen zur drohenden Aufstellung von Mittelstreckenraketen mit nuklearen Sprengköpfen auf deutschem Boden. Gleichzeitig sollten Sie europäische, also auch deutsche Mitsprache bei der Fortsetzung der Genfer Verhandlungen fordern. Ich bitte Sie, Abschied zu nehmen von einem trügerischen, auf Abschreckung beruhenden Sicherheitssystem, dessen (ich wiederhole) infantiles Konzept bisher nur den Aberwitz des Wettrüstens zur Folge gehabt hat und demnächst außer Kontrolle geraten wird; ein neues Sicherheitssystem setzt nicht das Ende, wohl aber die Reform und Zusammenarbeit der beiden gegeneinander gerichteten Militärbündnisse voraus. Ich rufe Sie auf, Ihre Kräfte auf jene Probleme zu konzentrieren, die überdies die Bürger tagtäglich bedrücken. Keine neuen Raketen sind hierzulande gefragt, wohl aber ein wirksames Arbeitsbeschaffungsprogramm. Wenn Sie den Frieden sicherer machen wollen, dann fahren Sie fort, mit der DDR ein gesamtdeutsches Umweltschutzabkommen zu erarbeiten, damit, nach allem, was sonst uns schon abgestorben ist, nicht auch der Wald und die Flüsse sterben.

Ich bitte Sie, meinen dringlichen Appell so ernst zu nehmen, wie ich die Ihnen auferlegte und von den Bürgern der Bundesrepublik zu verantwortende Entscheidung ernst nehme.

Günter Grass

Den Widerstand lernen, ihn leisten und zu ihm auffordern

Rede beim Heilbronner Schriftstellertreffen

Sie sind da: gegen den Mehrheitswillen der Bevölkerung, nach dem Willen der parlamentarischen Mehrheit. Sie werden als Waffen bezeichnet, sind aber Instrumente des Völkermordes. Sie sollen der Sicherheit dienen, steigern jedoch das Risiko eines alles vernichtenden Atomkrieges in Europa. Bei uns stationiert, wird über ihren Einsatz dennoch weitab, außerhalb unserer Mitsprache entschieden. Sie sollen die Verteidigungskraft stärken, sind aber für den aggressiven Erstschlag konzipiert. Wie das Wort Nachrüstung ihre Existenz und Notwendigkeit hier erklären soll, wird im anderen deutschen Staat und in der Tschechoslowakei die Stationierung entsprechender Gegensysteme als Nachrüstung bezeichnet; worauf hier wie drüben weiterhin (und schon lange über die Schwelle zum Wahnsinn) nachgerüstet werden wird. Man nennt sie Mittelstreckenraketen. Stellvertretend für das überdies angehäufte Vernichtungspotential geben sie Zeugnis über den Zustand der Menschheit, wie sie mit Milliardenaufwand ihr Ende vorbereitet; die todsichere Logik der Selbstvernichtung scheut keine Kosten.

Ich bin mir nicht sicher, ob diese Entwicklung zum Ende hin aufgehalten werden kann. Nach der Debatte kürzlich im Bundestag, als es mehr um die »Treue zur Nato« und um das Worthalten den USA gegenüber als um die Gemeingefährlichkeit der neuen Raketensysteme ging, steigerte sich meine Befürchtung zur Angst: Es sind Stümper, die uns derzeit regieren. Überfordert von der Misere der Alltagspolitik, retten sie sich in einen Mehrheitsbeschluß, der die Verantwortung über Tod oder Leben dem Großverbündeten zuweist und uns entmündigt. Diese parlamentarische Mehrheitshaltung kann ich nur jämmerlich nennen oder verrückt heißen.

Offenbar wissen sie nicht, was sie tun. Einzig am Feindbild orientiert, sind sie zu Überzeugungstätern geworden. Und wenn sie rufen: »Die Freiheit fordert ihren Preis!«, kann einem angst und bange werden: um die Freiheit und ihren Preis.

Dezember 1983

Wer aber schützt uns vor jenen, die die Freiheit zu Tode schützen werden? Wie läßt sich eine Entwicklung aufhalten, deren Tendenz zum Ende hin wie vorprogrammiert ist. Zeichnet sich nicht jetzt schon das Erlahmen, das Ermatten, die Ohnmacht der Friedensbewegung ab? Haben wir noch Worte, unser Entsetzen genau zu benennen? Wird uns nicht täglich bewußt, wie zynisch (und den Regierungsverlautbarungen hörig) Presse und Fernsehen das Ausbleiben des »heißen Herbstes« als eine Leistung der Polizeikräfte feiern? Kommt die Flick-Affäre, dieser den demokratischen Konsens zermürbende Terrorismus des »großen Geldes«, unseren Sicherheitsexperten nicht wie gerufen? Nur noch um Lambsdorff geht es: ob und wann der Graf zurücktritt. Mittelstreckenraketen? Atomare Sprengköpfe? Das war doch vorvorgestern. Die haben wir längst gegessen. So heißt das im Journalistenjargon. Stimmt das? Gewöhnen wir uns bereits, wie wir uns an die Giftgasvorräte im Pfälzer Wald, an über fünftausend taktische Atomwaffen gewöhnt haben, die auf dem Boden der Bundesrepublik seit Jahren stationiert sind? Und – frage ich mich – bin nicht auch ich schon der vielen Proteste, der annähernd gleichlautenden Aufrufe, der sich wiederholenden Namenslisten protestierender Prominenz – darunter immer wieder mein Name – überdrüssig, mehr und mehr überdrüssig?

Deshalb, weil die Ermattung und der Überdruß vorauszuahnen waren, steht die Heilbronner Begegnung unter dem Motto »Den Widerstand lernen«. Es gibt Völker – etwa das polnische Volk –, die ihn nicht lernen müssen, weil ihre Geschichte eine Geschichte des Widerstandes ist. Wir haben immer wieder versäumt, ihn zu leisten. Die deutsche Geschichte ist eine Geschichte des versäumten Widerstandes. Aber kann man ihn lernen? Läßt er sich mit Lektionen einpauken? Muß man in Deutschland – weil wir es unverbesserlich mit der Pädagogik haben – den Widerstand zum Hauptfach, zum Leistungsfach erklären?

Man kann ihn nicht verordnen. Jeder, der kein anderes Mittel mehr sieht gegen den herrschenden, den Völkermord einkalkulierenden Wahnsinn als den gewaltlosen Widerstand, wird ihn für sich beschließen und dann auch leisten müssen. Auch ich. Deshalb muß ich von mir reden, von meiner Erfahrung, von meinen Hoffnungen und Enttäuschungen und von Einsichten, denen ich nicht mehr ausweichen kann.

Im Sommer 1944 wurde ich, sechzehn Jahre alt, Soldat. In kurzen Hosen mit meinem Pappkoffer reiste ich an. Als die Ausbildung abgeschlossen war, kam ich – jetzt siebzehn Jahre alt – zum Einsatz an der Ostfront. Nach mehrtägigem, sinnlos anmutendem Hin und Her, schließlich nach Absetzbewegungen, geriet die gesamte Kompanie unter Beschuß einer sowjetischen Werferbatterie, auch Stalinorgel genannt. Die Kompanie – Sturmgeschütze und Panzergrenadiere – hatte in einem Jungwald, so hieß es, Bereitstellung bezogen. Der sowjetische Beschuß mag drei Minuten lang gedauert haben. Danach war über die Hälfte der Kompanie tot, zerfetzt, verstümmelt. Die meisten Toten, die Zerfetzten, Verstümmelten waren wie ich siebzehn Jahre alt.

Seitdem kenne ich die Angst. Seitdem weiß ich, daß ich nur zufällig lebe. Jeder Krieg ist mir seitdem vorstellbar. Leicht kam meiner Generation nach dem Krieg die beschwörende Formel über die Lippen: »Nie wieder Krieg!«

Doch dieses Nein, diese Ohne-mich-Haltung reichte nicht aus. Gegen die Stimmen der Opposition, gegen die Lehren der eigenen Geschichte wurde zuerst in der Bundesrepublik, dann in der Deutschen Demokratischen Republik die Wiederbewaffnung beschlossen. Sie vertiefte die Teilung des Landes und fügte die Bundeswehr hier, die Volksarmee dort in die Militärbündnisse der beiden Blocksysteme. Diese Realität ist Teil der Nachkriegsgeschichte beider deutscher Staaten. Sie wurde jeweils begründet mit dem Verfassungsauftrag der Landesverteidigung. (Artikel 26 Absatz 1 des Grundgesetzes verbietet den Angriffskrieg und die Vorbereitung dazu.) Viele Bürger, die sich gegen die Wiederbewaffnung ausgesprochen hatten, nahmen die Bundeswehr und das Nato-Bündnis hin, weil sie der Versicherung glaubten, es seien alle Waffensysteme, Manöver und Einsatzpläne ausschließlich der Verteidigung dienlich. Auch ich begnügte mich mit diesen Erklärungen und hoffte auf Entspannung und Abrüstung.

Erst heute begreife ich zu spät und mit Entsetzen, daß mich militärisch-strategische Begriffe wie der der sogenannten »Vorwärtsverteidigung« hätten warnen und an Orwells »Neusprache« erinnern müssen. Doch erst als es unüberhörbar laut wurde, daß die USA und die Nato für sich das Recht auf einen »atomaren Erstschlag« beanspruchen, fand ich wieder zu meinem Nein und begriff ich die Täuschung.

Das atomare Pershing-II-Raketensystem ist eine Erstschlagwaffe. Von der Regierung der Bundesrepublik als Nato-Partner akzeptiert, hebt das neue Raketensystem das Verteidigungskonzept der Bundeswehr auf. Sie schützt nicht mehr defensiv, sie ist vielmehr einer aggressiven Strategie unterworfen. Folgerichtig muß fortan vom Verfassungsbruch die Rede sein. Seit Beginn der Pershing-II-Stationierung nimmt die Bundeswehr nicht mehr ihren Verteidigungsauftrag wahr; sie befindet sich außerhalb der Legalität. Sie beugt den Grundgesetzartikel 26. Gegen diese Deformierung der Verfassung gilt es Widerstand zu leisten.

Nicht blindlings. Frei von Gewalt. Kein alles verweigernder, vielmehr zielbewußter Widerstand ist jetzt vonnöten. Er muß sich gegen eine Bundeswehr richten, die um ihren Verteidigungsauftrag betrogen worden ist und vor der gewarnt werden muß: weil sie der Nato-Erstschlagstrategie unterworfen ist, weil die Soldaten der Bundeswehr mißbraucht werden, weil sie schon jetzt in den offensiven Planspielen des Pentagon als Ausfälle abgebucht sind.

So wie sich viele tausend Ärzte weigern, den Katastrophenschutz für den Fall eines Atomkrieges vorzubereiten, werde ich in Zukunft das tun, was nach hergebrachtem Sprachgebrauch »Wehrkraftzersetzung« genannt wird. Meine Söhne und ihre Freunde werde ich auffordern und ermutigen, den Dienst in der Bundeswehr zu verweigern. Schreibend und deutlich sprechend, werde ich versuchen, diesen Willen zur Verweigerung eines verfassungswidrigen Wehrdienstes in die Bundeswehr hineinzutragen. Von ausländischen Journalisten gefragt, werde ich die Friedensfähigkeit der Bundesrepublik fortan verneinen, weil durch den Nato-Doppelbeschluß, durch die Stationierung von Erstschlagwaffen von Deutschland wieder, zum dritten und letzten Mal, Krieg ausgehen kann.

Diesen Widerstand will ich lernen. Ich will ihn leisten und zu ihm auffordern, bis die Bundesrepublik frei von Atomwaffen – taktischen und strategischen – und frei von chemischen und bakteriologischen Vernichtungssystemen ist. Nur noch so kann ich, nur noch so können wir der Bundeswehr helfen, zu ihrem verfassungsmäßigen Auftrag, zur ausschließlichen Landesverteidigung zu finden. – Uns fehlen nicht neue Waffen und weitere Atomsprengköpfe, uns fehlen radikale Demokraten, die zur Verfassung der Bundesrepublik stehen, mehr noch, die unsere Verfassung vor dem regierenden Schwachsinn schützen.

Dezember 1983

Zweimal trafen sich die Schriftsteller aus beiden deutschen Staaten, zuerst in Ostberlin, dann in Westberlin. Es ging streitbar zu, weil der Rüstungswahn Ost und West erfaßt, alle Köpfe besetzt und das Denken militarisiert hat. Und doch war uns allen bewußt, daß SS-20-Raketen und Pershing-II-Raketen gleich fürchterlich sind. Am Ende stockte unser Gespräch, weil jeder vom anderen den ersten Schritt aus dem Teufelskreis erwartete. Die Literaturabteilung der Akademie der Künste Berlin hat dennoch zu einer dritten Begegnung, diesmal in Heilbronn, an einem der Orte des verfluchten Geschehens eingeladen. Die Schriftsteller aus der DDR sind nicht gekommen; einige wollten nicht, andere durften nicht. Vorläufig werden wir ohne sie den Widerstand lernen müssen.

Dezember 1983

Links und frei

Lieber Willy,

Dir zum siebzigsten Geburtstag zu gratulieren heißt auch, uns zu gratulieren. Wer zu Deiner Generation gehört und gezeichnet ist von den Brüchen und Verhängnissen der deutschen Geschichte in diesem Jahrhundert, wird Deinen Lebensweg als Ausnahme begreifen. Ein nicht einmütiger Befund, denn was die einen als beispielhaft bewundern, ist anderen bis heute ein Ärgernis. Du hast von früh an Deinen Kurs gehalten, bist »links und frei« geblieben. Dafür dankt Dir Dein Freund und (neuerdings) Genosse.

Allzu gut weiß und erinnere ich, welchen Anfeindungen und Verleumdungen Du Ziel gewesen bist, und zwar in beiden deutschen Staaten. Deine bewiesene Haltung wirkte – sosehr sie Dir selbstverständlich war und sowenig Du sie, andere belehrend oder gar beschämend, demonstriert hast – dennoch provozierend. Oft sah es so aus, als wärest Du der sich entwickelnden Nachkriegsgesellschaft mit etwas Dreck am Stecken akzeptabler gewesen. Ich will und kann nicht vergessen, daß in den fünfziger und sechziger Jahren dieser besagte Dreck am Stecken – das hieß: Mittäterschaft/Mitläuferschaft während der Zeit der nationalsozialistischen Herrschaft – im gewissen Sinn Voraussetzung war für Gesellschaftsfähigkeit. Nachdem man sich ruckzuck entnazifiziert hatte, galt jemand, der diese Schnellwäsche nicht nötig hatte, als Störenfried. Er irritierte das frischgewonnene Gemeinschaftsgefühl. Er kam von »draußen«, hatte zwar alles mögliche vorzuweisen, was man in Feierstunden gelegentlich ehrenwert und verdienstvoll nannte, doch fehlte ihm der mehrheitsfähige Mief, jener Konsens der sich zuzwinkernden Biedermänner: Wir sind noch mal davongekommen.

Ich habe es erlebt und als Zeitgenosse notiert: Bis in die Ortsvereine Deiner (unserer) Partei wirkte Dein Bild oder das Bild, das man sich von Dir machte, beunruhigend. Man liebte Dich mit Vorbehalt – wenn er doch nur nicht von »draußen« käme! – und hätte Dich lieber weniger überlebensgroß gehabt. So fremd Dir dieses

Dezember 1983

Maß ist, ironischer- und fatalerweise haben Dich später, als Du »unser Bundeskanzler« warst, oft genug die gleichen Genossen ins Überlebensgroße gesteigert.

Das alles hast Du hinter Dich bringen müssen. Ich bin dankbar, daß ich von Beginn der sechziger Jahre bis in die siebziger Jahre hinein an Deiner Seite meinen Anteil an politischer Arbeit leisten konnte und auch Gelegenheit fand, dadurch Bereiche der Realität zu erfahren, die dem Schriftsteller in der Regel fernliegen. Es gab Situationen, in denen ich Dich zweifelnd und manchmal auch verzweifelt erlebt habe; Stunden, in denen Dir das politische Amt und die notorischen Kabinettsquerelen – Du hattest etliche Staatsschauspieler zu Ministern ernannt – nur noch Last oder allenfalls Anlaß für melancholische Betrachtungen waren. Und später, nach Deinem Rücktritt, sah es manchmal so aus, als wolltest Du ganz und gar in den Hintergrund treten.

Wir haben uns alle getäuscht. Plötzlich warst Du, für manche unerwartet, wieder da: als Parteivorsitzender, aber auch als Vorsitzender der Sozialistischen Internationale. Unermüdlich hast Du die Ungerechtigkeit der Weltwirtschaftsordnung und das Elend der Dritten Welt beim Namen genannt. Und wenn Du in Deinem Nord-Süd-Bericht das Elend der Dritten Welt mit dem Wettrüsten der beiden Großmächte und ihrer Verbündeten konfrontiert hast, dann hat Dein Hinweis auf diesen schrecklichen Zusammenhang sicher viele Menschen zusätzlich motiviert, in der Friedensbewegung tätig zu werden und dem gegenwärtig in der Bundesrepublik sanktionierten Raketenwahn demokratischen Widerstand zu leisten.

Die SPD hat wieder zu sich und ihrem zu August Bebels Zeiten erkämpften Selbstverständnis zurückgefunden. Längere Zeit sah es so aus, als wollte sie sich dem bloßen Pragmatismus als einer Ersatzideologie verschreiben. Man gab sich lustvoll den Sachzwängen hin. Die Besserwisserei wirkte stilbildend. So konnte es nicht verwundern, daß das Gespräch zwischen Sozialdemokraten und Schriftstellern abriß, daß sich das von Dir einst gewollte und für kritische Begegnungen freigehaltene Forum mehr und mehr entleerte. Diese Periode des Substanzverlustes ist vorbei; und ganz gewiß ist es abermals Dir zu verdanken, daß wir uns wieder als demokratische Sozialisten erkennen können.

Ich wünsche Dir und uns, lieber Willy, daß diese Entwicklung Zukunft hat und daß vor allem Du uns erhalten bleibst, damit auch wir einst unserer Lebensbilanz die Überschrift »Links und frei« geben können.

Freundlich grüßt Dich
Dein *Günter Grass*

Abschied von Uwe Johnson

Die Nachricht vom Tode Uwe Johnsons zwingt mir den Titel seines ersten Romans auf: »Mutmassungen über Jakob«. Ich kann über ihn nur mutmaßen. Unsere seit 1959 anhaltende Freundschaft bestand aus Distanz, heftiger Nähe, neuem Fremdsein und Fremdbleiben. So konnte auch mir genaue Annäherung nur über sein literarisches Werk gelingen. Von der DDR nicht angenommen, in Westdeutschland fremd geblieben, hat er anfangs von Westberlin, dann von New York, schließlich von der Themsemündung aus Mecklenburg besucht. Seine drei ersten Romane und das Hauptwerk »Jahrestage« sind – ob sie es annimmt oder nicht – der Deutschen Demokratischen Republik zugeeignet. Diese von keinem anderen Autor erreichte, so präzis gebrochene wie facettenreiche Spiegelung wird sie aushalten müssen; so unerbittlich ist Uwe Johnson gewesen.

Doch er, der akkurate, disziplinierte und geradezu penible Arbeiter am Manuskript führte ein Leben, das nicht frei war von selbstzerstörerischen Zwängen. Es mag aber auch sein, daß ihn die Unbedingtheit seines Heimwehs nach Mecklenburg verzehrt hat. Er fehlt mir.

März 1984

Der Traum der Vernunft

Rede zur Eröffnung der Veranstaltungsreihe »Vom Elend der Aufklärung« in der Akademie der Künste Berlin

Meine Damen und Herren,

bevor Voltaire, Rousseau und Diderot einander widersprechen und eine Epoche ausschreiten, deren verwirrte Nachfahren wir sind, soll eine Grafik vorgestellt werden, deren Emblematik Spekulationen zuläßt. Die Unterschrift »Der Traum der Vernunft erzeugt Ungeheuer« hat Goya einer Aquatinta-Radierung beigegeben, die einen über seinem Schreibwerkzeug schlafenden Mann zeigt, hinter dem Nachtgetier, Eulen und Fledermäuse flattern und ein Raubtier lagert: fast Luchs, noch Katze. Doch da das spanische Wort für Traum auch Schlaf bedeuten kann, könnte der Untertitel des beängstigenden Bildes auch heißen: »Der Schlaf der Vernunft erzeugt Ungeheuer.« Und schon ist der Streit entfesselt, tritt das Elend der Aufklärung zutage, sind wir beim Thema.

Zweierlei wird bildhaft der Vernunft unterstellt: Indem sie träumt, gebiert sie Ungeheuer, ihre Träume sind Ungeheuer – oder: Weil die Vernunft schläft, ist den nächtlichen Ungeheuern Freiraum gegeben, macht sich Unvernunft breit, wird das mühsame Werk der Aufklärung überschattet, mit Dunkelheit überzogen, zunichte.

Die erste Deutung spricht für sich: Die Vernunft, des Menschen besondere, ihn auszeichnende Gabe, ist gleichwohl fähig, sobald sie träumt, Ungeheuer, sprich, erschreckende Visionen und Utopien als Schreckensherrschaften zu entwerfen. Vergangenheit und Gegenwart bestätigen diese Deutung, denn alle bis heute wirksamen Ideologieentwürfe sind Träume aufklärender Vernunft und haben – hier als Verelendung produzierender Kapitalismus, dort als mit Zwang herrschender Kommunismus – ihre Ungeheuerlichkeit bewiesen.

Die zweite Deutung wirft Fragen auf, die, sobald sie beantwortet werden, neue Fragen hecken. Etwa: Darf die Vernunft, weil sie schlafend den Ungeheuern, also dem Irrationalismus das Feld überläßt, niemals schlafen? Natürlich nicht, sagen wir. Wo kommen wir hin, wenn die Vernunft schläft. Nie wieder darf die Vernunft schlafen, darf uns die Vernunft einschlafen. Wehret den Anfängen! Nicht einmal ermüdet blinzeln darf sie. Eine allzeit wache Vernunft fordern wir als gebrannte Kinder einer Epoche, in der die Vernunft schlief und das Ungeheuer, Faschismus genannt, geboren wurde.

Dennoch gibt die Gegenfrage nicht Ruhe: Was ist das für eine Vernunft, die nicht schlafen, den Traum nicht zulassen darf? Ist diese immerwache Vernunft nicht gleichfalls schrecklich und tagheller Ungeheuerlichkeiten fähig? Wird diese Vernunft, die aufklären, erhellen, erleuchten soll, nicht letzten Endes – und schon tut sie es – uns alle durchleuchten, durchsichtig, gläsern, erfaßbar machen, auf daß wir ohne Geheimnis und Nachtseite sind? Hat nicht diese überwache, sich wissenschaftlich nennende Vernunft den vormals weitgefaßten Begriff von Fortschritt auf technisches Maß, auf einzig das technisch Machbare reduziert? Eine Vernunft, die nicht schlafen darf, die mittlerweile, selbst wenn sie schlafen wollte, Schlaf nicht mehr fände, eine schlaflose Vernunft gibt kaltes Licht und macht frösteln; dabei wären Träume vonnöten, Nachtflüge der Einbildungskraft und Märchen, aus deren Getier – Fledermaus, Eule und Luchs – gleichwohl Vernunft spräche.

Nicht nur das leicht faßbare Bild der streitenden, mit Thesen und Begriffen fechtenden Aufklärer, sondern auch Goyas Radierung »Der Traum und der Schlaf der Vernunft erzeugen Ungeheuer« will zu Beginn dieser Veranstaltung erinnert werden; denn Vorträge, Diskussionen und Lesungen sollen ein Jahr lang und länger »Vom Elend der Aufklärung« Bericht geben. Warum die Aufklärung, warum ihr Elend? Warum der angejahrte europäische Dauerstreit und nicht etwas Modisches, das in die Szene paßt: neue Körperlichkeit oder so? Weil sich die Aufklärung als ein seit drei Jahrhunderten anhaltender Prozeß, will er nicht enden oder zum Schnörkel der Postmoderne verkommen, selbst in Frage stellen muß. Es kann das Elend der Aufklärung nur mit hauseigenen Mitteln behoben werden. Ihre Rhetorik und ihr Hang zu Begriff und System, ihr Wissenwollen und Besserwissen, ihre pädagogische Penetranz und ihre Toleranzedikte, ihre Versuchsgärten und Hoffnungsschöpfbrunnen, ihre Tugendgebote und Wohlfahrtsausschüsse machen, alles in allem, ihren Glanz und ihr Elend aus: Beides soll bestritten und bezweifelt werden.

Es wird sich zeigen, ob dieser Streit noch geführt werden kann. Es werden die namhaften Inhaber der Lehrstühle, desgleichen die vagabundierenden Privatgelehrten und vielgerühmten Außenseiter, es werden die späten Nachfahren und Widersacher der Frankfurter Schule, die Noch-und-wieder-Marxisten und unverdrossenen Pädagogen beweisen müssen, ob sie zum Streit fähig oder bereits dem Diktat der Ausgewogenheit unterworfen sind; sie liegt seit Jahren wie Mehltau auf jedem Gedanken, sie hat den notwendigen Streit unterbunden und anstelle jenes moderierte Geschwätz gesetzt, das aufgeklärt genannt werden möchte, doch nur beiträgt zum hier berufenen Elend.

Den gegenwärtigen Philosophen, Wissenschaftlern, Schriftstellern und Gesellschaftspolitikern, die sich immer noch – und manche von keinerlei Zweifel bewegt – auf die Tradition der europäischen Aufklärung berufen, werden Fragen gestellt werden müssen, etwa dieser Art: Was hat die Vergesellschaftung des Menschen den Menschen gebracht? – Ist das allgemeine Bewußtsein auf Endzeit gestimmt? – Ist die Erziehung des Menschengeschlechtes gescheitert? – Wer klärt die Aufklärer auf?

Hier, in Berlin, in den Räumen der Akademie der Künste sollen diese und viele andere an die Wurzeln gehenden Fragen gestellt werden. Als Ort früher Aufklärung ist Berlin zugleich der Exerzierplatz irrationaler Gegenkräfte gewesen; desgleichen die Akademie der Künste: Wohlmeinend vor bald dreihundert Jahren gegründet, verdarb sie schändlich vor fünfzig Jahren, um geteilt, dem Kriegsende entsprechend, neu zu erstehen. Im Westen und Osten dieser Stadt sind beide Akademien, hier aufgefordert, dort eingeladen, sich in Frage stellen zu lassen, denn das Elend der Aufklärung meint auch die Künste: die Malerei, die Musik und nicht zuletzt die Architektur, deren rationale Exzesse Folgen haben, die mittlerweile benennbar sind: postmoderne Monstren, gebaute Gegenaufklärung, die Architektur der Wende. Schon haben die bildenden Künste die neue Marktlage erkannt. Gefühl ist gefordert, das irgendwie ist. Nischenkunst. Geklitterte Gefälligkeiten. Gespiegelte Spiegelungen. Die restaurierte Restauration.

Leicht zu durchschauen ist das, jedoch in eigener Sache befragt, weiß ich nicht ein noch aus. Nicht meiner Neigung nach, pflichtschuldig nur ging ich der Aufklärung, hier Spanndienste, dort Räumarbeit leistend, ins Geschirr; gleichwohl wußte ich früh, daß ihr Begriff von Vernunft mir zu kalt, ihre Moral mir zu selbstgerecht ist. Warum, zum Teufel, fragte ich mich, muß Aufklärung so langweilig sein? Immer weiß sie, wohin die Reise zu gehen hat. Immer sind ihr die Lernziele bekannt. Selbst meine Undeutlichkeiten, die mir lieb sind, will sie ausleuchten. Fortwährend mahnt sie mich, meinem Chaos Zäune zu setzen. Immer besser, sozialer, gerechter, wissender, aufgeklärter zu werden, schreibt sie mir vor. Die Diktatur der Toleranz ist sie, die Tyrannei der Tugend. Ich will aber einer Aufklärung dienen, die Lust bereitet und Auslauf gewährt, die farbig ist und Kleckse erlaubt, die mir nicht weismachen will, daß die Aufklärung des Spießers zum aufgeklärten Spießer Fortschritt bedeutet. Ich, ihr Untertan, will, daß ihre herrschende, überall vorherrschende Vernunft endlich Untertan der geschundenen Natur wird.

Aber kommt dieser Wunschzettel nicht zu spät? Ist nicht schon Ladenschluß, Feierabend? Ist der Versuch, das Elend der Aufklärung einzuklagen, nicht ein Beleg mehr für den weltweit fälligen Schlußbericht: Vom Ende des Menschengeschlechts?

Das Fortschreiben der Aufklärung setzt Zukunft voraus. Selbst wenn sich Kraft fände, ihren vernutzten Zustand wieder aufzuputzen, ihr Elend zu schmälern, bliebe dennoch die Zukunft in weiten Bereichen von Zerstörungsprozessen besetzt, die allesamt vernunftbestimmt sind. Annähernd aufgezehrt oder ruiniert ist die Zukunft: ein Abschreibeprojekt.

Dabei war viel Hoffnung im Spiel, als vor mehr als zweihundertfünfzig Jahren die Aufklärer fleißig wurden und mit dem Talglicht Vernunft gegen Pfaffen und sonstige Dunkelmänner antraten. Es hieß: Wenn man das Menschengeschlecht vom Aberglauben befreie, es richtig erziehe, ihm den Blitzableiter schenke, es fortschreitend durch Elektrifizierung erleuchte und obendrein lehre, richtig die Zähne zu putzen, werde ein neues, verbessertes, Tag und Nacht lesendes, kurzum, ein vom Aberglauben befreites und zwangsläufig gesundes Menschengeschlecht dem ewigen Frieden und der allumfassenden Gerechtigkeit nahe sein.

Diese Hoffnung trog, wie wir wissen; oder sie ging pragmatischer auf als gedacht. Weder hat die Elektrifizierung den Menschen verbessert, noch wird das Kabelfernsehen ihn frei und mündig machen. Dem neuen, diesmal technischen Aberglauben anhängend, trat, nach wechselnder Mode gekleidet, der alte Adam hervor; eher ist er grausamer, gewiß zynischer und – weil mit Hilfe des technischen Fortschritts besser instrumentiert – gründlicher geworden, sobald sein Hang zur Zerstörung freigesetzt wird.

Natürlich tritt dieser neue, aufgeklärte alte Adam nicht nur als menschliche Bestie auf; immerhin ist er halbwegs demokratischer, bei Sonntagslaune toleranter, beim Aufteilen der Zuwächse und des Raubbaus sozialer, wenn nicht klüger, so doch schlauer und – statistisch gewertet – langlebiger geworden. Soll das die Ausbeute der Aufklärung sein? War mehr nicht drin?

So wird gefragt werden müssen. Ist die beklemmende, Freund und Feind nivellierende Beobachtung, daß die Befürworter der nuklearen Hochrüstung und deren Gegner allesamt die Sprache der Vernunft sprechen, jeweils den Gesetzen der Logik folgen und eintönig die Rettung des Menschengeschlechts im Munde führen, etwa als Fortschritt zu werten und als Triumph der Aufklärung zugleich? So ist es. So sprechen Konferenzprotokolle und Hirtenbriefe sogar. Jeder versteht jeden, bis er ihn, vernünftigerweise und streng logisch gedacht, durch Erstschlag ausrotten wird.

Seitdem der alte Adam fähig ist, sich, seinesgleichen und – wie nebenbei – alles sonstige Leben total zu vernichten, steht er mit seiner Vernunft, die ihn auszeichnen sollte vor allem Getier, allein und überdies gottverlassen allein da. Zurückgeworfen auf sich. Von seinen Werken umgeben, die sich selbständig machen. Überdrüssig seiner Vernunft, entdeckt er, seitdem sie kränkelt und siecht, die Natur. Soll sie den alten Adam retten? Ihm Ausweg und Zuflucht sein? Ihn aufklären neuerdings?

Auch das wird gefragt werden müssen, wenn hier, unter dem Dach der Akademie, fortan und hoffentlich streitbar »Vom Elend der Aufklärung« die Rede sein wird. – Doch nun wollen wir Voltaire, Rousseau und Diderot streiten hören, als sei ihr Streit von heute und uns das Erdbeben von Lissabon immer noch gegenwärtig.

Die Zeit erinnernd aufheben

Rede auf der Gedenkfeier für Uwe Johnson in der Akademie der Künste Berlin

Jemandem nachzurufen, der auf seine Biographie streng bedacht gewesen ist, fällt schwer; es könnten sich zwischen die Daten und Fakten bloße Meinungen schieben, zumal Uwe Johnsons letzte Jahre vielen Mutmaßungen offenstanden. Er begann unwillentlich Legenden zu bilden.

Dennoch mögen neben seinen Angaben zur Person meine Erfahrungen mit ihm stehen: am 20. Juli 1934 als Sohn eines Gutsverwalters in Pommern, Kammin an der Dievenow, geboren. – Als Uwe Johnson und ich einander im Herbst 1959 begegneten, hatten wir vorerst nur die Ostsee gemeinsam.

Für das Jahr 1945 steht verzeichnet: Nationalsozialistisches Internat in Kościan an der Obra. Bei Kriegsende Flucht nach Recknitz in Mecklenburg. – Unsere zögernd eingegangene Freundschaft berief sich, trotz der sieben Jahre Altersunterschied, auf frühe ideologische Prägungen, deren Folgen mit zeitlichem Abstand erkennbarer, das heißt lastender wurden.

Nach dem Abschluß der Oberschule in Güstrow sind für die Jahre 1952 bis 1956 das Germanistikstudium in Rostock und Leipzig, die Diplomarbeit bei Hans Mayer und die sogleich vom Staat erkannte mangelnde Eignung für Arbeit in Institutionen vermerkt. – Doch als ich Anfang der sechziger Jahre, eingeladen von Hans Mayer, in Leipzig vor Studenten las, war der den Studenten vorenthaltene Uwe Johnson dennoch wie gegenwärtig: Nachdem der Ostberliner Aufbau-Verlag seinen ersten Roman »Ingrid Babendererde« mit politischer Begründung abgelehnt hatte, erwies sich sein im Westen veröffentlichter Roman »Mutmassungen über Jakob« als grenzüberschreitend. Mit dieser Prosa, die von Faulkner einerseits, von Fontane und Raabe andererseits herzukommen scheint, wurde dennoch ein Ton angeschlagen, der ganz eigen ist: das Johnsonsche Sprechen. Umständlich anmutende, das Geschehen und die betroffenen Personen versteckende Satzgebilde, die hier feierlich auf einem Detail beharren, dort lakonisch Eigenschaften wie für immer benennen, geben – nein, nicht plötzlich, eher unmerklich – Einsichten frei, die bisher, laut Übereinkunft, verschlossen waren. Eine – um sein Wort zu nutzen – »überlegsame« Sehweise erlaubt, vergangene Wirklichkeit wiederherzustellen, ohne daß chronologische Zwänge bedacht sein müssen. Keine Geschichte wird, dem Faden folgend, erzählt, vielmehr soll den Tatsächlichkeiten verwehrt werden, abseits ihrer Widersprüche zu plausiblen Geschichten zu gerinnen. – Der Titel »Mutmassungen über Jakob« kündete eine der Fragwürdigkeit dienende Erzählhaltung an.

Für diesen Roman erhält Uwe Johnson 1960 den Fontane-Preis. – Die frühen sechziger Jahre, eine Zeit, in der wir einander oft sahen: Berliner Kneipengespräche über das Handwerk des Schreibens. Zwei, die sich zuhören konnten und großzügig waren beim Austausch von Einzelheiten. Aber auch die Zeit der politischen Doktrinen. Weil Uwe Johnson der offiziellen westdeutschen Einschätzung des Berliner Mauerbaus widerspricht, fordert der damalige Außenminister Heinrich von Brentano die Rücknahme des Johnson zugesprochenen Villa-Massimo-Stipendiums. Er wehrt sich. Er spricht »überlegsam« und wird nicht verstanden. Er will, nach Rückgabe seiner Staatsangehörigkeit, aus der DDR nach Westberlin umgezogen sein und nicht Ostzonenflüchtling heißen. Es widerstrebt ihm, »Dichter des geteilten Deutschland« genannt zu werden. – Als ich ihn in Rom wiedersah, wirkte er wie fehl am Platze. Jemand, der drüben weg war, konnte hier nicht ankommen. Zudem Italien: zuviel Kunst und Katholisches. Er trank dagegen an. Noch war es kein Rotwein, sondern viel zuviel protestantisches Büchsenbier, das ihn schwer machte.

1961 erscheint der Roman »Das dritte Buch über Achim«, für den er den Internationalen Verleger-Preis erhält. Dieses Buch setzt das Programm der Mutmaßungen fort. Abermals werden flache Tatsächlichkeiten durch mehrschichtige Wirklichkeit widerlegt. Doch mehr noch als in der Prosa, die von Jakob und Gesine Cresspahl berichtet, vermittelt die Annäherung des westdeutschen Journalisten Karsch an den Radrennfahrer Achim die Objektbesessenheit des Autors. Nicht trotz, nein, dank dieser penetranten Genauigkeit ergibt sich ein spannendes Buch, dessen politischer Hintergrund in Alltäglichkeiten eingebettet bleibt;

wenn in den »Mutmassungen« die Auswirkungen des XX. Parteitages der KPdSU und der Aufstand in Ungarn den verzweigten Abläufen unterlegt sind, findet, während es vordergründig um Achim und Karsch geht, die Kollektivierung der Landwirtschaft statt.

Wie nebenbei schreibt Uwe Johnson die Geschichte des sich festigenden Staates Deutsche Demokratische Republik aus seiner Einsichtigkeit. Die ist streng, weil sie nichts übersieht, doch auch komisch, weil übergenau. Freilich ist Johnsons Humor weder dem bundesdeutschen Befinden noch dem realsozialistischen Bewußtsein bekömmlich. Man weiß nicht so recht, ob man lachen darf. – Und auch mir widerfuhr es mehrmals, daß ich, Uwe Johnson gegenüber – und ohne, daß er mich aufklärte –, an den falschen Stellen gelacht oder nicht gelacht habe.

Als er an seiner Erzählung »Zwei Ansichten«, die 1965 erscheint und den Berliner Mauerbau zum Hintergrund hat, arbeitete, reisten wir zusammen in die USA. Eine anstrengende Erfahrung, die uns noch lange nachhing. Immerhin wurde auf dieser Reise deutlich, daß er, solange ihm Mecklenburg versperrt blieb, in New York sein wollte.

Von 1966 bis 1968 lebt er dort und verdient sein Geld im ersten Jahr als Verlagslektor. Danach beginnt die Arbeit an dem Roman »Jahrestage«, dessen erster Band 1970, dessen zweiter Band im Jahr darauf, dessen dritter Band 1973 und der vierte erst zehn Jahre später erscheint. Auf annähernd zweitausend Seiten Prosa gelingt das schier Unmögliche. Dank Gesine Cresspahl und ihrer Tochter Marie grenzt die Metropole an die Provinz, ist Mecklenburg in New York, wird die Zeit erinnernd aufgehoben, findet alles wie gleichzeitig statt: die ersten Jahre der ostdeutschen Staatswerdung, der Vietnamkrieg, der kurze Sommer des demokratischen Sozialismus. Dabei umfaßt die Erzählzeit nur die Jahresspanne vom 21. August 1967 bis zum 20. August 1968. Vier Bücher, die vom Leser erarbeitet werden müssen; ihm muß, gleich dem Autor, jedes Detail wichtig sein. Und da der Autor streng ist, verweist er den Leser, sobald dessen Aufmerksamkeit nachläßt, um hundert und mehr Seiten zurück. Es soll sich uns, wenn wir in Mecklenburg sind, New York nicht verflüchtigen, und in New York müssen wir jederzeit gewärtig sein, daß der Kunsttischler Cresspahl plötzlich plattdeutsch dazwischenspricht.

Oktober 1984

Während der Arbeit an den »Jahrestagen« und an Büchern, die er dazwischenschiebt, wird Uwe Johnson mehrmals geehrt. Er erhält den Büchner-Preis, den Wilhelm-Raabe-Preis, den Thomas-Mann-Preis, schließlich den Preis der Stadt Köln.

Doch mitten im Schreibprozeß muß er New York aufgeben. Wieder in Berlin-Friedenau, kann er dennoch nicht ansässig werden. Abermals sucht er Distanz und findet sie – niemand weiß, warum so entlegen – auf einer Insel in der Themsemündung.

Dort war er uns mehr als entrückt. Dort kam das Unheil über ihn und seine Familie. Von dort näherte er sich manchmal, um für Tage hier zu sein: fremd anfangs, dann plötzlich heiter und überreich an angestautem Witz, schließlich rasch und immer bedrohlicher trunken. Es war nicht möglich, ihn abzulenken. Mutmaßlich starb er am 23. Februar 1984 in Sheerness-on-Sea.

Uwe Johnson, ein großer, ein einmaliger, ein im Wortsinn hervorragender Schriftsteller verbrauchte sich, ich meine, vorzeitig; denn er fehlt uns sehr.

Rede von der Hoffnung

Rede im Landtagswahlkampf Saarland

Meine Damen und Herren,
während ich Seite nach Seite ein dickes Buch schreibe, das die Selbstvernichtung des Menschengeschlechtes und das Überleben der Ratten zum Thema hat, während ich also, gebeugt über finsteren Stoff, heiter bin – denn selbst das Schlußstrichziehen bereitet literarischen Spaß – kurzum: während mein Buch wächst, findet im Saarland ein Wahlkampf statt.

Da kann man nicht, sage ich mir, stillsitzen, übers Blatt gebeugt bleiben und lange Sätze mit katastrophalem Gefälle machen. Da muß man aufstehen, zu seinem Manuskript »Bis demnächst!« sagen und sich auf Wahlkampfreise begeben. Da muß der Genosse Grass versuchen, dem Genossen Lafontaine behilflich zu sein.

Aber wie macht man das? Was geschieht in einem Kopf, dessen Erkenntnis die Selbstvernichtung des Menschengeschlechtes nicht nur für möglich, sondern nach herrschender militärischer Logik für unabwendbar hält – und dem gleichzeitig die Notwendigkeit einsichtig ist, als Wahlkämpfer gegen den Ellenbogenkapitalismus der gegenwärtigen Bundesregierung zu streiten? Geht das zusammen? Darf man bei so pessimistischer Grundeinsicht dennoch vorsichtig Hoffnung machen? Soll hier der Bewußtseinsspaltung bewußt das Wort geredet werden?

So ist es. Mit diesem Widerspruch leben wir alle. Die Ängste von heute sind real und nicht zu beschwichtigen. Wer hier leichtfertig Hoffnung machen wollte, ohne die globale Hoffnungslosigkeit der politischen Lage beim Namen zu nennen, wäre ein Lügner und Schaumschläger obendrein. Und wer versucht wäre, einzig den drohenden Weltuntergang in Szene zu setzen, ohne ihn als veränderbares, also abzuwendendes Menschenwerk auszuweisen, den ließe nur modische Lust beredt werden oder das fragwürdige Vergnügen, in überall wabernder Endzeitstimmung ein öffentliches Bad zu nehmen.

Von beidem muß hier die Rede sein: von den übergroßen, uns schier lähmenden Gefahren; und von den kleinen, durch

Februar 1985

Schwindsucht bedrohten Hoffnungen, die uns dennoch tätig werden lassen und in Verantwortung nehmen.

Deshalb habe ich meinem Manuskript eine Pause und mir eine Reise nach Völklingen, Sankt Ingbert, Homburg, Saarbrücken, überallhin verschrieben, wo die saarländischen Sozialdemokraten meinem lebenslustigen Pessimismus einen Saal gemietet haben. Ich will offen reden und meine Zweifel ausstellen. Ich will aber auch nützlich sein und meinem einzigen Heiligen, dem Sankt Sisyphos, dienen, wohl wissend, daß der gewälzte Stein oben nicht liegenbleibt, sondern immer wieder und möglichst bei guter Laune bergauf bewegt werden muß.

Um es bündig zu sagen: Ich wünsche nicht nur Ihnen, sondern auch mir eine regierungsfähige Mehrheit der SPD an der Saar; sie könnte bundesweit ansteckend sein und die andere Wende zur Folge haben. Die hieße: zurück zu einer gerechten Sozialpolitik; Beginn eines Umweltschutzes, der an die Wurzeln geht; aber auch weg mit den über viertausend taktischen und Mittelstrecken-Atomsprengköpfen auf westdeutschem Boden. Und schließlich wäre ein Mittel gefunden gegen den Mief der geistigen Wende und ähnliche Blähungen.

Im Sommer dieses Jahres werden es zwanzig Jahre her sein, daß ich mich zum erstenmal auf eine Wahlkampfreise begab. Mitte der sechziger Jahre waren es Studenten vom Sozialdemokratischen Hochschulbund und vom Liberalen Studentenbund, die mit mir gemeinsam die Alternative zur anhaltenden CDU-Herrschaft, eine sozialliberale Koalition, erprobten. Erst vier Jahre später begann sie mit ihrer Arbeit. Ihre Leistungen kann man an dem ermessen, was seit geraumer Zeit von den Christdemokraten abgebaut, zerstört, gefährdet wird: Oft genug macht erst der Verlust deutlich, was man gehabt und verloren hat.

Die Sozialdemokraten setzten sich vor fünfzehn Jahren das Ziel, durch Anhebung der Niedrigrenten, durch Förderung der Berufsausbildung, durch Mieterschutz und mehr Mitbestimmung am Arbeitsplatz den Rentnern und Jugendlichen, insgesamt den sozial Schwächeren ein beträchtliches Stück mehr Gerechtigkeit zu garantieren. Vieles davon wurde Gesetz. Manches, zum Beispiel die Mitbestimmung, gewann, verwässert durch Kompromisse, nur unzulänglich Gestalt. Und anderes – ich nenne die

Gleichberechtigung der Frauen am Arbeitsplatz – wurde zerredet. Bleiben wird das Verdienst, mit Polen, mit der Sowjetunion Verträge abgeschlossen zu haben, die Sicherung Westberlins durch ein Viermächte-Abkommen und der Beginn einer neuen, Entspannung suchenden Deutschlandpolitik, die heute leichtfertig gefährdet wird.

Ich erinnere mich, daß viele dieser Leistungen wie selbstverständlich hingenommen oder mit dem Ruf »Wir wollen mehr! Noch mehr!« verdeckt wurden. Erst heute und seitdem die regierenden Christdemokraten den Abbau all dieser Sozialleistungen, vom Bafög bis zum Mieterschutz, vollzogen und tragende Säulen des Sozialstaates demontiert haben, begreifen viele die Verdienste der Sozialdemokraten unter Willy Brandt und Helmut Schmidt und wie schutzlos gegenwärtig die arbeitende Bevölkerung und die Arbeitslosen zudem einer Regierungsmentalität ausgeliefert sind, die sich nicht am Grundgesetz orientiert, sondern ihre Vorbilder in der Fernsehserie »Dallas« sucht. Von Lambsdorff bis Stoltenberg, Schwarz-Schilling bis Zimmermann, von Geißler bis Dregger: Sie haben alle das telegene Grinsen und den christlichen Einsatz der Ellenbogen gelernt. Bereichert euch! heißt ihre Maxime. Der Stärkere setzt sich durch! lautet ihr erstes Gebot. Es lebe der freie Markt! rufen sie und haben ihn, nach Absprache in den Chefetagen, fest in der Hand.

Das Ganze ist ein Schmierentheater, dessen wichtigste Nebenrolle mit dem Büttenredner Norbert Blüm besetzt ist. Kürzlich ist ihm in Aachen der Orden »Wider den tierischen Ernst« verliehen worden, weil Blüm es wie kein anderer versteht, auf Kosten der Arbeitslosen Witze zu reißen!

Nein, nicht der dummdreiste Hinweis aufs Winterwetter erklärt die deprimierende Zahl von 2,6 Millionen Menschen ohne Arbeitsplatz; vielmehr müssen Arbeitsbeschaffungsprogramme, jawohl, staatliche Arbeitsbeschaffungsprogramme, dieser katastrophalen Entwicklung Einhalt gebieten. Nicht in selbstmörderische Weltraumprojekte, nicht in die ruinöse Verkabelung der Bundesrepublik, die allenfalls Firmen im Dunstkreis des Ministers Schwarz-Schilling zugute kommt, nicht in die Luft und auf Sand gebaut sollten Milliardenbeträge investiert werden, sondern im Umweltbereich. Er verlangt Schutz. Ihn zu schützen heißt Arbeitsplätze schaffen. Soziales und ökologisches Interesse gebieten staatliche Investitionen.

Wer diese sozialdemokratische Antwort auf das Problem der wachsenden Arbeitslosigkeit mit dem Geschrei »Das ist sozialistische Planwirtschaft!« diffamiert, dem sei geantwortet: Ja. Gegen die zunehmende Verelendung in einem nach wie vor reichen Land helfen nur Plan und Gesetz des demokratischen Sozialstaates.

Wer sich mit zwei bis drei Millionen Arbeitslosen abfindet, der nimmt auch zynisch die wachsende Verelendung in Kauf.

Wer dem wachsenden Heer der Arbeitslosen und Sozialhilfeempfänger die satte Kapitalistenfloskel »Das regelt der Markt!« zum Trost wie Brosamen hinwirft, wird Weimarer Verhältnisse heraufbeschwören; die kennen wir schon.

Wer sich die Verelendung in den USA, die mittlerweile ein Zehntel der Bevölkerung als Ausgestoßene deklassiert hat, hierzulande zum Vorbild nimmt, dem sei gesagt: Auch diesen US-Export wollen wir nicht!

Ich fasse zusammen: Solange Willy Brandt und Helmut Schmidt als Bundeskanzler die Richtlinien der Politik bestimmten, hatte der Sozialvertrag Geltung, gelang es, durch Plan und Gesetz den Ausgleich zu finden, wurden die Reichen zwar reicher, doch nicht, indem die Armen ärmer wurden, und blieb man bemüht, jenem Grundgesetzartikel, der dem Besitz eine Sozialverpflichtung auferlegt, Geltung zu verschaffen.

Die Regierung Kohl-Genscher hat den sozialen Konsens zerstört. Die Ergebnisse dieser Bereicherungspolitik der wenigen auf Kosten der vielen ist besonders hier im Saarland zu spüren. Hier wurde und wird die Macht des Kapitals wie zu Urgroßvaterzeiten ausgespielt. Schamlose Versprechungen, Milliardengeschenke ohne Investitionsauflagen und anhaltender Wählerbetrug haben dieses Bundesland in die Existenzkrise getrieben. Den Sozialdemokraten und Oskar Lafontaine am 10. März Glück zu wünschen, das reicht nicht aus. Er wird etwas benötigen, das als altmodischer Begriff in Vergessenheit geraten ist, ein Wort der Arbeiterbewegung, ein Mangelartikel unserer Zeit. In Polen, wo anderes mangelt, wurde er hochgehalten; bei uns zu Hause hat ihn landläufiger Egoismus vor die Hunde gehen lassen. Ich jedenfalls, Oskar, verspreche dir auch nach dem 10. März meine Solidarität.

Zurück zu meinem Manuskript, das weit weg auf dem Schreibpult liegt und finster vor sich hin brütend meine Rückkehr aus dem Saarland erwartet. Höhnisch lachen wird es. Jene weibliche Ratte in meinem Manuskript, die viel zu erzählen weiß und die ich die Rättin nenne, wird sagen: »Na, hat sich der Aufwand gelohnt? Ist es gelungen, die allgemeine Talfahrt zu bremsen, geht es jetzt langsamer bergab?«

Ich weiß die Antwort noch nicht. Meine Rättin, die überleben will, ist reich an Argumenten. Immer schwerer fällt es, ihrem Abgesang auf das Menschengeschlecht zu widersprechen. Hör zu, Rättin, könnte ich sagen, da mir Gewohnheit hilft, auch ohne viel Hoffnung weiterzumachen, wird es dir nicht gelingen, mich zu entmutigen. Es war immer schon schwierig, die Schnecke Fortschritt zu beschleunigen. Doch manchmal, Rättin, lief uns die Schnecke sogar davon. Jetzt hecheln wir hinterdrein, atemlos.

Ich spreche vom technischen Fortschritt, der den Menschen entlaufen, außer Kontrolle geraten ist. Nicht mehr wir bestimmen ihn, er bestimmt uns. Dennoch sind beschwichtigende Rufe allerorts hörbar: »Der technische Fortschritt läßt sich nicht aufhalten!«

Ist es wirklich so? Muß, nur weil das machbar ist, die menschliche Verantwortung, des Menschen Tun und Lassen den Computern überantwortet werden? Und soll diese Befreiung von Verantwortung womöglich als fortschrittlicher Schritt in Richtung Freiheit gefeiert werden?

Ich bezweifle das und sehe neue Abhängigkeiten, sehe die Gefahr moderner Versklavung wachsen. Denn so sieht die Perspektive aus: Zwar gibt es kein allgemeines Bedürfnis nach dem Kabelfernsehen, aber es kommt, weil es machbar ist, weil es hoch oben Profit bringt und weil es ganz unten Arbeitsplätze einspart, weil, wie früher das Schicksal oder auch Gottes Wille, heute der technische Fortschritt angeblich nicht aufzuhalten ist. Ein Fatalismus neuester Art lähmt die Menschen und zwingt sie, wider besseres Wissen zu handeln.

Dabei wäre das Neinsagen geboten. Das Nein zum Arbeitsplätze vernichtenden Kabelfernsehen. Das Nein zu Computern, die uns Verantwortung abnehmen. Das Nein zu computergesteuerten Waffensystemen, die keine Verteidigung mehr zulassen, vielmehr totale Vernichtung zur Folge haben werden. Und das Nein zur jüngsten Versuchung, zum von den USA angebotenen Einstieg in die Militarisierung des Weltraums, das der amerikanische Präsident infantil beim Namen, »Krieg der Sterne« genannt hat.

Wird auch dieser technische Fortschritt nicht aufzuhalten sein? Schon ist die derzeitige Bundesregierung, Herr Wörner voran, wildentschlossen, sich den zukünftigen Wahnsinn zum schon vorhandenen aufschwatzen zu lassen, wobei man sonntags abschwört und die Woche über das Geschäft der Rüstungsindustrie besorgt. Selten wurde so arbeitsteilig geheuchelt!

Sie werden bemerkt haben, daß ich bis dahin versucht habe, den Namen eines Mannes auszusparen, der vor gar nicht langer Zeit zum Bundeskanzler gewählt wurde, doch mittlerweile, selbst in der eigenen Partei, nur noch für Witze gut ist. Ich will diesem eher traurigen Vergnügen nicht Vorschub leisten, weil mir Schamgefühl die Sprache verschlägt, sobald ich den Kanzler Kohl im In- und Ausland agieren sehe: kriecherisch, wenn er in Washington auftritt, großsprecherisch, als er in Israel seine ihm angeborene Unschuld zur Schau trug, und politisch verantwortungslos, als er sich kürzlich vom Verbandsfunktionär Hupka leimen ließ, worauf er als Kanzler vollends zum Trottel wurde.

Jeweils nach diesen Kanzlerauftritten ist der politische Schaden groß; schließlich macht nicht nur Kohl sich als Fehlbesetzung lächerlich. Von Mal zu Mal leidet das Ansehen der Bundesrepublik: Als Partner des deutsch-polnischen Vertrages schwindet ihre Glaubwürdigkeit. So wird in Ost und West dem latenten Mißtrauen unserer Nachbarn leichtfertig Nahrung gegeben. Schon zittert man, sobald Kohl seine nächste Auslandsreise ankündigt: Welchen Unsinn wird er wohl diesmal nicht zurückhalten können; welche Fettnäpfchen werden seiner Großspurigkeit zukünftig angemessen sein; welche Hauptstadt in aller Welt könnte den Enkel Adenauers diesmal reizen, sich als Lübke der Jüngere aufzuspielen?

Man kann nur hoffen, daß es Willy Brandt vor wenigen Wochen in Israel gelungen ist, durch staatsmännisches Geschick einen Teil des Schadens zu beheben, den der Kanzler Kohl dort angerichtet hat.

Es gibt glückliche Länder, deren Geschick selbst durch die Wahl einer politischen Null nicht ins Wanken gebracht wird; die

Bundesrepublik Deutschland hingegen kann sich demokratische Fahrlässigkeiten dieser Art nicht leisten. Abhängig von der politischen Großwetterlage, dem anderen deutschen Staat durch geschichtliche Schuld verbunden und wie die DDR von fragwürdiger Existenz, ist sie auf Politiker angewiesen, die ihr Wort zu wägen wissen und dennoch den Mut haben, deutsche Interessen auch in den USA und besonders dort ohne Untertanengeist zu vertreten.

Nein, man kann Faulheit beim Aktenstudium nicht durch fleißiges Aussitzen selbstgeschaffener Probleme wettmachen. Gemeinplätze noch so verblasener Art ersetzen fehlende Kompetenz nicht. Die CDU/CSU wäre gut beraten, wenn sie den Kanzler Kohl demnächst aus dem politischen Verkehr zöge; schließlich steht allen Deutschen der 8. Mai bevor, ein schwerwiegendes Datum, das keine Winkelzüge und Kohlschen Leichtfertigkeiten erlaubt.

Der Tag der bedingungslosen Kapitulation des Großdeutschen Reiches. Der Tag der Befreiung und des Verlustes zugleich. Der Tag, an dem die Toten gezählt wurden: über fünfzig Millionen. Der Tag, an dem das übergroße Verbrechen, der millionenfache Völkermord, uns Deutschen schuldhaft bewußt wurde. Aber auch der Tag der beginnenden Verdrängung: Nicht mehr von bedingungsloser Kapitulation war die Rede, sondern vom Zusammenbruch, vom großen Unglück und bald darauf, im Rückblick, von der verheißungsvollen Stunde Null, einer Schwindelziffer, mit der verdeckt werden sollte, daß Nazis wie der Staatssekretär Globke und der Minister Oberländer in Adenauers Regierung ihren Rang fanden, daß jene Großindustriellen, von Krupp über Stinnes bis Flick, die sich ihren Hitler finanziert hatten, keine Stunde Null kannten, sondern weitermachten, als sei nichts geschehen; die Firma Flick mit ihrer altbewährten Schmiergeldmethode bis in den gegenwärtigen Sumpf.

Der 8. Mai war und ist immer noch die Konsequenz des 30. Januar 1933. Die Weimarer Republik zerbrach aus verschiedenen Gründen; keine gesellschaftliche Gruppierung kann sich der Mitschuld an ihrem Zerfall entziehen. Doch ist es zuallererst das rechte Lager bis in die Mitte hinein gewesen, das Hitler und den Nationalsozialismus möglich gemacht, emporgetragen oder geduldet hat. Die Großindustrie gab das Geld, die Kirchen gaben den Segen, die Massen liefen mit. Als zwölf Jahre später die Rechnung aufgemacht wurde, kamen Schäden, Verluste und Schuld zutage, die bis heute nachwirken und noch weiteren Generationen zur Last fallen werden. Diese Bürde kann kein Deutscher abwerfen; täte er es, fiele ihm diese Last abermals und schwerwiegender zu.

Am 8. Mai 1945 zählte ich siebzehn Jahre; Oskar Lafontaine war zwei Jahre alt. Ich lag verwundet in einem Lazarett; kurz vor Kriegsende fiel Oskar Lafontaines Vater als Soldat. Seinen Verlust kann ich kaum ermessen; mein Verlust hieß Danzig, die Heimatstadt, die fortan Gdańsk hieß. Und dennoch hatten wir beide gewonnen ohne Verdienst: Uns wurde Freiheit geschenkt. Ein Gewinn, der mir verzögert bewußt wurde, indem ich nach und nach die Last deutscher Geschichte begriff und den Verlust akzeptierte.

Trotz der fünfzehn Jahre Altersunterschied ist es Oskar Lafontaine – so vermute ich – ähnlich ergangen; blieben wir beide doch den deutschen Wirklichkeiten, der Teilung des Landes, der Zweistaatlichkeit und dem Stigma Auschwitz konfrontiert. Meine politischen Lehrmeister hießen Willy Brandt und Gustav Heinemann; ich nehme an, daß auch Oskars Schule von Ersatzvätern oder Großvätern dieser Denkungsart bestimmt war. Wir haben gelernt, daß Demokratie, besonders geschenkte, täglich erarbeitet und streitbar immer wieder neugewonnen werden muß.

Vierzig Jahre nach dem 8. Mai 1945 besteht die Notwendigkeit, der geschenkten Demokratie neuerdings Glaubwürdigkeit zu vermitteln, denn allerorts wird sie geschwächt, durch Korruption in Verruf gebracht und überdies regierungsamtlich verschlissen. Es sieht so aus, als seien etliche Herren – die Herren Zimmermann und Dregger voran – fleißig bemüht, alle Vorurteile zu bestätigen, die, von den Feinden der Demokratie zur Zeit der Weimarer Republik in Umlauf gebracht, heute und heute wiederum zirkulieren. Es ist der Ruf nach dem Obrigkeitsstaat, der gegenwärtig den Ton angibt und den Bürger zum Untertan deklassieren möchte. Dieser Gefahr zu widerstehen, mahnt uns der 8. Mai. Nicht nur dem Saarland, der Bundesrepublik täte es gut, wenn zum genannten Zeitpunkt Oskar Lafontaine als Ministerpräsident spräche!

Noch einmal zurück zu meinem Manuskript, das zu Hause wartet und wenig Hoffnung auf seinen Seiten hat. Es geht darin um die Angst, die uns fehlt, und um den fehlenden Mut, Angst, die wir haben, zu zeigen. Oft ist der Ton, sobald ich der überlebenswütigen Rättin Rede und Antwort geben muß, märchenhaft, wohl wissend, daß Märchen böse ausgehen können; zum Beispiel auf dieser Seite:

Es war einmal ein Land, das hieß Deutsch.

Schön war es, gehügelt und flach und wußte nicht, wohin mit sich.

Da machte es einen Krieg, weil es überall auf der Welt sein wollte, und wurde klein davon.

Nun gab es sich eine Idee, die Stiefel trug, gestiefelt als Krieg ausging, um die Welt zu sehen, als Krieg heimkam, harmlos tat und sich ausschwieg, als habe sie Filzpantoffel getragen, als habe es auswärts nichts Böses zu sehen gegeben.

Doch rückläufig gelesen, konnte die gestiefelte Idee als vielstelliges Verbrechen erkannt werden: so viele Tote.

Da wurde das Land, das Deutsch hieß, geteilt.

Nun hieß es zweimal und wußte, so schön gehügelt und flach es war, immer noch nicht, wohin mit sich.

Da bot es für einen dritten Krieg sich beiderseits an.

Seitdem: Frieden endlich auf Erden.

Stille herrscht, weil keine Menschenseele mehr auf in- oder ausländisch Piep sagen könnte.

Ich bin, meine Damen und Herren, hiermit bei einem Thema, das alle Politik, auch die Landes- und Kommunalpolitik überschattet. Mehr noch: Ich bin hierher, ins Saarland, gekommen, weil, deutlicher und genauer als andere sozialdemokratische Politiker, Oskar Lafontaine die Gefahr der atomaren Selbstvernichtung beschrieben und als kalkulierten Wahnsinn beim Namen genannt hat.

Alles menschliche Bemühen, ob um den Schutz der Arbeitsplätze oder um die todkranken Wälder, jede Anstrengung für mehr Bürgerrechte hier, für gesicherte Renten dort, alles menschliche Tun und Lassen ist und bleibt fragwürdig, wenn es nicht gelingt, angefangen bei uns, im dichtesten Ballungsgebiet atomarer Vernichtungssysteme, deren restlose Beseitigung zu erkämpfen.

Das sind keine Waffen, die uns bedrohen. Waffen – und selbst die Schlimmsten – ließen sich für den militärischen Zweck definieren. Die nuklearen Vernichtungssysteme, von den in der Bundesrepublik stationierten Atomgeschützen bis zu den Mittelstreckenraketen mit Atomsprengköpfen, sind nicht mehr militärisch zu definieren; ihre beabsichtigte Wirkung heißt ausschließlich Vernichtung, kennt nicht Freund nicht Feind, addiert Soldaten und Zivilisten zu Megatoten; sie eignen sich durch ihre flächendekkende Wirkung einzig zum Völkermord.

Selbst wenn man gutgläubig unterstellen wollte, daß dieses Vernichtungspotential in West und Ost angehäuft wurde, einzig um abzuschrecken, verdeckt eine solche Beteuerung zum einen die ständige Gefahr der sogenannten »technischen Panne«, ausgelöst durch verrückt spielende Computer oder durch menschliches Fehlverhalten. Außerdem sind seit geraumer Zeit amerikanische Planspiele und verbindliche Dienstverordnungen im Umlauf, die einen Atomkrieg, wenn man den ersten Schlag offensiv genug führt, für gewinnbar erklären.

Diesen offen zutage tretenden Wahnsinn, der sich gerne vernünftig gibt, zu beschwichtigen oder als gegeben hinzunehmen hieße, der drohenden Selbstvernichtung des Menschengeschlechtes Vorschub zu leisten. Deshalb muß gesagt werden, daß sich die Bundeswehr außerhalb des Verfassungsauftrages befindet, solange sie innerhalb der Nato der atomaren Befehlsgewalt der USA unterstellt ist. Die Stationierung von atomarem und chemischem Vernichtungspotential auf dem Boden der Bundesrepublik ist nicht nur eine Verletzung der Souveränität; vielmehr erklärt sie sie schon jetzt – und dem Geschehen vorgreifend – zur »Verbrannten Erde«.

Die Antwort auf diese halb erzwungene, halb freiwillige Selbstaufgabe kann nicht in dem Ruf »Raus aus der Nato!« gefunden werden; vielmehr muß mit Hilfe der Nato und im direkten Gespräch mit den Staaten des Warschauer Paktes ein atomwaffenfreies Mitteleuropa zum Ziel erklärt werden.

Ich weiß, daß dieses Thema, seitdem die Friedensbewegung ermattet zu sein scheint, unbequem ist und verdrängt wird. Mit den saarländischen Sozialdemokraten und Oskar Lafontaine will ich weiterhin unbequem bleiben, auch in der eigenen viel zu spät kritisch und selbstkritisch gewordenen Partei.

Zum Schluß also ein Wort zu den Sozialdemokraten. Nach annähernd vierzehn Jahren Regierungstätigkeit in Bonn zeigte diese Partei Verschleißerscheinungen. Unter dem Kanzler Helmut Schmidt hatte sie sich den Pragmatismus als Ersatzideologie eingeübt und dabei ihre Perspektive verloren. Jetzt ist sie dabei zu regenerieren. Das Godesberger Programm bedarf dringlich der Revision. Johano Strasser, mit uns hier am Tisch, ist mit anderen dabei, unter Willy Brandts Vorsitz ein Programm zu erarbeiten, das der veränderten und gefährlichen Lage Rechnung trägt. Es wird der Begriff Arbeit neu definiert werden müssen. Es muß das ökologische Interesse gleichberechtigt neben dem ökonomischen Gewicht bekommen. Die technischen Entwicklungen von der Genforschung bis zu den neuen Medien bedürfen der demokratischen Kontrolle. Und nicht zuletzt: Die alte SPD muß wieder eine Partei des Morgen und Übermorgen werden, damit sie nicht in ihren vorgestrigen Verdiensten und Versäumnissen steckenbleibt.

Gerne will ich dabei helfen, und sei es mit der Zeitschrift »L'80«, die Heinrich Böll, Carola Stern und ich vor annähernd zehn Jahren als »L'76« gegründet haben. Unsere Zeitschrift erklärt sich mit politischen und literarischen Beiträgen für eine offene und tolerante Gesellschaft im Sinne der europäischen Aufklärung. Im Titel sprechen wir uns für den demokratischen Sozialismus aus. Für ihn mit Argumenten zu werben, bin ich heute hierher gekommen. Sollte sich diese Werbung nebenbei auch günstig für unsere Zeitschrift »L'80« auswirken, wären wir dankbar.

Februar 1985

Geschenkte Freiheit

Rede zum 8. Mai 1945 in der Akademie der Künste Berlin

Eine Rede zu gebotenem Anlaß könnte sich leicht bewährten Riten unterwerfen, indem sie Distanz beansprucht, zwischen Extremen den Ausgleich sucht, nichts unerwähnt lassen möchte und den Redner hinter Zitaten verbirgt. Solchen Erwartungen, sollte es sie geben, kann ich nicht genügen, kerbte sich doch der 8. Mai 1945 in meinen Lebenslauf als Zäsur; diese Kerbe ist seitdem eher tiefer geworden, zumal sie meinem siebzehn Jahre alten Unverstand nur ungenau bewußt wurde.

Dank einer leichten, aber ausreichenden Granatsplitterverletzung erlebte ich den Tag der bedingungslosen Kapitulation des Großdeutschen Reiches im Lazarett. Bis dahin war meine Erziehung als Drill im Sinne nationalsozialistischer Zielvorstellungen verlaufen. Gewiß waren gegen Kriegsende diffuse Zweifel aufgekommen, doch von Widerstand keine Rede. Kritik rieb sich allenfalls am Zynismus militärischer Befehlsgewalt, an Parteibonzen, die als Drückeberger angesehen wurden, und an unzureichender Verpflegung. Außer der Waffentechnik des Tötens hatte ich bis dahin zweierlei gelernt: Ich kannte die Angst in- und auswendig und wußte, daß ich nur zufällig am Leben geblieben war; zwei Einsichten, die sich bis heute nicht verflüchtigt haben, die ich nicht wachhalten muß, die, einmal gewonnen, besonders als Kenntnis der Angst, Gewinn sind.

Gleich nach der Gewißheit, besiegt zu sein, bedeutete für mich und viele, die in benachbarten Lazarettbetten lagen, die bedingungslose Kapitulation: Befreiung von Angst. Mit der Entmachtung militärischer Vorgesetzter, die nur allmählich spürbar wurde, begann jene gewohnte, zum Teil akzeptierte Unfreiheit zu schwinden, ohne daß sich Freiheit, die große Unbekannte, zu erkennen gab; sie mußte, als umfassende Möglichkeit menschlicher Existenz, den besiegten Deutschen geschenkt werden, und zwar nach dem Verständnis der Sieger: geteilt.

Zwar hatten die Deutschen alles getan und keine schier übermenschliche Anstrengung gescheut, anderen Völkern ihre Freiheit zu nehmen, doch zur Rückgewinnung der eigenen trugen sie wenig bei. Deshalb hieß der 8. Mai fünfundvierzig für Franzosen und Russen, Holländer und Polen, Tschechen und Norweger, für überlebende KZ-Häftlinge, Kriegsgefangene, Zwangsarbeiter und Emigranten, die unter deutscher Besetzung und von Deutschen begangenen Verbrechen zu leiden gehabt hatten, endlicher Sieg über den Faschismus und Befreiung von den Deutschen, denen dieser Tag zuallererst die militärische und ideologische Niederlage datierte; moralisch, im politischen und religiösen Sinn, hatten sie schon am 30. Januar 1933 bedingungslos kapituliert.

Ich glaube, daß diese Zusammenhänge und Unterscheidungen bis heute weder ausreichend begriffen noch akzeptiert worden sind, und zwar in beiden deutschen Staaten nicht. Allzu verführerisch war und ist es, sich auch zu den Befreiten zu zählen, wobei das peinigende Wissen verdrängt wird, daß die Masse des deutschen Volkes, nachdem der Widerstand aus dem Land getrieben oder inländisch eliminiert worden war, alles getan hatte, um diese Befreiung zu verhindern.

So jedenfalls sah ich mich und viele meines Alters am 8. Mai fünfundvierzig: besiegt, unterlegen, befreit zwar vom Feldwebel, doch ohne Begriff von dem, was Freiheit ist oder sein könnte. Mit einem Vakuum im Kopf, auf tägliche Verpflegung bedacht, bewegt von ungenauen, vordringlich pubertären Gefühlen, die zwischen Trotz und Trauer zum erstenmal Scham zuließen: Ich hörte unfaßliche Zahlen, sah Zeitungsfotos, die Leichenberge zum Motiv hatten – und wollte nicht glauben. Die letzten Konzentrationslager wurden geöffnet. Entsetzen und Abwehr bestimmten mich. Das, diese Verbrechen sollen Deutsche begangen haben? hieß die sture, die zählebige Frage, die sich vorerst keiner Antwort stellen wollte.

Um den heute Siebzehnjährigen die über den 8. Mai andauernde Unfreiheit meiner Generation deutlich zu machen, sei gesagt, daß erst mit dem Eingeständnis unseres ehemaligen Reichsjugendführers vor dem Nürnberger Tribunal die Frage – Das, diese Verbrechen sollen Deutsche begangen haben? – eine Antwort fand, die den Befehlszwang löste, den Schock zuließ und zugleich belastend war: »Ja, wir haben.«

Ich weiß, daß bis in die Leitartikel dieser Tage Unschuldszeugnisse ausgestellt werden. Wir leisten uns gegenwärtig einen Bundeskanzler, dem die Unschuld, wenn nicht eingefleischt, so doch eingeboren ist. Fix sind abermals die Persilscheine der fünfziger Jahre zur Hand. Doch was sagen die wiederholten Beteuerungen, es habe die überwiegende Mehrheit des deutschen Volkes von Gaskammern, Massenvernichtungen, vom Völkermord nichts gewußt? Diese Unwissenheit spricht nicht frei. Sie ist selbstverschuldet, zumal die besagte Mehrheit *wohl wußte*, daß es Konzentrationslager gab und *wer* alles in sie hineingehörte: zum Beispiel die Roten und die Juden natürlich. Diesem Wissen ist nachträglich nicht abzuhelfen. Kein selbstgefälliger Freispruch hebt dieses Wissen auf. Alle wußten, konnten wissen, hätten wissen müssen.

Seit meinem fünfzehnten Lebensjahr wußte ich, daß es in der Umgebung meiner Heimatstadt das Konzentrationslager Stutthof zwischen Ostsee und Haff in malerischer Umgebung gab. Nicht nur Dachau und Buchenwald lagen nahbei. Von 1634 registrierten Konzentrationslagern hieß eines Bergen-Belsen. Als Mahnungen oder Drohungen waren die Namen jeweils nächstliegender Lager in Deutschland geflügelte Worte: Die Abkürzung KZ war Begriff. Nur gefragt wurde nicht: Was geschieht dort und anderswo mit wem und bis zu welchem Ende?

Auch ich habe nicht gefragt. Die Lehrer blieben fraglos, die Priester. Weder Rechtsgelehrte noch Kardinäle haben mehr wissen wollen, als sie ohnehin wußten. Man lebte in Nachbarschaft mit dem alltäglichen Verbrechen – abgesehen vom Krieg und seinen Rückschlägen – gar nicht so schlecht.

Deshalb wurden die Deutschen am 8. Mai nicht befreit, sondern besiegt. Deshalb verloren sie Provinzen; ich verlor meine Heimatstadt. Weit folgenreicher bis heute: Die Deutschen verloren ihre Identität. Sie können sich nicht mehr begreifen seitdem. Es fehlt ihnen etwas, das sich, bei allem Fleiß, nicht wettmachen ließ. Dieses Loch in ihrem Bewußtsein. Deshalb behaupten sie, was gewesen sein soll. Es war einmal ein Land, das hieß Deutsch.

Vielleicht wollte uns deshalb, und obgleich wir von Verlusten so hart betroffen waren, die Niederlage nicht einleuchten, die bedingungslose schon gar nicht. Schon bald waren wir auf der Suche nach anderen Wörtern, solchen, die mehr verdeckten als klarlegten. Schonwörter waren gefragt. Bis in diese Tage hält sich das Wort »Zusammenbruch«, ohne sagen zu wollen, was denn alles zusammenbrach. »Katastrophe« hieß es. Wessen bitte? Will die sich sachlich gebende Benennung »Kriegsende« sagen, daß nur der Krieg zu Ende ging? Und noch immer im Umlauf befindet sich die schillernde Umschreibung »Stunde Null«. Wem schlug sie? Den Toten nicht, also den Überlebenden? Den Herren Flick und Krupp etwa, die nach nur kurzer Unterbrechung weitermachten, wie vor und nach dreiunddreißig, als sie sich ihren Hitler mit Methoden finanzierten, denen keine Stunde Null angezeigt war, denn immer noch ist sie vital genug, gegenwärtig Politiker zu korrumpieren und die Demokratie in Verruf zu bringen?

Es sollte sich zeigen: Weder Professoren noch Richtern, keinem Staatssekretär Globke, keinem Minister Oberländer, keinem der vielen Filbinger schlug die Stunde Null; vielmehr wurden über den 8. Mai hinaus etliche Brechwerkzeuge samt Handlangern hinübergerettet, mit deren Hilfe die Weimarer Republik zerschlagen worden war. Und das hüben wie drüben: Noch bevor die beiden deutschen Staaten gegründet wurden, waren Schlagzeilen, Spruchbänder und erste Wahlplakate von verschlepptem Haß und von gebliebener Intoleranz besetzt. Gründete sich die Bundesrepublik auf eingeübter Hetze gegen den Kommunismus, fundierte die Deutsche Demokratische Republik ihren Beginn mit der Eliminierung aller Sozialdemokraten, die sich dem Zwangsorgan Einheitspartei widersetzten.

Diese Frühprägungen sind den deutschen Staaten schlecht bekommen. Immer noch weisen sie aus, wie leichtfertig untermauert beide Gebilde sind. Nach den Gründen für den verpfuschten Beginn zu fragen, böte der 8. Mai Gelegenheit; doch fürchte ich, daß auf gesamtdeutsche Weise, wenn auch gegensätzlich betont, allerorts Selbstfeiern stattfinden werden. Deshalb lohnt es, beharrlich zu bleiben und noch einmal die angebliche Stunde Null zu befragen.

Es stimmt: Viele, auch ich, hingen damals der Illusion an, es werde – und zwar hier wie dort – etwas Neues entstehen, es solle nie wieder das Kapital oder der Staat oder eine einzige Partei alleine die Macht haben, es dürfe nicht abermals das Gewehr in die Hand genommen werden, es gelte, die Stunde Null zu nutzen.

Heute wissen wir, daß nur Bruchstücke restauriert wurden. Wir erleben, wie hier, außerhalb demokratischer Kontrolle, das Kapital Macht ausübt und dem Gesetz des Stärkeren Geltung verschafft; wir sehen, wie drüben *eine* Partei *alles* bestimmt und nichts außer sich zuläßt. Immer mehr maßt der Staat sich an. Und das Gewehr, das nie wieder angefaßt werden sollte, hat sich zur nuklearen Rakete gewandelt, die ihren Standort in Deutschland und Deutschland hat.

Wie konnte es, mögen die Nachgeborenen fragen, zum so raschen Ausverkauf von Vorsätzen kommen, deren Berechtigung heute, wo es zu spät ist, immer noch einleuchtet? Meine Antwort kann nur ernüchtern: Die betont apolitische, die »Ohne-mich«-Protesthaltung in den Jahren nach fünfundvierzig machte es zwei eingefuchsten Politikern leicht, die Fiktion der Stunde Null mit platter Wirklichkeit zu erschlagen: Konrad Adenauers und Walter Ulbrichts Werk, die Wiederbewaffnung der Deutschen in zwei Staaten, ließ alle Träume von einem »anderen Deutschland« auffliegen; denn mit Adenauer und Ulbricht waren, bis ins Detail getreu, zwei Repräsentanten der Weimarer Republik in Machtpositionen gelangt, die den Zerfall Weimars gefördert hatten. Der eine, ein rheinländischer Separatist, der andere, ein sächsischer Stalinist, beide wie ausgesucht, das erträumte »andere Deutschland« zu verhindern und die Teilung des Landes zu besiegeln.

Wie für einander zugeschnitten, hätten sie sich als Gegenüber erfinden können. Ihre List, ihre Lügen, ihre ungehemmte Bereitschaft, den politischen Gegner zu diffamieren, bewiesen Weimarer Schule. Dem entsprach der machtpolitische Instinkt beider Staatsgründer. Früh witterten sie die neue Lage. Der Zerfall der alliierten Sieger in ein Westlager, in ein Ostlager kam Adenauer und Ulbricht wie gerufen. Die Teilung Deutschlands wuchs sich zur Teilung Europas aus. Fortan stand dem sozialistischen Friedenslager das Abendland, christlich genannt, gegenüber. Also wurde dem Schwindel oder der Illusion »Stunde Null« ein weiterer, sich bis heute auszahlender Schwindel beigemengt. Waren die Deutschen am 8. Mai fünfundvierzig noch die Besiegten gewesen, mauserten sie sich ab Beginn der fünfziger Jahre zu Verbündeten der verfeindeten Siegerlager, mehr noch, sie schwindelten sich in Sieger-, in Gewinnerpositionen, wobei sie übereifrig als Musterschüler der Blöcke *vor allen anderen* lobenswert sein wollten. Das Feindbild stimmte: Es hatten die Deutschen im jeweils anderen System die Bösen zu sein. Man mußte nur aufeinander zeigen. Ob drüben im »Friedenslager«, ob hier »auf seiten der Freiheit«, hier oder drüben: Man war wieder wer.

Doch wer genau war man? Da das Nachdenken über die verlorene Identität allenfalls bis zur Währungsreform Thema blieb, danach jedoch als Luxus galt – »sowas hält uns nur auf!« – und ins Nachtprogramm der Rundfunkanstalten verdrängt wurde, mußte der Kalte Krieg helfen, den mühsamen Selbstfindungsprozeß zu verkürzen: Es machte sich gut, stramm antikommunistisch wie gehabt oder nachgeholt antifaschistisch zu sein. Zudem ließ sich das Loch im Bewußtsein mit all den Sekundärtugenden auffüllen, die die bedingungslose Kapitulation unbeschadet überstanden hatten.

Also war man fleißig. Was sind die Deutschen? Wieder fleißig.

Also war man treu. Was kann man von ihnen erwarten? Daß sie bündnistreu sind.

Und pünktlich war man auch; oft früher da, als bestellt. Zum Beispiel gegenwärtig: Kaum hat die Diskussion über das amerikanische Programm »Krieg der Sterne« begonnen, versucht die Bundesregierung einmal mehr zu beweisen, daß die Deutschen überpünktlich sind. Bevor noch das »Sechzig-Tage-Ultimatum« verstrichen ist, will man mitmischen, sobald der Weltraum militarisiert wird. Eine phantastische Ausflucht bietet sich an. Raus aus der Verantwortung der geteilten Nation für den Frieden, wäre man endlich weit weg, weltraumweit weg vom 8. Mai fünfundvierzig.

Aber dieses Datum hängt uns an. Diese Beschwernis gehört uns. Diese Last ist der einzige Gewinn, den wir, bei soviel Verlust, uns bewahren müssen. Immer noch liegen Fotos, die Leichenberge zum Motiv haben, auf dem Tisch. Nein, mehr noch: Das übergroße Verbrechen, auf den Namen Auschwitz gebracht, ist heute, aus vierzig Jahren Distanz begriffen, unfaßlicher noch als zur Stunde des ersten Schocks, als ich sah und nicht glauben wollte. Unbewältigt, nicht zu bewältigen, wie ein Mühlstein hängt uns Deutschen, auch den nachgeborenen, der geplante, vollstreckte, geduldete, geleugnete, verdrängte und doch offen zutage liegende Völkermord an.

Bezeichnenderweise verläuft während der Diskussion über die angebotene Fluchtmöglichkeit in den zukunftsträchtigen Weltraumwahn gleichzeitig eine andere Debatte, in der es darum geht, das Leugnen des millionenfachen Völkermordes durch Gesetz zu verbieten. Diese Spannweite, einerseits Flucht, möglichst gewinnträchtig in den Weltraum, andererseits gebunden sein an nicht zu verdrängende Schuld und Verantwortung, rekapituliert nur, was schon in den fünfziger Jahren unausgetragener Widerspruch war.

Derzeit sind sie Mode. Nierentische sind gefragt. Auch wird der Privatbereich, die gemütliche Nische, das Neo-Neo-Biedermeier gepflegt. Dabei war jenes Jahrzehnt alles andere als gemütlich, und nur geschmäcklerische Dummheit mag im Rückblick auf die »Falschen Fuffziger« ins Schwärmen geraten.

Das Jahrzehnt der Verfälschungen und Trugbilder. Das Jahrzehnt des Wiederaufbaus ohne Fundament. Die Ära der Meisterfälscher, Staatsmänner unter ihnen. Die Jahre harter Tatsächlichkeiten: Wiederbewaffnung bei gleichzeitiger Flucht aus der Wirklichkeit.

Wurde der Rückblick gewagt, war von den schlimmen, den dunklen Jahren die Rede. Nach Schonwörtern kamen Schummelwörter in Gebrauch. Man tat in den fünfziger Jahren so, als wäre das deutsche Volk während lange zurückliegender Zeit verblendet gewesen, verführt worden. Allzu gutgläubig hatte man, so hieß es, Rattenfängern Glauben geschenkt. Doch war man am Ende gewiß, wenn zwar hart geprüft, die Prüfung knapp, aber dennoch bestanden zu haben. Viele Filme jener Jahre gaben dem allgemeinen Schwindel Ausdruck: Nur noch Ärzte standen am Scheideweg. Was am hellen Tag mit breiter Zustimmung und begleitet von nachhallendem Jubel geschehen war, hieß nun das Entsetzliche, die Barbarei, ein Höllenspuk und wurde Dämonen aufs Schuldkonto geschrieben; die trugen schwarze Uniformen und sahen wie gefallene Engel aus. Im übrigen war man insgeheim schon immer und seit Stalingrad überzeugt dagegen gewesen. Widerstand in Armeestärke gab sich im nachhinein zu erkennen. Jeder zweite beteuerte, nie etwas gegen Juden gehabt zu haben. Und wohltönend wurde die geschenkte Freiheit wie ein Eigenprodukt gefeiert. Sonntagsreden zuhauf!

Gewiß gab es Gegenstimmen und Opposition. Dringlich und vergeblich sprach Karl Jaspers auf die Deutschen ein. Bereits zu Beginn der »Falschen Fuffziger«, bevor noch der Bundeswehr Helme, ähnlich den Siegerhelmen, verpaßt wurden, verließ Gustav Heinemann die Adenauer-Regierung. Reden von Schumacher und Ollenhauer, die damals unzeitgemäß verhallten, lesen sich heute wie prophetischer Text; das Wort vom »Kanzler der Alliierten« sprach umfassender wahr, als Kurt Schumacher damals ahnen mochte. Indem sich Konrad Adenauer 1957 bei Bundestagswahlen die absolute Mehrheit sichern konnte, war der 8. Mai fünfundvierzig dem Bewußtsein der Deutschen weiter entrückt als gegenwärtig: Die Verfälschung der bedingungslosen Kapitulation in einen meisterlich erschwindelten Sieg wurde sogar im Lager der Sieger von einst bewundert.

Nochmals gefragt: Wie konnte das geschehen? Reichen Erklärungen wie »Wirtschaftswunder« und »Russenangst«? Sie mögen bei Wahlen den Ausschlag gegeben haben, doch Voraussetzung für die stimmächtige Verdrängung der Vergangenheit war ein geistiges Klima, das, sozusagen auf höherer Ebene, Verdrängung nicht nur erlaubte, vielmehr Abkehr von der Wirklichkeit zum Stilprinzip erhob. Nur nicht deutlich werden. Das Nichtssagende noch verschlüsseln. Metaphern im Kilo billiger. Bilder, die wenig später die Tapetenindustrie inspirierten. Und gebaut wurde, als wäre Hitlers Architekt Speer einer der Bauhausgründer gewesen.

Hier ist der Ort, in eigener Sache zu sprechen: Wie jede Institution, die in den fünfziger Jahren zu einem Papier und zu Gründungsmitgliedern kam, ist auch die Westberliner Akademie der Künste, als Gegenstück zur Ostberliner und wie diese Nachfolgerin der von den Nazis zerschlagenen Preußischen Akademie, ein Kind ihrer Zeit, geprägt von belasteten Gründungsmitgliedern und spürbar bis heute von Wirklichkeitsflucht bedroht. Deshalb wird auch sie sich am 8. Mai kritisch befragen müssen.

Als ich im Januar 1953 als junger Bildhauer nach Berlin kam, liefen die Künste Gefahr, ins Unverbindliche abzudriften. Wenn in der Literatur herkömmliches Gräserbewispern preiswürdig war und Autoren wie Wolfgang Koeppen und Arno Schmidt im Abseits blieben, stand in der bildenden Kunst die Moderne ganz vor; freilich nur dann, wenn sie sich gegenstandslos anbot. Von all dem Häßlichen, das man glücklich hinter sich zu haben meinte, sollte möglichst nichts zu erkennen sein. Chiffren, ja. Ornamente, gewiß. Auch Materialien, Strukturen die Menge, die reine Form. Nur Überdeutliches nicht, nichts, das als Bild schmerzte. Kein Dix, kein Kirchner, kein Beckmann zwang das erlebte Grauen ins Bild.

Der heftige, bis in den Künstlerbund hineingetragene Streit zwischen dem »gegenständlichen« Maler Carl Hofer und Will Grohmann, dem Apologeten der »Gegenstandslosigkeit«, bedeutete Mitte der fünfziger Jahre mehr als im Kunstbereich übliche Polemik: Es ging *auch* um das Wahrnehmen oder Übersehen der Wirklichkeit in einem Land, das geschlagen, geteilt war, dessen zu verantwortende Last Völkermord hieß und das dennoch oder deshalb im Begriff war, alles zu verdrängen, ich sage, gegenstandslos zu machen, was die Vergangenheit heraufbeschwören und die Flucht nach vorne behindern konnte.

Eine merkwürdige Avantgarde tat sich zusammen: die des stromlinienförmigen technischen Fortschritts im Zeichen wirtschaftlicher Zuwächse und die der alle Wirklichkeit aussparenden Großformate; bald hingen in den Chefetagen, überall dort, wo ein Beckmann-Triptychon, wäre er zur Ansicht gekommen, die Bank gesprengt hätte, pompös betitelte Unverbindlichkeiten, die sich der Wiederaufbauarchitektur und dem Zeitgeist fügten.

Indem in der DDR zeitparallel der »sozialistische Realismus« alles andere als Realität gestaltete, wurde, trotz gegensätzlicher Ismen, ein gesamtdeutscher Konsens gefunden: Die Gegenstandslosigkeit triumphierte. Wer hier oder drüben in Bildern Zustände spiegelte, sich am Realen rieb, wurde ausjuriert. Nicht Carl Hofer, Will Grohmann behielt das letzte Wort. Was heute kurios anmutet, war damals herrschende Gegebenheit: Während innenpolitisch die Restaurierung obrigkeitsstaatlicher Machtverhältnisse Fortschritte machte, ließ sich eine unkritische Avantgarde, die sich allenfalls formalen Widersprüchen aussetzte, nach außen als Zeugnis neudeutscher Modernität und Weltoffenheit vorweisen.

Man muß schon die Romane »Das steinerne Herz« von Arno Schmidt, »Das Treibhaus« von Wolfgang Koeppen, desgleichen die frühen Romane Heinrich Bölls aufschlagen, um zu erfahren, wie atemberaubend die fünfziger Jahre mieften, wie korrupt und verlogen es zuging, wie frech die Mörder unter uns auftraten und wieviel christliche Heuchelei gleich Mehltau auf der Gesellschaft lag; einige Schriftsteller und nur wenige Maler – Harald Duwe war einer – haben sich diesen Wirklichkeiten gestellt. Sie sprachen laut, als das Verschweigen zum guten Ton gehörte. Sie waren nicht gegenstandslos.

Ich weiß, daß mit meiner Klage ein Tabu verletzt wird. Der Anteil der Künste an der Verdrängung jüngster deutscher Vergangenheit war bislang ein Thema, das, ausgenommen im Literaturbereich und im Film, allenfalls halblaut angetippt wurde. Dennoch meine ich, daß die Akademie der Künste mit Vorrang der Ort ist, auch die Architektur und die bildende Kunst in Frage zu stellen, zumal das Nachdenken über den 8. Mai Schonwörter nicht mehr zulassen sollte.

Wo aber bleibt das Positive? Diese Frage geistert als Leitmotiv durch die Nachkriegsgeschichte der beiden deutschen Staaten, denn nur mit ihnen hat der Redner zu tun; wäre ihm obendrein Österreich aufgehalst, müßte er schier verzweifeln.

Wo also bleibt es, das Positive? Immerhin habe ich meine Rede unter den Titel »Geschenkte Freiheit« gestellt. Geschenkt, das heißt, sie wurde nicht erkämpft; und Freiheit ist immer noch die, die wir meinen. Natürlich – so höre ich – kann mit Freiheit nur die westliche demokratische gemeint sein. Warum eigentlich, wo doch die Grenzen westlicher Freiheit, sobald das Kapital ins Gewicht fällt, zumindest für jene erkennbar werden, die auf der Schattenseite stehen und als Arbeitslose ins soziale Aus geraten sind. Der DDR hingegen wurde von dem ihr übergeordneten Sieger eine andere und anders begrenzte Freiheit geschenkt: Frei von den Zwängen des Kapitalismus sollte ein Arbeiter- und Bauern-Staat geschaffen werden, dem freilich, weil bürgerliche Freiheiten fehlen, bis heutzutage die Bürger davonlaufen. Wird hier soziale Verelendung als Preis für die Gunst der freien Marktwirtschaft erläutert, wird drüben Kritik am Bestehenden als staatsfeindliches Verhalten ausgelegt.

Es ist also die geschenkte Freiheit hier wie drüben eine relative. In beiden Staaten ist es nicht gelungen, mit jeweils entsprechender Gewichtung, ein Gleichmaß von sozialen und bürgerlichen Rechten zu entwickeln, so heftig und partiell erfolgreich in beiden Gesellschaftssystemen darum gekämpft wurde. Ideologische Verblendung, die im jeweils anderen Lager nur »das kommunistische

Zwangssystem« oder »kapitalistische Ausbeutung« sah und als Bild nur Feindbilder erlaubte, erschwerte den sachlichen Vergleich; das Trennende wurde überbetont. Beflissen befolgten die Musterschüler jede Sprachregelung der jeweiligen Schutzmacht, indem sie ihre Lehrer und Gönner zu überbieten angestrengt blieben.

Erst im Verlauf der sechziger Jahre, und nachdem mit dem Bau der Berliner Mauer den fünfziger Jahren ein Denkmal gesetzt worden war, wuchs jenen politischen Kräften, die nach dem 8. Mai fünfundvierzig ein »anderes Deutschland« mehr erträumt denn politisch zu gestalten versucht hatten, ein besonders in der Bundesrepublik erkennbares Gewicht zu. Dieser langsame, von Rückschlägen gezeichnete Prozeß, der gegen Ende der sechziger Jahre durch den Studentenprotest und nachfolgende Bürgerinitiativen Auftrieb erfuhr, hält immer noch, wenn auch geschwächt an; als ihm noch eine knappe Mehrheit zustimmte, versuchte die sozialliberale Koalition, den weltweiten Wunsch nach Entspannung zu nutzen und durch ihre Deutschlandpolitik jene Realitäten ernst zu nehmen, die nach wie vor der bedingungslosen Kapitulation entsprachen, auch wenn sie zwei Jahrzehnte lang verdrängt worden waren.

Ich wurde im Verlauf dieser Entwicklung politisch tätig, weil meine Erfahrungen mit der jüngsten deutschen Geschichte ein bloßes Verharren in Spielräumen, die den Künsten und Künstlern zugestanden sind, nicht mehr erlaubte. Seitdem ist mir die Mühsal politischer Alltagsarbeit bekannt. Ich erfuhr die Notwendigkeit und den Verschleiß von Wahlkämpfen. Von geschenkter Freiheit wurde Gebrauch gemacht. Das hieß immer wieder: den Mund aufmachen, zu seinem Ja, zum Nein stehen, gegenwärtig sein. Deshalb waren Siegfried Lenz und ich in Warschau dabei, als Willy Brandt im Dezember 1970 den Deutsch-Polnischen Vertrag unterschrieb. Ihres Verlustes bewußt, stimmten der Ostpreuße und der Danziger der Anerkennung der polnischen Westgrenze zu. Es muß hiervon betont die Rede sein, weil es dem Bundeskanzler kürzlich gefiel, den Vertrag mit Polen ins Zwielicht zu bringen; aus dummer Schläue biederte er sich Vertriebenenfunktionären an und machte sich unglaubwürdig. Dem folgten weitere Zeugnisse seiner Staatskunst: Als peinlich ist der Auftritt dieses Kanzlers in

Israel erinnerlich geblieben; im Umgang mit dem amerikanischen Präsidenten fiel ihm zum 8. Mai eine Geschichtsklitterung ein, deren auf Medienwirkung bedachtes Kalkül Juden, Amerikaner und Deutsche, alle Betroffenen gleichermaßen verletzt. Als hätten wir nicht Bürde genug, erweist sich Kohl als zusätzliche Belastung der deutschen Geschichte; doch auch diesen Ballast haben wir uns verdient.

Mit anderen Worten: Die Hinwendung der Regierung Brandt-Scheel zur politischen Realität – und sie gab Antwort auf die Frage: Wo bleibt das Positive? –, der immerhin ernsthafte Versuch, einige Folgen der mörderischen Zeitspanne von 1933 bis 1945 wahrzunehmen und abzuarbeiten, verlor, während noch die sozialliberale Koalition unter dem Kanzler Schmidt tätig zu sein glaubte, an Dringlichkeit; als sie zerfiel, war auch das geistige Klima der proklamierten Wende nach rückwärts günstig.

Gegenwärtig will zwanghafte Ausgewogenheit jeden intellektuellen Disput ersticken. Die geschenkte Freiheit ist der oft berufenen Schere im Kopf unterworfen. Ungehemmt schlägt der Gruppenegoismus der pluralistischen Gesellschaft durch. Dem entspricht: ungeniertes Einsetzen der Ellenbogen im Sinne eines freiheitlichen Vulgärdarwinismus; gelangweiltes Desinteresse der wirtschaftlich Gesicherten, sobald soziale Not als gegenwärtiges Wachstum zur Sprache kommt; und im Bereich der Künste die wiederholte, frech als Neuheit plakatierte Hinwendung zur saisonbedingten Unverbindlichkeit. Schnell sind Begriffe zur Hand, die sich austauschen und etwa dergestalt raffen ließen: Die multimediale Innovation Neuer Körperlichkeit findet als inszenierter Mythos der Selbstverwirklichung in alternativer Szene und unter dem Markenzeichen neoliberaler Postmoderne statt.

Architekten, die vorgestern noch dem Sichtbeton ästhetische Qualität nachsagten, haben sich flugs der Fassadenklitterei verschrieben; Veteranen der achtundsechziger Revolution säuseln als Schönredner im Dritten Programm; weil auf den Wegstrecken der Aufklärung aller Fortschritt sich fußkrank lief, sollen Adorno, Bloch und wer noch über Bord geworfen werden; was soll uns Vernunft, wenn doch Dichter genug als Seher über die Dörfer gehen; was kann uns der 8. Mai bedeuten, wenn doch so viele Daten der deutschen Geschichte musealer Aufwertung bedürfen: An historisch gesättigtem Baugrund fehlt es hier in Berlin und anderswo weiß Gott nicht!

Weiterhin Miesmacherei? Sind denn keine Leistungen hier wie drüben zu bilanzieren? Gewiß haben jene über die vorgebliche Stunde Null hinübergeretteten Sekundärtugenden, Fleiß und Ordnung voran, Erstaunliches zuwege gebracht. Verblüfft sahen die Sieger von einst, wie ihr gespaltener Zögling mit der jeweils geschenkten Freiheit zu wuchern begann: Das Grundgesetz hier, die Verfassung drüben können sich sehen lassen; es lohnt, beide Texte beim Wort zu nehmen. Zehn Millionen Umsiedler und Vertriebene fanden in beiden Staaten Wohnung und Arbeit; sie gaben den mehr oder minder starken Motoren des hier überstürzten, dort verzögerten Wiederaufbaus zusätzlichen Antrieb.

Lücken, die der Krieg und die nachfolgende Demontage ins Industriegefüge geschlagen hatten, wurden in der BRD rasch, in der DDR nur schleppend, aber dennoch mit technisch modernen Anlagen geschlossen. In den sechziger Jahren konnten sich beide Staaten jeweils als Wirtschaftsmacht innerhalb ihres Bündnissystems begreifen. Der Ausruf des zeitweiligen Bundeskanzlers Erhard »Wir sind wieder wer!« trug gesamtdeutsch. Auch kulturell wurde geklotzt: Opern- und Schauspielhäuser wuchsen wie unwiderruflich, es fehlte nicht an Beton; daß freilich in beiden Staatsräumen mehr wertvolle Altbausubstanz wegsaniert wurde, als während des Krieges in Trümmer ging, schmälert die Leistung des Wiederaufbaus.

Es ließe sich bilanzieren, was alles errichtet, aufgestockt, verdoppelt, verdreifacht, geleistet wurde; und ich bin sicher, daß diese Erfolge, für sich genommen, anderenorts dargestellt werden. Wer wollte bestreiten, daß sich die beiden deutschen Staaten und ihre Bürger vierzig Jahre danach sehen lassen können. Und doch schlägt bei allem Bemühen das Ungenügen durch. Es ist, als hinge den Deutschen der Fluch ihrer Opfer an. Alttestamentlich bis ins dritte, vierte, ins siebte Glied: Was wir auch tun, der Makel bleibt. Als Beispiel dafür wähle ich einen Bereich, der dem Ort dieser Veranstaltung nicht nur durch Archivarbeit verbunden ist, den Komplex der Exilliteratur.

Zwar zögerlich, aber doch bis in die Gegenwart hinein ist immer wieder versucht worden, die verbotenen, verbrannten Bücher jener Autoren, die nach 1933 in die Emigration getrieben wurden, wenigstens zum kleineren Teil neu aufzulegen. Renommierte Verlagshäuser und Kleinverlage gaben sich Mühe. Ausstellungen, Dokumentationen sollten behilflich werden. Der Staat war zu fördern bereit. Und dennoch kann nicht gesagt werden, daß die deutsche Exilliteratur zurückgekommen ist, aufgenommen wurde und die geschlagene Lücke wieder geschlossen hat. Gewiß liest man seinen Heinrich und Thomas Mann. Brecht wurde beflissen inszeniert. Anna Seghers hat ihr Publikum. Von Döblin weiß man immerhin, daß nach einem seiner Romane eine Fernsehfolge gedreht wurde.

Dennoch ist dieser gewichtige Teil deutscher Literatur wie in Vitrinen ausgestellt, entrückt, draußen, Exilliteratur geblieben. Wollte man von den vergeblichen Versuchen einzelner Autoren, heimzukommen, wieder Fuß zu fassen, berichten, wäre der zu ziehende Schluß beschämend. Reden wir nicht von der Schullesebuchmisere, diesem in der Bundesrepublik lange anhaltenden Bestreben, die Exilliteratur abermals auszusperren und das Platzrecht »völkischen Schrifttums« zu behaupten; einschneidender bleibt, daß es der deutschsprachigen Nachkriegsliteratur nicht gelungen ist, die Brücke zum Exil zu schlagen, allenfalls konnten aus individueller Neigung Akzente gesetzt werden. Vielleicht scheute man den Maßstab, scheut ihn immer noch. Wahrscheinlicher ist, daß dieser Bruch bleiben wird; auch er ruft uns den 8. Mai 1945 und die bald danach verkümmerte Vision vom »anderen Deutschland« zurück.

Die Zäsur. Nur von diesem Datum aus kann, was seitdem entstanden ist, gesichtet, bewertet, als Leistung begriffen oder verworfen werden. Vielleicht schlägt günstig zu Buche, daß während vierzig Jahren immer wieder die Suche nach Wahrheiten unterm Geröll dem Hang zur Verdrängung im Wege stand. Die Nachgeborenen stellen Fragen. Es wird das Schweigen zu Hause nicht hingenommen. Regierungsamtlicher Schwindel stößt auf Widerspruch.

In diesem Sinne spreche ich zum Schluß über die wohl folgenreichste Anstrengung der Deutschen; sie betrifft beide Staaten. Abermals ist sie, weil übermenschlich, einer Logik unterworfen, die die Selbstaufgabe als Opfergang zur Tugend erklärt. Eine

Wehrmacht, siegreich über Polen hinweg, zum Nordkap hoch, durch Holland, Belgien nach Frankreich hinein, den Balkan überrennend, nach Afrika rüber, bis kurz vor Moskau, Leningrad, in den Kaukasus, bis nach Stalingrad endlich, eine militärische Macht, in deren Aktionsbereich über fünfzig Millionen Menschen als Tote gezählt wurden, ein todbringender Koloß, der am Ende zerschlagen war, beginnt nur wenige Jahre später in zwei Staaten, gespalten also und gegen sich gerichtet, abermals zu entstehen: vorerst langsam, dann zügig bis zu Armeestärken, deren angereichertes Potential in einander bedrohende oder abschreckende Machtblöcke gefügt wird, bis auf deutschem Boden, wie nirgendwo sonst in der Welt, die größte Verdichtung moderner Waffen- und Vernichtungssysteme Platz und Zustimmung gefunden hat; ein Wahnsinn, der redensartlich gerne perfekt genannt wird.

Diese deutsch-deutsche Entscheidung und Leistung nahm nicht wahr, was die bedingungslose Kapitulation als Lehre zu vermitteln hatte. Die Sieger sind schuld! heißt die Erklärung. Das mag so sein oder sieht so aus: Die Sieger scheiterten unter der Last der Verantwortung, die ihnen ihr Sieg aufgetragen hatte. Doch hätten nicht die Verlierer, die geschlagenen Deutschen, anderen Gewinn aus der Niederlage ableiten müssen als eine Wiederholungstat: die Wiederbewaffnung in zweifacher Stärke?

Der gesamtdeutsche Schritt in katastrophale Richtung belastet die Bürger der Bundesrepublik verantwortlich stärker, weil ihnen die geschenkte, westlich geprägte Freiheit mehrmals das Nein erlaubt hätte. Sie stimmten zu, immer wieder. Diese schreckliche Leistung, jeweils der zuverlässigste Satellit der übergeordneten Großmacht zu sein, entwertet den Vorsatz »Von deutschem Boden darf nie wieder Krieg ausgehen«; es sei denn, wir wären bereit, diesen Satz konsequent auszulegen.

Wer die Zeichnungen Leningrader Kinder aus Belagerungszeiten im Vorraum der Akademie der Künste gesehen, den Krieg in diesen dringlichen Darstellungen erkannt hat, wer den 8. Mai, mithin die Gunst einer Niederlage nicht nur bedrückt erinnern, sondern als letzte Belehrung tätig vermitteln will, der sollte die Aufhebung aller Entscheidungen betreiben, die Deutschland zum Arsenal des Schreckens, zum Ort gemacht haben, an dem die Selbstvernichtung der Menschheit schon morgen ausgelöst werden kann. Ich weiß, wie viele Experten bereitstehen, diese späte, vielleicht zu späte Erkenntnis zu relativieren. Dennoch bleibt es dabei: Vor vierzig Jahren besiegt und entwaffnet, wäre es für uns Deutsche an der Zeit, die vorgebliche Stunde Null abermals zu bedenken und uns, freiwillig diesmal, Stück für Stück zu entwaffnen.

Wir waren gefürchtet und sind es immer noch. Uns selbst waren wir fürchterlich. Wenn unsere Nachbarn und auch die Sowjetunion, die allesamt Opfer deutscher Aggression und Verbrechen waren, heute den 8. Mai erinnern, werden sie über die Grenzen, auf uns schauen. Ihnen und uns sind in zwei Staaten Deutsche zu wünschen, die keine Furcht mehr verbreiten wollen und deshalb bereit sind, vor allen anderen Völkern die Waffen niederzulegen.

Ist das noch Aufklärung?

Rede zur Fortführung der Veranstaltungsreihe »Vom Elend der Aufklärung« in der Akademie der Künste Berlin

Meine Damen und Herren,

erinnern wir uns: Es waren anfangs Aufklärer im Gespräch, dann standen kalte Vernunft und Gefühlskultur gegeneinander, von Fortschritt und Beschleunigung hörten wir, danach gleich zweimal von der Erziehung des Menschengeschlechts, worauf uns Bouvard und Pécuchet mit ihrem Disput über die menschliche Dummheit vergnügten. Dann war vom vernünftigen europäischen Erwachsenen die Rede. Sodann hieß es: Der Traum der Vernunft erzeugt Ungeheuer. Zur Vergesellschaftung des Menschen hörten wir zweierlei Ansicht. Schließlich verwirrte uns Friedrich Nietzsches »Neue Aufklärung«. Und jetzt soll es weitergehen.

Kann es so weitergehen? Fehlen nicht dieser notwendigen Veranstaltungsreihe, so reich mit Substanz sie gesättigt ist, zwei der Aufklärung und ihrem Elend eigne Gewürze: Pfeffer und Salz?

Mit Karin Kiwus, die die Mühsal vorbereitender Arbeit zu tragen hatte, haben wir versucht, Gegensätze deutlich zu machen, Widersprüche offenzulegen, aufklärenden Streit zu entfesseln; doch zeigte sich, daß es nach wie vor müßig ist, Hunde zum Jagen tragen zu wollen. Viel Gewichtiges litt unter akademischer Ausgewogenheit. Zum scharf geführten Disput wollte sich niemand finden. Wohlerzogen tat man einander nichts. Einige der Wissenschaftler haben im Dienste der Aufklärung deren Elend zur Sprache gebracht, indem sie die zugespitzte These scheuten, sich mit Lehrmeinungen sicherten und – kaum einen Absatz lang kühn geworden – sogleich wieder Vorsicht walten ließen. Das alles in Zeiten um sich greifender Irrationalität und in Erkenntnis der Tatsache, daß es tagtäglich zu Ende sein kann mit der Erziehung des Menschengeschlechtes durch Selbstvernichtung gleich Schulschluß.

Nun wird man sagen: Er übertreibt und ist ungerecht zugleich. War nicht Wolf Lepenies' Vortrag erhellend? Hat nicht der alte Chargaff, wenngleich nicht anwesend, dennoch vom Leder gezo-

Juni 1985

gen? Gaben sich Negt und Krockow nicht redlich Mühe, einen Disput zu entfesseln? Das alles stimmt. Und wer das in diesen Tagen erscheinende Taschenbuch in die Hand nimmt, in dem sich die bisherigen Vorträge versammelt finden, der mag zufrieden sein: nicht ein Buch mehr, ein reichhaltiges und gewiß notwendiges liegt vor; und doch verspüre ich Ungenügen, weil der gesamten Vorstellung der zündende Funke fehlt. Das wird nicht an einzelnen Vortragenden liegen, eher, wahrscheinlich, an der Beklommenheit unseres Zustandes: Alles läuft, geht, ist möglich, behält recht, hebt sich auf, steht unversöhnlich nicht gegen-, vielmehr nebeneinander, ist fair und bestätigt sich nach Schluß der Sendung: Sie sei gut moderiert gewesen.

Ist das noch Aufklärung – oder ihr Abglanz nur noch? Sind im Vergleich zu Voltaire, Rousseau und Diderot, die in ihrer Zeit kämpferisch und verletzlich zugleich waren, deren Nachfahren Schattenboxer nur noch? Um betont im Kampfjargon zu bleiben, frage ich weiter: Wird demnächst, wenn es um Meinung und Gegenmeinung geht, das Handtuch geworfen, bevor der Ring frei ist?

Bei aller hochanständigen Behutsamkeit im Umgang mit Gegnern, vergesse man bitte nicht, daß es die Gegenseite gibt. Sie hat zugeschlagen, und sie wird zuschlagen, sobald es gefühlig und dunkel genug ist. Zur Geschichte der Akademie der Künste Berlin gehören Anlässe, die solch Zuschlagen datiert haben. Man lese die Protokolle vom 15. und 20. Februar 1933, aus denen wohlformuliert außer den Fakten – Ausschluß der Mitglieder Käthe Kollwitz und Heinrich Mann – die Schlagkraft der Reaktion, Gottfried Benns feiger Zynismus, aber auch Bänglichkeit und Ohnmacht der Aufklärer sprechen. Dieses Kapitel hauseigener Geschichte ist bis in unsere Tage nicht abgeschlossen. Als aus Anlaß des 8. Mai 1945 von hier aus gesprochen werden mußte, wurde mir deutlich, wie schwach begründet auch diese Institution ist. Wenn nun, nach vorliegendem Programm, von den Künsten und der Literatur zu reden ist, bleibt abermals zu hoffen, daß nicht nur der Pelz gewaschen, nicht nur der eigene Standpunkt erwärmt wird.

An Anlässen für aufklärenden Streit mangelt es nicht. Schon wieder geben sich Dichter als Seher aus. Namhafter Architekten anheimelnde Fassadenkunst blüht. Museumsbauten werden wie

Tempel geweiht. Während die Moderne von gestern irritiert schweigt, bleibt der Postmoderne, in aller Unverbindlichkeit, alles und das Gegenteil all dessen erlaubt. Jeder Scheißhaufen wird Mythos genannt. Ichbefindlichkeit ist im Schwange; wer sollte da noch den Blick frei haben auf Armut und Elend, Unrecht und Tyrannei, auf Polen und Nicaragua oder auf uns, die wir doppelt gemoppelt deutsch sind. Vom Elend der Aufklärung ist die Rede: »Der politischen Aufklärung die Gefolgschaft verweigern« – eine deutsche Konstellation. Heinrich Mann, Thomas Mann und die Folgen . . .

Ein Jahrhundert jüdisch-deutsche Geschichte

Im Frühjahr 1967, während meines ersten Aufenthaltes in Israel, hatte ich das Glück, Erwin Lichtenstein und seiner Frau Lotte in Tel Aviv zu begegnen. Er machte mich mit seiner Forschungsarbeit über die Geschichte der Verfolgung der Danziger Synagogengemeinde bekannt und stellte mir großzügig sein Material zur Verfügung; ohne dessen Hilfe hätte ich mein Buch »Aus dem Tagebuch einer Schnecke« nicht schreiben können. Als wir uns vor zwei Jahren wieder einmal – diesmal in der Schweiz – begegneten, erzählte mir Erwin Lichtenstein von seinem Lebensbericht, den er auf Wunsch der Familie geschrieben hatte. Ich bat ihn um eine Kopie dieses Berichtes und war nach der ersten Lektüre sogleich überzeugt, daß dieses Dokument, weit über den Familienkreis des Autors hinaus, Leserinteresse finden könnte.

Es spricht sich ein Jahrhundert jüdisch-deutsche Geschichte aus. Anfangs unmerklich, dann mit immer größerem Gefälle bereitet sich ein Verbrechen vor, das, auf den Schreckensnamen Auschwitz verkürzt, bis heute nachwirkt und bis heute nicht »bewältigt« werden kann. Mit seiner klaren und in ihrer Klarheit altmodisch wirkenden Sprache führt uns der Autor die hilflos anmutenden Bemühungen des liberalen Bürgertums gegen die aufkommende Barbarei vor. In Jugendfreundschaften und Verbandsarbeit spiegeln sich die Widersprüche der Juden in Deutschland; der zunehmenden Hinwendung in Richtung Palästina steht das Recht auf Beharren in Deutschland gegenüber. Der Ohnmacht des liberalen Widerstandes entspricht die sozialdemokratische Schwäche; andererseits liefert sich die bürgerliche Rechte nahezu widerspruchslos dem Nationalsozialismus aus.

Erwin Lichtenstein ist mit seinen »privaten« Erinnerungen, der bewußten Beschränkung auf den eigenen Erfahrungsbereich, etwas gelungen, das den Leser dieses Buches zu der Frage führen könnte: Wie sah es bei mir, bei uns zu Hause aus? Wie wurde die Synagogengemeinde in Würzburg, in Leipzig, in Karlsruhe und Augsburg vernichtet? Wenn das Unrecht gegen die Juden in Dan-

September 1985

zig so offen und – wie wir lesen – am hellen Tag vollzogen wurde, müßte es doch Zeugen geben, die von der Vorbereitung des großen Verbrechens »Endlösung« als Darmstädter, als Chemnitzer berichten könnten. Wäre es nicht gut, eine Vielzahl solcher Berichte zu reihen, damit wir umfassend erfahren, was sich während achtzig Jahren hier, dort und anderswo in Deutschland zugetragen hat? Wäre es nicht immer noch notwendig, der anhaltenden Lüge »Das haben wir nicht gewußt« so zu begegnen?

Es gibt viele Bücher, die die Verbrechen, begangen unter der Herrschaft des Nationalsozialismus, gewissenhaft belegen; dennoch wurde es möglich, die Zahl »sechs Millionen Ermordete« als nicht faßbare Größe zu verdrängen. Es fanden zu spät Prozesse statt, an deren Ende ehemalige KZ-Aufseher verurteilt wurden; viele Verantwortliche für die Vernichtung der Juden, treffend »Schreibtischtäter« genannt, blieben ungeschoren. Die Mitwisser beteuerten, nichts gewußt zu haben: Bald wieder oben, zeigten sie als Staatssekretäre, Minister und Industrielle, als Bundeskanzler die weiße Weste vor.

Erwin Lichtensteins Buch, das nicht den großen Überblick verspricht, vielmehr in Königsberg, Danzig und Tel Aviv beharrlich am Ort bleibt, berichtet sachlich und ohne laute Schuldzuweisung, wieviel gewußt wurde und gewußt werden konnte. Es gibt keine Ausrede: Der von den Deutschen zu verantwortende Völkermord wurde wissend vorbereitet und mitwissend vollzogen.

Über diesem Buch liegt unausgesprochene Trauer. Auch in Israel hat Erwin Lichtenstein keinen Frieden finden können. Auch dort will die Vergangenheit nicht aufhören. Als der Schüler im Jahre 1919 den Königsberger Zionisten Kurt Blumenfeld fragte, was er zu dem Problem der Araber in Palästina zu sagen habe, hieß die Antwort: Es gäbe kein arabisches Problem. An dieses Fehlurteil erinnert der Autor die Leser gegen Schluß seines Berichtes. Anläßlich einer Familienfeier wünscht er seinen Enkeln und Urenkeln, »daß sie eine Zeit erleben sollten, in der Israel in Frieden mit seinen Nachbarn leben würde«.

Ungehaltene Rede vor dem Deutschen Bundestag

Herr Präsident, meine Damen und Herren,

mir träumte, ich dürfte vor den Deutschen Bundestag treten und eine Rede halten. Als ich die Abgeordneten in Fraktionen vor mir sitzen sah, den Bundestagspräsidenten hinter mir und den Kanzler mit seinen Ministern rechts von mir wußte, sagte ich: Herr Präsident, meine Damen und Herren! Mir ist, als träumte ich Sie alle in Ihrer wohldurchdachten Sitzordnung und mich als Gast hinters Rednerpult gestellt. Doch weil mir träumt und ich im Traum zu Ihnen rede, wird manches Detail meiner Ausführungen schwimmen, ein anderes scharfkantig sein. Träume bestehen aus Unausgewogenheit. Zwar sprechen sie wahr, nehmen es aber nicht so genau; denn schon jetzt, nach erstem schüchternen Blick in den vollbesetzten Plenarsaal, beginnen mir die Übergänge von Fraktion zu Fraktion zu zerfließen: Ich erkenne keine Parteien mehr, ich sehe nur noch Interessen. Auch ergeben sich befremdliche Nebenhandlungen. Denn kaum habe ich – zugegeben: beklommen – meine Rede begonnen, sehe ich, wie Geldbriefträger etlichen Abgeordneten mit feuchtem Daumen Scheine hinblättern. Außerdem will mir vorkommen, es schiebe der Bundeskanzler zu meiner Rechten, während ich rede, Stück für Stück ein großes Stück Buttercremetorte in sich hinein.

Natürlich weiß ich, daß dem nicht so ist. Niemals würden sich Abgeordnete und Minister so öffentlich auszahlen lassen. Niemals gäbe der Bundeskanzler seiner Lust am Süßen so würdelos nach. Nur mein Traum macht das und noch mehr möglich. Und mein Traum erlaubt es mir auch, offen oder – den Bundeskanzler beim Wort genommen – mit aller Offenheit zu reden.

Deshalb will ich sogleich Abbitte leisten und die Abgeordneten der Regierungskoalition ersuchen, mir jenen Brief zu verzeihen, den ich vor gut einem Jahr an alle Bundestagsabgeordneten zu richten für notwendig hielt, weil ich damals ein wenig sorgenvoll und außerdem ideologisch verblendet gewesen bin. Sie werden sich kaum noch erinnern und nehmen mir mein Briefchen hoffent-

November 1985

lich nicht mehr krumm. Ich spuckte Gift und Galle gegen diese Mitteldingsbummraketen – wie heißen sie noch? –, um die es in jenen Tagen viel Geschrei gab, unnötigerweise, wie man inzwischen weiß.

Denn nun sind sie ja da, und nichts Nachteiliges geschieht. Im Gegenteil: Endlich ist die Vorwarnzeit auf ein überschaubares Maß reduziert worden. Alle fühlen wir uns – Hand aufs Herz! – sicherer. Und obendrein haben sich diese Leihgaben aus dem Fundus unserer verbündeten Schutzmacht segensreich für die gesamtdeutsche Politik ausgewirkt. Denn mit soviel friedenssicherndem Großmut konfrontiert, konnte der Russe nicht knauserig bleiben. Auch er mußte in seinen Fundus greifen und den anderen deutschen Staat mit seinen Dingsbummraketen – wie heißen sie noch? – beleihen, so daß wir, zumindest auf dem Gebiet der Friedenssicherung, eine gesamtdeutsche Ausgewogenheit begrüßen dürfen können sollten, würde ich ohne Vorbehalt meinen wollen.

Schließlich sind und bleiben wir unseren Landsleuten im anderen deutschen Staat verpflichtet. Mehr noch: Weil man ja hier wie drüben die vorsorglich bestimmten Ziele weiß, erlaubt die Stationierung der neuen friedenssichernden Systeme den Bürgern dieser Zielgebiete nunmehr direkten Kontakt: Sie kommunizieren gesamtdeutsch. Sie wissen: Wir sind aufeinander angewiesen. Durch die neuen Dinger – wie immer sie heißen mögen – sind sie einander nähergekommen. Ein Wir-Gefühl kommt auf, das grenzüberschreitend ist. Ob in der Mark Brandenburg oder in Heilbronn und Umgebung: Auf märkischem Sand und auf schwäbischem Grund und Boden weiß man wieder, was deutschsein heißt.

Und wenn Sie, lieber Herr Bundeskanzler, einen Augenblick lang von Ihrem zweiten Stück Buttercremetorte lassen würden, könnte Ihnen dieses neue deutsche Gefühl schicksalhafter Zusammengehörigkeit zu weiterführenden Einsichten verhelfen; denn endlich geschieht, was Sie in vielen Reden so schlicht und über Umwege doch von Herzen kommend gesagt haben.

Nie waren wir uns in Deutschland so nah. Nie zuvor waren wir einander so todsicher. Nie haben sich Deutsche, obgleich vom Schicksal getrennt, so zielbewußt gefunden. Wir sollten nicht versäumen, Herrn Honecker Partnerschaften zwischen unseren Städten Heilbronn, Neu-Ulm und Mutlangen und den entsprechenden Städten in seinem Staatsgebiet vorzuschlagen; ich denke da an Neubrandenburg und Erfurt. Nichts eint mehr als der Gedanke, jeweils im Zielgebiet des anderen zu leben.

Natürlich könnten zukünftig, sobald diese Marschflugdinger – wie heißen denn die noch? – bei uns heimisch werden – worauf Entsprechendes prompt im anderen deutschen Staat heimisch werden wird –, ganze Landsmannschaften in Partnerschaft zueinander treten, etwa unsere Eifel- und Hunsrückbewohner mit den Menschen im Thüringer Wald. Endlich müßte man nicht mehr hysterisch vom sogenannten Waldsterben reden – es soll ja schlimm aussehen da drüben! –, sondern könnte den deutschen Mittelgebirgswald in seiner neuen, einigenden Funktion begreifen. Etwas Positives, meine Damen und Herren. Endlich mal etwas Positives!

Und ich Dummerchen habe mir angst machen lassen. Angesteckt von der gängigen Eiszeit-Endzeitstimmung, glaubte ich steif und fest: Wenn diese Dinger hierherkommen, leben wir auf dem Pulverfaß. Ich tickte nicht richtig, hatte den richtigen Durchblick nicht. Mir fehlte jene Gelassenheit, die unseren Kanzler so offensichtlich auszeichnet. Zwar war ich nicht ausgesprochen moskauhörig, doch diesen Preis für die Freiheit zu zahlen, hinderte mich mein Geiz. Außerdem hatte ich bis dahin keinen der Neuen Philosophen gelesen, die den französischen Esprit neuerdings raketenförmig funkeln lassen; der gute alte Voltaire müßte erstaunen, erführe er, welche Lichter Monsieur Glucksmann der Aufklärung gesteckt hat.

Kurzum: Ich hätte, Herr Bundeskanzler, auf Ihren Vorgänger im Amt hören sollen. Der aß zwar keine Buttercremetorte wie Sie, dem war aber, neben dem großen Immanuel Kant, der liebe Gott als Fachberater behilflich. »Fürchtet euch nicht!« zitierte er ihn. Ach, wäre ich doch dem Fachberater und seinem schnupfenden Meister hörig gewesen, dann hätte ich mich weniger gefürchtet und müßte jetzt nicht – und sei es im Traum nur – Abbitte leisten. Feige war ich und wollte um jeden Preis leben. Ich ging mit der Opposition, ging sogar einen Schritt weiter und glaubte, man dürfe diese Mittelstreckendinger unseren Bundeswehrsoldaten nicht zumuten. Ich sagte: Unser Grundgesetz hält diese Dinger nicht aus, verbietet sie, wenn nicht wörtlich, so doch sinngemäß. Ich irrte.

Da sich in Ihrer Mitte, meine Damen und Herren – und mit Erlaubnis des Herrn Präsidenten –, so wunderbar und konstruktiv zugleich träumen läßt, bitte ich nun die immer noch hin und her wuselnden Geldbriefträger, ein Päuschen einzulegen – es muß ja nicht rund um die Uhr bestochen und hinterzogen werden –, damit ich Ihnen frei von ablenkenden Nebenhandlungen einen Vorschlag unterbreiten kann, der nicht nur dem Frieden, sondern auch der Kultur förderlich sein soll; schließlich kommt es nicht oft vor, daß sich ein Schriftsteller in den Bundestag hineinträumen und, kaum dort zugelassen, auch noch reden darf.

Deshalb bitte ich unseren Herrn Bundeskanzler, mit seinem dritten Keil Torte zu warten, so herzlich ihm sein Spaß an der Freude gegönnt ist, sosehr ich seine Hingabe und sein Fassungsvermögen bewundere.

Es geht – in aller Offenheit – um die Neutronenbombe. Sie erinnern sich. Gestritten wurde um sie, geächtet sollte sie werden. Und auch ich war damals dagegen und empfand diese – um mit dem Großvater unseres Kanzlers zu sprechen – Weiterentwicklung der Artillerie als ausgesprochen unmenschlich. Ist sie auch! Ist sie immer noch. Denn wo die Neutronenbombe hinhaut, geht der Mensch drauf. Diese Neutronen-, Gamma- und sonstigen Strahlen entsaften den Menschen. Ich habe mir sagen lassen, daß diese Strahlen zuerst das Nervensystem lähmen, dann den Magen-Darm-Trakt zerstören, gleichzeitig innere Blutungen und Durchfall auslösen, schließlich den letzten Tropfen Wasser dem Körper entziehen, ihn also entsaften, wie unsere Mediziner übereinstimmend und ausdrucksvoll sagen.

Entsetzlich ist das und kaum auszudenken. Doch vom entsafteten Menschen abgesehen, geht beim Einsatz von Neutronenbomben so gut wie nichts kaputt. Gebäude, Geräte, Fahrzeuge bleiben heil. Zu Recht hat man damals gesagt: Das ist uns zu wenig. Was kann uns an funktionsfähigen Panzern und intakten Kasernen liegen, wenn der Mensch entsaftet wird, draufgeht?

Aber wie, frage ich Sie, meine Damen und Herren, desgleichen Sie, die Sie mir auf den Bänken der Opposition mehr und mehr verschwimmen, wie sähe es aus, wenn der Neutronenbombe schonende, kultursichernde Aufgaben zufielen? Was fiele uns zu einer Neutronenbombe ein, die ausschließlich als Freundin der Künste ihre Aufgabe fände? Könnte man mit ihr leben, wenn sie nicht Panzer und Kanonen, sondern gotische Kathedralen und barocke Fassaden heilließe? Mit anderen Worten: Wir sollten zur Neutronenbombe ein neues, ein entkrampftes Verhältnis gewinnen.

Erinnern wir uns: Die damals heftige und verständlicherweise nicht frei von Emotionen geführte Diskussion hat eine zügige Weiterentwicklung der taktischen Neutronengeschosse zu strategisch wirksamen Neutronenbomben gehemmt. Zwar ist diese Verzögerung zu beklagen, doch ließe sich die verlorene Zeit, wenn man nur wollte, aufholen. Wer unsere höchsten Kulturgüter im Falle eines Falles geschützt sehen will – und ich bin sicher, daß alle Abgeordneten von diesem Willen getragen sind –, der muß die kulturschonende Aufrüstung fordern, damit die Neutronenbombe als Schutz- und Schonbombe endlich in Produktion gehen kann.

Selbstverständlich gilt diese Forderung für beide Blocksysteme. Dem Gleichgewicht des Schreckens muß ein Gleichgewicht der Schonung entsprechen. Und selbstverständlich ist ein besonderes Kulturabkommen vonnöten, das kunstverständige Zielsetzungen gewährleistet und die Neutronenbombe als Schonbombe ausschließlich dem Kulturschutz verpflichtet.

Eine aus beiden Schutzmachtallianzen gebildete, gleichgewichtige und ausgewogene Kommission sollte, auf Grund dieses Abkommens, vorerst in Europa, dann aber auf allen Kontinenten tätig werden und die wichtigsten Kulturzentren benennen. Dann gilt es, diese Schonzonen ins Verhältnis zum vorhandenen Potential kulturschützender Schonbomben zu bringen und sie als Zielgebiete auszuweisen. Schließlich wird es notwendig sein, den Nachrüstungsbedarf der beiden Schutzmächte bekanntzumachen, damit weitere Kulturzentren geschont werden können und nicht der atomaren Zerstörung anheimfallen müssen.

Wenn ich, meine Damen und Herren, Ihre Zwischenrufe recht verstehe, beginnen Sie Interesse zu nehmen. Sie fordern mich auf, zur Sache zu kommen. Nun gut! Um im deutsch-deutschen Bereich zu beginnen, schlage ich Bamberg und Dresden als zu neutronisierende Kunststädte vor. Es könnten, ohne daß ich mich festlegen möchte, Rothenburg ob der Tauber und Stralsund folgen, dann Lübeck und Bautzen...

Ich bitte Sie, meine Damen und Herren – vielen Dank, Herr Präsident –, Zurufe wie »Und was ist mit Celle?« oder »Warum nicht Bayreuth?« zu unterlassen. Da anzunehmen ist, daß sich alle Städte um die Gunst der kulturfreundlichen Neutronisierung bewerben werden, wird der noch zu bildenden Findungskommission viel Verantwortung zufallen. Sie wird Kunstverstand beweisen müssen. Aber sie wird auch lernen müssen, nein zu sagen, sobald bei der einen oder anderen Stadt die nukleare Zielzuweisung erhalten bleiben muß. Leider kann hier nur bedauert werden, daß die europäischen Hauptstädte keinen Neutronenschutz werden beanspruchen können, so schade es natürlich um Prag und Rom, um Warschau und Paris, um Budapest und London, aber auch um Berlin-Pankow und Bonn-Köln sein wird.

Dennoch wird dieses Kulturabkommen – da bin ich sicher – dem aktiven Kulturschutz weitere Möglichkeiten eröffnen, auch wenn eine Vielzahl von Städten von unserem Kunstfreund, der neutronisierenden Schonbombe, nicht bedacht werden kann. Es ließe sich, wenn man nur rechtzeitig handelt und nicht wieder alles von der Opposition und den Medien zerreden läßt, ein Gutteil aller Nuklearschlägen ausgesetzten Kulturgüter in Städte verlagern, denen der schonende Schutz vertraglich zugesichert ist. Zum Beispiel können die Schätze des Vatikans nach Avignon, die Kunstzeugnisse des Louvre nach Straßburg, was Warschau an Kunst aufzuweisen hat, nach Krakau und der Sammlerfleiß der Ostberliner Museumsinsel nach Dresden verlagert werden. Ich schließe nicht aus, daß man freiwillig, wenn auch nicht frei von Wehmut, bronzene Domtüren, ganze Barockfassaden, massive Taufbecken und steingehauene Rolandssäulen auslagern wird. Denn, meine Damen und Herren, was täten wir nicht, um die wichtigsten Zeugnisse der europäischen Kultur vor der totalen Vernichtung zu retten?! So könnte Europa zum letztenmal einstige Größe unter Beweis stellen.

Ich bitte Sie, mir eine persönliche Bemerkung nachzusehen, die an dieser Stelle, zu dieser Stunde und mit Erlaubnis des Herrn Präsidenten angebracht ist: Wenn meine Heimatstadt Danzig, die seit Ende des letzten Weltkrieges Gdańsk heißt, das Glück haben dürfte, zu den neutronisierten Kulturstädten zu gehören, also mit allen Türmen und Türmchen, mit Giebelhäusern und Beischlägen, mit all ihrer backsteingotischen Pracht den dritten Weltkrieg überdauern könnte, fiele mir jedes zu bringende Opfer leicht.

Gewiß wird man rufen: Das ist zynisch! Blanker Zynismus ist das. Was heißt hier Kulturschutz, wenn in den neutronisierten Städten jegliches Leben, in dessen Fleisch, wie die Bibel sagt, Odem ist, entsaftet wird! Lassen Sie sich dennoch nicht beirren, meine Damen und Herren. Bleiben Sie fest, wie Sie mehrheitlich bei Ihrem Ja geblieben sind, als es um diese Mittelstreckendingsbummraketen – wie heißen sie noch? – ging und Sie den Mut hatten, für unsere Freiheit den nie zu hohen Preis zu zahlen.

Und auch Sie, verehrter Herr Bundeskanzler, sollten der Mann bleiben, der Sie sind: unbeirrbar, von keinem unnötigen Wissen belastet, treuherzig, durch Ihren Jahrgang für alle Zeit als unschuldig ausgewiesen, redlich und deutsch.

Doch wie ich nun, weil meine Rede sich ihrem Ende zuneigt, in den Plenarsaal blicke und sehe, als träumte mir nur, daß sich die Bänke gelichtet haben, mehr noch, daß ich alleine in diesem Hohen Hause bin – denn auch der Kanzler mit seinem Kabinett ist entschwunden und ließ nur Tortenkrümel zurück –, beginne ich doch zu zweifeln, ob die abwesenden Abgeordneten und die derzeitige Regierung die Kraft aufbringen werden, die Konsequenzen ihrer Entscheidung zu ziehen und so kunstfreundlich zu handeln, wie es der Ernst dieser Stunde verlangt.

Dabei hätte ich – zugegeben – gerne noch weitere Vorschläge gemacht, die geeignet wären, den Schutz unserer neutronisierten Kunstdenkmäler zu vervollkommnen. Es geht um den Dreck danach. Wie alle Experten versichern, werden nach dem Großen Knall in sich wuchernde Staub- und Aschewolken den Himmel verfinstern. Stürme werden diesen letzten Ausdruck menschlicher Möglichkeiten um den Erdball tragen, so daß die heilgebliebenen Kathedralen, reichverzierten Schlösser und heiteren Barockfassaden bald rußgeschwärzt sein werden. Ein Schaden ohnegleichen wäre die Folge. Ein Jammer! Eine Kulturschande!

Sollte man nicht jetzt schon diesem Unheil gegensteuern? Wäre es nicht an der Zeit, Forschungsmittel freizugeben und unsere erfindungsreiche Chemieindustrie aufzufordern, einen später ablösbaren Schutzstoff zu entwickeln, mit dem alle Kulturzeugnisse besprüht werden könnten, die der Gnade neutronisierender Schonung anheimfallen sollen?

Ich weiß, die Frage bleibt offen: Wer, zum Teufel, soll später diese Schutzbeschichtungen ablösen? Ich wüßte Rat. Es muß ja nicht alle Arbeit und Mühe dem Menschengeschlecht aufgebürdet bleiben. Ich erinnere Sie an die erwiesene Überlebensfähigkeit der gemeinen Wanderratte, auch Rattus norvegicus genannt. Sie wird sein, wenn wir nicht mehr sind. Sie hat Zukunft. Sie, die Geschmähte, die Verrufene, wird unsere Müll- und Giftdeponien vorfinden, aber auch die fürsorglich geschonten Zeugnisse menschlicher Kultur. Vielleicht wird sie, die überlebende Ratte – neugierig, wie Ratten nun einmal sind –, die rußgeschwärzten Schutzschichten ablösen und staunen über die heile Pracht.

Schaut! könnten die Ratten ihre posthumanen Würfe lehren: Das alles hat der Mensch gemacht. So hochgotisch hat er geglaubt und empfunden. So bewußt seiner selbst hat ihn die Renaissance werden lassen. So ausschweifend barock war noch in finstersten Zeiten sein Lebensgefühl. Schaut, wie stolz, wie verstiegen, wie heiter und verspielt er sein konnte. Und einfallsreich war der Mensch. Jeder Idee, sie mochte noch so verrückt sein, lief er bis zum Kann-nicht-mehr nach. Leider fiel ihm zum Schluß nur noch seine Vernichtung ein. Immerhin hat er Zeugnisse hinterlassen. Schaut, was der Mensch alles konnte. Schade, daß es ihn nicht mehr gibt ...

Dann träumte ich nicht mehr, ich dürfte vor den Deutschen Bundestag treten und eine Rede halten. Meinen letzten Satz, den ich vor leerem Hause sprach, denn nur noch einige Geldbriefträger zählten auf den Hinterbänken ihr Trinkgeld – »Ich danke Ihnen, meine Damen und Herren, für Ihre Abwesenheit« –, hörte ich mich hellwach sprechen.

Wir sind dennoch nach Heilbronn gekommen

Rede bei der zweiten Heilbronner Begegnung

Meine Damen und Herren,

erwarten Sie bitte nicht, daß ich Hoffnung mache. Solche Gaukelei wurde kürzlich in Genf geboten. Nach präzisen Plänen gelang es den Medien, ob östlicher oder westlicher Einfärbung, zwei Damen, die First Ladies der beiden Großmächte, in den Vordergrund zu rücken. Aufgeklärt ist seitdem die Weltöffentlichkeit über das Kräfteverhältnis westöstlicher Damenoberbekleidung. Charme und Parfüm wurden auf den Prüfstand geführt, jedes Lächeln bis in die Lachgrübchen gemessen.

Und das Ergebnis? Eine leichte Überlegenheit der sowjetischen Lady im konventionellen Bereich konnte durch das astralleibchenhafte Fluidum der amerikanischen Lady ausgeglichen werden. Und im Windschatten dieses friedlichen Kräftemessens gelang es den Gatten jener zur Schau gestellten Damen, ungestört über dies und das zu plaudern, wobei es den Herren, wie nebenbei, gelang, die weltweiten Sicherheitssysteme der beiden Großschutzmächte unangetastet zu lassen, mehr noch: Deren Vervollkommnung und Erweiterung in den Weltraum hinein steht fortan nichts mehr im Wege.

Kurzum: In Genf siegte kürzlich die Vernunft! Überall stand zu lesen: Ost und West hoffen wieder auf Teufel komm raus. Überall wird Hoffnung wie Schulspeisung gratis verteilt; wer will, kriegt kurz vor Weihnachten noch einen Nachschlag verpaßt. Der heilige Bloch möge mir augenzwinkernd erlauben, zukünftig vom Prinzip Genf zu sprechen, zumal die dort betriebene Hofferei sogar die Aktienmärkte belebt haben soll. Wer wagt es, fortan noch schwarzzusehen. Von keinerlei Zweifel gekränkt, darf unser gegenwärtiger Kanzler der Meinung sein, daß ohne sein beharrliches Gutzureden das Genfer Spektakel nicht zustande gekommen wäre.

Mit anderen Worten: Seitdem uns zwei ausgesucht telegene First Ladies mit ihrem westöstlichen Lächeln ein Lichtlein steckten, ist Hoffnung in, ist Hoffnung Mode; man trägt wieder Hoffnung, die Jugend sogar mit Anlehnung an den Chic der fünfziger Jahre.

Doch wer sich dem Prinzip Genf verweigert – ich jedenfalls bin ohne Hoffnung –, der sollte auch die Kraft aufbringen, die notwendig ist, wenn die Schwäche der eigenen Position erkannt werden muß.

Schon vor zwei Jahren, als Mitglieder der Akademie der Künste Berlin und ein gutes Dutzend Schriftsteller nach Heilbronn reisten, fanden unsere Veranstaltungen am Rande der Hoffnungslosigkeit statt, hatte doch im Vormonat der Deutsche Bundestag der Stationierung von Pershing-Raketen und Marschflugkörpern mit Mehrheit zugestimmt. Außer ohnmächtig anmutendem Protest stand dieser Wahnsinnstat nichts mehr im Wege.

Dennoch ging von der ersten Heilbronner Begegnung Wirkung aus. Ihr Motto »Den Widerstand lernen« und die »Heilbronner Erklärung« fanden Zuspruch und lösten Polemiken aus; bis in die manchmal windstill anmutenden Räume der Berliner Akademie der Künste wurde für und wider diskutiert. Doch bald drängten sich andere Themen in den Vordergrund und besetzten unser Bewußtsein: das Waldsterben, die Flick-Affäre, die Arbeitslosigkeit und der Ruf nach der 35-Stunden-Woche. Hinzu kam, daß es dem Trio Kohl-Genscher-Strauß gelang, mit einer Vielzahl von Pannen und Kleinkrisen den Medien und uns, ihrem Publikum, unterhaltsam zu sein. Als Opposition ging die SPD zur Tagesordnung über, und die Grünen gewannen an sich bis zur beginnenden Selbstzerstörung Gefallen.

Kein Wunder, daß die Friedensbewegung an Kraft verlor. Sie war nicht mehr aktuell. Sie produzierte, nach bundesdeutschem Öffentlichkeitsverständnis, keine Nachrichten mehr, die irgend jemand vom Stuhl rissen. Die Pershing-Raketen waren zwar da – aber nur uneigentlich, denn eigentlich ging es in munterer Folge um Skandale und Skandälchen, die einander vom Bildschirm verdrängten. Der sogenannte »Heilbronner Raketenunfall« wurde wie ein Lokalereignis behandelt. Die Tatsache, daß die Bürger der Bundesrepublik in Nachbarschaft zu Instrumenten der Massenvernichtung leben, liegt verdeckt unterm laufenden Programm, das sich aus einander löschenden Katastrophenmeldungen und beliebigen Sprechblasen speist; wie gerne läßt sich bei solchem

Befinden das latente Hoffnungsbedürfnis nach dem Prinzip Genf verköstigen.

Wir sind dennoch nach Heilbronn gekommen. Unsere Dennoch-Haltung erlaubt zwar keine Massendemonstrationen mehr, hält aber dennoch den Widerspruch aufrecht. Wir bleiben dabei: Die Stationierung von nuklearen Systemen, die sich einzig durch völkervernichtende Wirkung ausweisen, ist eine Wahnsinnstat, die dem Wahnsinn sowjetischer Hochrüstung entspricht, mithin den organisierten Wahnsinn verdoppelt und durch nichts, auch nicht durch Bündnistreue zu rechtfertigen ist.

Zudem hebt die Stationierung von nuklearen Vernichtungssystemen auf deutschem Boden den verfassungsgemäßen Verteidigungsauftrag der Bundeswehr auf, sie spottet dem Grundsatz »Von deutschem Boden darf nie wieder Krieg ausgehen«, sie macht jeden Bundeswehrsoldaten zum Helfershelfer und Opfer einer Wahnsinnslogik, die Verteidigung verspricht, doch Selbstvernichtung zur Folge haben wird.

Die Heilbronner Erklärung vom Dezember 1983 ist im Verlauf von zwei Jahren durch nichts widerlegt worden. Im Gegenteil: Die Entwicklung zeigt an, daß seit der Stationierung nuklearer Vernichtungssysteme entsprechende Raketen auf dem Boden der DDR und ČSSR stationiert worden sind, deren Flugzeit, weil ihre Ziele zum Beispiel Mutlangen und Heilbronn heißen, weniger als eine Minute beträgt; wer will da noch von größerer Sicherheit faseln!

Auf unverantwortliche Weise hat die derzeitige Bundesregierung dazu beigetragen, daß nunmehr beide deutsche Staaten als Zielgebiete für atomare Erstschläge ausgewiesen und der Vernichtung preisgegeben sind; den Megatonnen Sprengkraft werden Megatonnen Tote entsprechen.

Ich kenne die Einwände: So schlimm wird es nicht kommen. Diese Waffen sind nicht für den Einsatz gedacht, sie dienen der Abschreckung nur. Und außerdem wird SDI, wenn wir mutig genug sind mitzumachen, den ganzen Raketenzauber überflüssig machen. Der Zynismus der christlichen Politiker Strauß und Späth erlaubt sogar, kapitalen Honig aus dem Krieg der Sterne zu saugen: Das alles nütze der deutschen Industrie, schaffe also Arbeitsplätze und diene obendrein, wie vor zwei Jahren schon die Pershings, der Friedenssicherung.

Lügen, gewiß, die leicht zu widerlegen sind; und doch wird, so fürchte ich, diese dummschlaue Rechnung aufgehen, notfalls am Parlament vorbei. Herr Genscher, heute noch lauthals gegen das SDI-Programm, könnte sich morgen schon in jener Disziplin gefallen, die Umfallen heißt, sich auf Sachzwänge beruft und in der Regel mit einem Zwinkern und einem Grinsen quittiert wird; das ist der Ausweis gegenwärtiger Politik: Grinsen und Feixen, als habe die Welt vor, demnächst vor Lachen zu bersten.

Ist dagegen anzukommen? Macht es noch Sinn, das oft berufene Umdenken zu fordern? Hat der wiederholte Hinweis, daß wachsende Rüstungskosten einzig wachsendes Elend in der Dritten Welt zur Folge haben, außer bedauerndem Kopfnicken, irgendeine erkennbare Wirkung? Ist das Menschengeschlecht im Begriff, sich selbst unaufhaltsam und wissentlich zu vernichten?

Ich habe mir diese Fragen während der letzten Jahre, während ich an meinem Buchmanuskript arbeitete, täglich gestellt. Meiner Meinung nach findet die Selbstvernichtung schon statt. Tag für Tag verhungern vierzigtausend Kinder. Nichts hält den Tod der Wälder, die Vergiftung der Elemente, die Verdummung der Köpfe im Namen des Fortschritts auf. In militärischen Szenarien und wissenschaftlichen Gutachten, das heißt in etlichen Köpfen ist diese Selbstvernichtung als Endlösung bereits vollzogen. In der Tat läßt sich dieses Ende bis ins Detail denken; und weil denkbar, ist es auch machbar. Das war schon immer menschliches Vermögen. Was sich der Mensch ausdachte, machte er bald darauf. Erstaunliches ist darunter: vom Blitzableiter bis zum Elektrogrill. Doch weit fleißiger war der menschliche Geist, wenn er dem Krieg als Vater aller Dinge erfinderisch zu Diensten war. Nichts, auch das Undenkbare nicht, blieb ungetan. Wir wissen es nun. Wir sind umstellt von unseren Kopfgeburten. Es schauert uns ein wenig, bei allem Stolz auf das Geleistete. Schnell geben wir die Verantwortung ab an unsere Produkte. Computer und Datenbanken sollen uns entlasten, für uns Verantwortung tragen. Wir geben uns auf. Am Ende werden nicht wir, die Technik oder irgendein dummer Zufall wird schuld sein.

Warum also dieser Aufwand, diese zweite Heilbronner Begegnung? Wozu die Künste bemühen, wenn Hoffnung nur noch nach Genfer Prinzip als Zubrot verteilt wird? Reicht dieses »Dennoch«

als Haltung, um gegen jene Übermacht, das weltweite Feixen und Grinsen der Politiker, zu bestehen?

Ich weiß es nicht. Wir haben nur unsere Wörter, zu Sätzen geformt, Tonfolgen, die sich auf Tonfolgen beziehen, Bilder, die für sich sprechen, den Anspruch der Künste, auf Auge, Ohr und tastende Hand, auf die Sinne, ja, auch auf Zeit und Dauer, auf Leben. Deshalb zeigen wir vor, was uns ausmacht.

Aber wir werden auch miteinander sprechen, unsere Ratlosigkeit aufzuheben, unserer Ohnmacht, wenn schon nicht Stärke, dann Ausdruck abzuverlangen versuchen. Vielleicht infiziert uns ein immer noch hoffender Christ. Vielleicht fällt uns ein Mittel ein, das das Feixen und Grinsen der Politiker bloßstellt. Notfalls beschwöre ich meinen einzigen Heiligen – Sie kennen ihn –, den Sankt Sisyphos; der hat schon immer Steine gerne vergeblich gewälzt.

West-östliches Höllengelächter

Rede auf dem Internationalen PEN-Kongreß in New York

Das uns gestellte Thema »The Writer's Imagination and the Imagination of the State« überfordert vorerst meine englischen Sprachkenntnisse, weshalb ich Sie bitte, die folgenden Anmerkungen in deutscher Sprache zu akzeptieren.

Wer aus einem Land kommt, das sich in zwei Staaten gefällt und doppelt deutsch bemüht bleibt, der Welt ihren geteilten Zustand zu demonstrieren, wer zudem seinen Wohnsitz in Westberlin hat, doch allzeit Ostberlin im Auge behält, wer überdies – er mag schreiben, so umfänglich er will – die deutsche Vergangenheit, sei es die politische, sei es die literarische, nicht los wird, dem ist das Thema dieses Kongresses einerseits konkrete Wirklichkeit, andererseits Verlockung, laut Überdruß zu artikulieren, denn allzuoft und unverbindlich wurde in Podiumsdiskussionen und Colloquien der Widerspruch zwischen Geist und Macht diskutiert, wurde der Gegensatz von engagierter Literatur zum Künstlereigenheim »Elfenbeinturm« zerredet.

Unterschlagen oder verdrängt wird bei diesen Debatten zumeist der Anteil der Intellektuellen an der Formulierung, Verfeinerung und Ausübung der Staatsmacht. Preußens Hybris ist kaum denkbar ohne Hegels Staatsphilosophie. Ein vorzüglicher Schriftsteller namens Machiavelli hat machtstaatliche Verhaltensregeln vorgeschrieben, die bis heute ihre Adepten finden, nicht nur im Kreml oder im Weißen Haus, auch in den Staaten der Dritten Welt. Literarische Vorstellungskraft wurde der Vorstellungskraft des Staates förderlich; wenngleich Machiavellis stilbewußter Scharfsinn, kaum staatlicherseits begriffen, ins Vulgäre und in der Regel vom Machtgebrauch in anhaltenden Machtmißbrauch umschlug. Nicht besser sieht es mit der literarisch-utopischen Vorstellungskraft aus. Von Thomas Morus bis Karl Marx ließe sich nachweisen, was aus Utopia wird, sobald es dem Staat gefällt, irdische Paradiese einzuzäunen.

Unsere Gegenwart ist geprägt vom Konkurs der herrschenden Ideologien, vom Bankrott aller von Staats wegen verordneten

 Januar 1986

oder verheißenen Glückseligkeiten. Mittlerweile ist sattsam bekannt, wie ausgezehrt der Staatskommunismus Gefangener seiner selbst ist, auch wenn seine Macht andauert; entsprechend ritualisiert hangelt sich der Kapitalismus von Krise zu Krise. Wer heute noch »The american way of life« für einen begehbaren Pfad hält, muß Heuchler genug sein, um die angrenzenden Slumgebiete, den weltweiten Hunger ignorieren zu können. Und was blieb von den Evangelien, vom geschriebenen Wort, dessen Autorenschaft Gott nachgesagt wurde? Gewiß, es gibt Christen, die die Bergpredigt wörtlich nehmen. Ich habe sie in Polen erlebt unter Mitstreitern der Solidarność-Bewegung, ich begegnete ihnen unter den Sandinisten Nicaraguas; doch der Kirche als dem Staat übergeordnete Macht ist die christliche Lehre abhanden gekommen. Der gegenwärtige Papst mag noch so reiselustig die Betonpisten der ärmsten Länder küssen, nach Rom zurückgekehrt, wird seine Bank weiterhin gotteslästerlich »Bank des Heiligen Geistes« heißen: Flucht in Mysterien und unbeugsam kanonisches Recht; die Kirche weiß, was ihr frommt.

Wo also ist, inmitten so ruinös besetzten Geländes, ein Platz übriggeblieben, auf dem unser angezeigtes Wechselspiel »The Writer's Imagination and the Imagination of the State« Platz finden könnte?

Mit einem Beispiel aus jüngster Zeit will ich versuchen, deutlich zu machen, was mit unserem Thema praktisch gemeint sein könnte:

Im Herbst des vergangenen Jahres fand während sechs Wochen in Budapest ein Kulturforum als Nachfolgekonferenz des Helsinki-Abkommens statt. Die Vertreter aller europäischen Staaten, außer Albanien, dazu die Vertreter der Vereinigten Staaten und Kanadas, fünfunddreißig an der Zahl, saßen in gewohnter Konferenzordnung und machten Vorschläge, wie denn, trotz ideologischer Gegensätze, der kulturelle Austausch zwischen den europäischen Staaten gefördert werden könne.

Eine Konferenz mehr und hier kaum erwähnenswert, wenn nicht die Regierungen aller beteiligten Staaten übereingekommen wären, jeweils Künstler, wohnhaft in ihrem Staatsbereich, nach Budapest einzuladen. Und sie kamen: Maler, Bildhauer, Architekten, Theaterdirektoren, Choreographen, Komponisten und

Schriftsteller. Auch ich reiste an, sah mich der Delegation der Bundesrepublik Deutschland zugeordnet, die neben der Delegation der Deutschen Demokratischen Republik saß. Auch ich hatte mich vorbereitet und machte, wie die anderen Künstler und Literaten davor und danach, meinen formulierten Vorschlag, indem ich den seit der Helsinki-Konferenz versammelten Staaten eine gesamteuropäische Kulturstiftung vorschlug, die geeignet wäre, den Ost-West-Gegensatz zu überbrücken, und ihren Sitz in Budapest haben sollte.

Bald fiel auf, daß auf dieser Konferenz, über alle herkömmlichen Sprachunterschiede hinweg, zwei Sprachen gesprochen wurden. Einerseits monoton einschläfernd die offizielle Sprache der Ost und West beherrschenden Staatsmächte: dieses beharrende Pochen auf unüberwindlich anmutenden Gegensätzen; andererseits die Sprache der kunterbunt versammelten Künstler und Schriftsteller: Nicht etwa abstrakt, verblüffend pragmatisch machten sie Vorschläge aus jeweils ihrer Berufserfahrung. Sie achteten wenig die ideologischen Grenzziehungen und kamen sich dabei näher, aus Staatssicht offenbar gefährlich nah.

Denn als die eingeladenen Künstler nach vorgesehener Zeit wieder nach Hause fuhren, beugten sich die offiziellen Vertreter der fünfunddreißig Staaten über den Korb, gefüllt mit durchaus vernünftigen, weder die Sicherheit der UdSSR noch die kapitalistische Marktwirtschaft gefährdenden Vorschlägen. Sie benötigten nur eine Woche, um all den Künstlerfleiß zunichte zu machen. Nicht einmal ein nichtssagendes Schlußdokument brachten sie zustande. Einzig der Zustand gegenwärtiger Politik wurde erschrekkend deutlich: erwiesene Unfähigkeit. Eine Konferenz mehr. Außer Spesen schlug nichts zu Buche. Doch seien wir nicht hochmütig. Auch unser Kongreß wird Mühe haben, seine Notwendigkeit zu beweisen.

Die Vorstellungskraft des Staates hat Kafkas Erzählung »In der Strafkolonie« und zudem die verstiegensten Science-fiction-Romane überboten; von Staats wegen organisierter Wahnsinn, die täglich drohende Selbstvernichtung des Menschengeschlechts, fordert die Vorstellungskraft der Literatur heraus. Was, außer Höllengelächter, könnte ihr dazu einfallen?!

Als Schriftsteller immer auch Zeitgenosse

Rede auf dem Internationalen PEN-Kongreß in Hamburg

Die Spiegelung von Zeitgeschichte durch jeweils gegenwärtige Literatur setzt Autoren voraus, die sich als Zeitgenossen begreifen, denen selbst die trivialsten politischen Vorgänge kein außerästhetischer Störfaktor, vielmehr realer Widerstand sind, die nicht mit jedem geschriebenen Wort der Zeitlosigkeit einverleibt sein möchten und mangelnde Distanz zum augenblicklichen Geschehen durch erzählerische Einfälle auszugleichen vermögen; als bewußten Gegnern akademisch entschlackter Dichtkunst ist ihnen deshalb, solange es Literatur gibt, der Prozeß gemacht worden: von Staats wegen oder von Inquisitoren, denen bis heute die Aura literaturpäpstlicher Großkritik kleidsam ist.

Dennoch will ich mich nicht in vorgefaßten Begriffen – dort Elfenbeinturm, hier engagierte Literatur – verlieren, vielmehr von meinen Schreib- und Leseerfahrungen berichten, die nie frei waren von zeitgeschichtlichen Belastungen und politischer Dreinrede; bis in meine Ausflüchte und Versteckspiele hinein war ich als Schriftsteller immer auch Zeitgenosse: eine Verkettung, zu der allerdings nicht nur deutschsprachige Autoren verurteilt sind. Ein exemplarisches Beispiel bietet der Spanische Bürgerkrieg.

In seinem Verlauf wurde vor fünfzig Jahren der Zweite Weltkrieg vorbereitet. Alle bis heute herrschenden oder schon wieder latenten Ideologien hatten sich ineinander verbissen, wobei die bürgerlichen Demokratien aus Kommunistenfurcht den Putsch der Falange verschämt hinnahmen, das linke Lager jedoch, zum Schaden der Republik, zusätzlich durch stalinistischen Terror geschwächt wurde. Ein immer noch offener und zugleich verdrängter Streit, obgleich die Literatur jener Zeit den Zerfall der antifaschistischen Substanz vielfach gespiegelt hat und den kommenden Verrat, den Hitler-Stalin-Pakt, ahnen ließ. Von Neruda und Hemingway über Orwell, Malraux, Bernanos bis zu Koestler, Renn, Kisch und Regler waren Schriftsteller aus aller Welt als Augenzeugen dabei und in ihren Büchern oft hellsichtiger als die Politiker der dreißiger Jahre; ihre Zeugnisse beschämen noch heute.

Juni 1986

Aus Gustav Reglers Buch »Das Ohr des Malchus« zitiere ich eine Szene, in der ein versprengter Haufen der Internationalen Brigade nur knapp der Liquidierung durch ein kommunistisches Kommando, unter Befehl des berüchtigten André Marty, entgeht: »›Ich hatte es zuerst nicht glauben wollen‹, sagte ein junger jüdischer Bursche, den ich früher in meiner Telefonabteilung gehabt hatte. ›Aber dann fing er an zu fluchen wie ein Meschuggener. Nichts als Geseires über Trotzkisten und Konterrevolutionäre. Na, da haben wir Bescheid gewußt.‹ Er kratzte sich die Haare. ›Aber haarscharf ist's ihm vorbeigelungen!‹ – ›Warum hat er eigentlich nicht geschossen?‹ fragte der aus meiner früheren Telefonkompanie. ›Weil er ein Feigling ist, weil er wußte, er geht dann drauf. Henker sind immer feige. Der Beruf ist doch schon feige. Auch Adolf ist feige und Stalin nicht minder!‹«

Eine rüde Prosa, wie mitgeschrieben. Für Kunst war wenig Zeit. Unausweichlich nah herangerückt an den faschistischen und stalinistischen Terror, mußte der fehlende Abstand durch festgehaltene Augenblicke ersetzt werden. Orwells »Mein Katalonien« ist gleichfalls den verkürzenden Zwängen dieser Stillage unterworfen und dennoch bis heute gültig geblieben, wie seine späteren, gleichnishaften und aus Distanz geschriebenen Bücher, die allerdings ohne die Erfahrung »Spanischer Bürgerkrieg« nicht jene Wirkung hätten, die sie heute noch zu umstrittenen oder gar verbotenen Büchern macht.

Wollte man zudem den Biographien aller Autoren folgen, die in Spanien dabei waren, wäre allein im deutschsprachigen Bereich ein ganzes Kapitel vonnöten. Von Fall zu Fall würde sich zeigen, welches Risiko Autoren eingehen, die sich ihrer Gegenwart stellen: ins Exil getrieben alle, einige in den Tod, viele späterhin angepaßt oder verstummt, andere ausgestoßen als Renegaten, ihre Bücher dem Reißwolf des Vergessens geliefert. Und doch wüßten wir ohne sie nur jenen Teil der Geschichte, der sich an politische Machtverschiebungen, an militärische Siege, Verträge und Vertragsbrüche, an Daten und regierungsamtliche Dokumente hält. Solche Geschichtsschreibung geht über den einzelnen in der Masse der Leidenden hinweg. Übersichtlich ordnet sie, was vorgestern noch chaotisch zuhauf lag. Der Blick von unten bleibt ausgespart. Die Unterlegenen hinterlassen in der Regel nur wenige

Dokumente. Lücken, die dem Historiker bewußt werden, wenn sich unübersehbar Schriftsteller zu Wort melden, die sich in böser Zeit nicht – was verständlich gewesen wäre – in ihre Befindlichkeit retteten, sondern ausgesetzt blieben, hinsahen, speicherten und ihre Gegenwart wahrnahmen: mehr oder weniger beteiligt, mehr oder weniger verletzt.

Wäre also der Schriftsteller, wie im Nebenberuf, als Lückenbüßer der offiziellen Geschichte in Dienst zu nehmen? Er füllt aus, was im historischen Prozeß so groß- wie breitspurig übersprungen wird: etwa Grimmelshausens »Simplicissimus« als Ergänzungsband zur Geschichte des Dreißigjährigen Krieges; man könnte auch Babels »Budjonnys Reiterarmee«, Célines »Reise ans Ende der Nacht« und Remarques »Im Westen nichts Neues« als solche Dienstleistungen abbuchen; und gelegentlich bemühen Historiker in Fußnoten und Anmerkungen die Literatur als erwähnenswerte Zuarbeit.

Dabei wird gern übersehen, daß der Schriftsteller als wahrnehmender Zeitgenosse den Geschichtsverlauf nicht etwa ordnet, sondern ihm seine Absurdität erhält, die großen Daten unter tausend Kleindatierungen begräbt, durch Perspektivwechsel die Unterlegenen ins Blickfeld rückt, der Angst, Not, ja, der Feigheit das Wort redet, also die sogenannten Helden auf menschliches Maß bringt und die Geschichte auf den Kopf stellt. Nicht etwa politische Großereignisse und Entscheidungsschlachten sind ihnen Stoff, vielmehr ist es der Alltag unter der Fuchtel herrschender Meinung, den sie Schicht nach Schicht freilegen und beredt machen.

Ich nenne drei Autoren und Buchtitel, die für mich beispielhaft jenen Typ des Schriftstellers und jene Art von Literatur darstellen und belegen, denen ich verbunden bin und deren anhaltende Wirkung sich nicht zuletzt aus zeitgenössischen Bezügen speist: Dos Passos, Emilio Gadda, Alfred Döblin und ihre drei Stadtromane: »Manhattan Transfer«, »Die gräßliche Bescherung in der Via Merulana« und »Berlin Alexanderplatz«.

Alle drei Autoren haben in der Nachfolge von James Joyce geschrieben, ohne den Urheber moderner epischer Literatur auf das nichtende Nichts zu verkürzen, ohne ein Rüchlein epigonaler Abhängigkeit. Sie entwerfen literarische Wirklichkeit aus dem funktionierenden Chaos großstädtischer Bezüge und Schichtungen. Ihre Helden stehen auf der Verliererseite, das Scheitern ist ihnen vorgeschrieben: Weder gelingt dem entlassenen Häftling Franz Biberkopf, trotz wiederholter Anläufe, sein neues Leben, noch kann in Rom der Kommissar Ingravallo seinen Fall, den Raubmord in der Via Merulana, klären, und auch der Traum der Tellerwäscher vom Aufstieg zu Reichtum und Macht, dieser amerikanische Traum, wird zunichte. Doch eingebettet in Alltäglichkeiten und faktenversessenes Geröll, versteckt in Nebenhandlungen und Abschweifungen, verpuppt in Wortspielen oder nackt vorgestellt in Zitaten, ist in allen drei Büchern, neben mythischen Eruptionen, Zeitgeschichte gegenwärtig: hier die endzwanziger Jahre und der Zerfall der Weimarer Republik, dort die Dollar-Hybris in Vorahnung der großen Depression und schließlich die Banalität des frühen italienischen Faschismus. Indem nicht die herrschenden Mächte, sondern private Verzweiflungen ihre Daten setzen, werden die politischen Zustände zum jeweiligen Unterfutter allen Geschehens: Hier hält noch die Oberfläche, dort platzen die Nähte schon. Oder umgekehrt gefolgert: Der Machtanspruch jeweils vorherrschender Politik, ihr Begehren, jeden Lebensbereich und auch die Träume zu besetzen, diese vertraute Gefräßigkeit, muß sich bescheiden und wird ausgesperrt, weil die Obsessionen der tragisch-komisch scheiternden Helden stärker sind.

Der Transportarbeiter Franz Biberkopf, der zwischendurch als Zeitungsverkäufer am Alexanderplatz steht, rät einem Alten, der ins Geschäft einsteigen möchte: »... Verbindung mußt de haben und einen guten Platz. Wenns regnet, ist es naß. Zum guten Geschäft gehören Sportkämpfe, Regierungswechsel. Bei Eberts Tod, sagen sie, haben sie ihnen die Zeitungen weggerissen. Mensch, mach bloß nich solch Gesicht, ist alles bloß halb so schlimm ...«

Döblin, Dos Passos, Gadda, diese drei Autoren sind exemplarisch für die zwanziger Jahre. In ihren epischen Stoffmassen keimt die kommende Barbarei, ohne daß einer der Autoren prophetisch über die Leser hinwegspricht oder gar blanke Agitation betreibt; denn auch solche gegenwartsbezogene Literatur hat es nach Agitpropmuster immer wieder gegeben. Bücher, Gedichte, Theaterstücke der direkten Aktion, die mit linker, aber auch rechtsgerichteter Eindeutigkeit nichts außer ihrem Appell vor sich her trugen.

Bestimmten Zeitperioden verhaftet, von Pathos und Eifer bestimmt, sind sie einzig als Dokumente ideologischer Trivialliteratur, vergleichbar den Traktaten zänkischer Pfaffen, interessant geblieben; dem Anspruch, literarischer Spiegel ihrer jeweiligen Gegenwart zu sein, konnten sie nicht genügen.

Zum Lastenträger dogmatisierter Ideologie, zur Karikatur seiner selbst geriet der vielberufene »positive Held«; wie jene Forderung nach »sozialistischem Realismus« heute allenfalls komisch anmutet, wenngleich der Ruf nach dem Positiven und das Verlangen nach Helden neuerdings Konjunktur haben: Sei es, um das amerikanische Selbstbewußtsein zu stärken, sei es der erbärmliche Versuch, mit literarischem Nachschlag den Vietnamkrieg zu gewinnen.

Der Schriftsteller als Zeitgenosse, wie ich ihn meine, wird immer verquer zum Zeitgeist liegen. Als Beispiel und zur Erinnerung nenne ich Uwe Johnson, dessen Werk, von den frühen Romanen bis zu den vier Bänden der »Jahrestage«, Zeugnis ist seiner und unserer Zeit. Um jedes Detail besorgt, nahezu buchhalterisch hat er, bei strengem literarischen Anspruch, wie nebenbei die Entstehungsgeschichte der Deutschen Demokratischen Republik, den hier fließenden, dort abrupten Übergang vom Nationalsozialismus zum Stalinismus niedergeschrieben, freilich so unerbittlich, daß seine Bücher dort, wo sie ihren Ursprung haben, offiziell nicht vorhanden sind; ein deutscher Autor mehr, der von Staats wegen nicht zur Kenntnis genommen werden darf.

Und was macht seine Bücher angeblich so gefährlich, was trägt ihnen die fragwürdige Ehre ein, verboten zu bleiben? Ich greife aus dem vierten Band der »Jahrestage« von hundert Beispielen eines auf. An mangelnder Bereitschaft zum landläufigen Opportunismus scheitert der Lehrer Kliefoth, als im Herbst des Jahres neunundvierzig ein Lied zu nationalen Ehren kommen soll. Zitat: »Kliefoth sei über die Nationalhymne gefallen: verkünden solche wie Frau Lindsetter, bloß damit sie eines musikalischen Verstandes sich berühmen dürfen. Denn wessen ein Staat außerdem bedarf, das wurde im November in den Stunden-Plan der Fritz Reuter-Oberschule eingebunden, das Lied. Im Zweivierteltakt, schlicht symmetrischer Dreiteiligkeit, begleitete es den gereimten Vorsatz eines mehrfachen Subjektes, eines Wir, aus Ruinen auferstanden zu sein, der Zukunft sich zuzuwenden und einem einzelnen Subjekte, ›dir‹, ›Deutschland einig Vaterland‹, zum Guten zu dienen, ›daß‹ (final) die Sonne über diesem Lande scheine ›schön wie nie‹ ...«

Mit immer den Gegenstand um und um wendender Ironie entkleidet Johnson das »gutmütig pompöse Stück« und gibt preis, daß dessen Melodie Plagiat ist, abgeschrieben von einem Film-Song des Jahres sechsunddreißig, »Wasser für Canitoga«; Hans Albers sang damals.

Für staatstreue Gemüter mag sich das peinigend lesen, wie Johnson Zeile um Zeile Beweis führt und im Gefüge seiner Erzählung obendrein erkennen läßt, in welchem Maße die Gründung des »ersten deutschen Arbeiter- und Bauern-Staates« Fälschung, Verfälschung ist. Außer Kliefoth scheitert an dieser Affäre der Musiklehrer Buck: Der eine setzt sich zur Ruhe, der andere geht in den Westen ab, wo sich andere Plagiate als staatstragend beweisen.

Uwe Johnsons nichts als gering achtender Rückblick auf die frühen fünfziger Jahre, deren Prägung bis heute gültig ist, wird durch den Erzählrahmen der »Jahrestage« dem Leser gegenwärtig gemacht, denn der Erzählort New York und die alltägliche »New York Times« geben das Zeitgeschehen, den Vietnamkrieg und – von Tag zu Tag bedrohlicher – die bevorstehende Okkupation der ČSSR durch die Armeen des Warschauer Paktes preis.

Diese erstaunliche literarische Anstrengung – ein Ozean von Worten zwischen Manhattan und Mecklenburg –, diese keine Abschweifung scheuende Zumutung, diese epochale Leistung ist – bei allem beflissenen Respektrespekt-Gemurmel – in Ost und West, dort schweigend, hier geschwätzig, ignoriert worden. Uwe Johnson starb im Alter von neunundvierzig Jahren. Ich bezweifle, daß dieser Autor und sein Werk derzeit als Maßstab zur Kenntnis genommen werden. Bei ihm wäre zu erfahren, was Literatur außer dem Abfeiern eigenwüchsiger Befindlichkeit spiegeln und brechen, in Scherben belegen und aus Bruchstücken fügen kann: die konsumierbar gewordene Barbarei unserer Zeit, die sich wechselseitig bestätigenden Verbrechen, Zeitgeschichte und ihr Treibgut von Küste zu Küste. Bei Uwe Johnson beweist sich, wie epische Fron zu großer Literatur ausschlagen kann.

Juni 1986

Anstelle dessen wird gegenwärtig in kleiner literarischer Münze gezahlt. Oder noch billiger: Es wird dieses aufpolierte Kleingeld als postmoderne Währung in Umlauf gebracht, feierlich schönredend. Da geschieht kaum mehr als des Ichs ewiger Heuschnupfen.

Sei es, um meinem allzu deutschsprachigen Befund selbsttätig zu widersprechen, sei es, um jüngste Leseerfahrungen am vorgegebenen Thema zu prüfen, nenne ich einen Autor, der – weiß Gott, ein anderes Temperament als Uwe Johnson – seiner Heimatländer Geschichte in zwei epischen Gewalttätigkeiten zu Buche schlagen ließ: Salman Rushdie und seine Romane »Mitternachtskinder« und »Scham und Schande«.

Um Mitternacht des 15. August 1947, als Indien unabhängig wurde, kommen die Mitternachtskinder zur Welt. Rushdie hat sie mit wundersamen Gaben ausgestattet, so daß sie auf phantastische Weise zu Zeitgenossen der indischen Staatswerdung erwachsen: Zeitverläufe, datiert von Haß, Pogromen, Kriegszügen, Hungersnöten und Landesteilungen, die der Autor in Geschichten und Gegengeschichten bettet, in Wortfluten ersäuft, mit ätzender Satire beizt, zu Mythen erhebt, die in Kloaken enden.

Auf der Reise nach Bombay – denn diese Stadt ist Rushdies Ort aller Geschichte – berichtet Salem, der Mitternachtsheld, Ereignisse kurz vor seiner Geburt: »Am 4. Juni fuhren meine schlecht zusammenpassenden Eltern mit dem Grenzzug nach Bombay. (Es wurde gepoltert, Stimmen hielten sich fest, als ging's ums liebe Leben, Fäuste schrien auf: ›Maharadsch! Machen Sie auf, einen Moment bloß! Ohé, um der Milch Ihrer Güte willen, hoher Herr, seien Sie uns gewogen!‹ Und auch – in einem grünen Blechkoffer unter der Mitgift verborgen – ein verbotener, mit Lapislazuli eingelegter, fein geschmiedeter Spucknapf war da.) Am selben Tag hielt Earl Mountbatten von Birma eine Pressekonferenz ab, in der er die Teilung Indiens verkündete und seinen Countdown-Kalender an die Wand hängte: siebzig Tage bis zum Machtwechsel ... neunundsechzig ... achtundsechzig ... tick-tack.«

Diese Art, politisches Geschehen, mehr noch, die großkotzigen Sternstunden der Politik den vier Mägen der Literatur einzuverleiben, mußte Anstoß erregen und hat Salman Rushdie in Indien und Pakistan Feinde gemacht. Seine Polemik gegen Indira Gandhi und die von ihr ausgerufene Sterilisierungskampagne setzt satirisch ein, wird plötzlich aggressiv direkt und steigert sich schließlich zum Höllenspuk, der Gelächter freisetzt, als sei die schwarze Göttin Kali in die Ministerpräsidentin gefahren.

Witzig plaudernd leitet Rushdie seine Schmährede auf die Witwe ein: »Der Einfluß von Frisuren auf den Verlauf der Geschichte: das ist eine weitere kitzlige Sache ... hätte die Mutter der Nation einheitlich gefärbte Haare gehabt, so hätte der Notstand, den sie ausrief, womöglich keine dunklere Seite gehabt. Aber sie hatte weißes Haar auf der einen und schwarzes auf der anderen Seite; auch der Notstand hatte eine weiße Seite – eine öffentliche, sichtbare, dokumentierte, mit der sich Historiker befassen – und eine schwarze, heimliche, makabre Seite, die verschwiegen wurde und mit der wir uns daher befassen müssen.«

Dieses Zitat bezeichnet exemplarisch den Ort des Schriftstellers, sobald ihm Geschichte zum Stoff wird. Er will die Kehrseite ans Licht bringen. Er wühlt im Fluchtgepäck, er stochert im Kot der Mächtigen. Keine Leiche ist ihm erhaben genug: Er muß sie fleddern. Sein Blick auf zeitgenössisches Geschehen ist bewußt vorschnell und will die Politik fassen, bevor sie sich als Geschichte tarnt. Immerfort muß er Fassaden abklopfen, Fundamente abgraben, und jedesmal, wenn er der Gesellschaft schönste Übereinkünfte auffliegen läßt, sind es Krähen oder gar Pleitegeier, die ihren Lärm machen.

Man lese doch endlich den großen Roman »Verbrannte Blüten« – im Original: »Petals of Blood« – des afrikanischen Schriftstellers Ngugi wa Thiong'o, der seinem Land Kenia zu Diensten war, indem er das Macht- und Korruptionsgeflecht kolonialer und nachkolonialer Zeit aufhob. Ich zitiere eine beliebige Stelle: »Der Mann, der in das Büro kam, war derselbe, der mich und Nding'uri verraten hatte. Wie ich später hörte, hatte er einen Vertrag mit jener Gesellschaft, um den Transport ihrer Waren überallhin zu besorgen. Nachdem er hineingegangen war, sagten die Angestellten: Jetzt erleben wir wirklich Uhuru. Vor der Unabhängigkeit war es keinem Afrikaner erlaubt, die Waren der Gesellschaft anzurühren, es sei denn als Arbeiter. Und jetzt geht Mr. Kimeria mit Millionenwerten um!«

Ist Kenia zu weit weg? Ist dieses Geflecht nicht unseres auch? Ist unser Herr Flick nicht im Großformat, was Mr. Kimeria in Mittelgröße darstellt? Wäre nicht der Schulterschluß der vielen Flicks, die Hitler finanzierten und noch aus KZ-Häftlingen Geschäftsgewinne sogen, mit den zu vielen Flicks, die gegenwärtig die Bundesrepublik Deutschland korrumpieren, einen Roman wert, der unter Beton und Fußgängerzonen jenen Sumpf offenlegte, der die Stunde Null überdauerte und auf dem wir allesamt fußen: selbstgefällig, wenngleich irritiert durch anhaltenden Gestank, der auch durch tapferes Fächern mit dem Grundgesetz nicht zu vertreiben ist?

Doch angenommen, es schriebe jemand, begabt mit Sprache, diesen Roman, es stiege einer der jüngeren Schriftsteller gut ausgerüstet in den Sumpf Flick, reizte ihn, offenkundig zu blubbern und in epischer Breite Blasen zu werfen, angenommen, es käme der Sumpf, nach Flick benannt, zwischen Buchdeckeln zu Papier, was hätte der von mir herbeigewünschte Autor zu erwarten?

Um von eigenen Erfahrungen abzusehen: Es erginge ihm wie Wolfgang Koeppen, als er Ende der fünfziger Jahre seinen Roman »Das Treibhaus« und mit ihm das Innenleben der Bundeshauptstadt Bonn veröffentlichte. Kolportage, grobe Vereinfachung, leitartikelnde Schwarzweißmalerei hießen die Vorwürfe von rechts, und die gegenwärtige Linke, so es sie gibt, würde entweder, dem Zeitgeist folgend, postmodern säuseln oder althergebracht den Klassenstandpunkt, die Perspektive vermissen. Einig wäre man sich in der überlieferten Einschätzung zeitbezogener, der Gegenwart aufsitzender Literatur: Es fehle dem ansonsten begabten Autor an Distanz, es komme nicht genügend »raunendes Imperfekt« auf, über Sümpfe schreibe man besser, nachdem sie trockengelegt seien. Außerdem zeitige sich unsere Gegenwart allzu trivial, Politdeutsch nehme überhand, wer wolle in hundert Jahren noch wissen, wer welchem Untersuchungsausschuß vorsaß, und außerdem seien doch Flick und Kohl Karikaturen ihrer selbst, also nicht literaturfähig.

Übertreibe ich? Ein Zitat mag beweisen, daß selbst unsere Klassiker, sobald sie sich allzu detailgenau ihrer Gegenwart näherten, Gefahr liefen, verrissen zu werden: »Gegen vier war man von dem Ausfluge zurück und hielt wieder vor dem ›Prinzregenten‹, auf einem mit alten Bäumen besetzten Platz, der wegen seiner Dreiecksform schon von alter Zeit her den Namen ›Triangelplatz‹

führte. Die Wahlresultate lagen noch keineswegs sicher vor; es ließ sich aber schon ziemlich deutlich erkennen, daß viele Fortschrittlerstimmen auf den sozialdemokratischen Kandidaten, Feilenhauer Torgelow, übergehen würden, der, trotzdem er nicht persönlich zugegen war, die kleinen Leute hinter sich hatte. Hunderte seiner Parteigenossen standen in Gruppen auf dem Triangelplatz umher und unterhielten sich lachend über die Wahlreden, die während der letzten Tage teils in Rheinsberg und Wutz, teils auf dem platten Lande von Rednern der gegnerischen Parteien gehalten worden waren. Einer der mit unter den Bäumen Stehenden, ein Intimus Torgelows, war der Drechslergeselle Söderkopp, der sich schon lediglich in seiner Eigenschaft als Drechslergeselle eines großen Ansehns erfreute. Jeder dachte: der kann auch noch mal Bebel werden. ›Warum nicht? Bebel ist alt, und dann haben wir den.‹ Aber Söderkopp verstand es auch wirklich, die Leute zu packen.«

Sie werden es sogleich herausgehört haben: Solches und mehr schrieb Theodor Fontane in seinem letzten Roman »Der Stechlin«, der in seinem Todesjahr 1898 veröffentlicht wurde und wütende Kritik hervorrief: So was gehöre nicht in die Dichtkunst, Wahlkampf, der von den Sozis auch noch gewonnen werde, nicht literaturfähig sei das.

Heute lesen wir Fontanes Romane, als seien sie alle, in ihrer plaudernden Vielfalt, rückbezüglich, fern jeder Gegenwart geschrieben worden; wie wir vergessen haben, wieviel Geifer in deutscher Kritik aufkochte, als Thomas Mann mit seinem Roman »Doktor Faustus« aus der Emigration zwar nicht heimkehrte, wohl aber zurückkam und den Deutschen die Leviten las.

Bücher dieser Art – und ich gab Beispiele – sind schmerzhaft. Sie stoßen ab und fordern heraus, weil sie dem Leser, bei allem »Es war einmal«, penetrante Gegenwart zumuten.

Unser Thema »Zeitgeschichte im Spiegel zeitgenössischer Literatur« kann nicht den gesamten Bereich literarischer Produktion fassen. Wenn ich ausschließlich Prosabeispiele anführte, ist mir dennoch bewußt, daß ich, um mich knappzuhalten, eine Vielzahl Gedichte und Theaterstücke, Tagebücher und Autobiographien aussparen mußte. Über ihre zeitgenössische Zeugniskraft – ich denke an Hochhuths »Stellvertreter«, an das »Nachkriegstagebuch« von Max Frisch, aber auch an Gottfried Benns 1933 gehaltene und bis heute entsetzlich gebliebene Rede »Der neue Staat und die Intellektuellen« – könnte im Verlauf dieses Kongresses diskutiert werden, wobei den ausländischen Gästen die deutschdeutschen Querelen als Dauerthema, so hoffe ich, erspart bleiben mögen.

Die Bedrängnisse unserer Zeit sind umfassender als der uns vorgeschriebene Dunstkreis. Unter dem zum Fluch gewordenen Schutz der beiden Großmächte, bedrückt von täglich wachsender Rüstungslast und entsprechend wachsendem Elend, lebt das Menschengeschlecht angesichts täglich drohender Selbstvernichtung. Dieser existentiellen Lage darf sich die Literatur nicht entziehen, es sei denn, sie wäre bereit, sich dem gegenwärtigen Zeitgeist zu fügen und sich in videogerechter Unverbindlichkeit zu verlieren; dann wäre sie keine Literatur mehr, sondern allenfalls der sensible Annex der Unterhaltungsindustrie.

Vor knapp einem halben Jahr lehrte der Internationale PEN-Kongreß in New York, wie ohnmächtig wir Schriftsteller Gefahr laufen, in die politischen Raster »Antikommunismus« und »Antiamerikanismus« gezwängt zu werden. Es waren zugereiste Schriftsteller, Amos Oz aus Israel, der Inder, Pakistani und zugleich Brite Salman Rushdie und – neben anderen – nicht zuletzt Breyten Breytenbach und Nadine Gordimer aus Südafrika, die die Zwänge und Nöte ihrer Länder zu Gehör brachten.

Als Breyten Breytenbach kürzlich sein Pariser Exil verließ, um in seinem Land, dem er von 1975 bis 1982 für Gefängnishaft gut war, einen Literaturpreis in Empfang zu nehmen, hielt er, der die Geschichte Südafrikas in tausend und mehr Spiegelscherben gefaßt hat, eine Rede, die auch uns ins Stammbuch geschrieben steht. Aus diesem Manifest will ich zuletzt zitieren: »Die politische Kaste der Weißen wird zu gegebener Zeit vor den Schranken der Geschichte stehen und verurteilt werden – für Verbrechen, die eine Minderheit beging, weil sie sich in ihrer Verwirrung für etwas Besonderes hielt, für die Korrumpierung der Werte und Maßstäbe einer zivilisierten Welt, für die besessene Zerstörung eines Landes.«

Rede von der Verantwortung

Rede im Landtagswahlkampf Schleswig-Holstein

Meine Damen und Herren,

Wunschdenken diktiert neuerdings immer wieder meinen politischen Gegnern den Satz: »Die Sozialdemokratie hat sich überlebt.« Richtig an dieser unverblümten Behauptung ist die unbestreitbare Tatsache, daß die Sozialdemokratische Partei Deutschlands alt, gut hundertzwanzig Jahre alt ist. Richtig ist aber auch, daß diese Partei, trotz aller Widersprüche, der zuverlässigste Garant demokratischer Verhältnisse und deren Weiterentwicklung geblieben ist. Neben anderen Gründen motiviert mich die historische Kontinuität der SPD, für sie politisch tätig zu bleiben; zudem bietet sich Gelegenheit, den verregneten Sommer dieses Jahres durch ein produktives Wahlergebnis wettzumachen.

Dazu will ich gerne einige Stichworte geben, die, so meine ich, zuverlässiger sind als die alltäglichen Wettervoraussagen. Da ich schon oft in Schleswig-Holstein in Sachen Wahlkampf unterwegs gewesen bin und dieses so schöne wie allseits angekränkelte Land zuallererst redend und argumentierend kennengelernt habe, will ich mit einem Rückblick beginnen, der auf persönlicher Erfahrung beruht.

Vor zwanzig Jahren, im Herbst 1967, als unsere gegenwärtigen Erstwähler gewiß nicht ahnen konnten, was ihnen an beschränkter Zukunft bevorstehen würde, sprachen der Schriftsteller Siegfried Lenz, der Historiker Eberhard Jäckel und ich als Wahlkämpfer zwischen Küste und Küste vor damals noch staunendem Publikum. Denn das war neu und ungewöhnlich, daß sich Schriftsteller und Intellektuelle, Außenseiter also, in die Politik einmischten.

Und auch die von uns kritisch geförderte SPD sah unseren Auftritten vorerst noch halb mit Grausen, halb mit Bewunderung, also mit gemischten Gefühlen zu. Der Oppositionsführer hieß Jochen Steffen, ein so brillanter wie kämpferischer Querkopf, der den schleswig-holsteinischen Landwirten zwar unbequeme, doch bis heute gültige Wahrheiten sagte. Es mögen vielen älteren Bauern, angesichts der gegenwärtigen Misere der Landwirtschaft, die

Prognosen des »Roten Steffen« noch immer oder wieder im Ohr klingen.

1967: Die politischen Zeitläufte kündigten damals Wechsel und Veränderung an. Der »Prager Frühling«, das heißt der Versuch vieler tschechoslowakischer Intellektueller und einer Gruppe reformwilliger Parteifunktionäre, dem Kommunismus, so hieß es: »ein menschliches Gesicht« zu geben, beunruhigte den Ostblock und führte ein Jahr später, am 20. August 1968, zur Okkupation der Tschechoslowakei durch die Armeen der Warschauer-Pakt-Mächte. Zwar siegte vorerst der Panzerkommunismus, doch erleben wir gegenwärtig, daß die Thesen des »Prager Frühlings« und die Ideen eines Alexander Dubček in der Sowjetunion verwirklicht und damit – vorerst noch uneingestanden – rehabilitiert werden; es sein denn, es wollten die kleineren Warschauer-Pakt-Mächte nunmehr die Sowjetunion okkupieren.

Und gleichfalls 1967: Die USA führten ihren erbarmungslosen Krieg in Vietnam. Und von Amerika aus sprang der Funke des Protestes gegen den Vietnamkrieg auf Europa über: zuerst in Berlin, dann in vielen Städten der Bundesrepublik, später in Paris und in Warschau, überall, wenn auch verschieden motiviert, bildeten sich Protestbewegungen der Studenten, fand sich ein Teil der Nachkriegsgeneration im Protest, gewiß in der Hoffnung, daß dieses Aufbegehren einer Minderheit auf breitere Bevölkerungskreise übergreifen würde. Diese Hoffnung trog. Die revolutionär eingetönte Sprache der Studenten war nicht die Sprache der Arbeiter. Die Springer-Presse, insbesondere die »Bild«-Zeitung, trug überdies hetzend und verketzernd dazu bei, daß es nicht zum Dialog zwischen Arbeitern und Studenten kommen konnte. Und dennoch hat vor zwanzig Jahren der Studentenprotest die Gesellschaft der Bundesrepublik bis heute spürbar verändert.

Siegfried Lenz, Eberhard Jäckel und ich gehörten als damals Vierzigjährige einer anderen Generation an. Zwar sahen wir den Studentenprotest mit Sympathie, doch verbot uns unsere skeptische Grundhaltung jeden revolutionären Überschwang. Wir sahen die Chance von Veränderungen durch Reformen. Wir wußten, daß mit Politikern wie Willy Brandt und Gustav Heinemann die längst überfällige Entspannungspolitik zwischen Ost und West eingeleitet und eine realistische Deutschlandpolitik ermöglicht werden konnte. Zwar hatte sich die Adenauer-Erhard-Ära überlebt, doch wollte das Kalte-Kriegs-Geschrei nicht aufhören; dem mußte mit Argumenten widersprochen werden. Deshalb engagierten wir uns. Deshalb verließen wir auf Zeit unsere windgeschützten Schreibtische und sprachen in Schleswig-Holsteins Wirtshaussälen vor einem Publikum, das damals, vor zwanzig Jahren, noch nicht gewohnt war, anschließend mit den Rednern zu diskutieren. Kurzum: Wir fanden Gehör, mehr noch, während dieser Wahlkampfreise entwickelten Siegfried Lenz, Eberhard Jäckel und ich jeweils nach den Veranstaltungen und an wechselnden Wirtshaustischen die Idee von einer bundesweiten »Sozialdemokratischen Wählerinitiative«. Von hier aus sprang der Gedanke über, und im Verlauf der nächsten zwei Jahre entstanden in Bayern und im Saarland, in Baden-Württemberg und in Niedersachsen, in Groß- und Kleinstädten »Sozialdemokratische Wählerinitiativen«, die, so glaube ich, kräftig dazu beigetragen haben, daß die Bundestagswahl im Herbst 1969 knapp, aber dennoch gewonnen werden konnte.

Ein neuer, offener Ton machte sich in der Politik bemerkbar. Die Realität des existierenden anderen deutschen Staates wurde erkannt. Verhandlungen mit der Sowjetunion, der Volksrepublik Polen und mit Vertretern der Deutschen Demokratischen Republik führten zu Verträgen, die bis heute ihre Gültigkeit haben, wenngleich die Gegner der Entspannungspolitik von damals bis ins Jahr 87 hinein nicht müde wurden, diese Erfolge zu verhindern, zu schmälern oder ins Gegenteil zu verkehren. Und wenn in den nächsten Tagen der Staatsratsvorsitzende der DDR, Erich Honecker, offiziell die Bundesrepublik besuchen wird, dann möge man sich fairerweise daran erinnern, daß es zuallererst Sozialdemokraten gewesen sind, die den Weg zu Gesprächen und möglicher Verständigung geebnet haben.

Herbst 1967: Wahlkampf in Schleswig-Holstein – es war eine Zeit des Umbruchs, der verstiegenen und der vorsichtigen Hoffnung, der Illusion und des vorausschauenden politischen Kalküls; es war die Zeit der beginnenden politischen Wende nach vorne.

Wenig später hieß eine der Parolen jener Zeit: »Mehr Demokratie wagen!« Vom »mündigen Bürger« war die Rede. Soziale Freiräume sollten gesichert und ausgebaut werden. Dem vielfältigen Begriff Gesellschaft wuchs mehr Gewicht zu als der abstrakten Formel Staat. Es sah so aus, als seien die Deutschen in der Bundesrepublik fähig, aus unserer unheilvollen Vergangenheit Lehren zu ziehen und die Demokratie bis in den demokratischen Alltag hinein als permanente, als gestalterische Aufgabe zu begreifen. Aus den Wählerinitiativen wurden Bürgerinitiativen. Lange bevor es die Grünen gab, haben sozialdemokratische Politiker wie Erhard Eppler und Oskar Lafontaine die Zerstörungsprozesse unserer Umwelt erkannt, vor industriellem Raubbau gewarnt und jene ökologischen Fragen gestellt, die bis heute keine Antwort gefunden haben. Es war eine Zeit fruchtbarer Denkansätze und des geradezu hektischen Wetteiferns von Ideen. Kein Thema, das nicht sein Forum forderte. Etwas in Deutschland Seltenes geschah: Wenige Jahre lang gab es hierzulande eine politische Öffentlichkeit – bis in die Rundfunk- und Fernsehanstalten, bis in die Schulen und Universitäten, bis in die Kirchen hinein.

Was ist davon geblieben? Wer wie ich zwei Jahrzehnte später Bilanz zieht, kommt zu zwiespältigen Ergebnissen. Wirkungsvoll und ausbaufähig sind die Ergebnisse der Ost- und Deutschlandpolitik geblieben. Kein Strauß und kein Dregger haben verhindern können, daß dieser von Willy Brandt eingeleitete Prozeß bis heute Bestand und tagtäglich seine Notwendigkeit beweist. Der bevorstehende Honecker-Besuch ist – ich sagte es bereits – ein Beweis mehr für die Richtigkeit dieser Politik.

Innenpolitisch jedoch ist vieles von dem, was während der Zeit der sozialliberalen Koalition zwar von Kompromissen bestimmt, aber dennoch aufgebaut und gesetzlich verankert wurde, wieder zerstört oder erheblich beschädigt worden. Die unter dem Kanzler Kohl eingeleitete Politik der Wende zurück hat den mühsam erkämpften sozialen Frieden gebrochen: Mehr als zwei Millionen Arbeitslose und deren Angehörige leben seit Jahren sozial ausgegrenzt. Nach dem Vorbild der vom amerikanischen Präsidenten geprägten Ellenbogenpolitik leistet sich die doch so offensichtlich reiche Bundesrepublik Deutschland im Schatten der anhaltenden, ja wachsenden Arbeitslosigkeit Verelendung als Dauerzustand. In der Regel trifft es ältere Arbeiter, Frauen und Jugendliche, deren Zukunftsmöglichkeiten schon beschnitten werden, bevor sie sich aufgetan haben. So früh beginnende soziale Entwurzelung hat Folgen. Wer will von jungen Menschen, die jahrelang vergeblich nach einem Ausbildungsplatz suchen oder die nach abgeschlossener Lehre sogleich arbeitslos sind, erwarten, daß sie sich engagieren, das heißt zu mündigen Demokraten entwickeln. Willy Brandts Forderung der frühen siebziger Jahre – »Mehr Demokratie wagen!« – muß ihnen heute wie Hohn klingen. Oder die sogenannte Steuerreform des Herrn Stoltenberg hoch Bangemann: Selten ist schamloser versucht worden, auf Kosten der arbeitenden Bevölkerung die Reichen noch reicher zu machen!

Doch auch die damals, zu Beginn der siebziger Jahre, zumindest zeitweilig intakte politische Öffentlichkeit ist nur noch in kümmerlichen Resten zu erkennen. Es ist alles auf Kohlsches Maß, das heißt aufs Mittelmaß getrimmt worden. Keine politischen Ideen sind Inhalt dieser Scheinöffentlichkeit, sondern nichtssagende Verlautbarungen vom Wolfgangsee. Oder es langweilen uns die lähmenden Querelen zwischen Kohls Küchen- und Vorzimmerkabinett einerseits und der Gauweilerei im Lande Strauß. Oft habe ich das Gefühl, als solle in dieser Scheinöffentlichkeit mit Hilfe zweier erfolgreicher Jungtennisspieler die glanzlose Mittelmäßigkeit der Kohlschen Aussitzerei bemäntelt werden. Doch eines ist diesem Kanzler gewiß gelungen: Jenes während der Regierungszeit der sozialdemokratischen Kanzler Brandt und Schmidt in West und Ost ständig gewachsene Ansehen der Bundesrepublik hat er auf sein Niveau gebracht; so kümmerlich wie gegenwärtig sind wohl noch nie die Richtlinien der bundesdeutschen Politik bestimmt worden.

Als Beispiel für den Zerfall außenpolitischen Ansehens nenne ich das Verhalten der Bundesregierung im Verlauf der gegenwärtigen Abrüstungsverhandlungen. Alle Welt ist sich einig, daß mit den Vorschlägen des sowjetischen Generalsekretärs Michail Gorbatschow zum erstenmal Möglichkeiten geboten sind, im atomaren Mittelstrecken- und Kurzstreckenbereich zu Ergebnissen zu kommen, die ein atomwaffenfreies Mitteleuropa zur Folge haben können. Sogar in den Vereinigten Staaten ist der Glaube an die gewohnten Feindbilder ins Wanken geraten; in Genf wird ernsthaft verhandelt. Wenig bis nichts stünde einem Abrüstungsabkommen im Wege, das wegweisend auch für weitere Abkommen sein könnte, gäbe es nicht als Störfaktor die Bundesregierung unter dem Kanzler Kohl. Auf das Wort »Abrüstung« fällt ihr nur Nachrüstung ein. Bis zum Aberwitz klammerte sie sich wochenlang an zweiundsiebzig Pershing-I-A-Raketen, deren atomare Sprengköpfe unter amerikanischer Verfügungsgewalt lagern. Haarspalterisch wurde dieser Scheinbesitz verteidigt. Und erst seitdem die SPD-Fraktion eine Sondersitzung des Bundestages durchgesetzt hat, bequemt sich der Kanzler zum verschwommenen Verzicht, wobei er gleichzeitig verschwommene Vorbehalte anmeldet. Anstelle eigener, konstruktiver Abrüstungsvorschläge fallen Wörner und Dregger – stellvertretend für Kohl – immer neue Verhinderungstaktiken ein. Das Ergebnis: Als Stolperstein im Abrüstungsprozeß isoliert sich die Bundesrepublik zusehends; denn sollte es der Regierung Kohl gelingen, die Genfer Verhandlungen zu blockieren, schlimmer noch, sollte ein mögliches Genfer Scheitern den Rückfall in selbstmörderischen Rüstungswahn zur Folge haben, läge die Schuld wieder einmal bei den Deutschen. Alle Welt könnte uns nur noch als unverbesserlichen Störenfried begreifen. Zur Bürde unserer unheilvollen Vergangenheit kämen neue Verschuldungen hinzu. Und die Verantwortung läge nicht etwa nur bei der Regierung Kohl, nein, sie fiele uns allen zur Last; denn schließlich ist diese Regierung, trotz ihrer überdeutlich erkennbaren Schwächen und Mißerfolge, bei der letzten Bundestagswahl durch den Wähler bestätigt worden.

Also haben wir den Kanzler, den wir verdienen. Also ist die Größe Kohl offenbar das einzige Pfund, mit dem wir wuchern können. Also fällt uns wie zu Helmut Kohl in Bonn, so hierzulande zu Uwe Barschel, womöglich nichts Besseres ein?

Wie schon vor zwanzig Jahren mit Siegfried Lenz und Eberhard Jäckel bin ich auch heute anderer Meinung. Besonders hier in Schleswig-Holstein hat es der Oppositionsführer Björn Engholm verstanden, die sozialdemokratische Alternative aufrechtzuerhalten. Seine Kabinettsliste hält allen Kritteleien stand. Das Wahlkampfprogramm der SPD spricht sich klar und frei von windigen Versprechungen aus. Abermals wird es am Wähler liegen, denn einzig ihm fällt die Aufgabe und Verantwortung zu, den demokratischen Machtwechsel zu ermöglichen.

Wer wie ich neben seiner schriftstellerischen Arbeit, die in epischen Phasen oft länger als eine parlamentarische Legislaturperiode andauert, während zwanzig Jahren auch politisch tätig gewesen ist, der ist mit Erfolgen und Niederlagen vertraut. Resignation ist mir nicht fremd. Mit Skepsis betrachte ich schon mein Frühstücksei. Ich könnte also hundert Gründe aufzählen, die gegen mein erneutes Engagement für die Sozialdemokraten sprechen. Und dennoch gibt es ein einziges Wort, das sich sehr preußisch anhört, weil es gesalzt ist mit den Nüchternheiten des Philosophen Immanuel Kant; es ist das Wort Verantwortung, das mich tätig bleiben läßt; Verantwortung, die mir niemand nehmen, abnehmen kann, Verantwortung, die unsere deutsche Geschichte mir auflädt, Verantwortung für alles, das ich politisch bis in die Gegenwart mitzutragen versucht habe, Verantwortung auch für eine Zukunft, die meinen Kindern und Kindeskindern zur unerträglichen Last erwächst.

Mag sein, daß Siegfried Lenz, Eberhard Jäckel und ich vor zwanzig Jahren hoffnungsvoller unsere Ziele abgesteckt haben. Die Zeit, so sah es aus, war für uns. Heute ist für viele die Hoffnung zur unscheinbaren Größe geschrumpft. Ich habe mich außerhalb unseres reichen und doch so hoffnungslos anmutenden Landes anstiften lassen müssen: Auf Reisen nach Indien und anderswo hin erhielt ich Anstöße, die mich ermuntert haben, weiterhin tätig und verantwortlich zu bleiben. Ein halbes Jahr lang lebte ich mit meiner Frau in Calcutta, der Hauptstadt Westbengalens. Wir erlebten, wie Reichtum und Korruption, Armut und Elend einander bedingen und provozieren. Und wie auch an anderen Orten der Dritten Welt wurde wieder einmal und bis zur Unerträglichkeit deutlich, in welchem Maße der Wohlstand der reichen Industrieländer in Calcutta und anderswo bezahlt wird. Wer die kümmerlichen Bedürfnisse der vier bis fünf Millionen Menschen, die in Calcuttas Slums leben, in Rechnung stellt und sie mit den Kosten unseres Sicherheitswahns, sprich: der Überrüstung vergleicht, der begreift, daß der Nord-Süd-Gegensatz bald die gewohnten Ost-West-Konflikte überrollen und in ein weltweites Chaos führen wird.

Sie mögen mich fragen: Was hat das Elend in Calcuttas Slums mit dem gegenwärtigen Wahlkampf in Schleswig-Holstein zu tun?

Für mich sehr viel. Jener stumme, alltägliche Überlebenskampf, den Millionen Slumbewohner jenseits unserer europäischen Kategorien, Hoffnung und Verzweiflung, führen, dieser auf nichts begründete Überlebenswille hat mich angestoßen, nach meiner Rückkehr auch wieder politisch tätig zu werden.

Als ich zurückkam, fand ich ein Land vor, dessen Bewohner dazu neigen, nichts außer sich selbst wichtig zu nehmen. Zudem kam es mir vor, als habe ein alles betäubender Festspieltaumel die Deutschen erfaßt. Mit aberwitzigen Kosten und im ehrgeizigen Verhältnis zueinander feiern Ost- und Westberlin die Zahl 750. Koste es, was es wolle, wird das Land und werden die Länder, nein, nicht mit Kultur, wohl aber mit emsigem Kulturbetrieb berieselt. Immerzu muß was laufen, damit wir ja nicht zum Nachdenken kommen. Ich jedoch möchte – und sei es, solange diese Veranstaltung dauert – dieser kulturellen Betriebsamkeit widersprechen, denn diese Betriebsamkeit macht bewußtlos und vergeßlich. Vor gar nicht so langer Zeit wurde durch die Flick-Affäre deutlich, in welchem Ausmaß Politik in der Bundesrepublik käuflich ist und Korruption als Kavaliersdelikt bewertet wird. Wer spricht heute noch davon?

Vor etwas mehr als einem Jahr erschütterte uns wenige Wochen lang der folgenreiche Atomreaktorunfall von Tschernobyl. Wie schnell ließen wir uns beschwichtigen. Wie rasch gelang es den professionellen Beschwichtigern mit Ersatzereignissen und Kohlschen Sprechblasen das verschreckte Bewußtsein einer ausreichenden Mehrheit wieder in den Zustand festspielfreudiger Bewußtlosigkeit zu lenken. Wie viele Warnungen dürfen wir noch in den Wind schlagen?

Als Siegfried Lenz, Eberhard Jäckel und ich vor zwanzig Jahren zwischen Küste und Küste in Schleswig-Holstein unterwegs waren, weil eine Landtagswahl bevorstand, wurde das Weltgeschehen vom »Prager Frühling« und von den mörderischen Alltäglichkeiten des Vietnamkrieges bestimmt. Der »Prager Frühling« erlebt heute seine von vielen Hoffnungen und Hemmnissen begleitete Wiedergeburt; der Vietnamkrieg jeoch hat nie aufgehört; er setzt sich andernorts fort und fort. Damals erzählte man uns das ungeheuerliche Märchen, die Freiheit des Westens werde in Vietnam verteidigt. Nachdem dieser und manch anderer Schwindel inzwischen aufgeflogen ist, sollte soviel gewiß sein: Die Landtagswahlen in Schleswig-Holstein werden am 13. September nicht im Persischen Golf, sondern von mündigen Bürgern in Schleswig-Holstein entschieden.

Verlegerrede

Rede anläßlich des Erscheinens der Werkausgabe zum 60. Geburtstag von Grass

Meine lieben Verleger von nah und fern,

die Sie sich freundlich um Ihren Autor versammelt haben, um mit ihm eine Kassette zu bestaunen, in der, Buchrücken neben Buchrücken, des Autors Tintenfluß gesammelt steht. Zehn Bände sind es geworden, denn früh, doch nicht zu früh, vor etwas mehr als dreißig Jahren, wagte sich Ihr Autor mit einem Band Gedichte und Zeichnungen an die damals noch teilnahmslose Öffentlichkeit, indem er einen Verlag bemühte, der sich, der Neigung des Verlegers Reifferscheid folgend, neben dem Hauptgewicht Juristerei vorerst leichtgewichtig in Literatur versuchte.

Schon bald danach bediente Ihr Autor diesen Verlag mit einem dickleibigen Roman, der nicht wenige Leser fand. Er verbat sich fortan jegliche Optionsklausel, machte von Buch zu Buch seinen Vertrag und begann sich dennoch vor mehr als einem Jahrzehnt – mittlerweile gewitzter im Umgang mit Verlegern geworden – um die Zukunft seines Verlages Sorgen zu machen, also in erster Linie um die Autoren; denn was – Sie werden mir zustimmen – ist das namhafteste Verlagsgebäude ohne Autoren: ein erschreckend leeres Gehäuse.

Also forderte mit seinesgleichen der Autor dem Verleger ein Statut ab, das alle im Verlagsgebäude versammelten Schriftsteller vor nichtswürdigem Verkauf an Meistbietende und den Verleger vor Torheiten dieser Art schützen sollte. Schließlich gab es abschreckende Beispiele genug: In der Regel fielen die jungen, noch unbekannten Autoren, kaum hatte man ihren Verlag verscherbelt, ins literarische Nichts. Überdies wußte der Autor, daß es unter Verlegern, wie unter Autoren auch, Halunken gibt. Seinen Verleger hielt er für ein Schlitzohr; er sollte sich getäuscht haben.

Denn als der Autor nach mehr als dreißig Jahren Schreibarbeit in vermeintlich abgesicherter Treue seinem Verleger so viele Bücher anvertraut hatte, daß der Verlagsleiter der Literaturabteilung die Meinung vertreten konnte, mit diesem Lesestoff lasse sich unter der Überschrift »Werkausgabe« zehnbändig eine Kassette füllen, und zudem ein bevorstehender runder Geburtstag solch gewichtige Veröffentlichung nahezulegen schien, stellte sich heraus, daß der Verleger, den der Autor beileibe für nichts Schlimmeres als ein Schlitzohr gehalten hatte, klammheimlich die treugläubige Versicherung der Autoren aus dem Gesellschaftsvertrag gestrichen, die Autoren hingegen in gutem Glauben gelassen, hinterrücks Verkaufsverhandlungen angestrebt und sich der groben Täuschung schuldig gemacht hatte.

Schließlich mußten sich die treugläubigen Autoren, nachdem ihr Statut nun auch noch lauthals aufgekündigt worden war, mitansehen, wie sie als leibeigene Handelsware und mit ihnen ihr ein und alles, ihre dicken und dünnen Bücher, von einem Konzern gekauft wurden, den kürzlich ein anderer, noch größerer Konzern hatte kaufen wollen; diese Kauf- und Freßlust und die Angst, gekauft und gefressen zu werden, sind derzeit des real existierenden Kapitalismus geistiger Ausweis.

Verkauft und verraten schrien die Autoren auf; das durften sie immerhin. Die sonst harthörige Öffentlichkeit hörte sie schreien und fragte sich: Was schreien denn diese Autoren so laut? Hat man ihnen ein Leid angetan? – Man hatte, stand in vielen Zeitungen zu lesen, die auch von den neuen Eignern gelesen wurden. Jetzt erst merkten die holländischen Konzernherren, daß ihnen der Verkäufer eine Laus in ihre Konzernmasse gesetzt hatte, obendrein eine, die schleunigst weiterverkauft werden wollte, denn sie fühlte sich in der ihr fremden Konzernmasse nicht wohl, wollte um jeden Preis in literarischem Unterfutter behaust sein und schrie deshalb leidvoll.

Da bemühten sich die holländischen Konzernherren, wie es vernünftigen Kaufleuten zusteht, um ein Gespräch mit den verkauften und verratenen Autoren. Einsicht kam auf, verständnisvolle Worte linderten den anhaltenden Schmerz. Ausschau sollte gehalten werden nach geeigneten literarischen Gehäusen, denn viele Verleger waren begierig, den abgestoßenen literarischen Schwanz des Luchterhand Verlags zu kaufen; samt Autoren, versteht sich, denn was wäre ein literarisches Gehäuse, teuer erstanden, ohne Autoren? Und was – außer vogelfrei – sind Autoren, die kein Statut sichert? Es gehört zur Verkaufsmasse, diesmal unkündbar und auch sonst wasserdicht.

Oktober 1987

So weit so gut. Leider müssen die holländischen Konzernherren, die schließlich Kaufleute sind, immer noch im eigenen Interesse und – weil versprochen – auch im Interesse der Autoren bis heutzutage und womöglich weiterhin verhandeln; und mir fehlt für diese kleine Rede ein positiver Schluß, den ich Ihnen, meinen versammelten Verlegern, und besonders dir, liebe Helen Wolff, gerne zur Feier meiner zehnbändigen Werkausgabe geboten hätte.

Geißlers Schüler

Nachdem die Stadt Kiel gegen Ende des Ersten Weltkrieges durch einen Matrosenaufstand, der die kaiserliche Flotte lahmlegte, gewissermaßen weltberühmt wurde, doch diese Berühmtheit, wie vieles in Deutschland, in Vergessenheit geraten war, ist die Stadt an der Förde abermals weltweit in die Schlagzeilen geraten: Seit Ende August 1987 füttert sich eine Affäre, die anfangs Pfeiffer-, dann Pfeiffer-Barschel-, schließlich Barschel-Affäre genannt wurde, wie selbsttätig mit immer neuen Enthüllungen, halbwegs klärenden Informationen und gezielten Desinformationen; sie wollte und will kein Ende nehmen. Der Rücktritt und, mehr noch, der Tod des Ministerpräsidenten Uwe Barschel gaben dieser Affäre besonderes Gewicht, wenngleich der eigentliche Vorgang, die gezielte Diffamierung des politischen Gegners, nur Varianten bekannter Methoden bot. Anschläge dieser Art auf die politische Kultur hat es von Anbeginn in der Bundesrepublik gegeben. Konrad Adenauer, der erste Bundeskanzler der noch jungen Republik, sah Gegner generell als Feinde an und entwickelte Verleumdungspraktiken, die nicht nur Schule machten, sondern später auch als politische Alltäglichkeiten akzeptiert wurden, besonders dann, wenn es »Könnern«, wie dem christlichen Politiker Heiner Geißler, gelang, die Praxis der Verleumdung bis zur Vollkommenheit zu entwickeln.

Uwe Barschel, der Karrierepolitiker, der unaufhaltsam aufsteigende junge Mann, machte sich zum Schüler von Konrad Adenauer und Heiner Geißler, indem er versuchte, erfolgreiche Verleumdungsmethoden zu übernehmen, zu variieren und, jenseits aller Bedenken, zu steigern. Er umgab sich mit seinesgleichen und holte sich mit schlauem Kalkül einen geeigneten Mann aus jenem Pressekonzern, dem die Verleumdung politischer Gegner seit jeher Fingerübung ist. Wäre Barschel, wie vordem Adenauer und Geißler, mit seiner Verleumdungskampagne erfolgreich geblieben, das heißt, hätte Pfeiffer, sein eingekaufter Mann, nicht gepfiffen, und hätte »Der Spiegel« diese bis dahin bewährten

März 1988

Machenschaften nicht an die Öffentlichkeit gebracht, stünde Uwe Barschel heute noch als halbwegs erfolgreicher, also angesehener Politiker da.

Aber er war ein schlechter Schüler Konrad Adenauers. Die verfeinerte Kunst des Verleumdens, die seinem Vorbild Heiner Geißler geläufig ist, mißriet ihm zur groben Machenschaft, zur offenkundigen Stümperei. Was er tat, war, von der Zielsetzung her, üblich. Erfolg hätte seine Methoden, wenn nicht geheiligt, so doch gesellschaftsfähig gemacht: Die politische Kultur in der Bundesrepublik war schon schwerbeschädigt, als Uwe Barschel sie zusätzlich demolierte; er scheiterte nur aus Gründen mangelnder Geschicklichkeit.

Seit zwanzig Jahren bin ich alle vier Jahre im nördlichsten Bundesland zwischen Küste und Küste unterwegs gewesen: anfangs mit Siegfried Lenz und dem Historiker Eberhard Jäckel, vor vier Jahren und im Spätsommer '87 gemeinsam mit Johano Strasser. Bei all diesen Wahlkämpfen mißriet der CDU immer wieder die politische Auseinandersetzung mit ihren Gegnern, insbesondere mit den Sozialdemokraten, zur Schlammschlacht. Wenn es an Argumenten fehlte, wurden auf Flugblättern und in Broschüren Verleumdungen, die man für schnellfüßig hielt, in Umlauf gesetzt. (Ich erinnere an den ehemaligen sozialdemokratischen Oppositionsführer Jochen Steffen, den die Christdemokraten, im natürlichen Bündnis mit der Springer-Presse, als »Ulbricht-Deutschen« titulierten und geradezu zum Abschuß freisetzten.)

Der Tiefpunkt politischer Unkultur wurde jedoch im zurückliegenden Wahlkampf erreicht: Um Björn Engholms, des sozialdemokratischen Oppositionsführers, hohes Ansehen zu trüben, wenn nötig zu brechen, scheute die CDU sich nicht, dessen Steuergeheimnis zu verletzen, regelrecht Spitzel auf ihn anzusetzen und sogar kriminelle Methoden einzuleiten. Ein Teil dieser Ungeheuerlichkeiten war, seitdem der Wahlkampf lief, bekannt. Schließlich befanden sich seit Wochen und Monaten Broschüren und Flugblätter in Umlauf, aus denen sich für jeden, der bereit war, kritisch zu lesen, die gezielte Verleumdung mit all ihren Variationen ablesen ließ. Doch außer den Verleumdeten, den Betroffenen, den Getroffenen schrie niemand auf.

Während mehrerer Wahlveranstaltungen habe ich vor Publikum aus diesen Flugblättern zitiert. Anwesende Journalisten wurden von mir aufgefordert, von der laufenden Kampagne Kenntnis zu nehmen, ihrer Journalistenpflicht nachzugehen und – im Sinne politischer Kultur – Öffentlichkeit herzustellen. Nichts geschah. Das war doch schon immer so, hieß eine der Ausreden. Erst als »Der Spiegel« spät, sehr spät, schon längst fällige Journalistenarbeit leistete, den Dreck und dessen Schleudergeräte ans Tageslicht brachte, das heißt das demokratisch Selbstverständliche tat, indem er berichtete, erst dann gab es eine Vielzahl von Zeitungen und Rundfunkanstalten, die ihren Anteil haben wollten, an der unerhörten Neuigkeit.

In diesem Sinne ist die Affäre Barschel-Pfeiffer auch eine Affäre des Journalismus, gleich welche Medien er bedient. Schlimmer noch: Die jahrzehntelange Vernachlässigung journalistischer Pflicht hat Heiner Geißler und seinen Schülern unausgeleuchtete Spielräume geschaffen, in denen die Treibhauskulturen schnell nachwachsender und schier unausrottbarer Verleumdungen besonders in Wahlkampfzeiten ihre Konjunktur hatten.

Unter Hans Werner Richters Fuchtel

Laudatio zum 80. Geburtstag von Hans Werner Richter auf einem Empfang in der Villa Hammerschmidt in Bonn

Lieber Hans Werner, liebe Toni,

zuerst einmal die Überraschung für mich: Ich habe unseren Kreis noch nie so schnieke gekleidet gesehen. Der Eindruck ist ein außergewöhnlicher, und vielen unter uns würgt am Hals die Krawatte und die Neigung, sich von ihr zu befreien.

Jetzt stehe ich vor der Frage: Wie danken?

Ich kenne die Gruppe genug, um nicht im Namen aller sprechen zu können. Was einem bleibt: das eigene Ich. Ich will es dennoch abwechselnd tun – mal aus dem Wir, mal aus dem Ich heraus.

Wenn ich mit dem Ich beginne, so glaube ich, einige meiner Generationsfreunde mit hineinnehmen zu können. 1945 war ich siebzehn Jahre alt, ein ausgemachter Dummkopf: dumm gehalten, borniert, uneinsichtig, verschreckt, mit diffusen Zielen. Mit fünfzehn hörte die Schule auf, und das ging eine ganze Zeit lang noch so, bis in die unmittelbare Nachkriegszeit. Im Rückblick stelle ich jetzt fest, daß meine Schule sich erst unter Hans Werner Richters Fuchtel fortgesetzt hat. Ich habe von ihm – und ich glaube, es ging einigen meiner Generationsgenossen vergleichbar – neuerliche Lektionen erfahren: nachdrückliche, geschickt beigebrachte, so wie nur er es konnte. Die Lektion, zuzuhören und anderes zu ertragen, diese direkt ausgeübte Toleranz, die zur Grundlage der Gruppe 47 gehörte. Die Vielzahl der Stile, die Sicht des Verschiedenen und des sich Ausschließenden, die Sicht literarischen Geschehens und literarischen Verständnisses – das war nur unter seiner toleranten Fuchtel möglich. Er, der aufgeklärte Despot, an der Spitze dieses verrückten Vereins, war doch der Tolerante – auch das ist ein Widerspruch in der Sache.

Zwanzig Jahre, Sie sagten es, Herr Bundespräsident, gibt es diese ungewöhnliche Erscheinung nicht mehr. Sie haben etwas herausgestellt, was wir als Teilnehmer an diesen Tagungen von uns nie hätten sagen können, nämlich wir seien quasi in der entstehenden Bundesrepublik das einzig Neue gewesen. Das kann nur, mit genauem Hinsehen, ein Politiker sagen. Wenn wir es gesagt hätten, man hätte uns das als Anmaßung um die Ohren geschlagen. Aber es ist wahrscheinlich so, wie Sie es festgestellt haben.

Das liegt auch daran, daß Hans Werner Richter das Kunststück gelungen ist, uns zusammenzuhalten. Vielleicht auch deswegen, weil wir kein Statut hatten, keine Geschäftsordnung und erst recht keine Geschäftsordnungsdebatten, keine festen Mitglieder. Es lag bei ihm, wer da war, wer nicht da war und wie die Sache ihren Verlauf nahm. Das einzige, was noch das Geschehen einer solchen Tagung mitbestimmen konnte, war die Qualität der Texte. Er wußte sie wohl einzuschätzen, auch die Reihenfolge der Lesenden zu bestimmen und von sich aus zu befinden, ob ein Preis vergeben wird oder nicht.

All das ist nun, wir wissen es, und wir haben es mehrmals gehört, seit zwanzig Jahren vorbei. Uns erstaunt nur noch, daß es einen solchen Nachhall hat, daß sich junge Menschen dafür interessieren. Bei jüngeren Kollegen, wenn man sich umhört, merkt man, wie ihnen diese Versammlung einmal im Jahr fehlt, die Möglichkeit, in einem Kreis von besten Freunden *und* Feinden sich kennenzulernen und mit ihnen zusammenzuleben, um zu diskutieren und zu streiten.

Ich danke Ihnen, Herr Bundespräsident, daß Sie sich und uns geehrt haben, indem Sie Hans Werner Richter zu sich geladen haben.

Dezember 1988

Geschichtliche Last als politische Verpflichtung

Brief an Peter Härtling als Präsidenten der Akademie der Künste Berlin

9. März 1989

Lieber Peter,

diesen Brief schreibe ich widerwillig, mehr noch, gezwungenermaßen.

Mehr als zwei Jahrzehnte lang habe ich mich als aktives Mitglied der Akademie der Künste Berlin verstanden, wobei ich mir von Anfang an der geschichtlichen Last und also auch der politischen Verpflichtung dieser Institution bewußt gewesen bin.

Meiner Meinung nach hat sich die Akademie dieser besonderen Verantwortung entzogen, indem sie einer Solidaritätsveranstaltung für den zum Tode verurteilten Schriftsteller Salman Rushdie ihre Räume verweigerte. Nun wird diese Veranstaltung heute abend notgedrungen in Neukölln(-Hasenheide) stattfinden, wobei der notwendige Polizeischutz für die Beteiligten zugesagt ist. Gleiches hätte in den Räumen der Akademie stattfinden können: Schließlich ist die Polizei unter anderem dafür da, gegebenenfalls solche Aufgaben zu übernehmen.

Wir sind uns gewiß darüber einig:

Das über Salman Rushdie verhängte Todesurteil und die Tatsache, daß gegen ihn Mordkommandos auf den Weg geschickt worden sind, ferner die Bedrohung aller Personen, die sein Buch übersetzen, verlegen, verkaufen oder sonstwie fördern, all das zusammen ist zusätzlich als Anschlag auf die Meinungsfreiheit zwar nicht ohne Vergleich, doch in seinen internationalen Auswirkungen beispiellos. Vor allen anderen Berliner Institutionen hätte die Akademie der Künste dieser Herausforderung gegenüber an Ort und Stelle Widerstand bezeugen müssen. Indem sie ihre Räume verweigerte, gibt sie dem terroristischen Druck nach, entledigt sie sich der Verpflichtungen ihrer Vergangenheit und nimmt sie eine Haltung ein, die schlechtes Beispiel gibt.

Aus den genannten Gründen sehe ich mich gezwungen, die Akademie der Künste Berlin als Mitglied zu verlassen.

Günter Grass

Zum Beispiel Calcutta

Rede auf der Jahrestagung des Club of Rome in Hannover

Während einer Reise durch Indien im Jahre 1975 kam ich zum erstenmal nach Calcutta. Nach nur wenigen Tagen Aufenthalt befand ich mich in einem Zustand, den ich, rückblickend, verstört nennen will. Angezogen und abgestoßen, fasziniert und entsetzt sah ich mich tiefster menschlicher Erniedrigung und unbegreiflichem Überlebenswillen konfrontiert. Fern allem statistisch erfaßten Elend lagen offen zutage und blieben doch ohne Begriff: der Zerfall und die Widerstandskraft menschlicher Existenz.

Ich versprach mir, wieder hierherzukommen, länger zu bleiben, auszuhalten, genauer und geduldig hinzusehen und – wenn möglich – zu begreifen; doch erst elf Jahre später, nachdem ich Vergleichbares in Manila und Hongkong, Bangkok und Jakarta, Nairobi und Kairo gesehen und dabei Calcutta im Blick bewahrt hatte, konnte ich mein Versprechen einlösen.

Ein halbes Jahr lang lebten meine Frau und ich zuerst im Umfeld, dann im Nordosten dieser Stadt, dessen Einwohnerzahl, jeweils grob geschätzt, hier mit neun, dort mit vierzehn Millionen beziffert wird. Ich sah hin, zwang mich hinzusehen und schrieb auf. Und wenn es mir – oft genug – die Sprache verschlug, versuchte ich, mir zeichnend so lange ein Bild zu machen, bis wieder Wörter, wenn auch nur tastende, möglich wurden.

Als Ergebnis dieser Aufzeichnungen im doppelten Wortsinn habe ich vor einem Jahr unter dem Titel »Zunge zeigen« ein Buch veröffentlicht, in dem ich in drei Anläufen, beginnend mit einem Reisebericht, dann mit einer Bildfolge, schließlich mit einem zwölfteiligen Stadtgedicht versuche, die westbengalische Metropole, des britischen Empire Spottgeburt, das Exemplarische Calcuttas faßlicher zu machen; Versuch, sage ich, weil auch die Verstörung, die von diesem Moloch ausgeht, mitgeschrieben, aufgezeichnet werden mußte.

So nah an die Realität und zwischen ihre Widersprüche gestellt, veränderte sich der Schreibstil, und auch die Zeichnungen ließen, weil Abstraktionen kaum möglich waren, nur Wirklichkeit

Juni 1989

zu, diese allerdings in allen Grautönen zwischen schwarz und weiß.

Ich danke dem Club of Rome für die Möglichkeit, zu seinen Mitgliedern sprechen zu dürfen, und gebe anfangs zu bedenken, daß die hier vorgetragenen, meinem Buch sozusagen nachgelieferten Anmerkungen im Vergleich zu Ihren profunden wissenschaftlichen Beiträgen nur Einsichten eines Außenseiters sein können, dem allerdings die Ohnmacht der Statistik gegenüber der Wirklichkeit bewußt ist.

Indem mein Beitrag unter der Überschrift »Zum Beispiel Calcutta« steht, soll damit gesagt sein, daß die jenseits von europäischen Kategorien wie Hoffnung und Verzweiflung angesiedelte Existenzlage dieser Stadt keine erschreckende, abschreckende Ausnahme illustriert, sondern vielschichtig beispielhaft für das nichts als Verelendung fördernde Wachstum fast aller Großstädte in der sogenannten Dritten Welt spricht, mögen sie Rio de Janeiro oder Nairobi, Mexico City oder Bombay heißen, beispielhaft aber auch für den wachsenden oder sich stabilisierenden Wohlstand der Industriestaaten auf Kosten der Dritten Welt.

Ironischerweise läßt sich bemerken, daß überall dort, wo in den westlichen Industriestaaten das neokapitalistische Konzept der Zweidrittelgesellschaft Wirkung zeigt, besonders den Großstädten – sei es London oder New York – mit ihren Hunderttausenden von Obdachlosen eine Annäherung an Calcutta gelingt, doch ist diese Stadt im Überleben geübter, das heißt für die Zukunft, dieses jetzt schon geschnürte Bündel kommender Schrecknisse, besser gerüstet; New Yorks South Bronx wird, solcher Zukunft konfrontiert, nicht überdauern, wohl aber jene Stadt, die beispielhaft alles gegenwärtige Elend bebildert.

Ein Blick auf die jüngste Geschichte Calcuttas macht verständlich, warum dort mehr als anderswo, auch häufiger und intensiver das Überleben gelernt werden mußte: Als 1943 die britische Militärmacht auf dem Vormarsch der Japaner in Burma, Richtung indische Grenze, mit der Beschlagnahme der Getreide- und Reisvorräte und der Alleinverfügung über jegliche Transportkapazität reagierte, hatten diese, wie man sagte, rein administrativen Maßnahmen eine Hungersnot zur Folge, die während Jahresfrist über zwei Millionen Bengalen hinwegraffte. Da dieses dunkle Kapitel im düsteren Buch der Menschheitsgeschichte oft und auch dort, wo es geschrieben wurde und zu verantworten ist, gern überschlagen wird, weise ich auf eine Folge von Pinselzeichnungen hin, die im Nationalmuseum zu Dakka ausgestellt sind. Der bengalische Maler Zainul Abedin hat sie als Zeuge dieser Hungersnot zu Papier gebracht und damit (als einziger) das Sterben auf Calcuttas Straßen für alle Zeit dokumentiert.

Als sich vier Jahre später die britische Kolonialmacht aus der Affäre zog und Indien geteilt sich selbst und seiner Unabhängigkeit überließ, fand diese Teilung insbesondere und messerscharf in Calcutta und auf Calcuttas Straßen ihren Ausdruck: Ältere Bewohner der Stadt berichteten mir von Pyramiden abgeschlagener Köpfe – hier Hindus, dort Moslems –, geschichtet, wie es der religiöse Wahnsinn aus politischem Kalkül befahl, gelegentlich immer noch befiehlt und in Zukunft, so steht zu befürchten, zur alltäglichen Regel machen wird.

Als weitere Folge brachte die Teilung Indiens über zwei Millionen Flüchtlinge aus Ostpakistan, dem heutigen Bangladesh, in die Stadt. Von den Kolonialherren für höchstens eine Million Einwohner konzipiert und mit entsprechender Kanalisation ausgestattet, lief Calcutta über, verslumte; ein Prozeß, der nicht enden wollte, denn immer wieder, sobald in den benachbarten Staaten Bihar und Orissa nach anhaltender Dürre eine Hungersnot ausbrach oder Sturmfluten verheerende Folgen hatten, kamen sie zu Hunderttausenden und blieben.

Abgeschnitten von seinem Hinterland, wucherte Calcutta sich selbst verzehrend aus. Die Sisalindustrie verkam, der Hafen versandete. Und als das Hinterland der Stadt nicht mehr Ostpakistan hieß, sondern sich nach anhaltend blutigem Gemetzel, unter Beteiligung auch der indischen Armee, unabhängig und Bangladesh nannte, flüchteten abermals Millionen hinduistischer Bengalen. Sie ließen die heimatlichen Schrecken hinter sich, um sie gegen die Schrecknisse Calcuttas einzutauschen. (Ich erlaube mir, in diesem Zusammenhang auf den Roman des indo-englischen Schriftstellers Salman Rushdie »Mitternachtskinder« hinzuweisen, in dessen Schlußteil sich dieser bis heute nachwirkende Wahnsinn zum Alptraum verdichtet.)

Auch heute noch ist Calcutta Ziel Tausender landlos gewordener und deshalb landflüchtiger Bauern, wenngleich andere Großstädte als Ziel letzter Hoffnung der westbengalischen Hauptstadt den Rang abgelaufen haben.

Ich muß Ihnen, den wissenschaftlichen Begutachtern des wachsenden Elends, nicht erklären, daß in erster Linie die von Mahatma Gandhi geforderte, zwar in der indischen Verfassung verbriefte, aber nie verwirklichte Landreform Ursache dieser Landflucht ist; doch ist zu bemerken, daß zusätzlich die aus westlicher Sicht so gutgemeinte Grüne Revolution gewiß den Groß- und Mittelbauern vorerst Gewinn, den Kleinbauern hingegen wachsende Schulden, den Verlust letzter Äcker und schließlich nur noch die Zuflucht nach Calcutta und neuerdings Bombay gebracht hat.

Elf Jahre nach meinem ersten flüchtigen Besuch hatte sich die Stadt am Hoogly natürlich verändert: Noch größer, noch überbevölkerter, entsprechend verzweifelter und vitaler mit sich und ihrem Überleben beschäftigt, zeigte sie vor und versteckte nichts: die erste fertige U-Bahn-Strecke und die Großbaustellen weiterer Streckenabschnitte, im Entstehen schon vom Verfall bedroht und unversiegliche Quelle anhaltender Korruption. Zu den alten gemauerten, noch Kolonialzeiten erinnernden Slums, Bustees genannt, denen Sanierungsprogramme Andeutungen von Kanalisation und einige zusätzliche Wasserhähne gebracht haben, sind kleine und mittelgroße, aus gefundenen Zufälligkeiten und einzig aus Notwendigkeit gefügte Slums gekommen, die sich (legal oder illegal) längs Bahndämmen hinstrecken oder an faulig stinkenden Abwässerkanälen ständig von Räumung bedrohten Platz gefunden haben.

Hier ist der Notstand – zwei Wasserstellen für sechstausend Menschen – alltäglich. Hier erheben die Eigentümer verslumter Grundstücke ihren Wucherzins. Und hier, auf zumeist niedrig gelegenem Gelände, steht nach heftigen Monsungüssen die morastige Brühe kniehoch und sind die Trampelpfade zwischen den enggefügten Zeilen notdürftiger Hütten ein bleibender Morast. Aber hier leben auch die ungezählten Unberührbaren und Angehörigen niedrigster Kasten, die dem Mittelstand und dessen angemaßter Bequemlichkeit gegen dürftigen Lohn zur Hand sind: ob als Sweeper oder Rikscha-Puller. Wo immer ein Neubauviertel entsteht und vom Mittelstand bezogen wird, entsteht auch als zu- und untergeordneter Dienstleistungsbetrieb ein Slum. Sogar löblich muß diese Zuordnung mit ihren kurzen Wegen zum Arbeitsplatz genannt werden im Vergleich etwa zu den Zuständen in Neu-Delhi, wo noch zu Zeiten Indira Gandhis mit Polizeigewalt die innerstädtischen Slums zerstört und geräumt, ihr den Besucher störender Anblick getilgt und Millionen Slumbewohner an den entlegenen Stadtrand verdrängt wurden, wo mittlerweile ein Slumgürtel entstanden ist: fern den Arbeitsplätzen, aus dem Blickfeld geschafft und nicht nur räumlich aus dem Bewußtsein verdrängt.

Calcutta hingegen lebt wie ohne Scham mit und von seinen Slums. Es bleibt den Europäern überlassen, sich über die schweißtreibende Arbeit der Rikscha-Puller mit wie ohne Fahrrad zu empören. Doch wer genau hinschaut, wird bemerken, daß vor allem dieses Verkehrsmittel die Stadt in Trab hält. Wenn am Nachmittag oder am frühen Morgen die Autokolonnen ineinander verkeilt zum Stillstand kommen, läuft der Rikscha-Verkehr dennoch: Ob mit Menschen, Umzugsgut oder Handelsware beladen, sie finden auch durch die engsten Gassen Nordcalcuttas ihren Weg. Sie sind das bevorzugte Verkehrsmittel alter und gebrechlicher Menschen; sie transportieren Kinder sicher zur oft entlegenen Schule hin und zurück, und – nicht zuletzt: Die Existenz Hunderttausender hängt ab von der Rikscha.

Als die Stadtregierung vor einigen Jahren die Zahl der Lizenzen für mit Menschenkraft gezogene Rikschas und deren Verkehrsräume beschränkte, vergrößerte sie die Not vieler Slumbewohner, steigerte sie das Verkehrsproblem und gab, weil nunmehr die Zahl der Schwarzfahrer zunahm, der ohnehin allgegenwärtigen Korruption weiteren Auftrieb. Dabei ist die Rikscha – behaupte ich – ein Fahrzeug der Zukunft. Es kann gut sein, daß sich in wenigen Jahren die Verkehrspolitiker der europäischen Großstädte, deren innerstädtischer Autoverkehr jetzt schon von blecherner Absurdität ist, auf die Rikscha und ihre Möglichkeiten besinnen müssen. Es wäre nicht die einzige Lektion, die die Dritte Welt den erst- und zweitrangigen Welten erteilen könnte.

Da der Druck der stündlich anschwellenden Weltbevölkerung nicht nachläßt, sich vielmehr steigern wird, da die Zahl und Dichte der Slums mit dem unkontrollierbaren Wachstum der Großstädte, entsprechend der sich steigernden Verelendung auf dem Land, zunehmen werden, da dieses Wachstum und seine Zuwachsrate Elend nicht der Dritten Welt vorbehalten bleiben kann, vielmehr grenzüberschreitend schon jetzt Vorboten schickt, werden die Industrienationen – sie mögen noch so unbelehrbar von einer Festung Europa träumen – unabwendbar Teilhaber dieses Wachstums und der entsprechenden Verelendung werden.

Mit anderen Worten: Calcutta wird über uns kommen.

Es lohnt sich also, über das gelegentliche, gewohnte und wie aus Sonntagsschulen überlieferte Mitleid hinaus einen lernenden Blick auf das gemeinschaftliche Leben vieler hundert Millionen Menschen in Asiens und Südamerikas Slumregionen zu werfen und Calcutta als ein Beispiel zu begreifen, das sich übermorgen schon vor europäischer Haustür vervielfältigen könnte.

Wie lebt man notdürftig auf so engem Raum und bleibt dennoch freundlich? Wie entwickelt sich Nachbarschaft, wenn brüchig Hütte an Hütte klebt und die Zeilen der Bruchbuden so enggefügt stehen, daß großspurig kein Durchkommen ist? Wie bleibt man Mensch, wenn angestammte, das heißt seit Generationen gewohnte und gelebte Armut ständig in Elend umzuschlagen droht?

Auf diese Fragen geben die Slums Calcuttas Antwort. Ihr soziales Gefüge, ihre Gesellschaftsfähigkeit und wohl auch ihren kulturellen Ausdruck gilt es zu begreifen, wenn die Verursacher dieser drangvollen Enge endlich geneigt sein wollen, den Preis für ihr vermeintlich abgesichertes Wohlleben zu zahlen.

Natürlich sind nicht einzig die Industrienationen an allem schuld. Die indische Kastengesellschaft ist, wie man so schön sagt, hausgemacht; niemand hat die herrschenden Schichten der indischen Gesellschaft gezwungen, zu eigenen auch noch europäische Formen der Korruption zu übernehmen, wie niemand – um im eigenen Land zu bleiben – die deutschen Industriellen gezwungen hat, das in Asien übliche Einkaufen von Politikern nun in Bonn, Hannover und anderswo einzuüben. Auch ist nicht zu übersehen, daß in Calcutta zum Beispiel die alltägliche Korruption – unabhängig, ob der Kongreß oder die Kommunisten regieren – ihr Niveau hält; allenfalls bedient sich nach einem Regierungswechsel eine andere Klientel.

Und wie überall auf der Welt ist auch in Indien das Konzept gegen Mißwirtschaft, Korruption, Brahmanendünkel greifbar, leserlich und der älteren Generation noch wie gegenwärtig bekannt. Dennoch beschränkt man sich auf die an Feiertagen übliche Verehrung des großen Mahatma Gandhi. Nicht seine bis heute unwiderlegten Reformideen sind gefragt; weder gewinnt die von ihm geforderte, umgreifende und das indische Dorf aufwertende Landreform Gestalt, noch finden die Kastenlosen und die indischen Stammesangehörigen innerhalb der Gesellschaft ihren gleichberechtigten Platz. Das Land und seine Bauern – nach Gandhi: Indiens einziger Kraftquell – verkommen. Verkarstung und Versteppung nehmen zu. Nicht literarisch-philosophisch, vielmehr zusehends und tatsächlich: Die Wüste wächst. Aber die gegenwärtige Zentralregierung gefällt sich in Großmachtträumen und glaubt, mit Computersystemen Jahrhunderte überspringen zu können.

Und genau hier wird abermals die Mitverantwortlichkeit westlicher Industrienationen überdeutlich, bis zur Groteske. Natürlich ist das Telefonsystem in Calcutta marode. Der Versuch, eine telefonische Verbindung herzustellen, gleicht oft genug einem Lotteriespiel. Es verlangt nach gründlicher Reparatur, doch nichts dergleichen geschieht; vielmehr bieten westliche Großfirmen die neuesten Produkte als Ergebnisse ihres Fortschrittverständnisses an: Ein digitales Fernsprechsystem, das als perfektes Angebot noch in keiner westeuropäischen Metropole seine Bewährung erprobt hat, soll in Calcutta Premiere haben.

Man kann nur hoffen, daß sich diese so oft und so schwer geprüfte Stadt nicht als Versuchskaninchen hergibt, vielmehr solchen Großversprechungen eine Abfuhr erteilt und der Erneuerung eines die Slumgebiete einbeziehenden Kanalisationssystems Vorrang gibt, Vorrang auch auf Kosten des ruinösen und Nordcalcuttas Altbauten demolierenden U-Bahn-Baus. Dieser während jeder Monsunzeit durch Überschwemmungen gefährdeten Stadt kann nur geholfen werden, wenn man ihre primären Lebensgrundlagen achtet, wobei die Erneuerung und Erweiterung des Kanalisationssystems – das sagt mir mein Laienverstand – auch die überfällige Erneuerung der Telefonleitungen einschlösse.

Es mag Sie überraschen, daß sich ein Schriftsteller an Mißständen dieser Art reibt und nichts liefert, was den Kulturtourismus fördern könnte, etwa Hinweise auf die Vielzahl bengalischer

Theater, auf den besonders im Ausland geschätzten bengalischen Film und – nicht zuletzt – auf die erstaunliche Produktivität bengalischer Poeten. Schon meinem Buch »Zunge zeigen« wurde dieser Vorwurf gemacht; doch alle drei hier nur aufgezählten künstlerischen Disziplinen finden ohnehin genug Beachtung, und nur im Bezug zu ihren sozialen Bedingungen sind sie an dieser Stelle von Interesse. Zum Beispiel erreichte das bengalische Theater Ende der sechziger, Anfang der siebziger Jahre, während der Zeit der Naxaliten-Aufstände, seine Höhepunkte; doch als diese sozialrevolutionäre Bewegung in Terror und Gegenterror unterging, begann auch das bengalische Theater zu verkümmern, was nicht ausschließt, daß dessen so unvergleichlich lebendigen, Sprache, Gestik und Musik mischenden Spielformen bis heute ihre Bühnen und ein theaterversessenes Publikum finden. Dennoch hat mich während meines Aufenthaltes in Indien am stärksten eine Gruppe junger Schauspieler beeindruckt, die in jenem Slumgürtel, der die Bundeshauptstadt Neu-Delhi einfaßt, unter freiem Himmel Pantomimen spielte, die sich mit Themen wie dem ruinösen Terror der Hochzeitsmitgift, der Drogensucht oder mit einem korrupten Kerosinhändler befaßten. Diese kurzen, mit Witz und gleichwohl ästhetischem Anspruch vorgetragenen Spiele bezogen das Publikum ein und betrieben dabei, ohne aufdringlich belehren zu müssen, spielerisch also, das mühsame Geschäft elementarer Aufklärung.

Ich weiß, daß gegenwärtig jeder Hinweis auf Aufklärung dem Zeitgeist zuwider ist und allenfalls kostspielig gestylte Langeweile provoziert. Dennoch bleibe ich dabei: wie hierzulande, in unseren angeblich so aufgeklärten Breiten, sind in Indien und zum Beispiel in Calcutta die langwierigen Vorgänge lernender Menschwerdung in dem Ausmaß Mangelware, wie es oft genug Reis und Kerosin sind.

Deshalb will ich von einer Slumschule berichten, die in der Region Dhapa ihren Ort hat, nahe der Straße zum Flughafen Dum Dum, den von Jahr zu Jahr immer weniger Fluglinien in ihrem Streckennetz vermerken.

Dhapa ist eine Landschaft, die aus den Müllbergen Calcuttas entstanden ist und sich durch den Andrang des Mülls täglich verändert. Im Müll leben, vom Müll leben Tausende von Menschen.

Als Kastenlose, das heißt Unberührbare sind die meisten von ihnen gleichfalls Müll, Müll einer Kastengesellschaft. Und zwischen diesen Müllbergen hat ein altes Ehepaar, Frau und Herr Karlekar, die beide aus Brahmanenfamilien kommen und die schon vor Jahren im Stadtgebiet eine Slumschule errichtet haben, eine Baracke bauen lassen, die von früh bis spät den Müllkindern zur Schule geworden ist. Selten habe ich so intensivem Lernen beiwohnen können. Noch nie ist mir so deutlich geworden, wie sehr und existentiell mühsames Buchstabieren den Menschen auszeichnet. Einige der jungen Lehrer sind Schüler jener städtischen Slumschule gewesen, mit der das Ehepaar Karlekar seine Arbeit begonnen hat.

Später sangen die Müllkinder für uns ein vielstrophiges Lied. Jede der Strophen begann mit der Zeile »Wir leben im Slum...« Dieses Lied klagte nicht, vielmehr sprach sich von Strophe zu Strophe Selbstbewußtsein mit forderndem Anspruch aus; aber mir wurde auch deutlich: Es gibt überall auf der Welt, so auch in Indien (und zum Beispiel in Calcutta), zu wenige Menschen wie das Ehepaar Karlekar. Und wo es sie gibt, verbrauchen sich viele in tagtäglichem Kampf gegen Institutionen, denen nichts störender ist als die Initiative einzelner. Als wir in die Stadt zurückfuhren, sahen wir Hunderte Müllkinder den gehäuften Müll umgraben und abermals umgraben. Nichts darf verlorengehen; alles Gefundene findet neuen Gebrauch.

Erlauben Sie mir zum Schluß einen Rückblick und Ausblick. Als Ende der sechziger, Anfang der siebziger Jahre die ersten Berichte des Club of Rome vorgelegt wurden, wirkten diese verstörend und wurden oft genug als ärgerliche Dreinrede, als Spielverderben, Schwarzseherei oder, als »Das Ende des Wachstums« gefordert wurde, als fortschrittsfeindlich abgetan. Dennoch haben Ihre Berichte vielen Menschen, darunter einigen Politikern, Orientierung gegeben: Und auch meiner literarischen Arbeit gaben Sie Anstoß, etwa bei der Niederschrift der Romane »Der Butt« und »Die Rättin«. Heute wagt niemand mehr über die Voraussagen des Club of Rome zu spotten. Die Zukunft der Menschheit, vormals Spielraum für widersprüchlichste Utopien, ist von katastrophalen Abläufen vordatiert. Die Zeit der Warnungen ist vorbei, weil eine Vielzahl katastrophaler Entwicklungen, die sich vormals notfalls als isolierte Vorgänge begreifen ließen, miteinander verquickt sind und sich so potenzieren. Denn wie die Verelendung der Dritten Welt und der nach wie vor wirksame Rüstungswettlauf einander bedingen, so ist auch die ungehemmte industrielle Expansion mit wachsender Umweltzerstörung und klimatischen Veränderungen als insgesamt zerstörerischer Zusammenhang zu begreifen. Mittlerweile wissen wir das alles. Noch nie ist die Menschheit im Verlauf ihrer Geschichte so gut informiert gewesen; doch will mir oft vorkommen, als seien diese Informationen durch ihre Vielzahl besonders geeignet, einander zu löschen oder aber in einem Wust von Gutachten und Gegengutachten zu verkommen. Selbst Tschernobyl ist als Menetekel nicht begriffen worden; und wenn sich gegenwärtig – hervorgerufen und befördert durch die revolutionären Veränderungen in der Sowjetunion – zum erstenmal seit Ende des Zweiten Weltkrieges konkrete Möglichkeiten für weltweite Abrüstung ergeben, muß gleichfalls befürchtet werden, daß diese Chance vertan wird; diesmal ist es mit seiner Führungsmacht der Westen, der von gewohnten Feindbildern nicht lassen will. Jedes Zögern aber oder gar Wegducken vor unseren gegenwärtigen Herausforderungen mindert die ohnehin geringe Möglichkeit, auf Umwälzungen vorbereitet zu sein, die sich heute schon ankündigen und das nächste Jahrhundert bestimmen werden. Was in Calcutta beispielhaft ist, beginnt sich weltweit auszuwirken. Um das Jahr 2000 wird, das sagt die Statistik, mehr als die Hälfte aller Menschen dicht bei dicht in Asien leben. Durch Vorboten jetzt schon angezeigt, werden Völkerwanderungen, denen keine noch so brachiale Abwehr gewachsen sein wird, die Welt und deren angestammtes Gefüge verändern. Eurozentristische oder gar nationale Konzepte könnten sich solchem Ansturm gegenüber nur als lächerlich erweisen. Doch wie auch immer die Industrienationen reagieren werden, eines sei ihrem viel vermögenden Hochmut schon jetzt gesagt: Calcutta steht vor der Tür und läßt sich nicht abweisen.

Juni 1989

Artur Knoff

Friedenau, am 11. Juli 1989

Lieber Leslie Willson,

wie kam Artur Knoff zu seinen Geschichten und sogar zu einem Verleger?

Mitte der sechziger Jahre war es. Nachdem ich dem lesehungrigen Publikum zwei dicke Wälzer – »Die Blechtrommel« und »Hundejahre« – und zudem die Novelle »Katz und Maus« vorgelegt hatte, schrieb ich entspannt und mit keinem Großprojekt belastet wie nebenbei eine Reihe von Geschichten. Doch der Gedanke, sie unter meinem Namen zu veröffentlichen, also all jenen Großkritikern zum Fraß vorzuwerfen, die sich von Berufs wegen eine Super-Blechtrommel erwarteten, dieser Gedanke kam mir abstrus vor. Also schützte ich meine Geschichten, indem ich mir einen Autor erfand. Artur Knoff bot sich an; so hieß einer der Brüder meiner Mutter, der Schriftsteller werden wollte, aber 1917 im Alter von zweiundzwanzig Jahren nach einem Bauchschuß krepierte. Ich erfand eine halbwegs glaubwürdige Vita dazu, und mein Freund Walter Höllerer, nebenbei Chef des Literarischen Colloquiums Berlin, war bereit und verschwiegen genug, Artur Knoffs »Geschichten Geschichten« als schmales Bändchen zu verlegen. Da die Bände dieser Editionsreihe bis heutzutage auf der Titelseite ein Foto des Autors zeigen, war meine damals recht knäbisch wirkende Frau Anna bereit, mit angeklebtem Oberlippenbärtchen und schräg aufgesetzter Schlägermütze als Artur Knoff für ein Foto stillzuhalten. Das Buch erschien. In einigen wenigen Kritiken wurde dem jungen Autor Knoff Talent bestätigt. Ein Kritiker bemerkte sogar eine gewisse Abhängigkeit von einem Romanschriftsteller namens Grass, und aus Mailand schrieb eine italienische Lektorin, der Autor solle doch nicht bei Kurzgeschichten bleiben, vielmehr hervorkehren, was in ihm stecke, das heißt Romane schreiben. So erfreute ich mich viele Jahre lang an den zwar spärlichen, aber rundweg freundlichen Äußerungen zum Erstlingswerk meines Artur Knoff, dem leider keine weiteren literarischen

Werke folgten; er hatte sich wohl verausgabt. Anfang der achtziger Jahre plauderte ein Freund, den ich leichtfertig eingeweiht hatte, die Geschichte aus; die Legende verflüchtigte sich, und mir blieb nichts anderes übrig, als Artur Knoffs »Geschichten Geschichten« in meine Werkausgabe aufzunehmen; dort sind sie unter der Rubrik »Kurzprosa« zu finden.

Ihnen, lieber Leslie Willson, erteilen Artur Knoff und ich gerne die Erlaubnis, einige Geschichten, von Ihnen übersetzt, in »Dimension« abzudrucken.

Freundlich grüßt Sie
Ihr *Günter Grass*

Scham und Schande

Rede zum 50. Jahrestag des Kriegsausbruchs in Frankfurt

Wer sich erinnert, stößt auf Banalitäten, die auf den Schutthalden der Vergangenheit in der Regel obenauf liegen. Am 1. September 1939 suchte ich als Elfjähriger Bombensplitter im benachbarten Hafenvorort Neufahrwasser. Und als ich keine fand, tauschte ich – weiß nicht mehr, was – gegen solch ein zackiges Stück Metall. Es waren versprengte Splitter jener Bomben, die deutsche Sturzkampfflugzeuge über der Westerplatte, der polnischen Militärenklave im Gebiet des Freistaates Danzig, abgeworfen hatten.

So begann bei mir zu Hause der Krieg. Ich erinnere mich an spätsommerliches Badewetter, das auch anhielt, wenngleich die Ostseestrände, solange auf der Halbinsel Hela gekämpft wurde, gesperrt blieben. Der Krieg kam plötzlich, wortwörtlich von heiterem Himmel herab, war bald zu Ende und wurde später Polenfeldzug genannt. Ach ja, ein Onkel, der zu den Verteidigern der Polnischen Post gehört hatte, wurde standrechtlich erschossen; doch darüber sprach man in der Familie nicht.

Diesen kurzen Krieg, wie später weitere, nicht mehr so kurze Feldzüge, erfuhr ich eindringlich einseitig mit Hilfe der Deutschen Wochenschau. Nach endlosen Gefangenenkolonnen und Pferdekadavern inmitten zerbombter Artilleriestellungen belieferte sie mein Unverständnis mit Ausschnitten einer später nie wieder gezeigten Siegesparade: Da marschierten Einheiten der Wehrmacht und der Roten Armee nacheinander vor einem deutschen und einem sowjetischen General vorbei; beide Generäle salutierten.

Polen war doppelt geschlagen: Ein schwacher Staat unter unzulänglicher Führung und eine zwar traditionsbeflissene, doch kümmerlich ausgerüstete Armee zerbrachen unter den Schlägen zweier moderner Militärmächte, indem die Wehrmacht überfallartig zuerst zuschlug und die Rote Armee den Rest besorgte. Danach entwickelte sich, wie vorgeplant, die Vernichtung der polnischen Eliten und schließlich des polnischen Volkes zum Alltagsprogramm. Von 1939 bis 1946 ging die Bevölkerung von rund fünfunddreißig Millionen auf rund vierundzwanzig Millionen zurück. Auf annähernd sieben Millionen wird die Zahl der im Krieg gefallenen, ermordeten und verhungerten Polen und polnischen Juden geschätzt. Und dennoch hat der Mordversuch an einem Volk, das doch besiegt, geschlagen zu sein schien, nicht verhindern können, daß sich sogleich nach dem September 1939 der polnische Widerstand zu organisieren begann. Bald erfaßte er weite Teile des Landes und wurde, als der Warschauer Aufstand zusammengebrochen war, dennoch fortgesetzt.

Wenn wir uns heute, nach fünfzig Jahren, des polnischen Leids und der deutschen Schande erinnern, bleibt, so hart wir bestraft wurden – und trotz verstrichener Zeit nicht gemildert –, Schuld genug, dieser nicht wegzuredende Bodensatz. Und sollte mit neuer Anstrengung unsere Schuld eines Tages beglichen sein, wird Scham bleiben.

Scham und Trauer. Denn das von uns Deutschen in die Welt gesetzte Verbrechen hatte weiteres Leid, abermaliges Unrecht und den Verlust von Heimat zur Folge. Millionen Ost- und Westpreußen, Pommern und Schlesier mußten ihren Ort verlassen. Diese Last war nicht auszugleichen. Dauerhafter als auf andere Deutsche schlug auf diese Vertriebenen der verlorene Krieg zurück. Solch ungleiches Maß hat viele der älteren Generationen bitter gemacht; einige sind es heute noch.

Auch ich verlor 1945 einen durch nichts zu ersetzenden Teil meiner Herkunft, meine Heimatstadt Danzig. Auch ich konnte diesen Verlust nicht leichtnehmen. Immer wieder mußte ich mir sagen lassen, wo unveränderlich die Ursachen für diesen Verlust zu finden sind: in deutscher Anmaßung und Menschenverachtung, in der Unbedenklichkeit deutschen Gehorsams, in jener Hybris, die, jedem Gesetz zuwider, das Alles-oder-Nichts zum deutschen Willen erklärte und schließlich, als alles unter Leid verschüttet lag, das Nichts nicht wahrhaben wollte.

Und das bis heute. Deshalb diese Rede über Scham und Schande. Denn zusätzlich schändlich ist es, wenn bundesdeutsche Politiker die Stirn haben, vor geneigtem Publikum die Grenzen des Deutschen Reiches von 1937 zu beschwören. So erhofft man, rechtsradikale Wähler beschwichtigen zu können. Und so wird Polens Westgrenze leichtfertig ins Gerede gebracht. Als sei Polen gegenwärtig nicht verunsichert genug. Als wolle man aus Polens

Schwäche einen Vorteil herausschinden. Als müsse Polen immer wieder aufs neue von Deutschen gedemütigt werden. Als dürfe ein Bundesminister und Parteivorsitzender, bei Verzicht auf Scham, die Schande in Kauf nehmen.

Solche Sonntagsreden, gehalten mit Kalkül vor landsmannschaftlichen Versammlungen, haben ihre Vorgeschichte: Während der fünfziger und sechziger Jahre gehörten sie zum Ritual einer Politik, die – abseits jeder Verantwortung – die Ursachen und Konsequenzen des begonnenen und verlorenen Krieges nicht wahrnehmen oder akzeptieren wollte. »Friedliche Rückgewinnung« und »Recht auf Heimat« hießen die durch Wiederholung leergedroschenen Floskeln. Jene Millionen Polen, die nach dem Verlust der polnischen Ostprovinzen an die Sowjetunion Wilna und Lemberg verlassen mußten und in Danzig und Breslau angesiedelt wurden, durften ihr »Recht auf Heimat« in den Wind schreiben; nicht zu reden von der deutschen Sandkastenoffensive einer »friedlichen Rückgewinnung«.

Keine Aufklärung, kein Hinweis auf die Beschlüsse der Siegermächte in Jalta und Potsdam half. Unbelehrbar und trotzig hieß es auf Transparenten: »Schlesien bleibt deutsch!« Als sei diese im Verlauf der Geschichte zwischen Preußen und Österreich blutig umkämpfte Provinz nicht immer wieder wechselnden Herrschern untertan gewesen; als sei Danzig, bevor es durch die dritte Teilung Polens an Preußen fiel, nicht dreihundert Jahre unter polnischer Herrschaft reich geworden und hansisch geprägt geblieben. Das geschah alles, bevor sich Europa in Nationalstaaten organisierte und somit Anlässe für neue, vom allseitigen Nationalismus entfesselte Kriege schuf. Dieser Bazillus ist, als Widerpart der gegenwärtigen Europaeuphorie, immer noch virulent, wie in Frankreich und Deutschland, so auch in Polen; weshalb sich polnische Nationalisten, denen ihr Polentum zum gottgefälligen Mysterium mißrät, nach wie vor einreden, es seien die ehemaligen ostdeutschen Provinzen zurückgewonnenes, urpolnisches Land. Jene Borniertheit, welche die Mißachtung geschichtlicher Tatsachen zur Tugend erklärt hat, ist offenbar in Polen wie in Deutschland seßhaft geblieben.

Dennoch fand gegen erbitterten Widerstand dieses unwirkliche Gezänk – so durfte gehofft werden – im Dezember 1970 ein Ende:

In Warschau wurde durch die Unterzeichnung des deutsch-polnischen Vertrages Polens Westgrenze anerkannt. Und weil sich der damalige Bundeskanzler Willy Brandt der geschichtlichen Bedeutung dieser längst überfälligen Anerkennung von Tatsachen bewußt war, gehörten damals, neben anderen, zwei Schriftsteller zu seinem Reisegefolge. Siegfried Lenz und ich waren dabei, als durch ein völkerrechtlich gültiges Dokument der Verlust unserer Heimat besiegelt wurde. Schon lange war uns dieser Verlust gewiß gewesen; wir hatten lernen müssen, mit ihm zu leben. Mehr noch: Viele unserer Bücher handelten von diesem Verlust und seinen Ursachen. Dennoch sind wir nicht reiselustig, wohl eher mit Blei in den Sohlen nach Warschau geflogen. Und erst als Willy Brandt dort auf die Knie fiel, wo unter deutscher Herrschaft das jüdische Ghetto gewesen ist, und deutlich wurde, daß die von Deutschen geplante und vollzogene Ermordung von sechs Millionen Juden, daß dieses Verbrechen und die Vernichtungslager Chełmno, Treblinka, Auschwitz, Birkenau, Sobibór, Bełżec und Majdanek nicht zu bewältigen sind, wog der Verlust von Heimat gering.

Wenige Tage nach der Unterzeichnung des deutsch-polnischen Vertrages streikten zum ersten Male die Hafenarbeiter in den polnischen Ostseestädten. Die Miliz schoß auf Arbeiter. Die Anfänge jener ein Jahrzehnt später »Solidarność« genannten Gewerkschaftsbewegung sind im Dezember 1970 zu finden.

Seitdem ist Polen nicht zur Ruhe gekommen. Hoffnungen wurden unter dem Kriegsrecht zunichte. Regierungen kamen und gingen. Allein der Mangel blieb. Er begleitet auch gegenwärtig den Niedergang des alten Systems und die verzweifelten Anstrengungen der neuen, halbwegs demokratisch gewählten Regierung.

Polen braucht Hilfe, unsere Hilfe, denn noch immer sind wir in Polens Schuld. Hilfe freilich, die nicht Bedingungen diktiert, die nicht der polnischen Schwäche deutsche Stärke zu kosten gibt, die nicht auftrumpft mit schändlichen Reden wie jener, die kürzlich der bayerische Politiker Theo Waigel gehalten hat. Der 1. September sollte für ihn Anlaß genug sein, seine nur Unheil stiftenden Sätze zurückzunehmen. Wer Polens Westgrenze in Frage stellt, ruft zum Vertragsbruch auf. Wer so redet, heute so redet, noch immer so redet, handelt schamlos und macht uns Schande.

Hinsehen und Aufzeichnen

Die Frau auf der Totenbahre, deren Sterbeblick Blätter abdecken: im Laufschritt vorbeigetragen – festgehalten den Augenblick; oder, auf ihren Fersen sitzend, Hocker, die nichts außer Zeit haben; staunen, wie immer anders den Indern, in ihrer unübersehbaren Vielfalt, der Turban gelingt; Landschaft, die sich aus anfallendem Müll täglich neu schichtet; und Steinwüsten, nahe Hyderabad, die vor fünfzig Jahren noch Dschungel waren, in dem, zur Kurzweil schießwütiger Kolonialherren, Tiger umgingen; oder Kopflasten, als schwebten sie: weitausladende Bündel Brennholz, vom toten Baum gebrochen; und immer wieder die Schläfer, wie weggeworfen. – Keine Ideenskizzen liegen vor, sondern vor Ort entstandene Blätter, auf denen versucht wurde festzuhalten, was, bei andauerndem Andrang materieller Wirklichkeit, nicht verschüttgehen sollte.

Skizzieren heißt auswählen. Ich hielt fest, was mir querlag, mich anstieß oder mit Worten nicht zu benennen war. Die Wörter – verfügbare und nicht vorhandene – gehörten dem Tagebuch als Möglichkeit an, sich selbst in extrem veränderter Lebenssituation zu begreifen, das eigene Unverständnis aufzuschreiben und notfalls Distanz, Ausflucht zu suchen. Oft genug spielten sich Skizzen- und Tagebuch als vom Autor unabhängige Dialogpartner auf, die einander ins zu vage Wort fielen, dem Bild, weil es vorschnell Bild wurde, widersprachen. Schließlich sollten Zeichnen und Schreiben (und ihr Widerspruch als Gedicht) Grundlage sein für ein vorerst nur ausgedachtes Buch, das später unter dem Titel »Zunge zeigen« erschien und Calcutta, die westbengalische Metropole, zum Zentrum hat.

Von Mitte August 86 bis Ende Januar 87 war ich dort. Deshalb sind die vorliegenden Skizzen überwiegend in Calcutta entstanden. Ob flüchtige Notate – wie im Vorbeigehen wahrgenommen – oder gründliche Bestandsaufnahme – als müßten alle Baumaterialien engstehender Slumhütten beim Namen genannt werden –, immer sind die Motive dem indischen, dem bengalischen Alltag abge-

September 1989

wonnen; der verlangt dem Zeichner, außer Respekt vor immer neuen Wirklichkeiten, Geduld ab. Denn wo er seinen Skizzenblock auf die Knie nahm, war er von Zuschauern umgeben, die sehen, einsehen wollten, was da geschah; niemals hätten sie das Abfotografieren, dieses rasche, herrische, für sie undurchschaubare Belichten ihrer Notdürftigkeit, geduldet. Mir konnten sie auf die Finger schauen. Wohl deshalb fühlte ich mich, mitten im Gedränge Nordcalcuttas, als Zeichner wie angenommen und akzeptiert, und sei es auch nur für die Dauer einer Skizze.

Ich, das heißt der Schriftsteller, zwang den Zeichner zum Hinsehen, immer wieder – und alle Ausflüchte wie Kunstansprüche verlachend – zum Hinsehen: Denn jener Slum, dessen Hütten als Mittelpunkt eine aus Zeiten der Kolonialherrschaft überlebende Denkmalbüste respektieren, wollte wahrgenommen werden; auch die Kuh vor dem Leichenfeuer, bewohnte Betonröhren, Kochstellen unter Bäumen; und jene vor undurchlässigen Häuserwänden und Fabrikmauern wie zufällig Liegenden, die in Calcutta als Obdachlose (weil in keinem Slum zugelassen) Pavementdweller – Pflasterbewohner – genannt werden, wollten gesehen, aufgezeichnet sein. Wer sonst nimmt sie wahr – allenfalls die Statistik.

Nachtleben zwischen Fassaden und Rinnstein. Kühe ragen ins Bild. Grüne Kokosnüsse, ausgetrunken und leergelöffelt, restliche Kohlestückchen aus der Asche geklaubt, denn überall sind Müllberge zugleich Fundgruben. Und im Müll Menschen, die als Unberührbare zum Abfall erklärt, also Müll einer Gesellschaft sind, deren Kastensystem sich geheimnisvoll gibt, doch nach längerem Hinsehen – und ich sah hin und zeichnete auf – nicht verdecken kann, daß es Unrecht und Ausbeutung zur Regel und deren Duldung zur Heilslehre macht.

Was auf Anhieb einzig Kunst im Kalkül hat, wäre hier zur Beschwichtigung verkommen. Ich versuchte mit meinen Filzstiften, Stahl- und Krähenfedern der Gefahr distanznehmender Abstraktion und den beliebten Mystifizierungen zu entgehen. In einer Zeit, deren oftberufener Geist sich hochdotiert im Wegsehen übt, diese Übung als Tugend ausgibt und als Zeitgeist den Künstlern rät, lieber nach innen zu schauen – als sei da, außer dem alten Ego, irgendwas von Belang –, ist Hinsehen vonnöten.

Kein Kinderbuch

Friedenau, am 25. Oktober 1989

Sehr geehrter Herr Peltsch,

als Antwort auf Ihren Brief vom 10. 10. schicke ich Ihnen die nachfolgende Überlegung.

Kann sich ein Autor vornehmen, für Kinder schreiben zu wollen? Offenbar ist das möglich, denn einige meiner Kollegen haben, neben ihren ausgesprochen literarischen Werken, die als Erwachsenenliteratur zu gelten haben, Bücher dezidiert für Kinder geschrieben. Ich tue das nicht. Warum nicht? Weil ich mir beim Schreiben kein gesondertes Lesepublikum, also weder lesende Kinder, lesende Arbeiter oder auch lesende Rentner vorstellen kann. Wohl aber gehören oft genug Kinder als Haupt- oder Nebenfiguren zum Personal meiner Bücher. Vielleicht ist das so, weil ich Kinder als zu komplex begreife, als daß ich sie gesondert in sogenannten Kinderbüchern darstellen könnte. Wenn man bereit ist, Oskar Matzerath als kindliche Existenz zu akzeptieren, ist dieser Oskar von solch komplexer Natur. Gleiches gilt für Tulla Pokriefke in »Katz und Maus« und weiterführend hier dem dicken Kind Jenny Brunies in »Hundejahre«.

Ich meine schon, daß »Katz und Maus« für Kinder ab zwölf Jahren verständlich ist, ohne daß »Katz und Maus« dadurch zum Kinderbuch wird. Oder die Probleme des Schülers Scherbaum in »örtlich betäubt« und seiner Freundin Vero Lewand. Hätte ich sein Problem – nämlich den Vorsatz, seinen Hund, einen Dackel, aus Protest gegen den Vietnamkrieg vor dem Café Kempinski auf dem Kurfürstendamm in Berlin verbrennen zu wollen – in einem Kinderbuch gestalten sollen? Vielleicht liegt es auch daran, daß ich als Kind nie oder selten, jedenfalls nicht mit Nachwirkung Kinderbücher gelesen habe, vielmehr als Zwölf- oder Dreizehnjähriger, ohne recht zu begreifen, was ich las, über Dostojewskij mit roten Ohren hockte: ein Leseerlebnis, nachwirkend bis heute.

Ich bin Vater von sechs Kindern, und zwei kamen noch dazu, die meine Frau aus erster Ehe mitgebracht hat. Gelegentlich sagten sie: Schreib mal was für uns. Also schrieb ich »Aus dem Tagebuch einer Schnecke«, indem ich versuchte, ihnen zu erklären, warum ich vom Frühjahr bis zum Herbst 1969 mit Unterbrechungen auf Wahlreise sein mußte. Ich sprach sie und damit auch andere Kinder an, indem ich erklärte, warum dazumal ein ehemaliger Nazi, nämlich Kurt Georg Kiesinger, als Bundeskanzler unerträglich war. Ich erzählte ihnen die traurige Geschichte der Zerstörung der Danziger Synagogengemeinde. Ich versuchte, ihnen zu erklären, welches Unrecht den Tschechen und Slowaken zugefügt wurde, als im Jahr zuvor, nämlich im August 1968, die Armeen der fünf Warschauer-Pakt-Mächte, unter ihnen abermals deutsche Soldaten, ihr Land besetzten und ihren friedlichen Reformwillen unterdrückten. Beim Schreiben wurde mir deutlich, wie schwer vermittelbar das Schichtengemenge der Erwachsenenwelt ist. Die Fragen und Zwischenfragen der Kinder verlangten mir eine Genauigkeit ab, auf die sogenannte Erwachsene gelegentlich gerne verzichten. Aber auch »Aus dem Tagebuch einer Schnecke« ist kein Kinderbuch. Und »Der Butt« ganz gewiß nicht, obgleich diese epische Geröllhalde als ein langes, sogar überlanges Märchen angelegt ist.

Jetzt, zweiundsechzig Jahre alt, kann ich mir vorstellen, daß ich vielleicht als Siebzigjähriger, mittlerweile wieder kindlich werdend, versucht sein könnte, ein Kinderbuch zu schreiben. Ob es gelingt?

In der Hoffnung, daß meine kurze Überlegung Ihren Erwartungen entspricht, grüße ich Sie freundlich.

Ihr *Günter Grass*

Oktober 1989

Lastenausgleich

Rede auf dem Parteitag der SPD in Berlin

Gustav Heinemann sprach vor zwanzig Jahren von »schwierigen Vaterländern«, eines nannte er beim Namen: Deutschland. Diese Feineinschätzung bestätigt sich gegenwärtig. Wieder einmal sieht es so aus, als werde vernunftbestimmtes Nationalbewußtsein von diffusem Nationalgefühl überschwemmt; beklommen bis verschreckt nehmen unsere Nachbarn den rücksichtslos herbeigeredeten Einheitswillen der Deutschen zur Kenntnis.

Das wirkliche Geschehen jedoch, wie sich das Volk der DDR von Tag zu Tag mehr Freiheiten erkämpft und dabei gewaltlos die Bastionen des verhaßten Systems schleift, dieser in der deutschen Geschichte einzigartige, weil revolutionäre und dennoch erfolgreiche Vorgang, droht in den Hintergrund zu geraten. Anderes, Zweitrangiges drängt sich vor. Einige westdeutsche Politiker beanspruchen die Rampe und selbstverständlich Rampenlicht. Während die Bundesregierung, vorneweg der Finanzminister, den Früchtekorb, drapiert mit glitzernden Versprechungen, immer höher hält und so den Revolutionären drüben immer gewagtere Sprünge abverlangt, versucht der Bundeskanzler, die Aufmerksamkeit der Welt auf sich und sein Zehn-Punkte-Programm zu lenken.

Und jenes staatsmännisch vorgetragene Flickwerk fand Beifall. Einige vernünftige Ansätze täuschten hinweg über Widersprüche und wahltaktische Auslassungen: Wieder einmal wurde die uneingeschränkte Anerkennung der polnischen Westgrenze verweigert.

Tags darauf folgte die Ernüchterung. Der faule Zauber wich. Die Wirklichkeit, das heißt berechtigte und auf Erfahrung gründende Sorgen der Nachbarn, holten den Deutschen Bundestag ein. Die Wortblase »Wiedervereinigung« platzte, weil niemand, der bei Verstand und geschlagen mit Gedächtnis ist, zulassen kann, daß es abermals zu einer Machtballung in der Mitte Europas kommt: Die Großmächte, nun wieder betont als Siegermächte, gewiß nicht, die Polen nicht, die Franzosen nicht, nicht

Dezember 1989

die Holländer, nicht die Dänen. Aber auch wir Deutsche nicht, denn jener Einheitsstaat, dessen wechselnde Vollstrecker während nur knapp fünfundsiebzig Jahren anderen und uns Leid, Trümmer, Niederlagen, Millionen Flüchtlinge, Millionen Tote und die Last nicht zu bewältigender Verbrechen ins Geschichtsbuch geschrieben haben, verlangt nach keiner Neuauflage und sollte – so gutwillig wir uns mittlerweile zu geben verstehen – nie wieder politischen Willen entzünden.

Lernen wir vielmehr von unseren Landsleuten in der DDR, denen nicht, wie den Bürgern der Bundesrepublik, Freiheit geschenkt wurde, die sich vielmehr gegen den Widerstand des allumfassenden Systems ihre Freiheit erkämpfen mußten; eine drüben erstrittene Leistung, vor der wir hier, umstellt von Reichtum, arm dastehen.

Was soll also dieser Hochmut, der mit Glashausfassaden und Exportüberschüssen prahlt. Was soll dieses Besserwissen in Sachen Demokratie, deren erste Lektionen wir selbst allenfalls »ausreichend« begriffen haben. Was soll der Triumph über Skandale drüben, wenn unsere Skandale von der Neuen Heimat über Flick und Barschel bis zum Celler Loch ihren Gestank nicht loswerden. Und was soll – gemessen an den bescheidenen Wünschen der angeblichen Habenichtse da drüben – jene in Gestalt von Helmut Kohl hier fleischgewordene Selbstherrlichkeit! Haben wir vergessen, wollen wir, geübt im Verdrängen, nun auch verdrängen, daß auf dem kleineren deutschen Staat die Last des verlorenen Krieges weit mehr, als gerecht sein kann, drückte?

So sahen die Möglichkeiten der DDR nach 1945 aus, und so wirken sie nach bis heute: Kaum hatte das großdeutsche Zwangssystem seine Macht verloren, da griff schon mit neuen und gleichwohl altbekannten Zwängen das stalinistische System zu. Wirtschaftlich ausgebeutet von einer Sowjetunion, die zuvor vom Großdeutschen Reich ausgebeutet und zerstört worden war, beim Arbeiteraufstand im Juni 1953 sogleich sowjetischen Panzern konfrontiert, schließlich eingemauert, haben die Bürger der Deutschen Demokratischen Republik bezahlen müssen, auch stellvertretend für die Bürger der Bundesrepublik zahlen und draufzahlen müssen. Nach ungerechtem Maß haben nicht wir für sie, nein, sie für uns die Hauptlast des von allen Deutschen verlorenen Zweiten Weltkrieges getragen.

Also sind wir ihnen ziemlich viel schuldig. Nicht gönnerhaftes »Mal-kurz-unter-die-Arme-Greifen« oder flinkes Aufkaufen der »Konkursmasse« DDR ist gefragt, vielmehr ein weitreichender Lastenausgleich, fällig ab sofort und ohne weitere Vorbedingungen. Die Kürzung der Militärausgaben und eine Sondersteuer, die, je nach Vermögen, jeden Bundesbürger betrifft, können diese Bringschuld finanzieren.

Ich erwarte von meiner Partei, der Sozialdemokratischen Partei Deutschlands, daß sie sich diesen gerechten, überfälligen und selbstverständlichen Lastenausgleich zu eigen macht und als Forderung ersten Ranges in den Bundestag einbringt.

Erst dann, wenn unseren Landsleuten in der DDR, die erschöpft sind, denen das Wasser bis zum Hals steht, die sich dennoch Stück für Stück ihre Freiheit erkämpfen, auch von unserer Seite Gerechtigkeit widerfährt, erst dann können sie gleichberechtigt mit uns und wir mit ihnen über Deutschland und Deutschland, über zwei Staaten einer Geschichte und einer Kulturnation, über zwei konföderierte Staaten im europäischen Haus sprechen und verhandeln. Selbstbestimmung setzt umfassende, also auch ökonomische Unabhängigkeit voraus.

Das Blendwerk der zwar verführerischen, doch auf Dauer nichtsnutzen Wiedervereinigungsrhetorik beiseite geräumt, wird deutlich, daß die vom DDR-Ministerpräsidenten Hans Modrow vorgeschlagene Vertragsgemeinschaft der wirklichen Lage und ihren ferneren Möglichkeiten entspricht. So könnten paritätisch besetzte Ausschüsse neben naheliegenden Aufgaben im Verkehrs-, Energie- und Postbereich den in der Bundesrepublik fälligen und der DDR zustehenden Lastenausgleich regeln; sie könnten sich den schrittweisen Abbau des Verteidigungsetats zur friedenssichernden Aufgabe machen; sie könnten sodann in gemeinsamer deutscher Verantwortung die Entwicklungspolitik zugunsten der Dritten Welt koordinieren; auch den von Johann Gottfried Herder geprägten Begriff der Kulturnation mit neuen Inhalten anreichern; sie könnten – nicht zuletzt – der ohnehin grenzüberschreitenden Umweltzerstörung Halt gebieten.

Diese und mehr Anstrengungen werden, wenn sie erfolgreich sind, Raum schaffen für weitere deutsch-deutsche Annäherungen und so den Weg zu einer Konföderation beider Staaten ebnen;

diese freilich, wenn sie gewollt wird, setzt Verzicht auf den Einheitsstaat im Sinne von Wiedervereinigung voraus.

Vereinigung als Einverleibung der DDR hätte Verluste zur Folge, die nicht auszugleichen wären: Denn nichts bliebe den Bürgern des anderen, nunmehr vereinnahmten Staates von ihrer leidvollen, zum Schluß beispiellos erkämpften Identität; ihre Geschichte unterläge dem dumpfen Einheitsgebot. Nichts wäre gewonnen außer einer beängstigenden Machtfülle, gebläht vom Gelüst nach mehr und mehr Macht. Allen Beteuerungen, selbst den gutgemeinten zum Trotz, wären wir Deutschen wieder zum Fürchten. Weil von unseren Nachbarn mit berechtigtem Mißtrauen aus zunehmender Distanz gesehen, könnte bald wieder einmal das Gefühl des Isoliertseins und mit ihm jene gemeingefährliche Mentalität aufkommen, die sich aus Selbstmitleid als »von Feinden umringt« begreift. Ein wiedervereinigtes Deutschland wäre ein komplexgeladener Koloß, der sich selbst und der Einigung Europas im Wege stände.

Hingegen würde eine Konföderation der beiden deutschen Staaten und deren erklärter Verzicht auf den Einheitsstaat der europäischen Einigung entgegenkommen, zumal diese, gleich dem neuen deutschen Selbstverständnis, eine konföderative sein wird.

Als Schriftsteller, dem die deutsche Sprache ein grenzüberschreitendes Vermögen ist, bin ich, solange ich Sätze kritisch abklopfe, dem Entweder-Oder, dieser unheilvollen Alles-oder-nichts-Sentenz konfrontiert. Noch steht uns eine dritte Möglichkeit als Antwort auf die deutsche Frage offen. Ich erwarte von meiner Partei, daß sie diese Möglichkeit erkennt und die Politik umsetzt.

Die SPD ist seit Jahrzehnten Schrittmacher und Baumeister einer friedfertigen, weil geschichtsbewußten Deutschlandpolitik. Wenn nicht schon zuvor, dann läßt sich jetzt, nach dem Bankrott des kommunistischen Dogmas, erkennen, daß der demokratische Sozialismus weltweit Zukunft hat. Ich bekenne: Die Rückkehr Alexander Dubčeks auf die politische Bühne hat mich ergriffen, aber auch in meinen politischen Vorstellungen bestätigt. Uns Sozialdemokraten sollte der Wandel in Ost- und Mitteleuropa Impulse geben. Wir brauchen sie. Zu viele Bedenkenträger haben oft genug unsere geforderte Tatkraft gehemmt. Die neunziger Jahre werden uns politischen Gestaltungswillen abverlangen. Im

Verlauf der Geschichte haben die deutschen Sozialdemokraten diesen Willen manchmal unter Hausarrest gestellt, doch oft genug bewiesen: von August Bebel bis Willy Brandt; jetzt, Hans-Jochen Vogel, bist du an der Reihe.

Dezember 1989

Kurze Rede eines vaterlandslosen Gesellen

Rede in der Evangelischen Akademie in Tutzing

Als ich kurz vor Weihnachten, von Göttingen kommend, auf dem Hamburger Hauptbahnhof nach Lübeck umsteigen wollte, kam ein junger Mann auf mich zu, stellte mich regelrecht, nannte mich einen Vaterlandsverräter, ließ mich mit diesem nachhallenden Wort stehen, kam, nachdem ich mir einigermaßen gelassen eine Zeitung gekauft hatte, abermals auf mich zu, um nicht etwa leise drohend, vielmehr freiheraus anzukündigen, daß es nun Zeit sei, mit meinesgleichen aufzuräumen.

Nach erstem Ärger, den ich noch auf dem Bahnsteig abzuschütteln verstand, fuhr ich nachdenklich nach Lübeck. »Vaterlandsverräter!« Ein Wort, das, gepaart mit den »vaterlandslosen Gesellen«, zum Sprachschatz deutscher Geschichte gehört. Hatte der junge Mann nicht recht, als aus ihm kalte Wut sprach? Kann mir jenes Vaterland, zu dessen Gunsten mit meinesgleichen aufgeräumt werden soll, nicht gestohlen bleiben?

Es ist so: Ich fürchte mich nicht nur vor dem aus zwei Staaten zu einem Staat vereinfachten Deutschland, ich lehne den Einheitsstaat ab und wäre erleichtert, wenn er – sei es durch deutsche Einsicht, sei es durch Einspruch der Nachbarn – nicht zustande käme.

Natürlich ist mir bewußt, daß mein Standpunkt gegenwärtig Widerspruch auslöst, mehr noch, geeignet ist, Aggressionen von der Kette zu lassen, wobei ich nicht nur an den jungen Mann vom Hamburger Hauptbahnhof denke. Viel subtiler macht zur Zeit die »Frankfurter Allgemeine Zeitung« mit Leuten, die sie kategorisch Linksintellektuelle nennen läßt, kurzen Prozeß. Es reicht ihren Herausgebern nicht, daß der Kommunismus bankrott ist, mit ihm soll auch der demokratische Sozialismus, samt Dubčeks Traum vom Sozialismus mit menschlichem Gesicht, am Ende sein. Das hatten Kapitalisten und Kommunisten immer gemein: die vorbeugende Verdammung eines dritten Weges. Deshalb wird jeder Hinweis auf die nunmehr erstrittene Eigenständigkeit der DDR und ihrer Bürger sogleich mit Umsiedlerzahlen verschüttet. Selbstbewußtsein, das sich trotz vierzig Jahre währender Unterdrückung leidend entwickelt und schließlich revolutionär behauptet hat, darf nur kleingedruckt Platz beanspruchen. So soll der Eindruck entstehen, daß in Leipzig und Dresden, in Rostock und Ostberlin nicht das Volk der DDR, sondern auf ganzer Linie der westliche Kapitalismus gesiegt hat. Und schon wird Beute gemacht. Kaum hat die eine Ideologie ihren Griff gelockert, dann aufgeben müssen, da greift die andere Ideologie wie altgewohnt zu. Notfalls zeigt man die marktwirtschaftlichen Folterinstrumente. Wer nicht spurt, kriegt nix. Nicht mal Bananen.

Nein, ein so unanständig auftrumpfendes, durch Zugriff vergrößertes Vaterland will ich nicht, wenngleich mir, außer einigen Gedanken, nichts zu Gebote steht, solche Spottgeburt zu verhindern. Schon befürchte ich, daß es – unter welchem Tarnnamen auch immer – zwangsläufig zur Wiedervereinigung kommt. Die starke D-Mark wird dafür sorgen; die Springer-Presse, nunmehr im Bunde mit Rudolf Augsteins leichtfertigen Montagsepisteln, wird auflagenstark dafür sorgen; und deutsche Vergeßlichkeit wird dem Sorge tragen.

Am Ende werden wir knapp achtzig Millionen zählen. Wir werden wieder einig, stark und – selbst beim Versuch, leise zu sprechen – laut vernehmlich sein. Schließlich – weil genug nie genug ist – wird es uns gelingen, mit bewährt harter D-Mark – und nach Anerkennung der polnischen Westgrenze – ein gut Stück Schlesien, ein Stückchen Pommern wirtschaftlich untertänig zu machen und – nach deutschem Bilderbuchmuster – wieder einmal zum Fürchten und isoliert sein.

Dieses Vaterland verrate ich jetzt schon; mein Vaterland müßte vielfältiger, bunter, nachbarlicher, durch Schaden klüger und europäisch verträglicher sein.

Alptraum steht gegen Traum. Was hindert uns, der Deutschen Demokratischen Republik und ihren Bürgern durch einen gerechten, längst fälligen Lastenausgleich dergestalt zu helfen, daß der Staat sich wirtschaftlich und demokratisch festigen kann und seine Bürger weniger Mühe haben, daheim zu bleiben? Warum muß der deutschen Konföderation, die unseren Nachbarn erträglich sein könnte, immer wieder eins draufgesattelt werden, mal nach vagem Paulskirchenkonzept als Bundesstaat, dann wieder, als müßte das so sein, in Gestalt einer Groß-Bundesrepublik? Ist denn eine deutsche Konföderation nicht mehr, als wir jemals erhoffen konnten? Sind denn umfassende Einheit, größere Staatsfläche, geballte Wirtschaftskraft ein erstrebenswerter Zuwachs? Ist das nicht alles wiederum viel zuviel?

In Reden und Aufsätzen habe ich mich seit Mitte der sechziger Jahre gegen die Wiedervereinigung und für eine Konföderation ausgesprochen. Hier gebe ich abermals Antwort auf die deutsche Frage. Nicht in zehn, in fünf Punkten will ich mich kurzfassen:

Erstens: Eine deutsche Konföderation hebt das Nachkriegsverhältnis der beiden deutschen Staaten von Ausland zu Ausland auf, legt eine nichtswürdige, auch Europa trennende Grenze nieder und nimmt dennoch Rücksicht auf die Besorgnisse oder gar Ängste ihrer Nachbarn, indem sie in verfassungsgebender Versammlung auf die Wiedervereinigung als Einheitsstaat verzichtet.

Zweitens: Eine Konföderation der beiden deutschen Staaten tut weder der nachkriegsgeschichtlichen Entwicklung des einen noch des anderen Staates Gewalt an, sie erlaubt vielmehr Neues: eigenständige Gemeinsamkeit; und sie ist zugleich souverän genug, den jeweils eingegangenen Bündnisverpflichtungen nachzukommen und so dem europäischen Sicherheitskonzept zu entsprechen.

Drittens: Eine Konföderation der beiden deutschen Staaten steht dem europäischen Einigungsprozeß näher als ein übergewichtiger Einheitsstaat, zumal das geeinte Europa ein konföderiertes sein wird und deshalb die herkömmliche Nationalstaatlichkeit überwinden muß.

Viertens: Eine Konföderation der beiden deutschen Staaten geht den Weg eines anderen, wünschenswert neuen Selbstverständnisses. Der deutschen Geschichte gegenüber trägt sie als Kulturnation gemeinsam Verantwortung. Dieses Verständnis von Nation nimmt die gescheiterten Bemühungen der Paulskirchen-Versammlung auf, versteht sich als erweiterter Kulturbegriff unserer Zeit und eint die Vielfalt deutscher Kultur, ohne nationalstaatliche Einheit proklamieren zu müssen.

Und fünftens: Eine Konföderation der beiden deutschen Staaten einer Kulturnation gäbe durch ihre konfliktlösende Existenz Anstoß für die Lösung weltweit unterschiedlicher und dennoch vergleichbarer Konflikte, sei es in Korea, in Irland, auf Zypern und auch im Nahen Osten, überall dort, wo nationalstaatliches

Handeln aggressiv Grenzen gesetzt hat oder erweitern will. Die Lösung der deutschen Frage durch Konföderation könnte beispielhaft werden.

Dazu einige Anmerkungen: Den deutschen Einheitsstaat hat es in wechselnder Größe nur knapp fünfundsiebzig Jahre lang gegeben: als Deutsches Reich unter preußischer Vorherrschaft; als von Anbeginn vom Scheitern bedrohte Weimarer Republik; schließlich, bis zur bedingungslosen Kapitulation, als Großdeutsches Reich. Uns sollte bewußt sein, unseren Nachbarn ist bewußt, wieviel Leid dieser Einheitsstaat verursachte, welch Ausmaß Unglück er anderen und uns gebracht hat. Das unter dem Begriff Auschwitz summierte und durch nichts zu relativierende Verbrechen Völkermord lastet auf diesem Einheitsstaat.

Niemals – bis dahin – hatten sich Deutsche während ihrer Geschichte in solch furchterregenden Verruf gebracht. Sie waren nicht besser, nicht schlechter als andere Völker. Komplexgesättigter Größenwahn hat die Deutschen dazu verleitet, ihre Möglichkeit, sich als Kulturnation in einem Bundesstaat zu finden, nicht zu verwirklichen und statt dessen mit aller Gewalt den Einheitsstaat als Reich zu erzwingen. Er war die früh geschaffene Voraussetzung für Auschwitz. Er wurde latentem, auch anderswo üblichem Antisemitismus zur Machtbasis. Der deutsche Einheitsstaat verhalf der nationalsozialistischen Rassenideologie zu einer entsetzlich tauglichen Grundlage.

An dieser Erkenntnis führt nichts vorbei. Wer gegenwärtig über Deutschland nachdenkt und Antworten auf die deutsche Frage sucht, muß Auschwitz mitdenken. Der Ort des Schreckens, als Beispiel genannt für das bleibende Trauma, schließt einen zukünftigen deutschen Einheitsstaat aus. Sollte er, was zu befürchten bleibt, dennoch ertrotzt werden, wird ihm das Scheitern vorgeschrieben sein.

In Tutzing wurde vor mehr als zwei Jahrzehnten das Wort »Wandel durch Annäherung« geprägt; eine lange umstrittene, schließlich bestätigte Formel. Annäherung gehört mittlerweile zum politischen Alltag. Gewandelt hat sich durch den revolutionären Willen ihres Volkes die Deutsche Demokratische Republik; noch nicht gewandelt hat sich die Bundesrepublik Deutschland, deren Volk den Anstrengungen drüben teils bewundernd, teils herablassend zuschaut: »Wir wollen euch ja nicht dreinreden, aber...«

Und schon ist Einmischung üblich. Hilfe, wirkliche Hilfe wird nur nach westdeutschen Konditionen gegeben. Eigentum ja, heißt es, aber kein Volkseigentum bitte. Die westliche Ideologie des Kapitalismus, die jeden anderen ideologischen Ismus ersatzlos gestrichen sehen will, spricht sich wie hinter vorgehaltener Pistole aus: entweder Marktwirtschaft oder...

Wer hebt da nicht die Hände und ergibt sich den Segnungen des Stärkeren, dessen Unanständigkeit so sichtbar durch Erfolg relativiert wird. Ich fürchte, daß wir Deutschen auch die zweite Möglichkeit der Selbstbestimmung ausschlagen werden. Kulturnation in konföderierter Vielfalt zu sein, ist uns offenbar zuwenig; und »Annäherung durch Wandel« ist – weil nur kostspielig – einfach zuviel verlangt. Doch auf Mark und Pfennig berechnet, wird die deutsche Frage nicht zu beantworten sein.

Was sagte der junge Mann auf dem Hamburger Hauptbahnhof? – Recht hat er. Man zähle mich gegebenenfalls zu den vaterlandslosen Gesellen.

Schreiben nach Auschwitz

Frankfurter Poetik-Vorlesung

Ein Schriftsteller, aufgefordert, von sich, also von seiner Arbeit, zu berichten, müßte sich in ironische, alles verkleinernde Distanz verflüchtigen, wollte er jenen Zeitraum meiden, der ihn belastet, geprägt, (bei allem Ortswechsel) zwischen Widersprüchen seßhaft, im Irrtum gefangengehalten und zum Zeugen gemacht hat. Indem ich diesen Vortrag unter den Titel »Schreiben nach Auschwitz« gestellt habe und nun einen Anfang suche, weiß ich, daß mir das Ungenügen vorgeschrieben ist. Mein Thema überfordert. Dennoch sei der Versuch gewagt.

Da ich – eingeladen von einer Universität – besonders zu Studenten spreche, mich also der Aufmerksamkeit oder nur blanken Neugierde einer Generation konfrontiert sehe, die, im Vergleich zu meiner, unter extrem anderen Bedingungen aufgewachsen ist, will ich mich vorerst um Jahrzehnte zurücknehmen und meinen Zustand im Mai 1945 skizzieren.

Als ich siebzehn Jahre zählte und mit hunderttausend anderen in einem amerikanischen Kriegsgefangenenlager unter freiem Himmel in einem Erdloch hauste, war ich, weil ausgehungert, mit gieriger Schläue einzig aufs Überleben bedacht, doch sonst ohne Begriff. Mit Glaubenssätzen dummgehalten und entsprechend auf idealistische Zielsetzungen getrimmt, so hatte das Dritte Reich mich und viele meiner Generation aus seinen Treuegelöbnissen entlassen. »Die Fahne ist mehr als der Tod«, hieß eine dieser lebensfeindlichen Gewißheiten.

Soviel Dummheit resultierte nicht nur aus kriegsbedingt löcherigem Schulwissen – als ich fünfzehn zählte, begann für mich, als Freiheit von Schule mißverstanden, die Luftwaffenhelferzeit –, vielmehr war es eine allgemeine, Klassen- und Religionsunterschiede überwölbende Dummheit, die sich aus deutschem Selbstgefallen nährte. Dessen Glaubenssätze hoben etwa so an: Wir Deutschen sind ... Deutschsein heißt ... und schließlich: Niemals würde ein Deutscher ...

Dieser zuletzt anzitierte Punktumsatz überdauerte sogar die Kapitulation des Großdeutschen Reiches und gewann die ver-

Februar 1990

trotzte Stärke von Unbelehrbarkeit. Denn als ich mit vielen meiner Generation – von unseren Vätern und Müttern sei hier nicht die Rede – den Ergebnissen von Verbrechen konfrontiert wurde, die Deutsche zu verantworten hatten und die seitdem unter dem Begriff Auschwitz summiert sind, sagte ich: Niemals. Ich sagte mir und anderen, andere sagten sich und mir: Niemals würden Deutsche so etwas tun.

Dieses sich selbst bestätigende Niemals gefiel sich sogar: als standfest. Denn die erdrückende Vielzahl von Fotos, die hier gehäufte Schuhe, dort gehäufte Haare, immer wieder zuhauf liegende Leichen abbildeten und mit unfaßlichen Zahlen und fremdklingenden Ortsbezeichnungen – Treblinka, Sobibór, Auschwitz – untertitelt waren, hatten, sooft amerikanischer Erziehungswille uns Siebzehn-, Achtzehnjährige zur Ansicht dieser Bilddokumente zwang, nur eines, die ausgesprochene wie unausgesprochene, doch gleichermaßen unbeirrte Antwort zur Folge: Niemals hätten, nie haben Deutsche so etwas getan.

Auch als das Nie oder Niemals (spätestens mit dem Nürnberger Prozeß) zunichte wurde – der ehemalige Reichsjugendführer nannte uns, die Hitlerjugend, frei von Verantwortung –, brauchte es weitere Jahre, bis ich zu begreifen begann: Das wird nicht aufhören, gegenwärtig zu bleiben; unsere Schande wird sich weder verdrängen noch bewältigen lassen; die zwingende Gegenständlichkeit dieser Fotos – die Schuhe, die Brillen, Haare, die Leichen – verweigert sich der Abstraktion; Auschwitz wird, obgleich umdrängt von erklärenden Wörtern, nie zu begreifen sein.

Soviel Zeit seitdem vergangen ist, bei aller Beflissenheit einiger Historiker, Vergleichbares herbeizuzitieren, um einer, wie man sagt, unglücklichen Phase deutscher Geschichte historischen Stellenwert zu unterschieben, was immer auch eingestanden, beklagt, sonstwie aus Schuldbewußtsein gesagt wird – so in dieser Rede –, das Ungeheure, auf den Namen Auschwitz gebracht, ist, weil eben nicht vergleichbar, weil durch nichts historisch zu unterfüttern, weil keinem Schuldgeständnis zugänglich, unfaßbar geblieben und dergestalt zur Zäsur geworden, daß es naheliegt, die Menschheitsgeschichte und unseren Begriff von menschlicher Existenz mit Ereignissen zu datieren, die vor und nach Auschwitz geschehen sind.

Um so beharrlicher stellt sich dem Schriftsteller im Rückblick die Frage: Wie war es möglich, überhaupt möglich, dennoch möglich, nach Auschwitz zu schreiben? Wurde diese Frage nur gestellt, um dem Ritual der Betroffenheit zu genügen? Waren die quälenden Selbstbefragungen der fünfziger und frühen sechziger Jahre etwa nur rhetorische Übungen? Und: Kann diese Frage gegenwärtig von Gewicht sein, zu einer Zeit, in der Literatur allenfalls durch die neuen Medien grundsätzlich in Frage gestellt wird?

Zurück zum dummen, zum unbeirrbaren Halbwüchsigen. So dumm, so unbeirrbar war er nun auch wieder nicht. Schließlich hatte es, bei aller Kürze abgesessener Schulzeit, einige Lehrer gegeben, die, mehr verstohlen als offen, ästhetische Maßstäbe und weites Kunstverständnis erkennen ließen. Etwa jene als Lehrerin kriegsdienstverpflichtete Bildhauerin, die dem immerfort zeichnenden Schüler Ausstellungskataloge der zwanziger Jahre zuschob. Ein Risiko eingehend, hat sie mich mit dem Werk der Künstler Kirchner, Lehmbruck, Nolde, Beckmann entsetzt und gleichwohl infiziert.

Daran hielt ich mich. Oder das ließ mich nicht los. Angesichts dieser bildnerischen Provokationen hörte die Unbeirrbarkeit des Hitlerjungen auf; nein, sie hörte nicht auf, durchlässig wurde sie an einer einzigen Stelle, hinter der sich andere, egozentrische Unbeirrbarkeit auszuwachsen begann: die dumpfe und ungenaue, dennoch beharrlich zugespitzte Verstiegenheit, Künstler werden zu wollen.

Seit meinem zwölften Lebensjahr war ich davon nicht abzulenken, weder durch väterliche Berufsvorstellungen soliderer Art noch durch spätere Ungunst der Zeit: überall Trümmer und nichts zu essen. Diese jugendliche Besessenheit blieb vital, überlebte unbeschadet, das heißt wiederum unbeirrt, das Kriegsende, entsprechend die ersten Nachkriegsjahre und auch die ringsum alles verändernde Währungsreform.

Und so fiel die Berufsentscheidung aus. Nach der Steinmetz- und Steinbildhauerlehre wurde ich Bildhauerschüler zuerst der Kunstakademie Düsseldorf, später der Hochschule für Bildende Künste Berlin. Doch diese autobiographischen Daten sagen nur wenig, allenfalls, daß der Wunsch, Künstler werden zu wollen, eine, wenn man will, bewundernswerte, ich meine nachträglich, fragwürdige Geradlinigkeit verrät: gewiß nicht fragwürdig, weil sie so schnurstracks an den Bedenken der Eltern vorbei verlief, bewundernswert vielleicht, weil sie ohne materielle Absicherung einfach gewagt wurde; aber fragwürdig doch und am Ende gar nicht bewundernswert, weil sich meine künstlerische Entwicklung, die bald übers Gedicht zur Schriftstellerei führte, schon wieder unbeirrbar vollzog, unbeirrbar auch durch Auschwitz.

Nein, dieser Weg wurde nicht unwissend eingeschlagen, denn mittlerweile lag ja aller Schrecken offen zutage; dennoch führte er blindlings und dabei zielstrebig an Auschwitz vorbei. Schließlich gab es in Überfülle Orientierungen anderer Art. Nicht solche, die hemmten und den Schritt zögern ließen. Zuvor nie gehörte Autorennamen lockten, ergriffen Besitz: Döblin, Dos Passos, Trakl, Apollinaire. Die Kunstausstellungen jener Jahre waren keine durchgestylten Selbstinszenierungen berufsmäßiger Ausstellungsmacher, vielmehr eröffneten sie unverstellt neue Welten: Henry Moore oder Chagall in Düsseldorf, Picasso in Hamburg. Und Reisen wurden möglich: per Autostopp nach Italien, nicht nur, um die Etrusker, sondern auch karge, erdtonige Bilder von Morandi zu sehen.

Indem die Trümmer mehr und mehr aus dem Blickfeld gerieten, war es, obgleich ringsum schon wieder nach altem Muster gewebt wurde, eine Zeit des Aufbruchs und freilich auch der Illusion, man könne auf alten Fundamenten Neues gestalten.

Übergangslos las ich Buch für Buch in mich hinein. Bildsüchtig nahm ich Bilder und Bildfolgen auf, ohne Plan, einzig auf die Kunst und ihre Mittel fixiert. Als gebranntem Kind reichte es mir, mehr aus Instinkt als mit Argumenten, gegen den ersten Bundeskanzler Konrad Adenauer, gegen den neureichen Mumpitz des beginnenden Wirtschaftswunders, gegen die christlich verheuchelte Restauration, natürlich gegen die Wiederbewaffnung, selbstverständlich gegen Adenauers Staatssekretär Globke, seinen Stasispezialisten Gehlen und weitere Schweinereien des rheinischen Großpolitikers zu sein.

Ich erinnere Ostermärsche, bewegt vom Protest gegen die Atombombe. Immer dabei und dagegen. Das vertrotzte Entsetzen des Siebzehnjährigen, der nicht glauben wollte, hatte sich verflüchtigt und einer prinzipiellen Antihaltung Platz gemacht. Zwar war das Ausmaß des Völkermordes mittlerweile in Dokumentationsbänden greifbar; zwar hatte sich der angelernte Antisemitismus zum angelernten Philosemitismus ummünzen lassen; zwar verstand man sich selbstredend und ohne Risiko als Antifaschist, aber für grundsätzliche Bedenken, diktiert in alttestamentarischer Strenge, Bedenken dieser Art: Kann man nach Auschwitz Kunst machen? Darf man nach Auschwitz Gedichte schreiben? – für eben dieses Bedenken nahmen sich viele meiner Generation, nahm ich mir keine Zeit.

Gewiß, es gab diesen Adorno-Satz: »... Nach Auschwitz ein Gedicht zu schreiben ist barbarisch, und das frißt auch die Erkenntnis an, warum es unmöglich ward, heute Gedichte zu schreiben«, und seit 1951 lag Adornos Buch »Minima Moralia. Reflexionen aus dem beschädigten Leben« vor, in dem meines Wissens zum ersten Mal Auschwitz als Zäsur und unheilbarer Bruch der Zivilisationsgeschichte begriffen wird; doch wurde dieser neue kategorische Imperativ prompt als Verbotstafel mißverstanden. Stand doch solch strenges Diktum dem aufbruchlüsternen und wie unbeschädigten Zukunftsglauben im Wege, unbequem wie jeder kategorische Imperativ, abweisend durch abstrakte Strenge und leicht zu umgehen wie jede Verbotstafel.

Bevor man sich Zeit nahm, Adornos herausgepflückte Zuspitzungen im Umfeld ihrer vor- und nachgestellten Reflexionen zu entdecken, sie also nicht als Verbot, sondern als Maßstab zu begreifen, stand ausgesprochen wie unausgesprochen die Abwehr festgefügt. Dem verkürzten Adorno-Satz, demzufolge nach Auschwitz kein Gedicht mehr geschrieben werden dürfe, wurde genauso verkürzt und besinnungslos geantwortet, als hätte jemand Feinde zum Schlagabtausch aufgerufen: Barbarisch sei dieses Verbot, es überfordere den Menschen, sei im Grunde unmenschlich; schließlich gehe das Leben weiter, wie beschädigt auch immer.

Auch meine Reaktionen, die auf Unkenntnis fußten, das heißt auf bloßem Hörensagen, bestanden auf Abwehr. Da ich mich im Vollbesitz meiner Talente wähnte und mich entsprechend als Alleinbesitzer dieser Talente sah, wollte ich sie ausleben, unter Beweis stellen. Geradezu widernatürlich kam mir Adornos Gebot als Verbot vor; als hätte sich jemand gottväterlich angemaßt, den Vögeln das Singen zu verbieten.

War es abermals Trotz oder mittlerweile chronische Unbeirrbarkeit, die nach erstem flüchtigen Hinhören sogleich die Sperre ins Schloß fallen ließ? Wußte ich nicht aus eigener Erfahrung, was mich entsetzt hatte und als Entsetzen nun nicht aufhören wollte? Was hinderte mich – und sei es auf Zeit nur –, das Bildhauerwerkzeug beiseite zu legen und der lyrischen Phantasie, meinem gefräßigen Kostgänger, eine Fastenzeit aufzuerlegen?

Heute vermute ich: Die Irritation muß größer oder zeitverschoben nachhaltiger gewesen sein, als ich mir damals eingestehen konnte. Etwas war angestoßen und – wenn auch gegen Widerstände – in Zucht genommen worden; jene als grenzenlos empfundene Freiheit, die keine erkämpfte, die eine geschenkte war, stand unter Aufsicht.

Indem ich bei mir nachblättere, um dem offenbar einzig von Kunst besessenen Kunstschüler auf die Schliche zu kommen, finde ich ein in jenen Jahren entstandenes Gedicht, das in letzter Fassung 1960 in dem Band »Gleisdreieck« veröffentlicht wurde, doch eigentlich in meinem ersten veröffentlichten Buch unter dem Titel »Die Vorzüge der Windhühner« hätte stehen müssen. Es heißt »Askese«, ist, wie auf Anhieb, ein programmatisches Gedicht und schlägt den für mich bis heute bestimmenden Grundwert Grau an:

Askese

Die Katze spricht.
Was spricht die Katze denn?
Du sollst mit einem spitzen Blei
die Bräute und den Schnee schattieren,
du sollst die graue Farbe lieben,
unter bewölktem Himmel sein.

Die Katze spricht.
Was spricht die Katze denn?
Du sollst dich mit dem Abendblatt,
in Sacktuch wie Kartoffeln kleiden
und diesen Anzug immer wieder wenden
und nie in neuem Anzug sein.

Die Katze spricht.
Was spricht die Katze denn?
Du solltest die Marine streichen,
die Kirschen, Mohn und Nasenbluten,
auch jene Fahne sollst du streichen
und Asche auf Geranien streun.

Du sollst, so spricht die Katze weiter,
nur noch von Nieren, Milz und Leber,
von atemloser saurer Lunge,
vom Seich der Nieren, ungewässert,
von alter Milz und zäher Leber,
aus grauem Topf: so sollst du leben.

Und an die Wand, wo früher pausenlos
das grüne Bild das Grüne wiederkäute,
sollst du mit deinem spitzen Blei
Askese schreiben, schreib: Askese.
So spricht die Katze: Schreib Askese.

Nun wurden Ihnen diese fünf Strophen nicht vorgetragen, um dem Hauptvergnügen der Germanisten, also der Interpretation Nahrung zu geben, doch glaube ich, daß, vor anderen Texten, das Gedicht »Askese« eine indirekte Antwort auf Adornos Gebotstafel ausspricht, indem es als metaphorisch umschriebener Reflex in eigener Sache Grenzen setzt. Denn wenn ich auch mit vielen anderen Adornos Gebot als Verbot mißverstanden hatte, blieb dessen neue, die Zäsur markierende Gesetzestafel dennoch in jeder Blickrichtung sichtbar.

Wir alle, die damals jungen Lyriker der fünfziger Jahre – ich nenne Peter Rühmkorf, Hans Magnus Enzensberger, auch Ingeborg Bachmann –, waren uns deutlich bis verschwommen bewußt, daß wir zwar nicht als Täter, doch im Lager der Täter zur Auschwitz-Generation gehörten, daß also unserer Biographie, inmitten der üblichen Daten, das Datum der Wannsee-Konferenz eingeschrieben war; aber auch soviel war uns gewiß, daß das Adorno-Gebot – wenn überhaupt – nur schreibend zu widerlegen war.

Doch wie? Bei wem lernend: bei Brecht, Benn, bei den Frühexpressionisten? Auf welcher Tradition fußend und zwischen welche Kriterien gestellt? Sobald ich mich als lyrisches Jungtalent neben den Jungtalenten Enzensberger und Rühmkorf sehe, fällt mir auf, daß unsere Vorgaben – und Talent ist nichts als Vorgabe – spielerisch, artistisch, kunstverliebt bis ins Künstliche waren und sich wahrscheinlich kaum der Rede wert ausgelebt hätten, wären ihnen nicht rechtzeitig Bleigewichte verordnet worden. Eines dieser Gewichte, das auch dann noch lastete, wenn man es als Gepäck ausschlug, war Theodor W. Adornos Gebot. Seiner Gesetzestafel entlehnte ich meine Vorschrift. Und diese Vorschrift verlangte Verzicht auf reine Farbe; sie schrieb das Grau und dessen unendliche Abstufungen vor.

Es galt, den absoluten Größen, dem ideologischen Weiß oder Schwarz abzuschwören, dem Glauben Platzverweis zu erteilen und nur noch auf Zweifel zu setzen, der alles und selbst den Regenbogen graustichig werden ließ. Und obendrein verlangte dieses Gebot Reichtum neuer Art: Mit den Mitteln beschädigter Sprache sollte die erbärmliche Schönheit aller erkennbaren Graustufungen gefeiert werden. Das hieß, jene Fahne zu streichen und Asche auf Geranien zu streuen. Das hieß, mit spitzem Blei, der von Natur her für Grauwerte steht, quer über jene Wand, »wo früher pausenlos / das grüne Bild das Grüne wiederkäute«, als mein Gebot das Wort Askese zu schreiben.

Also raus aus der blaustichigen Innerlichkeit. Weg mit den sich blumig plusternden Genitivmetaphern, Verzicht auf angerilkte Irgendwie-Stimmungen und den gepflegten literarischen Kammerton. Askese, das hieß Mißtrauen allem Klingklang gegenüber, jenen lyrischen Zeitlosigkeiten der Naturmystiker, die in den fünfziger Jahren ihre Kleingärten bestellten und – gereimt wie ungereimt – den Schullesebüchern zu wertneutraler Sinngebung verhalfen. Askese hieß aber auch, seinen Standort zu bestimmen. Hier etwa datiert sich als Parteinahme, während des damals virulenten Streits zwischen Sartre und Camus, meine Entscheidung für Sisyphos, den glücklichen Steinewälzer. Anfang 1953 wechselte ich Ort und Lehrer. Keine große Sache: weg von Düsseldorf, der Hauptstadt des ausbrechenden Wirtschaftswunders, hin nach Berlin mit dem Interzonenzug. Ein Wust Gedichte, die Steinmetzeisen, das Hemd zum Wechseln, wenige Bücher und Schallplatten: mein Gepäck.

Berlin, dieser kaputte, schon wieder von Ideologien besetzte Ort, der von Krise zu Krise auflebte, erstreckte sich flach zwischen Trümmerbergen. Leergeräumte Plätze, auf denen der Wind ständig Tüten drehte. Immerfort Ziegelsplitt zwischen den Zähnen. Streit über alles. Streit zwischen gegenständlicher und gegenstandsloser Kunst: hier Hofer, dort Grohmann. Hüben und drüben: hier Benn, dort Brecht. Kalter Krieg mittels Lautsprecheranlagen. Und doch war das Berlin jener Jahre – bei allem Geschrei – ein totenstiller Ort. Hier hatte die Zeit sich nicht beschleunigen lassen. Noch war das »beschädigte Leben« offenkundige Realität und von keinen Billigangeboten verstellt. Hier fand sich kaum Platz für koketten Umgang mit dem Unsäglichen. In Berlin bekamen meine letzten epigonalen Fingerübungen einen harten Radiergummi zu spüren: Hier wollten die Dinge benannt werden.

In rascher Folge entstanden, abseits von Modellierbock und Zeichenbrett, die ersten selbständigen Gedichte, Verse, die sozusagen freihändig und ohne Netz turnten. Aber auch Dialoge, knappe Einakter schrieb ich, etwa jenen, der später das Schlußstück in einem Spiel in vier Akten unter dem Titel »Onkel, Onkel« wurde und so beginnt:

Am Rande der Stadt. Eine verlassene Baustelle. Bollin steht zwischen Kieshaufen und Gerüstbrettern auf einem Mörteleimer. Er schaut wartend zur Stadt. (Zwei Kinder) Sprotte und Jannemann nähern sich langsam.

SPROTTE: Onkel?
JANNEMANN: Onkel, haste nich'n Ding?
SPROTTE: Ja, Onkel, geb ihm doch.
JANNEMANN: Haste nich, nur eins?
SPROTTE: Du, Onkel?
JANNEMANN: Hörste nich?
BOLLIN: Nein!
JANNEMANN: Nur eins, Onkel?
BOLLIN: Gibt nix!
SPROTTE: Guck doch mal nach, vleicht haste doch.

BOLLIN: Was denn, was denn!
SPROTTE: Na'n Ding!
BOLLIN: Was für'n Ding denn?
SPROTTE: Irgend so eins, ganz egal, was.
JANNEMANN: Weißte denn nicht, was'n Ding ist?
SPROTTE: Hat doch jeder.
JANNEMANN: Du auch, bestimmt...

Und drei Jahre später, im Frühjahr 1956 – noch bin ich Bildhauerschüler bei Karl Hartung –, erscheint mit Gedichten und Zeichnungen mein erstes Buch, in dem Vierzeiler wie dieser stehen:

Gasag

In unserer Vorstadt
sitzt eine Kröte auf dem Gasometer.
Sie atmet ein und aus,
damit wir kochen können.

Heute, vor mein Thema gestellt, frage ich mich: Ist das ein Gedicht, sind das Theaterdialoge, die nach Auschwitz geschrieben werden durften? Hat das Askese-Gebot zwangsläufig nur diese Ausformung von Magersucht zur Folge haben können? Achtundzwanzig Jahre war ich mittlerweile alt, aber mehr oder anderes war mir vorerst nicht möglich.

Und Gedichte und Einakter dieser Art las ich auf den Tagungen der »Gruppe 47« vor, die mich, den Anfänger, in Gestalt von Hans Werner Richter, ab Herbst 55 regelmäßig einlud. Viele Texte, die dort gelesen wurden, waren direkter als meine. Einige sprachen sich, wie im Nachholverfahren, eindeutig, das heißt mit Hilfe positiver Helden, gegen den Nationalsozialismus aus. Diese Eindeutigkeit machte mich mißtrauisch. Mutete solch nachgeholter Antifaschismus nicht wie Pflichtübung an, anpasserisch in einer Zeit, die auf Anpassung abonniert war, verlogen also und geradezu obszön, gemessen am zwar ohnmächtig geringen, aber in Spuren doch nachweisbaren Widerstand gegen den Nationalsozialismus?

Diese ersten Erfahrungen mit der Literatur und ihrem Betrieb warfen mich zurück. Ich war wieder siebzehn. Kriegsende. Die bedingungslose Kapitulation. Gefangenschaft in Erdlöchern. Fotos, die Brillen-, Schuh-, Knochenberge vorzeigten. Vertrotztes Nicht-glauben-Wollen. Und weiter zurückgezählt: fünfzehn, vierzehn, dreizehn Jahre alt. Lagerfeuer, Fahnenappelle, Kleinkaliberschießen. Von Ferien unterbrochenes Schulallerlei, während sich wirkliches Geschehen in Sondermeldungen aussprach. Gewiß: schülerhafte Aufsässigkeit. Langeweile beim HJ-Dienst. Blöde Witze über Parteibonzen, die sich vorm Frontdienst drückten und abfällig »Goldfasane« genannt wurden. – Aber Widerstand? Nicht die Spur, kein Ansatz, und sei es auch nur in Gedankenfetzen. Eher Bewunderung für militärische Helden und anhaltend dumpfe, durch nichts zu irritierende Gläubigkeit, beschämend bis heute.

Wie hätte ich zehn Jahre später Widerstand zu Papier bringen, mir Antifaschismus andichten können, wenn doch »Schreiben nach Auschwitz« Scham, auf jedem weißen Blatt Scham zur Voraussetzung hatte? Eher stellte sich aus der Gegenwart der fünfziger Jahre die Frage nach Widerspruch gegen neuerdings falsche Töne, gegen die allerorts blühende Fassadenkunst, gegen die satte Versammlung zwinkernder Biedermänner: Hatten die einen nichts gewußt, nichts geahnt und spielten sich nun als von Dämonen verführte Kinder auf, waren die anderen schon immer, wenn nicht lauthals, dann doch insgeheim dagegen gewesen.

Ein Jahrzehnt, das auf Lügen fußte, die noch heute ihren Kurswert halten, aber auch ein Jahrzehnt der grundlegenden Entscheidungen. Wiederbewaffnung, Deutschlandvertrag heißen die Stichworte. Zwei deutsche Staaten entstanden Zug um Zug, jeder beflissen, Musterschüler des einen, des anderen Blocksystems zu sein, und glücklich über den günstigen Umstand, sich hier wie dort den Siegermächten dazuzählen zu dürfen. Zwar geteilt, doch geeint in der Übereinkunft, nochmal davongekommen zu sein.

Und doch gab es einen Störfaktor, der nicht ins Bild dieser feindseligen Zweisamkeit passen wollte. Am 16. und 17. Juni 1953 waren in Ostberlin und in Leipzig, in Halle, Bitterfeld und Magdeburg die Arbeiter unterwegs. Ihnen gehörte die Straße, bis die sowjetischen Panzer kamen. Ein Streik auf der Stalinallee – im März zuvor war Stalin gestorben – wuchs sich zum Aufstand aus, der traurig führungslos verlief und einzig von Arbeitern getragen wurde. Keine Intellektuellen, keine Studenten, keine Bürger und keine Kirchenoberen schlossen sich an, einzig wenige Volkspolizisten, die später standrechtlich erschossen wurden. Und dennoch ist dieser deutsche Arbeiteraufstand, dem Albert Camus von Paris aus Respekt erwies, drüben zur Konterrevolution, hier, mit des Lügners Adenauer Worten, zum Volksaufstand verfälscht und als Feiertag vernutzt worden.

Ich habe zugesehen. Vom Potsdamer Platz aus sah ich Panzer und Menschen gegeneinandergestellt. Ein Jahrzehnt später schrieb der Augenzeuge jener lapidar totalen Konfrontation in komplexer Form ein deutsches Trauerspiel: »Die Plebejer proben den Aufstand«. Komplex, weil dem Stück Shakespeares »Coriolanus« und Brechts Coriolan-Bearbeitung sowie dessen Verhalten zum 17. Juni unterlegt sind. Komplex aber auch, weil die Realität der Straße – jener führungslose Arbeiteraufstand – der Realität einer Theaterprobe widerspricht, die sich die Verbesserung des revolutionären Bewußtseins, insbesondere der Arbeiterklasse zur Aufgabe gemacht hat. Und obendrein komplex, weil der Chef dieses Theaters, auf dessen Bühne das Trauerspiel stattfindet, nie eindeutig ist oder sein kann. Denn als er sich gegen Ende des letzten Aktes doch noch entschließt, an den Ersten Sekretär des Zentralkomitees – dazumal Walter Ulbricht – einen Protestbrief zu schreiben, widersprechen ihm eine Schauspielerin, Volumnia genannt, und sein Chefdramaturg Erwin.

VOLUMNIA *nimmt ihm das Blatt ab:* Warum laut verlesen, was leisetreterisch daherkommt! In drei Absätzen hast du dich kurz gefaßt. Die beiden ersten geben sich kritisch und bezeichnen die Maßnahmen der Regierung und also der Partei als voreilig. Und im letzten ist es dir ein Bedürfnis, Verbundenheit mit allen zuvor Kritisierten auszudrücken. Warum nicht gleich mit (dem Parteidichter) Kosanke in einer Linie? Denn die kritischen Absätze wird man dir streichen, nur die Verbundenheit wird man ausposaunen und dich bis Ultimo beschämen.

CHEF: Hier, unter dem Original entstand die Kopie. Gesegnet sei das Kohlepapier.

ERWIN: So etwas lagert in Archiven, gerät unter Verschluß, wird dem unveröffentlichten Nachlaß zugeschlagen und kommt zu spät an den Tag.

Volumnia: Und um dich werden Legenden sich bilden: Eigentlich war er dagegen. Vielmehr dafür, eigentlich. Gesprochen hat er so, aber sein Herz war – wo eigentlich? Beliebig wird man dich deuten: Ein zynischer Opportunist; ein Idealist üblicher Machart; er dachte nur ans Theater; er schrieb und dachte fürs Volk. Für welches? Mache dich deutlich. Eck an oder paß dich an. Und schreibe verzahnt, daß jene, die kürzen wollen, den Ansatz nicht finden.

Chef: Niemand wird wagen, Zensur zu üben.

Volumnia: Sei nicht kindisch. Ich weiß, du rechnest mit Strichen.

Erwin: Ja, selbst ungekürzt liest sich das dürftig. Bist wirklich du der Verfasser? Dürftig und peinlich zugleich.

Chef: Und dem Gegenstand angemessen. Soll ich schreiben: Glückwünsche ihnen, den verdienten Mördern des Volkes? Oder Glückwünsche ihnen, den unwissenden Überlebenden eines dürftigen Aufstandes? Und welcher Glückwunsch erreicht die Toten? – Ich, nur kleiner, verlegener Worte mächtig, schaute dem zu. Maurer, Eisenbahner, Schweißer und Kabelwickler blieben allein. Hausfrauen wollten nicht abseits stehen. Sogar Volkspolizisten schnallten die Koppel ab. Das Standgericht ist ihnen gewiß. Aufstocken wird man die Zuchthäuser in unserem Lager. – Aber auch drüben wird sich die Lüge amtlich geben. Der Heuchelei Gesicht wird Trauerfalten üben. Mein voreiliges Auge sieht nationale Lappen auf Halbmast fallen. Der Redner Chor, ich höre, wird solange aus dem Wort »Freiheit« schöpfen, bis es leergelöffelt ist. Jahre am Schnürchen stolpern dahin. Und nachdem man es zehn-, elfmal gezupft haben wird, das feierliche Kalenderblatt, wird man im Suff begehen den Siebzehnten, wie in meiner Jugend den Sedanstag. Satt ins Grüne ziehen seh ich im Westen ein Volk. Was übrigbleibt: Leergefeierte Flaschen, Butterbrotpapier, Bierleichen und richtige Leichen; denn an Feiertagen fordert der Verkehr ein Übersoll an Opfern. – Hier jedoch werden die Zuchthäuser nach elf, zwölf Jahren die Wrackteile dieses Aufstandes ausspeien. Die Anklage wird umhergehen. Viele Pakete Schuld wird sie adressieren und abschicken. Unser Paket ist schon da. *Er übergibt Original und Kopie an seine Assistenten Litthenner und Podulla.* Seid so gut und spielt mir die Boten. Das Original zum Sitz des Zentralkomitees; die Kopie sollte bei Freunden im Westen sicher liegen.

PODULLA: Chef, man wird höhnen, wir tragen auf beiden Schultern.

CHEF: Antwortet: Da wir zwei haben, nutzen wir jede.

Dieses deutsche Trauerspiel – »Die Plebejer proben den Aufstand« – lag, als es im Januar 1966 im Berliner Schillertheater uraufgeführt wurde, der Kritik in Ost und West quer. Dort als »konterrevolutionär«, hier als »Anti-Brecht-Stück« abgefertigt, war es bald von den Bühnen verschwunden. Durch die gegenwärtige revolutionäre Entwicklung bestätigt, nimmt sich der Autor das Recht, auf die Langlebigkeit seiner »Plebejer« zu setzen.

Doch habe ich vorgegriffen. Der fünfundzwanzigjährige Augenzeuge des 17. Juni 1953 war noch nicht soweit, direkt schreibend zu reagieren; Vergangenes, Verluste, seine Herkunft, Scham hingen ihm an. Und erst drei Jahre später, als ich von Berlin nach Paris zog, fanden sich – aus Distanz zu Deutschland – Sprache und Atem, um auf tausendfünfhundert Seiten in Prosa das zu schreiben, was mir trotz und nach Auschwitz notwendig war. Angetrieben von berufsspezifischer Vermessenheit, befördert durch anhaltende Schreibwut, ohne Unterbrechung, wenn auch in mehreren Fassungen, so entstanden in Paris, dann, nach meiner Rückkehr ab 1960 in Berlin, die Bücher »Die Blechtrommel«, »Katz und Maus« und »Hundejahre«.

Kein Schriftsteller, behaupte ich, kann ganz allein aus sich einen epischen Entwurf wagen, ohne angestoßen, provoziert, von außen in solch unübersehbare Geröllhalden verlockt zu werden. In Köln, auf der Durchreise, war es Paul Schallück, der mich anstieß, Prosa zu schreiben; provoziert hat mich die damals gängige, ja, regierungsamtliche Dämonisierung der Zeit des Nationalsozialismus – hell ausleuchten, ans Tageslicht bringen wollte ich das Verbrechen –; und verlockt, nach Rückfällen dennoch weiterzumachen, hat mich ein schwieriger, kaum zugänglicher Freund: Paul Celan, der eher als ich begriff, daß es mit dem ersten Buch und seinen siebenhundertdreißig galoppierenden Seiten nicht getan sein könne, daß vielmehr der profanen epischen Zwiebel Haut nach Haut abgezogen werden müsse und daß ich von solchem Unterfangen nicht Urlaub nehmen dürfe. Er machte mir Mut, fiktive Gestalten wie Fajngold, Sigismund Markus und Eddi Amsel, keine edlen, sondern gewöhnliche und exzentrische Juden in meine kleinbürgerliche Romanwelt zu fügen.

Wieso Paul Celan, dem gegen Ende der fünfziger Jahre die Wörter immer knapper wurden und dessen Sprache und Existenz auf Engführung hinausliefen? Ich weiß es nicht. Heute meine ich zu wissen, daß er, der Überlebende, sein Überleben nach Auschwitz kaum noch tragen, schließlich nicht mehr ertragen konnte.

Ich verdanke Paul Celan viel: Anregung, Widerspruch, den Begriff von Einsamkeit, aber auch die Erkenntnis, daß Auschwitz kein Ende hat. Seine Hilfe kam nie direkt, sondern verschenkte sich in Nebensätzen, etwa auf Spaziergängen in Parkanlagen. Mehr als auf die »Blechtrommel« hat sich Paul Celans Zuspruch und Dreinreden auf den Roman »Hundejahre« ausgewirkt, etwa zu Beginn des Schlußmärchens vor Ende des zweiten Teils, sobald sich neben der Flakbatterie Kaiserhafen ein Knochenberg türmt, den das bei Danzig gelegene Konzentrationslager Stutthof speist:

Es war einmal ein Mädchen, das hieß Tulla und hatte eine reine Kinderstirn. Aber nichts ist rein. Auch der Schnee ist nicht rein. Keine Jungfrau ist rein. Selbst das Schwein ist nicht rein. Der Teufel nie ganz rein. Kein Tönchen steigt rein. Jede Geige weiß es. Jeder Stern klirrt es. Jedes Messer schält es: Auch die Kartoffel ist nicht rein: Sie hat Augen, die müssen gestochen werden.

Aber das Salz? Salz ist rein! Nichts, auch das Salz ist nicht rein. Nur auf Tüten steht: Salz ist rein. Lagert doch ab. Was lagert mit? Wird doch gewaschen. Nichts wäscht sich rein. Doch die Grundstoffe: rein? Sind steril, doch nicht rein. Die Idee, die bleibt rein? Selbst anfangs nicht rein. Jesus Christus nicht rein. Marx Engels nicht rein. Die Asche nicht rein. Und die Hostie nicht rein. Kein Gedanke hält rein. Auch die Kunst blüht nicht rein. Und die Sonne hat Flecken. Alle Genien menstruieren. Auf dem Schmerz schwimmt Gelächter. Tief im Brüllen hockt Schweigen. In den Ecken lehnen Zirkel. – Doch der Kreis, der ist rein!

Kein Kreis schließt sich rein. Denn wenn der Kreis rein ist, dann ist auch der Schnee rein, ist die Jungfrau, sind die Schweine, Jesus

Christus, Marx und Engels, leichte Asche, alle Schmerzen, das Gelächter, links das Brüllen, rechts das Schweigen, die Gedanken makellose, die Oblaten nicht mehr Bluter und die Genien ohne Ausfluß, alle Ecken reine Ecken, gläubig Zirkel schlügen Kreise: rein und menschlich, schweinisch, salzig, teuflisch, christlich und marxistisch, lachend, brüllend, wiederkäuend, schweigend, heilig, rund rein eckig. Und die Knochen, weiße Berge, die geschichtet wurden neulich, wüchsen reinlich ohne Krähen: Pyramidenherrlichkeit. Doch die Krähen, die nicht rein sind, knarrten ungeölt schon gestern: Nichts ist rein, kein Kreis, kein Knochen. Und die Berge, hergestellte, um die Reinlichkeit zu türmen, werden schmelzen kochen sieden, damit Seife, rein und billig; doch selbst Seife wäscht nicht rein.

Mit dem Roman »Hundejahre«, der – ich weiß nicht, warum – im Schatten der »Blechtrommel« seine Sperrigkeit beweisen muß und nicht nur deshalb dem Autor nahgeblieben ist, war vorläufig meine Prosaarbeit beendet. Nicht daß ich erschöpft war, doch glaubte ich voreilig, mich von etwas freigeschrieben zu haben, das nun hinter mir zu liegen hatte, zwar nicht abgetan, aber doch zu Ende gebracht.

Als mir im Sommer des letzten Jahres ein Auftrag des Hessischen Rundfunks Gelegenheit gab, in Göttingen vor Publikum die gesamte »Blechtrommel« an zwölf Abenden zu lesen, bot sich, neben der freiwilligen Anstrengung, wiederlesend das Vergnügen, mir als jungem Schriftsteller über die Schulter zu schauen: wie er den Grundgedanken eines nie geschriebenen Theaterstücks zum Epilog der Polnischen Post, zum Kartenhauskapitel abwandelte; wann zum ersten Mal das Wort Brausepulver erinnert werden wollte; welchen Parisbesuchern er Blechtrommel-Kapitel in erster Fassung vorgelesen hat: immer wieder Walter Höllerer; und wie wenig ihn die periodischen Totsagungen des Romans kümmerten.

Dreißig Jahre später läßt sich leicht sagen: Danach wurde alles schwieriger. Durch sich selbst gelangweilt, stand der Ruhm im Wege. Freundschaften wurden brüchig. Immer erwartungsträchtige Kritiker bestanden darauf, daß Danzig, einzig Danzig samt flachem und gehügeltem Umland mein Thema sein dürfe. Sobald ich mich, sei es mit dem Theaterstück »Die Plebejer proben den

Aufstand«, sei es abermals mit Prosa – »örtlich betäubt« und »Aus dem Tagebuch einer Schnecke« – der Gegenwart, gar einem bundesdeutschen Wahlkampf bis ins provinzielle Detail zuwendete und mich überdies als Bürger politisch engagierte, war das Urteil fixfertig: Er sollte lieber bei Danzig und seinen Kaschuben bleiben. Die Politik hat bisher jedem Autor nur Schaden gebracht. Das wußte schon Goethe. Und weitere Ermahnungen schulmeisterlicher Art.

Doch dem Schreiben nach Auschwitz war und ist so fürsorglich nicht beizukommen. Die Vergangenheit wirft ihren Schlagschatten auf gegenwärtiges und zukünftiges Gelände. »Vergegenkunft« nannte ich später meinen Zeitbegriff, der im »Tagebuch einer Schnecke« zu erproben war. Angeregt durch Heines Fragment »Der Rabbi von Bacherach«, sollte einerseits die Geschichte der Danziger Synagogengemeinde bis zu ihrer Vernichtung beschrieben, also wiederum Vergangenheit eingeholt werden, andererseits war ich gegenwärtig unterwegs: Den Wahlkampf 1969 belastete eine Übereinkunft, nach der ein ehemaliger Nationalsozialist als Bundeskanzler der Großen Koalition erträglich sein sollte; und auf dritter Erzählebene mußten Bausteine für einen Essay über Albrecht Dürers Kupferstich »Melencolia I« gesucht werden: »Vom Stillstand im Fortschritt«. Die Form dieses in allen drei Zeiten gegenwärtigen Tagebuchs wurde durch die Fragen meiner Kinder bestimmt:

»Und wohin willste morgen schon wieder?«
»Nach Castrop-Rauxel.«
»Und was machste denn da?«
»Redenreden.«
»Immer noch Espede?«
»Fängt ja erst an.«
»Und was bringste mit diesmal?«
»Teilweise mich ...«
... und die Frage, warum die Tapete nicht dichthalten wollte. (Was mit den Kutteln hochkommt und den Gaumen mit Talg belegt.)

Denn manchmal, Kinder, beim Essen, oder wenn das Fernsehen ein Wort (über Biafra) abwirft, höre ich Franz oder Raoul nach den Juden fragen:

»Was war denn los mit denen?«

Ihr merkt, daß ich stocke, sobald ich verkürze. Ich finde das Nadelöhr nicht und beginne zu plaudern: Weil das und zuvor das, während gleichzeitig das, nachdem auch noch das...

Schneller, als sie nachwachsen, versuche ich Faktenwälder zu lichten. Löcher ins Eis schlagen und offenhalten. Den Riß nicht vernähen. Keine Sprünge dulden, mit deren Hilfe die Geschichte, ein schneckenbewohntes Gelände, leichthin verlassen werden soll...

»Wie viele waren das denn genau?«

»Und wie hat man die gezählt?«

Es war falsch, euch das Ergebnis, die vielstellige Zahl zu nennen. Es war falsch, den Mechanismus zu beziffern; denn das perfekte Töten macht hungrig nach technischen Details und löst Fragen nach Pannen aus.

»Hat das denn immer geklappt?«

»Und was war das für Gas?«

Bildbände und Dokumente. Antifaschistische Mahnmale, gebaut in stalinistischem Stil. Sühnezeichen und Wochen der Brüderlichkeit. Gleitfähige Worte der Versöhnung. Putzmittel und Gebrauchslyrik: »Als es Nacht wurde über Deutschland...«

Jetzt erzähle ich euch (solange der Wahlkampf dauert und Kiesinger Kanzler ist), wie es bei mir zu Hause langsam und umständlich am hellen Tag dazu kam. Die Vorbereitung des allgemeinen Verbrechens begann an vielen Orten gleichzeitig, wenn auch nicht gleichmäßig schnell; in Danzig, das vor Kriegsbeginn nicht zum Deutschen Reich gehörte, verzögerten sich die Vorgänge: zum Mitschreiben für später...

In diesem Buch, das 1972 erschien, steht, weil die Definition meines Berufes erfragt wird, die Antwort: »Ein Schriftsteller, Kinder, ist jemand, der gegen die verstreichende Zeit schreibt.« – Eine so akzeptierte Schreibhaltung setzt voraus, daß sich der Autor nicht als abgehoben oder in Zeitlosigkeit verkapselt, sondern als Zeitgenosse sieht, mehr noch, daß er sich den Wechselfällen verstreichender Zeit aussetzt, sich einmischt und Partei ergreift. Die Gefahren solcher Einmischung und Parteinahme sind bekannt: Die dem Schriftsteller gemäße Distanz droht verlorenzugehen;

seine Sprache sieht sich versucht, von der Hand in den Mund zu leben; die Enge jeweils gegenwärtiger Verhältnisse kann auch ihn und seine auf Freilauf trainierte Vorstellungskraft einengen, er läuft Gefahr, in Kurzatmigkeit zu geraten.

Wohl deshalb, weil mir die Risiken meiner erklärten Zeitgenossenschaft bewußt waren, entwarf ich schon während der ersten Niederschrift des Schneckentagebuches, noch unterwegs auf Wahlkampfreise, beim Redenreden – und während ich mir beim Reden zuhörte – wie insgeheim, oder hinter dem eigenen Rücken, ein anderes Buch, ein Buch, das erlaubte, Geschichte rückläufig abzuspulen und die Sprache in die Schule des Märchens zu schikken. Es sollte wieder einmal ums Ganze gehen. Als hätte ich mich von der Schnecke und von der programmatischen Langsamkeit meiner Schneckenpartei erholen wollen, begann ich, kaum war das Tagebuch erschienen und abermals ein Wahlkampf bis zur ersten Hochrechnung ausgekostet, mit den Vorarbeiten für einen epischen Wälzer: »Der Butt«.

Hat dieses Buch mit meinem Thema »Schreiben nach Auschwitz« zu tun? Es geht um Nahrung: vom Hirsebrei bis zum Sülzkotelett. Es geht um Überfluß und Mangel, um das große Fressen und den anhaltenden Hunger. Um neun und mehr Köchinnen geht es und um die andere Wahrheit des Märchens »Von dem Fischer un syner Fru«: wie des Mannes Herrschaft immer mehr haben, immer schneller sein, immer höher hinaus will, wie der Mann sich Endziele setzt, die Endlösung beschließt, »Am Ende« ist; so heißt eines der Gedichte, die im »Butt« den Prosaablauf hemmen, kurzfassen oder auf ein anderes Gleis bringen:

Am Ende

Männer, die mit bekanntem Ausdruck
zu Ende denken,
schon immer zu Ende gedacht haben;
Männer, denen nicht Ziele – womöglich mögliche –
  sondern das Endziel – die entsorgte Gesellschaft –
  hinter Massengräbern den Pflock gesteckt hat;
Männer, die aus der Summe datierter Niederlagen nur
  einen Schluß ziehen: den rauchverhangenen
  Endsieg

auf gründlich verbrannter Erde;
Männer, wie sie auf einer der täglichen Konferenzen,
nachdem sich das Gröbste als technisch machbar erwies,
die Endlösung beschließen,
sachlich männlich beschlossen haben;
Männer mit Überblick,
denen Bedeutung nachläuft,
große verstiegene Männer,
die niemand, kein warmer Pantoffel
hat halten können,
Männer mit steiler Idee, der Taten platt folgten,
sind endlich – fragen wir uns – am Ende?

Spätestens hier merke ich, daß mich das Thema meines Vortrags immer wieder und auch dann zur Rechenschaft zwingen will, wenn eine Erzählung, wie etwa »Das Treffen in Telgte«, für sich spricht. Die Rückdatierung der »Gruppe 47«, jenes literarischen Nichtvereins, dem ich viel verdanke, ließ sich zwanglos bis spielerisch ins Werk setzen; anders verhielt es sich mit einem Buch, das Orwells Jahrzehnt, die achtziger Jahre, einläuten sollte: »Kopfgeburten oder Die Deutschen sterben aus«. Wie schon beim »Butt«, im Kapitel »Vasco kehrt wieder«, ist nicht mehr Europa, auch nicht das doppelte Deutschland und ganz gewiß nicht Danzig-Gdańsk das Maß aller Dinge, vielmehr sind es die immer schneller wachsende und in wachsendem Elend verkümmernde Bevölkerung Asiens und das sogenannte Nord-Süd-Gefälle, die Druck machen und den erzählenden Text zu utopischen Sprüngen nötigen. Denn von China, Indonesien und Indien aus gesehen, schrumpft der alte Kontinent auf Spielzeuggröße, gibt die »deutsche Frage« endlich ihre Drittrangigkeit preis und wird das ertrotzte Schreiben nach Auschwitz abermals oder zusätzlich fragwürdig.

Wo noch kann Literatur ihren Auslauf finden, wenn die Zukunft schon vordatiert und von statistischen Schreckensbilanzen besetzt ist? Was ist noch zu erzählen, wenn die Fähigkeit des Menschengeschlechts, sich selbst und alles andere Leben auf vielfältige Weise zu vernichten, täglich unter Beweis gestellt werden könnte oder in Planspielen geübt wird? Sonst nichts, doch die atomare, stündlich mögliche Selbstvernichtung verhält sich zu Auschwitz und erweitert die Endlösung auf globales Maß.

Wer als Schriftsteller zu diesem Schluß kommt – und ab Anfang der achtziger Jahre bestätigte neuerlich Wettrüsten diese Folgerung –, der wird entweder das Schweigen zur Schreibtischdisziplin erheben müssen oder aber – und ich begann nach drei Jahren Enthaltsamkeit wieder an einem Manuskript zu arbeiten – auch dieses Menschenmögliche, die Selbstvernichtung, zu benennen versuchen.

»Die Rättin«, ein Buch, in dem »mir träumte, ich müßte Abschied nehmen ...«, war ein Versuch, das beschädigte Projekt der Aufklärung erzählend fortzuschreiben. Doch der Zeitgeist und mit ihm das hochdotierte Geplapper eines Kulturbetriebs, der an sich selbst Genüge findet, war nicht zu irritieren. Einander vom Markt drängende Kunstmessen, überinszeniertes Regietheater und die Gigantomanie neuerdings kunstbeflissener Landesfürsten sind Kennzeichen der achtziger Jahre. Die unterhaltsame Geschäftigkeit des Mittelmaßes und deren Talkmaster, die sich den Freibrief »Alles ist möglich« ausstellten, doch die Pause, als Wagnis erschreckten Innehaltens, nicht mehr zuließen, diese dynamische Besinnungslosigkeit geriet erst dann ins Stolpern, als sich jenseits der zweifach gesicherten Wohlstandsgrenze die Völker Ost- und Mitteleuropas nacheinander erhoben und altmodischen Wörtern wie Solidarität und Freiheit neuen Sinn gaben.

Seitdem ist etwas geschehen. Gemessen an dieser Anstrengung, steht der Westen nackt da. Der Ruf drüben »Wir sind das Volk!« fand hier keine Entsprechung. Wir sind schon frei, hieß es. Wir haben schon alles, nur noch die Einheit fehlt. – Und schon schlägt, was gestern Hoffnung machte und Europa erkennen ließ, in deutsches Begehren um. Wieder einmal soll es das »ganze Deutschland« sein.

Indem ich meinen Vortrag unter die lastende Überschrift »Schreiben nach Auschwitz« stellte, sodann literarische Bilanz zog, will ich zum Schluß die Zäsur, den Zivilisationsbruch Auschwitz dem deutschen Verlangen nach Wiedervereinigung konfrontieren. Gegen jeden aus Stimmung, durch Stimmungsmache forcierten Trend, gegen die Kaufkraft der westdeutschen Wirtschaft – für harte D-Mark ist sogar Einheit zu haben –, ja, auch gegen ein Selbstbestimmungsrecht, das anderen Völkern ungeteilt zusteht, gegen all das spricht Auschwitz, weil eine der Voraussetzungen für das Ungeheure, neben anderen älteren Triebkräften, ein starkes, das geeinte Deutschland gewesen ist.

Nicht Preußen, nicht Bayern, selbst Österreich nicht, hätten, einzig aus sich heraus, die Methode und den Willen des organisierten Völkermordes entwickeln und vollstrecken können; das ganze Deutschland mußte es sein. Allen Grund haben wir, uns vor uns als handlungsfähige Einheit zu fürchten. Nichts, kein noch so idyllisch koloriertes Nationalgefühl, auch keine Beteuerung nachgeborener Gutwilligkeit können diese Erfahrung, die wir als Täter, die Opfer mit uns als geeinte Deutsche gemacht haben, relativieren oder gar leichtfertig aufheben. Wir kommen an Auschwitz nicht vorbei. Wir sollten, sosehr es uns drängt, einen solchen Gewaltakt auch nicht versuchen, weil Auschwitz zu uns gehört, bleibendes Brandmal unserer Geschichte ist und – als Gewinn! – eine Einsicht möglich gemacht hat, die heißen könnte: Jetzt endlich kennen wir uns.

Auch das Nachdenken über Deutschland ist Teil meiner literarischen Arbeit. Seit Mitte der sechziger Jahre bis in die gegenwärtig anhaltende Unruhe hinein gab es Anlässe für Reden und Aufsätze. Oft waren diese notwendig deutlichen Hinweise meinen Zeitgenossen zuviel der Einmischung, der, wie sie meinten, außerliterarischen Dreinrede. Das sind nicht meine Besorgnisse. Eher bleibt Ungenügen nach fünfunddreißig Jahren Bilanz. Etwas, das noch nicht zu Wort kam, muß gesagt werden. Eine alte Geschichte will ganz anders erzählt werden. Vielleicht gelingen noch die zwei Zeilen. So wird meine Rede zwar ihren Punkt finden müssen, doch dem Schreiben nach Auschwitz kann kein Ende versprochen werden, es sei denn, das Menschengeschlecht gäbe sich auf.

Der Zug ist abgefahren – aber wohin?

Offener Brief

Dieses Bild wird seit Wochen bemüht: der abgefahrene Zug in Richtung deutsche Einheit, den niemand mehr aufhalten könne.

Merkt selbst Rudolf Augstein nicht, daß einem nicht mehr aufzuhaltenden Zug, einem Zug also, den kein Signal mehr stoppen kann, das Zugunglück vorprogrammiert ist?

Wir haben für die Fernsehsendung »Panorama« ein Gespräch geführt, streitbar, aber fair. Nachdem mir der Abdruck meines Tutzinger Beitrags »Kurze Rede eines vaterlandslosen Gesellen« von der »Spiegel«-Redaktion verweigert worden war – er stand dann in der »Zeit« zu lesen –, baten Sie mich, Rudolf Augstein, in Zukunft meine Beiträge direkt an Sie zu schicken. Ich tue das, wenngleich mir dieser Tribut an den Nachhall des »aufgeklärten Despotismus« zuwider ist.

Im Gegensatz zu Ihnen: Karl Jaspers' Thesen aus dem Jahr 1960 sind in ihrer Substanz immer noch richtig. Freiheit steht vor Einheit. Also hat die vom Volk der DDR (und nicht vom Kapitalismus) erkämpfte Freiheit Vorrang; sie beansprucht Respekt und Eigenständigkeit innerhalb der nun möglichen Einigung der Deutschen. Weil Einigung mehrere Wege, auch einen dritten Weg zuläßt, muß sie nicht, auf Teufel komm raus, Einheit bedeuten. Einigung kann auch in einer Konföderation der beiden deutschen Staaten ihren Ausdruck finden und gleichwohl die Wirtschafts- und Währungsunion, desgleichen eine Staatsangehörigkeit zulassen. Diese Antwort auf die deutsche Frage könnte dem Verlangen nach Einheit genügen und unseren Nachbarn gewiß annehmbarer sein als der Achtzig-Millionen-Einheitsstaat. Zwar ist der Zug abgefahren, doch Bahnhöfe gibt es mehrere.

Ich wiederhole: Die grauenhafte und mit nichts zu vergleichende Erfahrung Auschwitz, die wir und die Völker Europas mit uns gemacht haben, schließt einen deutschen Einheitsstaat aus. Sollte er trotzdem mit nunmehr wirtschaftlicher Macht durchgesetzt werden, wird uns abermals nachbarschaftliches Mißtrauen umgeben und ausgrenzen.

Februar 1990

Ich weiß nicht, aus welchen Quellen sich Ihr deutschnationaler Eigensinn speist und Sie in die hochfahrende Lage versetzt, die nach wie vor bedenkenswerten Thesen eines Karl Jaspers als nur philosophische Dreinrede abzutun, aber mit Sorge sehe ich, wie Sie Ihr Produkt, dieses unverzichtbare Stück demokratischer Streitkultur, »Der Spiegel«, auf regierungsamtliche Linie, das heißt in Einklang mit »FAZ« und »Bild«-Zeitung bringen. Soll so die deutsche Einheit aussehen?

Zum ersten Mal nach 1945 ist uns Deutschen die Möglichkeit gegeben, aus Erfahrung mit uns selbst, einer Einigung Gestalt zu geben, mit der wir und unsere Nachbarn leben können. Diese Erfahrung lehrt, daß sich die deutsche Einheit nur in ihrer geschichtlich gewachsenen Vielfalt begreifen läßt. Nichts zwingt uns, die DDR mit ihrer leidvollen Geschichte und der kurzen Phase ihrer demokratischen Revolution durch westdeutsche Wirtschaftsmacht einzuebnen. Die von mir angeratene Konföderation erlaubt Freiheit, Einigung und Vielfalt; das Einheitsgebot gehört auf den Müllhaufen unserer Geschichte. Zwar ist der Zug abgefahren, aber die Signale, ihn auf das richtige Gleis zu bringen, sind – seit Karl Jaspers' Thesen und bis heute – immer noch in Funktion.

Assistenz durch Dreinreden

Der Beginn meiner politischen Aktivität hängt zusammen mit meiner Rückkehr von Paris 1960. 1961 gibt es von mir erste Reaktionen: den Brief an Anna Seghers wegen des Mauerbaus. Dann einen gemeinsamen Brief mit Schnurre an die Schriftsteller der DDR. Mauerbau und Wahlkampf fielen zusammen im August. Auslösendes Moment für mich war die Rede Adenauers in Regensburg, die Frahm-Rede. Sie wurde hingenommen wie ein Fauxpax des alten Herrn, dabei war es eine einzige Diffamierung. Hans Werner Richter besuchte mich und erzählte mir, daß einige Autoren der Gruppe 47 bei Willy Brandt eingeladen seien. Auf die Frage, warum er nicht auch mich auf die Liste gesetzt hätte, sagte er: »Du bist doch ein Anarchist!« Ich erklärte ihm: »Das magst du so sehen, aber mich interessiert das, ich komme mit.«

Bei diesem Treffen schilderte Brandt die Situation, in der er sich befand: auf der einen Seite die komplizierte Lage in Berlin durch den Mauerbau. Auf der anderen Seite aber das tägliche Wegfliegen aus Berlin und Wahlkampf machen, die täglichen Diffamierungen, der Verschleiß der Sprache. Und er fragte höflich die anwesenden Herren und Damen, wer von uns bereit wäre, ihm Formulierungshilfe anzubieten. Die Reaktion war, daß die anwesenden Schriftsteller sich sehr kritisch, genau geguckt, scharf formuliert und die schwachen Stellen treffend geäußert haben. Brandt ging darauf ein. Bei der Frage aber, von wem er nun Hilfe zu erwarten hätte, blieb ich als einziger. Ich fuhr in der Folgezeit häufig zum Rathaus, habe Texte redigiert. Und dann dachte ich mir: »Jetzt will ich mal mitfliegen.« Es gibt einen Einakter, in dem ich die Situation schildere: Brandt im Flugzeug, dauernd beschäftigt mit diesen Diffamierungskampagnen, Passauer Neue Presse, Kapfinger ... Wir redeten über den Spanischen Bürgerkrieg, was richtig und was falsch war. Dann landete das Flugzeug in Heilbronn, und es empfing uns ein Kinderchor, der sang »Kein schöner Land in dieser Zeit«. Diese Erlebnisse haben mich dazu gebracht, 1965 nicht mehr nur Texte zu redigieren, sondern direkt einzugreifen.

Februar 1990

Die Gründung des Wahlkontors ist meine Initiative gewesen, allerdings war ich nicht darin tätig, weil ich unterwegs war. Die treibende Kraft innerhalb der SPD war Schiller, er machte praktische Vorschläge, machte es überhaupt möglich, kümmerte sich auch nicht um Widerstände innerhalb der SPD. Er hatte erkannt, daß die SPD über die Schriftsteller und Intellektuellen Teile der Bevölkerung ansprach, an die sie sonst nicht herankam.

Bis dahin reduzierte sich die politische Betätigung der Schriftsteller darauf, Resolutionen und Proteste zu unterschreiben. Das empfand ich als unzureichend, zu bequem. Es gab bei mir Reflexionen: Warum ist das in der Weimarer Republik so gelaufen? Ich dachte an Tucholskys späte Einsicht, eigentlich erst in der Emigration, daß man einiges anders hätte machen müssen. Dann, vermittelt über meine damalige Schweizer Frau, das Wissen über andere Demokratieformen, wo die Leute als Bürger frei heraus ihre Meinung sagen. Es mußte zunächst diese Schamschwelle überwunden werden: Es galt als unfein. Man nahm für sich in Anspruch, politisch zu sein, aber es erschöpfte sich in den meist moralisch sehr hoch angesetzten Protesten, und darunter wurden dann die Namen gesetzt. Alles völlig richtig, alles berechtigt, aber das hob sich auf nach einer gewissen Weile, hatte keine Wirkung. Hier mußte ständig geschrieben, mußte Kleinarbeit geleistet werden.

Ich habe Themen angesprochen, zum Beispiel die Oder-Neiße-Grenze, wofür es noch keinen SPD-Beschluß gab. Da gab es dann auch Schwierigkeiten mit zwei, drei Kandidaten. Brandt hat sich mit meinen Reden öffentlich einverstanden erklärt, er wurde natürlich sofort dafür kritisiert.

Ich schrieb fünf Reden, eine davon heißt »Des Kaisers neue Kleider«. Inhalt ist der § 218. Die Rede habe ich nach dem dritten Mal einpacken müssen. Da hieß es überall: »Grass für Abtreibung!« Ich habe diese Themen sehr früh aufgegriffen, und keines der Themen war mit der SPD abgesprochen. Aber ich wußte, daß Brandt sie tolerieren würde. Und für Schiller sprach: Er konnte als Intellektueller mit Intellektuellen umgehen. Ich wurde anfangs, auch später nochmal, von ihm begleitet bei meinen Wahlreisen, auch von Heinz Kühn. Er war dabei, als ich in Düsseldorf die Rede von »Des Kaisers neue Kleider« auspackte. »Mann o Mann«, sagte er, »da kommt sicher was auf uns zu.«

Ich war immer der Meinung, daß man ein paar gesellschaftliche Erfahrungen, die auch politische Erfahrungen sind, mit einfließen läßt. Das war auch Brandts Ansicht. Er wollte nicht nur die Wiederholung der professionellen Politikersicht, sondern eine Assistenz durch Dreinreden.

Bei meinen Wahlreisen begleiteten mich einmal Max von der Grün und Paul Schallück. Die waren im Gegensatz zu Böll bereit gewesen, mitzumachen. Max Frisch fand die Initiative von außen her gut und richtig, diese neue, direkte Form der Demokratie. Im Zusammenhang mit dem Wahlkontor gab es einen Empfang in Bayreuth mit Ingeborg Bachmann, Kortner, Wicki, Henze und anderen.

Meine Wahlreise wurde von zwei Studentenorganisationen getragen: dem Sozialdemokratischen Hochschulbund und dem Liberalen Studentenbund, die ausgeschieden waren aus der FDP unter ihrem Parteivorsitzenden Mende. Die Sozialdemokraten sahen mit Staunen, daß ein Publikum angesprochen wurde, das sonst zu keiner Veranstaltung gekommen war. Insgesamt wurde mir von der SPD nicht dreingeredet. Es gab ein paar, die sich von manchen meiner Äußerungen, beispielsweise zur Anerkennung der Oder-Neiße-Grenze, distanziert haben, und es gab Willy Brandt, der mich unterstützt hat.

Meine Wahlreisen führten mich auch in die Provinz, in die tiefste sozialdemokratische Diaspora, und es war erstaunlich, wie voll die Säle waren. Meine letzte Wahlrede hielt ich in Cloppenburg. Die CDU hatte damals einundachtzig Prozent der Stimmen dort, meine Rede wurde von Gegröle und Gejohle begleitet, ich war danach vollkommen mit Eiern bekleckert, und als ich nach Hause kam, brannte meine Haustür.

Sicher, es gab vorsichtige oder direkte Distanzierungen. Die Lokalpresse fragte immer: »Wie stehen Sie zu den Bemerkungen von Grass zur Anerkennung der Oder-Neiße-Grenze?«, und wenn es kleine Unstimmigkeiten gab, wurden die von der Presse oder der CDU reichlich aufgebauscht. Von Schriftstellerkollegen wurde mein Verhalten, mich in die Niederungen der Politik zu begeben, zum Teil wie ein Verrat angesehen.

Wer meine Reden hören wollte, mußte Eintritt zahlen. Meine Überzeugung war immer: Wer zahlen muß, hört besser zu. So erzielten wir einen Überschuß. Von Anfang an war geplant, damit Bibliotheken bei der Bundeswehr und für die Wehrdienstverweigerer auszustatten. Die Zusammenstellung für diese Bibliothek besorgte Uwe Johnson. Ich wollte natürlich im Wahlkampf die Bibliotheken direkt übergeben. Das gelang mir nur einmal, in Heidelberg bei den Wehrdienstverweigerern. Dann hatten wir immer noch Überschuß und haben einen Schulbuchpreis ausgeschrieben, den gewannen Glotz und Langenbucher mit »Versäumte Lektionen«.

Die Wahl brachte der SPD drei Prozent mehr, aber CDU und FDP bildeten weiter die Regierung. Ein Jahr später kam die Große Koalition. Als taktische Überlegung war die Entscheidung richtig. 1968/69 wurde dann von mir und anderen die Wählerinitiative gegründet – mit dem Ziel einer sozialliberalen Koalition.

Viele sind einen anderen Weg gegangen. Auch ich habe mich erst wieder engagiert, als sich absehen ließ, daß für 1969 mit der Entscheidung für Heinemann als Kandidat für das Amt des Bundespräsidenten die Chance bestand, die Große Koalition durch die sozialliberale abzulösen. Das kam mir als realistische Zielsetzung vor, und ich habe in der Zwischenzeit nur einmal Wahlkampf gemacht, und zwar 1967 für Steffen in Schleswig-Holstein. Ich war drei Wochen unterwegs mit Eberhard Jäckel und Siegfried Lenz.

Für den Wahlkampf 1969 hatte ich mir überlegt, wie man herauskommt aus dem bloßen Intellektuellen- und Schriftstellerkreis. Schon ab Herbst 1968 versammelte ich Leute in der Friedenauer Niedstraße, Baring, Jäckel, Gaus, Sontheimer, Lenz. Dann luden wir gezielt Leute von der SPD dazu, Eppler, Schiller, und haben das Konzept besprochen. Unser Kontaktmann, der einzige, der mit Wehner und Brandt gleichzeitig auskommen konnte, war Leo Bauer. Er sagte mir eines Tages, ich müßte mit Wehner reden, so kämen wir nicht weiter. Zu dem Zeitpunkt hatte ich eine ganze Reihe Artikel gegen Wehner wegen der Großen Koalition verfaßt. Ich fuhr nach Bonn, und die Leute erzählten mir, Wehner ließe seit Tagen alles sammeln, was ich jemals gegen ihn geschrieben hätte. Ich kam gerade von der Buchmesse, die 1968 sehr turbulent gewesen war. Bei Wehner gab's schwedischen Heringssalat, und er wandte den bauernschlauen Trick an: Wer zuerst vom Thema anfängt, hat verloren. Er erzählte lange Geschichten aus der Emigration, und ich dachte mir, Geschichten erzählen kannst du auch. Leo Bauer wurde schon ganz unruhig und baute schließlich eine Brücke: »Sie kommen doch gerade von der Buchmesse, was war denn da los, und wie schätzen Sie das ein?« Ich berichtete von der Lage, wie sie war, gab meine Einschätzung und schlug dann die Wählerinitiative vor. Wehner brüllte mich an: »Geben Sie doch zu, Sie haben etwas gegen mich.« Da dachte ich mir, brüllen kann ich auch: »Entweder, wir brüllen jetzt hier weiter, daß wir gegeneinander waren, oder wir machen etwas zusammen.« Wehner hörte sich alles an bis Mitternacht und sagte dann: »Das leuchtet mir ein, das machen wir. Das ist Leninsche Bündnispolitik.« Er hatte nichts begriffen und ich die Wahl, ihn in seinem Mißverständnis zu belassen oder nochmal drei Stunden alles zu erklären. Ich verzichtete darauf. Das Ergebnis war, daß Wehner mit dem Parteipräsidium telefonierte und alles lief: Wir konnten Räume mieten und die Wählerinitiative aufbauen. Bei den Wählerinitiativen machten Schriftsteller mit, aber auch Architekten, Staatsanwälte, alle möglichen Berufsgruppen.

Ich bin nicht nur Schriftsteller, ich bin auch Bürger, Citoyen. Dieses direkte Eingreifen von Bürgern hat in Deutschland kaum Tradition. Der Staat wird entweder bewundert oder als Machtfaktor angesehen.

Es gibt ein paar ganz frühe Erlebnisse. 1946 habe ich ein dreiviertel Jahr lang in einem Bergwerk gearbeitet. Es gab damals noch sehr häufig Stromsperrungen, die Arbeiter saßen herum, alle älter als ich. Von ihrer politischen Haltung waren es Kommunisten, Sozialdemokraten und Nazis. Häufig kam es zum Streik, und ich erlebte jedesmal, daß sich im Verlauf eines Streiks die Kommunisten mit den Nazis gegen die Sozialdemokraten verbündet haben. Es war wie ein Nachhilfeunterricht über die Weimarer Republik. In derselben Zeit hörte ich Kurt Schumacher in Hannover. Er schrie. Was er sagte, überzeugte mich, aber wie er es sagte, stieß mich ab. In diesen Erlebnissen liegen die Wurzeln meiner Entscheidung für die Sozialdemokraten.

In der Bundesrepublik ist die aktive Einmischung der Bürger, nicht nur der Schriftsteller, inzwischen Tradition geworden. Die Wählerinitiativen lösten sich nach 1969 langsam auf, manche traten in die SPD ein, andere gründeten Bürgerinitiativen.

Februar 1990

In der DDR gab es solche Bewegungen nicht bis zum Beginn der Friedensbewegung. Innerhalb der evangelischen Kirche wurde die Initiative »Schwerter zu Pflugscharen« gegründet. Das war mit ein Anlaß für das, was später in Leipzig passierte.

Ich habe in meinen Wahlkämpfen nie etwas bejaht, was ich nicht vertreten konnte, habe auch meine Kritik an der SPD geäußert. Das wurde akzeptiert, es gab deshalb nie ernsthafte Auseinandersetzungen. Ich habe mich auch geäußert zu Fragen beispielsweise der Wehrdienstverweigerung. Dabei gab es innerhalb der SPD Leute, die mich angegriffen haben, aber es gab nie eine Maßregelung oder ähnliches. Natürlich geht man, wenn man mit einer Partei Wahlkampf macht, taktisch vor, sagt zum Beispiel, jetzt, drei Wochen vor Wahlkampfende, ist es nicht der Zeitpunkt, in diesem Detail, so wichtig es sein mag, eine Fehde auszufechten.

An eine Wahlkampfveranstaltung 1965 in Würzburg kann ich mich noch sehr gut erinnern. Das war ein tobender Kessel, da saßen die Studenten mit ihren Bierzipfeln und brüllten. Ich sagte: »Ich will doch Eure Fragen beantworten. Draußen steht auf einem Transparent ›Was sucht der Atheist in der Stadt des Heiligen Kilian?‹ Meine Antwort: Ich suche Tilman Riemenschneider.« Es gab großes Gelächter, und ich konnte reden. Mir hat das Spaß gemacht. Ich mußte meine geschriebenen Reden zur Seite schieben und dagegenfeuern.

Ich war nicht gegen die Studentenproteste 1968. Ich habe vorausgesehen, daß auch hier der deutsche Idealismus in den Köpfen spukt. Daß man mit dem Erreichten nicht zufrieden sein wird – obwohl sie eine Menge erreicht haben –, dann die Enttäuschung und dann die Wende, entweder ins total Apolitische oder in die Radikalisierung. Das war nicht mein Weg.

Einige Ausblicke vom Platz der Angeschmierten

Kürzlich in Leipzig. Dieser verfrühte Frühlingstag. In Vorahnung besuchte ich am Nachmittag noch einmal die Nikolaikirche, als wollte ich mich beschwichtigen; dann, auf dem Vorplatz, wo alles angefangen hatte, entdeckte ich ein handgemaltes Straßenschild. Mit seiner blauen, altmodisch-dekorativen Umrandung und der gleichfalls blauen, fein säuberlich ausgepinselten Schrift wirkte es echt und gab dem Ausgangspunkt der Revolution vom Herbst des vergangenen Jahres einen neuen Namen: »Platz der Angeschmierten«. Und darunter stand kleingeschrieben zu lesen: »Es grüßen eure Oktoberkinder. Wir sind noch da.«

Ich weiß nicht, was aus dem so echt täuschenden Straßenschild geworden ist. Vielleicht hat es sich als Reminiszenz retten können; am diesbezüglichen Museum wird es nicht fehlen: soviel Vergangenheit. Mir jedoch ist diese Kurzfassung einer folgenreichen Enttäuschung gegenwärtig geblieben, denn nicht nur die Wahlergebnisse vom 18. März und vom 6. Mai, auch die weitere Entwicklung des deutschen Einigungsprozesses (bis hin zur Währungsunion) haben die eigentlichen Revolutionäre, jene also, die gewaltlos das Machtkartell von Staat und Partei gebrochen hatten, haben die »Oktoberkinder« als Angeschmierte vorerst oder auf Dauer in die Ecke gestellt.

Wollte ich mir den Eigensinn in der Politik zum Thema machen, wüßte ich keinen besseren Anfang, als an den Eigensinn der Revolutionäre von Leipzig, Dresden, Berlin zu erinnern, denn schon hat ihn das erzählende, raunende Imperfekt verschluckt. Oder gibt es ihn noch, verdeckt nur von großspurigen Wörtern, eilfertig vorgeschobenen Geschichtskulissen und der in Großbuchstaben sich hart gebenden Währung?

Müßig aufzuzählen, wieviel demokratischer Eigensinn anfangs, dazumal, als einzig die Nikolaikirche Zuflucht bot, im Spiel war und einander duldete, solange Toleranz Gebot war; und nun ein traurig Lied weiß, wie wenig davon unterm Einheitsdiktat geblieben ist. Der letzte Ausdruck dieser gelebten Demokratie war

Mai 1990

wohl ein Verfassungsentwurf, den federführend Mitglieder des Neuen Forum und der Gruppierung Demokratie Jetzt der frischgewählten Volkskammer vorgelegt haben. Kaum diskutiert wurde er und dann weggewischt von den notorischen Rechthabern. Nur noch um Anschluß ging es, der nicht Anschluß heißen darf. Und selbst der Spielraum zwischen den Grundgesetzartikeln 23 und 146 durfte nicht ausgeschritten, für weiterreichende Überlegungen genutzt, dem demokratischen Eigensinn anvertraut werden. Zügig muß es vorangehen. Alles andere hält auf. Die Daten sind gesetzt. Die Parole »Wir sind das Volk« mochte drüben kurze Zeit lang eine gewisse Berechtigung haben, bei uns hat der Kanzler das Sagen. Der will als Einigungskanzler die Geschichte bebildern, indem er jeden zweiten seiner übergewichtigen Auftritte als historische Stunde einläutet und so alle Wahlen gewinnt. »Der Zug ist abgefahren«, hieß und heißt es, »und niemand kann ihn aufhalten.«

Mit deutlichem Abstand zur Bahnsteigkante bleiben die Angeschmierten zurück, beschwert von der eigensinnigen Sorge, es könne dem abgefahrenen Zug allerlei in die Quere kommen, zumal ihn niemand mehr (kein Warnsignal) aufhalten kann. Als jemand, der seit Jahren die Konföderation vorschlägt, also die Einigung höher bewertet als eine Einheit, die er zu fürchten gelernt hat, stehe auch ich auf dem Bahnsteig und wiederhole papageienhaft meine Warnungen, ahne ich doch, daß dem abgefahrenen Zug Unglück vorprogrammiert ist. Nur deshalb – und selbst, wenn niemand mehr zuhören will – sollen vom Platz der Angeschmierten einige Ausblicke gewagt werden.

Bis vor nicht langer Zeit und doch über vierzig Jahre lang war die DDR ein sich und seine Bürger überwachender Staat. Zensur hieß sein Gebot. Mißwirtschaft regelte seinen Alltag. Bevormundend sprach er sich aus, bis ihm von seinen Bürgern die Macht entzogen und in ersten Lektionen Demokratie beigebracht wurde. Aber steht diesen Bürgern nicht abermals Bevormundung ins Haus? Wird ihnen nicht, wie jüngst noch im Wahlkampf, nachdrücklich empfohlen, Leistung als Freiheit zu begreifen? Hat man ihnen nicht schnurstracks einige der Demokratie dienliche Verfassungswünsche als zwar sympathische, aber dennoch unnütze Flausen ausgetrieben? Und sind sie nicht wiederum einem Ismus untertan, diesmal in Gestalt der D-Mark, freilich ausgestattet mit den Angeboten der Reise- und Konsumfreiheit?

Was mit Mut begann, nach all den Demütigungen Selbstbewußtsein förderte, Witz, sogar Heiterkeit zuließ und kurze Zeit lang in beiden Staaten Freude machte, ist in Kümmernis umgeschlagen: Der deutschen Einheit Pate heißt Freudlosigkeit. Was als Gespräch tastend, einander erfragend begonnen wurde und Gedanken zulassen sollte, die auch unseren Nachbarn, den Polen voran, verläßlich sein könnten, hat sich auf Mark und Pfennig verkürzt. Geld muß die fehlende, übergreifende Idee ersetzen. Harte Währung soll mangelnden Geist wettmachen. Bei kritischer Nachfrage darf ersatzweise der Europagedanke herhalten. Nicht allmähliche Annäherung der Deutschen ist gefragt, sondern einzig Zuwachs an Absatzmärkten, weil umfassender Stumpfsinn alles dem alles regulierenden Markt überlassen hat. Selten ist im Verlauf der oft genug unglücklichen deutschen Geschichte eine tatsächliche historisch zu wertende Möglichkeit aus Mangel an gestaltender Kraft so kleinkrämerisch verrechnet, so dumpf nicht begriffen, so leichtfertig verspielt worden.

Und jetzt soll (nach altem Rezept) das Wunder wirken: die Währungsunion als Staatsvertrag. Es mag einem Schriftsteller erlaubt sein, mit- und vorzurechnen, zumal er, spätestens im Umgang mit Verlegern, das Rechnen gelernt hat.

Der Einbruch der D-Mark in die DDR trifft eine unvorbereitete Wirtschaft und eine, was die Tücken und Vorteile der Marktwirtschaft betrifft, ahnungslose Bevölkerung. Die heilsame Medizin wird einzig im Kleingedruckten des Waschzettels wirksam werden: Unverträglichkeiten und sonstige Nebenwirkungen. Denn jetzt schon läßt sich voraussagen, daß der überwiegende Teil aller in die DDR abgeführten D-Mark-Beträge in kürzester Zeit wieder im Westen sein und hier, ausschließlich hier, die Konsumumsätze in die Höhe treiben und den Tourismus fördern wird. Seit Jahren gespeicherte Wünsche wollen erfüllt werden, Traumreisen ihr Ziel finden. Doch zwischen Elbe und Oder, wo die halbtote Wirtschaft belebt, die gefährdeten Arbeitsplätze gesichert werden müßten, wird jene harte Währung, an die alle Welt zu glauben hat, nicht oder nur unzureichend wirksam werden. Was man in den Kaufhäusern des Westens zwischen Lübeck und München ausgibt, mag dort zwar die Kassen klingeln lassen und – bei so kräftigem Kaufschub – die Preise beflügeln, aber zu Hause werden die heimischen Produkte liegenbleiben, weil unverkäuflich geworden, grad noch zum Wegwerfen gut.

Die Folgen sind abzusehen: ohnehin angeschlagene Firmen machen sofort Pleite, andere Produktionsstätten, die saniert werden könnten, sind bald darauf zahlungsunfähig, neue Betriebe wagen erst gar nicht den ungleichen Wettbewerb. Besonders Vorsichtige siedeln mit dem frisch umgetauschten Geld in den Westen um. Die erwartete Arbeitslosigkeit steigert sich ins Gemeingefährliche.

Ich sage, diese überstürzte Währungsunion, der keine vorbereitende Belebung der heimischen Wirtschaftskraft vorausging, ist ein Trug, der sich am Ende als Betrug erweisen wird; freilich werden die Angeschmierten diesmal nicht nur die Eckensteher vom Nikolai-Kirchplatz sein; mein voreiliges Auge sieht die Völker beider deutscher Staaten als ein Volk auf Bahnsteigen herumstehen und abgefahrenen Zügen nachschauen. Oder um mit anderem Bild die Vogelschar zu bemühen: Nach der Konjunktur für Wendehälse wird es, neben den obligaten Pleitegeiern, an Spottdrosseln nicht fehlen.

Warum erhebt der oberste Währungshüter, die Deutsche Bundesbank, keinen Einspruch? Zumindest in warnenden Andeutungen hat deren Präsident, Karl Otto Pöhl, auf die mögliche Unwirksamkeit des bevorstehenden Währungszaubers hingewiesen, um dann doch kleinlaut der Kohlschen Eile den Freipaß zu geben. Da nur noch in Geld mehr spekuliert als gedacht wird, erlaubt man sich, Gedanken, die nicht von der Einigungshast diktiert sind, und Besorgnisse, die der menschlichen Existenznot gelten, als lästige Dreinrede abzutun: Intellektuelle Spinnereien sind das, abwegig, weil einen dritten Weg beschreibend, professionelle Schwarzseherei.

Ich wünschte, es wäre so. Lust am Übertreiben hätte mich hingerissen. Keine Magermilchmädchenrechnung werde aufgemacht, vielmehr habe finanzpolitisches Können alles im Griff. Ich wünschte, es dürfte sich der Kinderglaube an das marktwirtschaftliche Bilderbuch aus Ludwig Erhards Zeiten erfüllen, doch sprechen Erfahrung und bloßer Augenschein dagegen.

Während der letzten Wochen war ich zwischen Stralsund und Leipzig unterwegs, zuletzt in der Lausitz, wo sich die weitläufigen Braunkohlengruben nahe Senftenberg und zwischen Spremberg und Hoyerswerda als Landschaft, die stumm macht, dem Zeichner anbieten. Gespräche und bloßes Zuhören bestätigten meine Vorahnung: Dem Bonner Pfusch zufolge wird sich der lange genug herbeigeredete Zusammenbruch der DDR-Wirtschaft tatsächlich ereignen. Schon jetzt zeichnet sich ab, daß auswärtige Investoren allenfalls am Verteiler- und Liefersystem noch bestehender Betriebe interessiert sind, weil durch deren aggressive Nutzung westdeutsche Produkte – vom Bier bis zum Videorecorder – den DDR-Markt erfassen können. Der Ruin der Landwirtschaft ist, aus westdeutscher Produzentensicht, beschlossene Sache. Uns altbekannte Konzerne okkupieren den Buch- und Zeitungsmarkt. Schon sind die Landvermesser der ehemaligen Großgrundbesitzer in Vorpommern und Mecklenburg umtriebig. Die neuen Kolonialherren ziehen ein und finden in Gestalt von Betriebsdirektoren, vormals der SED hörig, beflissene Zuarbeiter.

Dagegen steht einzig der Katalog versprochener Wohltaten. Doch wem nützen im Verhältnis 1:1 ausgezahlte Gehälter, wenn eine Vielzahl noch funktionsfähiger DDR-Unternehmen nach kurzer Zeit zahlungsunfähig sein wird? Zunehmender Erwerbstätigkeit im Westen folgt, wie beim Ball mit der Delle, Arbeitslosigkeit im Osten. Nur dort könnte Zuwachs zu verzeichnen sein, wo unsere und unserer Nachbarn Ängste ihren Ursprung haben: im deutschen Rechtsradikalismus, zumal nicht auszuschließen ist, daß auch das Goldene Kalb, die harte D-Mark, Schaden nehmen wird.

Und das alles ohne Not oder nur, weil sich einige Politiker, der Kanzler voran, mit der Geschichte auf du und du wähnen. Was oder wer befiehlt uns Deutschen solch gedankenlose Hast? Dieser eilige Pfusch erlaubt nicht, daß zusammenwächst, was zusammengehört, vielmehr wird er die während vierzig Jahren konservierte Distanz vergrößern: Vom Wohlstand geködert, durch Arbeitslosigkeit entlohnt, werden sich die Deutschen dort und die Deutschen hier fremder als je zuvor sein.

Man mag sich fragen: Warum diese Klage? Was soll, angesichts eindeutiger Wahlergebnisse, dieser Eigensinn? Weil mit der Warnung vor kopflos ertrotzter Einheit noch einmal die Verantwortlichen genannt werden sollen. Ob den Bundeskanzler Einspruch erreicht, wage ich zu bezweifeln. Aber der Zentralbankrat der Deutschen Bank ist aufgerufen, dem vorgesehenen Währungsschwindel das Ja zu verweigern. Im Rahmen seiner Möglichkeiten hat bisher der Bundespräsident vor überstürztem Handeln und neuerlicher Bevormundung unserer Landsleute gewarnt. Er fand wenig Gehör und hat dennoch versucht, die ständige Brüskierung unserer besorgten und auch verstörten Nachbarn – und sei es durch Worte nur – auszugleichen, zuletzt in Polen, wo seit Waigels Schlesien-Rede das Mißtrauen wächst. Ich meine, jetzt wäre es Richard von Weizsäckers Pflicht, dem drohenden Unheil einer überstürzten Währungsunion als Staatsvertrag keine Zustimmung zu erteilen und dem deutschen Einheitszug einen Zwischenhalt aufzuerlegen.

Damit wir innehalten können. Damit sich Zeit findet, einen Gedanken zu fassen, dessen Substanz mehr anreichert als bloße staatliche und pekuniäre Einheit. Damit wir endlich Gelegenheit nehmen, in demokratischer Breite Rat zu suchen, der uns zu neuer Verfassung verhilft. Nur wenn Bund und Länder, Bundestag und Volkskammer, Regierungen und Opposition, die Kirchen und die Gewerkschaften (und, wenn gewünscht, auch die vielgeschmähten Intellektuellen) miteinander ins verfassungsgebende Gespräch kommen, wird das neu entstehende Deutschland seinen Bürgern und auch seinen Nachbarn gerecht werden. Die deutsche Vergangenheit verpflichtet uns zu dieser Umsicht; desgleichen die gegenwärtigen Gefährdungen: Umweltzerstörung und Klimaveränderung, Überbevölkerung und entsprechende Verelendung in den Ländern der Dritten Welt nehmen jetzt schon Zukunft vorweg.

Ein neuer, als Bundesstaat auf kultureller Vielfalt gegründeter Staat wird nicht nur Deutsche zu seinen Bürgern zählen. Italiener und Jugoslawen, Türken und Polen, Afrikaner und Vietnamesen haben innerhalb seiner Grenzen Zuflucht, Arbeit, Wohnung und oft genug abermals Heimat gefunden. Sie erweitern unseren kulturellen Begriff. Sie könnten helfen, unser nach wie vor diffuses Bewußtsein von Nation neu zu erleben. Mit ihrem Beistand sind wir als Deutsche zugleich Europäer.

Doch ist noch Gelegenheit, von der Verflachung der deutschen Frage zur bloßen Währungseinheit Abstand zu nehmen und aus besinnungsloser Eile in eine Gangart zu kommen, die, bei ruhigem Atem, Gedanken erlaubt?

Zurück zum »Platz der Angeschmierten«: Leipzig, Nikolaikirche. Der helle, heitere, zu jedwelcher Nachdenklichkeit einladende Raum. Hier fing alles an. Hier liegen jetzt schon Hoffnungen begraben. Und dennoch ließe sich von hier aus – Bonn und Berlin beiseite lassend – der bislang fehlende Gedanke erproben; denn zöge man von der Leipziger Nikolaikirche zur Frankfurter Paulskirche einen imaginären Faden und folgte dieser gedachten Linie ...

Aber was rede ich. Wer hört noch zu.

Bericht aus Altdöbern

Rede im Berliner Reichstag anläßlich der konstituierenden Sitzung des »Kuratoriums für ein demokratisch verfaßtes Deutschland«

Als mich die Einladung zu dieser Versammlung im Berliner Reichstag erreichte, befand ich mich in einer Verfassung, die keinen ungetrübten Gedanken zuließ. Welche Zeitungen ich aufschlug, überall wurden Stricke gedreht. Wenn hier grober Hanf als Material tauglich sein sollte, wurde woanders Nylonfaser bevorzugt. Wenn im Feuilleton der »Zeit« feinsinnige Seide tauglich sein sollte, drehte man in den entsprechenden Sparten der »FAZ« und der »Welt« einige Lagen Draht in den Strick. Mir sind diese Hinrichtungsvorbereitungen als Rituale der Kulturszene geläufig. Mal ist es dieser, dann jener, der dem Mittelmaß zu groß geraten ist; diesmal sollte Christa Wolf fertiggemacht werden.

Dabei sind die professionellen Strickedreher in der Regel nette, allzeit schreibfertige Enddreißiger bis Mittvierziger, denen ideologische Verführung ernsthaft nie widerfahren ist; vielleicht haben sie im Stichjahr achtundsechzig versuchsweise ein wenig mit der Mao-Fibel gewedelt, doch dann schrieb das Leben ihnen Karriere vor. Und nun urteilen sie, urteilen eine große Schriftstellerin ab, deren Bücher Gewicht haben, weil aus ihnen gebrochene Existenz spricht, weil ihr Thema von der Verführung durch Ideologie bestimmt wird.

Christa Wolf hat lange gebraucht, um sich von einer Partei zu lösen, die mir immer zuwider gewesen ist. Dieser erklärte Gegensatz hindert mich nicht, heute an ihrer Seite zu stehen, wissen wir doch, wie althergebracht in Deutschland mit Schriftstellern verfahren wird: Die Strickedreher betreiben eine Zunft mit Tradition. Wenn aber die Einigung Deutschlands mit Hinrichtungen eingeleitet werden soll, wird sie sich ohne Schriftsteller vollziehen müssen.

Aus dieser Abseitsposition reiste ich wenige Tage später mit leichtem Gepäck ostwärts. Der Ort liegt nahe der Autobahn Berlin–Dresden, zwischen Cottbus und Calau, nicht weit von Senftenberg und Finsterwalde entfernt, wenn Ihnen diese sandige

Juni 1990

Gegend etwas sagt. Von dort kam ich vorgestern mit etlichen Zeichnungen in der Mappe zurück. Gleich hinter der Frauenklinik von Altdöbern bricht die Erdkruste ab, um sich vielfach gestuft in etwa achtzig Meter Tiefe, hier nun schon unter dem Niveau des Meeresspiegels, zu einer neuen, womöglich dem Mond abgeguckten Landschaft zu weiten, aus der, um Seen gruppiert, kegelige Abraumberge wachsen, die sich tief gestaffelt bis knapp unterm Horizont unter Dunstschleiern verlieren: Braunkohletagebau, wie allerorts in der Lausitz.

Meine Wirtin in Altdöbern, eine alte Schlesierin, meinte: »Die müssen hier och balde dichtmachen.« Aber man hoffe doch, daß mit dem neuen Geld, das ja nun komme, zwei, drei Jahre durchzuhalten sei. Vielleicht werde jemand aus dem Westen kommen und sie alle kaufen.

Denn sonst gibt es in Altdöbern nichts. Die beiden Sägewerke haben schon vor Jahren zugemacht, die Schnapsabfüllung kürzlich. Gleich hinterm Marktplatz wird der Schornstein einer ehemaligen Bierbrauerei von Störchen bewohnt: ein tröstlicher Anblick. Altdöbern zählt rund dreitausendfünfhundert Einwohner, von denen gut über tausend im Großtagebau Greifenhain beschäftigt sind, achtundvierzig Stunden wöchentlich im Siebenschichtsystem für jeweils tausenddreihundert Mark. Das magere Abbauverhältnis von Abraum zu Kohle beträgt zwölf zu eins. Die Arbeitsgeräusche der Großraumbagger und Förderbänder steigern die leblose Stille über dem weitläufigen Loch.

Sobald ich vormittags am Grubenrand saß und etwa dort zeichnete, wo die Asphaltstraße nach Pritzen plötzlich, als habe übermenschlicher Heißhunger sie abgebissen, aufhört, einfach aufhört – auch das Dorf Pritzen gibt es nicht mehr –, wollte mir die zuunterst liegende Wüstenei zum Bild der DDR werden, nicht allein der vergangenen, die durch Mißwirtschaft ruiniert wurde, nein, der zukünftigen, durch Federstrich demnächst angeschlossenen auch; denn ein nichtswürdiger Staatsvertrag wirft jetzt schon seinen Schatten auf Land und Leute und wird, sobald er in Kraft tritt, die bislang erfahrene Barbarei nicht nur verlängern, sondern auch mit westlichem Beigeschmack anreichern. Die Kehrseite der Marktwirtschaft mag dann die späte, zu späte Einsicht fördern: Das haben wir so nicht gewollt.

Wer hat das gewollt? Nur der Kanzler Kohl mit seinen ungedeckten Versprechungen? Haben nicht andere auch der Eile das Wort geredet? Von Willy Brandt bis Hans-Dietrich Genscher: Sie alle glaubten sich mit der Geschichte im Einklang, beriefen sich auf Züge, die abgefahren und nicht aufzuhalten seien, und redeten eine Inflation historischer Stunden und Augenblicke herbei. Auf der Strecke oder – um im Bild zu bleiben – auf den Bahnsteigen zurückgeblieben ist die Bevölkerung beider deutscher Staaten. Über ihre Köpfe hinweg, an schlecht informierten Parlamenten vorbei, ohne Absprache mit den Regierungen benachbarter Länder wurden – auch gegen den Rat der Bundesbank – im Kohlschen Küchenkabinett sogenannte Nägel mit Köpfen gemacht. Zuallererst ihm, dem Enkel Adenauers, der sich in Bismarcks Kielwasser wähnt, fällt die Verantwortung zu für das bevorstehende Desaster.

Doch erst jetzt, vierzehn Tage vor dem schlagartigen Überfall auf die unvorbereitete Bevölkerung und Wirtschaft der DDR, wird mehr und mehr Menschen bewußt, welch aufgeblasenem Schwindel sie Glauben geschenkt und durch Wahlentscheidungen Narrenfreiheit erteilt haben. Was lange Zeit als störend, gar als vaterlandslose Miesmacherei empfunden wurde, die permanente Dreinrede des saarländischen Ministerpräsidenten, Oskar Lafontaines unverzagter Hinweis auf des Kaisers neue Kleider, sein penetranter Hohn »Der Kaiser ist nackt, der Kaiser ist nackt!« – das alles wird täglich deutlicher und peinlich von der Wirklichkeit bestätigt, etwa in Altdöbern.

Auf dem Weg zum Grubenrand kam ich dort mehrmals täglich an einem Geschäft vorbei, das sich »Industrie-Laden« nennt. Dort wurde und wird im kleinen der derzeitige Großausverkauf von DDR-Produkten betrieben. Ähnlich geht es in anderen Geschäften zu; die Lager müssen bis zum Stichtag geräumt sein. Platz muß geschaffen werden für Westprodukte, ausschließlich für Westprodukte; das verlangen die Lieferanten.

Fast das gesamte Warenangebot der DDR hat jetzt schon seinen Marktwert verloren, das heißt, die Verkaufsstrategie westlicher Firmen deckt sich auf verhängnisvolle Weise mit den Kaufwünschen der Bevölkerung. Von Stralsund über Altdöbern bis Plauen ist man dabei, durch die rücksichtslose Abwertung hausgemachter Produkte und die blindlings vollzogene Aufwertung westlicher Waren die eigenen Arbeitsplätze zu vernichten.

Dieser nunmehr selbstzerstörerische Prozeß, der ab 1. Juli die schlimmsten Befürchtungen bestätigen wird, läßt sich durch freundliches Verständnis für den Lockwert westlicher Verpackung und deren Inhalt allenfalls relativieren. Unterm Schlußstrich werden einzig Arbeitslosenzahlen Wachstum beweisen, denn all jene DDR-Betriebe, deren Produkte vom Markt verdrängt werden, müssen dennoch ab 1. Juli Löhne und Gehälter in D-Mark zahlen; die Pleite ist ihnen vorgeschrieben über kurz oder lang.

Und das nennt sich Marktwirtschaft. Und diese Marktwirtschaft will auch noch sozial genannt werden. Eine der zwei Kneipen in Altdöbern darf nur noch bayerisches Bier ausschenken. Genauer gesagt: Pschorr-Bräu, ein naturtrübes Hefe-Weißbier. Die Firma Hacker-Pschorr aus München hat den Gastwirt mit Bierdeckeln, Speisekarten und raumschmückendem Zubehör versorgt; seine Gegenleistung: Kein DDR-Bier kommt mehr über die Theke. Was heißt hier Wettbewerb! Qualität setzt sich durch.

Dieser Raubrittermentalität läßt sich die zukünftige Entwicklung der DDR ablesen: Aus westdeutschem Interesse gesehen, wird sie vor allem als ostelbischer Markt profitabel sein. Schon zeichnet sich landesweiter Vertrieb ab. Wie im Cottbusser Hotel »Lausitz« haben allerorts westdeutsche Vertreter Quartier bezogen. Tagsüber schwärmen sie aus und stecken ihre Reviere ab. Am Abend haben sie Mühe, eine freie Telefonleitung zu ergattern: Geschäftsabschlüsse wollen gemeldet werden. Von wirklichen Investitionen ist immer seltener die Rede. Man will noch abwarten. Was will man abwarten?

Mit anderen Worten: Mein Blick vom Grubenrand und also vom Stadtrand Altdöberns in den Braunkohletagebau, dieser Blick auf eine offene, nicht mehr verheilende Wunde – denn noch vor der Erschließung der Grube wurde das Grundwasser gesenkt, seitdem leidet die gesamte Region an Trockenheit –, mein Einblick also in die Folgen von Folgen so falscher wie gewaltsamer wirtschaftlicher Entscheidungen hat mich gelehrt, daß die neuerdings anstehenden falschen und gewaltsamen Entscheidungen das zerstörerische Werk unter anderem Markenzeichen fortsetzen werden, auch wenn der Bürgermeister von Altdöbern, ein, wie er sagt, grundsätzlich optimistischer Mensch, davon träumt, daß eines Tages die Abraumhalden begrünt sein und die Grubenlöcher als liebliche Seen die begrünten Hügel spiegeln werden. »Das dauert natürlich noch etwas«, sagt er, »aber in dreißig Jahren ist es soweit.«

So freundlich ich Altdöbern und seinen Bürgern alles Gute wünsche, hier muß jedoch von gegenwärtiger Wüstenei und bevorstehender Verwüstung die Rede sein. Der Ort heißt Reichstag. Der 16. Juni bestimmt das Datum. Das »Kuratorium für ein demokratisch verfaßtes Deutschland« hat Bürger aus beiden Deutschland aufgerufen, beratend zusammenzukommen. Die Gründe für diesen Aufruf sind meinen wirtschaftlichen Befürchtungen benachbart. In gleichem Maße und nach ähnlichem Ruckzuckverfahren, wie sich die Bundesrepublik das Gebiet der DDR als ostelbischen Markt ausgeguckt und auf Anhieb erobert hat, wurde auf demokratischem Feld gewütet.

Kein halbes Jahr ist es her, da wollte Herr Kohl noch mit Hilfe eines bedächtigen Zehnpunkteprogramms, Schritt für Schritt – und immerfort Europa im blinzelnden Blick – die große Aufgabe der deutschen Einheit angehen; und Willy Brandt sprach auf Marktplätzen zwischen bedeutungsvollen Pausen den oft zitierten Satz, daß nun zusammenwachse, was zusammengehöre. Vom Tisch gewischt sind die zehn Punkte. Allenfalls zusammengeschustert wird, was sich halbwegs als niet- und nagelfest erweist. Wie der Haussmann seinen Pohl, hat der Schäuble seinen Diestel gefunden. Entsprechend schnell wurde der Verfassungsentwurf des Runden Tisches, mit dessen Hilfe sich die DDR als gleichgewichtiger Verhandlungspartner legitimieren sollte, zum Altpapier erklärt.

Abermals soll es ruckzuck gehen. Wozu haben wir den Artikel 23? Wir haben ihn, um ihn anzuwenden und den Schlußartikel des bundesdeutschen Grundgesetzes vergessen zu machen; denn dieser Artikel verpflichtet die Deutschen, im Falle möglicher Einheit, zu einer neuen, demokratisch erarbeiteten Verfassung. Und wie das Machwerk »Staatsvertrag« an allen demokratischen Gremien vorbei durchgepaukt wurde, soll nun, mit Hilfe des Anschlußartikels 23, die Verpflichtung zur neuen Verfassung ausgehebelt werden: Ein Gaunerstück, das Beifall findet, geht flott inszeniert über die Bühne. Widerstand rührt sich kaum noch.

Mein Beitrag zu dieser Versammlung und konstituierenden Sitzung ist das Angebot, mitzuarbeiten, auch wenn ich weiß, daß nur noch ein unverdrossenes Häuflein dem bevorstehenden Verfassungsbruch widerspricht. Denn Verfassungsbruch ist es, wenn der Artikel 146 mißachtet und nicht angewendet wird. Vorbeugend sollte jetzt schon die Verfassungsklage vorbereitet und gegebenenfalls eingereicht werden. Ich jedenfalls will keinem Deutschland meine Stimme geben, das auf Verfassungsbruch beruht.

Wer den Artikel 23 als Ermächtigungsgesetz mißbraucht, darf sich nicht wundern, wenn ihn die deutsche Geschichte einholt. Diese Geschichte mahnt uns, den abschließenden Auftrag des Grundgesetzes ernst zu nehmen und zur Bildung einer verfassungsgebenden Versammlung aufzurufen, in der sich alle Bürger – die Bürger hier, die Bürger dort – als demokratisch legitimiert wiedererkennen. Eine verfassungsgebende Versammlung, deren Werk dem Volk zur Abstimmung vorgelegt werden muß, bildet in sich die letzte Möglichkeit, den zur D-Mark-Herrschaft verflachten Einigungsprozeß mit neuen Gedanken zu gestalten und unter demokratische Kontrolle zu bringen.

Das Datum ist gut gewählt. Was als Arbeiteraufstand am 16. und 17. Juni 1953 scheiternd begann, führte im Oktober und November 1989 zum Erfolg. Undemokratische Herrschaft wurde gebrochen. Das Volk gab sich als Volk zu erkennen. Dem Wort Freiheit wurde wieder Sinn gegeben. Möge diese erstrittene Freiheit in einer neuen Verfassung Ausdruck finden, damit aus der Bundesrepublik Deutschland und der Deutschen Demokratischen Republik ein Bund Deutscher Länder werde, der unserer föderativen Vielfalt entspricht. Nie wieder wollen wir zum Fürchten sein.

Die Wolke als Faust überm Wald. Ein Nachruf

Vom Sommer achtundachtzig bis in den Winter neunundachtzig hinein zeichnete ich, unterbrochen nur von den Tatsachenbehauptungen des Zeitgeschehens, totes Holz. Ein Jahrzehnt ging zu Ende, an dessen Anfang ich mit »Kopfgeburten oder Die Deutschen sterben aus« mein Menetekel gesetzt hatte; doch was nun, Bilanz ziehend, unterm Strich stand, war keine Kopfgeburt mehr: Anschaulich lagen Buchen, Kiefern, denen das Strammstehen vergangen war, Birken, um ihr Ansehen gebracht, vordatiert die Hinfälligkeit der Eichen. Und bemüht, diesen Ausdruck von Forstarbeit zu steigern, traten zu Beginn des neuen Jahrzehnts kurz nacheinander Orkane auf, fünf an der Zahl, gewillt, mit aufrechtem Baumbestand Mikado zu spielen.

Es war wie Leichenfleddern. Hinsehen und festhalten. Oft fotografiert und farbig oder schwarzweiß zur Ansicht gebracht, blieb dennoch unglaubhaft, was Statistiken und amtliche Waldzustandsberichte bebildern sollten. Fotos kann jeder machen. Wer traut schon Fotos!

Also zeichnete ich vor Ort: in einem dänischen Mischwald, im Oberharz, im Erzgebirge, gleich hinterm Haus, wo Wald dicht ansteht und das Nadelholz aufgegeben hat. Anfangs wollte ich mich mit Skizzen begnügen und den feingesiebten Rest, was man nicht sieht, was in Ausschüssen vertagt, in Gutachten und Gegengutachten zerredet oder im allgemeinen Gequassel beschwiegen wird, aufschreiben, wie ich anderes, zuletzt den Alltag in Calcutta, aufgeschrieben hatte.

Aber über den Wald, wie er stirbt, steht alles geschrieben. Über Ursachen und Verursacher. Woran und wie schnell oder langsam er auf Kammlagen oder im Flachland krepiert. Was ihn retten, überhaupt oder teilweise retten könnte. Neue Wörter wie Panikblüte und Angsttrieb sind geläufig. Naßkernfäule. Gähnenswert und akzeptiert (wie der Graf mit dem Stock) ist die alltägliche Korruption. Und immer wenn die Waldschadenserhebung pünktlich im Herbst vorliegt, schweben Leitartikel und Kommentare ein, die zutiefst besorgt beginnen und jeweils vorm Schlußpunkt zu hoffen wagen. Alles – auch daß es gleichbleibend fünf vor zwölf ist – wird gesagt. Nichts muß verschwiegen werden. Wir leben in einem Land, dessen Freiheit geräumig ist; weshalb allen Bürgern (von Kindheit an) »freie Fahrt« zugesichert bleibt.

Maulfaul zeichnete ich vor Ort. Allenfalls Untertitel, mehr kürzere als längere, fielen ab. Bäume, die ihre Wurzeln zeigen, machen sprachlos. Was noch außer amen sagen? Grimms Wälder und wie sich Hänsel und Gretel im toten Wald verlaufen, waren schon zu Buch geschlagen. Allenfalls hätten sich im Oberharz Goethe und Heine herbeizitieren lassen, etwa am Dreieckigen Pfahl, der vormals Herzogtümern und Grafschaften Grenzstein gewesen ist. Wir kamen auch ins Geplauder, doch blieben die beiden – bei allem Witz – ihren zeitgenössischen Sorgen untertan. Sie ließen mich mit dem toten Holz allein. Oder vergraulte ich sie, indem ich allzu ausführlich gegenwärtige Schadstoffstatistiken wörtlich nahm? Mortalitätsmuster der Weißtanne. Feinwurzelfäulnis der Buchen. Was alles den Regen sauer macht: Die Wolke als Faust überm Wald.

Stur konzentrierte ich mich aufs Hinsehen. Indem es lag, fiel dem toten Holz mehr ein, als sich in Skizzen festhalten ließ. Weiterführende Zeichnungen hatten Zeichnungen zur Folge, die keine ablenkende Stimmung duldeten und Schwärze bei Gegenlicht beschworen. Ich zeichnete mit sibirischer Reißkohle, einem Holzprodukt. Für Pinsel- und Rohrfederzeichnungen benutzte ich natürlichen Sud, gewonnen aus frischer Tintenfischtinte. Während ich zeichnete, rauchte ich: wie immer zuviel.

Hinsehen, wieder die Skizzen befragen. Nur nicht abstrakt werden. Dinglich bleiben. Du bist Augenzeuge. Sonst ist hier niemand. Was knackt, lebt nicht mehr. Allenfalls Borkenkäfer, die sich wie du vom toten Holz nähren. Was von den Birken blieb: Scham. Fichten, die auswandern wollten, kamen nicht weit. Diese Buchen, wie sie leibhaftig überkreuz liegen, hätten deinem Großvater, dem Tischlermeister, das kalkulierende Herz gebrochen. Was fällt dir noch ein lauthals gegen die Stille? Tannhäuser. Die Waldheimaffäre. Buchenwald. Im toten Wald »Waldeslust! Waldeslust!« rufen.

Oder das Vertraute spiegelverkehrt sehen. Wie sich der Zeichner seinen Motiven nähert. Oft geht er ihnen tagelang aus dem

Weg. Indem er sie meidet, spart er sie auf. Er blinzelt vorbei. Er hofft, sie könnten verschwinden, ihm gestohlen bleiben. Etwa diese Fichten am Waldrand, zur Heide hin, deren Wurzeln weggefault sind und deshalb beim letzten Nordwest... Windbruch sagen dazu die Förster. Nun liegen sie, von hier aus gesehen, im Hochformat. Wie um das Wort radikal ans Licht zu bringen: Wurzeln, die himmelwärts zeugen. Was ihm die Sprache verschlägt, wertet der Zeichner aus: Ein auf Befehl erstarrtes Birkenwäldchen. Mehrmals (im Querformat) die Stämme auf halber Höhe gekappt. Jetzt ist der Zeichner vorübergehend zufrieden.

Kahlschlag in unseren Köpfen. Was bringt Menschen dazu, Wälder sterben zu lassen? Unter Bedauern, gewiß, aber doch achselzuckend, als habe der Wald sich ohnehin überlebt, ein Fossil. Jemand, der vorgibt, in großen Zeiträumen zu denken, sagt: Die Natur wird sich schon zu helfen wissen. Außerdem hat sich der Wald in unserer Kultur konserviert: in Gedichten ungezählt, im deutschen Lied, in Gemälden, die in klimatisierten Museen hängen, in unseren Märchen... Hier, genau hier (im Erzgebirge) hat sich Rumpelstilzchen sein Bein ausgerissen.

Als ich dort, zwischen Zinnwald und Gottgetreu, zeichnete, bestand die DDR noch in ihrer selbstgewissen Machtfülle, doch ließen die Zwänge schon nach: Materialermüdung. Wir kamen, wie einst der Maler Caspar David Friedrich, wenn er fromme Fichten skizzieren wollte, von Rügen her und fuhren über Dresden. Von dort führt diese strategisch wichtig gewordene Straße übers Erzgebirge direkt nach Prag. Zweimal folgten ihr in diesem Jahrhundert deutsche Soldaten mit klarem Auftrag; die Tschechen erinnern sich.

Dann zerfiel von Tag zu Tag die Staatsmacht der Deutschen Demokratischen Republik, während ich zwangsläufig Blatt nach Blatt totes Holz zeichnete. Das färbte auf Untertitel ab. Wenn man im Oberharz von Deutschland nach Deutschland schaut, sind die Waldschäden verwandt und ist die Wiedervereinigung schon vollzogen. Mit Glasnost in den Wäldern beginnen!

Als das Volk in Leipzig, Dresden, Berlin rief: »Wir sind das Volk!«, stand auf einem der Transparente: »Sägt die Bonzen ab, schützt die Bäume!« – Auch wenn nur die Bonzen des einen Staates gemeint waren, wüßte ich Bonzen des anderen Staates genug und überall schutzbedürftige Bäume; nur fehlt es am Volk, das riefe: »Wir sind das Volk!«

Schon lange vor Leipzig: Von Montag zu Montag knicken sie ein, stürzen, zeigen schamlos die Wurzeln vor, abgestorben seit langem. Jeder Baum besteht fallend darauf, anders zu liegen. Der Zeichner ist dankbar für soviel Hinfälligkeit. Auch die noch stehen, weil sie von oben herab absterben, sind, oft zu Stummeln verkürzt, verschiedener Gesten mächtig: Dieser Baum klagt an, dieser vergeht vor Scham, ein anderer verrät noch als Torso seine einst weitausladende Schönheit, und der hier läßt sich Mitleid aufschwatzen. Alle, behauptet der Zeichner, rufen Erbarmen.

Doch dafür ist es zu spät. Wir haben keine Zeit, uns Sentimentalitäten zu leisten. Voranmachen müssen wir, sonst laufen uns die Japaner, die Koreaner, überhaupt die Asiaten davon. Allenfalls sinngebende Trostpflaster: Stirb und werde. Zeilenschindende Innenschau. Von Lehrstühlen herab das Erhabene feiern. Oder den Dichter Handke um heilende Wörter bitten.

Als ich Anfang April im Oberharz, Ende Juli im Erzgebirge zeichnete, war das Wetter veränderlich. Nach kurzem Aufklaren – lang genug für eine Skizze – fiel im Harz Schneeregen, überraschten im Erzgebirge, wo wir in Göschels von Mäusen bewohnter Zuflucht hausten, heftige Regenschauer. Tiefziehende, geballte, an keiner Staatsgrenze zögernde Wolken kamen aus westlicher, nordwestlicher Richtung, hatten sich unterwegs angereichert, waren gesättigt, brachten mit sich zollfrei. Letzte Ausschüttung: Dividende. Die Wolke als Faust überm Wald.

Es heißt: Mit den Wäldern sterben die Menschen aus. Ich glaube das nicht. Die sind zäher und können mehr einstecken, als sie sich zufügen. Nach längerem, nach kurzem Erschrecken (zuletzt nach Tschernobyl) gingen sie unverändert – es war ihnen wirklich nichts anzusehen – zur Tages-, zur Geschäftsordnung über, erfreut, weil die altbekannten Sachzwänge handlich geblieben waren. Nur als das Robbensterben in der Nordsee wochenlang leicht lesbare Zeitungen stimulierte, war die neueste Stimmung im Westen annähernd vorrevolutionär. Später, als andere Schrecken Saison hatten, hieß es: Sie seien nicht umweltvergiftet verreckt, vielmehr habe eine Art Grippe die niedlichen Heuler erwischt.

August 1990

Der Zeichner wählt aus. Hier ist es beginnende Nadelbräune, die allenfalls Spezialisten auffällt: ein Krankheitssymptom, das, nach Prozenten berechnet, Statistiken sättigt. Auch hier sieht es, trotz der zu Storchennestern verflachten Gipfel einst gotisch entworfener Fichten, noch relativ aus, verglichen mit Kammlagen, die sprachlos machen und auf den Zeichner warten. Er will es deutlich, augenfällig haben. Ihn zieht, sobald die Sieger abgezogen sind, das Schlachtfeld an. Wo es wüst aussieht, ist sein Ort. Das macht ihn auf wütige Weise glücklich, wenn er mit seinem knirschenden Holzprodukt Verluste melden kann. Hier, zum Beispiel, auf dem Sonnenberg, der kahl mehr Aussicht bietet.

Dann lag zu Hause die Eule im Kamin. Wir hatten versäumt, den Schornstein mit einem Dohlengitter abzudecken. Äußerlich heilgeblieben, ohne besonderen Geruch, den Eulenblick zu Schlitzen verengt, die Greifkrallen im hellen Flaum der Unterseite gebettet, so bot sie sich letztlich an. Ich zeichnete sie allseits mit Blei, stinkender Tintenfischtinte, mit Kohle. Dann legte der Zeichner die tote Eule zwischen und vor totes Holz. Er ließ sie zur Wolke werden, die über starren Baumstümpfen (zwischen Zinnwald und Gottgetreu) abregnet. Die Eule als Faust geballt überm Wald.

Und überall Silbenschwund, Lautverfall, weil auch uns dieser Regen trifft, den wir sauer nennen. Verluste abschreiben. Bilanz ziehen. Im vergangenen Jahr – reich an Ereignissen – zählte Rumänien plus Panama gleich Weihnachten. Es ist zum Heulen. Doch weil es zu oft zum Heulen ist, gewinnt zusehends das kleine tapfere Durchhalteläche̱ln. Immerhin rüsten sie an den Rändern ab. Wirtschaftlich geht es uns bestens. Und auch sonst ist, seitdem die Mauer fällt, alles offen. Die drüben müssen uns das nur nachmachen, dann geht es auch ihnen bald bestens wie uns. Und weg von ihrer Braunkohle müssen die. Und endlich begreifen, daß Leistung nur zählt. Und keine Berührungsangst haben; wir beißen ja nicht. Und gäbe es nicht diesen Spielverderber, Ozonloch genannt, dem wir immerhin einen Sommer verdanken, der nicht enden konnte; und wenn die da unten am Amazonas endlich aufhören wollten, mit ihren Kettensägen, von denen viele deutsche Produkte von Qualität sind, ihren Urwald, der schließlich auch unserer ist, abzuholzen, einfach abzuholzen; und wenn man in

Indien (und sonst wo noch) endlich begreifen würde, daß man sich nicht wie die Kaninchen, dazu viel zu viele Kühe, nein, nicht nur Milliarden Spraydosen und Kühltruhen, sondern Kühe, die Kühe auch, die unser aller Ozonloch immer größer und größer machen; und wenn nicht endlich ein Wunder geschieht...

Der Zeichner zögert. So durchsichtig, bald gläsern, spröde zerbrechlich (dem nächsten Wind übers Knie) gelingen Wälder auf weißem Papier. Immer aufrecht, gut erzogen. Sachlage nun, wegräumen!

Brief aus Altdöbern

Meine uralten Vögel sind wieder da. Diesmal in neuer Landschaft zwischen Hoyerswerda und Senftenberg, wo die Braunkohle zutage tritt.

Zum 1. Juli einen Brief aus Altdöbern schreiben. Das liegt in der sandigen Lausitz. Gleich hinter der Frauenklinik bricht die Erdkruste ab. Ausverkauf im Industrieladen. (Zwei Wochen bevor die D-Mark die Macht ergriff, kaufte ich mir in Altdöbern einen Bleistiftanspitzer.)

Förderbänder, die ausgedient haben. Wessen Gedärm liegt zuhauf? Warten auf das versprochene Wunder. Draufzahlen! ruft jemand über Lautsprecher wiederholt: Draufzahlen!

Als ich aus Altdöbern schrieb und die Landschaft aufgeschlagen lag, schaute mir – wer alles – über die Schulter; und der Butt aus dem Märchen »Es war einmal« sagte...

Schwarz, in sich vergafft: schwarz. Schwärze auf Lager. Unterhalb Pritzen kegelig schwarz. – Hau ab! Nichts zu scharren, picken, treten hier. Nichts mehr zu holen. (Da kräht doch kein Hahn nach.)

Als ich, bevor Altdöbern im Kalender stand, auf Kammlagen im Oberharz, wo Deutschland an Deutschland grenzt, die Vorboten der Vereinigung sah: kopflos, auf halber Höhe gekappt... Silbenschwund. Lautverfall. Die Wörter fielen mir aus. Allenfalls Ortschaften sind noch zu benennen: Das war im Erzgebirge nahe Zinnwald, Hemmschuh, Gottgetreu...

Und als ich zurückkam, maulfaul inzwischen, und genug hatte vom toten Holz, lag im Kamin tot die Eule; dann, zwanghaft schon, wollte ein Birkenpilz allseits von sich, nur noch von sich reden. Das war im Jahr vier der Normalisierung nach Tschernobyl, als es uns wirtschaftlich besser und besser ging.

Doch immer noch wandern Ratten von rechts nach links, nun vor Landschaft in sandiger Lausitz, wo der VEB »Schwarze Pumpe« gen Himmel, doch nun gesamtdeutsch...

August 1990

Zwischen Hoyerswerda und Senftenberg, nahe Altdöbern: Sie hat uns überrundet, die Schnecke auf ihrer Kriechsohle, uns, die Weltmeister im Hoch- wie Weitsprung, überrundet. (Jetzt hecheln wir ihrer Spur hinterdrein.)

Ein Schnäppchen namens DDR

Rede im Berliner Reichstag anläßlich der Vereinigung der beiden deutschen Staaten

Die Zone, SBZ, der andere Teil Deutschlands, der Unrechtsstaat in Gänsefüßchen, nicht anerkannt, dann anerkannt, die Deutsche Demokratische Republik, ab morgen Ex-DDR, Ostelbien, das Lutherland, in dem zur Zeit der Bauernkriege ein anderer Reformator dem Feind der aufrührerischen Haufen streitbar Antwort gab und beklagte, was immer noch gültiges Unrecht ist: »Die Herren machen das selber, daß ihnen der arme Mann feind wird. Die Ursache des Aufruhrs wollen sie nicht beseitigen. Wie kann das auf Dauer gut werden?«

Mit diesem Rückgriff und Thomas-Münzer-Zitat bin ich beim gegenwärtigen deutschen Ungemach: die Einheit ohne Einigkeit, der ein Datum gesetzt ist. Zum 3. Oktober wurde Glockengeläut angesagt als Ersatz für Freude, die vergangen ist; es sei denn, dem Fernsehen, als Erfinder neuer Wirklichkeit, gelingen einige Jubeleinblendungen. So wird Geschichte gemacht.

Dabei fing alles günstig an. Über ein Jahrzehnt lang hatte die Freiheitsbewegung Solidarność nicht nur für Polen vorgearbeitet. Václav Havel und seine Mitstreiter ließen sich nicht mundtot machen. In Ungarn halfen sogar die Kommunisten, das verhaßte System aus den Angeln zu heben: Sie öffneten als erste den Eisernen Vorhang. Und dank Michail Gorbatschows Politik, dem Wagnis ohne Vergleich, zeigte auch das Herrschaftsgebäude der SED Risse. Dort, wo jahrzehntelang Schweigen dem sprichwörtlichen Edelmetall gleichwertig zu sein hatte und allenfalls hinter vorgehaltener Hand geklagt wurde, ging das Volk, genauer gesagt, dessen mutiger Teil auf die Straße und sprach auch so, unüberhörbar: »Wir sind das Volk!«

Ein Irrtum, wie sich bald herausstellte, denn ab Ende November letzten Jahres gehörte jenem Teil des Volkes, der vorher geschwiegen hatte, die Straße. Das war der größere Teil. Er rief: »Wir sind ein Volk!« und ließ, gewalttätig unduldsam wie gelernt, den kleineren Teil nicht mehr zu Wort kommen.

Im westlichen Deutschland wurde der Ruf nach Einheit, wenn nicht vom Volk, dann von dessen Politikern eilfertig aufgenommen. Unter Verzicht auf gemeinsame Nachdenklichkeit sollte es schnell und schneller gehen, damit ja nichts anbrennt, hieß es. Zu sperrig sei das Möbelstück »Runder Tisch«. Wer weiß, wie lange sich Gorbatschow hält. Bedenken sind unzeitgemäß.

Als der Weisheit letzter Schluß wurde eine Bahnhofsdurchsage wiedergekäut: »Der Zug ist abgefahren!« Und jemand, der sonst Probleme auszusitzen pflegt, glaubte, den Mantel der Geschichte rauschen zu hören, sprang auf und griff zu. Weil jedoch der Zwiemacht aus Zwietracht, die nun Einheit werden soll, der einigende Gedanke fehlt, wurde den Rufern nach staatlicher Einheit der materielle Teil ihres Wunsches durch ein Versprechen faßlich gemacht; schließlich standen Mitte März – so schnell ging's voran – Wahlen ins Haus.

Die versprochene D-Mark. Die harte Währung. Die glückverheißende Münze. Der Gedankenersatz und Alleskleber. Das Wunder in Neuauflage.

Seitdem ist nur noch vom Geld die Rede, wenngleich eine Zeitlang salbungsvoller maulgehurt wurde und das Doppelgespann »Würde und Anstand« den Karren ziehen mußte. Doch würdeloser und unanständiger hätten die deutsche Einheit und deren Gefährt nicht eingepeitscht und vorangetrieben werden können. Was zum Schrott erklärt wurde, ward Schrott.

Unterm Strich gerechnet, bleibt immerhin positiv zu bilanzieren, daß es den westdeutschen Handelsketten gelungen ist, ihren Markt zu erweitern, die Gunst der Stunde flächendeckend zu nutzen, das »drüben« einheimische, ohnehin minderwertige und schlecht verpackte Produkt zu verdrängen und – ohne investieren zu müssen – ein Schnäppchen zu machen, ein Schnäppchen namens DDR.

Dieses Wort, geläufig im neudeutschen Sprachgebrauch, steht für allmögliche Gelegenheiten. Was man günstig mitkriegt: so nebenbei, beim Sommerschlußverkauf, auf Flohmärkten, im Zugriff durch Gesetzeslücken, bar auf die Hand an der Steuer vorbei, legal bei Zwangsversteigerungen oder wie zufällig, im Vorbeigehn. Kurzum: Ein Schnäppchen ist immer günstig und ein günstiges Schnäppchen ein weißer Schimmel. Etwas, womit man gar nicht gerechnet hatte; denn wer im westdeutschen Klein- und Großhandel hätte vor Jahresfrist diese Markterweiterung, auch Wiedervereinigung genannt, im Kalkül gehabt?

Nein, nicht nur die Klein- und Großhändler, auch die Parteien, Gewerkschaften, Kirchen, die hochkarätigen Aufsichtsräte und stillen Teilhaber, das gesamte westdeutsche Volk in seiner vielfältigen Einfalt hatte ganz anderes im Sinn als eine Währungsunion mit »denen da drüben« – und ruckzuck draufgesattelt den Einheitsstaat. Wenn anfangs im Fernsehen Freude abgefragt werden konnte und der vielgehörte Ruf »Is ja Wahnsinn!« dieser Freude knappen Ausdruck gab, herrschen jetzt im Westen Mißmut und im Osten Ängste vor. Gezänk zieht ein im Doppelhaus. Nur noch von zusätzlichen Milliarden ist die Rede. Schon fehlt es an Platz für weitere Leichen im gesamtdeutschen Keller. Das Schnäppchen DDR kommt teuer zu stehen.

Natürlich weiß ich, daß dieser Abgesang bitter schmeckt. Dem altdeutschen Ruf »Wo bleibt das Positive!« wird meine Antwort »Ja, wo ist es nur abgeblieben?« kaum den bedrohlichen Unterton mildern. Doch selbst als es noch möglich war, außer Geld zusätzlich Gedanken an die Einigung zu verschwenden, als es mir einfiel, eine Konföderation der beiden deutschen Staaten vorzuschlagen, die sich, nach freiem Volkswillen, fünf oder auch sieben Jahre später in einen »Bund deutscher Länder« hätte verwandeln können, und als ich zusätzlich meinte, es werde ein solch nachdenklicher, deshalb behutsamer und langsamer Weg zur Einheit uns Deutschen und unseren Nachbarn erträglicher sein als der sich anbahnende Schweinsgalopp samt voraussehbaren Flurschäden, wurde ich zum Schwarzseher, Miesmacher ernannt und unter der Rubrik »Vaterlandsloser Geselle« abgebucht, wenn nicht vorgemerkt.

Nun liegt das Kind im Brunnen und wird obendrein auch noch gescholten: Selber schuld! Habt ja so gewählt! Wolltet doch unbedingt die D-Mark! Da habt ihr sie!

Also das Kind im Brunnen ist schuld und nicht die Herren Kohl, Waigel, Haussmann, begleitet vom Chor vielgelesener Gutzuredner von Rudolf Augstein bis Robert Leicht. Die wissen schon wieder schnellen Rat: Nur wenige Jährchen lang wird sich das wimmernde Kind, das in den Brunnen fiel, tief unten abzappeln müssen, doch dann werden, wie versprochen, die Instrumente der Marktwirtschaft greifen und bisher nur kleckernde Investitionen endlich klotzen. Dann darf das Kind, das in den Brunnen fiel, wieder raus aus dem Loch.

Kürzlich war während einer Tagung in Oslo, zu der die Elie-Wiesel-Foundation eingeladen hatte, vom Haß die Rede. Der weltweit wachsende Haß war Thema der Konferenz. Nelson Mandela und Václav Havel, Elena Bonner und Adam Michnik, John Kenneth Galbraith und Elie Wiesel – um wenige beispielhaft zu nennen – gaben Bericht aus jeweils ihrem Erfahrungsbereich: wie Haß vorbereitet wird, wie er ausbricht.

Weil es mir an Kenntnissen fehlt, die differenziert genug wären, alle in der Sowjetunion oder auf dem Balkan ausbrechenden Konflikte zwischen den Völkern im Detail beurteilen zu können, berichtete ich in Oslo von zu Hause, indem ich Gründe für noch verkapselten, für neu belebten, aber auch für frisch entstehenden Haß zwischen Deutschen und Deutschen einerseits und Polen und Deutschen andererseits zu erkennen versuchte. Ich sagte: Indem sich die Deutschen in kopfloser Eile, entsprechend gedankenlos und einzig dem Fetisch Währung vertrauend, inzwischen bar jeder Freude vereinigen, wobei der größere Teil Deutschlands Tempo und Gangart bestimmt, erfährt der kleinere Teil, dessen Bewohner soeben noch froh waren, sich endlich frei von staatlicher Bevormundung begreifen zu dürfen, nun das Diktat profitorientierter Kolonialherren, die hier zugreifen, dort abwarten und erst dann zu investieren bereit sind, wenn ihnen die Konkursmasse DDR zum Schleuderpreis zugefallen sein wird; möglichst frei von Altlasten.

Auf solchem, mittels Kahlschlag sanierten Gelände gedeiht Haß. Schon jetzt ist abzusehen, daß es auf lange Zeit Deutsche erster und zweiter Klasse geben wird. Das neue Unrecht, das auf altem fußt, trifft eine Bevölkerung, die dem anhaltenden Unrecht nach zwölf Jahren nationalsozialistischer Herrschaft weitere fünfundvierzig Jahre lang untertan war. Diese siebzehn Millionen Ostdeutschen sind es gewesen, denen stellvertretend die Hauptlast des von allen Deutschen begonnenen und verlorenen Krieges aufgebürdet wurde. Geschwächt von Anbeginn durch Demontage und Reparationsleistungen in Milliardenhöhe, hatten sie nie freie Wahl; den Westdeutschen hingegen wurde von den Siegern Freiheit geschenkt und Marshallplanhilfe zugestanden. Die Bewohner der SBZ, des Staates in Gänsefüßchen, blieben »die armen Brüder und Schwestern«, an die man sich, anläßlich Weihestunden, zu erinnern bemühte. Jahrzehntelange Herablassung und unverbindliche Wiedervereinigungsrhetorik waren kränkend genug. Die Deutschen zweiter Wahl trugen allzu geduldig die Kleider ihrer reichen Verwandten auf.

Und nun sind sie abermals zweitklassig. Anstelle kommunistischer Mangelwirtschaft wird ihnen unter dem Etikett »Soziale Marktwirtschaft« rüde Ausbeutung geboten. Häßlich sieht diese Einheit aus. Das ohnehin Ungeschlachte des Kanzlers aller Deutschen hat sich zur Überlebensgröße ausgewachsen und wirft seinen Schatten. Ihm ist es gelungen, der Teilung Deutschlands, wenngleich die Mauer gefallen ist, Bestand zu sichern. Die Einheit nach seinem Maß spaltet. Den ohnehin Verletzten kränkt sie, dem Schwachen zeigt sie Härte. Nicht nur um sich greifende Arbeitslosigkeit, auch die wachsende Erkenntnis, daß später, wenn für Billiglohn Arbeit wieder angeboten sein wird, die Besitzverhältnisse eindeutig zugunsten des westdeutschen Kapitals geregelt sein werden. Diese schon jetzt festgeklopfte Gewißheit legt Treibbeete an für sozialen Neid, der sich in der Regel zu Haß auswächst. Den wieder einmal Zukurzgekommenen, den abermals Angeschmierten, den ewigen Underdogs verspricht Haß in emotionalen Schüben immerhin Stärke.

Schon haben sich die soeben noch zerstrittenen westdeutschen Rechtsradikalen mit den ostdeutschen vereinigt: Ihnen ist Konjunktur angesagt. Und da sich Haß nur in Einzelfällen (die literarisch ergiebig sein mögen) als Selbsthaß verzehrt, wird er Ziele außerhalb seines eigenen völkischen Dunstkreises suchen: Westlich der Oder ist Polenhaß bereits alltägliche Gegebenheit.

Ich war dort unterwegs während der letzten Monate. Ob in Cottbus, Guben oder in der nördlichen Uckermark, überall im grenznahen Gebiet konzentriert sich Fremdenhaß – sonst mehr auf Vietnamesen und Afrikaner gerichtet – direkt gegen polnische Gastarbeiter und auf Polen allgemein, zumal polnische Kleinhändler, unterwegs nach Berlin, in Busladungen über die Grenze kommen und althergebrachte Vorurteile zu bestätigen scheinen. Hinzu kommt, daß in unmittelbarer Grenznähe seit 1945 viele aus Schlesien und Pommern stammende Flüchtlinge wohnen, denen die von beiden deutschen Parlamenten kürzlich ausgesprochene Anerkennung der polnischen Westgrenze als Verrat gilt. Entsprechenden Zulauf erleben die Flüchtlingsverbände, denen Polens ökonomische Schwäche Hoffnung macht: Die brauchen uns doch. Die kommen noch mal auf den Knien gerutscht. Allein aus sich heraus schafft der Pole das nie. Polnische Wirtschaft! Kennen wir doch.

Ein Aufenthalt in Poznań und Gdańsk bestätigte mir, daß dort die Verunsicherung als Angst vor den Deutschen zunimmt und in ihrem irrationalen Ausmaß gleichwohl einen rationalen Kern erkennen läßt: Wird doch die Oder-Neiße-Grenze während Jahrzehnten die Wohlstandsgrenze zwischen Ost- und Westeuropa bilden, spürbar in Gestalt deutscher Währung, deren Expansionskraft aus polnischer Sicht so bewundernswert wie furchterregend ist. Und gewiß ist zu befürchten, daß die ehemaligen deutschen Ostprovinzen Schlesien, Pommern (und mit Vorrang die Grenzstadt Stettin) dem Zugriff der harten Währung ausgeliefert sein werden; denn Polens Schwäche und politische Instabilität könnten wieder einmal zum Dauerzustand werden und eine Hilfsbedürftigkeit signalisieren, die beim westlichen Nachbarn Gehör fände. Seine Hilfe wird kaum selbstlos kommen. Sachlich angeboten, muß sie nicht auftrumpfen. Ganz unmilitärisch diesmal, einzig die D-Mark bei Fuß, wird sie grenzüberschreitend sein.

Man mag sich derzeit östlich der Oder fragen: Wenn die reichen Westdeutschen mit ihren armen Landsleuten so erbarmungslos umgehen, wie werden dann wohl die vereinigten Deutschen uns Polen heimzahlen?

Und heimgezahlt wird schon jetzt, wenn vorerst auch nur in kleiner Münze: für wiederholte Kränkungen, unvergessene Mißachtung, weil die DDR-Deutschen den Polen während Jahrzehnten kommunistischer Herrschaft verächtlich gewesen sind, weil als gehorsamster Vasall der verhaßten Russen der »Nachfolgestaat Preußens« galt und weil die Polen dessen Bewohner – im Vergleich zu den aus Distanz bewunderten Westdeutschen – als zweitklassig gewertet und oft genug behandelt haben.

Oktober 1990

So wurde und wird Haß angerichtet, bis er wie selbsttätig läuft – autonom.

Als im Verlauf der Tagung in Oslo Václav Havel berichtete, notierte ich mir einige seiner Definitionen: »Der Haß ist dem Hassenden wichtiger als das Objekt seines Hasses.« In seiner immer wieder neu ansetzenden Analyse ging es ihm um die besondere Anfälligkeit der osteuropäischen Nationen für kollektiven Haß, weil diese, wie er sagte, jung, unerfahren, noch nicht erwachsen seien. Und Adam Michnik sprach, betroffen vom polnischen Antisemitismus in einem Land ohne Juden, vom »magischen Antisemitismus«.

Mir will zum deutschen Fremdenhaß, der auch zwischen Deutschen Anlässe sucht und findet, keine bündige Formulierung gelingen, weil hierzulande selten Haß, doch häufig bürokratische Kälte den Ausschlag gibt für inhumane Exzesse. (Und konträr dazu zeichnet sich das deutsch-polnische Verhältnis auch durch Beispiele freundschaftlich-versöhnlicher Art aus, die Hoffnung machen könnten.) Dennoch fürchte ich, daß das ökonomische Ost-West-Gefälle, gesteigert durch eingefleischten Nationalismus, Folgen bis zur Gewalttätigkeit haben wird, wenngleich die Freiräume für praktizierten Haß zwischen reichen und armen Deutschen sowie armen Deutschen und noch ärmeren Polen relativ klein sind im Vergleich zu Anlässen für Haß, die sich gegenwärtig zwischen den Industrienationen und den Völkern der Dritten Welt in komplexer Vielfalt bieten.

So verbissen und kleinkrämerisch wir Deutschen mit uns beschäftigt sind, so epidemisch die Sorge um sich greift, es könne das Schnäppchen namens DDR teurer, viel teurer als vorbedacht werden, so bombastisch der 3. Oktober als ein geschichtsträchtiges Datum mehr des Kanzlers Agenda bebildern soll – andere Ereignisse gewinnen Vorrang: Der Kampf um die Rohstoffe und deren Besitz hat begonnen.

Zur Zeit droht Gefahr, daß sich der latente Nord-Süd-Konflikt in der Golfregion als Krieg mit unabsehbaren Folgen entlädt. Darauf reagieren hierzulande einzig die Benzinpreise und die Börse. Bei grobgeschätzt dreihundert Milliarden D-Mark als Preis für die deutsche Einheit fallen einige zusätzliche Milliarden Solidarbeitrag für Amerikas Wüstenarmee nicht groß ins Gewicht. Im übrigen glaubt man, fein raus zu sein, obgleich seit Jahren bekannt ist, daß durch westdeutsche Zulieferungen der Irak in die Lage versetzt worden ist, Giftgas zu produzieren und ans Ziel bringen zu können.

Zwar haben die Sowjetunion, China und fast alle westeuropäischen Länder durch Waffenlieferungen den Irak zur Kriegsmacht erster Ordnung aufgerüstet, doch die ausschlaggebende Bedrohung findet sich nicht im sogenannten konventionellen Bereich. Es sind chemische Waffen, mit denen gedroht wird, und als erstes Ziel wurden drohend Israels Städte genannt. Jahrelang haben über hundert bundesdeutsche Firmen, darunter solche von Weltrang wie Klöckner, Buderus, AEG und Siemens, Preussag und MBB, Thyssen, Mannesmann, Carl Zeiss und Degussa, Voraussetzungen geschaffen für die nicht nur denkbare, vielmehr täglich mögliche Fortsetzung des Völkermordes an den Juden. Gegen dreißig und mehr Firmen ermittelt inzwischen – zu spät! – der Staatsanwalt. Durch Untätigkeit und Duldung hat sich die Bundesregierung jetzt schon mitverantwortlich gemacht für den zurückliegenden Giftgasmord an Tausenden von Kurden: ein Verbrechen, das offenbar Gewohnheitsrecht für sich beansprucht, nachdem Verbrecher in höchsten Staats- und Wirtschaftspositionen unbelangt bleiben. Nein, nicht Haß, von dem auf der Osloer Konferenz die Rede sein mußte, ist die nachzuweisende Triebkraft für diesen Handel gewesen, sondern Profitsucht. Sie könnte weiterhin entsetzliche Folgen haben, vergangene deutsche Schuld gegenwärtig und uns Deutsche wieder verhaßt machen. Mit Entsetzen zwinge ich mir diese Vorahnung ab. (Noch während ich dieses schreibe, könnte sie eingeholt werden, Tatsache sein.)

Deshalb zurück zum Profit – diesem Wert an sich – und zur Profitsucht, die keine Hemmung kennt und zugreift, wo sich was bietet, weil aus Profitsucht geförderte Verbrechen durch die Gesetze der Marktwirtschaft abgesegnet werden. Ich bin sicher, daß die leitenden Herren der genannten Firmen von Weltrang einschlägige Angebote aus Krisengebieten in jenem Umgangsdeutsch als Schnäppchen gewertet haben, das auch dem Management aller Handelshäuser geläufig ist, die sich den DDR-Markt aufteilen. Und wenn sich gegenwärtig die Kanzleien Lambsdorff/de Maizière zusammenschmeißen, um sachkundig die Geschäfte der

Treuhandgesellschaft zu besorgen, geschieht auch das nach gängiger Ganovenmoral. Wie sagt man: Das ist zwar unschön, aber als Handelsgebaren weltweit üblich. Der Markt sucht Lücken, will wachsen. Wachstum ist sein Credo. Sollen die Deutschen jetzt etwa, nur weil sie ihren Markt ein wenig erweitern, gefährlich sein?

Sind die Deutschen wieder zum Fürchten? Diese Frage wird zur Zeit oft gestellt, zumeist mit rhetorischem Zungenschlag, weil Antworten abrufbereit vorrätig sind: Wir haben aus der Geschichte gelernt. Recht und schlecht sind wir wie andere Völker auch. Die Europäisierung Deutschlands wird alle vermuteten Gefahren bannen. Vor uns muß sich niemand fürchten.

Wirklich? Ist die fixfertige Installierung produktionstüchtiger Giftgasfabriken, mehr noch, die Bedenkenlosigkeit, mit der die Bundesregierung diesen verbrecherischen Handel hingenommen, also gedeckt hat, nicht ein Gegenbeweis? Und gibt es nicht selbst dort Rückfälle in fürchterliches Verhalten, wo Behutsamkeit zur Berufsroutine gehört?

Als sich vor einigen Monaten die Außenminister der Sowjetunion und der Bundesrepublik Deutschland in der einst polnischen, seit 1939 weißrussischen Stadt Brest trafen, war das ein Treffen neben vielen. Dieser Ort kümmerte die Welt wenig. Nur die Polen reagierten verschreckt, weil Schewardnadse und Genscher taktlos genug waren, einander dort zu begegnen, wo im Herbst 1939 die Wehrmacht und die Rote Armee ihre Waffenbrüderschaft gefeiert und ihre Siegesparade abgehalten hatten. Eine Schande, zumal nicht, wie gewohnt, der Kanzler Kohl Polen gegenüber den Rüpel herauskehrte, sondern ein Politiker Rücksichtslosigkeit bewies, der allgemein als schlau, vorsichtig, ja, behutsam gilt.

Und abermals höre ich die Gebetsmühle der Einwände: Alle Ängste der Polen seien zwar verständlich, aber doch übertrieben; Deutschland habe sich reuig gewandelt und im Schulfach Demokratie mit lauter Einsernoten nahezu streberhaft verbessert; man möge dieses Außenministertreffen und andere Ungeschicklichkeiten doch bitte nicht überbewerten ...

Gerne würde ich mich beschwichtigen lassen und uns als annähernd harmlos begreifen. Doch sobald ich Bilanz des deutschen

Einheitsprozesses ziehe, sind alle Befürchtungen wieder hellwach. Erschreckend, wie die D-Mark zum Glaubensartikel erhoben wurde, als könne Gedankenleere durch Geld wettgemacht werden. Beängstigend wurde die Diskussion um die künftige Hauptstadt über vollaufgedrehte Lautsprecher geführt. Beklemmend wirkt sich die Vereinheitlichung der öffentlichen Meinung vom »Spiegel« über die »FAZ« bis zur Wochenzeitung »Die Zeit« aus. Leichtfertig wurde an beiden Parlamenten vorbei der erste Staatsvertrag durchgepaukt. Und furchterregend lasen sich Erfolgsmeldungen, nach denen die Strategie des Blitzkrieges nun mit finanzpolitischen Zangenbewegungen ihre Friedensstärke beweist.

Wem wird noch immer nicht bange, wenn täglich deutsche Rückfälligkeiten demonstriert werden, wenn mühsam erlernte demokratische Tugenden über Nacht ihren Kurswert verlieren, wenn Vereinigung auch im Staatssicherheitsbereich vollzogen wird, wenn sich – schon wieder einmal – die größte Oppositionspartei wegduckt, weil sie befürchten muß, nach leisestem Widerspruch »vaterlandslos« gescholten zu werden? Und nicht nur lächerlich, furchterregend auch sind jene aus Dummheit zelebrierten Siegerposen, nach deren Weisung jeder Utopie Platzverbot zu erteilen und jedwedem dritten Weg das Wegerecht zu verweigern ist. Wie vormals die inzwischen gescheiterte Planwirtschaft wird nun die Marktwirtschaft zur Ideologie erhoben. Und des Kanzlers Verhältnis zur Macht darf sich im Vergleich mit Bismarck spiegeln, als wäre die Blut-und-Eisen-Politik des preußischen Junkers für die Deutschen und ihre Nachbarn ein Segen gewesen.

Nun könnte man sagen, alle hier aufgezählten Befürchtungen werden sich relativieren, weil die Politik des bismarckschen Kanzlers spätestens nach der Dezemberwahl Konkurs anmelden muß. Selbst den notorisch Gutwilligen und allzeit Treugläubigen wird nicht verborgen bleiben, daß Kohl und sein Finanzminister sechzehn Millionen Deutsche sozial deklassiert haben. Wie hätte auch die zwischen Elbe und Oder ohnehin marode Wirtschaft dem plötzlichen Konkurrenzdruck westlicher Warenangebote standhalten können? Der Zusammenbruch der Landwirtschaft, die sprunghaft steigende Arbeitslosigkeit, der neue Zentralismus der Treuhandgesellschaft, die leeren Kassen der Kommunen, das Stasi-Syndrom allerorts, die so oft versprochenen und dennoch hartnäckig ausbleibenden Investitionen, der Unfälle steigernde Gebrauchtwagenhandel, die erneute Abwanderung von Facharbeitern gen Westen, das Stimmungstief – nach soviel Hoffnungsmache – und das vorausgesagte wirtschaftliche und soziale Chaos sind offensichtlich: Des Roßtäuschers Pferde lahmen.

Also sind sie doch gar nicht so gefährlich, die Deutschen. Bei allem Glück und nachbarlichem Vertrauen haben sie dennoch einen einzigen Pfusch zustande gebracht. Zahlen werden sie müssen, unentwegt draufzahlen. Großsprecher und Dilettanten waren am Werk; sogar der Hüter der westdeutschen Währung, Karl Otto Pöhl, der anfangs Zweifel geäußert hatte, gab schließlich der »Einheit auf Pump« den Freipaß und ist nun mitverantwortlich.

Doch da nicht beliebige Fehlentscheidungen zu beklagen sind, vielmehr eine brutal vollzogene Staatsaktion Wirkung zeigt, beweist die übereilte und unvorbereitete Einführung der D-Mark – Währungsunion genannt – von Tag zu Tag mehr den erbarmungslosen Umgang mit Menschen, die seitdem schutzlos den Methoden des Frühkapitalismus ausgesetzt sind. Nach jahrzehntelanger ideologischer Bevormundung, kurzgehalten durch kommunistische Mangelwirtschaft, doch immerhin hoffend auf versprochene Wunderwirkung, widerfährt ihnen jetzt jene Ausbeutung, deren Fratze vormals die Zuchtmeister leninistischer Schule als Schreckgespenst an die Wand gemalt haben.

Es ist die menschenverachtende Gewalttätigkeit dieser Politik, die fürchterlich ist und Angst verbreitet. Man wird sich außerhalb unserer Landesgrenzen (und nicht nur in Polen) fragen: Wie werden die Deutschen demnächst – nun annähernd achtzig Millionen stark – im zukünftig gemeinsamen Haus Europa hier zupacken, dort absahnen und allemal ihr Schnäppchen machen wollen? Denn nicht mehr im militärischen Bereich liegt die vermutete Bedrohung – wie den Japanern ist den Deutschen die Lust am Krieg vergangen –, wohl aber in der ökonomischen Expansionskraft der einst geschlagenen Achsenmächte, die wenig Hemmung zeigen, ihre Macht abermals zu bündeln, wie neuerdings Daimler-Benz und Mitsubishi, denen eine Technologieachse zwischen Deutschland und Japan planenswert ist. Solch »strategische Allianz« drückt jetzt schon aggressiven Willen nach Zuwachs, Marktbeherrschung, aber auch jene Hemmungslosigkeit aus, die sich in exportierten Giftgasfabriken bewiesen hat.

Erschreckend ist zusätzlich, daß sich die öffentliche Meinung in Deutschland, die vor Jahresfrist noch vom Widerspruch belebt war, verflacht hat. Wer nicht der Einheit sein Ja verpfändet, gilt als »out«. Einheitlicher Wille formiert sich. Sogar im intellektuellen Bereich ist die Tugend des Neinsagens zur Rarität verkommen. Einst sorgsam gepflegte Freiräume – Feuilleton genannt – sind zu Hinrichtungsstätten umfunktioniert worden. Kein Bild, das in der DDR oder – wie es pauschal heißt – in Unfreiheit gemalt wurde, soll fortan als Kunst gelten und in Museen gezeigt werden. Nur noch Westkunst über alles. Und als Christa Wolf auf den Richtplatz gezerrt wurde, sollte es nicht nur ihr an den Kragen gehen, sondern, genau gelesen, auch einem Gutteil der DDR-Literatur: Die Zeit der Nachsicht ist vorbei. Vom Bonus zum Malus. Was heißt hier »kulturelle Identität«! So was kommt weder im Staatsvertrag noch im Einigungsvertrag vor. Alles Schrott! heißt die gängige Diagnose. Euren Kulturbund und was es sonst noch gab, könnt ihr glatt vergessen.

Die deutsche Einheit hat sich der Methode Kahlschlag verschrieben. Wer als Maler, Schriftsteller, Musiker, als Theater- oder Filmregisseur, als Zirkusdirektor, Verlagslektor, Archivar oder Bibliothekar das Wagnis eingeht, ein wenig zu klagen, das Wort Verlust zu flüstern oder gar vor kultureller Kolonialisierung zu warnen, der wird als wehleidig gescholten, der linken Spinnerei verdächtigt oder mit Ratschlägen dieser Art versorgt: Ihr müßt da raus aus der Jammerecke. Auf dem freien Markt behauptet sich nur, was sich durchsetzt. Auch in der Kunst zählt Leistung nur. Hat alles seinen Preis. Habt ihr doch gewollt, diese Freiheit – oder? Übertreibe ich?

Die bisherige Entwicklung im Prozeß deutscher Markterweiterung hat bewiesen, daß meine ärgsten Übertreibungen von der Wirklichkeit überboten worden sind. Ich erlaube mir, weiterhin schwarzzusehen. Woher sollten auch aufhellende Grautöne kommen? Jene linksliberale Widerstandskraft gegen staatliche Anmaßung, Rechtsbruch und regierungsamtliche Korruption, die sich in der Bundesrepublik seit Ende der sechziger Jahre an dem von Jürgen Habermas geprägten Begriff »Verfassungspatriotismus«

orientiert hat, ist mehr als geschwächt. Entsprechend schwach erleben die Grünen und das Bündnis 90 die späte Feier ihrer Vernunftehe. Allzu verliebt in basisdemokratische Sandkastenspiele, war ihnen bisher ihre Schwäche zugleich Beweis für fundamentale Abscheu angesichts politischer Macht. Man war sich genug.

Doch jetzt kommen härtere Tage; Glocken läuten sie ein. Erfaßt sind alle Daten und fortan leicht zugänglich dem gesamtdeutschen Mißbrauch. Den Rest besorgt das Beamtenrecht: Aus dem Diestel von heute spricht schon der Diestel von morgen. Nun haben wir sie, die Klassengesellschaft: Sozial gespalten, ist den Deutschen innerer Unfriede sicher. Noch bevor er sich ausrief, brach schon der neue Staat das Grundgesetz und verweigerte dem Volk eine Verfassung. Kein vielfältiger »Bund deutscher Länder«, dessen Bürger ich gern wäre, hat Zukunft; ein Monstrum will Großmacht sein. Dem sei mein Nein vor die Schwelle gelegt.

Oft mit Leidenschaft, kritisch zustimmend und während Jahrzehnten unverdrossen, so habe ich mich bis heute als Verfassungspatriot begriffen. In seiner Machtfülle wird der neue Staat einen solchen Patrioten kaum vermissen.

Das geschändete Bild

Rede im Schloß Bellevue in Berlin

Wenn ich auch weiß, daß Bilder nur annähernd zu beschreiben und Wörter darauf aus sind, Bedeutung festzuklopfen, muß dennoch versucht werden, ein Bild zu benennen, das öffentlich geschändet wurde.

Acht Meter breit, annähernd vier Meter hoch mißt die Leinwand. In der dargestellten Räumlichkeit gehen Innen- und Außenraum ineinander über. Die Gestik aller Figuren, ob Mensch oder Tier, drängt zu den Bildrändern, als wolle sie das Format sprengen. In dem Außen- wie Innenraum hängt eine nackte Glühbirne, die kaltgezacktes Licht wirft. Als erhelle das elektrische Licht nicht genug, stößt eine Frau aus offenem Fenster mit langem, im Bildzentrum dominierenden Arm die Petroleumlampe. Sie will das Geschehen bis in den letzten Blickwinkel ausleuchten: das getroffen wiehernde Pferd; den unbewegten Kopf des Stiers, der sich, grell abgehoben vom massiven Körper, im Profil und doch doppeläugig zeigt; vom Schrecken getrieben, springt nacktärschig das Mädchen auf; zwischen erhobenen Händen, mit jeweils gespreiztem Griff, schreit eine Frau; und betont deutlich hält der gestürzte Reiter in seiner rechten verkrampften Hand, die nicht loslassen will oder kann, eine Blume. Die Gleichzeitigkeit des Bildgeschehens gehorcht unsichtbarer Gewalt, die von außen kommt, zuschlägt, Wirkung zeigt. Doch selbst dort, wo der äußere Raum durch ein lukenartig geschnittenes Fenster markiert ist, gibt sich diese Gewalt nicht zu erkennen. Der gestürzte, den unteren Bildrand begrenzende Reiter, die beiden Frauen im rechten und linken Bildfeld schreien gen Himmel. Kommt von dort her die unsichtbare Gewalt?

Was geschah, auf daß, vorherrschend grau in grau gemalt, dieses Bild zum Bild unseres Jahrhunderts werden konnte, gültig noch und wiederum angesichts gegenwärtiger Schrecken? Wohin sind, da nur Opfer die Szene beherrschen, die Täter entkommen? Alles schreit: das elektrische Licht, die Menschen, das Pferd. Weil einzig der Stier vieldeutig stumm bleibt, steigert er das Geschrei. Und so könnte dieses Bild heißen, hieße es nicht »Guernica«.

März 1991

Ich sah es mehrmals, als es noch, nach New York exiliert, im Museum of Modern Art fremd blieb zwischen soviel Kunst. (Einzig ein Triptychon des Malers Max Beckmann hing ähnlich verschollen im benachbarten Saal und lud zum Bildvergleich ein. Jeweils der bis zur Schmerzgrenze gesteigerte Ausdruck. Streng abgeschieden, dennoch einander nah: der deutsche, der spanische Maler.)

Inzwischen ist Picassos »Guernica« heimgekehrt, das heißt nur wenig entfernt vom Prado-Museum, doch zu ihm gehörend – und deshalb in Nachbarschaft zu Goyas »Schwarzen Bildern«. – In einem Gebäude, das eigens für dieses Wandbild und dessen Vorstudien und Entwürfe freigestellt wurde, wird der bildgewordene Schrecken, das gellend stumme Geschrei in einem klimatisierten Raum, geschützt vor Anschlägen durch Spezialglas, zur Ansicht gebracht.

Nur räumlich dem heimischen Bürgerkrieg entrückt, begann Pablo Picasso im Frühjahr 1937 mit den Vorarbeiten. Bereits im Sommer konnte das Ergebnis im spanischen Pavillon der Pariser Weltausstellung dem Publikum gezeigt werden. 1936, im ersten Kriegswinter, hatte die Regierung der Republik den Auftrag erteilt. Ein Raum, groß genug für ein breit ausladendes Wandbild, wurde gemietet, blieb aber während Monaten ungenutzt, bis eine besondere Nachricht aus dem Alltag des Spanischen Bürgerkrieges den Maler anstieß, dieses Bild, sein Bild, unser Bild zu malen.

Die kleine Stadt, einst Hauptstadt des Baskenlandes, liegt nahe dem Meer, nicht weit von Bilbao entfernt. Am 26. April 1937 wurde Guernica vom späten Nachmittag bis in den Abend hinein bombardiert. In Wellen luden Flugzeuge, die fabrikneu waren und zum Modernsten gehörten, das die Kriegstechnik vor Ausbruch des Zweiten Weltkrieges aufzubieten hatte, Bomber vom Typ Heinkel 111 und vom Typ Junkers 52, ihre Last ab: Brandbomben und Sprengbomben bis zum Gewicht von fünfhundert Kilogramm. Kampfflugzeuge wurden erprobt. Flächenbombardement als Uraufführung.

An diesem Tag, einem Montag, war Markttag und die Innenstadt belebt. Chaos und Flucht nach den ersten Einschlägen. Kaum war die Bombenlast abgeworfen, beschossen die Flugzeugbesatzungen die Fliehenden mit Maschinengewehren. Von den rund 7000 Einwohnern Guernicas waren nach dem Angriff 1654 tot und 889 verletzt.

Nicht aus diesen und jenen, aus deutschen Flugzeugen warfen deutsche Besatzungen Bomben deutscher Fabrikation. Verantwortlich für den Terrorangriff war die deutsche Legion Condor, eine Eliteeinheit.

Aber nicht Haß auf die Deutschen, nicht Abscheu gegenüber dem putschenden General Franco, nicht seine erklärte Parteinahme für die bedrohte Republik; das Entsetzen des Malers Picasso schlug bildhaft um. Kein Feind wurde deutlich gemacht. Kein einziges faschistisches Symbol und auch kein Hinweis auf deutsche Täter finden sich – und sei es versteckt – in der komplexen Komposition. Einzig die Opfer waren dem Maler gegenständlich. Ihrem Schmerz, ihrem Erschrecken, ihrem Geschrei gab er Ausdruck mit den Mitteln der Kunst, um seiner Kunst zu genügen, aber auch, damit die Welt sah und hörte; doch die Welt sah und hörte nicht.

Als das Wandbild »Guernica« im Weltausstellungspavillon der spanischen Republik zu Ansicht kam, war den Rechten die jede Konvention sprengende Gestaltung zuwider, fehlte den Linken, besonders den Kommunisten, die ablesbare parteiliche Tendenz. Eine Minderheit sah, hörte und sprach verstört von Kunst.

So ist es bis heute geblieben. Als epochemachendes Werk der Kunstgeschichte, als Höhepunkt der »Moderne« akzeptiert und mittlerweile gleichmütig toleriert, ist Picassos »Guernica« weiterhin der gezielten Mißdeutung, der Schändung freigegeben, auch jener Infamie, vor der kein Spezialglas das museal aufbewahrte Original schützen kann.

Ende September 1990 hatten Zeitschriften (»Gong«, »stern«, »Der Spiegel«) eine technisch einwandfreie Reproduktion des Bildes, verbunden mit einem Anzeigentext, in hoher Auflage verbreitet. Das war wenige Tage vorm Tag der deutschen Einheit, vorm Glockengeläut. Fettgedruckt stand unterm rechten Bildteil, in vier Zeilen gebrochen, als Aufmacher die Schlagzeile »Feindbilder sind die Väter des Krieges«. Die schmale Textkolumne, neben den rechten Bildrand gerückt, warb für die Bundeswehr und machte mit halbfetter Schrift die Bundeswehr als unterzeichnenden Autor bekannt. Abermals gab sich die Bundeswehr mit diskret plaziertem Signum, dem Eisernen Kreuz, schüsselförmig von Schrift umrundet, als verantwortlich für die mit Steuergeldern finanzierte Anzeige zu erkennen.

Der Werbetext, dem Picassos »Guernica« beispielhaft als »Feindbild« zu dienen hatte, indem er mit der Überschrift »Feindbilder sind die Väter des Krieges« Auskunft über Ursache und Wirkung gab, behauptete auf dreiundzwanzig Zeilen Länge, daß die Bundeswehr kein Feindbild habe und nur totalitäre Regime Feindbilder verwendeten: »Sie zeichnen das Bild vom bösen Feind, um die Opfer begründen zu können, die sie dem Volk ständig abverlangen.« Im weiteren Verlauf des Werbetextes ist von der kriegsstiftenden Gefahr der Feindbilder zu lesen und von den Tugenden der Bundeswehr, die ihren Auftrag nie mit Feindbildern begründet habe: »Nicht ›Wogegen?‹, sondern ›Wofür?‹ lautet die Frage nach dem Sinn des Einsatzes.« Dann zählt der Text auf, was alles zu verteidigen sei, um schließlich die Bundeswehr zu definieren: »Sie ist unsere Versicherung gegen Wechselfälle, die niemand vorhersagen kann.«

Man könnte vermuten, es solle für die Bundeswehr als einer Unterabteilung der Allianz-Lebensversicherung geworben werden, zumal der Werbetext eine Vielzahl solch biederer Beschwichtigungen reiht.

Doch nichts, keine Zeile erklärt dem Leser dieser Anzeige, warum Picassos »Guernica« exemplarisch als Feindbild zu taugen hat. Unterschlagen wird der Anlaß für die Entstehung des Bildes. Ignoriert wird, daß kein Feind, wohl aber dessen schreiende Opfer zum Bild wurden. Durch Verschweigen wird weggelogen, daß es deutsche Piloten, Flugzeuge, Bomben und Maschinengewehrgeschosse gewesen sind, die die baskische Stadt Guernica zerstört und 1654 ihrer Bürger ermordet haben; keine Fußnote will den Namen der kriminellen Vereinigung, die Legion Condor, preisgeben. Schamlos und nach üblem Vorbild wird getextet. Indem die Bundeswehr Picassos »Guernica« schändet, kehrt sich ihr Harmlosigkeit suggerierender Text ins Gegenteil: Er konstruiert ein Feindbild und bedient sich jener Methoden, die unter der Herrschaft des Faschismus und Stalinismus Praxis gewesen sind.

Kleingedruckt findet sich links unterm Bildrand der Titel des Bildes und der Vor- und Zuname des Urhebers. Hinterm Copyright-Zeichen firmiert die VG Bild-Kunst, Bonn. VG heißt: Verwertungsgesellschaft. Es ist anzunehmen, daß den Picasso-Erben ein Teil der Verwertungsgebühr überwiesen worden ist, korrekterweise mit einem Belegexemplar. Doch weil es sein könnte, daß die Erben nicht ahnen, Judaslohn kassiert zu haben, schien es mir geraten, über ein Hamburger Anwaltsbüro die Erbengemeinschaft zu informieren, zumal mir jede Rechtsgrundlage fehlt, gegen die Bundeswehr Anzeige zu erstatten. Unter ihrem Werbetext steht, abermals kleingedruckt: »Wollen Sie mehr zu diesem Thema wissen? Schreiben Sie an das Streitkräfteamt, Postfach 140189, 5300 Bonn 1.«

Für meine Widerrede war und ist das Streitkräfteamt nicht die Adresse. Nachdem ich, außer in der Zeitschrift »art«, keine kritische Reaktion auf die kalkulierte Ungeheuerlichkeit dieser für die Bundeswehr werbenden Anzeige zu Gesicht bekommen hatte – weder der Deutsche Künstlerbund noch die Abteilung Bildende Kunst der Berliner Akademie der Künste sahen sich durch die Schändung des Picasso-Bildes angestoßen; und auch im Bundestag ist dieser Fall beschwiegen worden –, habe ich meinen Protest ein halbes Jahr lang ausgetragen, wissend, daß mir, gemeinsam mit Günter de Bruyn, diese Lesung an besonderem Ort bevorstand.

Vor eineinhalb Jahren, als die DDR sich noch ihrer Machtfülle gewiß zu sein schien, wurde die Einladung des Bundespräsidenten ausgesprochen. Seitdem ist mehr geschehen, als sich in Geschichtsbüchern wiederfinden wird. Mittlerweile sind die nunmehr vereinigten Deutschen einander fremder als vorbedacht. Anstelle politischer Teilung spaltet soziale Deklassierung das größer gewordene Land. Geprellt von Wahlbetrügern, sind die Neubürger abermals abgeschrieben und mögen sich vergessen vorkommen, spätestens seitdem die Golfkrise wie zwangsläufig in Krieg umschlug und die Kehrseite deutscher Friedfertigkeit zutage trat. Jetzt wissen wir, daß der verbrecherische Waffenhandel mit dem Irak nicht nur von bundesdeutschen Firmen – unter ihnen solche von Weltrang – zu verantworten ist; nein, die Bundesregierung betrieb wissend, duldend und mit Hilfe von Bürgschaften tätig dieses folgenreiche Verbrechen; wir werden, um das Bonner Milieu genau zu benennen, von einer »Ehrenwerten Gesellschaft« regiert.

März 1991

Man mag sich fragen: Was zählt die vor einem halben Jahr geschaltete, sozusagen verjährte Feindbild-Anzeige der Bundeswehr, wenn doch ruchbar geworden ist, daß das zuständige Ministerium wie fauler Fisch vom Kopf her stinkt. Wen juckt die Schändung eines, zugegeben, bedeutenden Bildes, wenn unlängst in führenden Feuilletons jeglicher »Gesinnungsästhetik« die Gesellschaftsfähigkeit abgesprochen wurde? Wen könnte mein Protest gegen die posthume Beleidigung der von Deutschen ermordeten Bürger der Stadt Guernica – 1654 an der Zahl – hinterm Ofen hervorlocken, wenn doch Schamlosigkeiten dieser Machart unter Brüdern konsensfähig sind? Allenfalls wird man, auf gute Manieren bedacht, die Geschmacklosigkeit des »Amtes für Streitkräfte« rügen, wie man etwa Bayer Leverkusen zu rügen hätte, wenn es der Werbeabteilung dieses Konzerns einfiele, mit einer perfekt gedruckten Reproduktion des Isenheimer Altars für schmerzbetäubende Tabletten zu werben. Und schon wäre der nächste Skandal kurzfristig aktuell.

Ein wenig altmodisch komme ich mir vor inmitten solch beschleunigter Kommunikation. Gewohnt, daß das Verdikt »Moralprediger« seit Heinrich Bölls Zeiten haftet, weiß ich, wie gängig jene Lumpenmoral ist, nach der gewesen sein soll, was gewesen ist. Dennoch beanspruche ich ein ungeschriebenes Recht, das Menschenrecht auf Vergangenheit. Mehr noch: Indem ich diese Polemik unter dem Titel »Das geschändete Bild« meinem Gastgeber, dem Bundespräsidenten, widme, vertraue ich seinen vielgehörten Reden, seinem Wort, das die Last deutscher Vergangenheit nicht ausspart.

Er weiß, was Guernica bedeutet. Seine Generation – und auch meine noch – wurde von Guernica und den Folgen gezeichnet. Gegen den zur Vergeßlichkeit aufrufenden Zeitgeist hat er wiederholt und seine Amtsführung erschwerend Sätze gesprochen, die auch die nachgeborenen Generationen dieser Vergangenheit verpflichten. Ich will ihm seine Amtsführung nicht leichter machen. Mein Wort kann vielleicht Anstoß geben – sein Wort hat manchmal Gewicht.

Der Bundesverteidigungsminister ist verantwortlich für eine Werbeanzeige zugunsten der Bundeswehr, deren Tendenz den Dienst in ihren Einheiten zuschanden macht. Gerade weil die Bundeswehr an einem Krieg beteiligt war, dessen heillose Folgen unübersehbar und dessen Opfer ungezählt sind, ist der Schaden, den diese Anzeige verursacht, kaum zu begleichen; sie kann nicht hingenommen werden.

Indem ich Richard von Weizsäcker bitte, den Bundesverteidigungsminister aufzufordern, sich bei den Bürgern der Stadt Guernica zu entschuldigen, erwarte ich nicht viel – keinen Rücktritt, wer tritt schon zurück! –, wohl aber, daß der höchste Repräsentant der Bundesrepublik Deutschland sein Amt wahrnimmt.

Doppelter Max

Doppelter Max: So heißt eine Radierung, die Mitte der siebziger Jahre entstand. Vorher hatte ich rasch, weil ungewiß, wie lange er stillhalten würde, Max Frisch skizziert, ihn, der Bildnisse scheute und sie gleichwohl machte, um sie durch Gegenbildnisse aufzuheben. Wie bei den Skizzen konzentrierte sich im Format der Kupferplatte der Strich auf das Dreieck Augen, Nase, Mund, in dem die streng- und schwergefaßte Brille den Blick vor Annäherungen zu schützen hatte; und auch die Pfeife sollte vom Mund und der kurzen, gestülpten Nase ablenken.

Soviel Vorsicht und Bedürfnis nach Distanz. Das Ich zentralgesetzt und zurückgenommen. Doch keine Abwehr half. Das verfremdete Dreieck zwang mich zum Hinsehen und bot mir gleichzeitig auflösende Spielversuche an: Um seinem Thema, der fraglichen Identität, zu genügen, gab ich der einen, fest mit ihm verwachsenen Pfeife freischwebend die andere dazu. Als Max Frisch – damals zeitweilig wohnhaft in Berlin-Friedenau – meine Werkstatt besuchte, um den ersten Andruck der Ätzradierung zu sehen, nahm er das Blatt zur Kenntnis, mehr nicht. (Später aßen wir gut in Ossie Wieners »Exil« und tranken und redeten viel.)

Das war eine seiner Vorbedingungen für freundschaftlichen Umgang: die mit ihm geteilte, schonungslose, nie zu befriedigende Lust an Fragesätzen. Und das bis gegen Schluß, als ihm, dem unerbittlichen Demokraten, die Demokratie fragwürdig wurde, weil sie, zum Dogma erstarrt, nur ihren Besitzstand noch repräsentierte, unfähig geworden, sich den Problemen unserer Zeit, das heißt Fragesätzen zu stellen.

Mitte der fünfziger Jahre begegnete ich Max Frisch in Zürich. Mit meinen sechsundzwanzig Jahren war ich unverschämt genug, ihm sogleich Szenen aus einem Theaterstück vorzulesen. Daß wir dennoch im Gespräch blieben, erklärt sich zum Teil aus seiner nicht zu irritierenden Kollegialität, die den Altersunterschied aufhob und Respekt nur in Form sachbezogener Kritik akzeptierte. Der andere Teil mag sich aus wechselseitiger Neugierde auf den

April 1991

jeweils fremd bleibend anderen ergeben haben. So konnte zeitweilig Nähe entstehen. Einander treffen, das schloß den Aufprall nicht aus: in Berzona und Zürich, wo er latent aggressiv die Schweiz ertrug; in Berlin, wo er sich von der Schweiz erholte, ohne sie aus dem Blick zu lassen. Zur praktischen Nutzung orientierte Fluchtpunkte. Vorsätzlich unterwegs. Ein sich selbst vertreibender Flüchtling mit Neigung zur Seßhaftigkeit.

Der doppelte Max. Die eine Seite ist bekannt, weil er sie preisgegeben hat: seine Strenge, seine das Handwerk betonende Arbeitsmoral, gültig bewiesen auf hell ausgeleuchteter Schreibfläche, seine lebenslange Widerrede gegen den wendesüchtigen Zeitgeist, seine Bücher und Stücke, die meiner Generation unumgänglich gewesen sind. Die andere Seite, die hinter Requisiten verborgen bleiben sollte, war dennoch (gelegentlich) zu erkennen. Der Tagträumer, plötzlich aufspringend: als Mann mit der Axt. Der das Wort Freundschaft scheuende Freund. Der Zuhörer in Notzeiten. (Ich vermute, daß niemand so geduldig und liebevoll dem kranken Uwe Johnson zur Verfügung gewesen ist wie Max Frisch.) Mir hat er, neben vielem, aus langer Rede einen leicht stotternd, deshalb wiederholt gesprochenen Satz als Rat hinterlassen: nicht weise werden, zornig bleiben.

April 1991

Chodowiecki zum Beispiel

Rede auf dem Evangelischen Kirchentag in Dortmund anläßlich der Unterzeichnung des deutsch-polnischen Nachbarschaftsvertrages

Siebenundvierzig Jahre war er alt, als seine Mutter ihn nach Jahrzehnten um ein Wiedersehen bat. Da ihm beim damaligen Zustand der Straßen das Reisen mit der Kutsche nicht bekam, kaufte der Zeichner und Kupferstecher Daniel Chodowiecki ein Pferd, erhielt einen Reisepaß, ritt am 3. Juni 1773 von Berlin aus in Richtung Osten und sah neun Tage später, von weitem schon, die Türme seiner Heimatstadt Danzig.

Dieser Künstlerreise und dem längeren Aufenthalt in der Stadt verdanken wir ein ausführliches Tagebuch und über hundert Zeichnungen, die Bericht geben über das kümmerliche Leben in pommerschen und kaschubischen Dörfern – eine Bauersfrau will dem Reisenden ihr jüngstes Kind schenken – und über Betrieb und Getriebe in den Bürgerhäusern und Kirchen, in den Gassen und auf den Marktplätzen der Hafenstadt. Das war zur Zeit des Rokokos. Doch nichts Zopfiges haftet den Zeichnungen an. Vielmehr macht realistischer Charme sie ungewöhnlich. Sie leben von Anschauung.

Väterlicherseits polnischer Herkunft, mütterlicherseits schweizerisch-calvinistisch geprägt, schrieb Chodowiecki seine Tagebuchaufzeichnungen in französischer Sprache nieder. Er, der spätere Präsident und Reformator der Königlich-Preußischen Akademie der Künste, hing den Ideen der Aufklärung an und ließ sich auf keinen nationalistisch bemessenen Leisten spannen. Während seines Aufenthaltes in Danzig porträtierte er den polnischen Fürstprimas im Morgenhabit, Herrn Humbert Gros, den Kantor an der französisch-reformierten Kirche, einen englischen Kaufmann samt elegantem Spazierstock, Herrn Conradi, den Bürgermeister der Stadt, Danziger Damen in Straßentoilette, den Starost Ledikowski, wie er der Gräfin Podoska die Hand küßt, inbrünstig betende Polen und polnische Flößer, Schimky genannt, sein schön gegiebeltes Elternhaus in der Heiligengeistgasse und etliche Prediger, Pfaffen und Schwarzmönche, ohne groß auf die Konfession zu achten.

Juni 1991

So bunt gemischt, so gut genährt aus vielfältigen Kulturen, so europäisch gab sich die Stadt dem Künstler zu erkennen, kurz bevor sie preußisch und uniform wurde. Wieviel Verlust seitdem! Vor solchem Reichtum stehen wir heute arm da. Zwar wurde noch nie so oft und vollmundig das Wort Europa in Umlauf gebracht wie gegenwärtig, doch allenthalben schlägt verruchter Nationalismus durch; und gelegentlich, wie im Grenzgebiet zwischen Polen und Deutschen, schlägt er auch zu.

So nimmt es nicht wunder, daß der Zeichner und Kupferstecher Daniel Chodowiecki, der, bei aller räumlichen Entfernung, dennoch zu Polen nie Abstand genommen hat, bis heute keine rechte Anerkennung in Polen finden konnte. Chauvinistische Erbsenzähler verübeln ihm immer noch, daß er während seiner letzten Lebensjahre als Akademiedirektor ein preußischer Staatsbeamter gewesen ist. In Gdańsk trägt keine Straße, kein Platz seinen Namen. Dem wiederaufgebauten und schön gegiebelten Haus in der Heiligengeistgasse fehlt die gedenkende Plakette. Doch mir gibt diese kurze Rede Gelegenheit, sie unter die Überschrift »Chodowiecki zum Beispiel« zu stellen; denn das dem Künstler gegenüber bewiesene, auf Ignoranz beruhende Unverständnis ist auch in anderen Bereichen gültig: In neuester Auflage wird der Katalog deutsch-polnischer und polnisch-deutscher Vorurteile auf den Markt geworfen. Er könnte Abnehmer finden, denn mit Klischees wie »deutsche Ordnung« und »polnische Wirtschaft« lebt es sich leichter.

Doch können sich beide Völker eingeübte Dummheiten dieser Unart weiterhin leisten? Spätestens seitdem die D-Mark – zwar nicht Gewehr bei Fuß, aber doch in erprobter Härte – an der Oder steht, sind Polen und Deutsche aufgerufen – ich meine, dank letzter Chance –, ihre Fähigkeit zur Nachbarschaft nicht nur durch vertragliche und wohlformulierte Übereinkunft, sondern auch im täglichen Umgang unter Beweis zu stellen. Kann das gutgehen? Wird das gutgehen?

Die Anfänge waren nicht vielversprechend. Noch vor zwei Jahren machte der bundesdeutsche Finanzminister einem Schlesiertreffen, das unter dem Motto »Schlesien bleibt deutsch« stand, seine Aufwartung; Waigels Gerede von damals bleibt wiederholbar. Unvergessen, weil nachhaltig beschämend, sind die Winkelzüge und Tölpeleien des Bundeskanzlers geblieben, die, als es um die endgültige Anerkennung der Oder-Neiße-Grenze ging, den Staatsmann Kohl zu erkennen gaben. Und wenig einladend war von April dieses Jahres an für zum erstenmal visafrei reisende Polen der Empfang in der groß gewordenen Bundesrepublik: Kein Politiker von Rang, kein Bischof dieser oder jener Konfession stand an der Grenze bereit; die Begrüßung der reiselustigen Polen wurde Rechtsextremisten überlassen.

Dieses Versagen wirft ein Licht auf den gegenwärtigen Zustand Deutschlands nach ausschließlich staatsrechtlich vollzogener Einheit. Demnächst jährt sich zum erstenmal der Tag der Währungsunion. Doch schon jetzt läßt sich sagen, daß die Folgen dieser unsinnig übereilten, ja gedankenlosen oder einzig vom wahltaktischen Kalkül gelenkten Tat, nun, nachdem Mauer und Stacheldraht gefallen und abgeräumt sind, die abermalige Teilung des Landes zum Resultat haben. Eine soziale Deklassierung ohnegleichen wurde vollstreckt. Bevormundung schlug in Bevormundung um, wechselte nur den Jargon. Wessis und Ossis, Deutsche erster und zweiter Klasse stehen sich nun, fremder als vorbedacht, gegenüber. Durch Wahlbetrug sanktioniert, vollzieht sich die zweite Teilung Deutschlands nach angeblich marktwirtschaftlichen Gesetzen.

Dabei wird ein schandbares Spiel mit Menschen getrieben, denen das Recht auf gelebtes, das heißt beschädigtes Leben abgesprochen, vom Chor der Selbstgerechten bestritten wird. Aus einer Abhängigkeit gleiten sie in die nächste. Nur der schlau und allzeit beflissen Angepaßte, der Typ Krause hat Zukunft. Auf seinen Autobahnen wird einzig jene Freiheit Praxis beweisen, die sich auf des kalkulierten Irrsinns Devise, auf »Freie Fahrt für freie Bürger« beschränkt.

Und weit und breit ist kein Politiker in Sicht, der fähig oder bereit wäre, weiträumiger zu denken und zu handeln, als sich in Mark und Pfennig errechnen läßt. Der philisterhaft ausgetragene Streit über den zukünftigen Regierungssitz illustriert die Inhaltslosigkeit der ausschließlich politisch festgeklopften Einheit. So bleibt das gegenwärtige Befinden der Deutschen vom Stumpfsinn politischen Unvermögens gezeichnet: Nicht einmal eine neue Verfassung, wie sie der Schlußartikel des Grundgesetzes gefordert hat, bringen wir zustande.

Und dieses Bild bieten wir den polnischen Nachbarn. Sie, die oft allzu schnell bereit sind, den Deutschen Tüchtigkeit, Organisationsgenie, Fleiß bis zur Selbstaufgabe und Pünktlichkeit rund um die Uhr zu attestieren, wobei ihnen Grausen und Bewunderung Wechselbäder bereiten, sehen erstaunt, daß jenseits der Grenze einzig Gedankenfäulnis Wachstum beweist; wenn man von den Zuwächsen westdeutscher Handelsketten, Banken, Versicherungs- und Energiekonzerne absieht. Wo aber sonst noch zeigt sich der legendäre deutsche Unternehmergeist? Waigels Milchmädchenrechnung und Kohls sprechblasenblähender Pfusch sind nicht gerade blendende Zeugnisse dieser vielberufenen deutschen Sekundärtugenden. So armselig und zugleich übersättigt hat man sich, aus polnischer Sicht, den furchtsam bewunderten Riesen nicht vorgestellt.

Man mag sich gegenwärtig in Polen fragen: Wenn die Deutschen so mit ihresgleichen umgehen, wie wird wohl der nachbarliche Umgang mit uns sein, wenn sie demnächst miteinander fertig sind? Bleibt allenfalls der Trost: Noch sind die Deutschen mit sich beschäftigt. Noch haben sie keine Hand frei, um über die Grenze zu langen. Noch stehen sie sich im Wege.

Nun könnte man sagen: Der übertreibt. Doch übertrieben habe ich schon vor Jahr und Tag, um zu erleben, wie meine schlimmsten Übertreibungen von der deutsch-deutschen Wirklichkeit überboten wurden. Ohnehin vielerorts zum »Schwarzseher der Nation« ernannt, will mir das Handwerk der Schönfärberei nicht gelingen. Da jedoch dieser Mangel bis zur Marktübersättigung ausgeglichen wird – an Schönfärbern fehlt es weiß Gott nicht –, werde ich weiter dick auftragen.

Seltsam sehen wir Deutschen von jenseits der Grenze betrachtet aus! Als ich in Polen und in der Tschechoslowakei unterwegs war, wurde mir noch im Frühsommer des letzten Jahres von polnischen und tschechischen Freunden versichert, wie begünstigt und gut aufgehoben die DDR-Deutschen seien. Es hieß: Die haben wenigstens einen großen Bruder, der nicht nur groß, sondern auch reich ist. Der wird ihnen unter die Arme greifen. Wir Polen, wir Tschechen müssen uns aus eigener Kraft aus dem Sumpf ziehen.

Ich werde bei Gelegenheit diese Freunde fragen, ob sie immer noch und angesichts der Ergebnisse der deutschen großbrüderlichen Praxis solch reiche Verwandtschaft vermissen.

Juni 1991

Schmerzlich ist und bleibt wohl die Erfahrung, die Polen mit anfangs großmäuligen, mittlerweile verhallten Versprechungen der westeuropäischen Staaten gemacht hat. Gewiß, es gab den einen und anderen Schuldenerlaß. Man darf recht unverbindlich in Straßburg ein wenig mitreden. Doch allgemein läßt sich folgern, daß Westeuropa den größer gewordenen Kontinent als Herausforderung entweder nicht begriffen oder gar ignoriert hat. Weiterhin geht es, als sei mit dem Wegfall des Eisernen Vorhangs nicht Entscheidendes geschehen, um Getreide- und Milchquoten, französisch-englische Kontertänze, deutsche Sonderwünsche und um die Umrüstung der Nato gegen einen neuen, seit dem Golfkrieg im Süden vermuteten Feind.

Zwar wird Europa als Ganzes gebetsmühlenhaft zu Beginn oder Ende jeder Festrede beschworen, doch immer noch dominieren westeuropäisches Denken und Handeln. Zwar gibt es den Eisernen Vorhang nicht mehr, doch seinen Schatten wirft er dennoch. Zwar sind wir alle Europäer, doch vorerst nur und allenfalls beim Geografieunterricht.

Natürlich fällt es Franzosen schwer zu akzeptieren, daß sich die Mitte Europas von Paris nach Prag verschoben hat. Kleinkarierte Gründe gibt es genug, die uns jene Bonner Pensionärsmentalität erläutern, nach der Berlin zu weit weg und Warschau außerhalb jeder Vorstellung liegt. Wie soll aus römischer Immobilität heraus begriffen werden, daß die Städte Krakau, Dresden, Prag, Preßburg, Budapest und Wien eine Kulturregion abstecken, die verloren oder vergessen zu sein schien, doch neuerdings wieder pulsieren möchte? Das gleiche gilt für den kulturellen Ostseeraum, dieses nördliche europäische Mittelmeer; weiter als Afrika liegt es aus spanischer, französischer, italienischer Sicht. Und Polen? Na ja. Da kommt der gegenwärtige Papst her.

Oder mit anderen Worten: Dem deutschen Versagen vor den Erfordernissen der nationalen Einheit entspricht das westeuropäische Versagen angesichts der ost- und mitteleuropäischen Nöte. Und wie der deutschen Einheit der kulturelle Gedanke fehlt, ist auch die europäische Einheit in ihrem ausschließlich ökonomischen Selbstverständnis ohne kulturellen Begriff. Gewiß, es gibt hochdotierte Ausstellungen, Kongresse, zwölf Stück pro Woche, langatmige Resolutionen und wohlfeile Beteuerungen, doch vor die neu entstandenen politischen Probleme gestellt, die in der Regel auch kulturpolitische sind, vermag das eingeübte Gerede die westeuropäische Sprachlosigkeit nicht zu kaschieren.

Wo ist Europas Antwort auf den Rückfall und gefährlichen Zerfall Jugoslawiens in überlebensuntaugliche Nationalstaatlichkeit? Tatenlos schaut Westeuropa dem Erosionsprozeß in der Sowjetunion zu; allenfalls will man erwägen, ob für Gorbatschow beim nächsten Wirtschaftsgipfel in London nicht doch ein Plätzchen am Katzentisch frei ist. Und wie soll sich der Chauvinismus in Polen mildern, wenn demnächst die Gebeine Friedrichs II. von Preußen in einem Sonderzug vom schwäbischen Stammschloß der Hohenzollern nach Potsdam überführt werden, wo sie in Gegenwart unseres allzeit geschichtsträchtigen Bundeskanzlers auf der Terrasse von Schloß Sanssouci beigesetzt werden sollen? Hat hier Dummheit, wie gewohnt gepaart mit Instinktlosigkeit, einen Termin gesetzt? Soll so dem deutsch-polnischen Nachbarschaftsvertrag ein Lichtlein gesteckt werden?

Ach ja, wir Deutschen und unsere Einheit! Das Dauerthema mit seinen katastrophalen Variationen. Nicht mal die Bundesbahn und die Reichsbahn kriegen wir unter einen Hut – aber der Sonderzug, beladen mit königlichen Knochen und bürgerlichen Honoratioren, wird von West nach Ost rollen; warum nicht gar mit Rudolf Augstein als Lokomotivführer.

Macht man sich mit Fleiß so lächerlich, um harmlos zu erscheinen? Seht nur, ihr Nachbarn, wie laubenpieperhaft friedlich wir sind! Ich befürchte eher, daß diese neudeutsche Lächerlichkeit gefährlich werden könnte, weil sie in ihrer Kleinkariertheit maßlos ist, weil sie innere Leere mit Pomp auffüllt, weil ihr selbst der geringste künstlerische Furz zum Großformat taugen muß und weil sie, sollten unsere Nachbarn wirklich zu lachen, über uns zu lachen beginnen, ins Todernste umschlagen könnte.

Ich weiß, in Frankreich bauen sich die Präsidenten Denkmäler schon zu Lebzeiten. Ich weiß, auch die Polen neigen dazu, ihr überfülltes Reservoir an Heiligen und Märtyrern ständig aufzustocken, wobei sie ihre in der Tat leidvolle Geschichte wie einen Theaterfundus plündern. Aber haben Polen und Deutsche nicht andere Aufgaben, als sich wechselseitig mit historischen Requisiten ihre Unverträglichkeit zu beweisen?

Juni 1991

Damit ist das eigentliche Problem der neu zu erprobenden Nachbarschaft angesprochen. Zwar ist die Oder-Neiße-Grenze nun endlich anerkannt, doch wird dieser politische Akt keine der Mißdeutungen ausräumen, die beiderseits der Grenze immer noch Konjunktur haben. Als könnte man weiterhin germanische gegen slawische Landnahme auf- und abrechnen, ging und geht die deutsche wie die polnische Mißdeutung der Abkommen von Jalta und Potsdam davon aus, daß man »urdeutsche Provinzen« verloren, »urpolnische Provinzen« zurückgewonnen habe.

Deshalb heißt meine These: Von diesen nationalistischen Verlust- und Gewinnanzeigen ist Abstand zu nehmen, wenn zwischen Deutschen und Polen gute Nachbarschaft möglich werden soll. Um den Unsinn solcher Verlust- und Gewinnanzeigen zu beweisen, muß ich nur beispielhaft den wechselhaften Verlauf der Geschichte meiner Heimatstadt Danzig in Betracht ziehen. Denn sobald ich die pommerellischen Herzoge, den Deutschen Ritterorden, die polnischen Könige und Gegenkönige, die preußische Obrigkeit, Napoleons Gouverneur Rapp, abermals die Preußen, darauf den Völkerbundkommissar der Freistaatzeit, schließlich die fünfeinhalb Jahre lang währende Zeit der »Heimholung ins Reich« mit dem endlichen Ergebnis zwangsweiser Aussiedlung der deutschen Bevölkerung und dem Einzug der Polen, die zum Großteil zwangsweise aus Litauen ausgesiedelt worden waren, wenn ich all diese Machtwechselfälle Revue passieren lasse und mir obendrein – oder auch unterschwellig – bewußt mache, in welchem Ausmaß flämische Baumeister, Siedler aus Holland und Schottland, Mennoniten und Hugenotten, englische Kaufleute und ansässige wie eingewanderte Juden diese Stadt kulturell geprägt haben, werden alle nationalen Ansprüche zunichte.

Ähnliches läßt sich von Pommern und Schlesien sagen. Nichts Urdeutsches ging verloren, nichts Urpolnisches wurde zurückerobert. Vielmehr haben die Deutschen, nachdem sie einen verbrecherischen Krieg begonnen und verloren hatten, Provinzen räumen müssen; wie die Polen, infolge des fürchterlichen deutsch-sowjetischen Paktes von 1939, östliche Provinzen hatten räumen müssen, die, weil von starken ukrainischen, weißrussischen und litauischen Minderheiten geprägt, genausowenig urpolnisch waren oder sind wie die Ostprovinzen des Deutschen Reiches.

Diese und andere Ansprüche müssen, wenn Nachbarschaft zwischen Deutschen und Polen möglich werden soll, ersatzlos gestrichen werden. Das gleiche gilt für andere Nachbarschaften. Es sei denn, man will demnächst um den nordöstlichen Teil der ehemaligen Provinz Ostpreußen, der 1945 mitsamt der Stadt Königsberg der Sowjetunion zugeschlagen wurde und nun, durch Litauens Streben nach Selbständigkeit, ein obsolet gewordenes Unikum bildet, einen neuen Streit, diesmal zwischen angrenzenden Polen und Litauern, entfesseln, in den sich die Deutschen, weil gut bei Kasse, bald einmischen könnten.

Meine Warnung heißt: Der in Ost- und Mitteleuropa nach nur kurzem Schlaf wiedererwachte Nationalismus, dem, wie gehabt, Antisemitismus beigemengt ist, kann einen solchen Wahnsinn ermöglichen. Unrecht fußte auf Unrecht. Vertreibung hatte Vertreibung zur Folge. Totschlag wurde durch Totschlag vergolten. Und noch immer ist kein Ende abzusehen.

Doch vielleicht könnte uns allen, den Polen und den Deutschen zuallererst, das Beispiel Daniel Chodowiecki behilflich werden. Der Zeichner und Kupferstecher war Pole und Preuße zugleich. Auf seinen Skizzen steht der lutherische Pastor neben dem polnischen Flissak. Reformierten Glaubens hing er den Ideen der europäischen Aufklärung an. Was Deutsche und Polen gerne beteuern zu sein, Chodowiecki war es: ein Europäer.

Juni 1991

Ein Gruß zuvor

Der gefeierte Gegenstand dieses Buches zeichnet sich durch waghalsige Voreiligkeit aus: immer unterwegs, und nur gelegentlich trifft man ihn auf der Durchreise; so auch kürzlich, als sich die gealterten Reste der Gruppe 47 nahe Prag im Schloß Dobris trafen, wo ein im Herbst 1968 vom Panzerkommunismus verhindertes Treffen mit episch ausladender Verspätung nachgeholt werden sollte. Etliche Großkritiker hatten abgesagt, Fritz J. Raddatz kam, wenn auch nicht pünktlich, so doch energiegeladen und bereichert von Eindrücken, die er just in Frankreich (auf den Spuren von George Sand) gesammelt hatte.

Sogleich übte er Kritik. Und so mag ich ihn seit Jahren: unerschrocken, neugierig, kühl-analytisch, dann wieder ohne Scheu vor Sentimentalitäten, wissend und naiv zugleich, nur weniger Freunde gewiß, aber immer auf der Suche nach neuen Feinden (die ihm auch prompt zuteil werden). Jemand, der mit Geschmack an Stilmöbeln und Jugendstilvasen dennoch zwischen den Stühlen beweglich, aber auch angeschlagen und verletzt wie zwischen Baum und Borke lebt.

Der umstrittene Raddatz. Aber das mache ihm einer nach: Ob während der Jahre bei Rowohlt oder später als Feuilletonchef der »Zeit«, immer erst im nachhinein, nachdem er »gegangen« worden war, wußte man, zumeist im Flüsterton, Rühmendes zu sagen: Also bei ihm fehlte es nie an Pfeffer und Salz. Und Einfälle hatte der, viel zu viele. Und ließ keine Polemik aus. Und handelte am liebsten mit heißen Eisen. Und mußte gehen wegen mangelnder Ausgewogenheit. Und fehlt nun hier wie dort.

Doch was uns tröstet: Er ist nicht kleinzukriegen. Und was wir uns wünschen: Möge über die Sechzig hinaus seine Feder subtil und streitlustig bleiben; an Anlässen wird es nicht fehlen.

September 1991

Bitterfelder Rede

Rede anläßlich des ersten Jahrestages der Vereinigung der beiden deutschen Staaten in Bitterfeld

Wer in Bitterfeld redet, läuft Gefahr, der Redensart nomen est omen zu erliegen, etwa, indem er in der literarischen Sackgasse namens »Bitterfelder Weg« den Ansatz sucht. Ich weiß: eine unter Altlasten begrabene Stadt und Region, der ich nicht bloß Angelesenes, mein Zeitungswissen zumuten möchte. Wie es in Wolfen aussieht, ist Ihnen hautnah bekannt. Die im Gesundheits-, genauer Krankheitsbericht der Universität Rostock gereihten Statistiken bedürfen keiner Wiederholung. Sie wissen, in welchem Zustand sich Kinder und Jugendliche unter der hiesigen Dunstglocke befinden. Bitterfeld ist zum unheilvoll besetzten Begriff geworden; deshalb erlaube ich mir, an diesem Ort und vor seinen Bürgern am Vorabend eines Tages zu sprechen, der sich als »Tag der deutschen Einheit« zum erstenmal jährt.

Und schon melden sich Zweifel an. Hier spricht ein sogenannter Wessi, dem selbst dann, wenn man ihm besten Willen unterstellte, der Ruf des Besserwessi anhängen könnte: jemand, der sich anmaßt, über Verhältnisse zu reden, die ihn nicht geprägt haben, in denen er nicht leben mußte, die ihm, bei aller versuchten Annäherung, fern bleiben. – Was hat der hier zu suchen!

Doch vielleicht kann mich mein über dreißig Jahre anhaltendes Reden und Dreinreden in Sachen Deutschland legitimieren: Vom Protestbrief an Anna Seghers am Tag des beginnenden Mauerbaus über mein deutsches Trauerspiel »Die Plebejer proben den Aufstand« bis hin zu den Artikeln und Reden ab Herbst 89 habe ich nach Antworten auf die mir und anderen gestellte deutsche Frage gesucht. Die Teilung betraf mich, und als ihr ein Ende bereitet wurde, hoffte ich auf einen Lastenausgleich zugunsten des kleineren Staates, denn seinen Bürgern war die Folgelast des von allen Deutschen verlorenen Krieges übergewichtig auferlegt worden.

Um es vorwegzunehmen: Mein Resümee nach einem Jahr ist bitter. Doch da ich annehme, daß Sie nicht vorhatten, sich einen Festredner zu bestellen, mute ich Ihnen meinen Befund zu.

Ein Jahr, in dem sich die ausbalancierten Gewichte der Welt verschoben haben, ohne daß uns die folgenreichen Veränderungen vom innerdeutschen Gezänk ablenken konnten. Die Golfkrise führte zum Golfkrieg, von dessen ungezählten Toten niemand mehr sprechen will. Unser, der deutsche Beitrag zu diesem Verbrechen, beschränkte sich auf Waffenexporte und auf die Lieferung gebrauchsfertiger Giftgasfabriken. Danach Bürgerkrieg und drohende Bürgerkriege. Wie Jugoslawien als unglücklich kleinteilig gefügtes Land auseinanderfällt, so löst sich im Großen die Sowjetunion auf, nachdem das Volk in wenigen Tagen dem Staatsstreich das Ende bereitet hatte. Hierzulande glaubten einige Politiker und Kommentatoren, sich selbst und anderen auf die Schulter klopfen zu dürfen: Wie gut, daß wir so schnell gehandelt haben. Was wäre, wenn es zuvor schon zum Putsch gekommen wäre, aus der deutschen Einheit geworden? – Kein Putsch kam dazwischen, keine sowjetischen Panzer stellten sich quer. Unsere Nachbarn in Ost und West ließen die Einheit gutwillig zu. Doch was ist nach einem Jahr aus ihr geworden?

Diesmal kein Glockengeläut. Den permanent Geschichtsträchtigen wollen – mögen sie noch so geübt pumpen – keine Blähungen mehr gelingen. Die Luft ist raus. Die Versprechungen sind verhallt. Mehltau liegt auf der deutschen Einheit. Und doch wird es an Feiern und am feierlichen Mißbrauch einer Komposition des österreichischen Klassikers Joseph Haydn nicht fehlen; die Gemeinde der Schönredner und Gesundbeter ist groß.

Vor einem Jahr sprach ich auf Einladung des Bündnis 90 und der Grünen aus gleichem Anlaß im Berliner Reichstagsgebäude. Meine Rede hieß »Ein Schnäppchen namens DDR« und prognostizierte die abermalige Teilung des Landes, mithin das Scheitern der Einheit im Schweinsgalopp. In den Monaten zuvor war ich anhaltend im Gebiet des auslaufenden Modells DDR unterwegs gewesen: von Rostock nach Leipzig. Im Braunkohletagebau zwischen Cottbus und Senftenberg hatte ich mich kundig gemacht. Texte wie »Einige Ausblicke vom Platz der Angeschmierten« und »Bericht aus Altdöbern« belegen Warnungen vor einer verfrühten, unzulänglich vorbereiteten Währungsunion, die jegliches DDR-Produkt und mit ihm Hunderttausende von Arbeitsplätzen zu ruinieren versprach. Zudem hatte ich die Meinung vertreten, daß der bloße und bedingungslose Anschluß der neuen Bundesländer diese in nichtswürdige Abhängigkeit bringen würde.

Mein Plädoyer für behutsamen Umgang, für einen langsameren Prozeß, für eine Konföderation der beiden Staaten und die spätere Möglichkeit, den Bund deutscher Länder, fand kein Gehör, vielmehr wurde ich zum Schwarzseher der Nation befördert; ein – aus heutiger Sicht – unverdienter Titel, denn meine trübsten Prognosen wurden in Wirklichkeit übertroffen.

Nicht ein Schnäppchen wurde gemacht, Enteignung findet tagtäglich statt. Vom Einfamilienhäuschen bis zur Altenburger Spielkartenfabrikation reicht die Spannweite des westlichen Zugriffs. Und nach westlichem Maß wird abgewickelt und evaluiert, wird als Schrott erklärt und zum Schrottwert eingesackt, was während vierzig Jahren Lebensgrundlage und letztlich Eigentum von sechzehn Millionen Menschen gewesen ist. Ein zentralistisches Monstrum, Treuhand genannt, dessen bürokratisches Gefüge den Herren Mittag und Konsorten hätte einfallen können, vergibt oder verweigert nahezu schicksalhaft, indem es, mit einem Federstrich nur, ohnehin beschädigte Existenzen vernichtet; so geschehen, als die Schweinfurter Firma Kugelfischer die Kugellagerproduktion in Thüringen aufkaufte, um sie als lästige Konkurrenz zu liquidieren.

Die Betroffenen werden getröstet: Das Minimum sei garantiert, die Talsohle demnächst durchschritten, das Licht am Tunnelende immerhin zu erahnen. Und abzusehen ist in der Tat, daß es vom Tiefpunkt der gegenwärtigen und bevorstehenden Arbeitslosigkeit wieder aufwärtsgehen wird; das heißt: Die neuen Eigner werden den Enteigneten die Gunst bezahlter Arbeit gewähren, nicht allen, aber den jungen und tüchtigen schon. Auch wird man weiterhin in Altenburg Skatkarten herstellen dürfen. Die Spielregeln jedoch werden – gleich, welches Spiel läuft – zukünftig nur noch im Westen bestimmt. Dort hat man das Sagen, dort sitzen die Sieger, dort ist man derzeit dabei, den Kapitalismus zur Ideologie und einzig herrschenden Wahrheit zu erheben, dogmatisch zu erhärten und also zu ruinieren, wie sich der Kommunismus unterm ideologischen Überbau zum Dogma verhärtet und ruiniert hat.

Nun könnte man sagen und sagt es auch: Das ist Volkes Wille gewesen. Das Volk wollte den Kapitalismus und also dessen

Risiken auch. Dreimal wurde frei gewählt. Und jede Wahl sprach eindeutig der ehemaligen Blockpartei CDU den Sieg zu. Daß man sich die Marktwirtschaft und deren Segnungen anders, sozialer vorgestellt hatte, zählt nicht oder allenfalls bei der nächsten Wahl. Demokratie bedeutet unter anderem: selber schuld sein. Zwar wäre es klug und nebenbei anständig gewesen, jenen die Mehrheit zu geben, die den Mut gehabt hatten, sich trotz Verbot in kleinen Gruppen zu organisieren oder als Sozialdemokraten ihre während Jahrzehnten verbotene Partei neu zu gründen, all jenen also politische Verantwortung zu übertragen, die auf die Straße gegangen sind, um der SED-Herrschaft das Ende zu bereiten; aber man wollte nicht klug, sondern schlau sein und mit Blick auf die Geld-Machtverhältnisse wählen.

So wurden die Revolutionäre ins Abseits gestellt und die altgedienten Opportunisten aufs Siegerpodest gehoben. Nicht Wolfgang Ullmann, der »Demokratie jetzt« gefordert hatte, nicht die engagierte Sozialdemokratin Regine Hildebrandt – der Typ Krause war gefragt, um nur einige Namen zu nennen. Nun liegt das Kind im Brunnen und darf laut schreien sogar, denn das ist endlich erlaubt. Die selbsteingebrockte Suppe, die durch westliche Zutat mal verlängert, dann eingedickt, zuerst versalzen, dann überzuckert wurde, muß nicht nur gelöffelt, sondern auch sättigend genannt werden. Parolen wie »Da müßt ihr durch« und Gratisfragen wie »Ihr wollt doch nicht etwa in Honecker-Zeiten zurück?« sind geläufig wie das Amen in der Kirche.

Die Einheit jedoch entpuppte sich als Schimäre. Was zuvor auf Mauer und Stacheldraht, dem Schießbefehl beruhte, die zwangsverordnete Teilung, findet nun in Freiheit statt: Deklassiert oder durch Steuerlügen verärgert, sind sich Ossis und Wessis allenfalls Witze wert, denen Schadenfreude die Pointe liefert. Dieser Humor ist ungesellig. Denn wo sich Neid oder Hochmut witzig geben, lachen immer die anderen nur.

Vor dieser Teilung, der zweiten Teilung der Deutschen, habe ich seit Sommer des letzten Jahres, als die Währungsunion beschlossene Sache war, immer wieder, ja, mit papageienhafter Unverdrossenheit gewarnt; sie jetzt bestätigt zu sehen macht bitter, denn mittlerweile ist sie zum Allgemeinplatz geworden: Das ist nun mal so, heißt es. Unterschiedlichkeiten in diesem Ausmaß waren gewiß nicht vorauszusehen. Wir müssen uns eben besser kennenlernen, na, auf Kongressen oder beim nächsten Kirchentag.

Nein, diese Einheit ist keine Feierstunde wert, wohl aber sollte sie zum Nachdenken zwingen. Fragen, die weh tun, sind uns gestellt, späte, wahrscheinlich zu späte Fragen: Welcher geschichtsträchtige Teufel hat uns Deutsche geritten, das Geschenk möglicher Einigung zu verhunzen und anstelle eine Einheit zusammenzunageln, die nur ihrem Selbstzweck Halt gibt? Denn ein Geschenk war es, das Michail Gorbatschow, die Stabilität seiner Reformpolitik gefährdend, den Deutschen gemacht hat.

Welch offenbar erblicher Unverstand hindert uns immer wieder, von nationaler Vielfalt Gebrauch zu machen, und zwingt uns, Einheit zu schreien, bevor wir uns einig sind? Denn der Umgang der Deutschen mit- und untereinander ist, seitdem die Einheit auf dem Papier steht, nur mit dem altmodischen Wort Niedertracht zu kennzeichnen. Und weiter gefragt: Wie kommen wir Deutsche raus aus der Einbahnstraße dieser Art Einheit, die wir uns per Vertrag vorgeschrieben haben? Denn schon nach einem Jahr beweist sich das angebliche Jahrhundertwerk als Zeugnis gedankenloser Eilfertigkeit.

Ich will versuchen, auf diese Fragen zu antworten. Vielleicht finden sich, da die Hauptstraße überlastet, verstopft und – wie gesagt – eine Einbahnstraße ist, einige Nebenwege, die unbenutzt offen sind. Ich behaupte, daß alle westdeutschen Parteien, eingeschlossen meine Partei, die SPD, ohne Konzept waren, als die Mauer fiel und Einigung möglich wurde. Ob Regierung, ob Opposition, beiden mangelt bis heute jene gestaltende Kraft, die Voraussetzung einer deutschen Einigung wäre. Geld, sosehr es fehlte und fehlt, ersetzt keinen Gedanken. Geld, zum Fetisch erhoben, macht dumm. Deshalb ist wohl das Geschenk möglicher Einheit durch Einigung, als es dann auf dem Tisch lag, in beiden deutschen Staaten nicht begriffen worden.

Wenn Willy Brandts Satz »Jetzt wächst zusammen, was zusammengehört« noch suggerieren mochte, es werde zu einem naturgemäß langsamen Wachstumsprozeß kommen, glaubte Kohl, nach nur kurzem Zögern, zugreifen zu müssen. Er, der als westdeutscher Kanzler innenpolitisch schon abgewirtschaftet hatte, riß sich das Geschenk, das allen Deutschen gemacht wurde, unter den Nagel und witterte Gelegenheit, doch noch einen historischen Schatten zu werfen. Die Leipziger Montagsbehauptung »Wir sind ein Volk!« gab ihm Auftrieb. Den fehlenden Gedanken ersetzte ihm die damals noch stabile Währung in Gestalt der D-Mark. Der Opposition fiel nichts oder nur Halbgares dazu ein. Und in der DDR ließ man sich den in vierzig harten Jahren geschulten Verstand für ein paar Mark abkaufen. Nein, ich weiß, nicht alle waren so billig zu haben, aber die Mehrheit.

So wucherte, was langsam wachsen sollte, so gehörte nach kurzer Zeit nur das zusammen, was sich in gesamtdeutschen Seilschaften fand. Von Krauses Autobahnraststätten bis zu den Machenschaften des Bundesnachrichtendienstes zugunsten Schalck-Golodkowskis reicht diese Spielart deutscher Einheit. Leicht läßt sich heute schon prophezeien, daß diese Einheit auf niedrigstem Niveau viele Blüten treiben wird. Nicht die Reichsbahn und die Bundesbahn, nicht Lufthansa und Interflug fanden vernünftigerweise zusammen, wohl aber entdeckten westdeutsche Schnellaufkäufer in SED-Funktionären gefügige Kumpane, die sich mit internen Kenntnissen nützlich zu machen verstanden. So wurde Korruption zur gesamtdeutschen Übung, und leichtfüßig wechselte der schlaue Späth von Stuttgart nach Jena; jemand anders nahm Wohnung am Tegernsee.

Was hier benannt wird, steht beispielhaft für den Vollzug der deutschen Einheit; und wenn ich den Ausdruck Vollzug benutze, weiß ich, in welcher Nachbarschaft dieses Wort steht. Sicher, es gibt Gegenbeispiele. Mit Respekt sehe ich, wie sich Kurt Biedenkopf als Ministerpräsident und Hinrich Lehmann-Grube als Leipzigs Oberbürgermeister schier unlösbare Aufgaben gestellt haben. Zwei Westdeutsche – und es gibt gewiß mehr –, die nicht als Vollzugsbeamte auftreten, die sich vielmehr gemein gemacht haben mit der allgemeinen Notlage und die sich bewußt sind, daß sie Verantwortung für Menschen übernommen haben, deren Leben beschädigt ist. Und doch kann kein noch so fleißiger, ja, aufopferungsvoller Westdeutscher verhindern, daß sich die staatskapitalistische Spottgeburt Treuhand, jeder gegenteiligen Beteuerung zum Trotz, als menschenverachtender Moloch auswirkt. Ich zweifle nicht an Frau Breuels gutem Willen; wie ihr ermordeter Vorgänger glaubt sie, hilfreich zu sein, womöglich sogar sozial zu handeln; doch eine Über- und Oberbehörde vom Ausmaß der Treuhand verbiegt guten Willen ins Gegenteil, läßt beste Absicht zuschanden werden und entwickelt ein Eigenleben, vergleichbar jenen labyrinthischen Institutionen, die einst von den Schriftstellern Kafka und Orwell beschrieben worden sind.

Und dennoch werden die Hohenpriester der Marktwirtschaft nicht müde, dieses allen Marktgesetzen spottende Ungeheuer zu loben. Das muß so sein, weil der Markt das verlangt. Wer westlichen Wohlstand will, muß dem freien Spiel der Kräfte Raum lassen. Wir pumpen hier ordentlich Geld rein, kleckern nicht, sondern klotzen, dann läuft das schon.

Wirklich? Ich bezweifle die Allheilkraft des Geldes. Vierzig Jahre gelebte Einengung und notdürftig bescheidene Existenz, vierzig Jahre starrsinniger Glaube oder geschmeidige Anpassung an die eine und einzig herrschende Wahrheit, vierzig Jahre lang gewünschte oder ertragene Gewißheit, die anderen, besseren oder die zu kurz gekommenen Deutschen zu sein, diese vielschichtige Anhäufung von Erfahrung gewollter oder erzwungener Eigenständigkeit läßt sich nicht vom Konsum verdecken, selbst wenn die Absicht vorherrschen sollte, nach vorgelebtem westdeutschen Beispiel, alles, was querliegt oder schmerzhaft ins Gedächtnis ragt oder als enttäuschte Hoffnung immer noch tickt, einfach zu verschütten.

Das kann nicht gutgehen; das ging auch in Westdeutschland nicht gut. Das bloße Umbenennen der Straßen und Plätze, das eilfertige Schleifen ungestalter Denkmäler, das Wegmeißeln oder Verwerfen einst hehrer, noch gestern oder vorvorgestern getragener Staatssymbole mag eine Zeitlang Erleichterung bringen und mit der Geste des Schlußstrichziehens die Stunde Null vortäuschen; doch die Vergangenheit taugt nicht zur Verschlußsache.

Heute, nach einem Jahr Einheit ohne Einigung, können wir wissen, daß was vor Jahresfrist beschlossen wurde, eher Wahlkampfexperten als verantwortlich handelnden Politikern aus der Feder geflossen ist. Wer dieser tausend Seiten starken Kolonialordnung zu widersprechen wagte – viele waren es nicht –, hatte erkannt, daß wieder einmal über Menschen hinweg Geschichte gemacht werden sollte. Helmut Kohl war und ist das beredte Beispiel solch geschichtsummäntelter Selbstherrlichkeit. Wenn ich an seine

Marktplatzreden, mithin an Lügen und Versprechungen erinnere, weiß ich, daß diese Ausformung von Großmäuligkeit in Deutschland schon mehrmals Gehör gefunden hat. Einst war es »Blut und Eisen«, dann »Die Vorsehung«, die uns Deutschen Einheit bescherte; diesmal ist es ein vorbeirauschendes Kleidungsstück gewesen. Man mußte nur zufassen. So schrecklich einfach war das.

Fremd, nein, einander noch fremder geworden, leben wir Deutschen neben- und gegeneinander, jeder auf seinen Vorteil bedacht, ängstlich Veränderung fürchtend, während um uns herum Tatsachen Platz fordern, die – zu viele in einem Jahr – einander die Schlagzeile stehlen und die Welt schmerzhaft verändern werden; dem Beginn des nächsten Jahrhunderts sind sie schon jetzt vorweg, während wir uns geteilt wie ungeteilt am Tempolimit oder Paragraphen 218 erhitzen.

Wäre es nicht denkbar und wäre es nicht möglich gewesen, auch uns Veränderung zuzumuten? Hätte nicht eine neue Verfassung – die das Grundgesetz im Falle der Einheit vorschrieb – Einigung fördern und einem Bund deutscher Länder die Einheit in Vielfalt zum Verfassungsziel setzen können? Mußte denn unbedingt der eine und größere Staat den anderen schlucken, ohne ihn – wie sich zeigt – verdauen zu können? Lagen nicht, von den ersten Bemühungen am Runden Tisch zu Zeiten der Regierung Modrow bis zum Entwurf des Kuratoriums für einen demokratisch verfaßten Bund deutscher Länder, Entwürfe genug vor, geeignet, uns alle miteinander ins Gespräch und so auf den Weg zur Einigung zu bringen?

Das alles wurde ignoriert oder als lästige Dreinrede vom Tisch gewischt. Einzig dem Land Brandenburg ist es gelungen, sozusagen an der gesamtdeutschen Ignoranz vorbei eine Verfassung zu erarbeiten, die von heute ist, indem sie für morgen soziale Ziele setzt und den Schutz der Umwelt vorschreibt. Dieses vereinzelte positive Beispiel macht deutlich, in welch schlechter Verfassung wir allgemein uns befinden.

Um nicht ganz und gar mit leeren Händen zu kommen, habe ich nach Bitterfeld eine Ausstellung mitgebracht: die Originale zu meinem Buch »Totes Holz«. Entstanden sind diese Kohleblätter und Tuschzeichnungen aus Tintenfischtinte zwischen dem Sommer 88 und dem Jahresende 89. Überall dort war ich unterwegs, wo sich der sterbende, abgestorbene Wald nicht übersehen läßt. Entwurzelt, auf halber Höhe gekappt, in lebloser Starre boten sich Bilder an, die sprachlos machen. Zum Beispiel im Oberharz, an der Grenze zwischen den beiden deutschen Staaten, und im Erzgebirge, wo die DDR an die Tschechoslowakei grenzte. Ich zeichnete auf Kammlagen, verglich die grenzüberschreitenden Schäden und machte mir dort, wo Deutschland an Deutschland grenzte, bewußt, daß die Wiedervereinigung in Form von Kahlschlag schon stattfand. Deshalb könnte diese Ausstellung unter dem Motto »Kahlschlag in unseren Köpfen« stehen, denn wir sind die Verursacher. Wir haben uns das Waldsterben und die deutsche Einheit als abermalige Teilung geleistet.

In beiden Schadfällen sind die Ursachen bekannt, publiziert, statistisch erhärtet, und doch geschieht wenig, das heißt gemessen am jeweiligen Schaden nichts, das dem Kahlschlag ein Ende bereiten könnte.

Als ich zwischen Harz und Erzgebirge unterwegs war, zerfiel die Staatsmacht der DDR zuerst langsam, dann schnell, unaufhaltsam. Das Volk oder – wie wir heute wissen – ein kleiner Teil des Volkes sagte: »Wir sind das Volk« und fegte das bewaffnete System weg, während der größere Teil des Volkes, der später »Wir sind ein Volk!« rief, nur zuschaute, vorsichtig, wie gelernt. Die vielen Späten haben den wenigen Frühen nicht gedankt. Sie gaben in Mehrheit ihresgleichen die Stimmen. Den vorsichtig Angepaßten, den wiederum Angepaßten, den Blockparteien. Dieser Undank rächt sich heute. Ich war in Leipzig am 18. März letzten Jahres dabei und habe gesehen, wie Sachsen sich wendeten. So berechtigt die Klagen über westdeutschen Zugriff und Kolonialbeamte, über Spekulanten und Grundstückshaie, über die ewige Besserwisserei sind, die Verantwortung für die Mißachtung der wenigen Revolutionäre ist der Mehrheit, die ihre folgenreiche Wahl traf, nicht abzunehmen.

Kürzlich erlebten wir, wie eine Reihe von Herren, die ihre Schuldigkeit getan hatten, den Hut nehmen mußten. Von de Maizière bis Reichenbach, solange sie Kohl nützlich waren, ruhte auf ihnen christdemokratischer Segen. Jetzt sind sie abgewickelt: Altlasten sozusagen. Ein Jahr deutsche Einheit lang durften sie Mehrheitsbeschaffer sein, danach waren sie nur noch lästig.

Ich weiß nicht, ob diese Lektion zwischen Ostsee und Erzgebirge begriffen wurde. Die Spruchweisheit »Durch Schaden wird man klüger« hat sich in Deutschland nur selten bestätigt. In unserer Tatkräftigkeit sind wir Wiederholungstäter. Doch soviel ist gewiß: Häßlicher und ungerechter hätte die Einheit nicht durchgepaukt werden können. Nichts wächst zusammen. Trennendes wird vertieft. Den ohnehin Beschädigten wurden weitere Niederlagen bereitet. Durch Ratenkäufe und Pump verschuldet, vor Arbeitsämtern in Reihe gestellt, dem neuen, nachträglich abstrafenden Rechtssystem unterstellt, verstört und bis zur Minderwertigkeit herabgestuft, begreifen sich viele Neubürger des groß gewordenen Staates als verprellt und geprellt. Gesunder Mittelstand wurde versprochen, doch gesundgestoßen haben sich Banken und Versicherungen, Autohändler und Handelsketten, marktbeherrschende Konzerne und jene gesamtdeutschen Seilschaften, die sich aus Stasi und Bundesnachrichtendienst gemischt, unterm Dach west- und ostdeutscher Korruption verbrüdert, die einander nicht lange gesucht und allzu schnell gefunden haben.

Zuwächse wurden versprochen. Wo sind sie zu finden? In den Zahlen versteckter und offener Arbeitslosigkeit? In der grauenhaft gestiegenen Zahl der Verkehrstoten? In weiterer Abwanderung von Ost nach West? Oder in der zunehmenden Verzweiflung alter Menschen, denen zynisch gerade noch ein Existenzminimum garantiert wird?

Ein Jahr deutsche Einheit war lang genug, den Bürgern der ehemaligen DDR die Kehrseite der Marktwirtschaft zu zeigen. Nach vierzig Jahren kommunistischer Mangelwirtschaft wissen sie nun, wie teuer Überfluß ist. Ein Jahr reichte aus, ihre – trotz Zensur und ideologischer Enge – dennoch eigenwüchsige Kultur niederzumachen, als Schrott zu erklären. In westdeutschen Feuilletons sprach sich ein Hochmut aus, dessen Sentenzen das Niveau jener Scharfrichtersprüche erreichte, mit dem einst der Vorsitzende des DDR-Schriftstellerverbandes, Hermann Kant, Kultur in Zucht halten wollte, indem er Kollegen schurigelte und aus dem Verband ausstieß. Was gestern noch ideologisch scharf gegeneinander stand, findet sich nunmehr in gesamtdeutscher Intoleranz.

Ein Jahr genügte, dem Nationalsozialismus Auftrieb zu geben und den Föderalismus zu schwächen. Da deutsche Einheit jedoch nur in Vielfalt erträglich ist, könnte uns die Entwicklung zum Zentralstaat übel bekommen. Schon gefällt man sich versuchsweise in Posen nationaler Stärke, greift notfalls in die Plunderkiste preußischer Geschichte und karrt von weither königliches Gebein herbei, damit sich der Kanzler abermals einer historischen Stunde gewiß sein kann. Ein schauerliches Fernsehprogramm.

Doch sobald ich loben will, fallen mir nur jene elf Fußballer aus Rostock ein, die sich, wenn auch nur wenige Wochen lang, selbstbewußt an die Spitze spielten, als hätten sie stellvertretend für viele den Ausweg aus der allgemeinen Sackgasse gesucht.

Sobald ich den Ausweg suche, stellt sich die Frage, wie könnte es dennoch und zukünftig menschenfreundlicher, sozialer, offener und demokratischer zugehen? Meine Vorschläge werden zwar kaum Gehör finden, dennoch seien sie ausgesprochen:

Erstens muß das tausendseitige Machwerk Einigungsvertrag revidiert werden. Es darf nicht sein, daß langjährige Dienst- und Arbeitszeit, zum Beispiel im Bereich des Gesundheitswesens, nicht anerkannt wird; es darf nicht sein, daß Hunderttausende Bewohner und rechtmäßige Eigentümer von Einfamilienhäusern, nach Wegfall des DDR-Rechts, um ihren Besitz gebracht werden. Viele der heute von diesem Unrecht Betroffenen haben kürzlich ihren Arbeitsplatz verloren; sie zahlen doppelt für deutsche Einheit.

Es darf nicht sein, daß die kulturellen Institutionen der DDR – soweit noch vorhanden – fernerhin meistbietend verhökert oder geschlossen werden dürfen. Diese westdeutsche Spielart von Vandalismus setzt dem Anspruch, Kulturnation sein zu wollen, ein Ende.

Mein zweiter zählebiger Vorschlag: Dem Beispiel des Landes Brandenburg folgend, muß endlich die neue Verfassung erarbeitet werden. Vom Grundgesetz ausgehend, sollte eine verfassunggebende Versammlung, die allerdings nicht nur Parteivertretern Platz böte, mit dieser großen Aufgabe beginnen. Ich verweise noch einmal auf die verdienstvolle und bisher mißachtete Arbeit des Kuratoriums für einen demokratisch verfaßten Bund deutscher Länder.

Und zum dritten: Gefordert ist nach wie vor ein deutscher Lastenausgleich zugunsten der neuen Bundesländer. Nicht durch unsoziale Steuererhöhungen, bei gleichzeitiger Begünstigung der Unternehmer, ist dieser Ausgleich zu erreichen, wohl aber durch eine nach Einkommen gestufte Ergänzungsabgabe, die keine Person und keine Institution ausläßt.

Hierauf beschränke ich mich, wenngleich mir noch manche Forderung einfiele, die not täte. Doch selbst die drei genannten Voraussetzungen für eine deutsche Einigung, der revidierte Einigungsvertrag, die neue Verfassung, die sozial gestufte Ergänzungsabgabe sind – ich ahne es – in den Wind gesprochen.

Sie werden es bemerkt haben: Ich eigne mich nicht zum Festredner. Doch da es morgen, am Tag der deutschen Einheit, an Feierstunden und erhabenem Gerede nicht fehlen wird, habe ich mir erlaubt, vor Ihnen in Bitterfeld zornig zu sein. Aus mir sprach Zweifel am Gelingen. Dem Kahlschlag in unseren Köpfen entspricht der Zustand unseres wiederum geteilten Landes. Wer um sich schaut, sieht, was wir angerichtet haben, was Ihnen zugemutet wurde. Doch nirgendwo hören wir, was auf der Zunge liegen sollte, den Ruf: »Wir sind das Volk!«

Offener Brief an Salman Rushdie

Lieber Salman Rushdie,

in Deiner Rede »Tausend Tage im Ballon«, die für deutschsprachige Leser Anfang Januar in der Wochenzeitung »Die Zeit« veröffentlicht wurde, können die Bitte um Beistand und der zum Schluß verzweifelt laute Ruf nach Hilfe – »Ballon sinkt in den Abgrund« – eigentlich nicht überhört werden; dennoch befürchte ich, daß die Vielzahl bedrohlicher Aktualitäten, deren Gedränge kaum noch Übersicht, geschweige denn Einsicht erlaubt, Deinen Ruf überschreien wird, zumal in Deutschland, wo sich die seit Jahresfrist behauptete Einheit der Nation durch penible Selbstbeschäftigung einzuüben beginnt. Dabei will man sich nicht stören lassen. Außerdem drohen von Ost und Süd her Völkerwanderungen, die unseren Wohlstand anknabbern wollen. Wir, als Germanen, wissen von der Schulbank her, wie gut zu Fuß wir in grauen Vorzeiten gewesen sind. Und deshalb wissen wir, wovor zu warnen und was ratsam ist: die Festung Europa!

Was zählt den Selbstgerechten die Klage eines Schriftstellers, der als Inder behauptet, Brite zu sein, und überdies selber schuld ist an seiner zugegeben fatalen Lage. Diese Morddrohung vor demnächst drei Jahren. Schlimm war das, barbarisch und verurteilenswert. Doch mehr konnte man nicht tun. Und unter Duckmäusern gesagt: Hätte dieser Rushdie nicht leiser, verträglicher und – bei all seiner Begabung – mit mehr Rücksicht schreiben können? Dazu dieser viel zu provokante Buchtitel: »Satanische Verse«!

Ich übertreibe nicht. Oft genug habe ich dieses halb gequälte, halb genierte Weghören und Drumherumhören erlebt, zuletzt anläßlich der Frankfurter Buchmesse, als der bundesdeutsche Wirtschaftsminister gerade in Teheran für Großprojekte Gutwetter gemacht hatte und ihm die Frankfurter Messeleitung dienstwillig behilflich sein wollte.

Und doch, lieber Salman, bist Du nicht allein. Dieser Brief und – wie ich hoffe – weitere Briefe sollen ein Versuch sein, Deinem Verbannungsort, der metaphorischen Gondel, Auftrieb zu geben.

Mehr noch: Ich möchte, wenn Du erlaubst, eine Zeitlang Dein Gast, Dein Mitreisender sein. Selbst wenn es uns nicht gelingen sollte, die wahlverwandte Heiterkeit unserer ersten Begegnung – das war damals, als »Die Mitternachtskinder« in deutscher Buchausgabe erschienen – wieder heraufzubeschwören, die kollegiale Nähe ist uns geblieben und mit ihr das Vergnügen am Sinn und Unsinn akrobatischer Wortübungen. Vielleicht kann uns jene Abbildung einen Hinweis geben, mit der Deine Klage »Tausend Tage im Ballon« im Feuilleton der »Zeit« illustriert wurde: Max Beckmanns Luftakrobaten, ein Bild, auf dem in der Gondel eine frontal lächelnde Dame ein Fähnchen schwingt und ein Mann kopfüber aus der Gondel zu stürzen scheint, doch sind seine Füße, nach Art der Akrobaten, mit der Gondel verknotet, so daß er sogleich in der Lage sein wird, auf Beckmanns Lieblingsinstrument, der mitgeführten Trompete, zu blasen: einen Marsch oder Choral, einen Blues oder Signale, auf jeden Fall Töne, die dem Ballon Wind machen werden.

Sind es nicht diese Bilder, die uns in verzweifelter Lage Mut machen? Bilder, die das Entsetzen nicht preisgeben, die nichts beschönigen, deren Poesie jeden Härtetest aushält?

Zum Jahresende sah ich im Fernsehen zwischen den üblichen und mittlerweile alltäglichen Katastrophenmeldungen einen Bericht von der kroatisch-serbischen Bürgerkriegsfront. Ein kroatischer Soldat schmückte, weil ja das allerchristlichste Fest im Kalender stand, einen Weihnachtsbaum, indem er Eierhandgranaten in die Zweige hängte: knackig genoppte, dekorative Früchte. Wer will da Blasphemie, Gotteslästerung schreien! Ich weiß nicht, welche Gedanken diesen Soldaten bewegt haben. Ich nehme an, daß er, solange das Fernsehen daraufhielt, besonders konzentriert tätig gewesen ist. Vielleicht hat er seine schmückende Arbeit, weil der Kameramann nicht zufrieden sein wollte, mehrmals wiederholen müssen. Und doch ist es ihm, absichtlich wie unabsichtlich, gelungen, seiner Zeit, unserer Zeit, der allerneuesten Barbarei Ausdruck zu geben. Wahrhaftiger hätte er den Christbaum nicht schmücken können. Ich bin gewiß: Jener etwa dreißigjährige, immer noch junge Mann aus Nazareth, dieser sanfte Aufrührer und zornige Tempelreiniger, jener schriftkundige Gegner aller hohepriesterlichen Dogmatiker, der uns als Jesus Christus überliefert ist und den man als revolutionären Anstifter sicherheitshalber in Kirchen eingesperrt hat, hätte keine Einwände gehabt angesichts der Eierhandgranaten im Weihnachtsbaum. Jesus Christus liebte Provokationen; weshalb ich auch sicher bin, daß jener Mann namens Mohammed, der uns als Prophet überliefert ist, die Romane des Schriftstellers Salman Rushdie und insbesondere die »Satanischen Verse« mit Vergnügen gelesen hätte.

Beckmanns scheinbar aus der Gondel stürzender Trompeter und der den Christbaum mit Eierhandgranaten schmückende Soldat sind unsere Brüder. Wer noch, Salman, wer noch? Wir haben unsere Erfahrungen mit Priestern und Politikern gemacht. Auf sie ist wenig Verlaß. Ihr Handeln ist von Interessen bestimmt. Als vor einem Jahr der Golfkrieg begann, meinten beide Seiten genau zu wissen, was gut, was böse ist. Also handelten sie jeweils in Gottes Namen. Das Ergebnis war mörderisch, die Toten blieben ungezählt.

In Deiner Klageschrift »Tausend Tage im Ballon« sprichst Du von »Sicherheitsberatern, Regierungen, Journalisten, Erzbischöfen, Freunden, Feinden, Mullahs«, die an ihrer »engstirnigen, absolutistischen Weltsicht« festhalten und diese Dir vorschreiben wollen. Dagegen setzt Du das »ungewisse, unbestimmte, das metaphorische Bild«, das Du Dein Lebtag lang mit Dir herumgetragen hast, das Dich verwundbar macht. Am Ende bestehst Du darauf, daß Du Dich weiterhin mit aller Kraft an den »Gestaltenbeweger« Deiner eigenen Seele und an ihren »boshaften, bilderstürmerischen, unberechenbaren Narreninstinkt« halten mußt. Du sprichst von einem »schmutzigen Ozean«, in dem Du nach Deiner Kunst gefischt hast, und beschwörst noch einmal die aufgewühlte See zu Füßen der Stadt Bombay: »Es ist die See, an deren Gestade ich geboren wurde und die ich in mir trage, wo immer ich hingehe.«

Vor vielen Jahren, lieber Salman, haben wir beide fürs Fernsehen ein Gespräch unter anderem über Dein verlorenes Bombay, mein verlorenes Danzig geführt. Wir erkannten uns wechselseitig in der gemeinsamen Erfahrung, daß uns Verlust beredt gemacht hat. Verlust ist Voraussetzung unserer Geschichten. Also laß uns weiterhin, Du im schmutzig aufgewühlten Indischen Ozean, ich in meiner vergifteten Ostsee nach Wörtern fischen, die verquer stehen und von vielen Wirklichkeiten erzählen, die nicht dulden wollen, daß nur die eine, uns zwangsverordnete Wirklichkeit gilt.

Sei bitte sicher, daß ich Deine täglichen Ängste und trügenden Hoffnungen mitzuleben versuche, auch Deinen der Furcht abgezwungenen Mut.

Ich grüße Dich in der Gondel
Dein Günter Grass

Gegen die Hohenpriester der Eindeutigkeit

Rede zum dritten Jahrestag der Morddrohung gegen Salman Rushdie im Rahmen einer BBC-Fernsehdiskussion

Meine Damen und Herren,

als George Orwell 1937 aus Spanien zurückkehrte, brachte er ein Manuskript mit, das seine im Bürgerkrieg gestauten Erfahrungen unter den Titel »Homage to Catalonia« stellte. Dieses Manuskript fand vorerst keinen Verleger, weil sich in England eine Vielzahl einflußreicher Linksintellektueller sperrte, seine schockierenden Einsichten zur Kenntnis zu nehmen. Sie wollten den stalinistischen Terror nicht wahrhaben, die systematische Liquidierung der Anarchisten, Trotzkisten und Linkssozialisten; nur knapp war Orwell diesem Terror entkommen. Seine eher nüchterne Anklage widersprach einem Weltbild, nach dessen Ikonographie eine sozusagen lupenreine Sowjetunion den Kampf gegen den Faschismus anführte. Orwells Bericht, dieser Ansturm entsetzlicher Wirklichkeit, lädierte den Bilderbuchtraum von Gut und Böse.

Dennoch wurde »Homage to Catalonia« ein Jahr später bei einem bürgerlichen Verlag publiziert; im kommunistischen Herrschaftsbereich jedoch standen Orwells Werke – und zwischen ihnen seine bitteren spanischen Wahrheiten – ein halbes Jahrhundert lang unter Verbot; der in der Deutschen Demokratischen Republik bis zum Schluß verantwortliche Minister für Staatssicherheit, Erich Mielke, gehörte während des Bürgerkriegs zu den kommunistischen Kadern, denen Säuberung durch Liquidation geläufig wurde: ein »Spanienkämpfer« von überlebensfähigem Format.

Ich stelle dieses Beispiel an den Anfang meiner kurzgehaltenen Rede, weil der Fall Orwell deutlich macht, inwieweit Intellektuelle zugleich Opfer und Zuträger der Zensur waren und sind, denn dieser Prozeß ist ja nicht abgeschlossen: Das Ende der kommunistischen Herrschaft hat nunmehr Sieger auf den Plan gerufen, die sich spiegelbildlich zu verhalten beginnen, indem sie die verjährten Methoden eines McCarthy aufs neue beleben. Auch wenn es

Februar 1992

so aussieht, als werde der islamische Fundamentalismus mit seiner mittelalterlich anmutenden Praxis den letztlich verbliebenen Ideologien den Rang ablaufen, beanspruchen die ausgeklügelten westlichen Systeme dennoch Zukunft für differenzierten Terror: Mittelalter und Neuzeit ereignen sich zeitgleich, die Inquisition kommt wieder, durch Datenspeicherung ergänzt.

Doch auch in vielen Bereichen der Weltpolitik endet dieses Jahrhundert in Rückfälligkeit. Abermals droht in Armenien Völkermord. Die Balkanstaaten bekriegen sich wie unter Wiederholungszwang. Kaum zurückgewonnen, wird Freiheit sogleich unter Aufsicht gestellt. Nationalisten und Antisemiten, Mullahs, Kardinäle und Kapitalisten von Raubritterformat, Jungfaschisten und Altstalinisten, alle Hauptdarsteller dieses verfluchten Jahrhunderts treten aus den Kulissen, füllen die Bühne, drängeln an der Rampe, berufen sich in liberaler Kostümierung auf demokratischen Pluralismus und fordern die Freiheit des Wortes, jeweils einzig für sich.

Bei soviel Geschrei, das einander mundtot machen will, fällt es schwer, das mir gestellte Thema nicht ausufern zu lassen. Verlockt, alle Spielarten menschlicher Selbstvernichtung vorzuführen, pfeife ich mich zurück, natürlich zur Literatur; von ihr und ihrer Gefährdung zu sprechen, besteht jederzeit Anlaß.

Seitdem geschrieben wird, gelten Verbote. Seitdem dem Wort Macht nachgesagt wird, sind den Philosophen und Schriftstellern Gift und Verbannung, Zensur und Exil, das Konzentrationslager und die Einzelhaft, Verfolgung bis zum Mord zugesichert. Von Sokrates bis Ovid, von Montaigne bis zu Heine, von Zola bis Mandelstam, von Orwell und Kafka bis zu Rushdie. Welch eine Galerie!

Folglich wird über die Freiheit des Wortes fordernd und einschränkend geredet, solange es Literatur und ihr treuestes Echo, die Zensur, gibt. Doch dieses gepaarte Verhalten ist nicht durchweg an eingespielte Rollen gebunden – der eine schreibt, der andere zensiert –, vielmehr gab und gibt es eine namhafte Liste von Schriftstellern und Journalisten, die sich zeitweilig als Zensoren ihren Lebensunterhalt oder zumindest ein Zubrot verdient haben, manche bis in die politischen Kehrtwendungen der Gegenwart hinein. Nach den Erfahrungen der jüngsten Zeit ist man versucht zu sagen: Eine gut funktionierende Zensur setzt einen Zensor voraus, der literarisch gebildet und, wenn nicht gerade ein Liebhaber der Literatur, dann doch jemand ist, der süchtig nach Manuskripten greift, um sie zu notzüchtigen.

Ich spreche von der gehobenen Form der Zensur, dem Zensor als Lektor. Doch wer aus Deutschland kommt, weiß, daß es außer und neben den vergleichsweise subtilen Prozessen zur Verhinderung von unerwünschter, weil als Gefährdung erkannter Literatur den landesweiten Ausbruch der Barbarei gegeben hat; mein Land ist unter anderem das Land der öffentlichen Bücherverbrennung. Danach sollte nicht nur Geschriebenes ungedruckt sein, auch den zum Verstummen gebrachten Autoren drohte Verfolgung. Erich Mühsam: im KZ erschlagen. Carl von Ossietzky: gestorben an den Folgen der Konzentrationslagerhaft. Vielen blieb einzig das Exil offen, das heißt die Flucht von Land zu Land oder in den Selbstmord: Walter Benjamin sei stellvertretend genannt. Gleiches widerfuhr anderen Künstlern, doch wurde den Schriftstellern, die aufs gesprochene Wort hören, denen Mundarten, Dialekte, also herkömmliches Gerede unverzichtbar sind, das reduzierte Leben im Exil besonders bitter. Wie lange läßt sich Sprache konservieren? Wie viele Bücher lassen sich der Erinnerung abtrotzen?

So entstand eine Exilliteratur, die einerseits ohne Vergleich ist, doch andererseits den Bruch in der deutschen Literaturgeschichte als nicht heilbar markiert. Ob Thomas oder Heinrich Mann, ob Alfred Döblin oder Robert Musil, ihnen allen und ihren Büchern haftet das Stigma Exil an, sie fremdeln bis heute.

Als sie zurückkamen, gerufen wie ungerufen, fanden sie ein geteiltes Land, das ihnen Einordnung hier oder dort nahelegte. Zudem lieferten sich einige dieser heimkehrenden Autoren, obwohl sie unter Zensur und Exil gelitten hatten, neuen und dennoch altbekannten Zwängen aus, durchaus bereit, die Eingriffe des Zensors zu akzeptieren, wenn damit der Parteilichkeit oder dem Klassenkampf, mithin dem richtigen Bewußtsein gedient war. Bertolt Brecht und Anna Seghers sind Beispiele solch gespaltenen Verhaltens; und wenig trostreich ist es, wenn sich im Rückblick auf die deutsche Romantik erkennen läßt, daß sie Vorläufer hatten: In ihrer Jugend freiheraus, verkümmerten Friedrich Schlegel und Clemens von Brentano später zu Reaktionären oder irrationalen Schwärmern, die dem Metternichschen Zensur- und Spitzelwesen dienstwillig oder nur unauffällig gewesen sind.

Auch diese Namen nenne ich nur beispielhaft, um eine trübe Tradition offenzulegen, die bis in den gegenwärtigen deutschen Schlagabtausch ihren Schatten wirft. So entpuppten sich jüngst zwei Lyriker, die zur avantgardistischen Untergrundliteratur der DDR gezählt wurden und sich durchaus als staatsfern begriffen haben mögen, als langgediente Spitzel. Doch hier beginnt das System der totalen Überwachung, deren herkömmlichste Unterabteilung Zensur genannt wird, bereits Literatur zu produzieren: Soviel intensiv, das heißt überzeugt gelebte Spaltung sprengt den Begriff »Doppelleben« als Schutztitel der Opportunisten und wird Bücher zur Folge haben, in denen der Zensor zugleich Literat ist.

Hier ist nicht der Ort, im einen oder anderen Fall Anklage zu erheben. Eher gibt diese Erfahrung, die altes, vergessenes oder verdrängtes Verhalten erneuert, ein Entsetzen frei, das letztlich erkennen läßt, daß neben und zwischen staatlicher oder kirchlicher Macht im wiederholten Einzelfall Schriftsteller als Feinde des »freien Wortes« zu gelten haben. Erklärte Liebhaber der Toleranz werden hinterrücks zu Dienstboten der Unduldsamkeit. Oft übt sich dieses beugsame Verhalten im liberalen Vorfeld der klassischen Zensur ein, noch frei von staatlichen Zwängen, doch nicht ohne drohenden Unterton, zum Beispiel dann, wenn – wie gegenwärtig – gesellschaftskritische Literatur, die den allgemeinen politischen Sumpf nicht aussparen will, pauschal als »Gesinnungsästhetik« abgetan wird: Damit hat es vorbei zu sein.

Natürlich freuen sich Staatsmacht und Kirche, wenn ihnen so geistreich zugearbeitet wird. Nichts kann ihnen angenehmer, weil ungefährlicher sein, als jenes selbstgenügsame Spiel der Künstler, das, L'art pour l'art genannt, immer dann in Mode kommt, wenn die Auswirkungen menschlicher Existenz nur noch Ekel und Überdruß bereiten. Soviel stinkende Wirklichkeit empfiehlt Distanz und Flucht in die Form. Am Ende geht es nur noch um die Farbe, den Klang, die Sprache an sich. Wertfrei siegt Schönheit. Wo nichts benannt, beim Namen genannt wird, ist kein Zensor vonnöten. Wo in postmoderner Gefälligkeit alles beliebig bleibt, werden Verbote nichtsnutz. Eine pflegeleichte Literatur, die Pfötchen gibt, ist gefragt.

Doch noch sind sie da: Schriftsteller, deren Bücher leicht, fast spielerisch daherkommen und doch zum Ärgernis werden, Wörter, die vieldeutig sind und den Hohenpriestern der Eindeutigkeit mißfallen. Einer dieser Schriftsteller – zugegeben: ein selten gewordenes Exemplar – hat uns hier heute zusammengeführt. Sein Fall mahnt, ihn als unseren Fall zu begreifen. Wir haben erkannt: Wer ihm droht, der bedroht uns. Wer ihm mit dem Leben das Wort nehmen will, der könnte auch uns das Wort, schließlich das Leben nehmen. Mit Salman Rushdie sind wir alle gemeint. Wir wollen und können ihn und seinen ermordeten japanischen, seinen schwerverletzten italienischen Übersetzer nicht vergessen, alle, die mit ihm in Gefahr sind.

Wir werden die Macht der Hohenpriester nicht brechen, ihr Todesurteil nicht aufheben, ihr Kopfgeld nicht entwerten können. Keine Politiker und keine Konzernherren werden seinet- und unsretwegen ihre Karriere aufs Spiel setzen, ihre Geschäfte außer acht lassen. Wie sie mit den Machthabern Chinas, trotz des Gemetzels auf dem »Platz des Himmlischen Friedens«, wieder handelseinig werden, so versprechen sie sich Gewinn vom zukünftigen Handel mit Teheran. Gelegentlich werden sie diskret oder betont fürs Fernsehen daheim ein Protestnötchen fallen lassen, mehr nicht. Und dennoch ist Salman Rushdie nicht allein; es sei denn, wir ließen ihn spüren, daß er allein ist.

Es könnte die Zeit uns mürbe machen. Der Mordbefehl gegen ihn und alle, die sein geschriebenes Wort verbreiten, könnte sich, inmitten alltäglichen Mordens, an den Rand unserer Wahrnehmung verflüchtigen. Mittlerweile abgestumpft, könnte uns der alljährliche Hungertod von Millionen Kindern in den Elendsregionen der Dritten Welt zur Ausrede taugen: Was zählt der einzelne, wenn Hunger als Kindermord wie ein unvermeidliches Risiko der Marktwirtschaft hingenommen, durch die Gesetze des Marktes legalisiert ist. Und nicht zuletzt: Es könnte uns, wie althergebracht, Literatenstreit uneins machen und zum Verrat an Salman Rushdie und an unserer Sache, der Literatur, verführen.

Sie werden bemerkt haben, daß ich versuche, das mir gestellte Thema möglichst eng, auf uns bezogen zu fassen; denn die Geschichte der Literatur ist, besonders in ihrem Kapitel Zensur, auch die Geschichte kleiner und größerer Verräterei. Als gewitzte und geschädigte Kinder der europäischen Aufklärung wissen wir, daß unser Ruf nach Toleranz nur selten frei war von einschränkenden Nebentönen. Und Salman Rushdie, der sich oft und schließlich verzweifelt auf die Toleranzgebote der Aufklärung berufen hat, wird wissen, wie es den Essays unseres Stammvaters, Michel de Montaigne, ergangen ist: Von der katholischen Kirche auf den Index gesetzt, von Pascal und den Jansenisten verurteilt, feierte ihn mit anderen Aufklärern Voltaire und verdammte ihn Rousseau im Namen des Naturrechts und der allgemeingültigen Normen der Tugend, deren Tyrannei gleich nach Beginn der Französischen Revolution als Terror ausbrach, doch – genau besehen – immer noch herrscht.

Oder ein weiteres Beispiel intellektueller Anfälligkeit, das besonders in Deutschland Schule gemacht hat: der Streit zwischen Heinrich Heine und August von Platen. Zwei Dichter von Rang, die einander unerbittlich und in immer neuen Anläufen als Homosexuellen und Juden beschimpften, wobei Heine mit schärferen, für Platen schließlich tödlich werdenden Wörtern zuschlug.

Wir stehen als Schriftsteller nicht makellos da. Die Weltliteratur ist nicht das Produkt von Heiligen. Von der Zensur allzeit gefährdet, haben wir ihr dennoch oft und zumeist leichtfertig, sei es aus Spitzfindigkeit oder dem Ego zuliebe, das Wortfeld bereitet. Auch sind wir nicht dazu berufen, Märtyrer zu sein, wenngleich sich die Gesellschaft im Nachhinein gerne verfolgte Schriftsteller als Märtyrer aneignet. Es stimmt: Wir lästern aus Neigung. Auf der Bank der Spötter zu sitzen bereitet uns Vergnügen. Jeder Anspruch auf Unfehlbarkeit macht uns lachen. Und nichts ist uns peinlicher als ein Schriftsteller, der wie ein Priester daherredet. Bekannt ist unsere Beharrlichkeit überm Manuskript, doch werden wir, die notorischen Einzelgänger, die Kraft und Ausdauer haben, uns lange und womöglich auf Dauer schützend vor Salman Rushdie zu stellen?

Seit einigen Wochen schreiben Schriftsteller Briefe an ihn, die in mehreren Tageszeitungen gedruckt und – so hoffen wir – weltweit verbreitet werden. In einem der ersten Briefe geht Nadine Gordimer auf die »Satanischen Verse« ein. Sie schreibt: »Sie haben durch keine Figur Ihres Buches Blutvergießen empfohlen oder gefordert; der Präzedenzfall einer ›fatwa‹ gegen Ihr Leben ist ein Verbrechen gegen die Menschheit und wirft auch einen Schatten auf die freie Entwicklung der Literatur an jedem Ort.«

Und das, nur das wollen und verteidigen wir: eine freie, das heißt nicht gesetzlose, vielmehr den wandelbaren Gesetzen der Poetik, den immer neuen Gesetzen des Erzählens folgsame Literatur. Was andere nicht können – nicht wahr, Salman –, das wollen wir: erzählen, die alten Geschichten immer anders erzählen. Unsere Erzählungen stellen nicht bloß, sie legen offen. Sie leben von der Komik des Scheiterns und nicht vom Triumph des Rechthabens. Der Erzähler steht nie auf der Seite der Sieger; er lebt vom Verlust, und die Verlierer, besonders die ewigen Verlierer, können sich auf ihn verlassen. Gelänge es den Mullahs jedwelcher Farbgebung, den Erzählern das Maul zu stopfen, und gäbe es fortan keine Erzähler mehr, dann wären die Geschichten der Menschen zwar nicht auserzählt, aber am Ende.

Mein Traum von Europa

Rede in Sevilla anläßlich der bevorstehenden Weltausstellung

Als meine Frau und ich vor mehr als fünf Jahren im indischen Bundesstaat Bengalen unterwegs waren, stieß ich mich gelegentlich an übriggebliebenen Kolonialstühlen, diesen englischen Sitzmöbeln, die zu bequemer Arroganz einladen; also nahm ich in bestimmter Haltung Platz und fühlte mich sogleich als Europäer: überlegen und aus Gewohnheit ein wenig schuldig.

Das war damals, als uns Gorbatschow erste Hoffnung auf ein »europäisches Haus« machte und wir im Gästehaus der Tagore-Universität Shantiniketan, dieser Melancholie verbreitenden Reformruine, einer baltischen Sprachlehrerin und einem russischen Wissenschaftler aus dem Ural begegneten. Fern unserem geteilten, der Aufsicht zweier Großmächte unterstellten Kontinent, sprachen wir miteinander wie Europäer, die sich, verwirrt durch indische Alltagsschrecknisse, näher gekommen waren, als ihre Herkunft hätte versprechen können.

Europa als Projektion. Europa als etwas, das nur von außen gesehen da ist. Europa als Bühne für ein Gedankenballett und Gelegenheit, mit Pirouetten und Sprüngen zu brillieren. Europa und der Rest der Welt, ein Thema, dem aber die Bequemlichkeit englischer Kolonialstühle nicht mehr sicher ist; weshalb ich Ihnen, meine Damen und Herren, aus eher beunruhigter Position zureden will: Denn alles, was gestern noch fest verankert zu sein schien, ist ins Schlingern, ins Rutschen geraten.

Mit mir teilen einige unter Ihnen sicher die Neigung, gelegentlich nach Büchern zu greifen, die vor Jahrzehnten aufregende Jugendlektüre gewesen sind, damals, als wir meinten, am Anfang zu stehen: frei von Terminzwängen und Einladungen zu gewichtigen Kongressen. So ging es mir kürzlich mit einem Buch des spanischen Schriftstellers Miguel de Unamuno, der zugleich Baske und Europäer gewesen ist. In seiner so witzigen wie todtraurigen Erzählung »Nebel« spielt Unamuno immer wieder mit dem literarischen Gattungsbegriff Novelle und bietet den Kritikern, die notorisch alles besser wissen, ersatzweise das Wort »Nivola« an:

April 1992

Wann immer er gegen die klassischen Gesetze der Novelle verstoße, befinde er sich waghalsig im noch unentdeckten Gelände der Nivola.

Ich bin versucht, dem mir gestellten Thema ähnlich listig auszuweichen, weil ich mich außerstande sehe, großspurig weltweit zu reden; schon die europäische Dimension verpaßt uns zu weite Schuhe. Zwar habe ich diesen Vortrag unter den Titel »Mein Traum von Europa« gestellt, doch kaum liegt mir der Atlas aufgeschlagen, juckt es mich, Unamunos Technik der alles verkleinernden Ironie zu variieren und meine Rede mit Hilfe des Diminutivs zu vermenschlichen: Allenfalls könnte es mir gelingen, »Mein Träumlein von Europa« zu entfalten.

Ich liebe den Diminutiv. In seinem Namen lassen sich keine Staatsakte feiern. Der Welt wäre geholfen, wenn man ihr den Diminutiv als Arznei verschriebe; weshalb ich auch am liebsten von unserem Europalein sprechen würde. Und wenn es erlaubt wäre, mein kürzlich wieder so groß gewordenes Land »Deutschländchen« zu nennen, könnte diese Verkleinerung sogar den angrenzenden Nachbarn gefallen. Zudem behaupte ich, daß der Diminutiv die verkleinerte Kraft hätte, zu entlasten, denn die Bürger dieses Landes und dieser Stadt sind dreifach geschlagen: Großereignisse stehen auf dem Programm, die meinem zärtlichen, immer um Nachsicht bittenden Diminutiv Platzverbot erteilt hätten.

Wenn sich hier die Weltausstellung ins Gigantische versteigt, werden demnächst in Barcelona olympische Rekordleistungen hochgejubelt; es sei denn, man entschlösse sich dazu, die jeweils letzten Sprinter, Speerwerfer, Hoch- und Weitspringer, Schwimmer, Zehnkämpfer und Marathonläufer mit Gold-, Silber- und Bronzemedaillen zu ehren. Eine solche diminutive Entscheidung wäre gewiß im Sinne von Unamuno und auch dem zukünftigen Europa dienlich.

Noch bedenklicher sieht das letzte Großereignis aus, das in diesem Jahr abgefeiert werden soll: die Entdeckung Amerikas durch Kolumbus. Die Folgen dieser Entdeckung – wenn es denn eine gewesen ist – lassen gleichfalls keinen Diminutiv zu: Völker wurden ausgerottet, Hochkulturen zerstört. Entrechtete Sklaven blieben übrig. Was gibt es da zu feiern!

Eher bestünde Anlaß, diese nicht nur spanische, vielmehr europäische Schande zu überdenken, zumal sich das gegenwärtige Europa gegenüber dem machtlosen Rest der Welt immer noch wie eine Kolonialmacht verhält. Desgleichen die USA: Der europäischen Tradition gnadenloser Ausbeutung verpflichtet, reagieren sie jeweils mit Strafaktionen, sobald dieses Wirtschaftsprinzip bedroht zu sein scheint. Als kurz vor Weihnachten 1989 – in etwa zeitgleich mit dem blutigen Machtwechsel in Rumänien – US-Streitkräfte Panama überfielen, fand mit dem Test neuer Waffensysteme nicht nur eine Generalprobe für den bald fälligen Golfkrieg statt; dem Rest der Welt sollte eine angeblich neue, doch, genau besehen, schrecklich alte Weltordnung eingepaukt werden: die Herrschaft des weißen Mannes.

Der zählt nur seine Toten. Der duldet nur seine Maßstäbe. Seitdem die Lehre Christi an Schlagkraft verloren hat, heißt dessen Angebot neuerdings Demokratie. Diesen Exportartikel bietet er gratis an. Mit ihr und der Zugabe »freie Marktwirtschaft« will er alle Welt beglücken. Doch unser auf Ausbeutung spezialisiertes Verhalten gegenüber den Staaten der Dritten Welt gilt als schlechtes Zeugnis. Wo Verelendung den Alltag bestimmt, läßt sich schlecht mit in Hochglanzkatalogen deklarierten Menschenrechten prahlen. In den Slums von Calcutta oder Rio de Janeiro für unsere »freiheitlich demokratische Grundordnung« zu werben hieße, das dort herrschende Elend zu verspotten. Als Missionare unglaubwürdig geworden und seit dem Untergang der Sowjetunion auch des ideologischen Feindbildes beraubt, stehen wir reich und zugleich ärmer da: bar jeder Idee, hochgerüstet erschöpft und einzig der Schäden gewiß, mit denen der Fortschritt uns abstraft.

Unsere Geschichte, die die Geschichte gewaltsamer Eroberung und gnadenloser Unterdrückung ist, hat uns eingeholt. Die Dritte Welt steht vor unserer Tür und klopft an. Wer aber immer noch meint, er könne die Entdeckung Amerikas als europäische Großtat feiern, dem halte ich die Aufzeichnungen des Bartolomé de Las Casas, dieses Zeugnis völkermordenden Terrors, vor Augen: Es hat nie an Warnungen und Anklagen gefehlt.

Als 1917 der Putschist Lenin die Februarrevolution abwürgte und der Diktatur des Zentralkomitees einer einzigen Partei zur

Herrschaft verhalf, hat ihm, besonders weitsichtig, die Sozialistin Rosa Luxemburg das Ende der Sowjetmacht vorausgesagt. Und wenn heute der mexikanische Schriftsteller Carlos Fuentes darauf hinweist, daß der Zusammenbruch des kommunistischen Herrschaftssystems nicht etwa ein Sieg des Kapitalismus ist, denn dessen Folgen – Ausbeutung und Verelendung – sind unabweisbar, steht abermals als Menetekel eine Warnung an die Wand geschrieben.

Mit meinen Worten: Die drei spanischen Großereignisse – Olympiade, Weltausstellung und Kolumbus-Jahr – sollten Anlaß sein, von jener Selbstgerechtigkeit Abschied zu nehmen, die der europäischen Geschichte mit den Brandzeichen christlicher oder kommunistischer, faschistischer oder kapitalistischer Embleme eingeprägt ist; denn wo wir auch hinkamen, ob nach Indien oder Peru, nach Java oder an die afrikanische Goldküste, gleich, welchen Weltteil wir uns untertan gemacht haben, wir Europäer waren immer zum Fürchten. Deshalb bin ich der Meinung, daß ein vereintes und zugleich demokratisches Europa nur dann Wirklichkeit werden kann, wenn es sich seiner schrecklichen Geschichte bewußt wird und für deren Folgen verantwortlich zeichnet.

Wird dieser alte Kontinent, der sich als Erste Welt ausgibt, fähig sein, uns diese letzte Anstrengung abzuzwingen? Die Realität gibt Zweifel ein. Das gegenwärtige Europa wird, indem es von Kongreß zu Kongreß, von Wirtschaftsgipfel zu Wirtschaftsgipfel vertagt wird, mehr und mehr zur Schimäre. Keine politisch gestaltende Kraft geht von ihm aus. Jämmerlich, wie sich das westliche Europa taub stellt, sobald die ost- und mitteleuropäischen Länder ihre jüngst gewonnene Freiheit durch langfristig wirksame Investitionen sichern wollen; allenfalls ist man bereit, ein schnelles Geschäft zu machen und – freundlich herablassend – die Polen für ihre Geduld zu loben und den Tschechen und Slowaken zu ihrem standhaften Präsidenten zu gratulieren. Als Jugoslawien auseinanderbrach, bewies sich die europäische Ohnmacht auf besonders beschämende Weise: Das Nichtstun der anderen verlockte die Deutschen dazu, auf dem Balkan als Schrittmacher und Ordnungsmacht aufzutreten; ein historisches Kostüm, das schlecht kleidet.

April 1992

Und noch ein Hinweis auf den schimärenhaften Anschein Europas: Zwar tagt in Straßburg ein Parlament, das sich den Namen des alten Kontinents gegeben hat, doch ist dieses Europaparlament eher als parlamentarische Spielwiese zu begreifen, weil ihm keine ausreichenden Kompetenzen zugestanden werden, weil eine Vielzahl von Beschlüssen dieses an sich demokratischen Gremiums in den Wind gespuckt sind, weil diesem Parlament nur das Schattenboxen erlaubt ist und ihm die entscheidende Machtbefugnis fehlt, die notwendig wäre, um sein gigantisches Gegenüber, die in Brüssel ansässigen Behörden, zu kontrollieren. Die dort heimisch gewordene Ministerialbürokratie ist dieser Stadt nicht nur zur häßlichen, ihren einstigen Charme verunzierenden Last geworden, vielmehr hat sie sich zu einem Wasserkopf ausgewachsen, dem zwar ständig neue Verordnungen, Milchquoten, Normen und Subventionen einfallen, doch kein Gedanke mehr zuzutrauen ist, der kraftvoll genug wäre, dem Traum von Europa Gestalt zu geben.

Natürlich weiß ich, daß Brüssel als Vergabestelle einzelnen Ländern Wohltaten erweist. Gepriesen sei, als melkbare Kuh, die regionale Strukturförderung, soweit sie nicht der überregionalen Korruption förderlich ist. Ob Griechenland oder Irland, Portugal und der Süden Italiens, die Bauern in Spanien, Frankreich und Deutschland, sie alle hängen am Brüsseler Tropf. Ich will nicht verkennen, daß mittlerweile auch ost- und mitteleuropäische Länder ihren Anteil an diesen finanziellen Ausschüttungen haben. Und ohne Zweifel wird es gelingen, demnächst einen europäischen Binnenmarkt zu eröffnen, das heißt, einen Konkurrenzkampf zu entfesseln, nach dessen streng von den Regeln der freien Marktwirtschaft bestimmten Verlauf die Stärkeren siegen und als Sieger den Markt beherrschen werden. Womöglich gelingt es sogar, trotz englischer Widerrede, doch mit französischem Einverständnis und unter deutscher Obhut, eine europäische Währung in Umlauf zu bringen. Doch alle diese schon zu Buche schlagenden oder nur angekündigten Erfolge sind ausschließlich ökonomischer Natur; es haftet ihnen der Makel chronischer Geistlosigkeit an. Ein uniformes, durch Konsumverhalten geeintes Europa zeichnet sich ab, dessen Machtzentren Großkonzerne und Banken sein werden. Da wird kein Platz bleiben für Diminutive und ähnliche

Späße, die an Verkleinerungen gefallen finden. Vergeblich schaue ich mich nach meinem sonst so hilfreichen Freund Unamuno um; der hat sich im »Nebel« seiner »Nivola« verflüchtigt.

Sie werden bemerkt haben, daß mir ein so geartetes Europa keinen Traum, nicht mal ein Träumlein wert ist. Mehr noch: Ich fürchte mich vor der Ausgeburt dieser Profitmaximierung. Schon aus dem gegenwärtigen Ohnmachtsverhältnis des Straßburger Europaparlaments zur Brüsseler Machtzentrale läßt sich ableiten, wie groß die Verluste an demokratischen Rechten bei solch gewinnbringendem Geschäft sein werden. Ein nur ökonomisch geeinter Kontinent, der vor allem den Gesetzen des Marktes zu gehorchen hat, macht vorstellbar, welche sozialen Folgen drohen, wenn dem geplanten Europageschäft nach altbewährtem Börsenbrauch ein »Schwarzer Freitag« widerführe. Der einzige Zuwachs von gigantischem Ausmaß hieße Arbeitslosigkeit. Und schon jetzt sei die Frage erlaubt: Wer oder welche Kraft wäre dann in der Lage, den damit verbundenen sozialen Verfall aufzuhalten, wenn sich doch weltweit und allgemein jene Doktrin versteift, nach der mit dem Zusammenbruch des kommunistischen Herrschaftssystems auch das Ende des demokratischen Sozialismus eingeläutet worden sei?

Ob in Frankreich oder Deutschland, allerorts beginnt man, der europäischen Linken den Prozeß zu machen, wohl wissend, daß die demokratisch legitimierte Linke während Jahrzehnten der unbequemste und am schärfsten verfolgte Gegner des Kommunismus gewesen ist. Manche dieser inquisitorischen Aburteilungen muten an, als wolle man den McCarthyismus unseligen Angedenkens wiederbeleben. Der Zusammenbruch der Sowjetmacht scheint das westliche Bündnis um den Verstand gebracht zu haben; seines Feindbildes beraubt, begreift sich der Kapitalismus als einzig übriggebliebene Doktrin, um sich sogleich zu ideologisieren und seine bisher flexiblen marktwirtschaftlichen Theorien zum Dogma zu härten. Indem der Kapitalismus als »einzig wahre Lehre« keine Alternative zulassen will, wird er sich selbst zum Feind und leitet so seinen Niedergang ein.

Solch vorauszusehendes Unheil sollte nachdenklich machen. Vielleicht könnte Rückbesinnung auf die Anfänge der europäischen Aufklärung hilfreich werden; denn als sich unsere moderne

Welt mit ihren Möglichkeiten und Risiken zu entfalten und sozial neu zu schichten begann, traten als legitime Kinder dieses Prozesses sogleich Kapitalismus und Sozialismus auf; und zwischen ihnen, häufig das Lager wechselnd, der Liberalismus. Sie bereiteten dem Feudalsystem ein Ende. Diese drei Ideen haben, im Guten wie im Bösen, unsere Gegenwart vorbestimmt. Ihr streitbares Verhältnis zueinander erlaubte nach jahrzehntelangen Kämpfen Ansätze von sozialem Ausgleich, die Eindämmung klerikaler Bevormundung und den allmählichen Zugewinn demokratischer Grundrechte. Wer heute meint, man könne auf einen der drei zerstrittenen Brüder, den Sozialismus, verzichten, sollte bedenken, daß der dann vorherrschende Kapitalismus außer Kontrolle sein wird. Jetzt schon ist vor diesem neuerlichen Ausbruch der Barbarei zu warnen.

Ist nicht nach leiderfahrenem Rückblick zu erkennen, daß es die europäische Arbeiterbewegung gewesen ist, die den rüden Manchester-Liberalismus zivilisiert und dem Kapitalismus soziale Verpflichtungen auferlegt hat? Neben vielen anderen Funktionen fiel der Arbeiterbewegung und den Gewerkschaften die Aufgabe zu, Bremse dieses starkmotorigen Fahrzeugs zu sein. Wer diese Bremse ausbauen, verschrotten, auf die Müllkippe der Geschichte werfen will, wird einen ungebremsten Kapitalismus erleben bei jetzt schon beginnender Talfahrt.

Wieder einmal ist die Menschheit bei einer einzigen Wahrheit gelandet, an die sie zu glauben hat. Und diese dogmatisierte Wahrheit soll – gleich nach dem Golfkrieg siegestrunken ausgerufen – die neue Weltordnung bestimmen. Einen »Dritten Weg« darf es nicht geben. Schon herrscht Utopieverbot. Dabei wüßte ich gegenwärtig keinen größeren Mangel: Nichts fehlt mehr als vorauseilende Ideen und Entwürfe, die geeignet wären, die Zukunft unseres von Selbstzerstörung bedrohten Planeten zu bestimmen. Durch ungehemmten Energieverbrauch, durch Wachstum um jeden Preis haben wir die schützende Ozonschicht beschädigt, wenn nicht demnächst irreparabel zerstört. Die rücksichtslose Ausbeutung der Reserven unseres Erdballs, zu denen auch die Regenwälder in Lateinamerika, Afrika und Asien gehören, mag zwar gewinnbringend sein, doch dem Reichtum und Überfluß der westlichen Ober- und Mittelschicht entspricht die zunehmende

Verelendung jener Milliarden zählenden Unterschicht, die offenbar nur noch von statistischem Wert ist.

Die Habenichtse der Dritten Welt vermehren sich. Wo sie dahinkümmern, ist kein Bleiben mehr. Sie sind in Bewegung geraten. Ihre Not erzeugt einen Druck, der durch Überbevölkerung gesteigert wird. Von Süd und Ost kommend, nähern sie sich und sind nicht mehr abzuweisen. Und dennoch glaubt Europa, sich dieser neuen Völkerwanderung als Festung entziehen zu können.

Schnell werden abweisende Gesetze erlassen. Latente Fremdenfeindlichkeit wird bis zu Ausbrüchen von Gewalt geschürt. Festungsmentalität breitet sich aus. Dabei ahnen wir, daß all dem, der zu erwartenden Klimaveränderung, der um sich greifenden Verelendung und den Folgen der Bevölkerungsexplosion, keine Festung standhalten wird. – Wie aber, wenn nicht als Festung, soll ein vereintes Europa Zukunft haben?

Ich will nun doch meinen Traum riskieren, wohl wissend, daß mir bei dieser Entblößung – zumal in Spanien – der Erfinder der »Nivola«, mein spöttischer Freund Unamuno, über die Schulter schaut. Und schon empfiehlt sich der Diminutiv und rät mir, allenfalls ein »Träumlein« auszuplaudern, dem ich aber dennoch und wenigstens die Lebensdauer einer Seifenblase wünsche.

Mein Träumlein von Europa beginnt mit einer Gründungsveranstaltung, auf der gleich zu Anfang die Staaten der Dritten Welt entlassen werden, indem ihre Schuldenlast gestrichen wird. Mehr noch: Dieser Schuldenerlaß soll Teil der Präambel einer gesamteuropäischen Verfassung sein. Ferner ist man bereit, im Sinne einer neuen Weltwirtschaftsordnung, den nun schuldenfreien Ländern gleiche Marktchancen einzuräumen, damit der hausgemachte Kinderglaube an die freie Marktwirtschaft keinen Schaden nimmt.

Dem Rat aller europäischen Zentralbanken folgend, sieht mein Träumlein nun vor, daß alle Finanzmittel für Baumaterialien und militärische Abwehrschirme, die notwendig wären, um eine fugendichte Festung Europa zu errichten, nach weisem Verzicht auf diesen absurden Festungsbau überall dort Verwendung finden sollen, wo unausweichliches Elend die seit langem befürchtete Völkerwanderung auslösen könnte.

Mein Träumlein wird immer schöner: Nun wollen sogar alle in Europa vereinigten Staaten von heute auf morgen auf jeglichen

Waffenexport verzichten. Nie wieder sollen die Spitzenleistungen europäischer Vernichtungstechnologie schnöden Gewinn bringen. Keine Vorwände mehr für weitere Golfkriege. Sogar die Deutschen haben darauf verzichtet, ihr todbringendes Können weiterhin unter Beweis zu stellen. Weder in Libyen noch sonstwo: keine Giftgasfabriken mehr!

Folglich ist in meinem Träumlein sichergestellt, daß das Europaparlament, mit Sitz in Straßburg, keine bloße Spielwiese mehr ist: Es darf regelrecht Kontrolle ausüben. Seine Beschlüsse sind nicht mehr nur Sprechblasen, sondern von zwingender Gewalt. Ein gutes Dutzend nationale Hoheitsrechte, die bisher wie heilige Kühe gehütet wurden, wird in den gesamteuropäischen Stall getrieben; sogar England und Frankreich leisten Verzicht. Und weitere Wunder liefert mein Träumlein frei Haus: Der häßliche Wasserkopf Brüssel schrumpft und beginnt, menschliche Züge zu zeigen. Das Gespenst des Bürokratismus verflüchtigt sich. Mit dem Subventionsunwesen verschwindet die Korruption. Das Recht auf Wohnung und das Recht auf Arbeit werden Grundrecht. Bei soviel erwiesener demokratischer Tugend zahlt jedermann gerne Steuern. Und weil wir nun nicht mehr im Pferch nationaler Grenzen wie eingesperrt sind, kommen wir einander ganz nah; sogar die Separatisten wollen versuchsweise Europäer sein.

Mein Träumlein will nicht enden. In ihm findet Kultur nicht nur auf Kongressen statt, vielmehr steht sie das ganze Jahr über in Blüte. Jetzt erst erkennen wir, wie vielfältig reich wir sind und wie blöd es war, einzig die ökonomische Einheit zu suchen. Schaut nur, wie wenig Müll anfällt, seitdem uns die Konsumräusche vergangen sind! Schaut nur, wie schön unsere Städte sind dank autofreien Verkehrs! Schaut nur, wie die Natur uns dankbar ist! Flüsse und Seen atmen auf. Keine Ölpest bedroht unsere Küsten. Die vormals totgesagten Wälder erneuern sich. Die Drogensucht war einmal. Und über uns will sich sogar das Ozonloch schließen ...

Hier reißt der Film. Aus ist der Traum. Von seinen Wirklichkeiten umstellt und durchsetzt, ist Europa noch immer oder schon wieder die Summe seiner nationalen Beschränktheiten. Latenter und offener Bürgerkrieg zerreißt Jugoslawien. In Stücke zerfallen, grenzen sich die Einzelteile des einstigen Giganten Sowjetunion gegeneinander ab, bewaffnet natürlich.

Der Terror in Nordirland und die Anschläge baskischer Terroristen gehören zum europäischen Alltag. Obgleich auf dem Papier vereint, sind die Deutschen sozial gespalten und einander fremd geblieben. Und diese Deklassierung setzt sich nach Polen und bis in die Tschechoslowakei hinein fort. Dem reichen Norden Italiens ist der arme Süden lästig. In Belgien stehen Flamen und Wallonen gegeneinander. Nirgendwo sonst wird das Wort Nation so groß geschrieben wie in Frankreich. Allein Fremdenhaß, der immer offener in blanken Faschismus umschlägt, ist grenzüberschreitend und beansprucht Zukunft für sich. Zugegeben: Mein Traum von Europa, der nur ein Träumlein sein wollte, ist geplatzt.

Soll so meine Rede enden? Dem Schriftsteller ist jederzeit eine Ausflucht möglich, sei es in die Novelle, sei es in die »Nivola« oder in den Roman, die fiktive Welt, die dennoch Wirklichkeit für sich beansprucht. Ich spreche von einer besonderen Form des Erzählens, die von Literaturwissenschaftlern gerne dem sogenannten pikaresken Roman unterstellt wird, hier jedoch beispielhaft meinen Schluß einleitet, weil diese Art des Erzählens in ganz Europa Wurzeln geschlagen hat.

Es begann hier, in Spanien. Und schon muß ich mir widersprechen: Es begann auf der Iberischen Halbinsel, wo nachwirkende maurische Erzählkunst den Pikaro als Romanheld freisetzte, auf daß er die arabischen Hintergemächer und Karawansereien, die Märkte und Moscheen verlassen und in spanischer Gestalt und Sprache neu erstehen konnte. Nach wenig bekannten Vorgängern hat Cervantes mit seinem »Don Quijote« das Ur- und Vorbild aller weiteren pikaresken Romane geschrieben. Bei ihm findet sich auch in der Gestalt des Sancho Pansa die bauernschlaue und den Helden ergänzende Nebenfigur, die dem europäischen Leser später in weiteren Büchern vertraut wird: Ich nenne Diderots »Jacques le Fataliste« und des Flamen Charles de Costers »Tyll Ulenspiegel«, zu dem dessen Freund und Diener Lamme Goedzak gehört.

Doch in der Regel ist es die exemplarische Einzelfigur, die jeweils ihrer Zeit den Hohl- und Zerrspiegel vorhält: hier liebenswert komisch, dort reich an faulen Ausreden, doch immer sonderlich genug, um bei Sterne »Tristram Shandy« zu heißen, um als Gontscharows »Oblomow« über die russische Literatur hinaus einen Begriff fürs geistreiche Nichtstun zu prägen.

In Deutschland nahm Grimmelshausen mit seinem »Simplicissimus« das maurisch-spanische Vorbild wahr. Und mit der »Landstörtzerin Courasche« hat dieser Autor auf die spanische »Picara Justina« zurückgegriffen und mit ihr ein Weibsbild geschaffen von gleichfalls europäischer Statur.

Bis in unser Jahrhundert hinein hat diese totale Art des Erzählens Schule gemacht; wer wollte verkennen, daß James Joyce mit dem »Ulysses« gewiß den ersten und zugleich überragenden modernen Roman geschrieben und dennoch mit seinem ruhelosen Sonderling Leopold Bloom in neuer Ausprägung den alten Pikaro vorgestellt hat. Den kann keine der beliebten Totsagungen der Literatur aus der Welt schaffen. Der produziert, von jeweils anderer Wirklichkeit verhext, immer neue Mythen: etwa die Stadt als menschenfressenden Moloch, durch- und einsichtig gemacht bis ins letzte Hinterzimmer; wobei eine verschlungene Linie zwischen Lesages Roman »Der hinkende Teufel« bis hin zu Alfred Döblins »Berlin Alexanderplatz« und John Dos Passos' »Manhattan Transfer« zu erkennen ist.

Ja, bis nach Amerika hat der pikareske Roman seinen Schatten geworfen. Ist doch mit Melvilles »Moby Dick« zum ersten Mal ein Tier, der Wal, dominierender Einzelgänger, dem in menschlicher Gestalt nur noch der einbeinige Kapitän entspricht.

Ich könnte noch viele Autoren und Titel nennen, etwa des Polen Gombrowicz' Roman »Ferdydurke«, auch Hašeks »Soldat Schwejk« und – aller metaphysischen Kafka-Interpretation zum Trotz – dessen am »Schloß« scheiternden Landvermesser in dieses gesamteuropäische Romanpanorama einbinden. Leicht ließe sich nun die lateinamerikanische Literatur ins Spiel bringen; nicht zu vermeiden ist der Hinweis auf Salman Rushdies außergewöhnlichen Roman »Mitternachtskinder«, dessen Held von Bombay aus den Zustand Indiens spiegelt; ich könnte jetzt ausufern und meinen Oskar Matzerath, wie er die Trommel schlägt, an die Hand nehmen, doch will ich unsere, des europäischen Lesers Ahnengalerie schließen.

Wenn es gelingen könnte, zwischen der maurisch-arabischen Herkunft des spanischen Ritters von der traurigen Gestalt und jenem adligen Müßiggänger von russischem Ausmaß, zwischen Don Quijote und Oblomow, einen Bogen zu spannen, dürften sich fortan, wenn nicht die europäischen Nationen, dann doch die Liebhaber europäischer Literatur vertrauter sein, als die Politik unserer Tage begreifen will: So weitläufig und weltoffen sind die kulturellen Übereinkünfte unseres Kontinents.

Jemand mit Hintergrund

Rede auf der Trauerfeier für Willy Brandt

So skizzierte ich Willy Brandt im »Tagebuch einer Schnecke«. Ich versuchte, ihn als jemanden zu portraitieren, »der nur zögernd ich sagt und dennoch von sich nicht absehen kann«. Mit ihm befreundet zu sein hieß immer wieder, Distanz überwinden zu müssen: »Seit Jahren (zwischen Pausen) rede ich mit ihm, schreibe ich ihm, hören wir einander zu, bilden wir Sätze gemeinsam, nehmen wir uns knapp Zeit. Ich weiß nicht, ob er mehr von mir weiß, als ich mitteile. Bevor wir zu uns kommen, kommen wir immer zur Sache. Weil wir so verschieden sind, brauchen wir eine Sache, die wir unsere nennen...«

Ich verdanke Willy Brandt viel. Durch ihn bekam ich Einblick in die realen und irrealen Abläufe der Politik. Er stieß mich an, August Bebels »Aus meinem Leben« zu lesen und später Eduard Bernsteins revisionistische Thesen. Von jener Literatur, die mich bewegt und gleichwohl zur Seßhaftigkeit zwingt, war selten die Rede. Wir lernten uns wenige Tage nach dem Mauerbau in einer Zeit kennen, die bald darauf vom Wahlkampf bestimmt war: Willy Brandts erster Anlauf als Kandidat für das Amt des Bundeskanzlers. Damals hielt Konrad Adenauer eine Rede, die seinen politischen Gegner zum Feind stempelte, ihn als uneheliches Kind namens Frahm und obendrein Emigranten denunzierte, eine schändliche Rede, die nicht wiedergutzumachen war, denn sie riß Gräben auf, die bis heute kenntlich geblieben sind.

Mich hat diese gezielte und leider wirkungsvolle Diffamierung angestiftet, Partei zu ergreifen und öffentlich für den Diffamierten einzutreten. Während eines Fluges mit einer Chartermaschine von Berlin-Tempelhof nach Heilbronn wurde mir deutlich, wie beharrlich der Verletzte auf Wahrheit bestand. Während des gesamten Fluges in der Propellermaschine diktierte er seiner Sekretärin Antworten auf die fortgesetzte Schmutzkampagne: Die Arbeitsgemeinschaft Kapfinger/Strauß war tätig geworden. Es ging um seine Zeit als Emigrant, um seine Tätigkeit als Journalist während des Spanischen Bürgerkrieges in Barcelona, es ging um seinen Ruf. Indem er diktierte, wurde mir der Zerfall, dann das Ende der Weimarer Republik deutlich. Nicht nur wurden die Frontlinien zwischen der Falange und den Republikanern gezogen, vielmehr lernte ich auch, in welchem Ausmaß die Kommunisten durch blutige Säuberungsaktionen das republikanische Lager geschwächt haben, indem sie Anarchisten, Trotzkisten und Sozialisten liquidierten. Natürlich ist Willy Brandts Versuch der mühsamen Wiederherstellung von Wahrheit vergeblich gewesen: Die damals angezettelte Rufmordkampagne hat ihn ein Jahrzehnt lang und länger begleitet. Als das Flugzeug in Heilbronn landete, regnete es. Draußen standen Abgeordnete des SPD-Ortsvereins. Unter Regenschirmen sang ein Kinderchor zur Begrüßung: »Kein schöner Land in dieser Zeit...« Ein Wechselbad. Aus der Vergangenheit heraus begann die Wahlkampfreise in deutsche Gegenwart.

Vier Jahre später wollte ich nicht mehr nur indirekt helfen. Mit Hilfe einiger Studenten vom Sozialdemokratischen Hochschulbund und vom Liberalen Studentenbund organisierte ich, sozusagen als Vorwegnahme der sozialliberalen Koalition, zwei Wahlkampfreisen, die mich vom Frühsommer bis Frühherbst 65 von Flensburg bis Passau, durch fünfundvierzig bundesdeutsche Städte führte. Eine meiner Reden hieß »Loblied auf Willy«. Indem ich diesen abgelagerten Text durchblättere, finde ich einige Zeilen, die ich auch heute, dem toten Freund nachrufend, stehenlassen will: »Mich bewegt Willy Brandts lange Reise von Lübeck über die Stationen der Emigration nach Berlin, weil sich in ihr ein Teil jener Geschichte Deutschlands widerspiegelt, auf den ich, ohne Anteil gehabt zu haben, stolz bin...«

Erst vier Jahre später, beim dritten Anlauf, wurde er Bundeskanzler. Damals habe ich gemeinsam mit Freunden die Sozialdemokratische Wählerinitiative aufgebaut und das linksliberale Vorfeld zu motivieren versucht. Damals und in den Jahren danach bewies sich immer wieder Willy Brandts Fähigkeit zum Gespräch mit Intellektuellen, sein unter Politikern seltenes Vermögen, zuhören zu können, seine Geduld mit uns, den notorischen Besserwissern, und seine Begabung, Erfahrungen und Kenntnisse zu vermitteln, ohne belehrend zu wirken. Kritik nahm er auf als Beweis sachlich angetragener Freundschaft.

Die Politik des Bundeskanzlers Willy Brandt war in ihren Grundzügen, lange über seinen Rücktritt hinaus, erfolgreich und setzt deshalb heute noch, in einer Phase des Verfalls der politischen Kultur, Maßstäbe. Ihm gelang es, die vom Studentenprotest geformte Generation weitgehend als Staatsbürger zu integrieren, ohne daß sie ihrer die Gesellschaft aufstörenden Unruhe abschwören mußte. Seine Politik hat durch die Anerkennung der polnischen Westgrenze mit erstem Schritt die deutsch-polnische Verständigung eröffnet. Ohne seinen Weg nach Moskau hätte sich das Verhältnis zwischen beiden deutschen Staaten nicht entkrampfen lassen. Die Konsequenz seiner Politik war die Helsinki-Konferenz, mithin die Anerkennung der Menschenrechte durch die Sowjetunion. Wer diese Leistung der deutschen Sozialdemokraten heute in Frage stellt oder die SPD gar bezichtigt, durch Verhandlungspolitik das kommunistische System stabilisiert zu haben, hat nicht begriffen, daß die mögliche Einheit Deutschlands durch Einigung ein weiteres, der Politik Willy Brandts abzuleitendes Ergebnis sein könnte.

Sein Rücktritt erlaubte den Hauptverantwortlichen an der den Spionagefall Guillaume ausweitenden Affäre, zum Beispiel dem Innenminister, im Amt zu bleiben. Damals schrieb ich unter dem Titel »Federn blasen« ein Gedicht, das ich diesem Nachruf einfügen möchte:

Das war im Mai, als Willy zurücktrat.
Ich hatte mit Möwenfedern den sechsten tagsüber
mich gezeichnet: ältlich schon und gebraucht,
doch immer noch Federn blasend,
wie ich als Junge (zur Luftschiffzeit)
und auch zuvor,
soweit ich mich denke (vorchristlich steinzeitlich)
Federn, drei vier zugleich,
den Flaum, Wünsche, das Glück
liegend laufend geblasen
und in Schwebe (ein Menschenalter) gehalten habe.

Willy auch.
Sein bestaunt langer Atem.

Woher er ihn holte.
Seit dem Lübecker Pausenhof.
Meine Federn – einige waren seine – ermatten.
Zufällig liegen sie, wie gewöhnlich.

Draußen, ich weiß, bläht die Macht ihre Backen;
doch keine Feder,
kein Traum wird ihr tanzen.

Von diesem Tiefpunkt an zählen sich Willy Brandts weitere Erfolge, aber auch Leistungen, die ohne Folge blieben. Er war ein Parteivorsitzender ohne Beispiel, und beispiellos ist auch die Loyalität seinem Nachfolger gegenüber gewesen. Durch ihn, den Vorsitzenden, wurde die Sozialistische Internationale zu politischer Aktivität motiviert. Seiner Initiative ist es zu verdanken, daß Portugal nach der Revolution von Henry Kissingers in Chile erprobtem Rezept verschont blieb. Durch ihn wurde die Sozialistische Internationale hilfreich tätig, als nach dem Tod Francos die spanische Demokratie vor ihren Anfängen stand. Unserer übervölkerten, von Verelendung und fortgesetzter Ungerechtigkeit gezeichneten Welt wäre zu helfen gewesen, wenn die verantwortlichen Politiker des Westens den Bericht des Vorsitzenden der Nord-Süd-Kommission handelnd zur Kenntnis genommen hätten. Willy Brandt forderte eine neue und gerechte Weltwirtschaftsordnung zugunsten der Dritten Welt. Er bewies die Zusammenhänge zwischen westlichem Überfluß und der Hochrüstungspolitik der beiden Weltmächte auf der einen Seite und der zunehmenden Verelendung und Verschuldung der sogenannten Entwicklungsländer.

Als ich im September 1973 in New York Willy Brandts Antrittsrede vor den Vertretern der Vereinten Nationen zuhörte, notierte ich Eindrücke, die später verknappt zum Gedicht wurden:

...
Es wird Vernunft beschworen,
als müsse die unbefleckte Empfängnis,
etwas, das nicht mehr bestritten wird,
immer wieder beteuert werden.
Seine Warnungen haben – er weiß es –

wie Tempotücher nur kurzen Nutzen.
Auch Hunger ist Krieg! – Ein Ausruf, so richtig,
daß ihn kurzerhand Beifall erschlägt.
...

Diese vor annähernd zwanzig Jahren kurzgefaßte Erkenntnis hat uns heute eingeholt und verschreckt, ohne ein politisches Echo zu finden.

Willy Brandt hat uns verlassen. Mir hinterläßt sein Tod das nicht zu beschwichtigende Gefühl des Verlassenseins. Als die Mauer fiel und uns Deutschen die Möglichkeit der Einigung geschenkt wurde, mag er mit dem Satz »Jetzt wächst zusammen, was zusammengehört« die Bestätigung seiner Politik gewünscht haben. Doch es wuchert nur und wächst nicht zusammen. Abermals gespalten sind sich die Deutschen fremd. Haß kommt auf. Und jene Barbarei, vor der der junge Willy Brandt in die Emigration flüchten mußte, beginnt sich zu erneuern. Ich rufe mir ein Bild zurück, das ich im »Tagebuch einer Schnecke« von ihm entworfen habe: »Sobald er Schritte macht, bewegt er Vergangenheit, seine unsere: die nationalen Wackersteine. Ein Packpferd, das nur läuft, wenn ihm Übergewicht aufgetragen wird. (In seinen Knien sitzt, knirscht etwas, das gebeugt werden will; und im Jahr drauf ging er in Warschau auf die Knie, anstelle von Worten.)«

Was an die Substanz geht

Rede auf dem Empfang zu Grass' 65. Geburtstag in Lübeck

Liebe Freunde,

in meinen epischen Schwellkörpern, auch Romane genannt, habe ich gerne und gelegentlich Zahlenspiele betrieben, sei es, um Durststrecken zu überwinden, sei es aus Lust und Laune, auf jeden Fall mit dem Ergebnis später nachfolgender Verwirrung bei etlichen Germanisten. Ich erinnere mich nicht, mit der Zahl fünfundsechzig ein solches Spiel betrieben zu haben, vielmehr habe ich sie mir zwangsläufig selbst eingebrockt, und nun treibt sie ihr Spiel mit mir; dabei geht es erfreulich und manchmal auch anstrengend zu.

Ich danke Peter Rühmkorf, ich danke Volker Neuhaus, ich danke Björn Engholm. Ihr habt mich erhoben, eingekreist, annähernd durchsichtig gemacht. Ich fühle mich ertappt und ein wenig beschämt: soviel der Ehre. Gründe genug also, mich zu bedanken, und zwar in Form einer kurzen Lesung: vier Gedichte aus vier Jahrzehnten. Denen wird, in Gedenken an Willy Brandt, der Versuch eines Portraits, eine Prosapassage aus dem »Tagebuch einer Schnecke«, folgen.

Doch zuvor will ich – ohne eine Diskussion entfesseln zu wollen – einige Anmerkungen zu jenem Thema machen, das uns alle bewegt und in Frage stellt: zum Thema Asyl.

Ich muß Dir, lieber Björn, nicht erklären, wie sehr und entscheidend das Emigrantenschicksal, das hier verweigerte, dort gewährte Asyl, die Geschichte der deutschen Sozialdemokratie gezeichnet hat. Diese Erfahrungen haben mit dazu beigetragen, daß die sogenannten Verfassungsväter das Grundgesetz mit einer tragenden Säule, dem individuellen Grundrecht auf Asyl für politisch, religiös und rassisch Verfolgte, gesichert haben. Es wird Dir bewußt sein, lieber Björn, daß jede Änderung an diesem Grundrecht dem Artikel 16 an die Substanz geht. Die bisherige Diskussion beweist, daß die Meinungen der Sozialdemokraten gespalten sind; am Ende könnte nicht nur die Verfassung durch Schmälerung, sondern auch die SPD durch Spaltung Schaden nehmen.

Oktober 1992

Wir haben uns dieses Thema aufdrängen lassen. Bundesweit lagern über vierhunderttausend unerledigte Asylanträge. Es ist nicht mehr auszuschließen, daß diese Schlamperei auf Absicht fußt: Mit Horrorzahlen läßt sich fahrlässig leicht einschüchternde Politik machen. Sicher ist, daß die westeuropäischen Länder und mit ihnen besonders die Bundesrepublik künftig einem zunehmenden Einwanderungsdruck ausgesetzt sein werden. Die Versäumnisse gegenüber den Staaten der Dritten Welt und ihren der Verelendung ausgelieferten Menschen kommen auf uns zurück, holen uns ein und stellen uns vor Probleme, die nicht mit Hilfe neuer Paragraphen und Verordnungen gelöst werden können. Der während Zeiten der sozialliberalen Koalition auf 0,7 Prozent Entwicklungshilfe gehobene Satz – man hielt das damals für eine Leistung – ist mittlerweile auf 0,45 Prozent und weniger gesenkt worden. Es wäre also Aufgabe der SPD, eine Anhebung dieses Satzes auf weit mehr als zwei Prozent zu fordern, zumal sich diese Mehrausgaben durch nun endlich mögliche Abstriche im Verteidigungshaushalt finanzieren ließen.

Im Verbund mit solch einer nach außen wirkenden Hilfe könnte ein Einwanderungsgesetz – die Bundesrepublik ist ein Einwanderungsland! – dem Zustrom der Wirtschaftsflüchtlinge auf zivilisierte Weise begegnen; Beispiele dafür gibt es genug.

In Europa herrscht Krieg. Bei der Verhinderung dieses Krieges hat das sich vereinigende Europa versagt. Um so mehr Grund besteht, Kriegsflüchtlingen menschenwürdigen Aufenthalt zu gewähren, solange der Krieg dauert.

Diese drei Maßnahmen könnten deutlich machen, daß der Artikel 16 im Grundgesetz einzig den politisch Verfolgten gilt, weshalb auch kein Anlaß besteht, ihn zu ändern; allenfalls könnte man ihn erklärend ergänzen, ohne allerdings seine Substanz zu beschädigen.

Nie jedoch dürfen wir zulassen, daß uns rechtsradikaler Terrorismus und populistische Parolen unter Druck setzen. Die Fähigkeit zum Kompromiß schließt nicht Standfestigkeit in der Sache aus!

Deshalb bitte ich Dich, lieber Björn, uns nicht in den jederzeit handhabbaren Kästchen – hier Gesinnungsethik, dort Verantwortungsethik – zu sortieren. Zum Beispiel fußt meine Gesinnung auf Verantwortung.

Auch nach dem bevorstehenden Parteitag möchte ich mich weiterhin als Sozialdemokrat begreifen können. Nimm diesen Wunsch, lieber Björn, bitte mit nach Bonn; es steht auf der Kippe.

Rede vom Verlust. Über den Niedergang der politischen Kultur im geeinten Deutschland

Rede im Rahmen der von der Verlagsgruppe Bertelsmann veranstalteten Reihe »Reden über Deutschland« in München

Den letzten Spätsommer über suchten wir, wie seit Jahren, auf einer dänischen Insel Abstand zum »schwierigen Vaterland«, wissend, wie rasch und zugreifend solch ein Daumensprung Entfernung aufgehoben wird, zumal im Krisenmonat August. Im Jahr zuvor war es der gescheiterte Putsch in der zur Neige gehenden Sowjetunion gewesen, der die Ferien bestimmt und uns radiosüchtig gemacht hatte; zwei Jahre zuvor hob die Golfkrise als Medienereignis die Insellage auf: Wir konnten nicht abschalten; und in diesem Jahr holte uns Deutschland ein.

Dabei ist die Insel Møn reich an eigenwüchsigen Sensationen. Auf weiter, den Ostseedünen vorgelagerter Sommerweide herrscht von früh bis spät Flugverkehr. Tausend und mehr Graugänse machen Zwischenhalt, üben dort das Starten und Landen. Oder es stören plötzlich Fischreiher die Gänsevölker aus träger Ruhe auf. Anhaltender Lärm, der sich schließlich selbst verschluckt. Und immer ist der Himmel über der Weide, den Dünen, der See vollgeschrieben mit Flugformationen: eine Schrift, die, entziffert, Legenden stiftet. Nichts Aktuelles quasselt dazwischen, doch könnte jederzeit Nils Holgerson landen, um wieder, aus Sicht der Graugänse, in neue Abenteuer abzuheben.

Den letzten August über blieb der Himmel so gut wie leer, nur Möwen. Der trockene Sommer hatte die Weide ausgedörrt und auf dem geräumigen Flugfeld Start- und Landeverbot erteilt. Doch die Krisen blieben, laut Radio, nicht aus. Als wären zwei Ereignisse mutwillig parallel geschaltet worden, kommentierten die sportlichen Erfolge und Mißerfolge in Barcelona, etwa die Ausscheidungsläufe zum Hundertmeterlauf der Männer oder die Lattenhöhe beim Damenhochsprung, die tägliche Zahl der Toten in Sarajewo. Die Olympischen Spiele fanden in Bosnien statt; das olympische Stadion lag in Reichweite serbischer Granatwerfer. Die Nachrichten überlappten. Gleichzeitiges Geschehen gab sich als gleichwertig aus. Hier wurden Medaillen, dort Verluste gezählt. Und im olympischen Vergnügen hob sich der Schrecken als Nebenhandlung auf. Ein jüngerer, immer reisefertiger Schriftsteller hätte, so spekulierte ich, hier und dort präsent und mit zeitraffenden Wörtern der epischen Übersicht mächtig sein können: Scharfschützen und florettfechtende Damen, Dopingskandale und Blockadebrecher, verkürzte Nationalhymnen und der siebzehnte nichtsnutze Waffenstillstand, Feuerwerk hier und dort...

Aber nur Notizen zu Deutschland kamen in meiner Kladde zu Papier. Diese verfluchte, auf Bleisohlen abonnierte Seßhaftigkeit! Wir versuchten auf unserer Graugänse-Insel, die diesmal wenig Ablenkung zu bieten hatte, den Verstörungen des Krisenmonats zu entkommen; schließlich gab es Brombeeren reich und täglich frischen Fisch. Doch selbst zwischen den queren Augen der abgeschnittenen Flunderköpfe standen – weil in gestrige Zeitung geknüllt – Kleingedrucktes und einzelne Wörter fett: der Sprengsatz Jugoslawien und olympisches Gold beim Vierer ohne Steuermann. Später aßen wir unter dänischem Himmel die kopflosen Flundern aus der Pfanne, Anfang August.

Was macht Empfindsame so unempfindlich? Leicht reizbar, sind wir dennoch abgestumpft. Zuviel, sagt selbst der Pfarrer von der Kanzel, ist gleichzeitig los. Jetzt soll die Überfülle der Informationen schuld sein, daß die Gesellschaft – weil überinformiert – wie uninformiert vor sich hin lebt. Oder man sattelt sein Steckenpferd: Dieser starrt aufs Ozonloch, jener bleibt auf die Pflegeversicherung fixiert. Wer zu lange über das Elend der bosnischen Flüchtlinge jammert, versäumt, Somalia und den alltäglichen Hungertod in seinen Jammer einzubeziehen. Ist etwa die Welt aus den Fugen, oder spielt nur, wie neuerdings häufig, die Börse verrückt?

Als die Olympischen Spiele abgefeiert waren, stand eine Zeitlang unangefochten Sarajewo im Vordergrund und blieb peinlich, weil allenfalls Nebenkriegsschauplätze vom Versagen der europäischen Politik ablenken wollten; doch selbst diese Europa als Schimäre ausweisende Schande war zum Allgemeinplatz verkommen. Dann kam Nachricht aus Deutschland und bestätigte den Krisenmonat August.

Eigentlich nichts Neues, nur das Alte in vergröberter Ausgabe. Über fünfhundert Rechtsradikale bestürmten wiederholt in Rostock-Lichtenhagen ein Asylantenheim. Aus den Fenstern benachbarter Häuser schauten die Bürger zu und klatschten Beifall, als Steine und Molotowcocktails geworfen wurden. Später konnten die Bürger im Fernsehen sehen, wie sie zugeschaut und geklatscht hatten; einige mögen sich erkannt haben.

Eigentlich wußte man das: Nach westdeutschem Vorbild war schon in Hoyerswerda und anderswo Leistungsstärke bewiesen worden. Das war eingeübt mittlerweile, wie Fremdenhaß in Gewalt umschlägt. Auch diesmal zeigte die Polizei Verständnis für den kompakten Volkswillen und hielt sich zurück. Wenig später waren die Polizisten mit größerem Eifer damit beschäftigt, linke Gegendemonstranten abzufangen. Diese Sache, so hieß es, dürfe nicht eskalieren. Aus unserem Ferienradio tönten Politiker, die einander in jener wohlfeilen Disziplin zu übertreffen versuchten, die Betroffenheit heißt.

Doch dann mischte das Ausland sich ein, weil immer mehr Asylantenheime, in Brand geworfen, Zuschauer fanden. Fotografiertes Gebrüll, weltweit verbreitet. Der »häßliche Deutsche« wurde wiederentdeckt. Nichts lenkte mehr ab, keine Olympiade, weder Kabul noch Sarajewo. Überall stand fettgedruckt ROSTOCK. Also schrieb ich auf der dänischen Ferieninsel Notizen für diese Reise nieder; die mir übliche Zuflucht zum Manuskript und seinen episch verzweigten Fluchtgängen lag verschüttet. Einschneidendes war geschehen.

Seitdem hat sich Deutschland verändert. Hoyerswerda ließ sich noch irgendwie wegschummeln, doch seit Rostock sind alle Beteuerungen aus Zeiten der Einheitsseligkeit entwertet. Jener bis in die Spalten des Feuilletons hinein hochgejubelte Triumph, der das Ende der Nachkriegszeit und eine abermalige Stunde Null verkündete, jene Feststimmung, die ein geeintes Deutschland auf den Sokkel hob, dem endlich, weil nunmehr frei von verjährter Last, ein neues Geschichtskapitel bis zur Druckreife geschrieben werden dürfe – und ein Dutzend beflissener Geschichtsschreiber stand mit gewetzter Feder bereit –, jene schon vor Dreijahresfrist ekelerregende Maulhurerei ist ins Kleinlaute umgeschlagen, weil uns wieder einmal die Vergangenheit auf die Schulter klopft, uns als Täter, Mitläufer und schweigende Mehrheit kenntlich gemacht hat.

Nicht etwa, daß der Schreck uns verstummen ließ. Protest wurde laut, Erklärungen und Appelle fanden Unterschriften. Großkundgebungen sollten uns jüngst noch als widerstandsfähig ausweisen; doch jene Politik, die seit drei Jahren den nunmehr zutage tretenden Rückfall in deutsche Barbarei zu verantworten hat, ist sich – weil unbeirrbar – treu geblieben; weiterhin wird das individuelle Grundrecht auf Asyl – ein Schmuckstück unserer Verfassung! – zu Markte getragen, auf daß dem Volksempfinden, das chronisch gesund zu sein hat, Genüge getan werde; weiterhin wird der Prozeß der Einheit ohne Einigung als wiederholte, diesmal sozial deklassierende Teilung betrieben; und weiterhin sind weder Regierung noch Opposition willens oder fähig, den schamlosen Ausverkauf der Konkursmasse DDR zu beenden und anstelle dessen einen Lastenausgleich wirksam werden zu lassen.

Der war von Anbeginn und wäre weiterhin rechtens, denn in ihrem ausgebeuteten Zustand, eingemauert, bespitzelt und ständig bevormundet, als zu kurz gekommene Deutsche, haben die Bürger der DDR über vierzig Jahre lang bezahlen müssen, stellvertretend für die Bürger der Bundesrepublik zahlen und draufzahlen müssen. Ihnen stand nicht das Glück der Option für westliche Freiheit offen. Nach ungerechtem Maß haben nicht wir für sie, nein, sie für uns die Hauptlast des von allen Deutschen verlorenen Krieges getragen. Diese Einsicht hätte, gleich nachdem die Mauer gefallen war, Vorrang haben müssen. Das – und nicht abermalige Bevormundung – wären wir ihnen schuldig gewesen.

Deshalb – und weil mich diese ungerechte Verteilung der Lasten seit Beginn der sechziger Jahre wiederholt zum Reden gebracht hat – habe ich am 18. Dezember 1989, auf dem Parteitag der SPD in Berlin, einem »weitreichenden Lastenausgleich, fällig ab sofort und ohne weitere Vorbedingungen«, das Wort geredet und als Finanzierung die rigorose Kürzung der Militärausgaben und eine sozial gestaffelte Sondersteuer vorgeschlagen; doch glaubten meine Genossen damals, Willy Brandts schöner Verheißung »Jetzt wächst zusammen, was zusammengehört« so wundergläubig wie untätig folgen zu können, wenngleich sich schon wenige Wochen nach dem Fall der Mauer erkennen ließ, daß nichts aus sich heraus wachsen wollte, entsetzlich viel jedoch zu wuchern begann. Nach über vierzig Jahren Trennung ist einzig die Last schuldhafter Vergangenheit uns Deutschen gemein; selbst die Sprache versagt Verständnis.

Als ich meine Rede vom »Deutschen Lastenausgleich« beendet hatte, wurde sie von kurzem Beifall erschlagen, doch fand sie immerhin ins Protokoll. Seitdem ist mir die vergebliche Dreinrede geläufig. Nur wenige Wochen später, am 2. Februar 1990, habe ich in Tutzing, während des Kongresses »Neue Antworten auf die deutsche Frage«, nach längerer Begründung die Forderung gestellt: »Wer gegenwärtig über Deutschland nachdenkt und Antworten auf die deutsche Frage sucht, muß Auschwitz mitdenken.«

Dieser Satz und weitere Überlegungen, die vor einer eilfertigen deutschen Einheit nach dem Ruckzuck-Anschlußverfahren warnten und für den Beginn eine Konföderation vorschlugen, lösten sogleich Empörung aus. Meine »Kurze Rede eines vaterlandslosen Gesellen« hatte den Nerv getroffen. Ich, der »selbsternannte Schwarzseher der Nation«, ich, der »notorische Feind der deutschen Einheit«, hätte, so hieß es, »Auschwitz instrumentalisiert« und das Selbstbestimmungsrecht der Deutschen durch diesen Rückgriff einschränken wollen.

Meine einheitstrunkenen Kritiker von damals seien heute gefragt, ob ihnen gegenwärtig und verspätet das Niederbrennen der sogenannten »jüdischen Baracke« in Sachsenhausen ein Licht gesteckt hat?

Meine Kritiker von damals, die sich allesamt auf den irrwitzigen Satz eines Bahnhofsvorstehers versteift hatten, »Der Zug ist abgefahren, und niemand kann ihn aufhalten«, sie alle seien heute darauf hingewiesen, in welch neuerliche Barbarei uns Deutsche ihr Eisenbahnerlatein geführt hat.

Vor latentem und offenem Antisemitismus und vor Pogromen, deren Opfer mit Vorzug Zigeuner sind, muß nicht mehr gewarnt werden. Auschwitz und Auschwitz-Birkenau, wo annähernd eine halbe Million Roma und Sinti ermordet wurden, werfen bereits ihren Schatten. Zigeuner werden heute in Deutschland abermals als asoziale Elemente eingestuft und sind permanent der Gewalt ausgesetzt. Doch keine politisch gestaltende Kraft ist erkennbar, die willens oder fähig wäre, dem wiederholten Verbrechen Einhalt zu gebieten.

Im Gegenteil: Es sind nicht nur und nicht zuallererst die Skinheads, die in telegenen Auftritten den demokratischen Konsens der Gesellschaft brechen; vielmehr waren es, begabt mit verbaler Schlagkraft, Politiker, die Herren Stoiber und Rühe, die schon vor Jahr und Tag das Problem der Einwanderung und die Not der Flüchtlinge und Asylsuchenden als permanentes Wahlkampfthema ausgereizt haben. Sie stimulierten durch die Aufkündigung zivilisierten Verhaltens die sich sammelnden Rechtsradikalen zu Gewalttätigkeiten und Mordanschlägen. Ein vom Innenminister Seiters mit der rumänischen Regierung ausgehandeltes Abschiebeverfahren, das, genau besehen, vorsieht, zufluchtsuchende Roma zu deportieren, und die beständigen Anschläge auf den Asylartikel im Grundgesetz sind mehr oder weniger verbrämte Vorformulierungen der Deutschland einigenden Parole: »Ausländer raus!«

Herr Rühe, der sich mittlerweile als Verteidigungsminister staatstragend gibt, hat meine Rollenbeschreibung seiner Tätigkeit als Generalsekretär der CDU, er sei »ein Skinhead mit Schlips und Scheitel«, als ihn langweilende Wiederholung abgetan; er wird diesem Konterfei noch oft begegnen, weil der Terror nicht nur in seiner Wirkung erkannt, sondern auch im Lager der Verursacher beim Namen genannt werden muß. Denn wie soll diese Regierung ein Doppelspiel beenden, das sie mit Kalkül angestiftet und aus nackter Angst vorm Volksempfinden und dessen rigoroser Gesundheit inszeniert hat?

Die Bundesrepublik Deutschland und ihr Grundgesetz sind einem Abbruchunternehmen ausgeliefert, das sich gleichwohl als Hausverwaltung und treusorgend versteht. Wenn ein CSU-Politiker, der sich als Finanzminister ausgibt, unter seinen enormen Augenbrauen einen Blick in die Zukunft riskiert und erkennen will, daß künftige Wahlen nur rechts von der Mitte gewonnen werden können, wenn sich die FDP einen braunstichigen und volkstümlich grenzüberschreitenden Österreicher als Festredner ausleiht, wenn sich ein für die Rüstungslobby zuständiger Staatssekretär als Schirmherr für die runde Geburtstagsfeier der V2-Raketen nach Peenemünde begeben will – und nur Proteste aus dem Ausland haben ihm diese Reise verpatzt –, wenn all das, diese bundesweite Verlagerung der politischen Mitte nach rechts, dieser Rechtsrutsch, weiterhin nur als Stammtischgerede abgetan und nicht als existentielle Bedrohung begriffen wird, dann müssen wir Deutschen uns wieder als gefährlich werten – und zwar, bevor unsere Nachbarn mit uns als Gefahr rechnen.

Deshalb nenne ich einige der Biedermänner als Brandstifter beim Namen. Deshalb sehe ich den angeblichen Notstand des Staates einzig in der Regierung verwurzelt. Deshalb muß mein »Reden über Deutschland« frei sein von detailverliebten Betrachtungen und Ausflügen in vaterländische Gefühlslagen; vielmehr will ich das Fragezeichen wie einen Tiefbohrer ansetzen.

Ist dem deutschen Hang zur Rückfälligkeit kein heilsames Kraut gewachsen? Ist uns die Wiederholungstat in Runenschrift vorgeschrieben? Muß uns Deutschen – wie zwangsläufig – alles, selbst das wunderbare Geschenk möglicher Einigung, zur monströsen Spottgeburt mißraten? Bleibt uns, denen so angestrengte Wortballungen wie »Trauerarbeit« und »Vergangenheitsbewältigung« eingefallen sind, nun, aus anderer Extremlage, das Knüppelwort »Gesinnungsästhetik« angedroht, mit dem unsere frischgewendeten Kulturbetriebswirte alles niedermachen, das sich nicht der Ästhetik hübsch inszenierter Beliebigkeiten befleißigt? Ist uns, die wir immer noch von letzten Ausflügen ins Absolute beschädigt sind, noch immer kein ziviler, das heißt humaner Umgang mit In- und Ausländern möglich? Was fehlt uns Deutschen bei all unserem Reichtum?

Diese Fragen schrieb ich Ende August in Dänemark nieder, in einem Land also, das zwar nicht durch überbetonte Fremdenfreundlichkeit auffällt, in dessen Gesellschaft jedoch Haß als ausgelebte Mordlust – wie in Hoyerswerda, Rostock, in hundert anderen Städten geschehen – nicht nachzuweisen, kaum denkbar ist, selbst nicht im Zustand übermäßiger Belastung.

Als im Frühjahr 1945 die Sowjetarmeen vorrückten und viele tausend Deutsche über die Ostsee in das von der Wehrmacht besetzte Dänemark flüchteten, hat nach der bald fälligen Kapitulation des Großdeutschen Reiches kein noch so verständlicher Zorn oder gar Haß auf die Okkupanten die Dänen zu Gewalttätigkeiten gegenüber den deutschen Flüchtlingen verführt. Im Gegenteil:

Selber Mangel leidend, haben sie dennoch ihre Feinde versorgt. Deren Rückkehr nach Deutschland verlief nicht als brutales Abschiebeverfahren. Ich könnte von west- und ostpreußischen Flüchtlingen berichten, denen nicht während ihres Aufenthaltes in Dänemark ihr Status und Dasein als Flüchtlinge bewußt gemacht wurde; wohl aber haben sie als Zwangseingewiesene in nord- und westdeutschen Gemeinden anhaltenden Haß als Fremdenfeindlichkeit erfahren. Schon damals hieß es: »Geht doch hin, wo ihr hergekommen seid!«

Den Dänen ist ihr hoher Grad an zivilisiertem Verhalten selbstverständlich. Darüber reden sie nicht, allenfalls ironisch in Nebensätzen. Wir jedoch haben den Zivilisationsbruch innerhalb der deutschen Gesellschaft – datiert als geschichtliche Zäsur auf das Jahr 1933 – bis heute nicht schließen können, bei allem Bemühen, trotz aller Beteuerungen.

Selbst Anfang der siebziger Jahre, als man hoffen mochte, es könne gelingen, diesen Bruch, wenn nicht zu heilen, dann doch zu überbrücken, als durch reformerischen Schub unsere gesellschaftliche Rückständigkeit aufgeholt werden sollte, entsprachen die Haßparolen der Linksextremisten den Haßtiraden der Springer-Presse, begann der politische Mord mit dem Anschlag auf Rudi Dutschke Schule zu machen, wurden Gegner zu Feinden erklärt und blieb der Kniefall von Warschau bis in den Bundestag hinein der Häme ausgesetzt. Seit Konrad Adenauers Schmährede vom Herbst 1961, die den Emigranten treffen und verletzen sollte, ist Willy Brandt in Deutschland ein Fremder geblieben, fremd bis zu seinem Tod; kein feierlicher Staatsakt konnte darüber hinwegtäuschen.

Als der junge Mann aus Lübeck 1933 in Norwegen und später in Schweden um Asyl bat, wurde ihm Asyl gewährt. Der gestern auf dem Parteitag der SPD beschlossene Kompromiß hebt meine Besorgnis nicht auf. Jeder sozialdemokratische Bundestagsabgeordnete, der demnächst bereit wäre, das unsere Verfassung auszeichnende Grundrecht auf Asyl durch Zusätze einzuschränken, muß wissen, daß er damit rückwirkend alle Emigranten, die toten, die noch lebenden, trifft, alle, die Deutschland verlassen mußten und in Skandinavien und Mexiko, in Holland, England, in den USA Zuflucht fanden. Deshalb könnte die Schmälerung des Asylrechts, sollte diese im Bundestag eine Zweidrittelmehrheit finden, den Bruch mit der Geschichte der deutschen Sozialdemokratie zur Folge haben.

Ein Bruch mehr, mag manch einer sagen, das zählt nicht. Wir Deutschen sind nun mal schicksalhaft vielfach gebrochen. Mit Brüchen und Spaltungen zu leben, sind wir geübt. Zerstückelt zu sein war für uns – spätestens seit dem Dreißigjährigen Krieg – der Normalzustand. Und Ostelbien hat es, vom Rhein aus gesehen, schon immer gegeben. Das Bruchstückhafte, Zwiespältige, das sozusagen Hamlethafte gehört zu uns, weshalb wir auch ohne Unterlaß nach Einheit streben, zumeist vergeblich oder um einen zu hohen Preis.

Demnach hieße deutsch sein, gespalten sein, in jeder Seins- und Bewußtseinslage. Zugleich hieße deutsch sein, unter fehlender Einheit zu leiden, weshalb wir dauerhaft mit uns selbst beschäftigt sind; zum Spott unserer Nachbarn, die andere, weniger gefährliche Unarten pflegen.

Ich halte nichts von solchen Verkürzungen, so handlich sie sein mögen, denn die Westdeutschen haben kaum unter der Teilung des Landes gelitten, sie eher durch Ignoranz gefördert. Gegen Ende der Zweistaatlichkeit begannen sie sogar am Sinn jenes Nationalfeiertages zu zweifeln, dessen Rhetorik einen führungslosen Arbeiteraufstand in eine Volkserhebung umgemogelt hatte. Eher ängstigte die Westdeutschen der plötzlich drohende Anschluß, ahnte man doch, allen Kanzlerlügen zum Trotz, die Kosten. Nein, wir waren nicht auf Einheit versessen; vielleicht mißtrauisch aus der geschichtlichen Erfahrung heraus, daß die Einheit uns Deutschen immer nur Unglück gebracht hat.

Übrig bleibt eine meiner dänischen Feriennotizen, die ich aus Anlaß dieser Rede bald nach dem alles nivellierenden Doppelereignis – Olympiade plus Sarajewo – notiert habe und deren Kürze – Wir Deutschen sind ohne Maß! – nach erklärenden oder dem Kurzbefund widersprechenden Erweiterungen verlangt.

Sind wir, deren haushälterisches Sicherheitsstreben aus ausländischer Sicht bewundert wird, wirklich so ganz ohne Maß? Widerspruch bietet sich an. Gibt es nicht französische und amerikanische Politologen und Historiker – etwa Alfred Grosser und Fritz Stern – die uns, auf Anfrage, ein befriedigend benotetes Reifezeugnis ausgestellt haben?

Haben wir nicht, was den Westen des Landes betrifft, während vierzig Jahre anhaltender demokratischer Dauerschulung einen beispielhaft sozialen Konsens gefunden, der den ideologischen Anspruch »Soziale Marktwirtschaft« zu bestätigen schien?

Sind wir nicht bis zum Zeitpunkt der Rückgewinnung unserer nationalen Souveränität eher behutsam und uns kleinmachend im Ausland aufgetreten? Der wirtschaftliche Riese als politischer Zwerg; weshalb auch Sprüchen wie »Wir sind wieder wer!« und vergleichbarer Großtuerei sogleich begütigende Relativierung und Ermahnungen zur Bescheidenheit folgten.

Waren wir nicht bemüht, jeder Nato-Weisung im Sinne der Vorwärtsverteidigung sogleich und als erste untertänig zu sein?

Haben wir nicht bis zur Historikerdebatte – das war kurz vor der Einheit – die Last der Vergangenheit, den deutschen Schuldkomplex und die Schande nicht verblassender Stigmatisierung geduldig getragen, freilich hoffend, daß all das eines Tages ausgetragen sein möge?

Und sind wir nicht insgesamt den Wörtern »ordnungsliebend, sozial verträglich, kompromißbereit und ausgewogen« geneigter als den auftrumpfenden Forderungen »Entweder oder!« und »Koste es, was es wolle!«?

Sicher ist richtig, daß sich die Bürger der Bundesrepublik Deutschland durch Eigeninitiative und jeweils im Vorfeld ihrer Parteien und Interessenverbände dem Anschein nach zivilisiert hatten; selbst der barsche Amtsstuben- und Behördenton, der beiderseits der Barriere den Untertan zur Voraussetzung hatte, mußte sich der Aufforderung »Seid nett zueinander« bequemen. Man ging zivil miteinander um. Das Wort »Streitkultur« wurde in Umlauf gesetzt. Die Vergangenheit blieb schulpflichtig Thema. Zwar gab es etliche Altnazis, die ewig Gestrigen, doch als Ende der sechziger Jahre der NPD, einer rechtsradikalen, zumeist ältere Jahrgänge versammelnden Partei, der Einzug in etliche Landesparlamente gelang, stand ihr eine demokratische Linke gegenüber, die dieses rechte Potential in offener und gewaltloser Auseinandersetzung bis zur Bedeutungslosigkeit reduziert hat: Vorbei war der Spuk, das rechte Lager verkrümelte sich.

So sah es aus. Die DDR, von Staats wegen und kraft Behauptung antifaschistisch, sah sich um einen Triumph gebracht. Man konnte hoffen, einen letzten Rückfall überstanden zu haben. Der nachgeborenen Generation bot sich ein demokratisches Gehege an, das, reich bestückt mit Abenteuerspielplätzen und beheizten Schwimmbädern, Diskotheken und soziologischen Gutachten, genügend komfortablen Auslauf bot und deshalb eine Entwicklung versprach, die friedfertig und tolerant auf jugendorientierten Konsum setzte. Harmlos wechselten die Moden, und nur dem Zeitgeist wurde geopfert.

Doch schon vor dem Fall der Mauer und der alsbald ruckzuck vollzogenen Einheit erwies sich der Anschein, endlich sei Deutschland, zumindest sein westlicher Großteil, geläutert, als trügerisch. Aber erst der Anschluß der Konkursmasse DDR samt totem und lebendem Inventar an die Handelsketten und Energieverbände, an die Banken und Versicherungskonzerne der Bundesrepublik, erst das »Einig-Vaterland« genannte Gelegenheitsschnäppchen machte die Selbsttäuschung zunichte, ließ den gesamtdeutschen Schwindel auffliegen und gab dem Hang zur Maßlosigkeit – kaum waren wir souverän – abermals Auftrieb.

Sogleich erwies sich der mühsam erkämpfte soziale Konsens als brüchig. Brav antrainierte Bescheidenheit wurde als kleinkariert und provinziell denunziert; seitdem wird wieder großmäulig geklotzt. Staatstragende Zeitungen riefen dazu auf, die Last deutscher Vergangenheit – bis dahin schmerzlicher Teil unseres Selbstverständnisses – endlich abzuwerfen und nach vorne, nur noch nach vorne zu schauen.

Und weil sich angesichts der zerfallenden Sowjetunion das westliche Lager, mithin der Kapitalismus, als Sieger über den Kommunismus ausgab, schlugen wir uns gesamtdeutsch und wie geübt auf die Siegerseite, entschlossen, klare Verhältnisse zu schaffen: Keinen Dritten Weg oder gar demokratischen Sozialismus durfte es mehr geben. Verzicht auf Utopie wurde wie eine Wurmkur verschrieben. Selbst wo kein Markt nachzuweisen war, wollte mit dogmatischer Borniertheit die freie Marktwirtschaft herrschen. Und jene demokratische Linke, die sich am deutlichsten, zwar ohne blindmachenden Haß, doch mit Argumenten gegen den Kommunismus ausgesprochen hatte, sie, diese in sich zerstrittene Linke, die dennoch, im Sinne eines tätigen Verfassungspatriotismus, der sicherste Schutz gegen rechtsradikale Anfälligkeiten der bundesrepublikanischen Gesellschaft gewesen war, sie sollte gleichfalls, der klaren Verhältnisse wegen, vom Tisch gewischt werden.

An Saubermännern hat es in Deutschland noch nie gefehlt, doch selten ist ein Säuberungsprozeß so fachkundig besorgt worden; waren und sind es doch mit Vorzug ehemalige Kommunisten und reuige Maoisten, die dieses Geschäft besorgten und weiterhin in Gang halten. Schon sind sie dabei, nach Art und Methode der Jakobiner, belastbare Laternenpfähle wieder in Mode zu bringen, desgleichen ein mittelalterliches Relikt, den Pranger. Und weil niemand wie sie die Disziplin der öffentlichen Selbstanklage beherrscht, ist dem deutschen Denunziantenwesen eine stabile Konjunktur sicher. – Gott oder sonst wer schütze uns vor dem Eifer der Konvertiten!

Seitdem diese Säuberung die Feuilletons belebt und während Podiumsdiskussionen für Höhepunkte gesorgt hat, gibt es die demokratische Linke nur noch als beschworenes Gespenst oder allenfalls in Gestalt einiger zum Fossil degradierter Einzelgänger. Eines dieser restlichen Exemplare spricht heute zu Ihnen. Ich habe mich umgesehen, Ausschau gehalten: Die Linke ist zermürbt. Der dritte Weg ist vernagelt. Die letzten Verfassungspatrioten sind demnächst im Zoo zu bestaunen. Doch bleibt zu fragen: Welche politische Kraft sieht sich gegenwärtig in der Lage, diese mutwillig geschaffene Lücke zu füllen und dem rechten Terror zu widerstehen?

Die bürgerliche Mitte wohl kaum. Anfällig für herbeigeredete Ängste und das Stoibersche Menetekel, »die drohende Durchrassung des deutschen Volkes«, wie die Hölle auf Erden fürchtend, sieht sie dem rechten Terror zwar geniert – »Was wird das Ausland dazu sagen? Die Investoren bleiben uns weg!« –, doch mit grundsätzlichem Verständnis zu. Streibls Beschwörung einer »multikriminellen Gesellschaft« und Waigels Weisung, »zukünftige Wahlen werden nur rechts von der Mitte zu gewinnen sein«, sind nicht ins Leere hinein gesprochen worden.

Als am 3. Oktober, dem Einheitstag, rechtsradikale Horden durch Dresdens Straßen zogen und »Juda verrecke!« riefen, gab ihnen die örtliche und die aus Westdeutschland herbeigerufene Polizei schützendes Geleit, während gleichzeitig in Schwerins Straßen etwaige Protestierer gegen den Kanzler der Einheit, der seine historische Größe in Schwerins Stadttheater feierte, vorsorglich weggefangen wurden. Man muß hier in München, wo vor nicht langer Zeit einige Dutzend linke Trillerpfeifen die geballte Polizeigewalt in Aktion gesetzt haben, nicht vor Weimarer Zuständen warnen, um die rechtslastige Schwäche der vergrößerten Bundesrepublik zu erkennen.

Wieder einmal sind wir wie ohne Maß. Meine dänische Notiz, die sich gegen Ende August noch als fragende Vermutung aussprach, ließe sich gegenwärtig durch weitere, jeder parlamentarischen Kontrolle enthobene Maßlosigkeiten bestätigen. Ich nenne, als allzu dienstwilligen »Spiegel«-Lieferanten, die Gauck-Behörde, die, je nach Gusto, die Büchse der Pandora öffnet und so – gewiß ungewollt – die Arbeit des Staatssicherheitsdienstes der DDR fortsetzt: Jetzt endlich zahlt sich der Fleiß des Stasi aus, jetzt endlich wirkt sein Langzeitgift. Die einst gültige und zivilisierte Regel »Im Zweifel für den Angeklagten« ist ins Gegenteil gekehrt worden: Schon der Verdacht spricht schuldig.

Als weitere Maßlosigkeit nenne ich den zentralistischen Alptraum Treuhand, nach dessen Übermaß menschliche Existenzen ausgesiebt werden. Nichts hat uns gezwungen, diese mittlerweile selbsttätigen Monstren in die Welt zu setzen. Oder was hat uns gezwungen, so erbarmungslos mit beschädigten, wiederholt gedemütigten Menschen umzugehen? Wollen wir Westdeutschen uns an ihnen, den Ossis, beweisen? Sollen sie büßen, weil wir uns unsere Globke und Kiesinger, zudem Tausende NS-Juristen geleistet haben? Sollen sie, unsere vielberufenen »armen Brüder und Schwestern«, wiedergutmachen, was uns unter der Sonne des Wirtschaftswunders mißraten ist?

Um bei der deutschen Maßlosigkeit zu bleiben: Welch Ausmaß an Selbstgerechtigkeit schlägt hier zu Buche!

Ich sagte es anfangs: In diesem Sommer, der hart war und auf Dürre bestand, hatten auf unserer Ferieninsel die Graugänse ihren Flugbetrieb eingestellt. Nichts lenkte ab. Auf meinem Papier ließ sich jener Rest Bitterkeit nicht aussparen, der nach zwei Jahren Einheit als Bodensatz geblieben ist. Darum bestehen meine dänischen Notizen darauf, daß ich nun von mir spreche, von

Deutschland und mir. Wie ich dieses Land nicht loslassen wollte. Wie dieses Land mir abhanden gekommen ist. Was mir fehlt und was ich vermisse. Auch was mir gestohlen bleiben kann.

Deshalb steht meine Rede unter dem Titel: »Rede vom Verlust«.

Die Reihe ist lang und will auf einige beispielhafte Anzeigen verkürzt werden. Es begann mit dem Verlust der Heimat. Doch dieser Verlust war, so schmerzlich er blieb, als begründet einzusehen. Deutsche Schuld, das heißt ein verbrecherisch geführter Krieg, der Völkermord an Juden und Zigeunern, Millionen ermordeter Kriegsgefangener und Zwangsarbeiter, das Verbrechen der Euthanasie, zudem das Leid, das wir als Okkupanten unseren Nachbarn, besonders dem polnischen Volk, zugefügt haben, all das führte zum Verlust der Heimat.

Verglichen mit Millionen Flüchtlingen, denen es in der Regel schwerfiel, weiter westlich heimisch zu werden, war ich gut dran. Ich konnte mit Hilfe der Sprache diesen Verlust zwar nicht wettmachen, doch, Wörter wie Bruchstücke fügend, zu etwas gestalten, dem der Verlust ablesbar wurde.

Die meisten meiner Bücher beschwören die untergegangene Stadt Danzig, deren gehügelte wie flache Umgebung, die matt anschlagende Ostsee; und auch Gdańsk wurde im Verlauf der Jahre zu einem Thema, das fortgeschrieben sein wollte. Verlust machte mich beredt. Nur was gänzlich verloren ist, fordert mit Leidenschaft endlose Benennungen heraus, diese Manie, den entschwundenen Gegenstand so lange beim Namen zu rufen, bis er sich meldet. Verlust als Voraussetzung für Literatur. Fast neige ich dazu, diese Erfahrung als These in Umlauf zu bringen.

Zudem hat der Verlust der Heimat mich frei gemacht für Bindungen anderer Art. Der allem Heimatlichen eingeborene Zwang, seßhaft sein zu müssen, ist aufgehoben. Geradezu leichtfertiges Vergnügen am Ortswechsel gibt Neugierde auf das Fremde frei. Dem Heimatlosen sind die Horizonte weiter gespannt als den Bewohnern kleiner und größerer Erbgrundstücke. Da keine Ideologie meinen Verlust übersteigerte – denn nichts Urdeutsches ging verloren; nichts Urpolnisches wurde zurückgewonnen –, bedurfte ich nicht der nationalen Krücke, um mich als Deutscher zu begreifen.

Andere Werte wurden mir wichtig. Deren Verlust ist schwerer zu akzeptieren, weil sie eine nicht aufzufüllende Lücke hinterlassen.

Zwar war ich es gewohnt, mit meinem geschriebenen und gesprochenen Wort umstritten zu sein, doch habe ich während der letzten drei Jahre, das heißt, solange ich mich zum von Anbeginn mißglückten Prozeß der deutschen Einheit kritisch geäußert und Warnungen vor diesem gedankenlosen Ruckzuck-Verfahren zur Litanei geknüpft habe, schließlich erkennen müssen, daß ich ins Leere sprach und schrieb. Mein Patriotismus, dem nicht der Staat, vielmehr dessen Verfassung wichtig ist, war unerwünscht.

Nicht mir allein ging es so. Ich vermute, daß diese Erfahrung Jürgen Habermas und Walter Jens, Christoph Hein und Friedrich Schorlemmer sowie all jenen als Verlust spürbar ist, die mit Wolfgang Ullmann und dem »Kuratorium für einen demokratisch verfaßten Bund deutscher Länder« vergeblich versucht haben, das Gebot des mittlerweile gestrichenen Schlußartikels im Grundgesetz, 146, einzulösen; ein Gebot, das zwingend vorschrieb, im Falle der Einheit dem deutschen Volk eine neue Verfassung zur Abstimmung vorzulegen.

Diese Chance ist vorbei und vertan. Chefjournalisten, die vormals dem hastigen Anschluß das Wort geredet und das Gebot der neuen Verfassung als nichtig gewertet haben, sie, die mitverantwortlich sind für das nationale Unglück der verpfuschten Einheit, sind bis heute nicht bereit, ihre trügerischen Eisenbahnersignale und die Verweigerung einer rechtzeitigen Verfassungsdebatte als folgenreiche Trugschlüsse zu erkennen. Denn nach wie vor rührt sich nichts oder nur wenig: Einzig als Parteiensache – unter Ausschluß der Öffentlichkeit –, irgendwo im Verborgenen vertagt sich eine Verfassungskommission. Doch zugleich fehlt es nicht an Fleiß, das ohnehin gebeutelte Grundgesetz weiterhin in seiner Substanz zu schmälern.

Zugegeben: Dieses Reden ohne Echo ist mir eine neue und auf Dauer nicht besonders stimulierende Disziplin. War es mal anders? Gewiß! Wenige Jahre lang, als Willy Brandt Bundeskanzler war und versuchte, die Ankündigung seiner ersten Regierungserklärung, »Mehr Demokratie wagen!«, umzusetzen. Schon der Regierende Bürgermeister von Berlin hatte, mit Hilfe seiner Frau Rut, zu Gesprächen eingeladen, die auf Kritik bestanden und oft genug das eng gewordene Berliner Selbstverständnis sprengten. Der anstrengende, weil in der Regel fordernde Umgang mit Intellektuellen war Willy Brandt selbstverständlich. Und mit ihm setzten Karl Schiller und Adolf Arndt auf Gespräche, denen nicht mit dem bloßen Benennen von Sachzwängen die Grenze gezogen war. Der waghalsige, mittlerweile zur bloßen Floskel verkommene Begriff »politische Kultur« wurde eine Zeitlang gelebt, das heißt, wir hörten einander zu; eine Tugend, die bei Willy Brandt zu erlernen war.

Als Siegfried Lenz und ich im Dezember 1970 den Kanzler nach Warschau begleiteten, empfanden wir uns nicht als Dekoration, nein, gerade weil Lenz und ich den Verlust unserer Heimat akzeptiert hatten, trugen wir die Anerkennung der polnischen Westgrenze mit. Stolz auf Deutschland? – Ja doch, rückblickend bin ich stolz, in Warschau dabeigewesen zu sein.

Übrigens waren es nicht nur Brandt und sein engerer Kreis, die diese Form politischer Kultur belebten; jener Gustav Heinemann, der als frischgewählter Bundespräsident die erste Fangfrage eines Journalisten, »Lieben Sie den Staat?«, beispielhaft knapp, »Ich liebe nicht den Staat, ich liebe meine Frau!«, beantwortete, ging gleichfalls wie selbstverständlich mit Intellektuellen um, gelegentlich sogar beim Skatspiel.

Wenn ich diese kurze und dennoch nachhaltig prägende Zeit zu beschwören versuche, spreche ich von etwas Verlorenem. Etwas blieb einmalig, das auf Fortsetzung angelegt war. Mit seinem Tod hat mir Willy Brandt diesen Verlust noch spürbarer gemacht.

Und weitere Verlustanzeigen: Was ist aus der Vielfältigkeit öffentlicher Meinung geworden? Wie rauschte es im deutschen Blätterwald, als »Der Spiegel« noch war, was er versprach: zum Beispiel eine deutliche Alternative zur Springer-Presse. Zwar gleichgestimmt im Wirtschaftsteil, unterschied sich »Die Zeit« dennoch durch ihren radikal liberalen Anspruch von der konservativen Statik der »Frankfurter Allgemeinen Zeitung«. Heute sind die Feuilletonredakteure der genannten Gazetten austauschbar; sie widersprechen einander nur noch kokett in Nebensätzen. Die selbstgerechte Abrechnung mit der demokratischen Linken gehört inzwischen zum guten Ton. Sogar in der »Frankfurter Rundschau« darf diese Tonlage gelegentlich Lücken büßen. Deutschland, einig Feuilleton! ließe sich ersatzweise rufen, nachdem das vielberufene Vaterland wieder mal uneins ist.

November 1992

Natürlich gibt es Ausnahmen. So haben sich aus den Restbeständen der einst gleichgeschalteten DDR-Presse einige Journale gemausert; doch wer liest schon im Westen die östliche »Wochenpost«. Wenn aber die ohnehin durch Konzernbildung gefährdete öffentliche Meinung überdies durch politische Anpassung ihren Widerspruchsgeist aufgibt, wird ein Verlust spürbar, den auf Dauer keine Demokratie aushält.

Über diesen Zusammenhang in München zu sprechen und dabei die »Süddeutsche Zeitung« auszusparen wäre unhöflich. Zugegeben: Noch hält sie sich, noch. Doch wer liest schon im Osten der Republik dieses überregionale Blatt, dem – komme, was wolle – Bayern näher als Brandenburg sein muß.

Vielleicht macht das letzte Beispiel deutlich, wie fremd die Deutschen einander sind. Sie nehmen sich nur widerwillig zur Kenntnis. In der zwischen Ost- und Westdeutschen verhärteten Fremdheit sehen sich Mecklenburger und Sachsen dort, Rheinländer und Schwaben hier entrückter denn je. Selbst Niederdeutsche und Süddeutsche bleiben sich, die Mainlinie bestätigend, fremd.

Diese Abgrenzungen sind Ergebnis unserer beharrlich den Separatismus fördernden und nur selten und zumeist widerstrebend nach Einheit verlangenden Geschichte. Doch vielleicht ist solch mannigfaltiges Fremdeln der Preis für die kulturelle Vielfalt des gesamten Landes, das bei Staats- und Sportereignissen Deutschland genannt werden will.

Dem entspricht zu Recht unser föderalistisches Gefüge. Dieses sichert nicht nur die befremdenden, sondern auch die belebenden Unterschiede und behütet mit dem Eifer zäunesetzender Kleingärtner unseren kulturellen Reichtum, dem vom Laientheater bis zur Ruinenpflege jederzeit Subventionen gewiß sind.

Unser Grundgesetz will das so. Doch hat der Föderalismus, diese kluge Versicherung der Deutschen gegen sich selbst, im Verlauf des jüngsten Einigungsprozesses Schaden genommen. Nicht etwa, daß irgendwo die Länderhoheit aufgehoben worden wäre, vielmehr ist es der altdeutsche Separatismus, mithin der angestammte Eigennutz der Länder, das ängstliche Verharren im eigenen Mief und diese nur noch um Zuschüsse und Ausgleichszahlungen feilschende Selbstsucht, die den deutschen Föderalismus um jene politisch gestaltende Kraft gebracht hat, die der Bundesregierung und der Opposition im bisherigen Verlauf des Einigungsprozesses ohnehin gefehlt hat. Wenn aber der Föderalismus als Korrektiv im Verhältnis zum Bund versagt, ist der Liste aller bisher gereihten Verluste ein weiteres Minus vorgeschrieben.

Ich scheue mich nicht, den Beschluß des Bundestages, das hauptstädtische Inventar von Bonn nach Berlin zu verlagern, und die verschleierte Aufhebung dieses Beschlusses durch die gängige Bonner Praxis ein Affentheater zu nennen, dem die Bundestagspräsidentin als Dompteuse gefällig zu sein hat. Die Medien spielen mit. Das teure Gehäuse für zukünftige Debatten und Fensterreden ist eingeweiht. Stinknormal geht, laut Gewohnheitsrecht, alles weiter. Doch östlich der Elbe liegt das Kind im Brunnen und schreit.

Selber reingefallen und schreit. Was soll dieses Plärren? Wer will da mehr, immer mehr? Da hört man schon nicht mehr hin!

Einzig die brandenburgische Sozialministerin Regine Hildebrandt hat Stimme genug, dem schreienden Kind zumindest zeitweilig Gehör zu verschaffen. Sie nennt das anhaltende Unrecht beim Namen. Diese Frau sprengt, sobald sie auftritt, die Mattscheibe. Sie straft die landesübliche Ausgewogenheit Lügen. Ihre Penetranz ist erfrischend, ihre Rede leidet nicht unter Glätte. Wer, wenn nicht Regine Hildebrandt, wäre berufen, des jetzigen Bundespräsidenten Nachfolgerin zu werden!

Doch könnten wir diese Frau aushalten? Wäre ihre Art Charme unserer Schleiflackästhetik zuzumuten? Hätten wir den Mut, Regine Hildebrandt zu ertragen, ihre fordernde Leidenschaft, die das abermals gespaltene Land zur Einigung zwänge?

Oder sind wir Deutschen uns selber so fremd geworden, daß wir nicht mehr von uns und unseren Besitzständen absehen können? Und ist – dringlich befragt – das eingefleischte Fremdsein zwischen den Deutschen womöglich die Ursache für den gegenwärtigen, das Land gesamtdeutsch mit Schande bedeckenden Haß angesichts Fremder, die wir Ausländer nennen?

Rostock im Radio: Deutschlandfunk. Die dänische Ferieninsel bot meiner Wut Auslauf; später versuchte ich, sie mit kalter Nadel in Kupferplatten zu übertragen: Zeichen setzen als Notbehelf.

Doch wenn die Wut auch nachließ, übrig blieben Trauer und Zorn. Und ihnen entsprechend, reihten sich Notizen als Fragesätze: Was habt Ihr mit meinem Land gemacht? Wie wurde dieser Einheit genannte Pfusch möglich? Welche Bierlaune hat die wählenden Bürger dazu verführt, diese schwierige, nach politischer Gestaltung verlangende Aufgabe einem Bilanzfriseur und einem Steuerlügner zu übertragen? Wie konnte es dazu kommen, daß den Bange-, Hauss- und Möllemännern, mithin der Mißwirtschaft freie Hand gelassen wurde? Wessen schlaue Regie hat das mit sich uneinige Land als Thema dem allabendlichen Talkshowgebrabbel untergeschoben? Welcher Stumpfsinn hat uns angestiftet, den Zuwachs von sechzehn Millionen Deutschen nach Art der Kleinkrämer zu verrechnen und dem Unrecht des Realsozialismus das hausgemachte Unrecht des Kapitalismus draufzusatteln? Was fehlt uns Deutschen, um – wenn schon nicht gegenüber Ausländern – dann doch in eigener Sache human zu handeln? Was mangelt uns Deutschen?

Vielleicht fehlen uns diejenigen, die wir fürchten, weil sie fremd sind und fremd aussehen. An denjenigen herrscht Mangel, denen wir aus Furcht mit Haß begegnen, der dann in Gewalt umschlägt, mittlerweile alltäglich.

Und vielleicht fehlen diejenigen uns besonders, die in abschätziger Werteskala tiefzuunterst zu finden sind: die Roma und Sinti, herkömmlich Zigeuner genannt.

Ihnen steht niemand zur Seite. Kein Abgeordneter vertritt andauernd ihre Sache, das heißt ihre Not, im Europaparlament oder im Bundestag. Kein Staat, auf den sie sich berufen könnten und der gewillt wäre, ihre seit Auschwitz berechtigten Forderungen, die, erbärmlich genug, Wiedergutmachung genannt wurden, zu unterstützen und zur Staatssache zu erklären.

Die Roma und Sinti sind das Letzte. »Abschieben!« sagt Herr Seiters und macht sich Rumänien gefügig. »Ausräuchern!« brüllen die Skinheads und liefern Herrn Seiters handfeste Argumente für sein Abschiebeverfahren. Doch in Rumänien und anderswo sind Zigeuner gleichfalls das Letzte.

Warum eigentlich?

Weil sie anders sind, schlimmer noch: anders als anders. Weil sie klauen, unruhig hin und her zigeunern, den bösen Blick haben und überdies von jener befremdlichen Schönheit sind, die uns häßlich aussehen läßt. Weil sie unser Wertesystem durch bloße

Existenz in Frage stellen. Weil sie allenfalls für Opern und Operetten taugen, doch eigentlich – auch wenn das schlimm klingt und an irgend etwas Schlimmes erinnert – asozial, abartig, unwert sind.

»Abfackeln!« brüllen die Skinheads.

Als vor sieben Jahren Heinrich Böll zu Grabe getragen wurde, führte vorm Sarg und den Sargträgern – das waren, außer den Böll-Söhnen, Lew Kopelew, Günter Wallraff und ich – eine Zigeunerkapelle den Zug der Hinterbliebenen auf dem Weg zum Friedhof an. Böll hatte das so gewollt. Keine andere Musik als diese abgrundtraurige, dann plötzlich verzweifelt lustige sollte seine letzte sein.

Erst heute verstehe ich Heinrich Böll so umfassend, wie er es unausgesprochen gemeint haben könnte.

Laßt sie kommen und bleiben, wenn sie bleiben wollen; sie fehlen uns.

Laßt eine halbe Million und mehr Roma und Sinti unter uns Deutschen sein; wir haben sie bitter nötig.

Schaut auf das kleine Portugal, wo, trotz der vielen Flüchtlinge aus den ehemaligen Kolonien, Tausende Zigeuner wie selbstverständlich zum Land gehören.

Laßt euch, ihr harten Deutschen, endlich erweichen und gebt den Skinheads eine Antwort, die nicht von Angst verzeichnet, sondern mutig, weil menschlich ist.

Hört endlich auf, die Zigeuner auf eingefahrener Spur abzuschieben.

Sie könnten uns behilflich sein, indem sie unsere festgefügte Ordnung ein wenig irritieren. Etwas von ihrer Lebensweise dürfte getrost auf uns abfärben. Sie wären Gewinn für uns nach soviel Verlust. Sie könnten uns lehren, wie nichtig Grenzen sind; denn die Roma und Sinti kennen keine Grenzen. Die Zigeuner sind überall in Europa zu Hause, sie sind, was wir zu sein vorgeben: geborene Europäer!

November 1992

Erbarmen mit Kuba

Eine Insel ist zu besichtigen: das auslaufende Modell. Noch schnell mal hin, bevor auch diese Spuren getilgt sind, denn Sieger dulden keine Restbestände, und in Miami wird jetzt schon um die Beute gestritten. Es dürfte kaum schwerfallen, für die deutschen Tätigkeitswörter »abwickeln« und »rückführen« geschmeidige Übersetzer zu finden.

Die Reise nach Kuba begann auf dem Ostberliner Flughafen Schönefeld, dem aus DDR-Zeiten noch immer oder immer noch jener preußisch-sozialistische Lysolgeruch anhaftet, den bislang keine westliche Chemikalie zu widerlegen verstand.

Und dann bittet uns jemand, in zwei Packungen Medikamente nach Havanna mitzunehmen; der Empfänger, ein Arzt, ist mit Adresse ausgewiesen. Denn daran fehlt es. Die von den USA seit Jahrzehnten verordnete und seit jüngster Zeit verschärfte Blokkade schließt Arzneimittel ein: Auch das soll als humanitärer Akt verstanden werden, geeignet, endlich in Kuba, nach westlichem Verständnis, die Menschenrechte zu befördern.

Das Ergebnis dieser auf Härte eingeschworenen Politik wird für uns bald absehbar sein: die entleerten Apotheken, der verzweifelte Rückgriff auf die Naturheilmethoden der »Grünen Medizin«, der erbarmungswürdige Zustand besonders alter Menschen, die ohnehin von der nur knapp den Hunger eindämmenden Rationierung aller Lebensmittel gezeichnet sind.

Natürlich läßt sich nachweisen – und wir sahen wohlbekannte Beweise genug – daß die nicht zuletzt durch Blockade erzwungene Abhängigkeit von der Sowjetunion der isolierten Insel ein zentrales Planwirtschaftssystem hinterlassen hat, dessen chronischer Hang zur Mangelwirtschaft die gegenwärtige Notlage nicht aufheben kann; aber unverkennbar ist auch, daß die Siegermacht des Kalten Krieges sich das Ziel gesetzt hat, Kuba, das heißt elf Millionen Menschen auszuhungern. Stramm halten sich die Verbündeten – allen voran die Bundesrepublik Deutschland – an diese so dumme wie unmenschliche Zielsetzung: Die aus DDR-Zeiten herrührenden Trockenmilchlieferungen nach Kuba wurden gestrichen; anstelle versorgte der Bundeskanzler das offenbar mustergültig demokratische Land Indonesien mit etlichen Kriegsschiffen aus Restbeständen der DDR-Flotte. Der Heuchelei aller vermeintlichen Siegermächte sind keine Grenzen gesetzt.

Ja, es stimmt. Die Triumphberichte in westlichen Gazetten liegen richtig mit ihrer Erfolgsbilanz: Traurig sieht Havanna aus. Leer oder dürftig bestellt, geben die Schaufenster Bericht vom zunehmenden Mangel. In den Regalen der Buchhandlungen macht sich keine belletristische Überproduktion breit. Doch dort, wo Lebensmittel – hier Gemüse, anderswo Brot – gegen Kartenabschnitte in Landeswährung verkauft werden, stehen Menschen in Schlange, die zwar insgesamt keinen gläubigen Kommunismus zum Ausdruck bringen, die aber dennoch, und sei es störrischerweise, wenige Tage später ihre Stimme bei einem Vorgang abgeben werden, der Wahl genannt wird; deren Ergebnis, das sich beängstigend der Hundert-Prozent-Marke nähert, darf nur die leicht und allzu vorsichtig veränderte Machtstruktur bestätigen.

Nein, das waren keine demokratischen Wahlen nach westlichem Wunsch und Vorbild. Zwar ging es, wie wir in einem Wahllokal in Trinidad beobachten konnten, mit Wahlkabinen und gefalteten Stimmzetteln ordentlich zu, doch eine erkennbare Opposition durfte sich den Wählern nicht anbieten. Anstelle – so wurde immer wieder beteuert – war zum ersten Mal die Auswahl zwischen Kandidaten möglich, unter ihnen merklich viele, die nicht der alleinregierenden Partei angehören: Ärzte, Wissenschaftler, Künstler. Zum Beispiel der Schriftsteller Miguel Barnet, der in seinem Wahlkreis mit über achtundneunzig Prozent die meiste Zustimmung fand, doch das bombige Ergebnis eher verlegen zur Kenntnis nahm: Das trage ihm übergroße Verantwortung auf, er kandidiere zum ersten Mal, immer sei er Außenseiter gewesen, nicht nur als Christ, keines seiner Bücher durfte in den siebziger Jahren – das seien die schlimmsten gewesen – verlegt werden, und nun diese Anerkennung, die ihn erdrücke durch zu hohe Erwartung.

Barnet ist oft im Ausland gewesen. Seine Bücher, nicht nur »Der Cimarron«, sind weit verbreitet. Schwierigkeiten, die ihm durch die Partei und den Schriftstellerverband bereitet wurden, haben ihn nicht dazu bringen können, sein Land zu meiden und den ärgsten Anfeindungen im Exil auszuweichen. Er sieht, was nicht zu übersehen ist, daß sich die etablierte Revolution mühsam von übernommenen dogmatischen Zwängen zu befreien versucht, deshalb nicht mehr von den importierten Standbildern sowjetischen Prägung eingeengt sein möchte, sich vielmehr ihrer Anfänge erinnert und ihre Tradition im Vorbild des bürgerlich-liberalen Revolutionärs José Martí vorgegeben findet. (Auch Fidel Castro war kein Kommunist, als er mit wenigen Männern und Frauen, schließlich unterstützt vom Volk, die Revolution auslöste und 1959 den Diktator Batista stürzte.)

Nicht nur Miguel Barnet, alle, mit denen wir in Havanna, Trinidad und Pinar del Rio sprachen, wollen keinen zweiten Batista, den sie, schon startbereit, in Miami vermuten.

Und alle sprachen mehr oder weniger tastend von notwendigen Reformen. Doch niemand, so hieß es, dürfe die Ergebnisse der Revolution ins bekannte Gegenteil umkehren. Das sagten ältere Arbeiter und Arbeiterinnen in den Tabakfeldern um Pinar del Rio, die durch die Revolution Selbstachtung und soziale Sicherheit gewonnen haben und die das Fehlen liberaler Rechte gewiß weniger vermissen als der kurzzeitig zuschauende ausländische Besucher und jene Intellektuellen, die vor mehr als zwei Jahren zu Recht in einem offenen Brief an Fidel Castro Meinungsvielfalt gefordert haben.

Ihnen hat man übel mitgespielt. Die Lyrikerin Maria Elena Cruz Varela und der Lyriker und Übersetzer Jorge Pomar wurden zu zwei Jahren Gefängnis verurteilt. Den Lyriker Pomar haben kurz vor der Verhaftung durch die Polizei die berüchtigten »Schnellen Kommandos« zusammengeschlagen. Heute ist er Freigänger und darf bis Ende der Haftzeit – Mitte des Jahres – seinen Wohnbezirk nicht verlassen. Maria Elena Cruz Varela liegt im Gefängnishospital. Auch ihre Haftzeit läuft Mitte des Jahres aus.

Beide Fälle trug ich einer größeren Zahl von Mitgliedern des kubanischen Schriftstellerverbandes vor, unter ihnen der Vorsitzende Abel Prieto, der dem Zentralkomitee der alleinherrschenden Partei angehört. Annähernd vier Stunden lang standen Meinungen gegen Meinungen, nicht etwa nur mein vereinzelter Protest gegen eine geschlossene Front, vielmehr veränderten sich Ansichten. In keiner Erwiderung schlug mir jener Zynismus entgegen, dem während DDR-Zeiten beispielhaft Hermann Kant sprachregelnden Ausdruck gegeben hat. Im Grunde ging es um die Frage, ob die Veröffentlichung des offenen Briefes an Fidel Castro in der Presse des Auslandes, sprich in Miami, die Kriminalisierung des Falles rechtfertigen konnte. Ich erinnerte daran, daß der von vielen Schriftstellern in der DDR unterschriebene Protestbrief gegen die Ausbürgerung des Sängers Wolf Biermann auch im Westen veröffentlicht werden mußte, weil die Parteizeitung »Neues Deutschland« den Abdruck abgelehnt hatte.

Mag sein, daß mein Vergleich mit der bornierten Verhaltensweise der DDR-Funktionäre und mein grundsätzlicher Protest einige der versammelten kubanischen Schriftsteller und auch Abel Prieto nachdenklich gemacht haben. Dennoch fehlt mir die Sicherheit, zu erwarten, daß mein Einspruch hilfreich sein kann. Wahrscheinlich wird erst nach Ablauf der Gefängnisstrafe erkennbar werden, ob Maria Elena Cruz Varela und Jorge Pomar weiteren Schikanen ausgesetzt bleiben. Zu hoffen ist, daß der oft berufene »neue Kurs« zu liberalem Verhalten führen wird.

Mein Rückblick auf unseren Aufenthalt in Kuba bietet Gelegenheit, den kubanischen Schriftstellerverband und dessen Vorsitzenden an das Versprechen zu erinnern, beide Autoren anhören zu wollen. Ihnen ist Unrecht geschehen, Unrecht, das nicht kleiner wird, weil in Staaten, die dem nordamerikanischen Interesse verpflichtet sind, etwa in der Türkei oder in Südkorea, weit größeres Unrecht alltäglich bleibt.

Die Maßeinheiten westlich-demokratischer Meßlatten sind fragwürdig geworden. Nun, nachdem einzig der Kapitalismus mit seinen Verantwortlichkeiten übriggeblieben ist, sollte erkennbar sein, daß Kuba in vielen Bereichen den Vergleich mit kapitalistisch strukturierten Ländern nicht nur aushält, sondern durch revolutionäre Veränderung Beispielhaftes geleistet hat. Das im ganzen Land praktizierte Gesundheitssystem, demzufolge für etwa achthundert Personen kostenfrei ein Familienarzt tätig ist, wird in keinem anderen Land, das der Dritten Welt angehört, praktiziert. Wir sahen in jedem Dorf jenes in der Regel einzige zweistöckige Haus, das für den Arzt, eine Krankenschwester und im Erdgeschoß für Praxisräume bemessen ist. Die Ergebnisse dieser Gesundheitsfürsorge sind in Berichten der UN und in den Statistiken anderer weltweit anerkannter Organisationen ablesbar: Geringe Säuglingssterblichkeit und hohe Lebenserwartung könnten mustergültig sein, nicht nur für die sogenannten unterentwickelten Länder, vielmehr auch für die USA, deren neugewählter Präsident, angesichts der skandalösen Zustände in seinem Land, auf der Suche nach begehbaren Reformwegen ist. Es sind nicht Vorzeigeobjekte wie hochtechnisierte Musterkliniken oder Höchstleistungen auf dem Gebiet der Organverpflanzung, auf die ich hinweise – und die es in Kuba übrigens auch gibt –, als beispielhaft bewährt sich vielmehr eine sozial gerechte Fürsorge, die in Mexiko nicht einmal im Ansatz verwirklicht ist. Kaum hatten wir die isolierte Insel verlassen, sahen wir in den Mayadörfern der Halbinsel Yukatan und später überall dort, wo Mexico City mit täglich neuen Slumansiedlungen ins Unermeßliche wächst, die Mängel und den Umschlag von Armut in Elend.

Ich weiß, daß ein noch so beispielhaftes Gesundheitssystem wenig in einer Zeit bedeutet, die sich aus ideologischem Mutwillen der Eliminierung sozialer Sicherheiten verschrieben hat. Bekannt ist, daß des Siegers Dummheit nach immer neuen Bestätigungen schreit, bis endlich des nicht mehr sichtbaren Feindes letzter Ableger mit Stumpf und Stiel ausgerottet ist. Doch wem wäre mit der Rückkehr der kubanischen Macht- und Besitzklientel geholfen? Dem Volk in Kuba gewiß nicht. Und auch den mächtigen Vereinigten Staaten von Amerika sollte das Elend vor der eigenen Haustür – sei es in Mexiko, sei es auf Haiti – genug sein, zumal im eigenen Haus einzig die Mißstände Wachstum beweisen. Der Welt fehlt es nicht an Krieg und Bürgerkriegen, wohl aber verlangt sie nach sozial gerechtem Ausgleich. Durch jüngste Schäden und angesichts der jugoslawischen Tragödie klüger geworden, könnte vielleicht Europa den ersten Schritt tun und eine Blockade aufheben, die nach Hunger und Elend schließlich Krieg zur Folge haben wird.

Sollte politische Einsicht nicht vorrätig sein, bleibt einzig zu hoffen, daß ersatzweise ein Ladenhüter, die christliche Nächstenliebe, zum Zug kommt: Erbarmen mit Kuba!

Nach kurzem Besuch weiß ich, was diese erbärmliche und liebenswerte Insel sonst noch, außer Mangel und günstigem Klima, zu bieten hat: jene vierundneunzigjährige Frau, die (seit ihrem zehnten Lebensjahr) Tabakblätter sortiert, gleich neben dem Bühnenpodest, denn in Pinar del Rios' Zigarrenfabriken wird immer noch – wie einst bei den Hamburger Zigarrenwicklern – zur Kurzweil und Belehrung vorgelesen. – Was noch: einige jener dreißigtausend Kubaner beiderlei Geschlechts, die in der DDR studiert und dabei Deutsch gelernt haben; jetzt dürfen sie Touristen betreuen, die mit harter Dollarwährung gewollt wie ungewollt ihren Wohlstand beweisen. – Und was unvergeßlich bleibt: daß auf der glücklich-unglücklichen Insel die Nachfahren aller, die übers Meer gekommen sind, die Weißen, die Schwarzen, die Mulatten miteinander zu leben verstehen, ohne daß jener aggressive Rassismus zutage tritt, den sich der große Nachbar bis zum alltäglichen wechselseitigen Totschlag leistet. Ein Wort für Kuba einlegen heißt auch die unübersehbare Person Fidel Castro in Frage stellen. Mag sein, daß er sich, trotz aller vital gebliebenen Rhetorik, überlebt hat. Das sagte man auch Jugoslawiens Marschall Tito nach, bis es ihn nicht mehr gab.

Heute lehrt uns Europas schmähliches Versagen, Titos Leistung gerechter zu beurteilen. Wer Castro weghaben will, sollte das Vakuum bedenken, das dieser (wie Tito) fehlerhaft große Mann hinterlassen wird.

April 1993

Vom Überspringen der Grenzen

Rede zur Verleihung des Ehrendoktortitels der Universität Gdańsk

Heute ist ein besonderer Tag. Mir kommt eine ungewöhnliche Ehrung zu: jener Titel, dem zwei lateinische Wörtchen anhängen. Also gilt es, danke zu sagen. Doch wie bedankt sich ein deutscher Schriftsteller in einer polnischen Stadt, die von Geburt her, bis sie ihm verlorenging, seine Heimatstadt gewesen ist, für den Doctor honoris causa, zumal es ihm weder hier noch später, im Westen Deutschlands, zum gehobenen Schulabschluß, zum Abitur gereicht hat? Mit der erwiesenen Ehre können nur seine Bücher gemeint sein; die, allerdings, handeln immer wieder, ja, zwanghaft von dieser Stadt, die einst Danzig hieß und in Trümmern unterging – und von Gdańsk bis in die Gegenwart.

Was aber hat den Schriftsteller, also mich, so besessen werden lassen? Gewiß der Verlust, diese Lücke, die aufgefüllt werden mußte mit Wortkaskaden und bildhaften Beschwörungen. Aber auch der Fortgang der Geschichte einer Stadt, deren deutsche Bevölkerung ausgewiesen und ersetzt wurde durch polnische Bevölkerung, die zum Großteil, gleichfalls ausgewiesen, heimatlos geworden war; diese schmerzhaften Verschiebungen haben mich beredt gemacht. Unrecht geschah wiederholt. Doch ausgelöst wurde das Unrecht von Deutschland, mithin von Deutschen, die zuerst gegen Polen, dann gegen andere Nachbarn einen Krieg entfesselt hatten, dessen verbrecherische Dimensionen bis heute folgenreich sind. Am Ende schlug das von Deutschen begangene Unrecht auf diese zurück: Als unwiederbringlich mußte Verlust akzeptiert werden.

Aber die Geschichte der Stadt Danzig und Gdańsk ist länger und reicher, als mit der üblichen nationalen Meßlatte errechnet werden kann. Während Jahrhunderten verlief sie, wenngleich der polnischen Krone verbunden, hanseatisch weltoffen. Erst als die Stadt mit letzter polnischer Teilung an Preußen fiel, wurde sie provinziell, begann ihr Niedergang, verkümmerte sie zur Garnisonsstadt, weshalb – um ein Beispiel zu nennen – die Familie Schopenhauer fortzog; weil antipreußisch republikanisch gesonnen, war für sie kein Bleiben mehr. Deutschnationale Enge war zukünftig vorgeschrieben.

Doch bevor nationaler Wahn die Völker Europas ergriff und unduldsam machte, stand diese Stadt immer neuen Schüben von Flüchtlingen offen: Holländische Mennoniten, Schotten und französische Calvinisten fanden hier Zuflucht. Während in Deutschland der Dreißigjährige Krieg tobte, galt Danzig schlesischen Schriftstellern als friedlicher Ort. Hier starb Martin Opitz. Hier schrieb der junge Andreas Gryphius seine ersten, bis heute gültigen Sonette. Hier begegneten Kultur und Sprache einander. Welch ein Reichtum besonderer Art! Wie viele Zeugnisse europäischer Aufklärung: Beispielhaft sei Daniel Chodowiecki genannt.

Wir leben gegenwärtig in einer Zeit, in der nach kurzem Hoffen – kaum war mit dem Zerfall diktatorischer Herrschaft der »Eiserne Vorhang« zu Schrott geworden – abermals nationale Enge und Ausschließlichkeit das politische Handeln bestimmen. Ich sehe mit Sorge, wie sich, von Westeuropa ausgehend, Festungsmentalität breitmacht. Erst jüngst wieder unabhängig und souverän geworden, läuft Polen Gefahr, zur östlichen Grenzmark des Westens degradiert zu werden. Mein später, vielleicht zu spät geäußerter Wunsch kann nur heißen: Möge sich die Republik Polen nicht zum Büttel einer falschen Politik machen, die fordernd und zahlend von der Bundesrepublik Deutschland ausgeht.

Um am Ort zu bleiben: Danzig und Gdańsk wurde als weltoffene Hafenstadt wiederholt durch Ab- und Aussperrungen geschädigt. Von Napoleons Kontinentalsperre über preußische, großdeutsche, sowjetrussische Zwänge bis hin zur gegenwärtigen Furcht vor Asylsuchenden verlängert sich die Geschichte der geschlossenen Grenze. Deshalb kann meine Danksagung für die mir heute erwiesene Ehre nur in den Wunsch münden, daß diese Stadt zukünftig für Flüchtlinge offenbleiben und sich bereichern möge am Angebot fremder Kulturen.

Von hier gingen Zeichen aus, unheilvolle und solche, die Hoffnung machten, so im September 1939, so im Dezember 1970. Meine Bücher erzählen davon. In den Romanen »Die Blechtrommel« und »Der Butt« sind die Verteidigung der Polnischen Post und der Streik der Arbeiter auf der Leninwerft eingebettet in jenen epischen Vorgang, der sich absurderweise Geschichte nennt.

Mein Verständnis von Literatur ist an viele miteinander streitende Wirklichkeiten gebunden; das bloße ästhetische Vergnügen konnte mir nicht genügen. Und weil meine Bücher offenbar grenzüberwindend sind, konnte ihnen auf Dauer – und jeglicher Zensur zum Trotz – keine Grenze gesetzt werden; Grund genug, nicht nur der Universität Gdańsk zu danken, sondern auch meinen Übersetzern. Ohne sie bliebe Literatur sprachlich gefesselt. Dank ihrer einfühlsamen Zuneigung wissen wir voneinander. Mit ihnen, den Übersetzern, teile ich die Ehrung vom heutigen Tag. Sie machen den Büchern Beine. Und mit ihrem Autor wissen sie aus Erfahrung, daß Grenzen nur da sind, um übersprungen zu werden.

Ein Zug, nicht aufzuhalten

Der runden Tatsache, daß Rudolf Augstein siebzig wird, kann sich niemand entziehen, auch ich nicht. Das letzte Mal begegnete ich dem Freund aus angejahrten Vorzeiten auf einem zugigen Bahnsteig. Er, der Erfinder, Herausgeber und Zuchtmeister des Magazins »Der Spiegel«, nahm überraschenderweise eine neue und kleidsame Funktion, die eines Bahnhofsvorstehers, ein.

Wenige Monate nach dem Fall der Berliner Mauer glaubte ich, mit ihm, dem Erzliberalen, dem Zweifler in Person und Freund widersprüchlicher Argumente, ein Gespräch führen zu können über die Möglichkeiten einer deutschen Einigung bei Vermeidung notorischer Fehler. Doch was auch immer ich sagte, die Antwort des Bahnhofsvorstehers namens Augstein hieß: »Der Zug ist abgefahren ...«

Meine zuerst vorsichtigen, dann dringlichen Hinweise, es könne doch sein, daß der Zug auf falschem, gefährlichem Gleis fahre, stoppte er mit der mir schon bekannten fatalen Unbedingtheit. Da ich nicht lockerließ, war er schließlich bereit, seine allzu knappe Auskunft zu ergänzen: »Der Zug ist abgefahren. Und niemand kann ihn aufhalten.«

»Schrecklich!« rief ich. »Ein Zug, der nicht aufzuhalten ist. Das ist ja ein Unglückszug.«

Weil ins Hintertreffen geraten, argumentierte ich umständlich, indem meine vorauseilenden Besorgnisse auf Warnsignale und das ausgetüftelte Instrumentarium des deutschen Eisenbahnwesens hinwiesen, immer ausgehend von der Vorstellung, es müsse doch möglich sein, Züge auf falschem Gleis, in falsche Richtung fahrend, durch Haltesignale zu stoppen und auf einem Nebengleis zur Ruhe zu bringen.

»Wie wäre es, lieber Bahnhofsvorsteher Rudolf«, schmeichelte ich, »mit einem kleinen Zwischenhalt. Ein wenig Nachdenken kann nicht schaden. Wir wollen doch beide die Einigung Deutschlands, so schwierig sie sein wird.«

November 1993

Nichts da, der Bahnhofsvorsteher kannte weder Halt noch Umkehr. Ich hatte den Katastrophenzug in Richtung deutsche Einheit verpaßt und verließ den zugigen Bahnsteig.

Seitdem ist mein Verhältnis zu Rudolf Augstein irritiert, wenn nicht gar gebrochen. Als Gewohnheits-»Spiegel«-Leser lese ich Woche nach Woche die Ergebnisse der verhängnisvollen Irrfahrt, immer schön zugespitzt nach »Spiegel«-Manier, finde aber nirgendwo den Hinweis, daß er, der Herausgeber, Zuchtmeister und Erfinder des »Spiegel«, in seiner zeitweiligen Funktion als Bahnhofsvorsteher verantwortlich ist für die angeblich unaufhaltsame Fahrt des Zuges in Richtung deutsche Einheit, mithin verantwortlich für das gesamtdeutsche Scheitern.

Oder sind Journalisten nicht und niemals verantwortlich? Könnte es sein, daß Rudolf Augstein in der Kostümrolle des Bahnhofsvorstehers den Irrweg des abgefahrenen Zuges, das Scheitern der deutschen Einigung gewollt hat, um hernach – nun nicht mehr mit Bahnhofsvorstehermütze – um so spiegelgerechter die Irrfahrt und das Scheitern anprangern zu können?

Es sieht nicht gut aus in Deutschland. Das ahnt mittlerweile jeder, sogar die lahmende Regierung und die hinkende Opposition. Ein Skandal tritt dem anderen auf die Hacken. Nur noch Meinungsumfragen werden wie Glaubensartikel gehandelt. Kaum auf dem Papier vereint, sind Land und Leute, bei Licht besehen, schon wieder getrennt und geteilt. Und da ein Spiegel nur spiegeln kann, was tatsächlich ist, ist auch der Zustand des besagten Wochenmagazins entsprechend, wenn auch spiegelverkehrt offensichtlich.

Mit siebzig, lieber Rudolf Augstein, sollte man diese Kausalitäten erkennen können. Als Politiker hätten Sie womöglich – und sei es dank Schubkraft des bekannten Magazins – zurücktreten müssen. Als Journalist hingegen und nur zeitweiliger Bahnhofsvorsteher sind Sie fein raus.

Wie gut, daß Sie dank Ihrer Funktion nicht Mitreisender jenes Zuges sein mußten, dem Sie so großherzig und gebieterisch freie Fahrt erlaubten. So blieben Sie nicht auf der Strecke und uns allen erhalten.

Im selben Verlagsschiff

Lieber Peter,

wenn man wie ich den sechzigsten Geburtstag hinter sich hat, ist die Neigung und Verführung groß, aus Erfahrung zu sprechen. Das möchte ich Dir ersparen. Doch Anlaß habe ich, Dir zu danken. Viele Jahre lang haben wir in einem Verlagsschiff zugebracht, hier ein Leck gestopft, dort ein Notsignal gehißt, Klippen angesteuert und andere in letzter Minute gemieden, den Autorenrat wie eine Überlebensversicherung betrieben und doch lernen müssen, daß gegen verlegerische Willkür kein Kraut gewachsen ist; daß über so lange Zeit hinweg unser freundschaftliches Verhältnis auch ein kollegiales gewesen ist, bleibt – weil von Seltenheit – bedankenswert.

Da ich mich mit der Radiernadel vom Schreiben erhole, ist es mir ein Vergnügen, Dir mit gesonderter Post ein Blatt zu schicken, das kürzlich fertig zum Auflagendruck wurde. Entstanden ist es nach einer Mahlzeit frischer Ostseeflundern. Vier anschauliche Köpfe blieben übrig, die ich mal so, mal so legte, bis sie in blubbriger Korrespondenz zueinander fanden. Nun heißt diese Radierung »Literarisches Quartett«, und Du darfst alleine oder mit Freunden raten, wer wer ist.

Mit sechzig beginnt was Neues – ich verrate Dir nicht, was.

Freundlich, Dein Günter

November 1993

Orientierungsmarken

Lieber Walter,

wenn ich in den fünfziger und sechziger Jahren, so wie es üblich war, Gedichtbände veröffentlicht habe, in denen meine Produktion – »Gelegenheitsgedichte« – ohne gemeinsamen thematischen Zwang versammelt wurde, änderte sich mein Verhältnis zur Lyrik im Verlauf der siebziger Jahre: Schon im »Tagebuch einer Schnecke«, deutlicher dann im Roman »Der Butt« standen Gedichte inmitten der erzählenden Prosa dem jeweiligen epischen Konzept zugeordnet. Dieses die Trennung von Prosa und Poesie aufhebende Verständnis von Gedichten habe ich im Roman »Die Rättin« weiterentwickelt; alle genannten Bücher wären für mich ohne diese lyrische Dimension nicht vorstellbar gewesen. Vielmehr war es so, daß zu Beginn des Schreibprozesses und angesichts der noch amorphen Stoffmasse zuallererst etliche Gedichte entstanden sind, die sozusagen das Gelände absteckten, gleich Orientierungsmarken. Die Gedichte im »Butt« und in der »Rättin« sind also nicht Zutat zu diesen Büchern, sondern Bestandteil des jeweiligen epischen Entwurfs. (Vielleicht kam es mir nebenbei auch darauf an, das Gedicht oder besser: meine Gedichte aus der vorgegebenen Form, dem Lyrikbändchen, zu befreien.)

Die Sonette zum Thema »Novemberland« hingegen wurden ausschließlich durch die Wiederkehr des Rassismus provoziert. Das Aufbrechen von Gewalt und das landesweite Schweigen, die ohnmächtigen Proteste, die politische Ausbeutung des »gesunden Volksempfindens« und die durch Gesetzesänderung eingeleitete erste Bauphase für die »Festung Europa«, diese insgesamt unübersichtliche Befindlichkeit verlangte nach einer strengen Form; das Sonett mit seinen Zwängen bot sich an.

Ich weiß, daß diese literarische Antwort auf den politischen Zustand des Landes, in dem ich lebe, gegenwärtig gerne als »Gesinnungsästhetik« abgetan wird. Dieser handfeste Begriff, der mich unangenehm an einst gängige Begriffe wie »Asphaltliteratur« erinnert, mag dem Zeitgeist entsprechen, für mich jedoch war es lustvoll, das alte Sonett den neuen Wirklichkeiten zu konfrontieren.

Freundlich grüßt Dich, Dein Günter

 Februar 1994

Der Versuch öffentlicher Dreinrede

Zu Beginn dieses Wahljahres, das mit Diffamierungen eingeläutet wurde und offenbar mit Stasiakten gefüttert werden soll, werden in mir Erinnerungen an das Wahljahr 1961 wach. Auch damals, im Jahr, als die Mauer gebaut wurde, setzten die sich christlich nennenden Parteien auf die Diffamierung des politischen Gegners. Konrad Adenauer hatte keine Hemmung, den Regierenden Bürgermeister von Berlin, Willy Brandt, als »uneheliches Kind« zu verleumden und als Emigranten zu denunzieren. Diese Ungeheuerlichkeit hat mich angestiftet, für den Verleumdeten direkt Partei zu ergreifen, die übliche Distanz aufzugeben und später in oft mühsamer Kleinarbeit politisch aktiv zu werden.

Der Bürger im Schriftsteller nahm diese Haltung ein. Indem der Schriftsteller eine Lehre aus dem Niedergang der Weimarer Republik zog, setzte er als Bürger auf eine Partei, die bis zum Ermächtigungsgesetz hin den Nationalsozialisten Widerstand geleistet hatte. Das war zu Beginn der sechziger Jahre nicht selbstverständlich, eher war üblich, daß sich die Intellektuellen streng abseits hielten oder allenfalls ihre Namen unter hochherzige Resolutionen setzten. Sich in Politik einzulassen hieß, mit dem Mief der Provinz bekannt zu werden, bedeutete, von hundertprozentigen Überzeugungen Abschied zu nehmen, forderte einen langen Atem ab und hatte Kompromisse zur Folge. Mehr noch: Es galt, die Einsicht zu vertreten, daß demokratisches Zusammenleben in der Regel auf Kompromissen beruht. Doch da damals noch immer oder schon wieder die steilsten deutschen Hoffnungen in Richtung »alles oder nichts« liefen, waren meine Absage an endgültige Zielsetzungen und mein kompromißfreundliches Plädoyer für einen demokratischen Sozialismus aus linker wie rechter Sicht anrüchig und des Prinzipienverrats verdächtig.

Hinzu kam jener altdeutsche Aberglaube, nach dem der Dichter sich nie mit Politik befassen dürfe. Der Schriftsteller sah sich als politisch tätiger Bürger zu einem Dauerspagat gezwungen, mithin zu einer Anstrengung, die allenfalls als turnerische Leistung

Februar 1994

bestaunt wurde, doch allgemein Kopfschütteln verursachte: Wie kann er nur? Die Politik muß den Politikern, das heißt den Machern überlassen bleiben.

Darauf lief es hinaus. Die Ergebnisse gegenwärtiger Politik sind das Werk professioneller Macher. Viereinhalb Jahre nach dem Fall der Mauer ist der soziale Frieden in Deutschland gebrochen, zerreißen Teilungen ganz anderer Art das Land, verhalten sich die Bürger passiv, wird zivilisierte Offenheit zunehmend von Festungsmentalität überlagert, erhält der Rechtsradikalismus regierungsamtlichen Zuspruch und liest sich die Verfassung der Bundesrepublik Deutschland in ihrem beschädigten Zustand nur noch wie ein leeres Versprechen.

Das Ergebnis ist Erstarrung im Niedergang. Schweigend wird Politik hingenommen; die Bürger suchen Distanz. Und viele Schriftsteller haben sich einen feuilletongerechten Maulkorb verpassen lassen. Doch vielleicht kann dieser streitbare Sammelband, mithin der Versuch jahrelanger öffentlicher Dreinrede, die nachwachsende Generation anstiften, Partei zu ergreifen. Nur so ließe sich Demokratie wiederbeleben und erneuern. Am Ende einer Rede, die ich im April 1966 in Amerika hielt, habe ich dazu aufgerufen, demokratischen Kleinkram zu betreiben: »Das aber heißt: Kompromisse anstreben. Seien wir uns dessen bewußt: Das Gedicht kennt keine Kompromisse; wir aber leben von Kompromissen. Wer diese Spannung aushält, ist ein Narr und ändert die Welt.«

Blindstellen auf der Spur

Rückblick auf »Poet in Residence« in Essen

Einige Tage in Essen. Ich erinnere mich an den vollen Hörsaal und ein studentisches Publikum, das sich aus distanzierter Neugierde mit literarischen Texten bedienen ließ und nur selten bereit war, diese mir allzu bequem vorkommende Distanz aufzugeben. Mein Versuch, das Schreiben von seinen Bedingungen her erklärbar zu machen und den Schriftsteller als Zeitgenossen zu verdeutlichen, scheiterte bei anschließend versuchter Diskussion zumeist an vorgefaßter Meinung; diese war aus sekundären Futtertrögen gemästet. Selten ist mir so deutlich geworden, wie sehr und verbildend die Sekundärliteratur in all ihrer Breite den Blick auf das Originalwerk und dessen Urheber verstellt. Eigentlich wollte ich Handwerkliches vermitteln; aber gefragt waren Deutungen. Eigentlich wollte ich dem Schriftsteller die Aura nehmen und ihn sozusagen säkularisieren; doch erwünscht war der Schriftsteller als Seher und Wegweiser. Selbst die mit optischen Beispielen demonstrierte Zusammenarbeit zwischen meinem Verleger Steidl und dem Autor – es ging um die Bücher »Zunge zeigen« und »Totes Holz«, in denen Zeichnungen und Text korrespondieren – fand nur zerstreutes Interesse, dabei hatte ich geglaubt, mit einem praxisorientierten Lehrgang zusammenarbeiten zu können.

Mittlerweile weiß ich, daß im gesamten Kulturbetrieb das Sekundäre gesiegt hat. Meine Essener Erfahrungen waren nur Vorgeschmack. Nicht mehr das Buch ist wichtig, sondern dessen feuilletonistische Aufbereitung, die sich Kritik nennt. Nicht mehr das Theaterstück zählt, sondern die Verwurstung eines Textes mittels Inszenierung; Shakespeare kann sich nicht wehren. Eine Vielzahl von germanistischen Seminararbeiten und Dissertationen, die mir auf den Tisch kommen, beruft sich auf sekundär Vergleichbares, benutzt das Original nur noch als Stichwortregister und ist – in Fußnoten kenntlich – wie für Kollegen im Sekundärbereich geschrieben. Entsprechendes Mißvergnügen bereitet ein Studium, das sich auf das Abenteuer Literatur nicht mehr einlassen will,

Februar 1994

vielmehr deren originale Zeugnisse ausspart und sich auf gesicherte Lehrmeinungen verläßt.

Übertreibe ich? Es hat mir trotzdem in Essen gefallen. Warum – weiß ich nicht mehr so genau. Vielleicht weil Essen im Ruhrgebiet liegt und diese gebrochene Landschaft so primär nach Literatur schreit.

Vorsicht: Schildbürgerstreich!

Sehr geehrter Herr Diepgen,

erlauben Sie mir bitte, Ihnen einige besorgte Gedanken mitzuteilen. Wie ich in Tageszeitungen lese, befindet sich das Literarische Colloquium Berlin in Gefahr, den gegenwärtigen Kürzungszwängen zum Opfer zu fallen. Die in Deutschland um sich greifende Praxis, zuallererst im Bereich der Kultur den Rotstift anzusetzen, beweist mittlerweile barbarische Qualität. Deshalb möchte ich Sie darauf hinweisen, daß die Beendigung oder Behinderung der Arbeit des Literarischen Colloquiums am Wannsee der ohnehin in ihrem Selbstverständnis beschädigten Stadt weiteren Schaden bringen würde; Berlin droht in Provinzialismus zu versinken.

Seit den sechziger Jahren ist am Sandwerder Kultur auf beispielhafte Weise gefördert worden. Nie wurde dort selbstsüchtig nur das eigene (nationale) Gärtchen gepflegt; immer war der Blick über die Grenzen offen. Wenn Sie bereit sind, von der Vielzahl grenzüberschreitender Veranstaltungen Kenntnis zu nehmen, wird Ihnen deutlich werden, wie kontinuierlich, zum Beispiel, deutsch-amerikanische Veranstaltungen – beginnend mit dem Besuch John Steinbecks im Jahre 1964 bis hin zum geplanten Autorentreffen »Berlin meets Chicago« – Tradition sind. Hinzu kommen die Treffen mit polnischen Autoren, die Doppelveranstaltung »Litauische Woche in Berlin – Berliner Autoren in Litauen«, die Vermittlung der Literatur aus Estland und nicht zuletzt die wiederholten Versuche, die Schriftsteller unseres vormals geteilten Landes an einen Tisch zu bringen.

In unserem Haus am Wannsee hat die Gruppe 47 getagt. Seit Jahren findet hier die Vergabe des Alfred-Döblin-Preises mit anschließenden Lesungen junger Autoren statt. Der Ort und die geleistete Arbeit hängen miteinander zusammen. Deshalb können Sie versichert sein, daß sich die Adresse »Am Sandwerder« weltweit eingeprägt hat. Stipendiaten aus vielen Ländern haben hier in Ruhe arbeiten können. Von hier aus war es möglich, Nähe und Distanz zu Berlin gleichermaßen zu erleben. Wer diesen Ort aufgibt, der beendet mutwillig eine lange Phase Berliner Literaturgeschichte.

Erlauben Sie mir einen kurzen Rückblick. Als 1961 durch den Mauerbau die Stadt geteilt wurde, durchlebte Westberlin eine schwierige Zeit. Ganze Industriebetriebe verließen die Stadt. Niemand wollte hier investieren. Und dennoch waren die frühen sechziger Jahre geprägt von literarischer Aufbruchstimmung. Es war Walter Höllerers Verdienst, mit wenigen Mitteln Gäste aus Amerika – ich erinnere an den Besuch des Schriftstellers John Dos Passos – und aus Frankreich (Michel Butor und viele andere) hierher zu rufen; und in der überfüllten Kongreßhalle fanden – man staune rückblickend – Lyriklesungen statt.

Mit gleichfalls wenigen Mitteln hat Walter Höllerer das Literarische Colloquium nie zur Ruhe kommen lassen. Keine Idylle wurde gepflegt, vielmehr konnte das Haus am Wannsee als Ort kreativer Aufgeregtheiten begriffen werden; ein Platz, der streitbare Gespräche zuließ.

Seitdem die Mauer gefallen ist, sieht sich Berlin abermals in Frage gestellt. Einerseits zur Hauptstadt im Wartestand erhoben, versinkt sie andererseits in provinzielle Kleingeisterei. Mehr denn je ist die Fortsetzung der Arbeit im Literarischen Colloquium notwendig; mehr denn je ist unser Haus am Wannsee der kleinkarierten Sparsucht notorischer Großverschwender ausgesetzt.

Ich bitte Sie, sehr geehrter Herr Diepgen, aus Ihrer politischen Verantwortung heraus tätig zu werden und den geplanten Anschlag auf das Literarische Colloquium Berlin als Schildbürgerstreich zu erkennen.

Nachruf auf Helen Wolff

Laudatio zur (postumen) Verleihung des Friedrich-Gundolf-Preises an Helen Wolff in Leipzig

Ihr Tod hat alles verändert, mehr, als zu sagen ist. Und was gesagt werden kann, steht nun auf einem anderen Blatt; denn eigentlich hatte ich Helen Wolff heiter, mit einem alle Feierlichkeit wegräumenden Wort begrüßen wollen: Liebe Helene, wie gut, daß Du da bist.

Als mich die Deutsche Akademie für Sprache und Dichtung bat, zur Verleihung des Friedrich-Gundolf-Preises eine Laudatio zu halten, fiel mir zur Preisträgerin weit mehr ein, als eine kurze Rede bändigen könnte. Allenfalls bereitete mir der Nimbus des Namens Gundolf einen nicht gelinden, eher einen lähmenden Schrecken. Etwas Hohepriesterliches ging von ihm aus, etwas, das mir unwirklich und entrückt zu sein schien. Diese Distanz war nicht zu überbrücken, ich konnte nur, außer Unwissenheit, Respekt bezeugen; denn schnell Angelesenes wollte ich weder der Preisträgerin noch dem zur Feierstunde versammelten Publikum zumuten.

Dann holte mich die traurige Nachricht ein. Letzte Gewißheit. Der Verlust. Und doch ist mir immer noch so, als könnte ich zu Dir, liebe Helen, die in meinen geheimsten und monologischen Zwiegesprächen immer als Helene angerufen wird, direkt, vom Freund zur Freundin, als Autor zur Verlegerin sprechen und so tun, als sei nichts geschehen, als dürfe weiterhin Rat eingeholt, der nächste Brief erhofft werden, als erlaube Dein ungeduldiges Warten aufs nächste Manuskript beliebig viele Vertröstungen.

Welch eine Verlegerin! Wo hat es das jemals gegeben: soviel episch andauernde Liebe zu Autoren, soviel Nachsicht mit chronisch egozentrischen Urhebern, soviel verläßliche Kritik, die nichts besser, aber manches genauer wissen wollte, soviel Gastlichkeit und wohnlich einladender Hintergrund, der den oft genug an der Bühnenrampe turnenden, sich selbst erschöpfenden Schriftstellern Zuflucht und mehr als einen Drink geboten hat.

Wenn ich in meinem Nachruf hier lobrede, ist mir bewußt, daß ich stellvertretend für viele Autoren spreche, unter ihnen zwei, denen Vergleichbares eingefallen wäre; denn Max Frisch und Uwe Johnson waren gleich mir Zöglinge der Wolffschen Zucht- und Pflegeanstalt. Sie kannte uns bis in letzte Verliese und Hinterhältlichkeiten hinein. Ihr war nichts vorzumachen. Bei ihr verlegt, das hieß, bei ihr aufgehoben zu sein, auch über Durststrecken hinweg.

Wir Autoren wußten und haben es uns oft genug bestätigt, daß wir – bei aller uns nachgesagten Eigenleistung – vor allem Helen Wolff unsere literarische Präsenz in Amerika zu verdanken hatten. Sie hat uns, dem Wortsinn nach, betreut. Vergleichbare Dankbarkeit mögen die Übersetzer empfunden haben, denen ihr kritischer Rat oder Einspruch bis hin zu den Fahnenkorrekturen gewiß blieb. Ralph Manheim, mein Übersetzer, konnte ein Lied davon singen, ein vielstrophiges, denn seit »Grimms Märchen« – noch zu Kurt Wolffs Lebzeiten – ist er der strengsten Disziplinierung unterworfen gewesen.

Kurt Wolff. Welch ein Verleger! Und welch eine Verlegerin, die sich von seinem Schatten nie lösen wollte, die keine Eigenständigkeit betonen mußte, die vielmehr ihr Herkommen – und sei es beiseite gesprochen – durch rückversichernden Kommentar belegte. Ich erinnere Sätze wie »Kurt hätte in diesem Fall so entschieden« oder »Kurt wäre hier anderer Meinung gewesen ...«

»Helen and Kurt Wolff Books« über Jahrzehnte hinweg. Das war ein Gütesiegel. Diese Buchreihe ist ein Begriff. Wie Frisch und Johnson war ich stolz, mit meinen Büchern in diese Reihe aufgenommen zu sein. Dafür waren wir dankbar; denn bei allem Selbstbewußtsein der genannten Autoren soll festgehalten und daran erinnert werden: Ohne die Verlegerin Helen Wolff hätte die erzählende deutschsprachige Literatur in Amerika nur minimale Chancen gehabt. Sie hat die Brücke gebaut. Sie hat keine Mühe gescheut, selbst schwierigste Texte – ich denke an Schädlichs »Versuchte Nähe« – den Lesern von New York bis San Francisco nahezubringen. Uwe Johnsons »Jahrestage« waren ihr jedes Risiko wert. Selbst wenn, was zu hoffen ist, ihre Arbeit fortgesetzt wird, bleibt sie ohne Nachfolge; denn nach Helen Wolffs Tod ist zu befürchten, daß auch in diesem literarischen Bereich die Zukunft entweder dem schnellen Geschäft oder dem amerikanischen Selbstgenügen gehören wird.

April 1994

So will es mir, aus europäischer Sicht, vorkommen, als sei Amerika ohne Helen verarmt. Plötzlich ist da nichts mehr. Der Brükkenpfeiler ist weg. Gewiß spricht aus dieser Sicht panischer Schrecken, doch auch die Erkenntnis, wieviel die Autoren meiner Generation den deutschen Emigranten verdanken. Sie, die aus Deutschland vertrieben wurden, haben mehr für uns getan, als zu erwarten, zu erhoffen war. Sie, die in Amerika blieben, bewahrten uns vor provinzieller Verengung, sie machten uns weltoffen.

Diese Gewißheit habe ich seit meinen frühen »Blechtrommel«-Jahren. Im Januar 1960 wurde der junge Autor nach Zürich in ein Hotel gebeten, dessen großbürgerlicher Glanz beklemmend, womöglich bedrückend gewirkt hätte, wenn nicht Kurt und Helen Wolff mit souveräner Geste den geballten Pomp relativiert und alles ganz leicht gemacht hätten. Kaum war mein Drink bestellt – ich glaube, es war eine Bloody Mary –, überraschte mich das Ehepaar Wolff mit der von Kurt gestellten Frage: »Könnten Sie sich vorstellen, daß Ihr jüngst erschienener Roman ›Die Blechtrommel‹ in Amerika Leser findet?«

Ich antwortete wahrheitsgemäß mit Nein, wollte aber mein Nein beweiskräftig untermauern und gab zu, daß mich die inzwischen erwiesene Tatsache, sogar in Bayern Leser gefunden zu haben, einigermaßen überrascht hätte. Um mich deutlicher zu machen, wies ich darauf hin, daß alles, was Oskar Matzerath angehe, in entlegener baltischer Region spiele, sich weitgehend und penetrant auf Danzig, genauer gesagt, auf einen unansehnlichen Vorort namens Langfuhr beschränke, daß man dort stubenwarm breit und bedrohlich gemütlich spreche und außerdem immerfort von Kaschuben, einer schwindenden Minderheit, die Rede sei; dort rieche es nach Provinz.

Danach sprach Kurt Wolff als Autorität. Sein Beschluß stehe fest. Das Buch werde in Amerika erscheinen. Meine Erklärung habe überzeugend gewirkt, obgleich sie sich aufs Abraten versteift hätte. Er wisse, daß sich alle große Literatur auf die Provinz konzentriere, sich in ihr verkrieche, ohne dabei provinziell zu werden; und deshalb sei sie weltweit verständlich. Helen stimmte dem zu, indem sie zugleich Fragen zu Schwierigkeiten stellte, die sich beim Übertragen von Dialekt und Jargon ergeben könnten: »Sagen Sie mir bitte, was genau ist Glumse?«

So kam es, daß zwei Jahre später »Die Blechtrommel« in der Übersetzung von Ralph Manheim den amerikanischen Lesern zugemutet wurde; offenbar sind die kaschubischen Kartoffeläcker und der miefige Vorort Langfuhr den Texanern ähnlich zugänglich gewesen wie zuvor den Bayern. Der Sprung übers große Wasser war, dank verlegerischer Weitsicht, geglückt.

Bald danach wechselten Helen und Kurt Wolff von Random zu dem Verlagshaus Harcourt Brace Jovanovich. Ich ging mit ihnen. Als Kurt Wolff während eines Besuches in Deutschland tödlich verunglückte, setzte Helen Wolff ihres Mannes Arbeit fort. Ihre verlegerische Sorgfalt war schon zuvor Grundlage meines Vertrauens gewesen. Von Buch zu Buch haben wir uns begleitet. Ihrem prüfenden Blick mußte jede Übersetzung standhalten. Ihrer Beharrlichkeit und Autorität – zum Beispiel dem Verlagseigner Jovanovich gegenüber – konnte Uwe Johnson, wie schon gesagt, die Vermittlung seiner Bücher verdanken. Und sie hat dafür gesorgt, daß er vom Riverside Drive aus auf sein verlorengegangenes Mecklenburg zurückschauen konnte. In einem Brief an den Literaturwissenschaftler Roland Berbig schreibt sie aus Hanover/New Hampshire am 6. Juni 1991: ». . . Sehr stark empfand ich, bei ihm und bei seiner Frau, Heimweh nach der Landschaft der verlorenen Heimat, die er mit soviel geographischer Akribie beschreibt, Wind und Wellen eingeschlossen. Daß er sich, unwiederbringlich, exilieren mußte, als Unschuldiger den Kriminellen weichen, war ein ewiger Stachel.«

So zerbrechlich Helen Wolff wirkte, von ihr ging jene Kraft aus, die über Jahrzehnte hinweg, gepaart mit verlegerischem Mut, dafür gebürgt hat, daß die Reihe »Helen and Kurt Wolff Books« kein Ende fand, selbst nicht in krisenhaften Zeiten, an denen es nicht gefehlt hat: Überall verschwanden wohlbekannte Verlage, selbstredend nach den Regeln der freien Marktwirtschaft.

Helen überstand alles. In Makedonien geboren, in Österreich aufgewachsen und dennoch mit preußischer Haltung, allerdings wie aus einer von Fontane geleiteten Schule, so hat sie, von fragiler Gestalt, leise, aber bestimmt den verlegerischen Kurs ihres Mannes, der ihr Kurs war, auch bei stürmischer Wetter- und Börsenlage bestimmt. Wer wie ich Gelegenheit gehabt hat, als Gast des Verlages bei jeder Veröffentlichung seiner Bücher dabeigewesen zu sein, der wurde einem zwar anstrengenden, doch merkwürdigerweise gleichwohl belebenden Programm unterworfen. Jedenfalls konnte er sicher sein, fachlich qualifizierten Kritikern konfrontiert zu werden; mir wurde wiederholt die Möglichkeit geboten, mich beim Umgang mit amerikanischer Literaturkritik von der deutschen zu erholen. Ich lernte professionelle Qualität und leidenschaftliche Sachlichkeit kennen, Verlagsmitarbeiter, die nicht nur eine schreibtischgebundene Existenz führten, den Wechsel von Tempo und Muße, und während zeitlich terminierter Gespräche saß ich Literaturkritikern gegenüber, die tatsächlich gelesen hatten und sich deshalb nicht in verquaster Rhetorik gefallen mußten.

Über all dem wachte anwesend oder per Distanz Helen Wolff. Sie sorgte dafür, daß der europäische Autor keiner die Moral untergrabenden Langeweile anheimfallen konnte, und schützte ihn zugleich vor dem Geschwindigkeitsrausch des ihm ungewohnten amerikanischen Tempos. Bei ihr lernte ich Hannah Arendt kennen. Gespräche an ihrem Tisch verliefen nie beliebig. Nie blieb sie ihren Gästen, als Reverenz oder Zugabe, eine gehörige Portion Bestätigung schuldig. Die Verlegerin Helen Wolff ist sich immer bewußt gewesen, daß es die Autoren sind, die die Substanz eines Verlages ausmachen. Sie wußte, daß ein noch so schönes und vielstöckig auf modernsten Stand gebrachtes Verlagshaus ein leeres Gebäude ist, wenn sich der Verleger und seine Mitarbeiter nicht täglich der Priorität der Autoren versichern. So selbstbewußt nahm sie eine vermittelnd dienende Position ein. Manch deutscher Verleger und manche Verlegerin könnten sich an Helen Wolff ein Beispiel nehmen; zumindest fänden sie Gelegenheit, des Ausmaßes ihrer Selbstherrlichkeit gewahr zu werden.

Die Büchermacherin und Briefstellerin. Über viele Jahre hinweg haben wir einander Nachricht gegeben. Ach, liebe Helene, wie wird mir das fehlen. Meinen langwierigen Arbeitsexzessen bist Du eine geduldige Zuhörerin gewesen. Meine Kinder in ihrer Vielzahl waren Dir oft übersichtlicher als mir. Gelegentlich und nur abschnittsweise erlaubten wir der amerikanischen und der deutschen Politik, unsere Briefe ein wenig einzutrüben; Du warst radikal und konservativ zugleich. Wir sorgten uns in Gesprächen wie in Briefen gemeinsam um Uwe Johnson, dem nicht mehr zu helfen war. Unser Briefwechsel überlebte diverse Präsidenten und Kanzler. Ironisch und aus hellwacher Erinnerung hast Du die deutschen Anfälligkeiten kommentiert. Und von Zeit zu Zeit sind uns dahergeplauderte Briefe gelungen; Fontane ließ grüßen.

Mein Nachruf, der eigentlich eine Laudatio sein sollte, schließt mit Dank. Als ich mir noch aus Anlaß einer gewünschten Lobpreisung Gedanken machte, wurde mir bewußt, daß Helen Wolffs Wiedersehen mit der Stadt Leipzig ein langes Stück Geschichte, eine sehr deutsche, also weitläufige Geschichte beschließen würde. Vor zwei Jahren erhielt ich von ihr einen Brief, in dem sie bedauerte, nicht zur Buchmesse kommen zu können – »Ich fühle mich dem Messebetrieb nicht gewachsen, besonders in einem mir unvertrauten Leipzig ...«

Heute hätte Helen Wolff hier sein wollen, in einer Stadt, in der vor wenigen Jahren viele tausend Menschen den damals Regierenden zugerufen haben: Wir sind das Volk! – Wenig später tauschte man ein Wörtchen aus, wohl in der Hoffnung, daß »ein Volk« zu sein mehr zähle und gewichtiger sei als nur »das Volk«. Wie gerne hätten wir Helen Wolff, über alle Eiertänze deutscher Selbstfindung hinweg, hier, in Leipzig, begrüßt. Wie gerne hätte ich ihr gedankt, der Freundin, der Verlegerin. Sie fehlt mir.

Über das Sekundäre aus primärer Sicht

Rede zur Verleihung des Großen Literaturpreises der Bayerischen Akademie der Schönen Künste in München

Preisvergaben haben es in sich. Autoren können ein Lied davon singen; und sie haben auch eins gesungen, ob Max Frisch seinerzeit in Zürich oder ich dazumal – lang ist's her – in Bremen. Preisträger haben es in sich! Und Vorsicht ist geboten, sobald sie danksagen.

Doch bevor ich meinen Dank ausspreche, sind Fragen zu stellen. Etwas ist geschehen, muß sich verschoben haben, außer Kontrolle geraten sein. Was hat, haben mich meine wenigen Freunde gefragt, dazu geführt, daß dir der Bayerische Staatspreis zugesprochen wird? Welches Kalkül steckt dahinter? Wieso wollte man nicht abwarten, bis du in absehbarer Zeit siebzig bist? Oder hast du dich etwa um den Freistaat Bayern verdient gemacht?

Geduld, Freunde, hört meine Vermutungen. Es könnte zu dieser Preisvergabe gekommen sein, weil die allein regierende Staatspartei zur Zeit einzig mit sich und ihrem Vorleben beschäftigt ist. Probleme stehen an: Ein Heiliger war nicht heilig, ein Großflughafen muß demnächst umbenannt werden. Ein Kalkül sehe ich nicht, es sei denn, man wollte Brandenburg, mithin den Preußen zuvorkommen. Die letzte Frage kann ich bejahen: Ja, ich habe mich um Bayern verdient gemacht. Schon vor Jahrzehnten ist mir der Heilige nicht heilig gewesen. Meine Warnungen vor alleinregierenden Staatsparteien, meine Kritik an jeglicher Parteiherrschaft betrafen nicht nur die Einheitspartei des Arbeiter- und Bauern-Staates, auch DDR genannt, ihre Roß und Reiter nennende Direktheit wurde auch hier, im Freistaat, als Sakrileg mißverstanden, bis, nun ja, bis es hüben wie drüben, trotz aller Freundschaft von Metzger zu Metzger, verzwickt wurde. Jetzt plötzlich und spät, wenn nicht zu spät sieht man ein, daß dieser Autor überlanger Bücher nicht nur – was nie bezweifelt wurde – ein Naturtalent ist, sondern auch über ein Frühwarnsystem verfügt, auf dessen rechtzeitige, wenn auch zu schrille Signale man hätte hören sollen. Also steht ihm ein Preis zu, zumal er heidnisch-katholisch genug ist, um selbst hierzulande adoptiert zu werden.

Mai 1994

So etwa mag eine Entscheidung zur Reife gekommen sein. Doch ich bin sicher: Es trug sich anders zu. Die Bayerische Akademie der Schönen Künste hat souverän entschieden. Und ich bedanke mich.

Aber nicht nur Preisvergaben, auch Danksagungen haben es in sich. Der Preis wird für mein literarisches Werk vergeben, von dem anzunehmen ist, daß es gleichfalls etwas in sich hat. In viereinhalb Jahrzehnten entstanden, mit seinen epischen, lyrischen, szenischen Auswucherungen, aus Zeitgenossenschaft entworfen, widerfuhr ihm von Buch zu Buch Kritik, so daß sich die Frage nach meinem Verhältnis zu dieser Kritik stellen könnte. Wer so lange den Buckel hinhält und sich sogar gelegentlich öffentlichen Auspeitschungen unterwerfen mußte, der soll gefälligst seine Narben vorzeigen. Ist doch interessant. Hat es sehr weh getan? Wie lebt man mit lebenslänglich anhaltender Kritik?

Mir könnte die Feststellung genügen: Ich bin Kritik gewohnt, sie überrascht mich nur selten. Weder war sie besonders hilfreich, noch hat sie nachhaltigen Schaden angerichtet. Und da es mir als Schriftsteller nicht an Selbstbewußtsein mangelt, fällt es mir auch nicht schwer, den Autor als Arbeitgeber zu begreifen: Ohne ihn gäbe es die Kritiker nicht, ohne sein vorliegendes Werk müßten sie sich selbst zerfleischen; arbeitslose Sozialfälle wären sie ohne den Schriftsteller, der sie in Lohn und Brot hält, indem er ihnen wiederholt Gelegenheit bietet, an den Früchten seiner Arbeit zu partizipieren, er nährt sie.

Doch da ich es mir nicht leichtmachen will, habe ich meine Dankesrede grundsätzlicher gefaßt und unter den ein wenig hochtrabenden Titel »Über das Sekundäre aus primärer Sicht« gestellt; schließlich rede ich vor einer Akademie, die es in sich hat, vergleichbar Preisvergaben und Danksagungen, die es gleichfalls in sich haben.

Schneller Szenenwechsel vom Ich zum Wir; denn sobald ich von mir absehe – was gar nicht schwerfällt –, liest sich die Frage nach der Kritik anders und komplexer. Auffallend ist zum Beispiel eine seit Jahren immer deutlicher werdende Tendenz, derzufolge sich das Sekundäre vor das Primäre geschoben hat. Mehr noch: Die permanente Selbstfeier des Sekundären bestimmt nicht nur den Zeitgeist, sie verkörpert ihn. Das Sekundäre erlaubt sich, als

Original aufzutreten. Nicht das neuerschienene Buch ist Ereignis, sondern der sekundäre Reflex. Nicht das Theaterstück des Autors Shakespeare darf uns anrühren, verwirren, entsetzen, in Frage stellen, vielmehr soll die Inszenierung genannte Verwurstung des Shakespeare-Textes bedeutsam sein: ein auf zehn bis zwanzig Prozent verknappter Digest, den Fremdzitate und Zitate aus Fremdzitaten aufmotzen müssen, damit er mit Hilfe von Geräuschen, Gebrüll und motorischem Gestampfe wieder auf passable Spiellänge kommt. Wie hieß nur der Autor? – Den hat es sowieso nie gegeben.

Zwar waren wir es gewohnt, auf Programmankündigungen ganz groß und fettgedruckt den Namen Karajan zu lesen und darunter verschwindend klein die Information zu finden, daß unter anderem etwas von Mozart, Mahler oder Beethoven der Interpretation anheimfallen werde, doch mittlerweile hat sich die Selbstherrlichkeit der Dirigenten in allen Kunstsparten breitgemacht, selbst Gemäldeausstellungen – gleich, aus welchem Jahrhundert – sind Anlaß für Inszenierungen. Der Ausstellungsmacher tritt als der eigentliche Künstler auf, entsprechend bläht sich der zur Ausstellung gehörende Katalog, in dem die einzelnen Werke nur noch als Material stillhalten dürfen für etwas, das über die Einzelwerke hinausreicht, ja diese sogar beliebig und austauschbar macht.

Da das vorherrschende Sekundäre dazu neigt, sich selbst zu bespiegeln und – bei tunlicher Aussparung des primären Werkes – nur noch mit Querverweisen auf seinesgleichen zu deuten, vermehrt sich von Buchmesse zu Buchmesse die Zahl sekundärer Bücher, die sich als Original ausgeben. Die postmoderne Philosophie, die solchen Etikettenschwindel unter Brüdern und Schwestern konsensfähig macht, wird mitgeliefert und ist im Preis inbegriffen.

Nun könnte man sagen: Immerhin gibt der Autor das Stichwort, sein Buch, sein Bild, sein Theaterstück, seine Musik stiftet an, er ist es, der – wenngleich in der Regel unterbezahlt – die vielen Arbeitsplätze – in der Regel gutdotierte – im Bereich des Kulturbetriebs schafft; doch selbst dieser eher bescheidene Hinweis auf den Autor als Urheber könnte sich demnächst als gegenstandslos erweisen, weil mittlerweile das Sekundäre autark ist: Es herrscht nicht nur vor, es beherrscht den Betrieb und vermehrt sich auf parasitäre Weise.

Eine Vielzahl von Festivals, Foren, Workshops und sich international nennenden Begegnungen dieser und jener Spielart bedienen einander wechselseitig, wobei eine Technik der Selbstdarstellung entwickelt worden ist, die auf das Produzieren von Primärereignissen spezialisiert wurde. Man möchte dabeisein. Die Täuschung gelingt zumeist. Und der Verdacht, aus zweiter Hand abgefüttert zu werden, also in einen glitzernden Secondhandshop geraten zu sein, wird in der Regel dadurch zerstreut, daß zu den diversen Kongressen und Foren Gäste aus dem nächstliegenden Zoo, doch auch aus weitentfernten zoologischen Anlagen – koste es, was es wolle – eingeflogen worden sind: exotisch anmutende Exemplare, die immer noch glauben, als Autor firmieren zu dürfen. Ich rede von jener Kulturabteilung, die sich, innerhalb der Sparte Reisekultur, aufs Spesenmachen versteht. Ich rede von der Hybris des Sekundären. Meine Rede handelt vom Ausverkauf. Wir werden aus zweiter Hand bedient.

Doch da meine kühnsten Übertreibungen der vorherrschenden Anmaßung womöglich nicht gewachsen sind, will ich mit einigen Behauptungen nachhelfen. Bei den Angeboten aus zweiter Hand geht es nicht mehr, um ein die Literatur mißbrauchendes Beispiel zu nennen, um Thomas Mann und dessen Lebenswerk, allenfalls ging es eine Zeitlang darum, teils spekulierend, teils tüftelnd herauszufinden, anhand welcher Personen im fiktiven Erzählstrom der überlieferten Bücher sich die Homosexualität des Autors nachweisen lasse.

Weil aber der Umgang als Leser mit den Romanen und Erzählungen langwierig, sprich: zeitraubend und außerdem verstörend, weil zu direkt ist, griff man zu den Tagebüchern; sie boten verwertbares Material an. Sie ließen sich leicht flöhen. Sie verhalfen zu Aha-Erlebnissen. Ihre einschlägigen Stellen wurden in einer Flut von Artikeln abgehandelt und weitergereicht; eine zweite Hand wusch die andere.

Am Ende war Thomas Mann ertappt, in seinem Wesenskern gedeutet und auf den Punkt gebracht. Frech konnte eine sekundäre Findung zur Erkenntnis aufgeblasen und als Sichtblende vor das Werk des Urhebers gestellt werden. So abgeblendet wird er uns vorerst nicht mehr verstören können. Endlich haben wir ihn im Griff. Wurde auch Zeit. Glaubte wohl, den Zauberer spielen zu können. Meinte, als Autor hinter dem Werk verschwinden zu dürfen. Aber nun haben wir ihn doch noch heimgeholt nach langer Emigration. Jetzt ist er unser. Wir kennen ihn durch und durch. Wir müssen ihn nicht mehr lesen.

Hier will ich anknüpfen und einen weiteren Fall sekundärer Besitznahme nennen, denn es stand zu befürchten, daß das Werk des Schriftstellers Uwe Johnson, noch bevor es als kompliziertes Erzählgeflecht den Leser erreicht und beglückt hat, durch Abschöpfung privater Delikatessen verstellt werden könnte. Der Autor konnte die Zugriffe seines Biographen nicht mehr abwehren, wohl aber kann, wie inzwischen geschehen, sein Verlag ihn schützen, indem er verhindert, daß sich der chronische Neid des Sekundären am Primären rächt.

Diesen und weiteren Abschottungen aller Zugänge zum Original entspricht das zur Zeit auf ungezählten Kongressen abgehandelte Lieblingsthema subventionierter Kulturbetreiber, es heißt: »Vom Ende der Lesekultur«. Mit bedauerndem Tremolo wird der Sieg der neuen Medien verkündet. Schon ist der lesende Mensch durch den visuell konsumierenden abgelöst. Die diesen Wandel beklagen oder verkünden, geben sich zwar immer noch – wenn auch ein wenig verschämt – als Lesende aus, doch besteht ihre Lektüre zumeist aus sekundären Gewinnabschöpfungen, deren Marktlage vorerst gesichert ist.

Und wo bleibt die Kritik? Ich meine die hergebrachte, die noch altmodisch vom Buch zehrt. Sie beginnt sich gemein zu machen mit den Zulieferern aus zweiter Hand. Schon hat sie akzeptiert, daß das Schaugeschäft die Tendenz bestimmt. Der einzelne Entertainer, der sich als Quartett aufspielt, der literarische Stammtisch gibt den Ton an. Wer mag noch lesen bei soviel Fernbedienung?

Schalten wir ab. Blicken wir, wenn nicht ins Buch, dann doch aufmerksam um uns. So viele Wirklichkeiten, die sich nackt, häßlich, mit Resten von Anmut zu erkennen geben; doch sehen wir sie tatsächlich, das heißt unverstellt? Es muß nicht verwundern, daß sich die Vorherrschaft der zweiten Hand auch im gesellschaftlichen und damit politischen Bereich beweist. Kräftig langt sie zu, denn die Schlammschlachten des sich gegenwärtig hinziehenden

Wahljahres wollen mit Sekundärmaterial munitioniert werden. Zuwachsrätlich lächelnd bieten die Wirtschaftsweisen als Gurus der Konjunktur Daten an, die ins hoffnungsvoll Positive hochgerechnet wurden. Und die im Primären handlungsunfähige Regierung greift in ihrer Not auf Dossiers zurück, die der einstige Gegner, ja der erklärte Feind während Jahrzehnten erstellt und gehortet hat.

Mit diesem Pfund aus zweiter Hand läßt sich wuchern. Noch nie ist der Staatssicherheitsdienst der DDR so erfolgreich gewesen wie nach dem Untergang des von ihm gesicherten Staates. Endlich darf seine Saat aufgehen. Denn weil nicht vom Primären geredet werden soll – das hieße, von der Arbeitslosigkeit, vom Elend der Obdachlosen, von der gescheiterten deutschen Einheit und von der aufgetürmten Schuldenlast zu sprechen –, wird sekundäres Gift in Umlauf gebracht, fein dosiert oder massiv angereichert. Es liegt ja genug auf Vorrat; denn eins muß man der Stasi lassen, sie ist fleißig gewesen, und Fleiß ist, wie wir von Kindheit an wissen, eine Sekundärtugend.

Nach diesen Ausflügen in die allgemeine Befindlichkeit ziehe ich mich zurück. Zurück zum Autor, also zum Preisträger, der es in sich hat. Ist es nicht anmaßend, wenn er einzig sein Tun als das Primäre begreift? Spielt er sich nicht gottähnlich auf, wenn er das Original, dieses Ergebnis eines altmodischen Schöpfungsaktes, als fortdauernde Premiere feiert? – Ich glaube nicht. Er weiß und sagt, daß er nicht allein steht. Sein Werk knüpft an und setzt fort, was andere Autoren begonnen haben. Er sieht sich in Tradition. Und unbekümmert ist seine Gewißheit, daß sein Werk Leser finden wird, gleich, wie klein oder groß ihre Zahl sein mag; und ist die Zahl groß, um so besser.

Denn wer liest, läßt sich auf ein primäres Erlebnis ein. Ein Erlebnis ohnegleichen. Nichts kann den Vorgang des Lesens ersetzen. In einer Welt der Surrogate verhält sich der Leser einzigartig. Nichts drängt sich telegen schwatzhaft zwischen ihn und das Buch. Er imaginiert, was ihm abstrakt als Satzspiegel vorliegt. Er ist mit dem Buch allein. Und diese Einsamkeit des Lesers mit dem Buch entspricht der oft jahrelangen Einsamkeit des Autors mit seinem Manuskript. Es ist der Leser, der die ihm vorliegende Erzählung, die von anderen totgesagt wurde, belebt, durch seine Vorstellungskraft ergänzt und manchmal sogar bereichert. Er sorgt dafür, daß der Faden nicht abreißt. Er benutzt das Buch, und sei es als Spiegel.

So sind es denn Leserbriefe, die dem Autor – und also auch mir – den Roman, die Erzählung, das Gedicht zurückspiegeln in freilich angelesener Gestalt, verwandelt sogar oder verfremdet. Ich erinnere mich insbesondere an Leserbriefe, die auf meinen Roman »Der Butt« Antwort gegeben haben. Einige dieser Briefe kamen aus Krankenhäusern, in denen sich Leser und Leserinnen mit Hilfe dieses dickleibigen Schmökers über langwierige Heilungsprozesse hinweggebracht hatten. Dem Autor wurde sogar versichert, es habe dieses fettleibige, unflätig lebenshungrige und hemmungslos vor sich hin erzählende Buch aufs lebendigste zum Heilungsprozeß beigetragen.

Seitdem weiß ich, daß das Erzählen eine medizinische Dienstleistung primärer Art sein kann. Und gewiß ist mir auch, daß unsere Welt, sollte sie jemals zur Besinnung kommen, nicht am Sekundären genesen wird. Das Buch hat es in sich, wie Preisvergaben es in sich haben. So auch der Preisträger, der aus erster Hand danksagt.

Mai 1994

Rabe oder Krähe

Laudatio zur Verleihung der Plakette der Freien Akademie der Künste in Hamburg an Peter Rühmkorf

Schon in den sechziger Jahren, als einige Pinsel- und Kohlezeichnungen diesem Profil hinterdrein waren, stellte sich die Frage, welcher Vogel kommt aufs Blatt? Als Liebhaber animalischer Embleme hatte ich mich zwischen zwei schwarzgefiederten Hackschnäbeln zu entscheiden, strich aber das Wörtchen »oder« und bin bis heute sicher, daß in seinem Wappen der Rabe und die Krähe einander kein Auge neiden. Ob gereimt oder im freien Vers, er ist beides. Melodisches Krächzen hat er dem rational klärenden Essay und seinem lyrischen Gesang antrainiert. Wenn uns der Rabe als »selbstironischer Hypochonder« in traumschwere Grundstimmung gewiegt hat, hackt uns sogleich die Krähe hellwach. Aus weise abwartender Position nimmt Streitlust Anlauf. Welch heilsam schmerzliche Doppeldisziplin! Laut will ich mit dem Raben die Krähe preisen.

Laudatio für Peter Rühmkorf. Lobrede für einen Freund, der auf dem Hochseil frech und um kein Kunststück verlegen, bei Bodenhaftung jedoch eher scheu und schonende Distanz suchend daherkommt. Es geschieht ja nicht oft, daß Schriftsteller Schriftsteller, allgemein gesichtet, Künstler Künstler loben. Die Ichbezogenheit – oder das Turnen vor mannshohem Spiegel – ist in diesen Berufssparten besonders ausgeprägt; nicht so bei unserem Raben, der sich als Krähe gerne in Vielzahl ausschwärmen sieht.

Lest, bitte, Leute, den Band »Dreizehn deutsche Dichter«, in dem für den privat unleidlichen, jedoch auf vieltausend Druckseiten unerschöpflichen Großkauz neuester Erzählkunst, für Arno Schmidt, geworben wird; lest, zu welch klugen Einsichten wiederholte Mühe gefiltert werden kann, wenn es darum geht, allerfrüheste Animositäten zu überwinden und endlich doch, trotz nerviger Leitmotive, Zugang zum »Zauberberg« zu finden, mehr noch, zu einer »neugewonnenen Wertschätzung« zu kommen, die mit höchstem Lob dem Beginn der Erzählung »Ein Glück« Nähe zum »flaumleicht angehobenen Tonfall« Hans Christian Andersens nachsagt – und das in einem Land, in dem es Allüre geworden ist, über Thomas Mann und dessen immer noch anrüchige Ironie die Nase zu rümpfen –; und lesen Sie, bitte, den respektvollen Versuch, im Rückblick auf die »Benn-Besoffenheit« der fünfziger Jahre einigen Abstand zu gewinnen; denn noch immer fasziniert der große Schamane und schmerzt die Flucht des erklärt Einzelnen in ersehnte Urschlammwärme, die aber – aus verspäteter Erkenntnis geprüft – nur braune Masse war.

Schatten, die auf unsere Generation fielen. Der hier gelobt wird, ist jemand, der sein Herkommen nicht in privater Dunkelkammer bewahrt, der vielmehr den Gegenkönigen seiner (und unserer) jungen Jahre – Bertolt Brecht drüben, Gottfried Benn hier – aus eigner Tasche Tribut zahlt. Er schaut um sich und muß dennoch von sich nicht absehen. Heine ist ihm eigen. Der gesamten Barockbande – ob dem frühen Fleming oder dem späten Günther – bleibt er in Kumpanei verbunden. Doch auch die eigene Generation, sei es der Antipode Enzensberger, sei es der heutige Lobredner, entgeht seiner kritischen Wertschätzung nicht.

Frei von Platzangst bewegt er sich zwischen Zunftgenossen. Er gibt es ihnen schriftlich. Eine Feder, die elegant ansetzt, plötzlich salopp ausfällige Volten schlägt, hier hochgelehrt tiefstapelt, dort mit elegischem »Ach!« eine Kehre einleitet, dann wieder wie gegen Stücklohn mühselige Aufklärung betreibt, und sei es, um inmitten Fortschrittsmüll der Melancholie ein wenig Raum zu schaffen, dabei immerfort in Sentenzen funkelnd und selbst als Scharfrichter noch von treffsicherer Liebenswürdigkeit.

Gelobt sei diese Portraitgalerie deutscher Schriftsteller, eine kollegiale Annäherung, der diskret, aber unverkennbar ein Selbstportrait unterlegt ist. Nur eine Auswahl, wie uns Peter Rühmkorf im Nachwort versichert: »Daß es auch dreizehn ganz andere hätten sein können, kann ich nicht einmal völlig von der Hand weisen . . .« Und der Liebhaber und Ahnenforscher zählt auf: Ludwig Tieck und Arno Holz, Alfred Döblin, Hans Henny Jahnn, Alfred Lichtenstein . . . Ein wünschenswert zweiter Band gewinnt Umfang und könnte das unterlegte Selbstportrait mit Lachfältchen, aber auch grämlichen Furchen bereichern.

Denn wir wollen ihn nicht nur im Wappengetier – mal Rabe, mal Krähe – erkennen, sondern ganz sehen; aber das will und kann nicht gelingen. Er, der Tagebuchchronist und Resteverwerter, der Sammler abgelebter Zeitungen und wiederbelebter Kinderreime, er, der dem Springer-Konzern einzig als Lügendetektor dienlich gewesen ist, er, des Volksvermögens strenger Konkursverwalter, macht sich mir in der Titelfigur seiner zwischen Buchdekkeln versammelten »aufgeklärten Märchen« als »Hüter des Misthaufens« bekannt, als jemand also, dem jegliche Ausscheidung Dung, mithin wertvoll ist. Ich meine, so sieht er sich gerne: hoch oben auf der dampfend wachsenden Anhäufung, mit Hut und Schal, auf die Forke gestützt.

Doch wie steht es mit den Gedichten, die die Hauptsache sind? Was geben sie preis? Welches Ich (unter so vielen) täuscht aufs Glaubwürdigste den Dichter vor? »Ihn zu bestimmen ist nicht eben leicht«, heißt es in dem frühen Band »Irdisches Vergnügen in g«. Seine Gedichte – die ungezählten – leben in der Zerstreuung. Doch wo sie, mal hier, mal dort angesammelt, zu finden sind, etwa in einem Reclam-Bändchen unter dem Zitattitel »Selbstredend und selbstreimend«, ist sogleich der Rühmkorfsche Ton angeschlagen, in dem immer auch der Ton des bahnfahrenden Sängers in »I.-Klasse-Einsamkeit« mitschwingt:

Von Mainz über Bingen bacharachwärts,
die Veilchen verglimmen im Fluge –
Wohl völlig verrückt geworden der März?!
Der Kopf total aus der Fuge.

Ich reise mit Gedichten umher,
paarmal rundumerneuert
seit Achtzehnhundertichweißnichtmehr
Heinrich Heine die Lore beleiert.

Und weitere Reisegedichte, die aber nie als lyrische Ansichtspostkarten brillieren und so die Prospekte eines erlesenen Tourismus bebildern könnten; denn dieser eher gehetzte Landvermesser – »Manchmal, eh ich aufschau, blick ich weg ...« – ist kein Betrachter musealer Versteinerungen, eher ein Sammler namhafter Bahnstationen und namenloser Fluchtmomente:

Dachte an schön kühles Fleisch,
sah Jelängerjelieber,
voll entbrannt bei Neustadt/Aisch,
schon bei Ulm hinüber.

Dabei stehen, in welcher Sammlung auch immer, zwischen diesen Gedichten, die »Hochseil« oder »Zirkus« heißen und als »Kunststücke« auf den Markt kommen, längere und kurze Prosaglossen, die unter anderem von der Marktlage der Lyrik Bericht geben: »Um ein Gedicht von guter oder auch nur mittlerer Qualität wirklich marktfertig zu machen, das heißt, es aus dem ursprünglichen Rohzustand auf jene Hochform zu bringen, die der Kunde heute verlangt, muß bereits eine Vorinvestition von achthundert bis tausend Mark pro Stück geleistet werden.«

So kann nur jemand schreiben, dem zwar gewiß ist: »Wer Lyrik schreibt, ist verrückt«, der aber dennoch den Beruf des Dichters nicht als hohepriesterliches Amt ausübt, vielmehr mit den Musen ein tarifvertragliches Verhältnis eingegangen ist; Schlechtwetterzulage und Streikrecht eingeschlossen! So spricht denn aus ihm, dem Mann mit dem lyrischen Bauchladen, in jener Ode, gemeißelt nach alter Manier, der Genosse Klopstock mit:

Davon singet sein Mund

Wo der Schnee fault, das Feuer schimmelt, die Luft verrottet,
in Täuschland,
wo mein Entsetzen zu Haus ist,
will ich zum ersten, zum zweiten, zum letzten,
rrrums!
will dies unverkieselte Herz und, ehe das Auge trocken steht,
Lust und Wut und viele gebrechliche Dinge
lauthals preisen,
unter, ah!
Atem halten will ich, daß er uns bleibe:
Gesang!

Leute, wer es nicht weiß oder vergessen hat, wer gar meint, so etwas gäbe es nicht mehr, so etwas sei ausrangiert, unter die neuesten Medienräder geraten, dem sei dennoch gesagt: Unter uns ist ein Dichter von höchstem Grade, der von heute, gestern und morgen zugleich ist, haltbar weit über 1999 hinaus, ein Dichter, der seit Jahrzehnten unsere Schieflage besingt und selbst dem ermüdeten Material noch tragfähige Reime abgezwungen hat, ein Dichter also, der uns im »Mailied für junge Genossin« in strikter Tonlage – »Kunst als Waffe? – da sei Majakowskij vor!« – das »Über-Ich« als Kartenhaus erklärt und der, getreu seinem eigenen Vers, erschütterbar geblieben ist – und widersteht.

Ja, das auch noch und in einer Zeit, in der blasierte Distanznahme und geschmeidige Anpassung nicht nur Mode, sondern feuilletongerechte Haltung sind. Ihr alle, die ihr mit postmodernem Lächeln fein raus zu sein meint, ihr Schnellverbraucher beliebiger Befindlichkeiten, ihr alle, denen es, ach, so schwerfällt, links von rechts zu unterscheiden, sollt wissen: Unser Dichter und Sänger auf hohem Seil, unser Artist in der Zirkuskuppel, er, der »Profundes« auf das »Schlaflied eines Hundes« reimt, er, Peter Rühmkorf, ist und bleibt ein Linker.

So kenne ich ihn seit falschen Fuffzigerjahren, als in Leslie Meiers Lyrikschlachthof Hochkonjunktur herrschte. Später, Mitte der Sechziger, zeichnete ich ihn mehrmals: Ob als Rabe oder Krähe, unser Dichter trat damals mit schleifig gebundener Fliege auf. Mag ja sein, daß wir uns in den siebziger Jahren mit unterschiedlichem Tempo in der Linkskurve bewegten, doch in den Achtzigern, als das bis heute andauernde »zweite Restauratorium« begann, lagen wir wieder gleichauf, und sei es im Kampf gegen angebliche Windmühlen, die aber – genau besehen – als Springers Dreckschleudern noch immer in Betrieb sind. Und gegenwärtig, da wir uns beide in den Neunzigern – und dank abgefallener Freunde – ziemlich entblößt in der Arena sehen, gefällt es uns weiterhin, den angestauten Mief abzuschmecken; so sehr lieben wir unser Land.

In Deiner »Variation auf ›Gesang des Deutschen‹ von Friedrich Hölderlin« besingst Du die »hundertprozentige Rheinstahltochter« und stellst das Märchen auf den Kopf: »Eselein deck dich, Deutschland, käufliche Mutter ...« Inzwischen hat sie Fett angesetzt, unsere wohlfeile Matrone. Bedrohlich eng wird es ihr inmitten Nachbarschaft; schon bordet sie über.

Als mir kürzlich die polnische Übersetzung meiner Dir gewidmeten dreizehn Sonette unter dem Titel »Novemberland« ins Haus kam, fand ich gleichfalls die Widmung, Deinen Namen wohlklingend übersetzt: für »Peterowi Rühmkorfowi!« Kein schönerer Schluß.

November 1994

Begegnung in Paris

Lieber François,

so bringst Du mich, den Siebenundsechzigjährigen, mit Deiner runden Achtzig in gehörige und bewundernde Distanz. Doch die will ich aus dem Stand überhüpfen, weil unsere ersten Begegnungen in Paris sogleich freundschaftlich direkt und wie ohne Umstände gewesen sind. Es war in den Jahren 1956/57. Du befandest Dich, aus meiner Sicht, in gefestigter Position, ich, ein Anfänger, steckte in der ersten Fassung der »Blechtrommel«; und als ich auf etwa Seite 500 war, brachte Anna Zwillinge zur Welt, was meinen Schreibzwang nicht minderte. Du bist mir von Anfang an mit fragender Neugierde begegnet. Ich spürte Interesse und ausgesprochene wie unausgesprochene Ermunterung, sobald mir Durststrecken bevorstanden, mehr noch, Du gabst mir Gelegenheit, im Nutz- und Ziergarten Deiner literarischen und politischen Kenntnisse zu räubern und zu wildern: Dir verdanke ich folgenreiche Hinweise auf Orwells »Mein Katalonien« (ich kannte bis dahin nur die Romane) und die Vermittlung eines ersten Gespräches mit Czesław Miłosz, der am Rand von Paris die polnische Exil-Kulturzeitschrift »Kultura« herausgab.

Sicher, es ging um Kultur und Politik, um Mendès-France und den Aufstand in Ungarn, Du warst weltkundig, ob weit weg oder nahbei, und so wird Dir vielleicht entgangen sein, daß wir uns, auf Besuch bei Euch, während die großen Namen fielen und die globalen Konflikte Gesprächsstoff waren, wie auf Vorrat sattgegessen haben; so überschüssig reich war Eure Küche.

Ich erinnere mich an eine bürgerliche Wohnung, in der das Mobiliar und unübersichtlich viele Bücher nach größeren Räumen verlangten. Da wir eher provisorisch lebten, führte mich Eure Adresse in eine andere, offenbar gesicherte Welt; doch bald wurde mir deutlich, daß Euch plötzliche Aufbrüche wie antrainiert waren und irgendwo versteckt das Chaos als Untermieter wohnte; auch deshalb war es so wohnlich bei Euch.

Es wird Dich vielleicht überraschen, lieber François, zu hören, daß ich bei Dir ansatzweise das Argumentieren gelernt habe.

 Januar 1995

(Später hatte ich Gelegenheit, Dich viele Male bei Podiumsdiskussionen als Meister der Argumentation zu erleben und gleichfalls zu bewundern, wie kunstvoll es Dir gelang, bei sich hinschleppender Debatte den Eindruck zu vermitteln, Du seist der Schlafende, der dennoch alles hört, gelegentlich den Schlaf unterbricht und die sich verläppernde Diskussion wieder auf den Punkt bringt.)

Und dann gab es noch Paul Celan, den schwierigen Freund. Auf andere Weise als Du hat er mir, wenn ich durchhing, auf die Sprünge geholfen; doch so sicher ich mir heute, nach vielen Jahrzehnten, seiner Hilfe bin, so peinigend ist mir bewußt geblieben, wie wenig ihm zu helfen war. Paul Celan kann ich nicht mehr danken, doch Dir, lieber François, soll dieser verspätete Schülerbrief eine Erinnerung wachrufen, die für mich mit Dankbarkeit verbunden ist.

Dein *Günter*

Schwarzweiße Kinoträume

Kino war für mich von Kindheit an Kintopp. Diese naive Sicht erlaubt mir noch heute, sogar mittelmäßige Filme, wenn sie nur Kintopp genug sind, zu genießen; selbst die noch leere Leinwand lädt zur Projektion beweglicher Vorstellungen ein.

Schon als Acht- oder Neunjähriger war ich ein passionierter Kinogänger und das im wörtlichen Sinn, weil ich von der Vorstadt aus sämtliche Kinos meiner Heimatstadt Danzig zu Fuß erreichen mußte: Mein Taschengeld war mit mindestens zwei Kinobesuchen pro Woche dahin, jedenfalls reichte es nicht für Straßenbahnfahrten. Mit billigstem Eintrittsticket saß ich in der ersten Reihe auf einem sogenannten »Rasiersitz« und blickte zur Leinwand auf, die mir alles bedeutete, gleich, ob ich einen Tom-Mix-Film sah oder sich Harold Lloyd als Fassadenkletterer bewies. Mein größtes Problem war eine Hürde, die die Tugendwächter jener Zeit aufgebaut hatten, indem sie Filme, nach denen ich süchtig war, für »nicht jugendfrei« oder »jugendfrei ab 14 Jahre« erklärten.

Dieser Notzustand fand ein Ende, als mein Onkel Walther im neueröffneten Tobis-Palast Kinovorführer wurde; seine isolierte Berufsstellung machte ihn zum Gott. Bei ihm war mir durch ein viereckiges Guckloch der Einblick in alle Himmelreiche eröffnet und also auch in jene himmlischen Separées, die nur für Erwachsene reserviert waren. So sah ich eine nackte Frau in einem hölzernen Badezuber Schaum schlagen – der Film hieß »Das Bad auf der Tenne« –, und da ich mich an knallige Farben, aber auch braunstichige Tönungen erinnere, muß es einer der ersten in Deutschland gedrehten Farbfilme gewesen sein, für die mein Onkel Walther mich reif genug hielt: Alles, auch das rubenshaft sündige Fleisch, ersoff in Farbe.

Doch im Grunde meines zelluloidsüchtigen Herzens bin ich schwarzweißimprägniert. Kino ist für mich eine in unendlich vielen Grautönen abgestufte Offenbarung. Nichts hat meiner Phantasie mehr Auslauf erlaubt als dieses immer leicht verregnete Geflimmer; und wenn ich mir in späteren Jahren die mal grell ausgeleuchtete, dann wieder verschattete Augenweide meiner Kindheit zurückrufen wollte, mußte ich mich nur – ob in Berlin oder Paris – in eines der kleinen Studentenkinos flüchten, wo in »Bestie Mensch« niemand trauriger war als der junge Lokomotivführer Jean Gabin; oder wenn in »Hotel du Nord« die Arletty ihr Reißverschlußkleid öffnete und Louis Jouvet seine elegant kostümierte Melancholie über eine zierlich verschnörkelte Eisenbrücke spazierenführte und so den Kanal Saint Martin überquerte. Oh, Simone Signoret, du Mädchen mit dem Goldhelm in Schwarzweiß. Oh, kämen sie doch wieder, diese mit strengen Kontrasten und sanft gefiltertem Licht prunkenden Träume von neunzig Minuten Spieldauer. Alle Farbenpracht von Technicolor gäbe ich her für einen neuen, ganz der Askese verpflichteten Schwarzweißfilm.

Ja, mehr noch, könnte ich verfügen, hieße mein Gesetz: Ab morgen wird auf Farbe verzichtet. Ab morgen besinnt sich der Film seiner flimmernden Anfänge. Ab morgen gibt nur noch Schwarzweiß den Ton an. Doch als geeichter Realist müßte ich meine Verfügungsgewalt sogleich einschränken und sagen: Ein Jahr Askese könnte genug sein, um die Filmüberproduktion zur Besinnung zu bringen. Der Verzicht auf Farbe führt ja nicht zur Verarmung, vielmehr eröffnet er Wege in Rumpelkammern, in denen die Reichtümer unserer Jugend immer noch Schatten werfen. Ich weiß, die Farbe hat gesiegt. Schon mein Onkel Walther, der Kinovorführer im Tobis-Palast, war vom Farbfilm begeistert. Doch da Siegen dumm macht und ich gern zu den Verlierern gehöre, zappeln meine Kintoppträume noch immer schwarzweiß.

Willy Brandt im Warschauer Ghetto

Lieber Hartmut von Hentig,

ja, es stimmt, ich war dabei, als Willy Brandt dort, wo einst das Warschauer Ghetto gewesen ist, auf die Knie ging. Aber was heißt das: Ich war dabei? Was erlebt man, in der Menge stehend, abgedrängt von Sicherheitsbeamten, vermeintlich dem Protokollverlauf folgend? An jenem Dezembertag des Jahres 1970 geschah etwas außerhalb der zeremoniellen Riten. Plötzlich wurde ein Bild gesetzt. Ein Deutscher, ein Politiker und Sozialdemokrat, kniete nieder. Handelte er allein für sich? Hatte der Emigrant Willy Brandt Gründe, stellvertretend zu handeln? War er sich der Dimension seines Handelns bewußt?

Der miterlebte Augenblick ist in Kürze zu beschreiben. Ich erinnere mich an ein kurzes Erschrecken, an die Wahrnehmung: etwas Unglaubliches geschieht. Dann herrschte nur noch das Klicken der Kameras; die Welt nahm Notiz, und mein folgender Gedanke verlief bereits in ängstlichen Bahnen. Wie wird man in Deutschland des Kanzlers Geste verstehen? Ist nicht zu befürchten, daß sich die Meute seiner politischen Feinde, die Springer-Presse voran, abermals auf ihn stürzen wird? Ängste, die ihren Nährboden hatten; war doch die Haltung dieses Mannes, der den Rückfall der Deutschen in die Barbarei von Jugend an bekämpft hatte, der Anlaß für seit Jahren anhaltende Verleumdungen gewesen.

Um meine damaligen Befürchtungen zu verstehen, muß ich mir weitere Erfahrungen wachrufen. Willy Brandts Reise nach Warschau war Teil der von ihm gewollten und gestalteten Entspannungspolitik; im Jahr zuvor hatten ihm dazu die Wähler den Auftrag erteilt. Aus politischer Einsicht bewies er den Mut, das ideologische Grabensystem des Kalten Krieges zu unterlaufen. Er nahm die Folgen des von den Deutschen begonnenen und verlorenen Kriegs auf sich und handelte aus Verantwortung. Die Reise nach Warschau bedeutete ja nicht nur – was viel war – die Anerkennung der Oder-Neiße-Linie als östliche Grenze Deutschlands, vielmehr galt Warschau als der Ort, von dem aus der von uns Deutschen zu verantwortende Völkermord an den Juden seinen Ausgang genommen hatte. Eine solch beschwerliche Reise war von Anbeginn umstritten.

Deshalb muß an den Haß erinnert werden, der damals von den politischen Gegnern bewußt geschürt und wenn nicht direkt gegen den Bundeskanzler, dann stellvertretend gegen Egon Bahr, einen seiner engsten Mitarbeiter, gerichtet war. Und schon befinden wir uns in der Gegenwart, denn, genau gewichtet, sind die jüngsten Versuche, nun – nach Willy Brandts Tod – seinen vertrauten Freund zu Fall zu bringen, nur die Fortsetzung der damals gescheiterten Anstrengungen. Abermals gibt Egon Bahr die Zielscheibe ab, aber getroffen werden soll nach wie vor Willy Brandt und dessen Andenken; denunziert wird abermals eine Haltung, als deren Konsequenz der Warschauer Kniefall zu begreifen ist.

Sie sehen, lieber Hartmut von Hentig, wie schwer dieser Augenblick deutscher Geschichte auf das bloße und äußere Geschehen zu begrenzen ist. Wenige Stunden später sprach ich mit polnischen Freunden, die die so augenfällige Tat des Bundeskanzlers aus ihrer Sicht und Erfahrung in erweiterten Dimensionen zu verstehen versuchten. Bisher stand für sie das polnische Leid im Vordergrund. Nun aber wurden (von Brandt gewiß unbeabsichtigt) polnische Versäumnisse und Tabuisierungen deutlich, die sich noch kürzlich bei den Gedenkfeiern in Auschwitz zeigten, als es dem polnischen Staatspräsidenten schwerfiel, die angemessene Haltung zu finden.

Und weiter ist mir erinnerlich: Wenige Tage nach der Unterzeichnung der ersten deutsch-polnischen Verträge begann in den polnischen Hafenstädten der Streik der Werftarbeiter. In Gdańsk – dem einstigen Danzig – schoß die Miliz auf Arbeiter; es gab Tote. Zugleich gab es erste Anzeichen freier gewerkschaftlicher Organisation. Sie signalisierten das Entstehen der Arbeiterbewegung Solidarnaść. Das Gefüge des sowjetischen Machtsystems zeigte erste Risse. Eine Entwicklung zeichnete sich ab, die, mitbewirkt durch Willy Brandts Entspannungspolitik, das Ende der Ost-West-Konfrontation herbeigeführt hat.

Ja, ich bin dabeigewesen. Abgedrängt sah ich im Ausschnitt den knieenden Kanzler: ein wortloses Geschehen, das alles sagte. Und jetzt, da ich Ihnen schreibe, erlebe ich abermals jenen Schock, der meine ängstlichen Sorgen herbeigerufen hat. Sorgen, die geblieben sind, denn noch immer oder schon wieder erregt Willy Brandts Kniefall Anstoß.

Freundlich grüßt Sie Ihr *Günter Grass*

Nach zwanzig Seiten waren alle Helden tot

In die Jahre gekommene Flüchtlingskinder können ihre Jugendzeit selten mit papierenen Überbleibseln belegen. Gewiß, das Familienfotoalbum und meine Briefmarkensammlung befanden sich im Gepäck meiner Eltern, die ich erst zwei Jahre nach Kriegsende im Kölner Umland bei Bauern einquartiert fand. Aber keine meiner Zeichnungen wurde »gerettet«, und auch die Peinlichkeiten allerfrühester Schülerlyrik und was sonst noch schriftlich hätte vorliegen können, sind mir erspart worden. Nur die Erinnerung blieb; sie verführt, so löchrig sie ist, zu Lügengeschichten nach Lust und Laune. Dennoch sei der Versuch gewagt, bei der unattraktiven Wahrheit zu bleiben.

Ich mag dreizehn Jahre alt gewesen sein, als ich mit der Niederschrift meines ersten Romans begann. Da meine Mutter ein Lebensmittelgeschäft betrieb, konnte ich ihr ein leeres Kontobuch abschwatzen, in das ich, ohne auf die Rubriken Soll und Haben zu achten, kühn die Überschrift setzte – »Die Kaschuben« – und darunter kleiner, doch nicht weniger anspruchsvoll: »Ein Epos«.

Bevor ich zum eigentlichen Romangeschehen komme, muß eingeräumt werden, daß mich eine in großer Auflage erscheinende NS-Jugendzeitschrift unter dem Titel »Hilf mit!« zu diesem ersten schriftstellerischen Großversuch angestoßen hatte. Ein Wettbewerb stand ausgeschrieben, Prosa sollte prämiert werden. Mehr ist dazu nicht zu sagen, weil ich mich aus noch zu schildernden Gründen nicht an dem Preissingen beteiligt habe. Wie kam ich auf dieses Thema? Die Kaschuben, eine urslawische Minderheit von etwa dreihunderttausend Seelen, haben ihr Siedlungsgebiet, ungeachtet diverser Völkerwanderungen, nie verlassen. Von der pommerschen Ostseeküste und Danziger Bucht blieben sie bis zur Tucheler Heide hin seßhaft und hatten ihre großpommerellische Geschichte längst hinter sich, als ich mich um sie literarisch zu kümmern begann. Weil mütterlicherseits kaschubischer Herkunft, waren mir die Gewohnheiten dieses Restvölkchens einigermaßen vertraut. Nachdem man sie vor Kriegsbeginn mehr oder weniger erfolgreich polonisiert hatte, sollten sie jetzt, unter deutscher Herrschaft, wieder einmal germanisiert werden; kein Wunder, daß sie kaschubischer auftraten, als sie waren.

Wäre ich doch bei diesen erdigen Mischtönen geblieben! Aber nein, es sollte ein Epos werden, Geschichte, möglichst entlegene, mußte herhalten, und also entschied ich mich, den Anfang meiner romanhaften Handlung in der Mitte des dreizehnten Jahrhunderts ihren Verlauf nehmen zu lassen, und zwar während der Zeit des Interregnums, die in Geschichtsbüchern »die kaiserlose, die schreckliche Zeit« genannt wurde. Ganz so abwegig war das nicht, schließlich haben die Kaschuben die häufig wechselnde Herrschaft deutscher Ordensmeister oder polnischer Könige und Gegenkönige ertragen müssen; für sie war ein endloses »Interregnum« angesagt.

Gleich zu Beginn der Niederschrift unterlief mir ein folgenschwerer Fehler. Nicht das geduldige Beharrungsvermögen der Kaschuben bestimmte mein Schreibtempo, vielmehr waren es ritterlicher Totschlag, Femegerichte und die dieser Gerichtsbarkeit entsprechenden Fememorde. Blut floß im Übermaß. Mit anderen Worten: Nach zwanzig Seiten Sütterlinprosa im Kontobuch meiner Mutter waren alle Helden tot, war die Geschichte aus, entging der NS-Jugendzeitschrift »Hilf mit!« ein Preisträger, sparte ich mir ein Thema auf, das noch immer nicht vergangen sein will, und wurde mir eine kaschubische Lehre erteilt.

Seitdem gehe ich behutsam mit meinem fiktiven Personal um. Wenn gestorben wird, dann allenfalls gegen Schluß. Natürlich habe ich damals als Dreizehnjähriger mit dem Gedanken gespielt, alle bis zur Seite 20 Erschlagenen als Geister auftreten und weiterhin – sei es in Moor und Heide, sei es auf Wolkenbänken – agieren zu lassen; aber diese Geschmacklosigkeit konnte ich mir verkneifen. Eine weitere Lektion.

Geblieben sind die Kaschuben und ihr heidnisch-katholisches Unterfutter. Geblieben ist die Geschichte, die über sie hinwegging, ohne sie kleiner als klein machen zu können. Geblieben ist: Stoff genug.

Wir sind als Richter nicht tauglich

Rede zur Verleihung der Hermann Kesten-Medaille in Darmstadt

Meine Damen und Herren, liebe mutmaßliche Freunde,

mit diesem literarischen, in unsicherem Gelände tappenden Hinweis will ich uns an einen Schriftsteller erinnern, der, weil aufs Genaue aus, gerne als Meister der behutsamen Annäherung den konjunktivischen Mutmaßungen huldigte und sich so streng wie liebenswürdig allen Zuordnungen, etwa der, als »Dichter der deutschen Teilung« zu gelten, verweigert hat. Um mich deutlich zu machen, will ich meine Dankesrede mit einer Geschichte einleiten, deren Ärgernisse so lange zurückliegen, daß ich versucht bin, nunmehr den Märchenton anzuschlagen.

Es war einmal ein Mann, jung an Jahren und hoch aufgeschossen, der in Mecklenburg und Leipzig als Schüler, dann Student folgenreich zu zweifeln begann, weil er in einem Land lebte, dessen Ziele weitgesteckt waren, doch dessen Alltag in fürsorglich befohlener Enge verlief. Als der junge Mann begann, diesen Widersprüchen mit Wörtern beizukommen, und sich schließlich, weil von unumgänglichen Geschichten bedrängt, als Schriftsteller begriff, wurde ihm bald deutlich, wie fremd er seinem Land war und welche Worte ihm unerlaubt sein sollten: Die Sachwalter des Sozialismus wünschten seine Sicht des sozialistischen Alltags nicht gedruckt zu sehen.

Weil er sich aber unbedingt zwischen zwei Buchdeckeln erleben wollte und ihm ein westlicher Verleger Zusagen gemacht hatte, wechselte er seinen Wohnort. Nicht etwa, daß er, weil mitten im Kalten Krieg, das eine gegen ein anderes Land, das gleichfalls deutsch hieß, mit lauter Erklärung austauschte, nein, er packte »überlegsam« – sein Lieblingswort – das Notwendigste und fuhr mit der S-Bahn von Ost- nach Westberlin. Dort legitimierte er sich durch polizeiliche Ummeldung und nahm im Stadtteil Friedenau Wohnung, um an seinen Manuskripten zu arbeiten.

Bald erschien im Westen sein erster Roman, der beifälliges Erstaunen erregte; doch wenig später wirkte seine Wortwahl bei öffentlichem Gespräch anstößig. Er war nicht bereit, sich dem westlichen Sprachgebrauch zu fügen und erklärtermaßen als ein Flüchtling aufzutreten, der das andere Land – auch Sowjetzone genannt – hatte verlassen müssen. Karg und spröde teilte er sich mit. Kein Ausrufezeichen war ihm geläufig. Er sprach von einem notwendig gewordenen Umzug und der S-Bahn als immer noch tauglichem Verkehrsmittel in einer Stadt, die staatlich weder Ost noch West gehöre, die vielmehr der Aufsicht der vier Besatzungsmächte unterstellt sei. Übrigens habe er aus beruflichen Gründen von dieser Bewegungsfreiheit Gebrauch gemacht. Die S-Bahn sei zu empfehlen. Mehr wisse er nicht zu sagen.

Nun gab es aber einen anderen Schriftsteller, dessen Autorität im Westen Geltung hatte. Viel älter und ausgestattet mit weltläufigen Erfahrungen, hatte er eindeutige Entscheidungen treffen müssen, als seine Bücher in Deutschland verboten und verbrannt worden waren. In Holland arbeitete er in einem Emigranten-Verlag, in Amerika wurde er emigrierten deutschen Schriftstellern behilflich: Seine Flucht war kein Umzug gewesen. Deshalb verlangte er von anderen, so von dem jungen Schriftsteller, der die S-Bahn benutzt hatte, ein klippklares Bekenntnis zur Freiheit, das hieß zur westlichen Demokratie.

Bald sah sich der junge Mann, der meinte, nicht das ideologische Lager, sondern nur den Wohnort gewechselt zu haben, wie unter Anklage gestellt. Die sich als frei verstehende Welt verlangte ihm Bekenntnisse ab, die er verweigerte, wie er schon seiner sozialistischen Welt, in der gleichfalls das Wort Freiheit auf Abruf verfügbar war, solch plakative Eindeutigkeiten verweigert hatte. Man nannte ihn starrköpfig; dabei war er nur eigensinnig.

Nun sah er sich in Ost und West fremd. Der ältere Schriftsteller, der seine Werke selbst »Antidiktaturromane« nannte und als streitbarer Moralist galt, ließ nicht locker. Als Emigrant fand er weithin Echo. Schon sollte, weil sich etliche Zeitungen in Empörung gefielen, dem jüngeren Schriftsteller ein Rom-Stipendium aberkannt werden. Schon glaubte der Außenminister des sich deutsch nennenden westlichen Staates ein Machtwort sprechen zu müssen. Tonbänder wurden geprüft, Worte geklaubt, Verdächtigungen in Umlauf gebracht. Es ging um Freiheit an sich, um den Viermächtestatus von Gesamtberlin und um die kleine Verkehrsfreiheit der S-Bahn, mit der es bald auch vorbei war: Als starke Tatsache wurde quer durch die Stadt die Mauer gebaut.

Sie werden es bemerkt haben: Hier ist mit märchenhaftem Anklang von Uwe Johnson, der zu früh gestorben ist, und von Hermann Kesten, der, so alt wie unser Jahrhundert, in Basel lebt, mehr als nur andeutungsweise die Rede. Beiden bin ich aus Erinnerung verbunden. Zwei Schriftsteller, die sich, ihren Streitfall betreffend, unerbittlich im Recht sahen, die jeweils aus ihrer Sicht und Erfahrung recht hatten und die sich überdies geradezu beispielhaft als Rechthaber in Position zu bringen wußten. Soviel mir bekannt wurde, ist zwischen beiden kein Raum für Verständnis oder gar Versöhnung gewesen. Es ging ums Prinzip. Und da in beiden Deutschländern das Prinzipielle hoch gehandelt wurde, hat es bis heute seinen Marktwert behaupten können.

Ich habe mich damals an diesem Streit nicht oder nur mit spöttischen Schlenkern beteiligt. Mein Respekt vor Hermann Kesten war zwar groß, kannte aber Grenzen; und Uwe Johnson bis in den letzten Hintersinn seiner Wortwahl zu verstehen war oft nur Glückssache. Frech, wie ich mir dazumal zu sein erlaubte, bewertete ich das wochenlange Gezänk über die Frage »Flucht oder Umzug« als einen überdehnten Witz: Doch weil dieser Zank, immer wieder neu motiviert, bis in alle Gegenwart anhält, weiß ich inzwischen: Es ging todernst dabei zu. Zwar war der Wörterkrieg jener Jahre lächerlich, doch nicht zum Lachen: wie unser gegenwärtiger Streit auf Dauer lächerlich anmutet, doch niemand wagt zu lachen.

Und weil ich sie nicht nur exemplarisch, sondern auch komisch finde, gefiel es mir, Ihnen diese alte und immer neue Geschichte aufzutischen, zumal ich heute die Hermann Kesten-Medaille verliehen bekommen habe. Mich dafür zu bedanken kann nur bedeuten, alle Scherben aufzulesen, die damals zerschlagen wurden und die, kaum gekittet, wiederholt und immer dann zu Bruch gingen, wenn deutsche Schriftsteller versuchten, einander zur Räson zu bringen; so geschieht es in ungebrochen übler Tradition seit über fünf Jahren und seitdem die S-Bahn wieder ungehindert zwischen Ost- und Westberlin verkehrt.

Ich weiß nicht und wage kaum zu ahnen, wie Hermann Kesten, an den wir uns als geachteten Präsidenten des westlichen PEN-Zentrums erinnern, auf den gegenwärtigen Streit der PEN-Brüder und -Schwestern reagiert hat; mir jedenfalls will vorkommen, als fülle abermals und einzig das Prinzip die hochgehaltenen Spruchbänder. Bekenntnisse werden abverlangt, Gesinnung wird erschnüffelt. Zu Schuldeingeständnissen darf genötigt werden. Bloßer Verdacht macht schon anrüchig. Und die Gerechten schämen sich nicht ihrer Fehllosigkeit.

Wie Sie wissen, habe ich in dieser Sache Partei ergriffen: Ich werde dem West-PEN nicht mehr angehören können, wenn er den Ost-PEN weiterhin vor der Tür läßt. Meiner Erfahrung nach haben wir, denen in der alten Bundesrepublik eine einigermaßen funktionierende Demokratie hilfreich gewesen ist, indem sie Schutz geboten und uns ernsthafte Anfechtungen erspart hat, kein Recht, über Kollegen zu urteilen, die während Jahrzehnten den alltäglichen Pressionen einer Diktatur ausgesetzt gewesen sind und die, falls sie zeitweilig schwach wurden, mit ihrer Schwäche, auch uneingestanden, leben müssen. Deshalb sollten wir nicht im Dreck wühlen und den Nachlaß eines Sicherheitsdienstes aufwerten, als seien wir die Urteilsvollstrecker jenes Staates, der nicht zuletzt an seiner menschenverachtenden Praxis zugrunde gegangen ist. Nichts stößt mir widerlicher auf als die Durchlässigkeit einer namhaften Behörde, die, streng legal, die Medien aus dem ihr anvertrauten Fundus bedient und vorgibt, jenen Teil der Gesellschaft, der ohnehin geschädigt ist, mit wohldosiertem Stasigift kurieren zu wollen. Scheinheilig sagt man: So kommt die Wahrheit an den Tag. Also wird mit Fleiß Säuberung betrieben. Und alle Prognosen sagen den Saubermännern und auch Frau Saubermann eine gute Konjunktur voraus.

Nein, so finden wir nicht zueinander. Keine Siegerpose ist jenen erlaubt, denen zur weißen Weste allzeit das Fleckenwasser zur Hand war. Denn mühelos ist zu erinnern, wie offensichtlich in Westdeutschland – ganz ohne staatlichen Zwang! – Gesinnung gewechselt, das Rückgrat gekrümmt, die Selbstzensur akzeptiert und untertänigst gebuckelt wurde, sobald aus politischen Gründen in den oberen Etagen, ob Intendant oder Chefredakteur betreffend, ein Wechsel geboten war. Bundesdeutsche Gegenwartsgeschichte: Unser Sicherheitsorgan, der Bundesnachrichtendienst, hieß, noch lange über seine Gründungsphase hinweg, nach einem Nazigeneral mit einschlägiger Erfahrung: »Organisation Gehlen«. Und noch ein Beispiel, uns Schriftsteller betreffend: Wie schwindsüchtig war das Entsetzen, als sich herausstellte, daß die CIA jahrzehntelang eine hervorragende Kulturzeitschrift namens »Der Monat« finanziert hatte. Wir sind als Richter nicht tauglich, und nur wenn wir unser Fehlverhalten in Rechnung stellen, darf kleinlaut nach den Fehlern der anderen gefragt werden.

Wer wirklich wissen will, wie eingeengt sich Schriftsteller unter den Bedingungen einer Partei- und Staatsdiktatur zu behaupten versucht haben, der lese den Briefwechsel zwischen Christa Wolf und Franz Fühmann aus den Jahren 1968 bis 1984, der jetzt als Buch vorliegt. Aus diesen Briefen, unter ihnen auch solche an »führende Genossen«, sprechen Verzweiflung und Ausdauer, von Zorn beförderter Mut und schlimmste Befürchtung, Trotz, der notfalls auf die Sprünge helfen mußte, und Resignation, der kein Witz mehr gelingen wollte. Wenn Franz Fühmann schreibt: »... Dein Buch ist gut! Du bist damit auf einer neuen Stufe. – Ich weiß, was das heißt. Händedruck, Christa, Salut, und im übrigen stehn wir wohl auf verlorenem Posten ...«, antwortet Christa Wolf: »... Übrigens, komischerweise bin ich ganz guter Stimmung. Vielleicht, weil alles immer noch klarer wird – auch auf verlorenem Posten kann man gute Laune haben, nicht?«

Mir hat die Lektüre dieser Briefe noch einmal deutlich gemacht, wie wenig wir voneinander wissen und wieviel Anlässe wir im Westen haben, unseren ostdeutschen Kollegen mit Hochachtung zu begegnen. Im Zweifelsfall haben sie jenen Mut bewiesen, den viele von uns, weil begünstigt, nicht unter Beweis stellen mußten oder an dem es mangelte, weil, selbst unter den Bedingungen relativer Freiheit, die Mutigen nicht in Mehrzahl auftreten.

Ich schließe mit einem Wunsch und – an das Präsidium des westdeutschen PEN-Zentrums gerichtet – mit der Bitte, sich nicht weiterhin zu verweigern, sondern offen zu sein für die Einigung der deutschen PEN-Zentren, der die Vereinigung folgen möge, damit wir uns endlich gemeinsam den internationalen Aufgaben stellen können. Überall auf der Welt werden in erschreckend zunehmendem Maß Schriftsteller verfolgt, abgeurteilt und – wie kürzlich in Nigeria geschehen – trotz aller Proteste hingerichtet. Der Fall unseres Kollegen Ken Saro-Wiwa, der mit acht anderen Verurteilten erhängt wurde, hat den Zynismus großmächtiger Konzerne wie Shell bewiesen: Nur lauer Haltung oder routinierter Gesten sind sie fähig. Und als sich der Bundeskanzler aus nacktem wirtschaftlichem Interesse als offizieller Gast der chinesischen Armee gefiel, wurden zugleich deren Opfer verraten und verkauft. Wir sind nur wenige und nicht mächtig. Und doch bleiben die Verfolgten, unter ihnen viele Schriftsteller, auf unsere Solidarität angewiesen. Wer die Hermann Kesten-Medaille vergibt, mahnt diese Solidarität an; wer sie empfängt, ist ihr verpflichtet.

November 1995

Aufrechter Gang, schmerzhaft

Geburtstagsgruß für Rolf Haufs, gesendet im SFB

Lieber Rolf,

warum ich Dir zum runden Geburtstag Dein Gedicht »Aufrechter Gang, schmerzhaft« vorlese? Nun, Du hast mich vor gut einem Jahrzehnt in einem gewidmeten Taschenbuch auf zwei Zeilen in diesem Gedicht aufmerksam gemacht.

Doch fürcht ich schmerzhaft bleibt
Aufrechter Gang in diesem Leben

Das ist die uns vorgeschriebene Haltung, der wir uns immer wieder in gekrümmtem Zustand zu entziehen versuchen. Und schon kommt die Sehnsucht auf, auf allen vieren, das heißt tierisch und von aller Schuld entlastet den Kopf in Bodennähe zu halten. Dein Gedicht lebt beispielhaft von dieser Spannung und ist behilflich wieder und wieder, die schmerzhafte Gangart zu erproben. Du benötigst dafür keine Kanzelrede und keine appellierende Geste. Nur den leisen ironischen Hinweis. Denn dies, nicht wahr, dies unterscheidet uns.

Dezember 1995

Ein gemeinsames Unterfutter

Lieber Erich,

zwar stehen wir nicht in Wettbewerb zueinander, doch soviel ist sicher: Mit eineinhalb Jahren Vorsprung bist Du mir, was die runde Zahl »70« betrifft, voraus. Dieser an sich nichtige Vorsprung bedeutet immerhin soviel, daß Dein Erfahrungsbereich auf bedrückende Weise größer ist, geprägt durch die Kriegszeit unserer jungen Jahre und – was Dich betrifft – die Jahre unmittelbar nach Kriegsende, die in der »sowjetisch besetzten Zone« von unserer Generation als ein atemlos vollzogener Ideologiewechsel erlebt wurde.

Etwas, das mir erspart worden ist, denn ich geriet als Siebzehnjähriger in amerikanische Kriegsgefangenschaft, wurde in den Westen entlassen und hatte zumindest die Chance, meinen nationalsozialistischen Drill auszuschwitzen, ohne mich neuerlichen Glaubenszwängen fügen zu müssen.

Und dennoch gehören wir einer Generation an, die nun eigentlich langsam abtreten sollte, doch – merkwürdig zählebig – immer noch nicht auf Abschiedsvorstellungen abonniert sein will. Immer wieder holt uns ein Thema ein, das nicht abzuschütteln ist. Immer wieder begreifen wir uns als herausgefordert. Deshalb mag ich keinen bloßen Zufall darin sehen, daß wir beide im vergangenen Jahr mit ausgewachsenen Romanen an die Öffentlichkeit getreten sind, mit Büchern, in denen sich wieder einmal der Kleider- und Ideologietausch deutscher Wenderituale spiegelt und bricht, zwei epischen Erzählvorgängen, geschrieben aus unterschiedlicher Erfahrung, aber doch von einem gemeinsamen Unterfutter gekratzt, das gelegentlich juckt und samt seiner haarigen Substanz erinnert werden will.

Nun kann es nicht Zweck meines Geburtstagsbriefes sein, die Spannungen und Widersprüche zwischen »Nikolaikirche« und »Ein weites Feld« aufzuzählen, zumal wir uns in diesem Bereich ohnehin auf die in Deutschland gängige Literaturkritik verlassen können. Lieber erinnere ich Dich und mich daran, was uns weiterhin gemeinsam ist: Beide sind wir zwar nicht geborene, aber doch gelernte Sozialdemokraten, mithin politische Temperamente, die mit der trockenen Einsicht einhergehen, daß zu dem demokratischen Recht die soziale Gerechtigkeit gehört und daß andererseits ein Sozialismus, der, wie zu erfahren war, die demokratischen Grundrechte mißachtet, sich selbst zunichte macht.

Du hast in der Deutschen Demokratischen Republik diesen Machtmißbrauch und Moralverfall erlebt; mein Widerspruch hingegen ergab sich nur aus Distanz, das heißt aus einer zwar wohltuenden, aber auch bequemen Position. Heute nun finden wir uns in Zeiten wieder, in denen der Ost-West-Konflikt und die ideologischen Kampfstellungen vergangen zu sein scheinen. Der zwangsverordnete Sozialismus ist untergegangen, der übriggebliebene Kapitalismus jedoch, der sich vorgestern noch halbwegs zivilisiert gab, tritt gegenwärtig in kaum verbrämter Brutalität auf; in Anlehnung an den einstigen »Vulgärmarxismus« bin ich geneigt, von einem heutzutage herrschenden »Vulgärkapitalismus« zu sprechen.

Wenn wir beide Bilanz ziehen – und unser Alter legt uns das Bilanzieren nahe –, bleibt, was den politischen Gewinn betrifft, nur wenig unter dem Strich. Die vor sechs Jahren gewonnene demokratische Freiheit wird tagtäglich sozial mißachtet, und weil die Chance verspielt wurde, jene uns teils geschenkte, teils erkämpfte deutsche Einheit mit einer gemeinsam erarbeiteten Verfassung zu bekräftigen, sieht die alte Verfassung der Bundesrepublik nunmehr häßlich verunstaltet aus. Du weißt, mich hat diese westliche Gedankenlosigkeit und Arroganz, kaum, daß sie sich in Szene setzte, zornig gemacht; Du warst damals – vielleicht gefördert durch Dein sächsisches Gemüt – zuversichtlicher und nanntest mich gelegentlich öffentlicher Diskussion einen »Schwarzseher der Nation«. Nun, darüber könnte weiterhin freundschaftlich gestritten werden, zumal wir uns beide nie als »Weißwäscher« begriffen haben.

Ab und an hatte ich das Vergnügen, für Deine Bücher mittels einer Zeichnung einen Schutzumschlag zu entwerfen, so für den gewichtigen autobiographischen Band »Durch die Erde ein Riß«. Du weißt, wie sehr ich den Erzähler Loest liebe, seine Leipzig-

Romane, deren Genauigkeit im Milieu und im Mief, deren pointierte Dialogführung, die verzweifelte Komik in »Zwiebelmuster«; doch »Durch die Erde ein Riß« ist ein Werk besonderer Art, weil es mir einerseits ein Leben (Dein Leben) vorführt, dessen Zerstörung wiederholt nach diesem oder jenem Programm bevorzustehen schien, das aber andererseits auch mich, trotz meiner westlich bevorzugten Existenz, spiegelt.

So frei ich mich nach 1945 entscheiden und entwickeln konnte, so relativ und zweifellos getrübt ist mir diese Freiheit, denn Dein Buch hat mich gezwungen, mir wiederholt und bis heute die Frage zu stellen: Wie hätte ich mich verhalten, wenn es mich nach Kriegsende in die Sowjetzone verschlagen hätte und mir das Angebot gemacht worden wäre, sozusagen umstandslos das kürzlich abgelegte Braunhemd der Hitlerjugend mit dem Blauhemd der FDJ zu vertauschen, zumal der Mißbrauch des damals uns eingefleischten deutschen Idealismus eine Wiederholungsgeschichte war und wohl immer noch ist?

Nein, ich weiß nicht, ob ich Deine Standfestigkeit hätte beweisen können. Ich weiß nicht, ob ich während sieben Jahren Haft in Bautzen diesen totalen Freiheitsentzug mit solch unbeschädigter innerer Substanz überstanden hätte, wie es Dir möglich gewesen ist. Solche Fragen stellt Dein Buch. Und ich kann nur hoffen, daß ich unter weit leichteren Bedingungen, zudem begünstigt vom Erfolg, in westlichem Umfeld das mir Selbstverständliche als Bürger und Verfassungspatriot geleistet habe. »Durch die Erde ein Riß« ist ein Maßstab und wird es bleiben.

Aber auch diese Respekterweisung will ich zu Papier bringen: Kaum jemand hat so wie Du unter der sozialistischen Parteidiktatur leiden müssen. Kaum jemand ist vom Schriftstellerverband der DDR und dessen Vorsitzendem so mißachtet und gekränkt worden wie Erich Loest. Und kaum jemand ist so wie Du penetrant der Bespitzelung ausgesetzt gewesen. (Und auch im Westen warst Du, nicht zuletzt unter Kollegen, über Jahre hinweg ein, wenn nicht ein vergessener, dann ein verdrängter Fall.) Und dennoch konntest Du der nahegelegten Versuchung widerstehen, als Opfer wie ein Richter aufzutreten. Du hast Dich mit den Dir dazumal zugeordneten Spitzeln getroffen, hast sie zur Rede gestellt und dennoch keinen Namen der Öffentlichkeit preisgegeben. Du warst und bist genau in der Anklage, aber der bloße Verdacht war Dir nie genug. Für diese bewiesene Größe, die in unserem Land selten und deshalb beispielhaft ist, danke ich Dir.

Laß Dich feiern, lieber Erich,
meine Glückwünsche sind Dir sicher,
Dein Günter

Eine deutsche Biographie

Rede zur Verleihung des Fallada-Preises in Neumünster

Meine Damen und Herren, lieber Fritz Rudolf Fries,

Dank für die mir erwiesene Ehrung möchte ich der Jury des Fallada-Preises und dem Laudator sagen, und da so eingehend und kenntnisreich von meiner literarischen Arbeit die Rede war und des Autors »ich« so direkt angesprochen wurde, soll zu Beginn meiner kurzen Notizen zu Fallada meine erste Begegnung mit einem Werk dieses Autors stehen: Während der Kriegsjahre fand ich als etwa Vierzehnjähriger im Bücherschrank meiner Mutter, in dem es kunterbunt zuging, jenen Erfolgsroman, dessen Titel sprichwörtlich wurde: »Kleiner Mann – was nun?«

In beengten, kleinbürgerlichen Verhältnissen aufwachsend und mit den Geldsorgen und Konkurrenznöten meiner Mutter, der Kolonialwarenhändlerin, vertraut, war mir, der jugendlichen Leseratte, Falladas Roman ein gefundenes Fressen. Zum frühestmöglichen Zeitpunkt wurde dem späteren Autor bestätigt, daß die Ängste, Wünsche und Träume der Kleinbürger literaturträchtig sind.

Und da sich diese Ängste, Wünsche und Träume bis in die gegenwärtige Zeit als überlebensfähig erwiesen haben und offenbar vitaler sind als manch zukunftsweisende, doch inzwischen abgelegte Ideologie, mehr noch, weil neuerdings mit altbekannter Brutalität entfesselte Arbeitslosigkeit um sich greift, ist wieder einmal Falladas Roman »Kleiner Mann – was nun?« wie von heutzutage.

1932 erschienen, wurde er, vielleicht seines Erfolges wegen, vielleicht auch, weil der Autor sich, nach kurzer Haft, den neuen Machtverhältnissen scheinbar anpaßte, von den Nazis nicht verboten, stand deshalb als Buchclub-Ausgabe im Bücherschrank meiner Mutter und war für mich, bedingt durch so frühe Lektüre, prägend.

Doch weil mir der Fallada-Preis aus wohlmeinenden, aber auch bitterbösen Gründen in Neumünster verliehen wird, muß ich mein Augenmerk auf diese Stadt richten, die mir kürzlich auf

Februar 1996

einem Foto des Jahres 1926 in aller Breite als Stadtansicht vorlag, und im rechten Blickfeld lagert dominierend die Strafanstalt. Der Prozeß gegen Rudolf Ditzen, uns bekannt als Hans Fallada, fand zwar am 26. März 1926 vor dem Landgericht in Kiel statt, aber die zwei Jahre Haft wegen Unterschlagung in vier Fällen hat er im Zentralgefängnis von Neumünster abgesessen.

Man hat selten Gelegenheit, einem Gefängnis dankbar zu sein. Doch diesem hier ist nicht nur der Roman »Wer einmal aus dem Blechnapf frißt« zu verdanken, mehr noch: Als Gefängnisinsasse gelang es Fallada – wenn auch nur für vorübergehende Zeit – sich von seinen vielseitigen Süchten zu lösen. Er, der auf nüchternen Magen vier Cognac trank, er, der sich vor Arbeitsbeginn mit Morphium oder Kokain präparierte und während der Schreibtischarbeit unablässig Zigaretten drehte – Tabakmarke »Schwarzer Krauser« –, nutzte die zwei Jahre Abstinenz, wurde sozusagen ausgenüchtert entlassen, kehrte sogar nach kurzem Aufenthalt in Hamburg, nunmehr verheiratet, an den Ort seiner Haftstrafe zurück und arbeitete hier ein knappes Jahr lang, zunächst als Annoncenwerber, später als Lokalreporter des »General-Anzeiger für Neumünster«.

Und schon ist das Szenarium für ein weiteres Buch entworfen, das in Neumünster und schleswig-holsteinischer Umgebung während der Zeit der Landvolkrevolte spielt. Die derzeitige Feuilletonbesorgnis: Es verderbe die Politik den literarischen Stil; der Autor solle und müsse sich reinlich nur der Ästhetik verschreiben, kümmerte Fallada nicht. Schon im Jahr drauf, 1930, schrieb Fallada, nunmehr als Angestellter beim Rowohlt-Verlag, den Roman »Bauern, Bonzen und Bomben«.

Mit anderen Worten: Nicht nur das Kleinbürgertum, auch die Stadt Neumünster ist literaturträchtig. Nicht jede urbane Ansammlung, die über ein Zentralgefängnis verfügt, konnte und kann sich eines solchen Erfolges sicher sein. Doch da sich die Literatur und ihre Urheber gelegentlich eine harte und einprägsame Schule suchen, fällt Neumünster diese Gunst zu.

Hans Falladas Leben war reich an solchen Prägungen. Bürgerlich preußisch erzogen, einem der Beamtenpflicht verdingten Vater konfrontiert, zum Versager bestimmt und bis zum Lebensende immer wieder den Drogen ausgeliefert, schrieb er zwanghaft und seinen Reserven ein tägliches Pensum abfordernd gegen sich an. In dreiundfünfzig beängstigend wechselvollen Lebensjahren war er Zeitzeuge des Wilhelminismus und des Ersten Weltkrieges, der Weimarer Republik, des zwölf Jahre anhaltenden Dritten Reiches, also auch des Zweiten Weltkrieges und der ersten zwei Nachkriegsjahre in der sowjetisch besetzten Zone. Erfolg und Depression in raschem Wechsel, Aufbäumen und Anpassung: eine deutsche Biographie.

Diesem fragilen, diesem so zarten wie zähen und dennoch zerbrechlichen Autor verdanken wir eine Reihe widerstandsfähiger Bücher, die uns geblieben sind – der Fallada-Preis ehrt mich.

Februar 1996

Von der Überlebensfähigkeit der Ketzer

Rede zur Verleihung des Sonning-Preises in Kopenhagen

Ich kann über die eigenen Bücher, wie sie gedruckt Rücken neben Rücken stehen, nicht oder nur sprunghaft herumirrend reden. Mir fehlt zur wägenden Übersicht die Distanz. Ich könnte, aus Gründen nachwirkender Detailbesessenheit, ausschweifend werden oder gar ins Stottern geraten. Die mir gestern noch greifbar zu sein schienen, meine literarischen Helden und Antihelden, sind alle fremdgegangen. Sie folgen mir nicht mehr aufs Wort. Auch hat man mir mein schriftlich fixiertes Personal in Dimensionen weginterpretiert, in denen ich nicht zu Hause bin.

Mit anderen Worten: Die Bücher sind komplexer und gewiß reicher, wenn nicht klüger als der Autor, der zwar an ihrem Entstehen ausdauernd und oft wie unter Zwängen der Leibeigenschaft stöhnend beteiligt gewesen ist und der sich gleichwohl erinnert, daß das Buchmanuskript, besonders, wenn es zu gelingen scheint, sich selbst erzählt und Antriebskräfte kennt, die fordernder sind als des Autors Ehrgeiz, dieser einzig für Kurzstrecken hochgezüchtete Motor.

Deshalb nichts Tiefschürfendes über meine Romane, Erzählungen oder gar meine Gedichte, doch will ich das Autoren-Ich und dessen Verletzlichkeit augenblicksweise bloßstellen, seine Fluchtbewegungen nachzeichnen, aber auch einiges über Schreibbedingungen berichten, zum Beispiel über das Stehpult an wechselndem Ort, zumal ich während mehr als zwanzig Jahren Dänemark, genauer die Insel Møn, als einen wunderbar gastlichen Ort erfahren habe, in dessen abseitiger Lage sich, anfangs aus Kisten improvisiert, doch mittlerweile recht stabil, eines meiner drei Stehpulte angesiedelt hat. Es steht in einem eher winzigen Raum mit Blick auf ein weitläufiges, den Stranddünen vorgelagertes Weideland, auf dem, außer einer das Gras und die Zeit wiederkäuenden Rinderherde, kleine und größere Völker von Wildgänsen bei unermüdlichen Start- und Landemanövern ihre herbstliche Abreise proben.

Møn hat viel zu bieten. Zum einen erlaubt mir diese unsensationelle Insel, mich Sommer für Sommer von meinem gelegentlich

April 1996

anstrengenden Vaterland zu erholen, zum anderen sind hier, zwischen Wald, Heide und Stranddünen, erste Romanentwürfe, zweite und dritte Fassungen entstanden. Zwar war in Møns Hauptstadt Stege Jahr für Jahr unveränderlich »Udsalg« angesagt, doch ich reiste mit wechselnden Manuskripten an: Vom »Butt« über »Das Treffen in Telgte«, »Kopfgeburten«, »Die Rättin« und »Unkenrufe« bis hin zu meinem letzten Roman »Ein weites Feld« habe ich dort mein Stehpult bedient, sei es als Unterlage für handschriftliche Fassungen oder für meine alte Olivetti-Reiseschreibmaschine, die, unruhig wie ich, mit dem Klima verschiedener Schreiborte zurechtkommt; auf einen Computer oder Anschluß ans Internet sind wir nicht angewiesen, wohl aber auf das Geräusch einer imaginären Quelle, die unentwegt Silben lispelt, Kiesel zu Wörtern rollt, mit Umlauten gurgelt und so die Sprache in Fluß hält.

Welch eine von Mücken und Fröschen gesegnete Idylle! Welch ein in Fachwerkbauweise errichteter Elfenbeinturm! Doch im letzten Sommer, als ich mich gänzlich ausgeschrieben hatte und so erschöpft wie erleichtert ohne Manuskript anreiste, erwies mir unser Zufluchtsort eine besondere Gunst: Aus schonender Distanz erlebten meine Frau und ich auf Møn, wie in Deutschland bildhaft und auflagenstark mein Roman buchstäblich einer Zerreißprobe ausgesetzt wurde. Und auch der Autor sollte, als sei er ein Boxer, der zwölf Runden durchzustehen habe, im Sportreporterjargon überprüft werden: Wie viele Schläge kann er einstecken? Zeigt er schon Wirkung? Geht er demnächst oder erst während vorletzter Runde in die Knie?

Zum Glück erwies sich der Roman »Ein weites Feld« als haltbar. Zum Glück bestanden die Leser darauf, meinem Erzählfaden ins Labyrinth geschichtlicher Verschlingungen zu folgen. Und eine weitere glückliche Fügung: Ahnungsvoll hatte ich nach Ende der Manuskriptarbeit meinen alten Aquarellkasten entstaubt. Er mußte gesucht werden, denn zuletzt war ich in den sechziger Jahren mit wasserlöslichen Farben meiner Sucht nachgegangen, mir von allem – und gegen jedes Bildverbot – Bilder zu machen. Mit fließenden Übergängen und bei Verzicht auf grafisches Beiwerk ist das Aquarell der Lyrik in Farbe gehende Schwester. Wie beschwörend und um mich zu ermutigen, flüsterte ich: lichter Ocker,

Kobaltblau, Siena gebrannt, Neapelgelb, Zinnober, Umbra, Indigo, Saftgrün... Etwas bänglich stellte ich mir die Frage, ob ich mit sattem Pinsel auf feuchtem Papier noch mutig genug sein könne, ob mir diese Rückkehr als Flucht nach vorne gelingen werde.

Zumindest der Absprung gelang. Ich wechselte die Disziplin, war – und sei es für Stunden nur – nicht mehr faßbar und also gegen druckfrische Anschläge immun, indem ich mich, gerüstet mit ausreichend Wasser in zwei alten Tuborgflaschen, mit Pinseln, Farben und Papier der Natur stellte; das heißt, ich verflüchtigte mich seitwärts in den Wald und fand Motive in Überfülle. Wenn Brecht sich vor Jahrzehnten in Zeiten begreifen mußte, in denen, angesichts der vielen politischen Verbrechen, ein Gespräch über Bäume wie unter Verbot stand, hatte ich vor wenigen Jahren noch (im Erzgebirge wie im Oberharz und so auch im Ulfshale skov) mit knisternd bröckelnder Kohle »Totes Holz« gezeichnet – so heißt mein Buch über das Waldsterben, das 1990 erschien. Ein düsterer Ausblick, den nur wenige Wörter akzentuierten.

Doch diesmal belohnte ich mich mit noch heiler Natur. Ich portraitierte Bäume, mit Vorliebe Buchen. Sie sind körperhaft und großer Gesten fähig. Ob mit einzig aufstrebendem Stamm oder von der Wurzel her vielstämmig, immer sind sie sich ihrer Schönheit bewußt. Oft stehen sie wie im Gespräch miteinander. Ihre glatte, nur sparsam gerunzelte Haut ist vom matten Blau bis zum schimmeligen Grün vieler Farbtöne mächtig, selbst violetter. Und jede Buche, die ich feucht in feucht portraitierte, hielt still. Aber auch ich war, während ich aquarellierte, für den Streit dieser Welt und dessen Nebengeräusche verloren.

Erstaunlich, was alles von mir abfiel, sobald ich mit meinen Malutensilien, begleitet einzig von unserem Hund, im Wald verschwand. Zuallererst verblaßte der Wust feuilletonistischer Schnellschreiberei. Und dann schwand jenes Ekelgefühl, mit dem mich ein kompakter Vernichtungswille infiziert hatte. Das war nicht mehr Kritik, wie ich sie in schönster Heftigkeit seit Jahren und »Blechtrommel«-Tagen gewohnt war, nein, diesmal sollte der Buchrücken übers politische Knie gebrochen werden. Da mein Roman vom Fall der Berliner Mauer und dessen Folgen erzählt, konnten ihm leicht und mutwillig ungenaue, das heißt falsche

Zitate abgezweigt werden. Die sich als Sieger der Geschichte sehen, taten so, als hätte nicht die Politik in ihrer Machtfülle, sondern der Autor die Möglichkeiten einer deutschen Einheit verschüttet. Nun läßt sich sagen, es war schon immer üblich, den Boten, der mit schlechter Nachricht kommt, zu bestrafen; doch gleichfalls ist richtig, daß solche Abstrafung noch keine schlechte Nachricht widerlegt hat.

Den Sportreportern, die meinten, am Boxring zu stehen, sei zugegeben: Ich war verletzt; aber die Bäume, voran die Buchen in ihrem Saft, heilten mich zusehends. Mit aller Verstiegenheit, zu der sich ein Autor steigern kann, sagte ich mir rumpelstilzchenhaft: Ach, wie gut, daß niemand weiß, wie selbstvergessen du aquarellieren kannst. Welch ein Glück, daß niemand dir zuschaut und kein noch so lausig unfehlbarer Papst ahnt, wie überlebensfähig Ketzer sind.

Gewiß, ich war und bin es gewohnt, aus Lust und Notwendigkeit im Verlauf meiner Arbeit immer wieder die Disziplin zu wechseln, zwischen dem Manuskript auf dem Stehpult und den Zeichnungen an der Staffelei zu pendeln, von der Ätzradierung, die zur Perfektion verführen kann, zum Risiko der Kaltnadelradierung zu finden, mich nach dem Wortaufwand erzählender Prosa der Lyrik als Radikalkur zu unterwerfen, das geschriebene Gedicht zeichnend zu überprüfen, mich nach politischem Streit in der Tretmühle Demokratie – also verseucht vom Müll der Sekundärsprache – mit Hilfe von leisen Bleistiftzeichnungen zu reinigen, mit schnellen Skizzen ein Komplott Personen zu erfinden, die dann, in dieser und jener Konstellation, langsam ins Gespräch kommen und sich tätig-schuldig in epischem Gelände verlaufen, mehr noch: dieser Wechsel künstlerischer Disziplinen und Werkzeuge nährt sich aus ein und demselben Tintenfaß; doch diesmal war und kam es anders. Man hatte mich in eine mir unverkennbare deutsche Enge getrieben. Indem ich dem ersten, täuschenden Anschein glaubte, sah ich nur noch gesenkte Daumen. Mir blieb, wie im Märchen, nur ein Ausweg, der Wald: Also rettete ich mich ins Aquarell.

Heute, im Rückblick, frage ich mich: Was war denn so entscheidend anders? Was hatte sich so grundsätzlich und irritierend geändert? Waren denn in Zeiten der zum Programm erklärten Beliebigkeit erkennbare Veränderungen noch möglich?

Ich glaube bemerkt zu haben, daß sich seit dem Untergang und Verschwinden des östlichen, kommunistisch genannten Machtsystems das westliche, demokratisch genannte Machtsystem erschöpft, indem es seiner eigenen Grundwerte verlustig geht. Wir haben erlebt, wie im Verlauf weniger Jahre der uns von der Aufklärung überlieferte Toleranzbegriff verschlissen worden ist. Wir erleben zur Zeit, wie sich der Kapitalismus freimacht von sozialen und zivilisierenden Bindungen und sich ungehemmt, wie in der Zeit seiner Anfänge, austobt. Wir sind Zeugen eines beschleunigten Vorgangs, in dessen Verlauf sich Europa, obgleich weltweit nach Absatzmärkten gierig, gegen Flüchtlinge, Einwanderer, Asylanten abschirmt und nichtswürdig zu einer bloßen Festung verkommt. Wir haben den Völkermord im ehemaligen Jugoslawien, wennzwar beschwichtigend anwesend, dennoch geschehen lassen, weil es dort kein Öl gibt. Wir haben nicht laut genug widersprochen, als das gute, wenn auch oft mißbrauchte Wort »Solidarität« dem Müll der Geschichte zugerechnet wurde. Wir tun so, als dürfe sich die Politik und mit ihr im Geschirr die Wirtschaft allen ethischen Kriterien entziehen, weil moralische Bedenken angeblich Arbeitsplätze gefährden, weil die Marktwirtschaft nur jenseits aller Moral funktioniert, weil Korruption ein Teil dieses Systems ist und weil ohnehin die Zeiten klarer Entscheidungen vorbei sind, spätestens seitdem der Kommunismus, gegen den zu sein als klare Entscheidung galt, tot oder so gut wie tot ist.

Nun, ich bleibe – ein wenig altmodisch und dem Zeitgeist abspenstig – anderer Meinung. Zum Beispiel sind im Bereich der Literatur und der mit ihr Schritt haltenden Gefahren nach wie vor klare Entscheidungen notwendig und möglich: Von der Antike an gilt es, Partei für Ovid zu ergreifen und sich gegen jene Mächtigen zu stellen, die den Dichter der Metamorphosen ans Schwarze Meer verbannten, wo er gestorben ist; und so heutzutage, denn seit sieben Jahren sind wir Schriftsteller, nein, alle, denen die vielberufene »Freiheit des Wortes« kein bloßer Wegwerfartikel ist, dazu verpflichtet, Salman Rushdie in seiner erzwungenen Einsamkeit beizustehen und denen ins Wort zu fallen, die das mörderische Urteil über diesen Schriftsteller entweder aus wirtschaftlichem Interesse relativieren oder als Hohepriester der Religionswissenschaft mit bedauerndem Verständnis beweihräuchern.

Gleiches gilt für den nigerianischen Schriftsteller Ken Saro-Wiwa, der mit acht anderen Oppositionellen erhängt wurde, während sich der Weltkonzern Shell – wie einst Pilatus in Unschuld – die Hände in Öl wusch.

Wollten wir auf diese Parteinahme, sei es aus Ermüdung, sei es aus Einsicht in unsere Ohnmacht, verzichten, müßten wir uns selbst aufgeben; allein dem Zeitgeist wäre Tribut gezollt. Und diesem Zeitgeist entspricht, daß neuerdings – besonders in deutschen Journalen – ein dem Zynismus abgezapftes Schimpfwort Konjunktur hat: Von »Gutmenschen« ist wegwerfend die Rede, sobald Protest gegen Unmenschlichkeit laut wird.

Alle drei hier von mir beispielhaft genannten Schriftsteller waren und sind Opfer der Politik. Ob Ovids Traktat »Über die Liebeskunst« oder Rushdies »Satanische Verse« und schließlich Ken Saro-Wiwas literarischer Protest gegen die ökologische Zerstörung seiner Heimat, des Nigerdeltas, und die Unterdrückung des Volkes der Ogoni: In allen drei Fällen sah sich die politische Macht gefährdet und schlug zu.

Dieser Konflikt ist der Literatur mitgegeben. Ihm auszuweichen hieße, die Bücherregale zu räumen. Und schon sind wir bei einem uferlosen Thema, das sich zwischen zwei Maximalforderungen immer wieder als Pausenfüller, aber auch in gestrengen Richtlinien gefällt. Wenn sich in den siebziger Jahren die Kunst und mit ihr die Literatur – ganz gegen Trotzkis frühe Warnung – als »Magd der Revolution« zu verdingen hatte, so soll sich ab Beginn der neunziger Jahre die Kunst – und mit ihr die Literatur – reinlich aller Politik enthalten. So dummdreist und wie ohne Kenntnis der Kunst- und Literaturgeschichte beide Richtlinien als Weisungen ausgegeben wurden und so gültig sie durch Bilder und Bücher, sei es durch Picassos »Guernica«, sei es durch Orwells »1984«, in jeder einengenden Hinsicht zunichte wurden: Die Doktrinen überlebten dennoch, und das Aufstellen von Verbotstafeln will kein Ende nehmen.

Dabei weiß der Künstler, wissen die Schriftsteller, daß sie ganz anderen Gesetzen und Zwängen zu folgen haben. So ist es mir, trotz listigster Versuche, nie gelungen, dem mir sperrig querliegenden Erzählstoff, den Themen meiner Zeit auszuweichen. Wer in den zwanziger Jahren dieses Jahrhunderts geboren wurde, wer, wie ich, das Kriegsende nur zufällig überlebt hat, wem die Mitschuld – bei all seiner Jugend – an dem übergroßen Verbrechen nicht auszureden ist, wer aus deutscher Erfahrung weiß, daß keine noch so unterhaltsame Gegenwart die Vergangenheit wegschwätzen kann, dem ist der Erzählfaden vorgesponnen, der ist nicht frei in der Wahl seines Stoffes, dem sehen beim Schreiben zu viele Tote zu.

Die Bücher entstehen nicht aus dem Nichts. Ihnen wurde vorgelebt. Und die Geschichte ihres Entstehens ist weit länger, als die Zeitspanne ihrer Niederschrift mißt. Was sich als vermeintlich zündender und eine Erzählflut auslösender Einfall meldet, hebt sich oft selbsttätig auf, gerät in Vergessenheit, klopft in anderer Verkleidung abermals an, erweist sich nach erster Prüfung als zwar hübsche, aber nicht tragfähige Spekulation und zündet plötzlich, weil etwas geschehen ist, weil sich die Wirklichkeiten verändert haben, abermals und stößt nun, nachdem Jahre vergangen sind, einen Schreibprozeß an, in dem der Einfall von einst nicht mehr bloß exquisit und wie abgehoben schwebt, sondern wie selbstverständlich seinen Ort, seine Zeit und sein politisches Klima findet; wie meine jüngsten Helden Fonty und Hoftaller, die mir vor zehn Jahren, weit weg in Calcutta, als vage Idee in den Sinn kamen. Plötzlich, kaum war die Mauer gefallen, traten sie, Schritt nach Schritt, ins Bild. Und nun erst konnte die heitere Mühsal der Niederschrift beginnen.

Doch ab und zu, wenn Kopf und Herz leergeschrieben sind oder sobald der Lärm des heimischen Literaturstreits sogar Dänemarks Grenzen zu überschreiten droht, nehme ich Urlaub von diesen Zwängen und schlage mich seitwärts in die Büsche. Dort, im Ulfshale skov, finde ich Buchen genug, die aufs Aquarellpapier wollen. Dort zählt der Augenblick nur. Nichts muß erinnert werden. Keine Wörter suchen ihr Echo. Ob es aber bei den Buchen und ihrer, wie wir gern sagen möchten, »zeitlosen Schönheit« bleibt, ist schon wieder eine politische Frage, die ich nur schriftlich – und sei es umständlich erzählend – beantworten kann.

Ein neues Buch? Wenn es sein muß, vielleicht. Das hieße abermals, immer wieder den Schreibort zu wechseln, künstlich von Stehpult zu Stehpult Distanz zu schaffen. Von weit weg Anlauf zu nehmen. Ich erinnere mich, im Süden, angesichts hitzeflimmernder Berge, die mir wenig sagten, über die, bei anhaltendem Frost, zugefrorene Ostsee geschrieben zu haben, schwitzend, denn Schreiben strengt an. Diese mir liebe und zugleich zwangsverordnete Freiheit erlaubt dem Autor, unabhängig vom Ort, an dem das Manuskript aufgeschlagen liegt, seinen Obsessionen zu folgen, entschwundene Gegenstände, Landschaften, zumeist verlorene, zu beschwören und sich mit Menschen, die alle vom »krummen Holz« sind, zu umgeben. Menschen, in denen der Autor partikelklein anwesend ist, in deren Geschichten er aufgeht und in denen sich sein Ich, dieser vorlaute Bursche, verkrümelt, bis er kaum noch oder allenfalls dank stilistischer Marotten erkannt werden kann. Hilfreich sind diese gewitzten und keinen Hakenschlag versäumenden Versteckspiele. Wo verbirgt sich der Autor? Natürlich im Detail. Aber in welchem? Wer erzählt hier? Und mit wessen Erlaubnis?

Vor diesem Vexierbild ist lange zu rätseln. Man könnte hoffen, das Ich wäre weg, endlich, wäre nicht mehr zu treffen, zu verletzen, gäbe es nicht jene berufsnotorischen Spürnasen, die in jedem zweiten Nebensatz den Autor zu hören meinen und die dessen Ich schon längst aufgespießt und zwischen anderen Schmetterlingen in Kästchen gesperrt haben.

Erlauben Sie mir nun, gegen Ende meiner Dankesrede, einen Rückblick, der sich von freundschaftlichen Empfindungen nährt. Im Herbst 1961 kamen Hans Magnus Enzensberger und ich als Gäste der Kopenhagener Studentenvereinigung nach Dänemark. Ich zum ersten Mal, Enzensberger, damals mit Norwegen verheiratet, gab sich als gelernter Skandinavier. Wir kamen aus einem schuldbeladenen Land und waren uns dessen bewußt. Auch unsere Gastgeber wußten, doch hielten sie ihr aus immer noch frischer Erfahrung geschärftes Wissen zurück. So kam es, daß wir uns nahezu ungehemmt einigen Autoren unserer Generation näherten: Villy Sørensen, Leif Panduro, Klaus Rifbjerg, Niels Barfoed. So jung wir noch sein mochten, so kurz waren uns die Kopenhagener Nächte. Leif Panduro ist früh gestorben; wie gerne habe ich seine Bücher gelesen. In der Gestalt Villy Sørensens imaginiere ich mir immer noch Andersen und Kierkegaard zugleich und wie in einer Person. Klaus Rifbjerg, so schien es mir, sah mit unglaublich blauen Augen mehr, als jemals schriftlich fixiert werden könnte. Mit Niels Barfoed teile ich heute noch brüderlich eine Riesenportion Unruhe und Neugierde auf kommende Krisen.

So konnte sich über Jahrzehnte Freundschaft halten, die, weil per Distanz gelebt, nicht strapaziert werden mußte. Eine Freundschaft, die mir erlaubt hat, in Dänemark – wenn Sie erlauben – ein wenig heimisch zu werden, was für mich, das unstet und ortlos gebliebene Flüchtlingskind, mehr bedeutet, als sich ein seßhaftes Gemüt vorstellen kann. Also sagt Ihnen kein Fremder Dank. Und Per Øhrgaard, der das alles noch viel genauer weiß, sei besonders bedankt, denn was wären meine Bücher in Dänemark ohne sein übersetzendes Wort.

Die Fremde als andauernde Erfahrung

Rede zur Verleihung des Thomas-Mann-Preises der Stadt Lübeck

Kürzlich hatte ich hier in Lübeck das Vergnügen, vor Schülerinnen und Schülern im Katharineum zu lesen. Später führte man mich zu einer Nische, in der mit Hilfe von Plaketten namhafter Gymnasiasten von einst gedacht wird: Die ungleichen Brüder Mann haben dort ihren Platz; und auch zu einer Ehrung Erich Mühsams hat man sich endlich bequemt.

Dennoch soll zu Beginn meiner Dankrede die Behauptung stehen: Einmal – und wie grundsätzlich – vertrieben, ist Thomas Mann, trotz aller so zögerlichen wie beharrlichen Bemühungen, in Deutschland fremd geblieben. Das trifft zwar gleichermaßen auf einen Großteil der sogenannten Emigrationsliteratur zu, doch in seinem Fall, der mehr unser Fall ist, kommt mir dieses Fremdeln besonders anrüchig vor. Man könnte meinen, es sei der hierzulande virulente Ironieverdacht bündig auf den Meister des distanzierten Erzählens gerichtet, es habe uns Jean Paul mit seinen ironisch verästelten Vieldeutigkeiten vergeblich beschenkt, es gelte die Ironie noch immer als »undeutsch«, weil dieser selbst den Schmerz mit Heiterkeit aufwiegenden Erzählweise jene allen Tiefsinn auslotende Schwere fehle, also das vom germanistisch übergeordneten Eichamt geprüfte Bleigewicht.

Nicht, daß er vergessen ist. Man hört ihn gerne »im Radio vorgelesen«, das heißt durch schauspielernde Könner vermittelt; doch der Vorbehalt bleibt. Bis in meinen Kollegenkreis hinein höre ich immer wieder – und nicht selten mit neidvoll-gehässigem Unterton – Verdikte wie: »Bloß Kunstprosa ...«, »Alles Lebendige ist wegironisiert ...«, »Und überhaupt: Dieser Großschriftsteller mit seinen Tagebuchwehwehchen und seinen bürgerlichen Allüren ...«, »Dieser Möchtegern-Goethe!«

An ihm wetzen schmal ausgestattete Talente gern ihren Stichel. Kleingeister tun sich groß beim Abrechnen. Spießer von akademischem Rang bekritteln sein Familienleben. Und Fliegenbeinzähler klopfen sein Werk nach homoerotischen Nahtstellen ab. Neuerdings sind, außer berufsnotorischen Saubermännern, auch

Biographen bemüht, der McCarthy-Ära Dauer zu verleihen, indem sie dem fürs Mittelmaß übergroßen Autor »ideologische Unzuverlässigkeit« ankreiden, ihm leichtfertige Nähe zum Kommunismus und kritiklose Hinnahme jenes Staates nachsagen, der sich einst Deutsche Demokratische Republik nannte und dessen Entstehen Thomas Mann in der Tat mit skeptischem Wohlwollen beobachtet hat; warum sollte er nicht, zumal ihn die gleichzeitig entstehende Bundesrepublik Deutschland nicht gerade einladend begrüßt hat.

So gegensätzlich Alfred Döblin und Thomas Mann im hier unwegsamen, doch kultivierten Gelände der deutschen Literatur zueinander standen: Als beide Emigranten ihre Rückkehr versuchten, blieb ihnen der westliche Staat gleichermaßen verschlossen, nur Achtlosigkeit und Ablehnung waren zu haben; entsprechend verletzt waren beide für kleine und größere Freundlichkeiten empfänglich, die ihnen der Oststaat aus Taktik oder Respekt erwiesen hat. Sogar ein Zobelpelz aus kommunistischer Produktion wird dem Autor höchstrichterlich und bis heutzutage in Rechnung gestellt.

Nun, ich bin kein – wie Sie bemerkt haben werden – Thomas-Mann-Kritiker, auch kein nachweislicher Thomas-Mann-Kenner, wohl aber – von Zeit zu Zeit – ein immer wieder neu zu begeisternder, verführter und verzauberter Thomas-Mann-Leser. Hiermit ist ein breit belastetes Bücherregal angesprochen, aus dem auszuwählen geboten ist. So lieb mir die Erzählungen sind, so unwiderstehlich stark ist meine Neigung, mich auf ein episches Werk einzulassen und für diese den Rahmen einer Rede womöglich sprengende Stoffwahl Gründe zu nennen.

Als wir vor demnächst zehn Jahren eine Reise antraten, die uns für längere Zeit nach Calcutta und Westbengalen bringen sollte, gehörte zu unserem Gepäck eine per Seefracht nachgeschickte Bücherkiste, ahnten wir doch, daß diese besondere Fremde nach europäischem Rückhalt verlangen werde. So brachte die Kiste meiner Frau unter anderem viel Fontane und mir, neben Lichtenberg, Schopenhauer und Canetti, im ganzen Umfang die zum Roman geweitete Legende »Joseph und seine Brüder«. Weit über tausend Seiten in vier Büchern, die von der Fremde und vom Leben in der Fremde hanteln, zudem vier Bücher, deren Niederschrift zwar in München begünnen, aber erst in den Jahren der Emigration, also in der Fremde, vollendet wurde; derweil verging ein Jahrzehnt.

Der Autor und sein Fluchtgepäck. Was ihm nicht zu nehmen war. Was er – hin und zurück – übers Wasser gerettet hat. Deshalb soll meine Dankrede diese und andere Entfernungen nachzeichnen. Ich habe sie unter den Titel »Die Fremde als andauernde Erfahrung« gestellt, wohl wissend, daß damit auch die Gegenwart, zum Beispiel das latent gefährdete Fremdsein in Lübeck, angesprochen werden muß; ein Thema, das nicht von uns ablassen will.

In Calcutta las ich an wechselnden Orten: unterm Ventilator, der schwüle Luft quirlte, auf Treppen, die zu maroden Palästen der Kolonialzeit führten, unter einem vielstämmigen und mit Luftwurzeln Grund suchenden Banjangbaum, von einer Dachterrasse über weitflächig geduckte Slumviertel blickend, auf einem armenischen Friedhof und spät noch unterm Moskitonetz. Nicht merkwürdig kam es mir vor, eher im Völker-, Kasten- und Religionsgemisch Calcuttas naheliegend, wenn mir das im Buch auflebende Ägypten zur Zeit des Pharaos Echnaton und des anstelligen Fremdlings Joseph so wenig exotisch anmutete; offenbar war es dem Autor gelungen, so gewinnend »auf humoristische Weise mystisch zu sein«, daß seine Josephsgeschichte das Fremdsein an jedem Ort, wenn nicht aufhebt, dann doch als allgemein menschliche Lage deutet.

Er, der Emigrant an kalifornischer Küste, er, den die Heimatstadt und das Vaterland ausgespien hatten, er, der nur wenig mehr als seine, die deutsche Sprache hinüberzuretten wußte, war mit allen Erfahrungen des geduldeten, gepriesenen, aber auch mißtrauisch überwachten Ausländers ganz auf seiten seines Helden, der von den Brüdern in die Grube gestoßen, der von reisenden Händlern gekauft und weiterverkauft wurde, der, sich langsam hochdienend, die Fremde bestehen mußte; denn selbst in Potiphars Haus blieb er, sosehr ihn der Hausmeier Mont-kaw begünstigte und so klug er es verstand, sich allseits und über Mißgunst hinweg beliebt zu machen, der Fremde, mehr noch, er war gefährdet oder wie geschrieben steht: »Dies Schwert schwebte über ihm, und wir haben zu bewundern, daß es nicht auf ihn niederfiel.

Es saß lose genug. Joseph war ein nach Ägypten verkaufter Ausländer, ein Asiatensohn, ein Amu-Knabe, ein Chabire oder Ebräer, und der Verachtung, der er als solcher in diesem dünkelhaftesten aller erschaffenen Länder grundsätzlich anheimgegeben war, muß man ins Auge sehen, bevor man dazu übergeht, ihre Abschwächung, ja Aufhebung durch entgegenstehende Einflüsse zu erläutern...«

Die hier erwähnte Abschwächung der Verachtung war nicht nur Josephs Verdienst, sondern rührte mehr noch von jener altägyptischen Liberalität her, die den alltäglichen Fremdenhaß am Nilufer dämpfte: Die dünkelhafte Großmacht, der ringsum alle Völker dienstbar und handelspflichtig waren, leistete sich nach Lust und Laune, das heißt in Grenzen, Toleranz. Die unter den Pharaonen entwickelte Lebensweise galt als überlegen und beispielhaft. Sich zivilisiert zu geben gehörte, wenn auch nicht unangefochten, zum guten Ton.

Und wie sich des Autors amerikanische Emigrantenerfahrung der fortschreitenden Niederschrift, dem Großunternehmen »Joseph und seine Brüder«, mitgeteilt haben mag, so brachte mir, dem Leser an fremdem Ort, voraneilende Lektüre die indische, in Grenzen vorherrschende Toleranz, aber auch den Schnittpunkt aller denkbaren Aggressionen, die Stadt Calcutta, näher: das berstende Pflaster, die in Slums gepferchten Flüchtlinge aus Bangladesh, die aus den Staaten Orissa und Bihar der Not gehorchenden Zuwanderer, den noch vom gehäuften Müll zehrenden Überlebenswillen, die brüchig werdenden Kastenzwänge, aber auch die so milde wie kalte Gleichgültigkeit der Brahmanen, den auf Messerschärfe gereizten Streit zwischen Hindus und Moslems und das in Westbengalen regierende, streng den allzeit gefährdeten Religionsfrieden bewachende Linksbündnis, das von Kommunisten dominiert wird. Zur Toleranz gezwungen, leben sie nebeneinander und erinnern sich ungern einstiger und jüngster Gemetzel.

Welch aufregendes Leseabenteuer! Vielfenstrige Einblicke ins andauernde Zeitgeschehen. Lektüre, die dazu einlädt, vom Text abzuweichen und textflüchtige Nebenhandlungen einzufädeln. Denn sobald ich den Blick vom Satzspiegel löste, ging die Geschichte weiter, nistete sich die Legende in den Ruinen einst fürstlicher Paläste, im viktorianischen Stuck herrischer Kolonialzeit ein. Und schon vermischten sich die gestrengen Rituale des ägyptischen Oberpriesters Beknechons mit den hinduistischen Opferbräuchen im Tempel der schwarzen, der schrecklichen Göttin Kali. Schon suchte ich ihn inmitten der Pavementdwellers, der Straßenschläfer, die selbst im Slum keinen Platz finden. Ich suchte nach einem Joseph, der dort in Lumpen und doch in ungebrochener Erwartung liegt: Denn schon und plötzlich wird er von zwei Parteifunktionären zum Herrscher über Westbengalen, zum Uraltkommunisten Basu, geführt, der überall in der Stadt nach einem Traumdeuter fahnden läßt, weil ihn marxistische Angstträume quälen, die der kundigen Deutung bedürfen. Sein Chefideologe, der sonst auf alles eine Antwort weiß, hat versagt. Eile ist geboten.

Und schon sah ich meinen bengalischen Joseph, der eigentlich kein Bengale, sondern ein Zugewanderter aus verkarsteter Bergregion war und zur Kaste der Kastenlosen, der Unberührbaren, gehörte, zu Füßen des Uraltkommunisten. Und er deutete Basus Traum. Das konnte er immer schon: Träume deuten.

Im Jahr 1986, als der Name Gorbatschow und die schillernden Begriffe Glasnost und Perestroika bereits im Umlauf waren, sagte er, ohne Hokuspokus zu machen, eher freiweg den Zerfall der Sowjetunion und die plötzliche Vereinsamung des Kapitalismus voraus. Doch zugleich bot er in seinen präzisen Deutungen die kleinen Möglichkeiten und Tricks marxistischen Überlebens an, und Basu, der bis heutzutage und immer noch wie unangefochten Westbengalen regiert, folgte Josephs Traumdeutungen aufs Wort, damit, wie geschrieben steht, den mageren Jahren fette in Aussicht stünden.

So – und einzig durch abschweifende Lektüre – übertrug sich mir Josephs Gabe, praxisbezogene Prognosen in die Welt zu setzen. Kaum mehr kann ein Buch erreichen. Es schickt des Lesers Phantasie auf Reise. Seine Offenheit über den Satzspiegel hinweg eröffnet Räume, die in des Buches Index nicht vermerkt sind. Es stiftet eine uferlose und in der Regel unveröffentlichte Literatur. Mit Hilfe des Lesers eignet das Buch sich die Fremde an, indem es, wie in diesem Fall, des fremden Herrschers Träume kenntlich und nutzbar macht. Freilich muß ein Held wie Joseph abrufbar sein; dessen Fähigkeit, sich anzupassen, ist beispielhaft und erlaubt ihm Auftritte in dieser und jener Gestalt.

Indem wir den Bericht seiner Karriere lesen, sehen wir ihn von Stufe zu Stufe besser gewandet: der Fremde als Aufsteiger. Er, der sich seiner Verluste, was man Heimat, Familie, Stallgeruch, Nestwärme nennt, schmerzlich gewiß ist, hat, dank seiner neugierigen und am Neuen Halt suchenden Augen, den besseren Überblick. Er, in unserem Fall Joseph, ist an fremdem Ort nicht vom altfränkisch Hergebrachten beschwert, kein Besitzdünkel hängt ihm als Klotz am Bein, und seinem Sinn für Komik kommt das Ägypterland »drollig« vor. Lächelnd, weil aus Distanz, schaut er dem kindisch anmutenden Treiben am oberen und unteren Nil zu. Selbst unfrei fühlt er sich frei und weiß deshalb, gut zu raten. Ihm, dem Aufsteiger, kommen die klügeren, wenngleich oft zu kühnen Ideen. Er faßt Gedanken, die der Zeit und ihren Nöten zwar angemessen, aber dennoch, weil sich die jeweilige Gegenwart unheilbar nachhinkt, um Meilenschritte voraus sind. Er, der fremde Aufsteiger, entpuppt sich als Nothelfer in katastrophaler Lage.

Dieser Einsicht folgend, habe ich einige Jahre später meinen bengalischen Joseph, der als Traumdeuter bereits einige Verdienste zu verbuchen hatte, in eine Erzählung unter dem Titel »Unkenrufe« verpflanzt, selbstverständlich samt Ortswechsel. In Danzig-Gdańsk, meinem literarischen Fixpunkt, der spekulativ genug ist, um jegliches Weltgeschehen zu bündeln, ist er dabei, alle innerstädtischen Verkehrsprobleme auf so leise wie revolutionäre Art zu lösen. Ihm gelingt es, die asiatische Fahrradrikscha zuerst in Gdańsk, dann europa-, schließlich weltweit zu beheimaten und den chaosproduzierenden Autoverkehr auf ein erträgliches Maß zu reduzieren. Indem er, Werkhalle nach Werkhalle, die Rikschaproduktion ausbaut und – wie nebenbei – die berühmt-berüchtigte Leninwerft saniert, deckt er den wachsenden Bedarf an diesem so umweltfreundlichen Verkehrsmittel. Er, der allzeit fremde Aufsteiger, ist zwar den ortsansässigen Polen und den aus Gründen der Pietät sowie aus Geschäftsgründen anreisenden Deutschen nicht recht geheuer, aber die Simplizität seiner die Stadt von Lärm und Gestank befreienden Findung überzeugt und wird schließlich beklatscht. Fremd bleibt er trotzdem. Mißtrauen umgibt ihn wie lästig stehender Geruch. Man fürchtet sich vor ihm, auch wenn man nicht weiß, warum.

Mein Joseph, der die Fahrradrikscha zum zweiten Mal – und diesmal zum Wohl Europas – erfindet, heißt Chatterjee und

Subhas Chandra mit Vornamen. Niemand hat ihn in die Fremde verkauft. Sozusagen aus freien Stücken, oder weil es bei ihm zu Hause zu eng wurde, wanderte er aus. Er sieht sich als Vorbote. Viele, nicht nur seine Vettern, werden ihm folgen: der Überschuß aller am Rande lebenden Völker. Da er nicht mit leeren Händen, sondern reich an rettenden Ideen angereist kommt, hofft er, willkommen zu sein. Aber die Einheimischen oder jene Einheimischen, die ihrer selbst unsicher sind und deshalb alles Fremde hassen, wollen ihn nicht annehmen. Und schon ihr zweites Wort heißt: abschieben.

Wie es Joseph im Verlauf der vier Bücher ergeht. Kaum ist er ein wenig aufgestiegen, gerät er in landesinterne Zwistigkeiten religiöser Art: Hier sehen wir – »ausländisch angehaucht, beweglich und weltfreundlich-allgemein von Neigung« – die höfische Fraktion des Sonnengottes Atum-Rê, die sich lässig in Toleranz gefällt, dort steht die priesterliche Fraktion des Amun-Rê zu Karnak, einer Variante des Sonnengottes, von dem gesagt wird: »Er war starr und streng, ein verbietender Feind jeder ins Allgemeine ausschauenden Spekulation, unhold dem Ausland und unbeweglich beim nicht zu erörternden Völkerbrauch, beim heilig Angestammten verharrend ...«

Entsprechend scheel blicken die Anhänger des Amun zu Karnak auf Joseph, den »ausländischen Leib- und Lesediener« des Höflings Potiphar. Besonders scheel blickt der Hofzwerg und »Vorsteher der Schmuckkästen« Dûdu, sosehr Joseph bemüht bleibt, ihm und seiner Familie zu schmeicheln: »Aber es half nichts, dieser bewies ihm, von unten herauf, Abgunst, wie er nur konnte, und besonders durch die würdig-altsittenstrenge Betonung von Josephs Unreinheit als chabirischen Fremdlings gelang ihm dies. Denn bei Tische, wenn die höheren Diener des Hauses und unter ihnen Joseph mit dem Meier Mont-kaw das Brot aßen, hielt er, indem er seine Oberlippe über der eingezogenen unteren ein würdiges Dach bilden ließ, unerbittlich darauf, daß den Ägyptern besonders aufgetragen werde und dem Ebräer besonders, ja, wenn der Verwalter und die anderen es nach dem Sonnensinne Atum-Rê's nicht so genau damit nehmen wollten, so rückte er amunfrommkundgebungsstreng weitab von dem Greuel, spie auch wohl nach den vier Himmelsgegenden und führte im Kreise um sich herum allerlei exorzisierende und die Besudelung absühnende Zaubereien aus, welchen die Beflissenheit, den Joseph zu kränken, überdeutlich abzumerken war.«

Man möchte ausrufen, nichts Neues unter der Sonne!, denn dieser Ekel vor dem Fremden ist so genau zielend gesehen, daß er peinlich noch auf unsere Gegenwart zutrifft. So verschwenderisch reich Thomas Mann seinen Helden ausstattet und ihm geschickte Anpassung erlaubt – »Joseph wurde zusehends zum Ägypter nach Physiognomie und Gebärde, und das ging rasch, leicht und unmerklich bei ihm, denn er war weltkindlich-schmiegsam von Geist und Stoff...« –, er blieb dennoch der Ausländer, zudem der Ebräer, aber das fiel in altägyptischer Zeit nicht besonders ins Gewicht. Ausländer reichte. So kommt denn auch im Verlauf eines längeren Gespräches, das in seiner Verzweigtheit hier nicht nachzuzeichnen ist, diese prinzipielle Abneigung zu Wort.

Es geht um ein häusliches Fest mit geladenen Gästen und dann um eine reisende Gruppe von babylonischen Tänzerinnen. Potiphar wünscht deren Auftritt beim geplanten Festgelage, denn Potiphar ist an allem Fremden interessiert, besonders, wenn es mit Schönheit einhergeht. Mud, seine Frau, hingegen will wissen, ob auch Amuns erster Priester, Beknechons, zum Fest geladen sei.

»Unzweifelhaft und unumgänglich...«, heißt die Antwort.

Der Dialog spitzt sich zu: »Er wird nicht dulden, daß man den Verborgenen kränke vor seinen Augen.«

»Durch einen Tanz von Tänzerinnen?«

»Von ausländischen Tänzerinnen – da doch Ägypten reich ist an Anmut und selber die Fremdländer damit beschickt.«

»Desto eher kann es sich seinerseits den Reiz gönnen des Neuen und Seltenen.«

»Das ist nicht die Meinung des ernsten Beknechons. Sein Widerwille gegen das Ausland ist unverbrüchlich.«

Hier nun nicht weiter, denn wir wissen ja, daß Potiphars Frau am Ausländischen in Gestalt von Joseph mehr, immer mehr und schließlich heillos mehr Gefallen gefunden hat; das Fremde ist nicht ohne erotischen Reiz. Zwar blieb Josephs sprichwörtliche Keuschheit einigermaßen unangetastet, doch in die Grube mußte er dennoch, und sei es, um abermals, nach Art der überlebenstüchtigen Fremden, aus dem Loch zu finden, sich freizustrampeln und endlich ruhmreich in höchste Stellung zu gelangen. Seiner speziellen Tüchtigkeit als Traumdeuter verdankte sich dieser abermalige Aufstieg. Außerdem war er ein Mann der Vorsorge, das heißt, er verstand es, der dem Traum abgelesenen und vorausgesagten Notlage den Stachel zu nehmen. Solche Triumphe sind mit Vorzug jenen vergönnt, die von weither und von unten kommen, mögen sie vom Ebräerland stammen oder aus Calcutta und dessen Slums hinter sich gelassen haben.

Doch mit dieser nüchternen Einsicht ist nichts bewegt und keines der Bücher ausgelesen. Mir fehlte es nur an Gelegenheit, wiederum einzusteigen in die Legende: »Tief ist der Brunnen der Vergangenheit...« Doch da manchmal Krankenhausaufenthalte das Schmökern episch ins Kraut schießender Texte begünstigen, bot sich im so lang anhaltenden Winter dieses Jahres die Gunst, im Klinikum Lübeck mein bengalisches Leseabenteuer zu wiederholen. Nach annähernd zehnjähriger Frist nahm mich abermals die biblische Legende gefangen und wiederum in jener Deutung, die alle Register der Ironie zieht: »Joseph und seine Brüder« lagen auf meiner Bettdecke.

Diesmal lasen sich die vier Bücher fremder, denn ringsum heimelte nicht Calcutta an, vielmehr versuchten die Fertigbauteile des sanitären Gebäudes den lesetrunkenen Patienten auszunüchtern. Arztvisiten, Schonkost, die Nachtschwester, Mineralwasser. Draußen fiel Neuschnee.

Nein, so fremd und entrückt las sich die Josephslegende nun doch nicht. Lübeck und Mölln lagen nahe, mein vom Fremdenhaß und dessen Exzessen gezeichnetes Land. Die demagogischen Reden korrekt gescheitelter Politiker sind als böse Saat aufgegangen: Kümmerlich wenig ist vom Recht auf Asyl, diesem hochherzigen Gebot, geblieben. Anstelle herrschen Abschiebehaft und Abschiebepraxis. Joseph, käme er aus Nigeria oder Pakistan zu uns, fände sich in eine Lage gebracht, in der seine besondere Begabung, die Traumdeuterei, kaum von Nutzen wäre; weder der Kanzler noch sein Innenminister scheinen von Träumen beschwert zu sein.

Und doch findet immer noch des dekadent-verspielten Echnatons Gegenstimme ihr Echo. Aus Resten mutwillig beschädigter

Liberalität lassen sich Fragmente jener Toleranz klauben, die Thomas Mann im Sinn gehabt hat, als er, der aus Lübeck, München, aus Deutschland vertriebene, nunmehr in Amerika geduldete Fremdling, seine »Fleischwerdung des Mythos« im Februar 1943 zum Abschluß brachte.

Nachdem meine literarische Arbeit gepriesen und freundlich gelobt worden ist, habe ich zu antworten versucht. Meine Dankrede hat zwischen den vielen Schichtungen der »Joseph«-Bücher nur die eine betonen können: Die Fremde als andauernde Erfahrung. Um meinem Dank ein wenig Nachdruck zu geben, auch um das Fremdeln zu mindern, das den großen Schriftsteller Thomas Mann immer noch isoliert, rate ich an, Abstand vom sekundären Gemäkel zu nehmen und das Gesamtwerk in seiner primären Gestalt neu zu entdecken, sei es auf Reisen und aus Distanz, sei es im heimischen Krankenhausbett. Lassen Sie sich von Thomas Mann entführen, verführen, verzaubern!

Den Bedürfnissen des Gastlandes entgegenkommen

Während Jahrzehnten bin ich sozusagen »mit Goethe« unterwegs gewesen und habe dabei eine Vielzahl mit diesem Namen verbundene Institute, ihre fruchtbare Arbeit und die Grenzen ihrer Möglichkeiten kennengelernt; nur in Indien heißen sie anders, »Max Müller Bhavan«, doch die Chancen fürs Gelingen und die Schwierigkeiten, seien sie hausgemacht oder vorgefunden, sind gleich groß. Diese Erfahrung ist nur die geringere, denn gleich mir haben viele Autoren auf diese Weise einen Teil dieser Welt zumindest per Augenschein kennengelernt; eine Horizonterweiterung, die der oft und aus verständlichen Gründen provinzgebundenen deutschsprachigen Literatur nur guttun konnte.

Es gab schwierige Zeiten, sobald sich die Bundesrepublik Deutschland in Krisenzuständen befand. Oftmals fiel den Autoren – so auch mir – die nicht gerade erwünschte Aufgabe zu, das eigene Land zu repräsentieren. Das mußte, der Lage der Dinge nach und Deutschland betreffend, selbstkritisch geschehen. Doch glaube ich, daß diese kritische Sicht das Ansehen meines Landes gehoben hat, wenngleich das Auswärtige Amt immer wieder meinte, den Autor betreffend Dossiers anlegen und die angeblichen »Nestbeschmutzer« reglementieren zu müssen.

Abgesehen von diesen verschmerzbaren Querelen will mir die Arbeit der Goethe-Institute als nützlich und notwendig vorkommen, besonders dort, wo in politisch finsteren Zeiten, etwa unter der Herrschaft des Obristenregimes in Griechenland oder gegen Ende der Diktatur in Portugal, die Goethe-Institute der Opposition und ihrem Informationsbedürfnis offenstanden.

Mir ist aufgefallen, daß überall, wo die Mitarbeiter der Institute sich nicht darauf beschränken, ein deutsches Eigenleben im Ausland zu fördern, sondern vielmehr den Bedürfnissen des Gastgeberlandes entgegenkommen, überraschend Hervorragendes geleistet wird. Zum Beispiel hatte ich in Calcutta Gelegenheit, zu erfahren, daß in den siebziger Jahren Heinrich von Kleists Lustspiel »Der zerbrochene Krug« durch Institut-Initiative ins Bengalische übersetzt und von einer bengalischen Schauspielertruppe aufgeführt worden ist. In die Dörfer getragen, hatte dieses klassische Theaterstück einen nahezu revolutionierenden Erfolg; es wurde als aktuell erlebt.

Abschließend eine vorwarnende Bemerkung: Kultur, wie sie bisher von den Goethe-Instituten mitgetragen und verbreitet wurde, eignet sich nicht als Werbeträger für die deutsche Wirtschaft. Sie ist Wert an sich und sollte sich nicht in zusätzliche Abhängigkeit begeben.

Nachdruck und Gegendruck

Lübeck, den 26. November 1996

Lieber Gerhard Steidl,

mir liegt ein Brief vor, den der Verlag Ferdinand Schöningh mit einem Mustervertrag der Verwertungsgesellschaft Wort geschickt hat. Es geht um ein Gedicht (»Der Ball«), das in einem Schulbuch unter dem Titel »Blickfeld Deutsch«, Jahrgangsstufe 6, abgedruckt werden soll. Der Vertrag ist mit Schreibmaschine um einen Zusatz verlängert worden: »Der Text wird vor Druck der neuen Rechtschreibung angepaßt.«

Hierzu möchte ich Dir als meinem Verleger, der das Copyright meiner gesamten literarischen Produktion betreut, folgendes sagen: Ich lehne den widersprüchlichen und zum Teil widersinnigen Eingriff in die deutsche Sprache, der sich »Rechtschreibreform« nennt, grundsätzlich ab. Schon jetzt wird deutlich, daß meine Romane, Erzählungen und Gedichte, sollten sie weiterhin für den Schulgebrauch benutzt werden, erheblichen Eingriffen und Entstellungen ausgesetzt wären. Gleiches trifft natürlich auf eine Vielzahl deutscher Autoren zu, die, wie ich, unsere Sprache als etwas Lebendiges, das heißt auch kreativ Veränderbares begriffen haben – und das aus bester Tradition. Von Luthers Bibelübersetzung über die Autoren der Barockperiode, der Klassik (Herder) und Nachklassik (Jean Paul) bis hin zu Arno Holz, den Autoren des Expressionismus und, ihnen folgend, Arno Schmidt, Wolfgang Koeppen, haben deutsche Schriftsteller unsere Sprache geprägt, sie vor Verkrustung und bürokratischer Reglementierung bewahrt. Hinzu kommt, daß die deutschsprachige Literatur bereichert ist durch regionale Vielgestalt, die weitaus differenzierter ist, als unser föderalistisches System zu erkennen gibt. Diese Vielgestalt hat durchaus eigensinnigen Ausdruck gefunden, und zwar bis in die Rechtschreibung hinein.

Ich bin in diesen Tagen dabei, gemeinsam mit Peter Rühmkorf eine Lesung vorzubereiten. Wir wollen in Hamburg vor Publikum für deutschsprachige Barocklyrik werben. Natürlich stellt sich auch uns die Frage: Sollen wir die später überarbeiteten, das heißt geglätteten, »leicht verständlich« gemachten Texte lesen, oder sollen die Urfassungen vorgetragen werden?

Ich bin dafür, meinen Andreas Gryphius, Hoffmannswaldau, Quirinus Kuhlmann und Simon Dach so vorzutragen, wie ich sie alle in jener wunderschönen Barockanthologie vorfinde, mit der uns der Germanist Albrecht Schöne beschenkt hat. Das ist nicht ohne Anstrengung für den Vortragenden und mag dem Hörer anfangs wie eine Zumutung vorkommen. Doch da der Verzicht auf barocken Klang Verlust bedeuten würde, bin ich für Anstrengung und Zumutung. Natürlich sahen sich auch die Barockautoren zu ihrer Zeit gezwungen oder versucht, sich dem einen oder anderen Regelwerk oder Reformversuch zu beugen. Gewiß hat Martin Opitz mit seinem »Buch von der Deutschen Poeterey« dem Wildwuchs der noch jungen Barockliteratur Möglichkeiten zu klassischen Versformen (bis hin zum Sonett) eröffnet, und doch haben sich seine begabtesten Schüler, Gryphius voran, nicht allzeit an sein Regelwerk gehalten.

Die deutsche Sprache ist weich, formbar und gewiß auch verführbar. Sie sucht sich immer wieder neuen Ausdruck und greift dabei auch auf ältere Sprachmuster zurück. Nicht ohne Grund haben deshalb Umgangssprache und Dialekte Einlaß in die Literatur gefunden. Anders als in Frankreich ist uns keine staatskonforme und sprachregelnd wirkende Institution übergeordnet. Grimmelshausen bietet uns in seiner Urfassung mehr als die im Schulgebrauch übliche Simplifizierung.

Aus all diesen Gründen (und ohne ein Wort über unsinnige Kosten, sich jetzt schon widersprechende Regelbücher und den Starrsinn der Kulturbürokratie zu verlieren) sage ich nein zu dem gegenwärtigen Versuch, unsere Sprache zu verflachen. Gleichzeitig gebe ich Dir die Vollmacht, dieses Nein auf alle Nachdrucke aus meinem literarischen Werk, so auch in Schulbüchern, anzuwenden.

Freundlich grüßt Dich Dein
Günter Grass

Rede über den Standort

Rede im Rahmen der von der Verlagsgruppe Bertelsmann veranstalteten Reihe »Zur Sache: Deutschland« in Dresden

Ein Schriftsteller, also jemand ohne Mandat, maßt sich an, über etwas zu sprechen, das droht, ihm abhanden zu kommen, über sein Land, dieses umgrenzte Etwas, dessen Bestimmung von Zeit zu Zeit merkwürdig diffuse Umschreibungen provoziert, als könne man es je nach Belieben benennen, als dürfe es in Rumpelstilzchenmanier mal nach Hinz, mal nach Kunz heißen, doch nie genau beim Namen genannt werden.

Dieser Beliebigkeit entspricht sein Zustand. Seiner selbst ungewiß, bläht es sich auf, macht es sich klein. Das Gefüge meines Landes scheint ins Rutschen zu kommen, als habe man sein Mauerwerk zu schnell oder auf Sand gebaut, als sei beim Legen der Fundamente gespart oder sonstwie gepfuscht worden; nun knistert es im Gebälk.

Vor Beginn der Niederschrift dieser Rede sagte ich mir: Aber vielleicht verhält es sich so, daß dir alles, woran du Anstoß nimmst und was dir Sorge bereitet, zu nah gerückt ist. Du solltest Distanz suchen. Aus der Ferne betrachtet, gewinnt die Geliebte. Eine Reise, weit genug weg, könnte nützlich werden und dir helfen, den deutschen Eintopf mit einer Messerspitze Ironie zu würzen; du hast ja nicht vor, eine Grabrede zu halten. Beweise dich professionell. Als Schriftsteller, der die Wirklichkeit im Plural erlebt, verstehst du es allemal, dich in Fiktionen zu retten.

Und tatsächlich! Übers Jahresende gewann ich nach einem Elfstundenflug genügend Abstand zu meinem Land. Sofort nahm mich Hongkong, der Ballungsraum globaler Interessen, gefangen; dessen Geschichte ist schnell erzählt.

Großbritanniens Kronkolonie auf Abruf war das Ergebnis zweier Kriege, die Englands Handel mit Opium legalisierten, worauf ganz China bis zur inneren Zerrüttung versorgt werden konnte. Dieser Tradition treu zu bleiben versteht sich bis heute als ungeschriebenes Gesetz: Bar jeder Moral ist Hongkong der ehr-

Februar 1997

lichste Ausdruck des Kapitalismus. Ganz ungeschminkt geht es dort nur ums Geschäft. Auf engstem Raum blüht die Rendite. Und im Verbund mit dem internationalen Kapital fußen nunmehr Konzerne, Großbanken und das organisierte Verbrechen auf chinesischem Familiensinn und ungehemmtem Arbeitseifer. Es ist, als habe Karl Marx versäumt, vor der Niederschrift seiner Gedanken zum »Kapital« die Lehren des Konfuzius zu lesen; wer in den Tempeln des weltklugen Lehrers mit Räucherstäbchen kokelt, hofft, daß den Göttern nichts lieblicher riecht als samt Zinseszins zählbarer Erfolg.

Entsprechend gelassen warten in Hongkong sechs Millionen Chinesen das bevorstehende Ende der britischen Kolonialherrschaft ab. Dennoch bleibt ungewiß, wie ihnen die Vereinigung mit einer Milliarde plus dreihundertfünfzig Millionen Chinesen bekommen wird. Da innerhalb der Kronkolonie nur wenig Selbstbestimmung erlaubt und allenfalls im kommunalen Bereich Praxis war, wird ihren Bürgern der zukünftige Mangel an demokratischen Grundrechten nicht sonderlich neu sein. Zudem bleibt die kapitalistische Marktordnung für weitere fünfzig Jahre garantiert, und bereits jetzt ragt die Stadt wie ein Fingerzeig ins einundzwanzigste Jahrhundert.

Schon hat sich ein von der Pekinger Zentrale begünstigter Multimillionär namens Tung mit Frau Chan, der Chefin der Hongkonger Zivilverwaltung, über die Einzelheiten der Übergabe in einem »handover pact« geeinigt. Noch wird auf englischer Seite ein wenig restliche Empörung geheuchelt, doch da mit dem Protest der einstigen Kolonialmacht gegen die Wahlmanipulationen des Herrn Tung auch die weit über hundert Jahre wirksame Methode britischer Herrschaft ins Blickfeld rückt, wird nach kurzem Getöse und dem ohnmächtigen Aufbegehren zu weniger Demokraten einzig das Geld von Gewicht sein, denn Hongkong darf ja bleiben, was es vordringlich gewesen ist: Schaufenster und Dunkelkammer des Kapitals, dessen Fluchtburg und Waschanlage, der monetäre Standort.

Und damit bin ich beim Thema meines Vortrags, den ich zwar aus asiatischer Distanz skizziert habe, der aber mit Vorrang von Deutschland handeln muß, weshalb er unter dem Titel »Rede über den Standort« zu Papier gebracht steht.

Wir wissen, er ist gefährdet. Kein Tag vergeht, an dem nicht seine Schwäche beklagt, sein Schrumpfen oder gar Verschwinden angedroht wird. Er ist kategorisch. In ihm müssen wir das A und O unserer Hoffnungen und Kümmernisse suchen. Er hat die amtliche Bezeichnung des Landes entwertet oder überschattet, jedenfalls gegenstandslos gemacht. Was mir einst als Bundesrepublik anstrengend und lieb gewesen ist, muß mir heutzutage als Standort sinnfällig sein. Dessen reiselustiger Außenminister betreibt nicht etwa herkömmliche Diplomatie, sondern vertritt Standortinteressen. Wenn es nach ihm und seinen Ministerkollegen geht, werden wohl demnächst Briefmarken mit der Firmierung »Standort Deutschland« in Umlauf kommen. Schon jetzt wird der Priorität für alles sozialpolitische Tun und Lassen mit dem Ohrwurm »Standort, Standort über alles ...« gehuldigt.

Dergestalt reduziert, beginnt uns die Republik zu entschwinden, und allem Anschein nach wird dieser Verlust nicht einmal bemerkt. Wie aber konnte es dazu kommen, daß eine Faustregel in einem Land gebräuchlich wurde, in dem bislang das Vaterland oder die Nation jeder Sonntagsrede zur Zierde gereichten? Haben sich der Begriff Bundesrepublik und deren Grundlage, die Verfassung, dergestalt abgenutzt und um ihren Wert gebracht, daß sie nur noch als Antiquitäten – hübsch, aber unnütz – im Handel sind? Oder wollte man den seit sieben Jahren vor sich hin köchelnden und gelegentlich überkochenden Nationalismus kaltstellen, indem man das Staatsgebilde mitsamt seinen überlieferten Widersprüchen auf den simplen Nenner Standort verkürzte? Oder müssen im Untergrund wühlende Anarchisten vermutet werden, die, wie man weiß, schon immer den Staat so radikal abschaffen wollten? Und sind mit ihnen innerhalb der Regierung und der sie lenkenden Großindustrie Verfassungsfeinde am Werk, die, anstelle des Grundgesetzes, eine nur dem Standort Deutschland verpflichtete Rentabilitätsrechnung in Kraft setzen möchten? Schließlich muß gefragt werden: Sind der Verfassungsschutz und der Bundesnachrichtendienst diesen gefährlichen Machenschaften auf der Spur, oder steht zu befürchten, daß unsere allwissenden Sicherheitsorgane mittlerweile umdisponiert haben und sich nur noch in Diensten des Standortes bewähren? Ist gar am Ende nicht nur der Rinderwahnsinn so heillos standortfixiert?

Ich weiß, weil jemand ohne Mandat, also ein Schriftsteller zu Ihnen spricht, kann davon ausgegangen werden: Er übertreibt. Und ich gebe zu, daß das Übertreiben zu meinem Handwerk gehört. Dennoch bitte ich Sie zu bedenken, inwieweit und wie oft mich Erfahrungen gelehrt haben, meiner vorauseilenden Sicht zu folgen; auf niederschmetternde Weise sind meine schlimmsten Übertreibungen von der Wirklichkeit überboten worden.

Zum letzten Mal habe ich vor sechseinhalb Jahren – so hieß es – maßlos übertrieben. Sie erinnern sich: Es ging um die deutsche Einheit. Noch gab es, wenn auch als schäbigen Rest nur und vorbeugend zur Schrottmasse erklärt, den anderen deutschen Staat, die DDR. Die werde billig zu haben sein, rechneten sich Schlauberger aus. Man müsse nur zugreifen.

Ich war gegen diesen übereilten Zugriff und warnte davor, mit Hilfe einer wahltaktisch zwar wirkungsvoll ausgeklügelten, jedoch volkswirtschaftlich ruinösen Währungsunion jegliches DDR-Produkt und mit ihm eine Vielzahl von Arbeitsplätzen auf Null zu bringen. Ich widersprach der westlichen Regierungsabsicht, die Vereinigung der beiden Staaten einzig über den Beitrittsartikel 23 zu vollziehen und den das Grundgesetz abschließenden Artikel 146 zu mißachten. Ich sagte voraus: So formal und papieren praktiziert, werde der Beitritt zum Anschluß verkommen. Ich verhöhnte die Praxis der zentralistischen Abwicklungsmaschinerie Treuhand und war mir gewiß, daß solch ein unkontrollierbares Monstrum ein Übermaß an kriminellem Eifer freisetzen werde. Ich schlug einen verlangsamten, zur Behutsamkeit einladenden Weg der Einigung zwischen den Deutschen vor, verbunden mit einer Zielvorstellung: Nicht eine vergrößerte Bundesrepublik, sondern etwas Neues, ein Bund deutscher Länder, möge entstehen und so das Beste, das wir haben, den Föderalismus, stärken. Ich warnte, verneinte, schlug vor, ich machte mir Sorgen und meinte deshalb, beim Ausmalen absehbarer Gefahren dick auftragen zu müssen.

Damals, als ich so schrecklich übertrieb, wurde mir als Bezeichnung für meine nebenberufliche Tätigkeit der Titel »Schwarzseher der Nation« angehängt. Dabei hatte ich nur abgestufte Grauwerte benannt; für dicke Schwärze hat dann die immer noch amtierende Bundesregierung gesorgt: Die von ihr verursachte Arbeitslosigkeit ist selbst durch eingeübte Ignoranz nicht mehr zu verdecken; gehäuft zutage tretende Treuhandskandale bezeugen den von mir befürchteten kriminellen Eifer mit milliardenschweren Verlusten. Ein Heer von Glücksrittern bewies nach Manier mittelalterlicher Raubritter hemmungslosen Instinkt. Kleine und große Schnäppchen wurden gemacht. Das »Absahnen« in großem Stil erfreute sich steuerlicher Begünstigung; und schon bald sahen sich die ohnehin geschädigten Bürger der ehemaligen DDR enteignet: Fortan gehört der Osten weitgehend dem Westen; und dieser Besitz wird von Generation zu Generation vererbt werden.

Nur in den übelsten Phasen deutscher Geschichte hat Habsucht so folgenreich um sich greifen dürfen. Arroganz sprach sich aus: Wir nehmen Euch den Krempel zum Schrottpreis ab und zahlen noch ne Kleinigkeit drauf. Nach dieser Devise haben westdeutsche Konzerne mögliche Konkurrenz zum Verschwinden gebracht. Ob in Zwickau oder Magdeburg, ob in Bischofferode oder Eisenach, überall wurde vorsorglich planiert.

Und ähnlich rabiat war man bemüht, alles zu löschen, was an den untergegangenen Staat hätte erinnern können. Ob Polikliniken oder betriebseigne Kindergärten, nichts durfte bleiben. Kulturleistungen, die trotz Zensur und gegen ideologische Engstirnigkeit ihren Bestand bewiesen hatten, waren westlicher Mißachtung sicher. Bücher wurden wie Makulatur, Bilder als Schund bewertet. Und die Goldmedaillen erfolgreicher DDR-Sportler hatten im Nachholverfahren als dopingverdächtig zu gelten. Nur dem in der Berliner Normannenstraße gesichteten Spitzelfleiß des Staatssicherheitsdienstes kam ungeschmälert Bedeutung zu: Bis heutzutage wirkt und lähmt das freigesetzte Gift.

So ging und geht man mit Menschen um, die die schwerste Folgelast des von allen Deutschen verbrecherisch geführten und verlorenen Krieges hatten tragen müssen. Nicht ein Lastenausgleich wurde gewährt, vielmehr nahm man wie von erobertem Feindesland Besitz. Landsleute, denen während vierzig Jahre lang anhaltender Diktatur Leid genug zugefügt wurde und die, als dann die Mauer fiel, in gutem Glauben gewesen waren, sie dürften ihre beschädigte Existenz vor weiterer Entstellung bewahren, sahen sich fortwirkendem Stasiverdacht ausgesetzt. Und jenes westliche Angebot von Freiheit, das so verheißungsvoll gewesen war, reduzierte sich bald auf Begriffe wie »Reisefreiheit« und »Freiheit des Marktes«.

Jadoch: Bislang nur geträumte Reisewünsche gingen in Erfüllung. Reichbestückte Schaufenster erfreuten zumindest das Auge. Aber schon bald kehrte der Alltag ein, und die Bürger des entschwundenen Staates lernten den von ihren Ideologielehrern einst verteufelten Kapitalismus nun fern aller Theorie, hautnah und in Praxis kennen. Und siehe da: Er schlug erbarmungsloser zu, als von den rötesten Socken angedroht. Arbeitslosigkeit wurde für viele Menschen zum Dauerzustand. Nach kurzer Schonfrist stiegen die Mieten. Auf Grundstücke, Häuser und Häuschen fiel der Blick westlich geschulter Spekulanten. Zwar stürzten hier und da Denkmäler, doch zugleich wurde der Naturforscher Darwin zum Schutzheiligen der Märkte ausgerufen und zeitgleich das »Recht des Stärkeren« proklamiert.

»Die Freiheit hat ihren Preis!« hieß es. Folglich bot sich nicht die »soziale Marktwirtschaft« als neue Erfahrung an, vielmehr kamen jene Methoden zum Zug, die seit dem neunzehnten Jahrhundert als Manchester-Liberalismus berüchtigt sind; gratis war nur noch der Spott der Partei der Besserverdienenden zu haben. Wer geglaubt hatte, er hätte sich nach folgsamer Ablösung des Rufes »Wir sind das Volk« durch die Behauptung »Wir sind ein Volk« dem Westen einverleibt und so das »einig Vaterland« gewählt, wurde bald mit der Standortfrage bekannt gemacht.

Die Antwort jener von der Treuhand getätschelten Investoren heißt: Das rechnet sich nicht. Da läßt sich keine müde Mark wachküssen. Der Osten taugt nicht als Standort. Ja, selbst der Westen des Landes droht zu verrosten und verliert an Attraktion. Zu hoch sind Löhne und Lohnnebenkosten, zu investitionsfeindlich die ökologischen Auflagen, zu morsch die Leistungsmoral. Zwangsläufig muß sich der Standort Deutschland in Billiglohnländer verlagern. Dort ist freies Unternehmertum hochwillkommen. Ob in Malaysia, Brasilien oder nachbarlich bei den Tschechen, überall küßt man uns die Füße, nur hierzulande will niemand akzeptieren, daß wir in einer Zeit leben, die sich der Globalisierung der Wirtschaft verschrieben hat.

Habe ich schon wieder übertrieben, zu dick aufgetragen, einen Teufel katastrophensüchtig an die Wand gemalt? Will dieser

Schriftsteller etwa der kommunistischen Zwangswirtschaft das Wort reden? Hat er noch immer nicht begriffen, daß es zum Kapitalismus keine Alternative gibt? Will er sich etwa als »vaterlandsloser Geselle« häuten, um sich nunmehr als zynischer Verächter des Standortes Deutschland durch sein Geschreibsel zu schlängeln?

Da diese Fragen keine freie Erfindung, mir vielmehr in ihrer Substanz, wenn auch in anderer Diktion, über den Weg gelaufen sind, will ich ein wenig aus meinem ureigensten Nähkästchen plaudern; es ist ja nicht so, daß mir, dem Wessi, einschlägige Erfahrungen erspart worden sind: Dem Schriftsteller meines Namens ist schon wiederholt die Abschußliste als Standort zugewiesen worden.

Vor eineinhalb Jahren kam mein Roman »Ein weites Feld« auf den Buchmarkt. Einerseits gab sich unverkennbar ein Kind meiner schriftstellerischen Laune zu erkennen; andererseits hing dem ausgetragenen Balg der Geruch des Zeitgeschehens an. Mir, dem erklärten Verfassungspatrioten, war der politische und die Gesellschaft umschichtende Vorgang der deutschen Einheit wichtig genug gewesen, um mich, länger als eine Legislaturperiode dauert, ans Manuskript zu binden. Mein Ehrgeiz spitzte sich auf die Absicht zu, den chronologisch geordneten Zeitverlauf aufzuheben und die Vergangenheit gegenwärtig zu machen. Gewitzt durch die scharfsinnigen Einsichten des Schriftstellers Theodor Fontane, hatte ich mir vorgenommen, die Geschichte und die Geschichten der deutschen Einheit, die des Jahres 1871, die des Jahres 1990, in aller Breite verwoben und bis in Nebensächlichkeiten hinein zu erzählen; dabei ging mir der Faden nicht aus.

Als das Ergebnis zum Buch gebunden vorlag, zeigte sich, daß mein Tintenfleiß den Leser forderte: Und er ließ sich herausfordern, abstoßen und wieder einfangen, er nahm den Roman an, sei es als ziegelsteinschweren Schmöker, sei es als mehrschichtige Fundgrube, in der sich der Abfall der Geschichte sichten läßt.

Anders reagierte ein Großteil der westlichen Kritik. Was ich erzählte und erzählend auf die Spitze getrieben hatte, paßte nicht in die gute Stube der siegreichen Ideologie. Ein wenig erschrokken stellte ich fest, daß mir ein Schlachtfest bereitet werden sollte.

Weil es der Wahl meiner Erzählperspektive entsprochen hatte, aus der Sicht der vom Einheitsprozeß Betroffenen, also von unterster Talsohle aus, zu schreiben, begann man die Messer zu wetzen. Mandatsträger empörten sich über den Schriftsteller ohne Mandat. Falsche Zitate belebten die Feuilletons. Ein Einzeldarsteller, der sich bei hoher Einschaltquote als Quartett ausgibt, meinte sogar, im Dienst des Nachrichtenmagazins »Der Spiegel« und durchaus fotogen, das Buch zerreißen zu müssen.

Welch ein Aufwand! Offenbar hatte ich die Sieger beim Siegerfrühstück gestört. Nach Meinung landesweit wabernder Hofberichterstattung war die deutsche Einheit etwas rundum Gelungenes, trotz kleiner Mängel reif für die Historie, ein Schmuckstück künftiger Schulbücher und – was den regierenden Kanzler betraf – gewichtig genug für Vergleiche mit einem anderen Kanzler, nach dem bis in unsere Tage ein Hering benannt wird.

Nach Maß der Schnellebigkeit unserer Zeit ist das alles lange her. Die Kritiker von gestern geben sich heute maulfaul oder säuseln indifferent. Inzwischen liegt mein Roman in ersten Übersetzungen vor. Und nun zeigt sich, daß es außerhalb des Standortes Deutschland so etwas Altmodisches wie eine Literaturkritik gibt, die auf Lektüre beruht. Ein wenig stolz stelle ich fest, daß der Schriftsteller ohne Mandat nicht kleinzukriegen ist; er hat den längeren Atem. Und eine mich verblüffende Einsicht bestätigt sich hartnäckig: Die Sieger der Geschichte können mit ihrem vermeintlichen Sieg nichts anfangen. Schon genieren sie sich ein wenig, ihn als Ikone bei laufender Kamera vorzuzeigen. Sie sitzen auf ihrem Sieg wie auf einem schlecht verkäuflichen Artikel, der, nach altem Sprachgebrauch, Ladenhüter genannt werden könnte. Wer die Hand hinters Ohr hält, hört, wie die siegreichen Ideologien des Kapitalismus ihre absoluten, nunmehr auf Globalisierung setzenden Forderungen ins Leere heisern. Sie hungern nach einem Echo. Es fehlt der Feind, das lautstarke Gegenüber. Wie soll man weiterhin die Welt in Gut und Böse teilen können, wenn das Böse, weil besiegt, nicht mehr mitspielt, verschwunden oder zumindest vorläufig wie aus der Welt ist. Sicher, es gibt den Islam, das organisierte Verbrechen, wahnwitzige Sekten; aber mit den Moslems will man Geschäfte machen, der Mafia ist man über nützliche Geldwaschanlagen verbunden, und was jene besonders gefährliche Sekte angeht, findet man sich mit ihr häufig genug auf einer Wellenlänge. Was also macht ein Sieger, wenn sein altvertrauter Feind, der immerhin fast ein Jahrhundert lang stark und gefährlich genug gewesen ist, um gegen ihn heiße und kalte Kriege zu führen, nur noch durch Abwesenheit glänzt, wie weggeputzt, keiner verwertbaren Bedrohung mehr fähig?

Und schon rumort in mir der Schriftsteller. Den gestern noch siegreichen Kapitalismus stelle ich mir – ganz unmarxistisch – als eine vom Schicksal im Stich gelassene Person, als Individuum vor: ein Herr mittleren Alters, korrekt gekleidet, nur der Schlips will nicht sitzen. So steht, nein, klebt er auf einem Hocker, der einsame, der vereinsamte Kapitalist. Zwar ist er noch immer gefürchtet und wohl auch verhaßt, doch niemand will ihm mehr widersprechen. Was immer er sagt, und sei es der abgeschmackteste Unsinn, etwa seine Standardformel »Der Markt regelt alles«, gilt als sakrosankt. Gegen seinen Willen ist er, wie der Papst, in den Geruch der Unfehlbarkeit geraten. Ein armer Kerl, sage ich mir ohne Bedauern und beginne, ihn literarisch abzuschöpfen. Zur Romanfigur taugt er nicht. Ihm fehlt das widerspruchsvolle Umfeld; er ist zu eindeutig geraten. Wohl aber könnte ich ihn mir auf der Bühne vorstellen, in einem aktionsarmen Einpersonenstück nach beckettscher Manier. Der kaum den Abend füllende Einakter hieße: »Der vereinsamte Kapitalist«.

Mal sitzt er auf dem Hocker, mal läuft er auf und ab. Ein Handy verbindet ihn mit der Welt. Global kauft er auf, stößt er ab, übernimmt er Mehrheiten, fusioniert. Seine Aktien steigen. Und doch hören wir ihn lamentieren. Viel Neues fällt ihm dabei nicht ein. Die alte Platte: zu hohe Lohnnebenkosten, der jegliche Modernisierung hemmende Kündigungsschutz, staatliche, deshalb investitionsfeindliche Bürokratie, beklagenswerte Eingriffe in das Naturgesetz »Angebot und Nachfrage«. Schließlich bejammert er den Standort. Und da mein beckettscher Einakter auf einer deutschen Studiobühne spielt, geht es lamentierend um den Standort Deutschland.

Er erwägt, ihn demnächst zu verlassen. Er droht dem Wirtschaftsminister, der in meinem Einakter natürlich anders heißt als der gegenwärtig austauschbare, milliardenschwere Kapitalflucht an, wenn dem Kündigungsschutz nicht sofort eine drastische

Zahnbehandlung widerfahre. Dem Kanzler grollt er, weil dessen Übergewicht sich allzusehr in noch zu schreibenden Geschichtsbüchern gefalle. Unzufrieden mit seinen Angestellten, kündigt er den globalen Entzug von Schmiergeldern an.

Doch plötzlich wird mein vereinsamter Kapitalist im gleichnamigen Einakter lyrisch. Er sieht sich unverstanden, weil der Entwicklung weit voraus. Er gefällt sich in tragischer Rolle. Er feiert seine Einsamkeit, sehnt sich aber dennoch nach einem Gegenüber. Da nichts greifbar ist, beginnt er den total besiegten und wie weggeputzten Kommunismus zu loben. Ach, das waren noch Zeiten, als man sich gegenseitig belauert und doch familiär verstanden habe, wenn auch in verfeindeter Familie, sozusagen wie unter Zwillingsbrüdern mit allzeit tickendem Neidgefühl. Und als es an der Zeit gewesen war, gegen eine familieninterne Mißgeburt, den Faschismus, zu kämpfen, habe man aus diesem Kampf sogar eine gemeinsame Sache gemacht, wenngleich nur vorübergehend. Auch gegen Sozis und ähnliche Spinner sei man sich einig gewesen: Dritter Weg? – Nicht mit uns! Und selbst wenn man gewisse Familienähnlichkeiten, etwa den Eigentumstick, durchaus als peinlich empfunden habe und man deshalb nicht müde geworden sei, den Feind im jeweils anderen zu sehen, müsse heute zugegeben werden, daß dem Kommunismus Vergleichbares fehle, sozusagen als Stimulanz. Neinnein! ruft er. Nichts ist in Sicht. Ödnis breitet sich aus.

Und dann verstopft mein einsamer Kapitalist die Ohren. Er mag den Chor seiner regierungsamtlichen Lobby nicht mehr hören. Die Bilanzkunststücke des ihm folgsamen Finanzministers machen ihn gähnen, und die Rücktrittsdrohungen seines Ministers für Arbeit und Soziales findet er, selbst als Clownsnummer, nicht mehr lachhaft. Er sieht sich in existentieller Notlage. Angst bereiten ihm Träume, in deren Verlauf ihn sein Zwillingsbruder, der totgesagte Kommunist, in die Grube zieht: Komm, Brüderchen, komm. Was willst Du da oben noch? Wir gehören zusammen. Ohne mich gehst Du an Dir zugrunde. Nur zu zweit waren wir lebensfähig...

Er, der Vitale, der Marktbeherrscher, der Überlebenskünstler, sieht sich alleingelassen. Mit Wortkaskaden redet er dem Kapitalismus eine Vielzahl dem »Schwarzen Freitag« nacheifernder Börsenkräche, den monetären Overkill, eine globale Krise an den Hals, wenn nicht bald, wenn nicht sofort etwas geschehe...

Aber was genau wünscht er sich abseits der Standortfrage? Was könnte einem vereinsamten Kapitalisten zur Rettung gereichen? Davon vielleicht später im Verlauf meiner Rede. Dieses Theaterspiel ist noch unfertig. Abermals muß ich mich auf die außertheatralische Wirklichkeit besinnen; die ist abendfüllender, als es ein Einakter jemals sein kann.

Zudem stellt sich nun landesüblich die Frage nach dem Positiven. Wo bleibt es? Ja, wo? Soll ich Milliarden aufzählen, die von West nach Ost geflossen sind und sich zum satten Teil rückläufig angereichert haben? Soll ich Stolpe, Biedenkopf, Gysi, Frau Hildebrandt preisen, die dem Osten gelegentlich Stimme geben? Erwarten Sie von mir, daß ich ein Preisgedicht auf Dresdens glanzvoll erneuerte Barockfassade reime? Wohl kaum. Was aber halten Sie davon, wenn nun Ihr Schriftsteller ohne Mandat versuchsweise ein Loblied auf die Verfassung zu singen beginnt?

Zugegeben: Sie ist schwer beschädigt worden, als ihr mit Zustimmung der Sozialdemokraten ein Kronjuwel, das grundgesetzliche Recht auf Asyl, genommen wurde. Bleibenden Schaden richtete eine Mißachtung sondergleichen an: Seitdem der Schlußartikel der alten bundesrepublikanischen Verfassung, der den Deutschen im Fall der Vereinigung eine neue Verfassungsgrundlage versprach, ersatzlos gestrichen ist, leben wir alle – und offenbar klaglos – mit diesem Verfassungsbruch.

Aber ich wollte ja lobpreisen oder zumindest ein positives Scherflein absondern. Hier ist eines. Noch immer bestimmt uns der Artikel 14, Absatz 2: »Eigentum verpflichtet. Sein Gebrauch soll zugleich dem Wohle der Allgemeinheit dienen.« Ein hochherziger Artikel. Die Väter des Grundgesetzes haben, eingedenk des Untergangs der Weimarer Republik, diese Verpflichtung festgeschrieben. Bis in ihre sich christlich nennenden Parteien hinein begriff sich die Bundesrepublik einst als »soziale Demokratie«.

Was ist davon geblieben? Wenig, doch immerhin der Artikel 14, Absatz 2. Entspricht aber dieses Versprechen der Verfassungswirklichkeit? Oder anders gefragt: Habe ich als Verfassungspatriot noch restlichen Anlaß, unser Grundgesetz zu loben? Ich fürchte, nein. Denn wenn demnächst dem Willen unserer allerchristlichsten Parteien und ihrem sich liberal nennenden Anhängsel entsprochen wird, kann keine Vermögenssteuer mehr erhoben werden und darf sich das Eigentum freuen: Nie mehr wird es steuerrechtlich belangt und »sozial verpflichtet« sein.

Ich weiß: Niemand zahlt gerne Steuern. Auch mich, den gutverdienenden Schriftsteller, wird dieser Halunkenstreich entlasten. Doch meine Freude ist geteilt, weil sie mit dem Verlust eines Verfassungsartikels erkauft werden wird, der bislang eine Vielzahl von Vermögenden sozial verpflichtet hatte. Hinzu kommt, daß eine so einseitige Begünstigung in Zeiten gewährt wird, in denen Sparsamkeitsgebote zuallererst den sozial Schwachen vorgeschrieben sind; nicht ohne Grund hat Armut zunehmend Verelendung zur Folge und wächst die Zahl der Obdachlosen.

»Wir müssen alle den Gürtel enger schnallen«, weiß der Kanzler zu sagen. Welch ein Ausmaß an Zynismus! In welcher Schublade ist die Bergpredigt von jenen Parteien abgelegt worden, die sich unverdrossen auf den Sozialrevolutionär Jesus Christus berufen? Wenn das Wort »gotteslästerlich« noch einen Sinn macht, trifft es auf den gegenwärtig regierenden Heuchlerverein zu. Doch seien Sie gewiß: Mein Verdikt kann diese sich zwischen Schuldenbergen versteigende Seilschaft nicht jucken. Schnurstracks wird ein ehemaliger Pastor, namens Hintze, den Wegfall der Vermögenssteuer als notwendige Maßnahme zum Wohle der Allgemeinheit erklären. Bliebe diese Last, bestünde für Vermögende nur ein Ausweg: die Kapitalflucht. Abermals wäre der Standort Deutschland gefährdet. Die Standortfrage jedoch habe Priorität.

Da ich im Verlauf meiner Rede nunmehr bei Steuerfragen und Steuergerechtigkeit gelandet bin, juckt es den Schriftsteller in mir, einen zweiten Einakter fürs Theater zu skizzieren, sozusagen als Ergänzung zum Einakter über den vereinsamten Kapitalisten; vielleicht gelingt mir doch noch ein abendfüllendes Programm. Wer Gestank nicht fürchtet und in den heimischen Sumpf faßt, dem bietet sich Stoff genug an.

Diesmal ist es ein Zweipersonenstück, das belehrend und unterhaltsam sein will. Keine Dekoration. Fast leer ist die Bühne. Im Vordergrund, nahe der Rampe, sitzt seelisch gebrochen ein Mann, der sich monologisch als Vater einer weltbekannten Tennisspielerin zu erkennen gibt. Und schon belebt die prominente Tochter im Licht eines Scheinwerfers den Hintergrund der Bühne. Mit dem Rücken zum Publikum schlägt sie Bälle gegen eine Wand, als trainiere sie zukünftige Turniersiege. Erstaunlich ist ihre Rückhand, hart der Aufschlag.

Der Vater hingegen sitzt in Untersuchungshaft, soll aber demnächst entlassen werden, obgleich ihm millionenschwere Steuerhinterziehung angelastet wird und ihn deshalb ein Prozeß erwartet. Er rechnet halblaut, zählt an den Fingern ab, verrechnet sich. Dabei geht es um enorme Summen. So ziemlich alles, was sein fleißig trainierendes Töchterlein in Europa und auf den restlichen Kontinenten eingespielt hat und was ihr an Sponsorengeld zugeflossen ist, hat der Vater fürsorglich nicht als Einnahme deklariert, vielmehr sah er sich schlau beraten und vom Finanzamt durch Wegsehen ermuntert, das schöne Geld dem Standort Deutschland zu entfremden. Und nun auf einmal soll, was der Vater der prominenten Tochter als wohlverdientes Privileg verstanden hatte, strafbar, weil ungesetzlich sein.

Er jammert seinem Töchterlein, das unermüdlich von der Grundlinie aus Asse schlägt oder mit der Rückhand pariert, sein Elend. Immer wieder beteuert er, wie gutgläubig er sich auf das für ihn zuständige Finanzamt verlassen habe. Man sei kulant gewesen und habe ihm vier Jahre lang keinen Papierkram, keine einzige Steuererklärung abverlangt. Und der im Land der Schwaben amtierende Finanzminister, der, wie man wisse, ein geneigter Freund aller Sportler und nicht nur der Fußballer sei, habe mal das eine, mal das andere Auge und schließlich beide zugedrückt, gewiß, weil das siegreiche Töchterlein und ihr selbstlos wirksamer Vater sich eine Sonderbehandlung verdient hätten. Ob in New York oder Australien, in London oder bei den French Open in Paris, jeder Grand-Slam-Sieg der Tochter komme nicht nur den Sponsoren zugute, sondern nütze auch dem Standort Deutschland. Man müsse das großzügig sehen, habe es geheißen. Und nun plötzlich, nur weil irgend jemand gepetzt hat...

Erbärmlich ruft der Vater um Hilfe. Nach Zuspruch verlangt ihm. Doch die sich im Hintergrund jeden Ball hart erarbeitende Tochter gibt nur gelegentlich und dann mürrisch Antwort. Während Pausen, sobald sie sich zwischen Spiel und Spiel auf einem Bänkchen den Schweiß wischt, kommt ihr der eingekerkerte Papa in den Sinn: Jaja, sie werde ihn bald besuchen. Nach diesem oder dem nächsten Turnier. Richtig Sehnsucht habe sie nach ihrem Zuhause. Aber leider könne sie übers Geld nur wenig sagen. Geld sei für sie kein Thema. Sie könne nur welches anschaffen. Und das werde sie auch, fleißig weiterhin anschaffen. Sie müsse nur am Ball bleiben und zäh an sich arbeiten, damit keiner der Sponsoren sauer zu reagieren beginne. Und auch aus Liebe zum Vater...

Der bleibt auf seinem Jammer sitzen. Noch hofft er, daß ihn der Minister und Sportsfreund entlasten werde. Schließlich habe ihn dessen Behörde ermuntert, etwas zu tun, was nun häßlich Steuerhinterziehung heiße. Jaja, ruft er, auf einen solchen Freund kann man sich verlassen.

Aber der Minister und die restlichen Sieben Schwaben wollen von all dem nichts gewußt haben. Alleingelassen sitzt der Vater auf seinem Armsünderbänkchen, rechnet, verrechnet sich und weiß gar nicht mehr, wo er diese oder jene Million fern dem Standort deponiert hat. Sich zum Trost hört er auf die trocknen und zielgenauen Returns, auf das immer noch spitzenmäßige Aufschlagspiel seiner Tochter. Ach, wenn doch ein Wunder geschähe, vergleichbar dem, das zur Zeit als Wegfall der Vermögenssteuer wohltätig zu sein verspricht. Im Hintergrund hat sich die Tochter beim Sprung zur gedachten Seitenlinie den Fuß verknackst.

Sie werden bemerkt haben, daß auch dieser Einakter keine Katharsis, geschweige denn ein Happy-End erlaubt. Es sitzen ja nicht die Finanzbehörde und deren Minister auf der Anklagebank, sondern nur ein armselig standortflüchtiger Steuerhinterzieher. Allenfalls darf man erwarten, daß hinter den Theaterkulissen eine Hand die andere waschen wird und daß dem Richter mildernde Umstände einfallen werden; und auch beim Einakter, der vom vereinsamten Kapitalisten handelte, bleibt es bei der Vereinzelung. Niemand will ihm Gesellschaft leisten. Ohne Widerpart ist er Opfer seines Sieges über jegliche Opposition. Es sei denn...

Und schon beginnt das Wünschen und mit ihm die wunschgerechte Spekulation. Man stelle sich landauf, landab ein Rumoren vor. Wie anderswo auf der Welt, erwacht auch bei uns Bürgersinn.

Weckrufe werden laut, vernehmlich sogar jenen Parteien, die wie alteingesessen auf der Oppositionsbank dahindämmern und ihr Ego nuckeln. Wie einst im neunundachtziger Herbst wäre in Ost und West, also verhältnismäßig geeint, der Ruf »Wir sind das Volk« zu hören. Sogar die junge Generation, die sich bis dahin cool gegeben hatte, stünde hitzig in vorderster Reihe. Den mittlerweile betagten Achtundsechzigern fiele ein, sich aus ihren Befindlichkeiten zu lösen, und auch alte Knacker wie ich wären dabei. Nein, keine Revolution stünde auf der Tagesordnung. Nicht mit der Mao-Fibel in hochgereckter Hand, nur mit dem Grundgesetz bestückt, einer, zugegeben, lädierten Waffe, käme es darauf an, den alles nivellierenden Begriff »Standort« zu löschen und wiederum die Bundesrepublik ins Recht zu setzen, auf daß sie sich sozial begreife, auf daß sich das Eigentum dem Wohle der Allgemeinheit verpflichte.

Gewiß keine Utopie, aber ein schöner Wunsch, der immerhin noch geträumt werden darf. Und dennoch mag ihn die Wirklichkeit nicht spiegeln. Zwar nehmen gelegentlich einzelne Gruppen, Postboten, Krankenhausangestellte, Bauern oder ein Häuflein Rentner protestierend von der Straße Besitz, aber das Volk bleibt aus. Die Jugend versteckt sich hinter ihren Ängsten. Keine Universität will Ort geistiger Höhenflüge sein. Die Achtundsechziger hecheln dem Zeitgeist hinterdrein. Und die alten Knacker schimpfen am Stammtisch. Ohne Widerspruch wird das Desaster der deutschen Einheit akzeptiert, so spürbar klaffend soziales Unrecht das Land abermals teilt.

Telegenes Plappern herrscht vor. Zur unverbindlichen Redensart ist die Einsicht verkommen, daß sich die Deutschen in Ost und West fremder denn zuvor voneinander abwenden. Folglich werden die täglich nachgelieferten Treuhandskandale wie Kavaliersdelikte hingenommen, wenngleich ein Sumpf von Korruption Blasen schlägt. Zwar wird beflissen und auf allen Kanälen von einem grenzenlosen Europa inklusive Euro-Währung geredet, aber die Landesgrenzen sind engmaschig geknüpft. Indem ein Innenminister von kaltschnäuzigem Format mit neuesten Abschiebeerlassen die bosnischen Flüchtlinge aus dem Land treibt, nährt er die latente Fremden- und Ausländerfeindlichkeit. Doch sonst wird nichts bewegt. Zur wachsenden Arbeitslosigkeit fallen dem klebfestesten aller Bundeskanzler nur noch durch nichts gedeckte Großversprechen fürs Jahr 2000 ein, als wolle er sich jetzt schon in bewährter Wahlkampftechnik üben. So anrüchig solche Vortäuschungen mittlerweile sind, bleibt doch zu befürchten, es könnten des Kanzlers Lügen, weil von faustdicker Qualität, zum wiederholten Male geglaubt werden.

Als ich Anfang Januar aus Hongkong zurückkehrte, herrschte in weiten Teilen Europas, so auch in Deutschland, Frost. Dieser winterliche Temperatursturz war, wie man sagt, saisonbedingt; jene soziale Kälte jedoch, die mein Land heimgesucht hat, ist nicht vom Wetter abhängig. Was zunehmend Arbeiter und Angestellte, die vielen Arbeitslosen, die Kranken und Alten, aber auch Jugendliche ohne Lehrstelle frieren macht, hat sich als Dauerfrost eingenistet. Kein Frühling kann solche Kälte vertreiben. Sogar die Landessprache scheint zu vereisen, sobald mit allerneuesten Konjunkturprognosen den Frierenden einige Wärmeeinheiten verheißen werden. Man kennt dieses von wechselnden Wirtschaftsministern zelebrierte Ritual seit Jahren. Niemand traut dem Schwindel, doch zur Nachricht frisiert wird jede dem Standort dienliche Heilsbotschaft nachgeplappert. Alle Medien sichten den Silberstreif. Es ist, als sei Andersens Märchen »Des Kaisers neue Kleider« in Vergessenheit geraten. Es ist, als wollten tausend beflissene Federn dem nackten Kaiser ein Schutzmäntelchen andichten.

Vor fünf Jahren habe ich in München aus vergleichbarem Anlaß gesprochen. Der Vortrag hieß »Rede vom Verlust«. Meine Bilanz, die Verlorenes aufzählt, ist seitdem länger geworden. Doch wie schon damals, so stellt sich auch heute die Frage: Was ist aus meinem, aus unserem Land geworden? Wie erklärt sich der Zerfall der Bundesrepublik Deutschland, deren sozialer Ausgleich einst beispielhaft genannt worden ist? Ohne kommunistisches Stichwort, aus freien Stücken sozusagen, hat sich in ihr jene Klassengesellschaft erneuert, die man mit Hilfe der »sozialen Demokratie« glaubte überwunden zu haben. Einer Horde von Stümpern und Kahlschlägern wurde erlaubt, die tragenden Stützen unseres Gesellschaftsvertrages, die Kranken- und Rentenversicherung, zu beschädigen. Der Arbeiter und Angestellten eigene Leistung, die Arbeitslosenversicherung, ist vor staatlichem Zugriff kaum noch geschützt. Und gegenwärtig soll mit einem weiteren Raubzug, auch »große Steuerreform« genannt, dafür gesorgt werden, daß die Reichen in frostigen Zeiten nicht frieren müssen. So wird ein Staat zugrunde gerichtet, dem der annähernd gerechte Ausgleich zwischen Arbeit und Kapital, dem ein sozialer Frieden zu erheblichem Wohlstand und einigem Ansehen verholfen hatte.

Auf die Frage, wie es zu diesem Werteverfall kommen konnte, werden mein »Vereinsamter Kapitalist« und auch der »Prominente Steuerhinterzieher« nur unzulänglich Auskunft geben können. Als beispielhafte Akteure im zur Zeit laufenden Verfallsdrama begreifen sie sich allenfalls als Opfer ihrer eigenen Machenschaften. Wieder einmal kann nur der Blick zurück einige Ursachen des gegenwärtigen Zustandes sichten.

Bald sind es fünfzig Jahre her, daß aus selbstverschuldeter Not in einer Trümmerlandschaft, zu der auch menschliche Ruinen gehörten, zwei deutsche Staaten entstanden. Sie wurden nicht nur auf Befehl der damaligen Sieger, sondern auch aus eigenem Willen gegeneinander gegründet. Dem östlichen Staat war als Zwangsjacke die stalinistische Diktatur vorgeschrieben, dem westlichen stand, nach langer Zeit lähmender Restauration, endlich die Entwicklung zur Demokratie offen; beiderseits bewährte man sich als Musterschüler. Obgleich sie verschieden groß bemessen wurden und an gegensätzliche Bedingungen gebunden waren, ergab sich dennoch etwas Gemeinsames: In beiden Staaten mußte hart gearbeitet werden, so kamen ihre Bürger zu jeweils systembedingtem Wohlstand. Doch dem östlichen Staat hatte die Sowjetunion schwer abzutragende Belastungen auferlegt; der Marshallplan kam nur dem Westen zugute. Zudem schlugen sich die ideologischen Gegensätze zwischen den einst verbündeten Siegern des Zweiten Weltkrieges dergestalt feindselig in militärischen Planspielen nieder, daß beiden Staaten alsbald Wiederbewaffnung erlaubt wurde: Bundeswehr und Volksarmee verstanden sich, bis hin zur Planung von taktischen Atomschlägen und was man sonst noch als »Vorwärtsverteidigung« im Sandkasten übte, jeweils als Speerspitze ihres Systems. Endlich wurde, angesichts der Möglichkeit wechselseitiger Vernichtung, weltweit Entspannungspolitik möglich. Der Kalte Krieg verlor an Schärfe, die Regierungen der beiden deutschen Staaten kamen, wenn auch nur zögerlich, miteinander ins Gespräch. Abkommen wurden geschlossen, die getrennt lebenden Deutschen begannen, kleine Hoffnung zu fassen – und schließlich schlug uns das Glück.

Nicht plötzlich, eher Stück nach Stück brach das östliche Blocksystem zusammen, der Europa trennende Eiserne Vorhang wurde durchlässig, die Mauer zwischen den Deutschen fiel, und mit Erlaubnis der Siegermächte von einst durften wir uns einigen, mehr noch: Fortan konnten wir souverän handeln.

Nur selten bietet die Geschichte solche Gunst. Hinzu kam, daß es im Verlauf dieses beschleunigten Prozesses unblutig zuging. Gewaltfrei gab sich der ostdeutsche Staat auf. Was alles ihm an Unrecht anzulasten ist und wie wenig Gründe sich finden, der DDR Gutes nachzusagen, diese zum Schluß verdienstvolle Haltung sollte unbestritten sein; der Volksarmee und der Volkspolizei sowie ihrer damaligen Führung ist es zu verdanken, daß nicht geschossen wurde. Und wohl auch deshalb riefen die Menschen in Ost und West »Wahnsinn! Das ist Wahnsinn!« – sosehr hatte das Glück sie überrascht.

Doch schon bald entzog uns die Geschichte ihre selten erteilte Gunst. Nein, nicht die Geschichte, wir sind es gewesen, die zugelassen haben, daß das Glück verspielt und die Möglichkeiten einer deutschen Einigung vertan wurden. Jetzt stehen wir zugleich vereint und abermals geteilt da, und zwar gleichermaßen mit leeren Händen, denn nicht nur die Deutsche Demokratische Republik, die viele von Ihnen als Ihren Staat erlebt und ertragen haben, ist gänzlich verschwunden, auch die Bundesrepublik Deutschland, die innerhalb der ihr vorgeschriebenen Grenzen ihr Eigenleben, das heißt die ihr eigenen Widersprüche hatte, existiert nicht mehr; zwei Staatserfahrungen sind geschichtlich geworden, ohne daß etwas entstanden wäre, dem man gelebte deutsche Einheit nachsagen könnte.

Gewiß, sie steht auf dem Papier. Der Kalender nennt einen Feiertag, der diese Einheit zu beschwören hat. Und dennoch bleibt oder wächst die Distanz, auch wenn uns keine als barbarisches Bauwerk gezogene Mauer mehr hindert, einander zu respektieren, wie wir von deutscher, das heißt gemeinsamer und geteilter Geschichte geprägt worden sind. Die uns von den einstigen Siegermächten gewährte große Gunst ist allzu kleinlich verrechnet worden, obgleich der Mangel nicht Geld hieß. Politisch gestaltende Kraft wäre vonnöten gewesen, der uns geschenkten Freiheit dauerhafte Konturen zu geben.

Sieben Jahre hatten wir Zeit, uns in neuer Gesellschaft wiederzufinden. Zwar fehlt es nicht an Vorzeigeprojekten nach Bauherrenart, doch die Bilanz aller tatsächlichen und fehlenden Bemühungen sieht dennoch dürftig aus: Zum Standort verkümmert zeigt sich Deutschland der Welt, zudem von einer Hauptstadt beschwert, die von der amtierenden Regierung und ihren Beamten allenfalls bei Zahlung von Gefahrenzulage bezogen wird. Ernüchtert, einander fremd und allzu bekannt, mehr oder weniger belemmert, aber auch fröstelnd, weil ohne sozialen Konsens stehen wir da.

Ein kleiner Trost bleibt dennoch: Zeiten wie diese sind gut für die Literatur. Wo es stinkt, sind Schriftsteller, die auf sich halten, zur Stelle. Wo sich Abgründe von Korruption auftun, findet der Dichter, knapp vor der Kante zum Abgrund, seinen Standort. Wo Gesellschaft umgeschichtet und je nach Klasse gehäufelt wird, fällt der Literatur Nahrung in epischer Fülle zu. Und wo sich »Der vereinsamte Kapitalist« und »Der prominente Steuerhinterzieher« als Spielfiguren anbieten, ergibt sich Standorttheater nach volkstümlicher Dramaturgie.

Was den Vater unseres Tennisstars betrifft, ist er durch Richterspruch milde bedacht worden, doch die Steuerbehörde und deren zuständiger Minister, der Sportsfreund aus Schwaben, die dem landesüblichen Schwindel zwinkernd zugesehen hatten, dürfen weiterhin mal das eine, mal das andere, auch beide Augen zudrücken. Der Einakter endet auf leerer Bühne. Nur die dem Ballwechsel des Tennisspiels eignen Geräusche wollen kein Ende finden.

Und unser vereinsamter Kapitalist? Ihm verweigert sich weiterhin das so heiß ersehnte Feindbild. Müde seines Sieges über die letzten Widersacher und mittlerweile sich selbst verzehrend, wartet er auf Godot oder auf einen noch namenlosen, aber potenten Gegenspieler, der seine Einsamkeit aufheben könnte.

Es wird an uns, den Bürgern in Ost und West, liegen, ob es bei diesem Standorttheater bleibt.

Berliner Appell

Begrüßungsrede anläßlich der Verleihung des Alfred-Döblin-Preises in der Akademie der Künste Berlin

In diesem Jahr erinnern wir uns an die Gründung der Gruppe 47. Den Zwängen der unmittelbaren Nachkriegszeit hat vor fünfzig Jahren Hans Werner Richter Schriftstellertreffen abgenötigt, die auch später, als die Zwänge nachließen, vielen Autoren unverzichtbar waren. Ich gehörte ab Mitte der fünfziger Jahre dazu, das heißt, ich war Jahr für Jahr dabei, sobald uns Richter in tiefster Provinz während drei Tagen ersatzweise die Illusion einer literarischen Hauptstadt spiegelte. Bei diesen Treffen erlebte ich mich wechselweise aufgehoben und abgestoßen. Allerbeste Freunde und Feinde waren in Wortgefechten zu gewinnen. Zu lernen waren Toleranz und deutlicher Vortrag des eigenen Textes. Und zu erfahren war in vielfältiger Form der Reichtum der deutschen Sprache, die Wärme ihres regionalen Zungenschlags, ihre jeder Übersetzung spottenden Abgründe, ihr Wildwuchs, der nach Regelwerk zu verlangen schien und sich dennoch widerständig jeglicher Reglementierung entzog. Meine literarische Entwicklung und mehr noch, mein kollegialer Umgang mit anderen Autoren lassen sich zum guten Teil aus der Praxis der Gruppe 47 herleiten. Und so ist denn auch der aus einem überschüssigen Teil meiner Buchhonorare 1978 gestiftete Alfred-Döblin-Preis einerseits eine Danksagung an diesen überragenden und noch immer zu entdeckenden Autor, an meinen Lehrer Alfred Döblin, aber andererseits auch Ausdruck dieser nachwirkenden Erfahrung mit einer literarischen Gruppe, die in unregelmäßigen Abständen entstehende Literatur prämiert hat.

Der Alfred-Döblin-Preis unterscheidet sich von anderen Preisen. Nicht bereits veröffentlichte Bücher, sondern Manuskripte, abgeschlossene oder noch fragmentarische, liegen der Jury vor. Ein Wettbewerb der Autoren, denen – in diesem Jahr Ingomar von Kieseritzky und Michael Wildenhain – die Möglichkeit geboten werden soll, eine Zeitlang ohne finanzielle Sorgen, das heißt auch geschützt vorm zu raschen Zugriff der Verleger, weiter am Manu-

April 1997

skript zu arbeiten. Und Lesungen finden ab morgen früh im Literarischen Colloquium am Wannsee statt. Eine Reihe von Schriftstellern, die sich mit ihrer Arbeit um den Alfred-Döblin-Preis beworben hatten, werden sich der Kritik und am Zuspruch ihrer Kollegen erfreuen.

Ein Nachhall der Gruppe 47? Gewiß. Denn meiner Meinung nach fehlt der deutschsprachigen Literatur der Gegenwart diese meiner Generation so notwendige wie günstige Erfahrung. Nach wie vor leben wir Autoren in regionaler Zerstreuung. Kein Paris, kein London, kein Lissabon oder Warschau zieht uns an. Und Berlin ist weiter denn je davon entfernt, literarische Hauptstadt zu sein.

So nutze ich denn die Gelegenheit dieser Begrüßungsrede für eine zum Appell neigende Ermunterung, gerichtet an die anwesenden Autoren, ein eigenes, die Zerstreuung für einige Tage aufhebendes Forum zu schaffen.

Ein Forum für entstehende Literatur und gegen die sekundäre Übermacht. Ein Forum für handwerklich kollegialen Umgang und gegen Trendmacher und Zeitgeistlinge. Ein Forum für den Stoff, der sperrig und doch wie vergessen auf der Straße liegt, und gegen wohlfeile Angebote, sich der ästhetischen Abkapselung zu verschreiben. Ein Forum schließlich für eine Gruppe, wenn nicht 97, dann 99, damit der Sprung ins einundzwanzigste Jahrhundert zumindest literarisch gelingen möge.

In seinem zweiundsiebzigsten Lebensjahr hat Theodor Fontane unter dem Decknamen »Torquato« im »Magazin für Litteratur« einen Aufsatz veröffentlicht, in dem er sich »Die gesellschaftliche Stellung der Schriftsteller« zum Thema gemacht hatte. Darin beklagte er den miesen Ruf der Zunft: »Das ganze Metier hat einen Knacks weg . . .« und zählte auf, was alles zur Mißachtung der »catilinarischen Existenzen« und zur Geburt des Tintensklaven geführt habe. Er machte Vorschläge zur Verbesserung der Lage – staatlich fürsorgliches Wohlwollen –, die er sogleich widerrief, um schließlich den Schriftstellern den bis heute gültigen Rat zu erteilen: »Das bessere Mittel heißt: größere Achtung vor uns selber.«

Zum Tod von Stephan Hermlin

In diesem Frühjahr kam es mich hart an. Es starben Freunde, Weggenossen, Autoren, die mir nahe gewesen sind. Nicht unerwartet, dann aber doch unvorbereitet, traf mich der Tod von Jurek Bekker: nie wieder sein Lachen, sein melancholischer Witz. Mit ihm befreundet zu sein strengte nicht an, war eher von unterhaltsamer Qualität, selbst wenn es ernst um etwas ging, das sich partout gewichtig gab. Er hat die des Lebens Frist ein wenig verlängernde Lüge geadelt und war als Parteigänger der praktischen Vernunft zugleich deren zuverlässigster Spötter.

Dann starb Allen Ginsberg, dessen Lyrik und dessen sich ständig wandelnde Existenzform mir seit den fünfziger Jahren vertraut geblieben ist. Ich habe ihn in der Ekstase seiner langzeiligen Gedichte erlebt und später, als er sich dem Singsang buddhistischer Meditationen überlassen hatte. Dann wiederum war er vehement politisch präsent und sagte seinem großmächtigen Land alle Schande ins Gesicht. Ob wohl Amerika – ärmer geworden – diesen Verlust bemerkt hat?

Einen Tag später war der Tod Stephan Hermlins Nachricht. Meine Begegnungen mit ihm verliefen im Gespräch literarisch, waren aber, sobald sie öffentlich wurden, politischer Natur: erstmals kurz vorm Mauerbau in Ostberlin, wo der Schriftstellerverband der DDR tagte und ich mich, von Erwin Strittmatter mit brieflich zugesichertem Rederecht eingeladen, als seltsam anmutender Gast fand. Zwischen langatmig langweiligen Bekundungen, die brav der jüngst gezogenen Parteilinie folgten, ging es über Geranientöpfe hinweg hoch her. Doch nicht von meinem Widerspruch soll hier die Rede sein, wohl aber von den verdeckten wie offenen Angriffen, denen Stephan Hermlin ausgesetzt war. Beflissene Genossen warfen ihm Dekadenz und seinem Literaturverständnis fehlendes Klassenbewußtsein vor. Hermlin antwortete mit herausforderndem Selbstbewußtsein. Sein leidenschaftliches Plädoyer für die Literatur des neunzehnten Jahrhunderts erteilte er der versammelten Zunft als Lektion. Und erst gegen Schluß

April 1997

seiner Rede sprach aus ihm der Kommunist, freilich einer, der sich jegliches Banausentum verbat und der nicht bereit war, unter sein Niveau zu gehen.

Diese Haltung war sein Schutz; er hat sie oft einnehmen müssen. Dort, wo er sich im Recht sah, aber auch, sobald ihn die Toleranz verließ. Dann konnte er schroff und manchmal ungerecht werden. In den achtziger Jahren ist es mir gelegentlich schwergefallen, ihm ein Bedauern abzuringen, sobald er ihm anrüchige Dissidenten mit Worten verletzt hatte. Doch andererseits ist er es gewesen, der Inhaftierte in Schutz genommen, der den lange nachhallenden Protest gegen die Ausbürgerung eines Schriftstellers organisiert hat. Und ihm gelang es, gegen alle landesüblichen Widerstände dem ersten Friedensgespräch in Ostberlin Profil zu geben. Es ging um amerikanische Pershing-II- und sowjetische SS-20-Raketen und um den das östliche wie das westliche Lager gleichermaßen beherrschenden Wahnsinn der atomaren Abschreckung. Hier konnte ich ihm zur Seite stehen, denn bald danach wurde es möglich, auf Einladung der Westberliner Akademie der Künste, dieses Gespräch streitbar fortzusetzen.

Heute sagt sich das leichthin. Doch in jenen Tagen war die haßerfüllte und diesen grenzüberschreitenden Versuch verdammende Tonlage in den Tageszeitungen »FAZ« und »Neues Deutschland« gleichgestimmt, sozusagen gesamtdeutsch.

Stephan Hermlin hat alle Angriffe in scheinbar stoischer Haltung hingenommen. Er war sie gewohnt und glaubte, ihnen gewachsen zu sein. Diese Haltung konnte, selbst wenn ihr Zuspruch widerfuhr, abweisend wirken. Der Schriftsteller mit ästhetischem Anspruch und skeptische Kommunist neigte zur Stilisierung und – wohl aus Schutzbedürfnis – zur Selbststilisierung. Es ist das Statuarische seiner Haltung gewesen, das manch einen in Distanz gebracht hat. Und so war auch mir selten Gelegenheit geboten, ihm gegenüber mein freundschaftliches Empfinden in gelockerter Stimmung zu erproben.

Seine literarischen Texte geben es preis: Er war – im nüchtern erhellenden Sinn der Aufklärung – ein deutscher Patriot. Aber auch diese Haltung machte ihm Feinde. So kann es kaum verwundern, daß seit Beginn der zwar staatlich vollzogenen, im übrigen aber auf bloßer Besitznahme fußenden deutschen Einheit die

Zahl seiner Feinde gewachsen ist. Da er weiterhin Abstand hielt, versuchten sie, ihn mit Hilfe geheimdienstlicher Absonderungen zu erledigen. Seine biographischen Daten wurden auf Widersprüchlichkeit abgeklopft, seine literarischen Aussagen zur Person wurden verdächtigt, mehr Dichtung als Wahrheit zu sein. Ein moralisierender Beckmesser, der als Literaturwissenschaftler eigentlich hätte wissen müssen, daß jedem Künstler, der sich autobiographisch spiegelt, mehrere Wirklichkeiten Quelle sind, zog infame Schlüsse aus einem Lebenslauf, dessen Stationen, ob tatsächlich oder in Angstträumen erlebt, sich allesamt als bittere Realität bewiesen hatten.

Das geschah in jüngster Zeit. Und erst jetzt wage ich zu sagen: Mein Freund Stephan Hermlin wurde wie Freiwild gehetzt. Nicht einmal sein hohes Alter schützte ihn vor dem mit Fleiß betriebenen Haß der Aktenschnüffler. Er, von dem, wie ich meinte, Ruhe ausging, ist bis zu seinem Tod nicht zur Ruhe gekommen.

Der Zufall will es, daß mein verspäteter Nachruf dreier Autoren zu gedenken hat, die gegensätzlicher nicht sein konnten, die aber eines gemeinsam hatten: Jüdischen Familien und Traditionen entwachsen, zudem in jeweils skeptisch kritischer Distanz zum Staat Israel und dessen expansiven Ansprüchen, waren sie sich dennoch – nicht nur Stephan Hermlin und Jurek Becker, auch Allen Ginsberg – bewußt, Überlebende des Völkermordes an den Juden zu sein. Dem entsprach ihre Einsamkeit inmitten Gesellschaft.

Bibliographische Nachweise

Orwells Jahrzehnt I. Rede im Landtagswahlkampf Baden-Württemberg, Februar 1980. In: Günter Grass, *Werkausgabe in zehn Bänden,* Darmstadt und Neuwied 1987, Bd. IX, S. 775–788.

Literatur und Mythos. Rede auf dem Schriftstellertreffen in Lahti (Finnland), 15.–18. 6. 1981. In: *L '80*, Nr. 19, 1981, S. 127–130.

Otto Pankok. Brief an Rainer Herrmann vom 27.10.1981. In: *Blinklichter*, Otto-Pankok-Schule, Mülheim/Ruhr 1981.

Die Bundesrepublik ist (k)ein Einwanderungsland. Rede auf einem Kongreß der Sozialdemokratischen Wählerinitiative in Berlin am 14. 11. 1981. In: *Die Bundesrepublik ist (k)ein Einwanderungsland. Dokumentation. Kongreß der Sozialdemokratischen Wählerinitiative am 14./15. November 1981 in Berlin*, Berlin 1982. Ausschnitte in: *Vorwärts*, 10.12.1981.

Die Preisgabe der Vernunft. Statements beim Ostberliner Schriftstellertreffen am 13./14. 12. 1981. In: *Berliner Begegnung zur Friedensförderung. Protokolle des Schriftstellertreffens am 13./14. Dezember 1981,* Darmstadt und Neuwied 1982.

Der Dreck am eigenen Stecken. Der »freie Westen« und das Kriegsrecht in Polen. In: *L '80*, Nr. 21, Februar 1982, S. 154–157.

Ohne garantierte Zukunft. Statements beim Haager Schriftstellertreffen, 24.–26. 5. 1982. In: Bernt Engelmann, Gerd E. Hoffmann, Angelika Mechtel, Hans v.d. Waarsenburg (Hg.), *Es geht, es geht ... Zeitgenössische Schriftsteller und ihr Beitrag zum Frieden – Grenzen und Möglichkeiten,* München 1982, S. 91, 114 ff.

Im Hinterhof. Bericht über eine Reise nach Nicaragua. In: *Die Zeit*, 1. 10. 1982.

Sich ein Bild machen. Vorwort zum Katalog der Ausstellung »Zeitvergleich – Malerei und Grafik aus der DDR« des Kunstvereins Hamburg, November 1982.

Die Vernichtung der Menschheit hat begonnen. Rede zur Verleihung des Internationalen Antonio-Feltrinelli-Preises für erzählende Prosa in Rom am 25. 11. 1982. In: *Die Zeit*, 3. 12. 1982.

Berlin – eine sich fortschreibende Fiktion. In: *Bericht zur Situation der Literatur in Berlin*, Berlin 1983.

Vom Recht auf Widerstand. Rede auf der Gedenkveranstaltung der SPD zum 50. Jahrestag von Hitlers Machtergreifung in Frankfurt am 30. 1. 1983. In: *Die Zeit*, 4. 2. 1983.

Orwells Jahrzehnt II. Rede im Bundestagswahlkampf, Februar 1983. In: *German Studies Review,* H. 3, 1985, S. 500–507 (als Anhang zu Heinz D. Osterle: *An Orwellian Decade? Günter Grass between Despair and Hope*).

Die Schätzung – oder für wie dumm hält der Staat seine Bürger? In: *stern*, 3.3.1983.

An den Grenzen unserer Möglichkeiten. Statements beim Westberliner Schriftstellertreffen, 22./23.4.1983. Unter dem Titel *Widerstand und Ungehorsam* in: *Die Zeit*, 29.4.1983.

Die Zukunft des demokratischen Sozialismus. Plädoyer für eine Revision des Godesberger Programms. Rede auf der Tagung »Die Zukunft des demokratischen Sozialismus« in Saarbrücken am 22./23.5.1983. In: *Frankfurter Rundschau*, 22.6.1983.

Die Zauberlehrlinge. In: *Der Orwell Kalender 1984,* hg. von Johano Strasser, Köln 1983.

Offener Brief an die Abgeordneten des Deutschen Bundestages. In: *Die Zeit*, 18.11.1983.

Den Widerstand lernen, ihn leisten und zu ihm auffordern. Rede beim Heilbronner Schriftstellertreffen, 16.–18.12.1983. In: *Frankfurter Rundschau*, 21.12.1983.

Links und frei. Brief zum 70. Geburtstag von Willy Brandt am 18.12.1983. In: *Sozialdemokrat Magazin,* H. 12, Dezember 1983, S. 21.

Abschied von Uwe Johnson. In: *Die Zeit*, 16.3.1984.

Der Traum der Vernunft. Rede zur Eröffnung der Veranstaltungsreihe »Vom Elend der Aufklärung« in der Akademie der Künste Berlin am 15.6.1984. In: *Der Traum der Vernunft. Vom Elend der Aufklärung. Eine Veranstaltungsreihe der Akademie der Künste Berlin*, Darmstadt und Neuwied 1985, S. 7–12.

Die Zeit erinnernd aufheben. Rede auf der Gedenkfeier für Uwe Johnson in der Akademie der Künste Berlin am 26.10.1984. In: Günter Grass, *Die Deutschen und ihre Dichter,* München 1995, S. 234–238.

Rede von der Hoffnung. Rede im Landtagswahlkampf Saarland, 21.–25.2.1985. Unveröffentlicht.

Geschenkte Freiheit. Rede zum 8. Mai 1945 in der Akademie der Künste Berlin am 5.5.1985. In: *Die Zeit,* 10.5.1985.

Ist das noch Aufklärung? Rede zur Fortführung der Veranstaltungsreihe »Vom Elend der Aufklärung« in der Akademie der Künste Berlin am 12.6.1985. Als Vorlage diente das Manuskript. Gekürzt in: *Der Traum der Vernunft. Vom Elend der Aufklärung. Eine Veranstaltungsreihe der Akademie der Künste Berlin. Zweite Folge*, Darmstadt und Neuwied 1986, S. 7 f.

Ein Jahrhundert jüdisch-deutsche Geschichte. Nachwort. In: Erwin Lichtenstein, *Bericht an meine Familie. Ein Leben zwischen Danzig und Israel,* Darmstadt und Neuwied 1985, S. 215 f.

Ungehaltene Rede vor dem Deutschen Bundestag. In: *Ungehaltene Reden vor dem Deutschen Bundestag,* hg. von Manfred Bissinger, Hamburg und Zürich 1985.

Wir sind dennoch nach Heilbronn gekommen. Rede bei der zweiten Heilbronner Begegnung, 13.–15. 12. 1985. In: *Beharrlich erinnern. Texte zur Heilbronner Begegnung,* hg. von Dagmar Bruckmann u. a., Nekkarsulm und München 1987, S. 19-25.

West-östliches Höllengelächter. Rede auf dem Internationalen PEN-Kongreß in New York, 12.–18. 1. 1986. In: *L '80,* Nr. 37, Februar 1986, S. 149–151.

Als Schriftsteller immer auch Zeitgenosse. Rede auf dem Internationalen PEN-Kongreß in Hamburg, 22.–28. 6. 1986. Unter dem Titel *Immerfort muß er Fassaden abklopfen* in: *Deutsches Allgemeines Sonntagsblatt,* 29. 6. 1986.

Rede von der Verantwortung. Rede im Landtagswahlkampf Schleswig-Holstein, August 1987. In: Günter Grass, *Angestiftet, Partei zu ergreifen,* München 1994, S. 301–311.

Verlegerrede. Rede anläßlich des Erscheinens der Werkausgabe zum 60. Geburtstag von Grass. In: *Frankfurter Rundschau,* 8. 10. 1987.

Geißlers Schüler. In: Heinz Ludwig Arnold (Hg.), *Vom Verlust der Scham und dem allmählichen Verschwinden der Demokratie*, Göttingen, März 1988, S. 159–161.

Unter Hans Werner Richters Fuchtel. Laudatio zum 80. Geburtstag von Hans Werner Richter auf einem Empfang in der Villa Hammerschmidt in Bonn am 6. 12. 1988. In: Richard von Weizsäcker (Hg.), *Geburtstagsfeiern,* Zürich 1995, S. 35–37.

Geschichtliche Last als politische Verpflichtung. Brief an Peter Härtling als Präsidenten der Akademie der Künste Berlin vom 9.3.1989. In: *europäische Ideen,* H. 70, 1989, S. 33 f.

Zum Beispiel Calcutta. Rede auf der Jahrestagung des Club of Rome in Hannover am 12.6.1989. Leicht gekürzt in: *Frankfurter Allgemeine Zeitung,* 13.6.1989. Vollständig in: Tschingis Aitmatow/Günter Grass, *Alptraum und Hoffnung. Zwei Reden vor dem Club of Rome*, Göttingen 1989.

Artur Knoff. Brief an Leslie Willson vom 11. 7. 1989. In: *Dimension*, 1989, H. 2, S. 378-380.

Scham und Schande. Rede zum 50. Jahrestag des Kriegsausbruchs in Frankfurt am 30. 8. 1989. In: *Süddeutsche Zeitung,* 2. 9. 1989.

Hinsehen und Aufzeichnen. In: *Skizzenbuch*, Göttingen, September 1989, S. 5–7.

Kein Kinderbuch. Brief an Steffen Peltsch vom 25. 10. 1989. In: *Beiträge zur Kinder- und Jugendliteratur,* Nr. 96, H. 1, 1992, S. 11 f.

Lastenausgleich. Rede auf dem Parteitag der SPD in Berlin am 18. 12. 1989. In: *Frankfurter Rundschau*, 19. 12. 1989.

Kurze Rede eines vaterlandslosen Gesellen. Rede in der Evangelischen Akademie in Tutzing am 2. 2. 1990. In: *Die Zeit,* 9. 2. 1990.

Schreiben nach Auschwitz. Frankfurter Poetik-Vorlesung, gehalten im Rahmen der Stiftungsdozentur Poetik an der Johann-Wolfgang-Goethe-Universität am 13. 2. 1990. Frankfurt am Main 1990. Auch in: *Die Zeit,* 23. 2. 1990.

Der Zug ist abgefahren – aber wohin? Offener Brief an Rudolf Augstein. In: *die tageszeitung*, 23. 2. 1990.

Assistenz durch Dreinreden. Aufgezeichnet nach einem Gespräch im Februar 1990 in Berlin-Friedenau. In: *Das Wahlkontor deutscher Schriftsteller in Berlin 1965. Versuch einer Parteinahme,* hg. von Klaus Roehler und Rainer Nitsche, Berlin 1990, S. 15–20.

Einige Ausblicke vom Platz der Angeschmierten. Unter dem Titel *Was rede ich. Wer hört noch zu* in: *Die Zeit,* 11. 5. 1990.

Bericht aus Altdöbern. Rede im Berliner Reichstag anläßlich der konstituierenden Sitzung des »Kuratoriums für ein demokratisch verfaßtes Deutschland« am 16. 6. 1990. In: *Frankfurter Rundschau,* 30. 6. 1990.

Die Wolke als Faust überm Wald. Ein Nachruf. In: *Totes Holz. Ein Nachruf.* Göttingen 1990, S. 103–110.

Brief aus Altdöbern. Datiert »im Sommer 1990«. In: *Brief aus Altdöbern,* Remagen-Rolandseck 1991 (= *Signatur: Zeit Schrift Bild Objekt Nr. 14*).

Ein Schnäppchen namens DDR. Rede im Berliner Reichstag anläßlich der Vereinigung der beiden deutschen Staaten am 2.10.1990. In: *Die Zeit,* 5. 10. 1990.

Das geschändete Bild. Rede im Schloß Bellevue in Berlin am 8. 3. 1991. In: *Die Zeit,* 22. 3. 1991.

Doppelter Max. Zum Tod von Max Frisch am 4. 4. 1991. In: *Die Zeit,* 12. 4. 1991.

Chodowiecki zum Beispiel. Rede auf dem Evangelischen Kirchentag in Dortmund am 6. 6. 1991 anläßlich der Unterzeichnung des deutsch-polnischen Nachbarschaftsvertrages. In: *Die Zeit,* 14. 6. 1991.

Ein Gruß zuvor. In: *Lieber Fritz. Briefe an Fritz J. Raddatz 1959–1990,* Hamburg 1991, S. 7.

Bitterfelder Rede. Rede anläßlich des ersten Jahrestages der Vereinigung der beiden deutschen Staaten in Bitterfeld am 2. 10. 1991. In: *Wochenpost,* 10. 10. 1991.

Offener Brief an Salman Rushdie. In: *die tageszeitung,* 28. 1. 1992.

Gegen die Hohenpriester der Eindeutigkeit. Rede zum dritten Jahrestag der Morddrohung gegen Salman Rushdie im Rahmen einer BBC-Fernsehdiskussion am 14. 2. 1992. Unter dem Titel *Pfätchen geben* in: *die tageszeitung,* 15. 2. 1992.

Mein Traum von Europa. Rede in Sevilla anläßlich der bevorstehenden Weltausstellung am 9.4.1992. In: *Wochenpost,* 15. 4. 1992.

Jemand mit Hintergrund. Rede auf der Trauerfeier für den am 8. 10. 1992 verstorbenen Willy Brandt. Unter dem Titel *Angestiftet, Partei zu ergreifen* in: *Die Zeit,* 16. 10. 1992.

Was an die Substanz geht. Rede auf dem Empfang zu Grass' 65. Geburtstag in Lübeck am 19. 10. 1992. In: Günter Grass, *Angestiftet, Partei zu ergreifen,* München 1994, S. 327–329.

Rede vom Verlust. Über den Niedergang der politischen Kultur im geeinten Deutschland. Rede im Rahmen der von der Verlagsgruppe Bertelsmann veranstalteten Reihe »Reden über Deutschland« in München am 18. 11. 1992. Göttingen 1992. Leicht gekürzt in: *Süddeutsche Zeitung,* 21. 11. 1992.

Erbarmen mit Kuba. In: *Die Woche,* 29. 4. 1993.

Vom Überspringen der Grenzen. Rede zur Verleihung des Ehrendoktortitels der Universität Gdańsk am 26. 5. 1993. In: *Wochenpost,* 27. 5. 1993.

Ein Zug, nicht aufzuhalten. Beitrag zum 70. Geburtstag von Rudolf Augstein am 5. 11. 1993. In: *Spiegel Spezial. Rudolf Augstein,* November 1993, S. 68.

Im selben Verlagsschiff. Brief zum 60. Geburtstag von Peter Härtling am 13. 11. 1993. In: Peter Bichsel (Hg.), *Für Peter Härtling. Eine Festgabe zum 60. Geburtstag,* Stuttgart 1993.

Orientierungsmarken. Brief an Walter Höllerer. In: *Akzente,* H. 1, Februar 1994, S. 46.

Der Versuch öffentlicher Dreinrede. Vorwort, datiert »Im Februar 1994«. In: Günter Grass, *Angestiftet, Partei zu ergreifen,* München 1994, S. 7–9.

Blindstellen auf der Spur. Rückblick auf »Poet in Residence« an der Universität Essen, 4.–8. 12. 1989. Das Manuskript ist datiert auf den 15. 2. 1994. In: *20 Jahre »poet in residence«. Essener Unikate. Berichte aus Forschung und Lehre. Geisteswissenschaft*, Bd. 8, Essen 1996, S. 11–13.

Vorsicht: Schildbürgerstreich! In: *Der Tagesspiegel,* 20. 2. 1994.

Nachruf auf Helen Wolff. Laudatio zur (postumen) Verleihung des Friedrich-Gundolf-Preises an Helen Wolff in Leipzig am 30. 4. 1994. Unter dem Titel *Lob des Brückenbaus* leicht gekürzt in: *Wochenpost,* 5. 5. 1994.

Über das Sekundäre aus primärer Sicht. Rede zur Verleihung des Großen Literaturpreises der Bayerischen Akademie der Künste in München am 5. 5. 1994. In: *Neue Zürcher Zeitung,* 8. 5. 1994.

Rabe oder Krähe. Laudatio zur Verleihung der Plakette der Freien Akademie der Künste in Hamburg an Peter Rühmkorf am 28.11.1994. In: *Frankfurter Rundschau,* 29. 11. 1994.

Begegnung in Paris. Brief zum 80. Geburtstag von François Bondy am 1. 1. 1995. In: *Wer Europa sagt. Essays und Ehrungen von und für François Bondy,* München 1995, S. 155 f.

Schwarzweiße Kinoträume. In: *Frankfurter Rundschau,* 24. 1. 1995.

Willy Brandt im Warschauer Ghetto. In: *Deutschland in kleinen Geschichten,* hg. von Hartmut von Hentig, München, Juli 1995, S. 86–88.

Nach zwanzig Seiten waren alle Helden tot. In: *Nach zwanzig Seiten waren alle Helden tot. Erste Schreibversuche deutscher Schriftsteller,* hg. von Karl Corino und Elisabeth Albertsen, Düsseldorf, August 1995, S. 60 f.

Wir sind als Richter nicht tauglich. Rede zur Verleihung der Hermann Kesten-Medaille in Darmstadt am 19. 11.1995. Unter dem Titel *Wir sind als Richter untauglich!* in: *Die Woche,* 24. 11. 1995.

Aufrechter Gang, schmerzhaft. Geburtstagsgruß für Rolf Haufs, gesendet am 31. 12. 1995 im SFB. In: *Sprache im technischen Zeitalter,* Nr. 137, März 1996, S. 53.

Ein gemeinsames Unterfutter. Brief zum 70. Geburtstag von Erich Loest am 24. 2. 1996. In: *Leipziger Volkszeitung,* 24. 2. 1996.

Eine deutsche Biographie. Rede zur Verleihung des Fallada-Preises in Neumünster am 26. 2. 1996. In: Günter Grass, *Der Schriftsteller als Zeitgenosse,* München 1996, S. 294–296.

Von der Überlebensfähigkeit der Ketzer. Rede zur Verleihung des Sonning-Preises in Kopenhagen am 19. 4. 1996. Unter dem Titel *Kein Papst ahnt, wie überlebensfähig Ketzer sind* leicht gekürzt in: *Die Woche,* 26. 4. 1996.

Die Fremde als andauernde Erfahrung. Rede zur Verleihung des Thomas-Mann-Preises der Stadt Lübeck am 5. 5. 1996. Unter dem Titel *Joseph wird abgeschoben* leicht gekürzt in: *Die Woche,* 24. 5. 1996.

Den Bedürfnissen des Gastlandes entgegenkommen. In: *In dieser Armut – welche Fülle! Reflexionen über 25 Jahre auswärtige Kulturarbeit des Goethe-Instituts,* hg. von Joachim Sartorius, Göttingen, August 1996, S. 246 f.

Nachdruck und Gegendruck. Brief an Gerhard Steidl vom 26. 11. 1996. Leicht gekürzt in: *Süddeutsche Zeitung,* 2. 6. 1997.

Rede über den Standort. Rede im Rahmen der von der Verlagsgruppe Bertelsmann veranstalteten Reihe »Zur Sache: Deutschland« am 23. 2. 1997 in Dresden. Göttingen 1997. Auch in: *Frankfurter Rundschau,* 24. 2. 1997.

Berliner Appell. Begrüßungsrede anläßlich der Verleihung des Alfred-Döblin-Preises am 24. 4. 1997 in der Akademie der Künste Berlin. Unveröffentlicht.

Zum Tod von Stephan Hermlin. Rede auf der Gedenkfeier im Berliner Ensemble am 29. 4. 1997. In: *Freitag,* 9. 5. 1997.

Personenregister

Daniela Hermes, Ruth Meyering

Inhalt

Für die neue Werkausgabe wurden alle Texte mit den Erstausgaben verglichen und in Abstimmung mit dem Autor kritisch durchgesehen. Unter den Essays und Reden, die erstmals in diesem Umfang vorliegen, findet sich eine ganze Reihe von Texten, die bisher gar nicht oder nur an entlegener Stelle gedruckt waren. Ein Personenregister erschließt die nichtfiktionalen Texte.

Die Werkausgabe wird ergänzt durch sieben Kommentar- und Materialienbände. Der Stellenkommentar bietet Erläuterungen zu Personen, Ereignissen und kulturhistorischen Details und verfolgt die vielfältigen Motivverknüpfungen in Grass' schriftstellerischem und bildkünstlerischem Werk. Die Materialien umfassen ausgewählte Quellen, Zeugnisse zur Entstehungsgeschichte und motivverwandte Texte von Grass. Mit Entwürfen und Auszügen aus verschiedenen Fassungen geben sie exemplarisch Einblick in den Arbeitsprozeß des Autors. Bilddokumente mit Grafiken, Arbeitsplänen, Karten und Fotos runden die Materialien ab.

Günter Grass: Werkausgabe

1: Gedichte und Kurzprosa. 2: Theaterspiele. 3: Die Blechtrommel. 4: Katz und Maus. 5: Hundejahre. 6: örtlich betäubt. 7: Aus dem Tagebuch einer Schnecke. 8: Der Butt. 9: Das Treffen in Telgte. 10: Kopfgeburten oder Die Deutschen sterben aus. 11: Die Rättin. 12: Unkenrufe. 13: Ein weites Feld. 14: Essays und Reden I, 1955–1969. 15: Essays und Reden II, 1970–1979. 16: Essays und Reden III, 1980–1997.

Kommentar- und Materialienbände

1: Gedichte und Kurzprosa, Theaterspiele. 2: Die Blechtrommel, Katz und Maus, Hundejahre. 3: örtlich betäubt, Aus dem Tagebuch einer Schnecke. 4: Der Butt, Das Treffen in Telgte. 5: Kopfgeburten, Die Rättin. 6: Unkenrufe, Ein weites Feld. 7: Essays und Reden.